D1700932

DIE GESCHICHTE DES NACHHALTIGEN DESIGNS

DIE GESCHICHTE DES NACH- HALTIGEN DESIGNS

Welche Haltung braucht Gestaltung?

VAS

HEINRICH BÖLL STIFTUNG

Bibliografische Information der Deutschen Bibliothek
Die Deutsche Bibliothek verzeichnet diese Publikation in der Deutschen Nationalbibliografie;
detaillierte bibliografische Daten sind im Internet über http://dnb.ddb.de abrufbar.

Karin-Simone Fuhs, Davide Brocchi, Michael Maxein, Bernd Draser (Hrsg.)

Die Geschichte des Nachhaltigen Designs

© VAS – Verlag für Akademische Schriften
Ludwigstr. 12d · 61348 Bad Homburg · Tel.: 0 61 72 - 6 81 16 56 · Fax: 6 81 16 57
E-Mail: info@vas-verlag.de · Internet: www.vas-verlag.de

In Zusammenarbeit mit der Heinrich-Böll-Stiftung.

Alle Rechte – auch einzelner Teile – vorbehalten, insbesondere das der Übersetzung, des öffentlichen
Vortrags sowie der Übertragung durch Rundfunk, Fernsehen und Internet. Kein Teil des Werkes darf
in irgendeiner Form ohne schriftliche Genehmigung des Verlages reproduziert oder unter Verwendung
elektronischer Systeme verarbeitet, vervielfältigt oder verbreitet werden.
Alle im Werk vorgestellten Personen, Projekte, Produkte, Unternehmen etc. wurden aufgrund inhaltlich
relevanter Kriterien ausgewählt und in keinem Fall aufgrund von Zahlungen oder Zuwendungen
jedweder Art.
Idee: Prof. Karin-Simone Fuhs, Köln · Inhaltliches Konzept: Davide Brocchi, Köln
Textredaktion: Davide Brocchi, Michael Maxein, Bernd Draser
Gesamtherstellung, Bildredaktion, Layout & Satz: Michael Maxein, Hameln
Designkonzept, Typografie, Layout & Satz: Karsten Rohrbeck, Köln

© für alle Texte: bei den Autoren.
Das Titelbild zeigt den Thonet Stuhl 214 – © Thonet; © für Fotos und Abbildungen: bei den Urhebern –
wenn nicht anders angegeben. Abdruckgenehmigungen zu den in diesem Band veröffentlichten Bildern
liegen uns vor, mit ggf. einigen wenigen Ausnahmen. In diesen Fällen konnten die Abdruckrechte / Urheberechte nicht vollständig bzw. abschließend geklärt werden und wir bitten um entsprechende Mitteilung.

Satz unter dankbarer Verwendung der frei nutzbaren Schriftfamilien *Lato* und **Vollkorn**
(www.latofonts.com/lato-free-fonts und www.friedrichalthausen.de/vollkorn).

Gedruckt auf RecystarPolar (100 %-Recyclingpapier mit ›Blauem Engel‹).
Die durch die Herstellung des Werks entstandene, errechnete CO_2-Menge wurde über die
Unterstützung von Klimaschutzprojekten ausgeglichen (natureOffice.com: DE-179-976936).

Erste Auflage 2013 – Printed in Germany

ISBN 978-3-88864-521-1

INHALT

008
Einführung: Perspektiven aus Forschung und Lehre
Karin-Simone Fuhs, Davide Brocchi, Michael Maxein, Bernd Draser

Nachhaltigkeit und Design

034
Bildwelten der Nachhaltigkeit – Zum Design eines Begriffs
Ulrich Grober

042
Folgenabschätzungen
Michael F. Jischa

054
Das (nicht) Nachhaltige Design
Davide Brocchi

Westliche Geschichte des Nachhaltigen Designs

098
Die Vordenker – 1850-1919
René Spitz

108
Bauhaus, Nachhaltigkeit und Biotechnik
Siegfried Gronert

116
Persönlichkeiten: Wassily Kandinsky
Hildegard Kurt

122
Zwischen den 1930er und den 1970er Jahren
René Spitz

132
Persönlichkeiten: Joseph Beuys
Shelley Sacks & Wolfgang Zumdick

142
Widerspruch und Zukunftsversprechen – 1980–2010
Thomas Edelmann

154
Persönlichkeiten: Siegfried Maser
Michael Maxein & Davide Brocchi

Positionen der Gegenwart
178
Das dematerialisierte Design
Christa Liedtke & Johannes Buhl

194
Das ökoeffektive Design
Uwe Boden

204
Das Postwachstumsdesign
Niko Paech

214
Persönlichkeiten: Viktor Gruen
Martin Herrndorf

218
Die soziale Dimension des Designs
Tom Bieling, Florian Sametinger, Gesche Joost

230
Die kulturelle Dimension des Designs
Claudia Mareis

242
Persönlichkeiten: Der Ecosigner
Christina Zimmer

248
Akteure Nachhaltigen Designs
Michael Maxein

Außenblick

282

Design und Armutsbekämpfung: Ein Überblick
Martin Herrndorf

290

Design als Entwicklungshilfe: Ein Erfahrungsbericht
Ingo Wick

296

Zwischen Tradition und Verwestlichung: Die Perspektive Indiens und Pakistans
Gwendolyn Kulick

308

Persönlichkeiten: Fernando und Humberto Campana
Inga Scharf da Silva

318

Design in Afrika
Kerstin Pinther

Blicke in die Zukunft

346

Die Zukunft mitgestalten
Jen Fritsch & Michael Maxein

360

Nachhaltiges Design in einer nicht-nachhaltigen Welt?
Martin Herrndorf

366

Ausblick und Widerstreit: Die Zukunft des *Nachhaltigen Designs*
Davide Brocchi & Bernd Draser

Warum es einer Geschichte des Nachhaltigen Designs bedarf?

Einführung: Perspektiven aus Forschung und Lehre

KARIN-SIMONE FUHS, DAVIDE BROCCHI,
MICHAEL MAXEIN, BERND DRASER

1. Nachhaltigkeit und Design – vorsichtige Annäherungen

Kann Design die Welt verändern? So und ähnlich wird häufig bei Veranstaltungen gefragt, die sich dem ökologischen, dem grünen, dem nachhaltigen Design widmen; erhofft wird eine zustimmende, zuversichtliche Antwort. Die Frage ist in der Tat klar zu bejahen; allerdings ist damit etwas eher Problematisches über das Design gesagt: Permanent verändern Designerinnen und Designer[1] die Welt, indem sie Ressourcen verbrauchen und sie in Produkte verfertigen, indem sie werbend Botschaften beschönigen, zum Verbrauch von noch mehr Ressourcen ermuntern und Menschen zu unersättlichen Konsumenten *umzuzüchten* suchen.

Gestalterinnen und Gestalter dürfen aber nicht nur die bloßen Erfüllungsgehilfen von Marketingabteilungen und Aufhübscher von Oberflächen sein, sie dürfen nicht aus einem schieren Befehlsnotstand handeln. Eine gestalterische Entscheidung ist gleichzeitig auch

---

[1] *Designerinnen und Designer, DesignerInnen, Designer/innen* oder inklusiv *Designer_Innen*: Die Frage nach männlichem und weiblichem Sprachgebrauch wird im Folgenden von den Autorinnen und Autoren unterschiedlich beantwortet. Da es sich dabei neben der *Gender-Frage* auch um eine der Gestaltung und der Lesbarkeit eines Textes handelt, haben sich die Herausgeberin und die Herausgeber dieses Vorworts *konsequent* für die Mischung entschieden. Je nach Sprachfluss werden in dieser Einleitung also entweder die männliche oder die weibliche, eine neutrale Form oder auch beide verwendet.

schon die Entscheidung über rund 80 % der ökologischen Auswirkungen eines Produkts (Europäische Kommission).[2] *Nachhaltiges Design* ist offenkundig im Rahmen nachhaltiger Entwicklungsstrategien eine Schlüsseldisziplin. Was aber ist eine akademische Disziplin, die nicht über ihre eigenen Grundlagen, Möglichkeiten, Grenzen und Herkunft reflektiert? Dieser disziplinären und transdisziplinären Reflexion soll der vorliegende Sammelband dienen.

Als die Herausgeberinnen an der ecosign /Akademie für Gestaltung im Jahr 2011 begannen, dieses Buchprojekt zu realisieren, zeichnete der Umfang der Herausforderung sich schnell ab. Wie verfasst man eine Geschichte des *Nachhaltigen Designs*? Ein Buch, das Wissenschaftler, Designer, Unternehmer, politische Entscheidungsträger, NGO-Vertreter und Studierende gleichzeitig anspricht? Mit diesem Sammelband wollen wir einerseits einen inter- und transdisziplinären Beitrag zur jungen Debatte über nachhaltige Gestaltung und andererseits ein Grundlagenbuch für Fach- und Hochschulen liefern, denn auch Designstudierende müssen sich immer stärker mit Nachhaltigkeit auseinandersetzen. Es hat über zwei Jahre gebraucht, dieses Projekt zu Ende zu bringen. Dieser lange Prozess war vor allem ein explorativer. Die erste Erkenntnis: *Nachhaltiges Design* ist immer noch keine Selbstverständlichkeit.

Noch weniger selbstverständlich war die Rede von *Nachhaltigem Design*, als die Initiatorin des Bandes ihr Grafikdesign-Studium Anfang der Neunziger Jahre des letzten Jahrhunderts abschloss. Designstudiengänge waren damals (und sind es häufig auch heute noch) stark an der industriellen Nutzanwendung orientiert, ohne dass die gesellschaftlichen, ökologischen und ästhetischen Wechselwirkungen des Gestaltens eine Rolle gespielt hätten. Ein Blick hinweg über den Rand der eigenen Disziplin war nicht vorgesehen, während doch zum Beispiel die Physik bereits zu Beginn des 20. Jahrhunderts eine nicht selten philosophisch geprägte Grundlagenkrise erfuhr, die sie in ihrer Gültigkeit und Welthaltigkeit neu begründete (Heisenberg, Planck). Wo das Thema Ökologie institutionalisiert wurde, blieben es vereinzelte Lehrstühle, die mit viel Engagement eine Außenseiterposition verteidigten. Lehrende in diesem Bereich waren hierarchisch organisierte Einzelkämpfer. Studierende arbeiteten sich als Lernmonaden durch ein monologisches Studium. Aus diesen Gegenbildern entstand die Idee, den Grundstein für eine eigene Akademie zu legen. Die Gründung erfolgte 1994.

Jenes Jahr erwies sich als idealer Zeitpunkt, denn die Idee des *Nachhaltigen Designs* lag gleichsam in der Luft: Zwei Jahre zuvor beschlossen 172 Staaten auf der Konferenz für Umwelt und Entwicklung der Vereinten Nationen in Rio de Janeiro die ›Agenda 21‹. In diesem Leitpapier zur nachhaltigen Entwicklung verpflichteten sich die Unterzeichner, zukünftig in allen Politikfeldern dafür Sorge zu tragen, dass die Bedürfnisse der heutigen Generation befriedigt werden sollten, ohne die Chancen der zukünftigen Generationen zu gefährden. In diesem Zusammenhang spielen Konsummuster eine wesentliche Rolle, und es stellte sich die Frage, wie sich nachhaltige Verbrauchsgewohnheiten fördern, aber auch umweltverträgliche Produkte und Produktionsverfahren entwickeln lassen.

Seit den siebziger Jahren hatte es immer wieder einzelne kritische Stimmen wie Victor Papanek oder Gui Bonsiepe gegeben, die eine ökologische und gesellschaftspolitische Orientierung des Designs forderten. 1979 erschien ›Das Prinzip Verantwortung‹ von Hans Jonas als eine »*Ethik für die technologische Zivilisation*«. Als besonders folgenreich für die Gründung der ecosign erwies sich Evelin Möllers Buch ›Unternehmen pro Umwelt‹, in dem sie fordert, dass

---

[2] Siehe hierzu: http://ec.europa.eu/energy/efficiency/ecodesign/eco_design_en.htm – Stand 25.10.2013

auch die Kriterien zum Umgang mit Umwelt sich zu ändern haben, wenn die Werte der Menschen sich ändern. Doch erst mit der Verabschiedung der Agenda 21 wurde eine gemeinsame Vision formuliert, die eine tiefgreifende Veränderung in den Gesellschaften hervorbringen sollte. Allmählich drang ins Bewusstsein und ins Handeln, dass nachhaltige Ziele nicht eine Fiktion Einzelner sind, sondern eine internationale politische Forderung für eine zukunftsfähige Gesellschaft.

Nachhaltiges Design ist längst kein Experiment mehr, vielmehr wird jetzt die gesellschaftliche, aber auch industriepraktische und ästhetische Notwendigkeit deutlich, unsere Vorstellungen von Design zu verändern und in ihr eine Kompetenz zur Schaffung neuer Rahmenbedingungen zu erkennen. Die Unterzeichnerstaaten der Agenda 21 forderten explizit die Unterstützung und Verbreitung von Verbrauchs- und Produktionsmustern, die zu einer Verringerung von Umweltbelastungen und Ressourcenverbrauch führen und gleichzeitig der Befriedigung der menschlichen Grundbedürfnisse dienen.

Nicht nur auf der Ebene der Politik, sondern auch in Industrie und Forschung fand in jenen Jahren ein Umdenken statt. So wurde 1991 das Wuppertal Institut als Denkfabrik in Sachen nachhaltiger Entwicklung gegründet, im Jahr darauf beschloss der Bundestag die Einrichtung einer Enquete-Kommission ›Schutz des Menschen und der Umwelt. Wege zum nachhaltigen Umgang mit Stoff- und Materialströmen‹, die 1994 ihren Abschlussbericht vorlegte und eine weitere Kommission empfahl, die unter dem Titel ›Schutz des Menschen und der Umwelt. Ziele und Rahmenbedingungen einer nachhaltig zukunftsverträglichen Entwicklung‹ arbeitete. Den Ergebnissen dieser Kommission verdankt sich das Drei-Säulen-Modell von Nachhaltigkeit, dem es auf die Balance von wirtschaftlichen, ökologischen und sozialen Zielen ankommt. Dieses Modell wird seither einer permanenten Revision unterzogen; im Zusammenhang mit *Nachhaltigem Design* stellt sich insbesondere die Frage nach einem ästhetisch-symbolischen Fundament für solche oder andere tragfähige Säulen.

In den letzten Jahren hat sich Nachhaltigkeit zum nahezu inflationär gebrauchten Modewort gemausert, nicht immer mit der nötigen Ernsthaftigkeit im Gebrauch, aber doch mit der Folge, dass auch einige Industriekonzerne beginnen, ihre Produktion und ihr Marketing entsprechend umzuorientieren. Bei diesem Prozess der Umstellung auf nachhaltiges Produzieren und Konsumieren kommt den Designerinnen und Designern als Gestaltern von Produkten, Dienstleistungen und Medien eine besondere Verantwortung zu, denn mit ihrer Arbeit beeinflussen sie in hohem Maße die Produktionsbedingungen der Industrie, die Aktions- und Perzeptionsmuster der Menschen und die Arten gesellschaftlicher Kommunikation. Sie nehmen dabei eine Vermittlerposition zwischen allen relevanten, an dem Diskurs Beteiligten ein.

2. Nachhaltiges Design in der Lehre – Tradition und Experiment

Die schon jetzt beträchtlichen und zukünftig noch wachsenden Anforderungen an nachhaltig arbeitende Designerinnen – aber auch die Sensibilisierung *konventionell* ausgebildeter Gestalter – erfordern eine Revision und Erweiterung der Design-Curricula. Dieser Band versteht sich als Anregung und Arbeitsgrundlage für eine solche Revision. Einige wesentliche Aspekte wollen wir im Folgenden kurz streifen.

Das Thema Nachhaltigkeit samt der fachlichen Kenntnisse, die damit verbunden sind, darf sich nicht im bloßen Lehrstoff (zum Beispiel in Gestalt weniger additiver Öko-Studienmodule) erschöpfen. Vielmehr müssen nachhaltige Kriterien eine objektive Eigenschaft des Curriculums selbst sein. Solche Kriterien sind unter anderen die Dialogorientierung der Lehre, wie sie die europäische Bildungstradition schon seit Platon einfordert (Phaidros, 274A-275D), eine Offenheit und Flexibilität des Curriculums, die jedem Studierenden eine individuelle und den eigenen Talenten und Interessen angemessene Schwerpunktsetzung ermöglicht, sowie kleine und persönliche Lerngruppen. Des weiteren sind, über die technischen und handwerklichen Kompetenzen hinaus, Textkompetenz und Weltwissen, Reflexionsvermögen und Urteilskraft zu fördern, die anspruchsvolle und konzeptionell fundierte Gestaltung erst ermöglichen. Sie sind durchaus kein schöngeistiger Selbstzweck. Vielmehr qualifizieren sie angehende Designer dazu, die komplexen Wechselwirkungen des Gestaltens mit der natürlichen und sozialen Welt (erstens) in der eigenen Arbeitsweise zu implementieren, (zweitens) aber diese Implementierung im industriellen und wirtschaftlichen Rahmen auch argumentativ zu stützen, um sie dann (in einem dritten Schritt) so zu kommunizieren, dass sie im Rahmen der individuellen Lebensstile überhaupt die nötige Glaubwürdigkeit und Überzeugungskraft erlangen. Insofern erweist sich die transdisziplinäre Ausbildung als ausgesprochen praxis- und berufsorientiert. Die Fähigkeit zu *Nachhaltigem Design* ist also eine Komplexitätskompetenz. Ohne sie bleiben Designer stumme technische Dienstleister und verpassen die Wirkmöglichkeiten, die sich ihnen aus der Logik der Wertschöpfungsnetze geradezu aufdrängt.

Da Gestaltung immer auch eine ästhetische Disziplin bleibt, die über die Pragmatik des Stofflich-Technischen hinaus auch mit symbolischen Mitteln Bedeutung erzeugt, sollte ambitionierten jungen Gestalterinnen die kulturgeschichtliche Bedingtheit des ästhetischen Materials erschließbar gemacht werden. Das kann insbesondere dadurch geleistet werden, dass keine utilitaristische Verkürzung des Bildungsbegriffs zugelassen wird, der *Nachhaltiges Design* dann als bloße benigne Manipulation des Publikums appliziert. Vielmehr geht es um die Bildung des einzelnen Gestalters – mit Humboldt gesprochen: um die »*Bildung seiner Kräfte zu einem Ganzen. Zu dieser Bildung ist Freiheit die erste und unerläßliche Bedingung. Allein außer der Freiheit erfordert die Entwickelung der menschlichen Kräfte noch etwas andres, obgleich mit der Freiheit eng Verbundenes: Mannigfaltigkeit der Situationen.*«

Bildung für *Nachhaltiges Design* bedarf der Offenheit gegenüber neuen Erfahrungen, Erkenntnissen, Erfordernissen und Methoden; sie legt keinen Kanon an Wissen und Interpretationen von Welt fest, der fraglos und unkritisch angeeignet werden müsste. Vielmehr kommt es auf eine Vielfalt der Perspektiven, Methoden und Konzepte an – denn nicht nur in der Landwirtschaft sind Monokulturen krisenanfällig und Diversität hingegen resilient und stoßfest. Eine solche Bildung ist zudem gekennzeichnet vom Befragen der eigenen und anderer Traditionen, denn jede Zukunft ist das Fortschreiben dessen, was war und ist. Zukunftsfähigkeit ist also auf das Intimste mit der Geschichte verstrickt. Insofern ist der transdisziplinäre Charakter des vorliegenden Bandes nicht nur Methode, sondern auch Programm.

Ein Curriculum für ein Design-Studium, das den sich stets neu formulierten Leitbildern der Nachhaltigkeit Rechnung tragen will, betritt daher permanent pädagogisches und didaktisches Neuland. Zwar sind bereits in den siebziger Jahren experimentelle Modelle für die Institutionalisierung neuartigen Lernens gerade im Bereich der Kunst entwickelt worden – stellvertretend für andere sei hier an die Gründung der Freien Internationalen Hochschule für Kreativität und interdisziplinäre Forschung durch Joseph Beuys erinnert –, aber die Frage, wie ein praktikables Curriculum konkret gestaltet werden sollte und wie die abstrakte Idee der nachhaltigen Bildung inhaltlich und strukturell in den organisatorischen Alltag einer Akademie integriert werden kann, war und bleibt eine Herausforderung.

Nicht jedes Design-Studium, das sich Nachhaltigkeit auf die Fahnen schreibt, muss identisch organisiert sein, denn die Verschiedenheit der Ansätze spiegelt die Vielfältigkeit der Zu-

Karin-Simone Fuhs, Davide Brocchi, Michael Maxein, Bernd Draser

gänge zum Thema der nachhaltigen Bildung wider. Auch Designschulen, die rein handwerklich ausbilden, sind sinnvoll. Jedoch muss Nachhaltigkeit stets als Querschnittsaufgabe verstanden werden, und zwar für die gesamte Institution, nicht nur für Studieninhalte, sondern auch für Lehrbetrieb und Organisation, für den Managementstil und nicht zuletzt für Gebäude und Ressourcenverbrauch. Denn jedes Design-Curriculum, das sich konsequent dem Thema der Nachhaltigkeit zuwendet, wird stets auch als Modellfall dienen müssen.

3. Geschichte und Zukunft des Nachhaltigen Designs

Dass gerade heute eine Geschichte des *Nachhaltigen Designs* sich als nötig erweist, ist ein weiteres Symptom für einen sich verändernden, sich erweiternden Design-Begriff. Der große utopische Gestus zu Beginn des 20. Jahrhunderts stellte sich als überzogen heraus; was blieb, waren eine neue, erfrischend reduzierte Ästhetik und pädagogische Konzepte, deren Strahlkraft bis heute anhält. Ernüchtert vom brutalen Scheitern politischer und auch vieler anderer Utopien, fand nicht nur das Design sein vermeintliches Heil in der Ökonomisierung und Oberflächenästhetisierung von nahezu allen Lebensbereichen, was einzelne, aber wirkmächtige Kritiker auf den Plan rief. Die Etablierung der ökologischen Diskurse war auch der Anlass für die Kompetenzerweiterung des Designs hin zur Nachhaltigkeit. Alle drei Bewegungen – die Ästhetisierung, die Ökonomisierung und der Einfluss des ökologischen Gedankens – zeigen, dass das Design jeweils Kind seiner Zeit, also zutiefst historisch verwurzelt ist. Um nicht nur Zeitzeuge, sondern auch kompetenter Akteur dieser Entwicklung werden zu können, will dieser Band eine historische Reflexion dessen anregen, was Design ist und künftig sein kann.

Einen Hinweis auf die Möglichkeiten solcher Zukünfte gibt eine Disziplin, deren Nachbarschaft zum Design umstritten ist, nämlich die Kunst. Über mehr als zwei Jahrtausende hinweg galt sie als mimetisches Handwerk, das je nach Betrachter als defizitäres und lügnerisches (Platon), allgemein menschliches und erkenntnisbeförderndes (Aristoteles), nützliches und unterhaltsames (Horaz) Handwerk bewertet wurde. In den Jahrzehnten um die Französische Revolution herum explodierten dann mit einem Mal die ästhetischen Theorien als philosophische und pädagogische Diskurse. Ein paar Beispiele sollen das illustrieren: Winckelmann, ›Gedanken über die Nachahmung der griechischen Werke‹ (1756); Baumgarten, ›Aesthetica‹ (1758); Lessing, ›Laokoon‹ (1760); Sulzer, ›Allgemeine Theorie der schönen Künste‹ (1774); Moritz, ›Über die bildende Nachahmung des Schönen‹ (1788); Kant, ›Kritik der Urteilskraft‹ (1790). In Schillers Briefen ›Über die ästhetische Erziehung des Menschen‹ (1795) dient ebendiese Ästhetik gewissermaßen als Revolutionsersatz. Hegels posthum veröffentliche ›Vorlesungen über die Ästhetik‹ (1835-1838) erheben die Kunst neben Religion und Philosophie zu einer der drei Erscheinungsformen des absoluten Geistes. Und die Romantiker trauen der Kunst (und nur ihr) ohnehin jede Erlösungsleistung zu.

Es häufen sich die Hinweise darauf, dass dem Design heute eine vergleichbare Karriere bevorsteht wie der Kunst vor gut zwei Jahrhunderten, insbesondere dann, wenn es sich als *Nachhaltiges Design* versteht. Einige Symptome dafür sind die zahlreichen Reflexionen über Möglichkeiten und Herausforderungen des Designs, die Öffnung und Kompetenzerweiterung des Designs zu anderen Disziplinen und Diskursen, die Szientifizierung der Designdiskurse, aber auch der inflationäre Gebrauch des Wortes *Design* für alle erdenklichen Bereiche des *Machens*. Ob dem so ist und was das für die Zukunft des *Nachhaltigen Designs* bedeuten mag, kann in einem ersten Schritt nur durch eine Geschichte des *Nachhaltigen Designs* erkundet werden. Wie die Entwicklungen sich auch fortschreiben mögen, ist es doch unerlässlich, den geschichtlichen Blick auf das Design zu richten, wenn es sich als nachhaltig etablieren will. Die Herausgeberinnen haben sich dabei für folgendes Vorgehen entschieden:

- *Der erste Teil* des Buches beschäftigt sich mit Definitionen des *Nachhaltigen Designs* aus zwei Perspektiven, einerseits aus einer ethischen, sozial- und kulturwissenschaftlichen Perspektive auf die Herkunft der verschiedenen Gehalte von Nachhaltigkeit und Design, andererseits aus der Perspektive der Wechselwirkungen von Kommunikationsmaßnahmen, Produkten und Dienstleistungen mit ihrer Umwelt in einem umfassenden Sinne.

- *Der zweite Teil* konzentriert sich auf die westliche Geschichte des nachhaltigen Designs von der vorindustriellen Zeit über Vordenker und Vorbilder wie das Bauhaus, die Jahre zwischen 1930 und 1970, und schließlich die letzten Jahrzehnte. Zwischen diesen Beiträgen werden maßgebliche Persönlichkeiten des Designs wie Wassily Kandinsky, Joseph Beuys und Siegfried Maser vorgestellt.

- *Der dritte Teil* widmet sich der Gegenwart des *Nachhaltigen Designs* im Westen. Hier liefern die Autorinnen und Autoren Impulse zu den ökologischen, ökonomischen, sozialen und kulturellen Dimensionen nachhaltigen Gestaltens. Dabei werden wichtige Strategien der Nachhaltigkeit (Effizienz, Konsistenz und Suffizienz) auf das Design bezogen. Die ökonomische Dimension wird am Beispiel des Werkes von Victor Gruen analysiert, die oft vernachlässigte soziale Dimension der Nachhaltigkeit mit Fragen der sozialen Ungleichheit, Ausgrenzung und Partizipation sowie das globalisierungskritische Design aus einer kulturwissenschaftlichen Perspektive kommen ebenfalls zur Sprache. Zur Gegenwart des nachhaltigen Designs gehören freilich auch eine Vielzahl von institutionellen Akteuren; eine repräsentative Auswahl wird kurz vorgestellt.

- *Der vierte Teil* versucht einen Fremd- und Außenblick. Die Beiträge betrachten die Rolle des Designs als Teil der ambivalenten westlich geprägten Entwicklungspolitik in den Entwicklungsländern sowohl in der Theorie als auch der Praxis, aber auch die Rezeption und Auswirkung des westlichen Designs in der Peripherie und die Wahrung bzw. Neuentwicklung eigener Traditionen in der vormals kolonisierten Kulturen. Das Aufeinandertreffen von Moderne und Tradition, von westlichen und außereuropäischen Einflüssen, von Nachhaltigkeit und Kommerz werden anhand ausgewählter Beispiele ebenso analysiert wie das Design aus der Perspektive der Ethnologie und seine Auswirkungen auf die kulturelle Vielfalt.

- *Im fünften und letzten Teil* geht es schließlich um die Zukunft. Das sind vor allem die großen globalen Herausforderungen und Trends und die Möglichkeiten von Design, sich darauf vorzubereiten. Wie kann sich ein *Nachhaltiges Design* künftig in einer nicht-nachhaltigen Umgebung behaupten? Welche zukünftigen Entwicklungen lassen sich aus der Geschichte des Designs ablesen? Was kann und was muss ein *Nachhaltiges Design* in der Zukunft leisten?

Die Herausgeber danken allen Autorinnen und Autoren für ihre spannenden, vielfältigen und zukunftsweisenden Beiträge und ihre Geduld, mit der sie dieses Projekt unterstützt haben. Dass der produktive Blick in die Zukunft die Geschichte gewissermaßen als Fernglas braucht, hat Carlos Fuentes in einem Essay über den Beginn seines kreativen Schaffens unvergleichlich auf den Punkt gebracht: »*... there is no creation without tradition; the new is an inflection on a preceding form; novelty is always a variation on the past.*«

Karin-Simone Fuhs, Davide Brocchi, Michael Maxein, Bernd Draser

Prof. Karin-Simone Fuhs wuchs in Kairo/Ägypten auf, studierte in Deutschland visuelle Kommunikation und gründete 1994 die ecosign/Akademie für Gestaltung in Köln. Seitdem ist sie Direktorin dieser u.a. von der UNESCO-Dekade ausgezeichneten Bildungseinrichtung, hält Vorträge und ist gefragte Gesprächspartnerin bei Podiumsdiskussionen zu den Themen Nachhaltiges Design und Bildung für nachhaltige Entwicklung. Karin-Simone Fuhs ist Professorin für Nachhaltiges Design an der Alanus Hochschule für Kunst und Gesellschaft in Alfter und erhielt in den letzten Jahren zahlreiche Auszeichnungen – z. B.: den Utopia-Award in der Kategorie ›Vorbilder‹ (2011) oder den nawi-Award in der Kategorie ›Persönlichkeiten‹ (2013); Ihre Arbeitsschwerpunkte sind Nachhaltiges Design, nachhaltiger Konsum, Nachhaltigkeit in der Bildung und Unternehmensmanagement. Darüber hinaus ist sie Mitglied im Beirat für den Bundespreis Ecodesign, Mitgründerin und Beirätin des Verbandes der nachhaltigen Unternehmen ›dasselbe in grün e.V.‹, war Jurymitglied bei verschiedenen anderen Design-Awards (z. B. Red-Dot- und Jameson-Award) und engagiert sich seit vielen Jahren mit Patenschaften in nachhaltigen Projekten in Kathmandu und Afrika.

Davide Brocchi, Michael Maxein und Bernd Draser – ebenfalls Herausgeber – werden im Folgenden noch als Autoren entsprechend vorgestellt.

Literatur

Deutscher Bundestag (Hrsg.) (1994): Die Industriegesellschaft gestalten - Perspektiven für einen nachhaltigen Umgang mit Stoff- und Materialströmen. Verfügbar unter: http://dip21.bundestag.de/dip21/btd/12/082/1208260.pdf

Deutscher Bundestag (Hrsg.) (1998): Konzept Nachhaltigkeit. Vom Leitbild zur Umsetzung. Abschlussbericht der Enquete-Kommission „Schutz des Menschen und der Umwelt - Ziele und Rahmenbedingungen einer nachhaltig zukunftsverträglichen Entwicklung". Verfügbar unter: http://dip21.bundestag.de/dip21/btd/13/112/1311200.pdf

Fuentes, Carlos (1988): How I Started to Write. In: Myself With Others. Selected Essays. New York: Farrar, Straus, Giroux.

Heisenberg, Werner (1996): Der Teil und das Ganze. München: Piper.

Jonas, Hans (1979): Das Prinzip Verantwortung: Versuch einer Ethik für die technologische Zivilisation. Frankfurt am Main: Suhrkamp.

Humboldt, Wilhelm v. (1986): Ideen zu einem Versuch, die Grenzen der Wirksamkeit des Staats zu bestimmen. Stuttgart: Reclam.

Möller, Evelin (1989): Unternehmen pro Umwelt. Ansätze ganzheitlichen Denkens in Politik und Wirtschaft, Architektur, Produktentwicklung und Design. München: Lexika-Verlag.

Planck, Max (1929): Das Weltbild der neuen Physik. Leipzig: Ambrosius Barth.

Platon (1991): Phaidros. In: Sämtliche Werke, Bd. 6. Phaidros. Theaitetos. Sämtliche Werke in zehn Bänden. Frankfurt am Main: Insel, 1991.

Internetquellen

Europäische Kommission: http://ec.europa.eu/energy/efficiency/eco-design/eco_design_de.htm (Stand: 10.11.2013)

**Wer Antworten sucht, muss sich
Zeit nehmen, Fragen zu stellen.**

Was ist Nachhaltiges Design und wie könnten Beispiele dafür aussehen? Was sind als nachhaltig zu bezeichnende Produkte, Anzeigen, Plakate, Informationen, Botschaften? Hängt eine solche Kategorisierung im Kommunikationsdesign davon ab, wofür geworben wird – oder eher von der Frage, wie man wirbt? Ist im Produktdesign der Zweck der hergestellten Dinge für eine Einordnung entscheidend oder eher, ob sie selbst nachhaltig produziert wurden – also z. B. biologisch abbaubar und unter menschen- und umweltgerechten Bedingungen? Wer kann überhaupt entscheiden, ob oder wann etwas wirklich nachhaltig ist?

Die vielen Facetten Nachhaltigen Designs

MICHAEL MAXEIN

Im nachfolgenden Bildteil werden Beispiele aufgezeigt, die zumindest Ansätze *Nachhaltigen Designs* enthalten – auch wenn die Gestalterinnen und Gestalter diesen Anspruch bei deren Entstehung z.T. gar nicht unbedingt im Blick hatten. Sicher könnte der Rot-Blaue Stuhl eines Gerrit Rietveld – umweltfreundlich lackiert – heute als Beispiel *Nachhaltigen Designs* gelten. Der Anspruch Rietvelds, ein industriell zu fertigendes, für alle erschwingliches und komfortables Möbel aus Holz herzustellen, entspricht ziemlich genau dem, was man derzeit als *nachhaltig* bezeichnen würde: Es ist ökologisch unbedenklich, wirtschaftlich erfolgreich und ein Objekt, das sich jeder leisten oder selber bauen kann – auch wenn Rietveld selbst wahrscheinlich weder das Wort Nachhaltigkeit noch das dahinterstehende Konzept bekannt gewesen sein dürfte.

Ähnlich verhält es sich beim Kommunikationsdesign: Vieles von dem, was wir heute und im Rückblick dem *Nachhaltiges Design* zuordnen würden, nannte man zum Zeitpunkt seiner Entstehung Gesellschaftskritik, politisches Statement oder ästhetische Provokation.

Der Anspruch nachhaltigen Gestaltens könnte also eher darin liegen, aus den Erfahrungen und Facetten *Nachhaltigen Designs* der älteren und jüngeren Vergangenheit zu lernen und sie in die heutige gestalterische Arbeit einfließen zu lassen.

Der folgend chronologisch angelegte Bildteil hat nicht den Anspruch, beispielhaft 100 % ökologisch-soziale und sogar wirtschaftlich erfolgreiche Konzepte aufzuzeigen. Vielmehr soll er der Inspiration dienen und Anregungen zur Diskussion darüber liefern, was Nachhaltigkeit in Kommunikations- und Produktdesign heute und für die Zukunft bedeuten kann[1].

Den nächsten Schritt stellt dann die Übersetzung der gewonnenen Erkenntnisse in die gesellschaftliche Realität, in Produkte, Kampagnen und Initiativen dar. Um es frei nach Joseph Beuys zu sagen: »*Wenn wir heute mit einer Veränderung anfangen, kann es 30 Jahre dauern. Wenn wir heute nicht beginnen, dauert es 300.*«

1   Gerne sammeln wir weitere Beispiele unter www.geschichte-nachhaltigen-designs.de

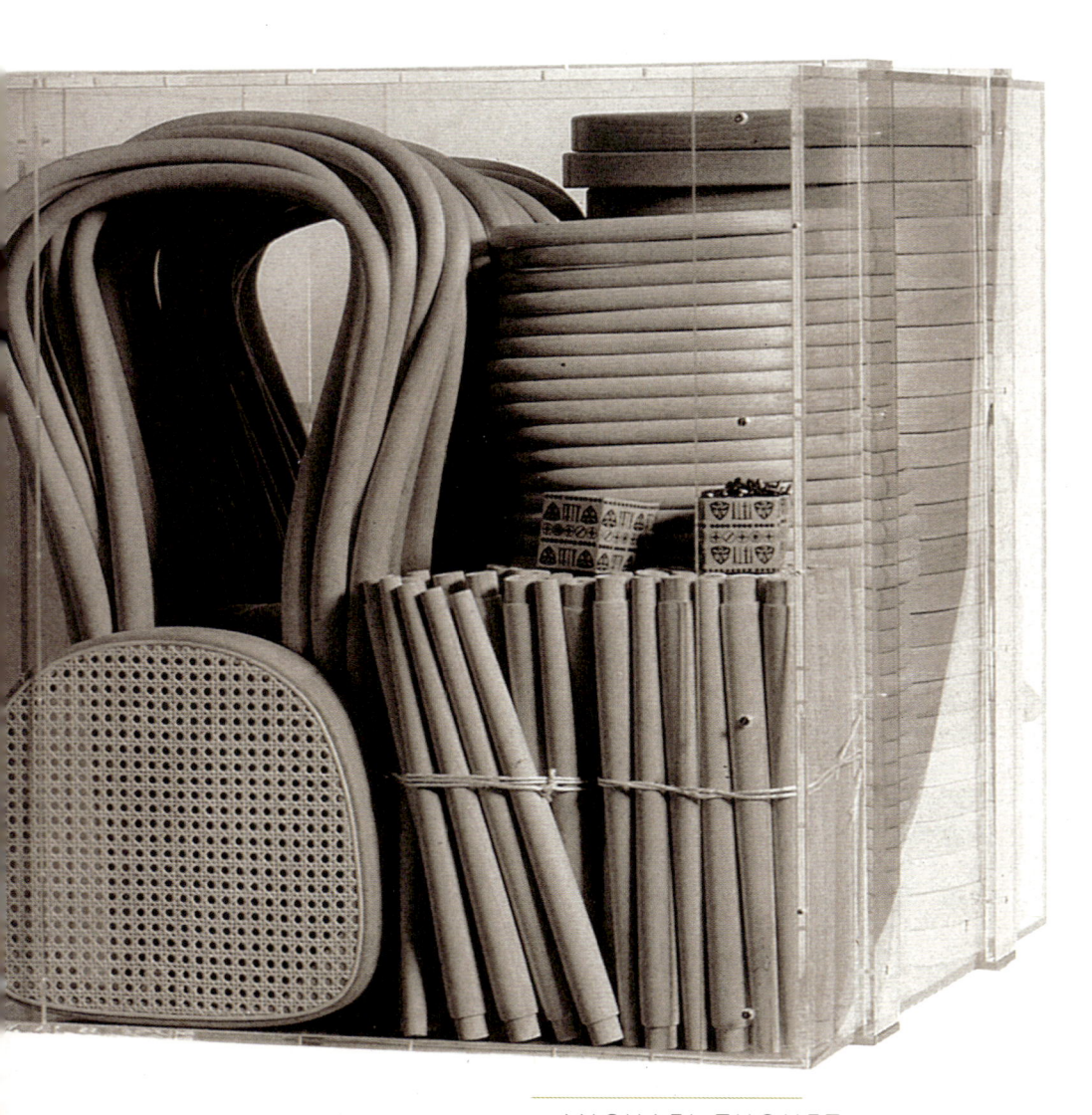

MICHAEL THONET
›No. 214‹, Stuhl
43 × 52 cm, **1859**

Für Transport und Lagerung der verkauften Thonet No. 214 gab es schon sehr früh ein vorbildliches Konzept: In eine Kiste mit einem Kubikmeter Volumen passten 36 zerlegte Stühle, die erst an Ort und Stelle montiert wurden. Dies spart nicht nur Versandkosten, sondern stellt gleichzeitig eine Entlastung der Umwelt durch ein geringeres Transportaufkommen dar.

© thonet

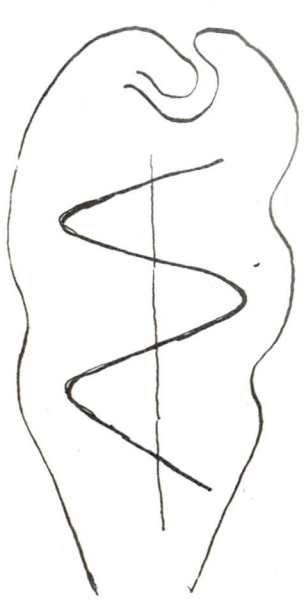

RUDOLF STEINER
›Weleda‹-Siegel, Markenzeichen
1922

Die Gesundheit des Menschen zu erhalten, zu fördern und wiederherzustellen war von Beginn an Ziel des von Rudolf Steiner und Ita Wegman 1921 gegründeten Unternehmens. Weleda ist heute der weltweit führende Hersteller von ganzheitlicher Naturkosmetik und Arzneimitteln für die anthroposophische Therapierichtung. Dieser ganzheitliche Ansatz spiegelt sich auch im Logo des Unternehmens wider (Skizze von Rudolf Steiner). Allen Weleda-Zeichen seit 1922 gemeinsam ist das Motiv des Äskulapstabes, der seit Jahrtausenden als Symbol der Heilkundigen gilt. Die sich im Stab aufrichtende Schlange soll die Ambivalenz zwischen Leben und Tod versinnbildlichen und wird hier von seitlichen Begleitformen umhüllt, die in einer sich neigenden und einer aufnehmenden Geste zusammenkommen: »Geben und Nehmen, Stärke und Schwäche, Helfen und Hilfe empfangen wirken zusammen«. Dieses Liniengefüge soll künstlerisch »ein Urbild sozialtherapeutischen Geschehens« anschaulich machen, was aus einem Impuls des Inneren werden kann. 2013 wurde das Siegel um vier kreisende und sich durchdringende Linien erweitert. Sie sollen für die vier Wesensglieder stehen: »Physischer Leib – sichtbarer Körper, Ätherleib – Lebenskraft, Astralleib – Bewusstsein und Empfindung, Das Ich – Persönlichkeit.«

© Weleda / weleda.de

GERRIT RIETVELD
›L40‹, Hängelampe
1920

Die nur aus Kabeln, Holz und Leuchtstoffröhren bestehende Lampe von Gerrit Rietveld besticht durch ihre Einfachheit und Zurückhaltung und das einfache Prinzip, das benötigte Leuchtmittel gleichzeitig als Gestaltungselement zu nutzen. Ein Prinzip, das sich mit gleichem Effekt auch heute noch auf viele Bereiche der Gestaltung übertragen lässt.

© VG Bild-Kunst, Bonn 2013; Foto: Flickr, Esther Westerveld

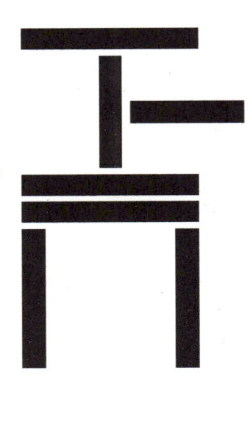

BÜCHERGILDE GUTENBERG
›Erste gemeinwirtschaftlich-genossenschaftlich organisierte proletarische Buchgemeinschaft‹
Logo von **1924** / aktuelles Logo von **2000** (Jost Hochuli)

1924 beschloss der Bildungsverband der deutschen Buchdrucker die Gründung einer gewerkschaftlichen Buchgemeinschaft. Dem unterprivilegierten Arbeiter sollte der Zugang zur Bildung erleichtert bzw. oftmals erst ermöglicht werden. Laut Satzung verfolgte die Büchergilde den Zweck, ihren Mitgliedern »inhaltlich gute Bücher in technisch vollendeter Ausführung und nicht alltäglicher Ausstattung zu günstigen Preisen zugänglich zu machen«. Bis heute ist diese Idee vom »bibliophilen Gebrauchsbuch für alle« lebendig. Die Büchergilde bietet ein vielfältiges und vielfach ausgezeichnetes Programm – wie beispielsweise das von Joe Villion illustrierte Werk von Katherine Mansfield ›In einer deutschen Pension‹, das 2013 von der Stiftung Buchkunst als eines der schönsten Bücher 2013 prämiert wurde.

© *Büchergilde Gutenberg*

FORSCHUNGSRING FÜR BIOLOGISCH-DYNAMISCHE WIRTSCHAFTSWEISE
›Demeter‹, älteste deutsche Bio-Marke
1928

1928 entstand das Demeter-Warenzeichen – benannt nach der griechischen Fruchtbarkeitsgöttin Demeter – und steht seitdem für Produkte der biologisch-dynamischen Wirtschaftsweise. Es ist den Pionieren in Sachen Bio gelungen, diese Art des Anbaus inzwischen als die nachhaltigste Form der Landbewirtschaftung zu etablieren. Laut Demeter wird »durch selbst hergestellte, feinstofflich wirkende Präparate aus Mist, Heilpflanzen und Mineralien die Bodenfruchtbarkeit in der biologisch-dynamischen Landwirtschaft nachhaltig gefördert und das charakteristische Aroma der Lebensmittel voll entwickelt«. Die Marke soll Verbraucherinnen und Verbrauchern noch heute hohe Qualität und den nachhaltigen Umgang mit Menschen und Tieren, Pflanzen und Boden kommunizieren.

© *demeter.de*

KÜNSTLERGRUPPE ›DIE SECHS‹
›Monatsschrift zur Förderung künstlerischer Reklame‹, novum 4/1925
Herausgegeben seit 1924

Seit den 1920er Jahren setzt sich die novum für die ›Gebrauchsgrafik‹ und – im Blick auf Wirkung, Beständigkeit und den Einsatz von Ressourcen – eine gute und durchdachte Gestaltung ein. Dabei spielt Nachhaltigkeit auch immer wieder explizit eine Rolle, etwa wenn Projekte aus diesem Themenbereich vorgestellt oder entsprechend produzierte Papiere sogar haptisch erfahrbar präsentiert werden. Darüber hinaus zeichnen künstlerische Aspekte, die Funktion der novum als Reflexionsmedium für KommunikationsdesignerInnen und ein Anspruch, der über die Kurzlebigkeit einer Werbebotschaft hinausgeht, die novum aus. Interessant ist in diesem Zusammenhang auch der Begriff ›Gebrauchsgrafik‹, der nicht nur von der künstlerischen Originalgrafik, sondern auch von einer in der Konsumgesellschaft eventuell so zu bezeichnenden ›Verbrauchsgrafik‹ abgegrenzt werden kann.

© *novum*

ALVAR AALTO
›Armsessel 41‹
64 × 60 × 80 cm, **1931**

Dieser Sessel war der erste seiner Art aus verleimtem und gebogenem Birkenholzfurnier. Alvar Aalto hatte diese Technik der Holzverarbeitung selbst entwickelt. »Er ist das Resultat zahlreicher Biegeversuche, die Aalto mit teilweise naturfeuchtem Birkenholz unternahm. Da Birkenholz in Finnland weit verbreitet ist und die Herstellungsmethode keine aufwendige Technik erfordert, konnte er wirtschaftlich hergestellt werden. Aufgrund der federnden Sitzfläche galt der ungepolsterte Sessel als komfortabel und entsprach durch seine zeitgemäße, organische und unaufdringliche Form modernen Wohnbedürfnissen.« (zitiert nach www.design-museum.de › sammlung › 100 masterpieces › paimio)

© VG Bild-Kunst, Bonn 2013 Foto: www.artek.fi

ALVAR AALTO
›Hocker 60‹

1933

Aus heimischem Holz gefertigt, nahezu unverwüstlich, schlicht aber elegant, nützlich, stapelbar und robust –und das auf nur drei Beinen!

© VG Bild-Kunst, Bonn 2013 Foto: Tuomas Uusheimo for artek.fi

CLARA RITTER
›Ritters Sport Schokolade‹, Lebensmittelverpackung

9 × 9 cm, 1932

Eine Schokoladentafel in Quadratform war in der Entstehungszeit der 1930er Jahre einzigartig und ist noch heute eine Ausnahmeerscheinung. Der Firmengeschichte zufolge war die Idee, dass man eine seit Gründung des Unternehmens 1912 übliche 100g-Tafel so gestaltet, dass sie »in jede Sportjacketttasche passt, ohne dass sie bricht«. Ein solches, auch optisch praktikables Alleinstellungsmerkmal ist noch nicht per se nachhaltig – es gelingt hier allerdings mit einfachsten Mitteln einen Wiedererkennungswert zu schaffen, der nicht gleichzeitig zu Lasten von Ressourcen geht. Im Gegenteil: Als Familienunternehmen mit Nachhaltigkeitsanspruch gilt Ritter Sport heute als Vorreiter im Bereich Corporate Social Responsibility (CSR).

© Alfred Ritter GmbH & Co. KG

WILHELM WAGENFELD
›Kubus‹, Aufbewahrungsbehälter aus Glas
versch. Größen, 1938

Schlichtheit und Zurückhaltung in Kombination mit hoher Praktikabilität – das macht die Aufbewahrungsbehälter von Wilhelm Wagenfeld zu Design-Klassikern. Zudem lässt sich Glas, bei guter Vorsortierung, sehr gut wieder einschmelzen und dem Reyclingprozess zuführen – was sich bei diesen *Designklassikern* jedoch verbieten sollte.

© VG Bild-Kunst, Bonn 2013 Foto: Wright Auction House.

ANNA-MAIJA JAATINEN
›Kleiderbaum 160‹, Garderobe
61 × 177 cm, 1964

Auch dieser hölzerne Kleiderbaum mit metallenem Fuß aus den 1960er Jahren weist in nützlicher Reduziertheit über seine Entstehungszeit hinaus.

© Juha Nenonen for artek.fi

16 000 Menschen sterben jährlich in der Bundesrepublik an Lungenkrebs.

Vielleicht mal eine weniger...

Von ihnen sind nach der Statistik 99,2% Raucher, 0,8% Nichtraucher.

GUNTHER RAMBOW
›Vielleicht mal eine weniger …‹, Plakat
1969

Vielleicht mal etwas weniger direkt: Grafikdesign hat die Funktion, Inhalte zu vermitteln – möglichst direkt, prägnant und ohne große Umwege. Gunther Rambow hingegen sorgte mit diesem Motiv in den 1960er Jahren für Aufmerksamkeit. Ähnlich der angesprochenen Thematik wird die Gefahr erst auf den zweiten Blick deutlich …

© gunter-rambow.de

TAPIO WIRKKALA
Modularer Kerzenständer

ca. 20 × 14 cm, **1970**

Dieser Kerzenständer bietet gleichermaßen Flexibilität als auch eine hohe Standsicherheit – für einen Kerzenständer nicht unerheblich. Er ist aus Edelstahl gefertigt und gleicht, duch die geschickte Anordnung der einzelnen Verbindugsteile, selbst Höhenunterschiede in der Standfläche problemlos aus.

© VG Bild-Kunst, Bonn 2013 Foto: Juha Nenonen for artek.fi

PETER OPSVIK
›Tripp Trapp‹, anpassbares Sitzmöbel

78 × 49 × 46 cm, **1972**

Dieser heute schon ›klassische‹ Kinderhochstuhl stellte 1972 ein Novum dar. Peter Opsvik beobachtete, wie sein Sohn unbequem am Tisch sitzen musste, weil er aus seinem altmodischen Hochstuhl herausgewachsen war. Er war jedoch immer noch viel zu klein, um auf einem Erwachsenenstuhl zu sitzen. Mit diesem Problem vor Augen entwickelte der Designer den höhenverstellbaren Tripp Trapp. Noch heute wird er von der Firma Stokke aus heimischer Buche gefertigt wird und ist äußerst strapazierfähig und langlebig.

© stokke.com

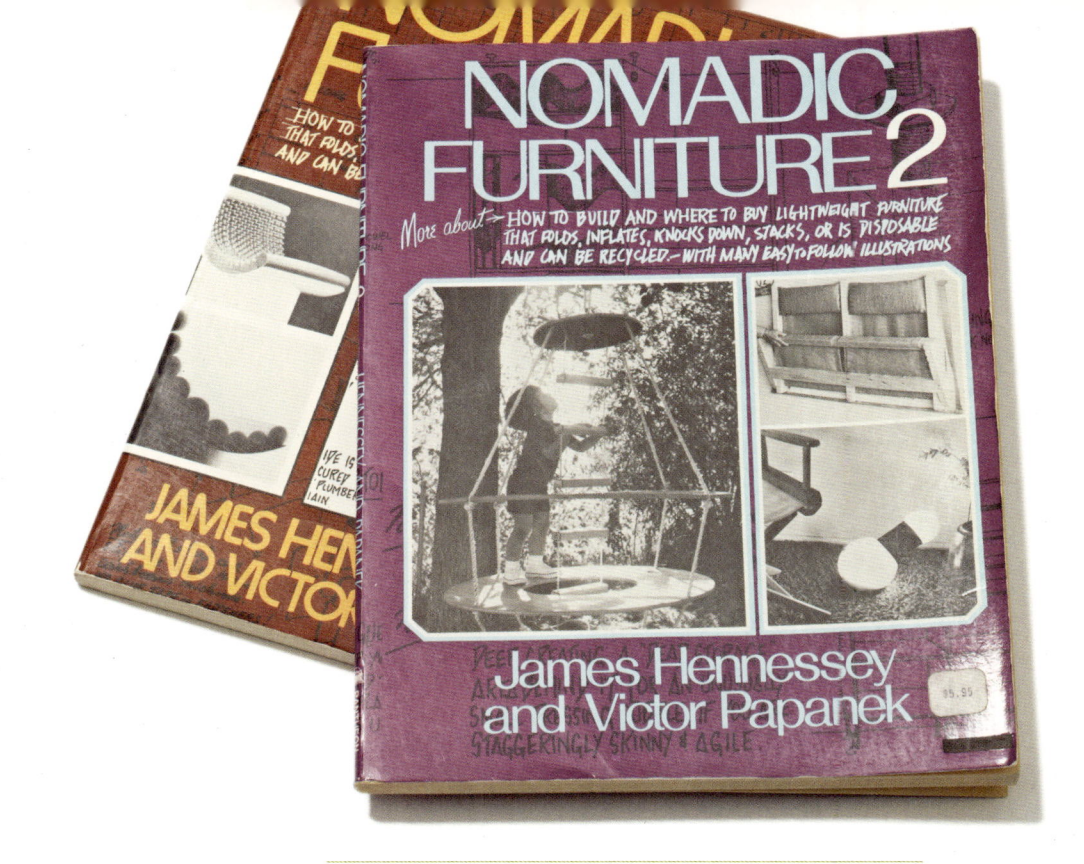

JAMES HENNESSEY & VICTOR PAPANEK
›Nomadic Furniture 1 + 2‹, Buch
27,7 × 21,1 × 1,3 cm, **1973** und **1974**

James Hennessey und Victor Papanek zeigten in den beiden Bänden ›Nomadic Furniture‹ die Möglichkeiten des DIY – also der ›Do-it-yourself‹-Bewegung – auf und gaben ihr damit eine neuartige, praktische Hilfestellung. Papanek unterstrich damit seine Definition eines Designs, das sich weniger an der Gestaltung von Oberflächen oder der schönen Form orientiert, sondern vielmehr am, so auch der Titel seines Hauptwerks von 1971, ›Design für die reale Welt‹. Es handelt sich um eine Zusammenfassung von ›Anleitungen für eine humane Ökologie und sozialen Wandel‹. Das MAK – Österreichisches Museum für angewandte Kunst / Gegenwartskunst – zeigte, mit Bezug auf die Publikationen vom Anfang der 1970er Jahre, Mitte 2013 eine Ausstellung unter dem Titel ›Nomadic Furniture 3.0‹.

© MAK / Georg Mayer

KLAUS STAECK
›Jeder zweite Abgeordnete ist eine Frau‹, Plakat
DIN A1, 1976

Dieses Plakatmotiv besticht duch seine gelungene Kombination aus Text- und Bildnachricht – und ist noch heute (nicht nur im Bundestag) seiner Zeit weit voraus. Klaus Staeck hat in vielen seiner Plakat- und Postkartenmotive aktuelle politische und gesellschaftliche Entwicklungen (oder aber deren Ausbleiben) aufgegriffen und foto-/typografisch bearbeitet. Heute ist Staeck Präsident der Akademie der Künste in Berlin.

© Klaus Staeck

NICHT BEKANNT
›Der Blaue Engel‹, Logo
1978

Der Blaue Engel ist die erste umweltschutzbezogene Kennzeichnung der Welt. Mit einem Bekanntheitsgrad von 79 % unter deutschen VerbraucherInnen stellt er ein gelungenes Kommunikationskonzept – unabhängig von der eigentlichen Marke – zur Kennzeichnung umweltfreundlicher Produkte und Dienstleistungen dar.

© Bundesumweltministerium

ANNA LUND
›Atomkraft? Nej Tak!‹, Aktionslogo
1975

Die Anti-Atomkraftbewegung nutzt seit 1975 ein in Dänemark entstandenes Logo, das die damals 22jährige Anti-Atomkraft-Ativistin Anne Lund zeichnete und welches heute u. a. Hauswände, T-Shirts, Buttons und die Fahrzeuge atomkraftkritischer Autofahrer ziert. Die lachende Sonne ist heute ein Klassiker eines zwar nicht kommerziellen, aber dennoch äußerst erfolgreichen Kommunikationsdesigns.

© Villy Fink Isaksen / Commons / CC-BY-SA-3.0

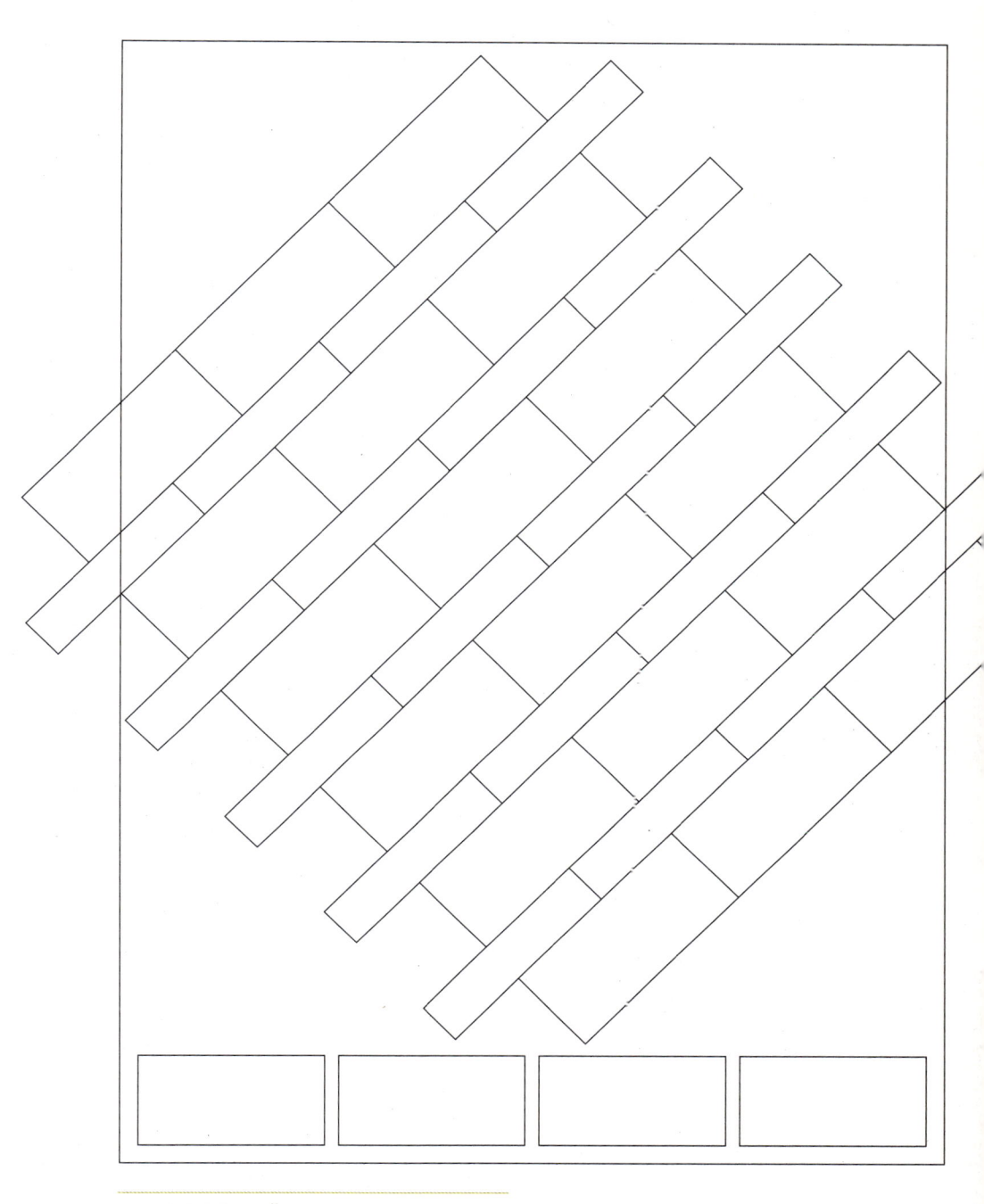

JOSEF MÜLLER-BROCKMANN
Rastersysteme für das Grafik-Design, Konzept
1981

Josef Müller-Brockmann war einer der wichtigsten Grafik-Designer des 20. Jahrhunderts. Mit seinem Werk ›Grid systems in graphic design‹ legte er den Grundstein zur Verwendung von Rastersystemen in der Gestaltung und gab damit den nachfolgenden Generationen ein Hilfsmittel an die Hand, das heute aus der Gestaltung nicht mehr wegzudenken ist. Darüber hinaus war sich Müller-Brockmann seiner Verantwortung als Gestalter durchaus bewusst: So lehnte er beispielsweise Werbung für Tabakwaren, Alkoholgetränke, Kriegsspielzeug etc. aus moralischen Gründen ab.

KARL-HEINZ LANGE & OLE SCHÄFER
›Minimala‹, platz- und ressourcen-
sparende Schrift

2009

Der Schriftgestalter Karl-Heinz Lange erhielt 1984 von dem Schriftenhersteller Typoart Dresden den Auftrag, eine Schrift unter der Herausforderung zu gestalten, dass diese platzsparend, aber dennoch in kleiner Punktgröße gut lesbar sei. Bei Vergrößerung der x-Höhe und Verkleinerung der Ober- und Unterlängen erschuf der Gestalter eine Schrift, die wenig Platz in Anspruch nahm und kostensenkend eingesetzt werden kann. Durch Einsatz des Zeichensatzes konnte der Umfang des Berliner Telefonbuchs um 25 % verringert werden – was Papier, Gewicht und Ressourcen einsparte. 2007-2009 wurde die PTL Minimala von Lange und seinem Kollegen Ole Schäfer erweitert – um Strichstärken, Kursive und Kapitälchen ergänzt.

© Karl-Heinz Lange + Ole Schäfer

ANDREW RITCHIE
›Brompton‹, Faltrad
Faltmaß ca. 57 × 59 × 27 cm, 1986

Das Brompton wird als ›Original London Folding Bike‹ seit 1986 in Großbritannien in Manufakturarbeit gefertigt. Es besitzt ein zeitloses Design, das kleinste Faltmaß auf dem Markt (bei 16"-Rädern), eine hohe Qualität und Wertstabilität sowie gute Möglichkeiten des Transports etwa bei Nutzung öffentlicher Verkehrsmittel. All diese Faktoren machen das Faltrad zu einem idealen Begleiter für den urbanen Raum.

© brompton.com

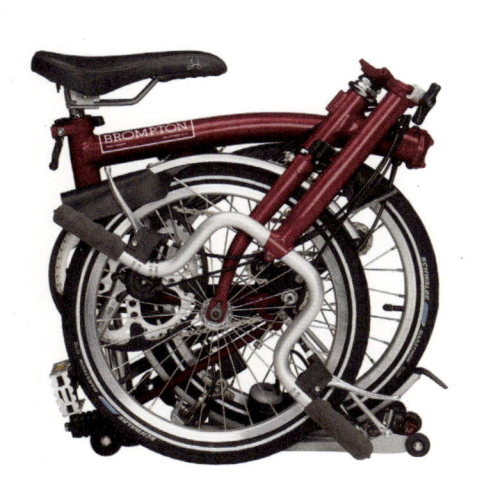

CHRISTOPH GASSNER
›Öko-Test-Heft‹, Verbrauchermagazin
21 × 28 cm, seit 1985

Öko-Test kam 1985 auf den Markt und war eines der ersten Verbrauchermagazine, das neben den qualitativen Eigenschaften der untersuchten Produkte auch die ökologischen Folgen für Mensch und Umwelt in den Blick nahm. Doch das Öko-Test-Magazin war nicht nur inhaltlich, sondern auch gestalterisch ein Novum: Auf grauem Umweltpapier schuf der Chef-Grafik-Designer Christof Gassner extravagante Bild- und Typographiewelten, ein doppelseitiges, inspirierendes Foto leitete die jeweiligen Tests ein und auf die Verwendung der Farbe Grün wurde bewusst verzichtet. Ein weiteres Markenzeichen war die Platzierung ständig wechselnder (aber stets roter) Blattsilhouetten zwischen den Worten Öko und Test auf der Titelseite.

© oekotest.de / Foto: M. Maxein

ALFONS KIEFER
Grafik für Magazin-Titelbild
1988

Unabhängig vom Begriff der Nachhaltigkeit haben sich Grafiker und Illustratoren stets mit aktuellen politischen und gesellschaftlichen Themen beschäftigt. Als Auftragsarbeit für das Magazin ›Natur‹ gestaltete Alfons Kiefer dieses Titelseitenmotiv, das sich kritisch mit der Frage nach Aufzucht und Haltung von Pelztieren auseinandersetzt. Hier wird dem Betrachter der Zusammenhang zwischen Nachfrage und den daraus gegebenenfalls resultierenden Konsequenzen auf der Angebotsseite recht drastisch vor Augen geführt. Verwendet wurde das Motiv dann ohne die auf der Abbildung noch zu sehenden Blutflecken. Diese Darstellung schien den Herausgebern der ›Natur‹ dann doch zu drastisch.

© Alfons Kiefer

HORST HAITZINGER
›Nord–Süd‹ Karikatur
1989 (Abdruck in ›novum‹)

Horst Haitzinger arbeitet seit 1963 als freiberuflicher Karikaturist und ist eine feste Größe in der deutschen Medienlandschaft. Seine Zeichnungen sind zumeist kritische Reflexionen aktueller politische Ereignisse. An ihnen lässt sich beispielhaft zeigen, welch rascher Zugang sich mit Hilfe einer gelungenen Illustration (und auch mit Humor) selbst zu kompliziertesten Sachlagen herstellen lässt.

© Horst Haitzinger

NACH-HALTIGKEIT UND DESIGN

034
Bildwelten der Nachhaltigkeit – Zum Design eines Begriffs
Ulrich Grober

042
Folgenabschätzungen
Michael F. Jischa

054
Das (nicht) Nachhaltige Design
Davide Brocchi

Nachhaltigkeit ist weder ein Expertenbegriff noch eine Verpackung für beliebige Produkte. Um die Bedeutung und die Reichweite des Wortes zu verstehen, muss man sich auf die Suche nach der Idee dahinter und ihrer kulturellen Herkunft begeben. Die Geschichte der Nachhaltigkeit ist dabei so alt wie die kulturelle Auseinandersetzung des Menschen mit seiner ökologischen und sozialen Umwelt.

Bildwelten der Nachhaltigkeit – Zum Design eines Begriffs

ULRICH GROBER

Nachhaltigkeit – soviel scheint klar – ist ein total unsinniges Wort. *Nach* und *halten*, *-ig* und *-keit*. Ächz, würg, gähn! Oder? *Sustainability* – klingt wie ein Plastikwort aus den Thinktanks von UN oder Weltbank, 1980er Jahre vermutlich. Stimmt's? Oder aber: »*Sustainability is the key to human survival*« (C. Weeramantry) Wow! Nachhaltigkeit als Schlüssel zum Überleben der Menschheit? Mir scheint, das Wort ist zu wichtig, um es seinen Verächtern zu überlassen. Oder gar im Feuerwerk der Reklamesprache und politischen Propaganda verbrennen zu lassen. Meine These: Wer sich dem *Nachhaltigen Design* widmen möchte, sollte einen Moment innehalten, einen Schritt zurücktreten und sich mit dem *Design von Nachhaltigkeit* befassen. Uns fehlt der Urtext. Uns fehlen die Bildwelten, in denen er sich entwickelte. Machen wir uns also auf eine Spurensuche…

1. Nachhaltigkeit vs. Kollaps

Mein Favorit im Dickicht der Definitionen ist schon 200 Jahre alt. Er findet sich in Joachim Heinrich Campes ›Deutschem Wörterbuch‹ von 1809: »*Nachhalt … ist das, woran man sich hält, wenn alles andere nicht mehr hält.*« Nur ein kurzer Satz. Aber er öffnet einen Zugang zur Tiefendimension des Wortes. Nachhaltigkeit erscheint hier als Gegenbegriff zu *Kollaps*.

Dasselbe Denkbild liegt dem modernen Nachhaltigkeitsbegriff zugrunde. An Beginn dieses Neustarts der alten Idee stand der Bericht an den ›Club of Rome‹. Seine Autoren suchten 1972 nach einem Modell für ein *Weltsystem*, das *nachhaltig* (sustainable) ist. Und das heißt: Gegen einen »*plötzlichen und unkontrollierbaren Kollaps*« gefeit und »*fähig, die materiellen Grundansprüche der Menschen zu befriedigen*«. So steht es wörtlich in der berühmten und schnell – vorschnell – für obsolet erklärten Studie über die ›Grenzen des Wachstums‹.

Ist das unsinnlich? Wer schon mal ein Haus gebaut oder renoviert hat und an den tragenden Wänden oder am Fundament mit Hand angelegt hat, also an dem, was der Statik ihren Halt gibt, weiß, dass es sich hier um etwas eminent Sinnliches – mit gleich mehreren Sinnen Wahrnehmbares – handelt. Die nachhaltenden, dauerhaft haltbaren Elemente einer Konstruktion vermitteln erst das Gefühl von Bewohnbarkeit. Sie antworten auf das Grundbedürfnis nach Sicherheit. Und umgekehrt: Die Bilder und der Krach einstürzender Bauten machen den Sitz und den Wert der tragenden Elemente dramatisch und lautstark bewusst. Ihre Staubwolken und Schockwellen erzeugen einen emotionalen Ausnahmezustand, den wir mit dem englischen Wort *thrill* – Angstlust – benennen. Eine höchst sinnliche Angelegenheit.

Nachhaltigkeit als Gegenbegriff zu *Kollaps* neu und umfassend ins Spiel zu bringen, halte ich für brandaktuell. In Zeiten, wo das Klimasystem in schwere Turbulenzen geraten ist, wo in den Gesellschaften Solidarität und Gemeinsinn so schnell schmelzen wie die Gletscher der Polarkappen, wo *global players* über Nacht kollabieren, ganze Staaten zu *scheitern* und im Chaos zu versinken drohen, wird Nachhaltigkeit notwendigerweise zum Mega-Thema. Nicht als Sahnehäubchen auf dem Kuchen einer Überflussgesellschaft, sondern als Schwarzbrot einer ökologischen Überlebenskunst.

Eines scheint mir gewiss: Die Idee der Nachhaltigkeit ist weder eine Kopfgeburt moderner Technokraten noch ein Geistesblitz von Ökofreaks der Generation Woodstock. Sie ist ein elementares Weltkulturerbe. Es war der britische Thronfolger Prinz Charles, der vor einigen Jahren die Frage aufwarf, ob nicht »*tief in unserem menschlichen Geist eine angeborene Fähigkeit schlummert, nachhaltig im Einklang mit der Natur zu leben (to live sustainably with nature)*«.

2. Der Mann aus dem Eis

Im Museum am Rande der Altstadt von Bozen liegt er in einer tiefgekühlten Vitrine aufgebahrt: der Mann aus dem Eis, den wir Ötzi nennen. Er war einer von uns, der erste Europäer, den wir von Angesicht zu Angesicht kennen. Die Mumie aus dem 4. Jahrtausend vor unserer Zeitrechnung ist überraschend schmalschultrig und feingliedrig. Die eingetrockneten Augen sind nach oben gerichtet. Die rechte Hand, mit der er das Beil führte und den Bogen spannte, greift ins Leere. Rings um den gläsernen Sarg sind die Überreste seiner Ausrüstung ausgestellt. Jedes Stück spiegelt seine halbnomadische Lebensweise. Alles ist bis ins Letzte durchdacht, alles perfekt seiner natürlichen Umwelt, seinen Bedürfnissen, seinen Zielen angepasst. Die Stiefel mit der Sohle aus Braunbärenfell, dem Oberteil aus Rindsleder und dem Innengeflecht aus Lindenbast sind absolut hochgebirgstauglich. Das Kupferbeil ist ein gusstechnisches Meisterstück, der Jagdbogen aus Eibenholz modernen Sportbögen an Reichweite und Durchschlagskraft beinahe ebenbürtig. Die Konstruktion des Außengestells am Rucksack gilt bei heutigen Outdoor-Ausrüstern als optimale Lösung für den Transport schwerer Lasten. Neun einheimische Arten von Holz sind verarbeitet. Für jeden Zweck hat er exakt die am besten geeignete Sorte ausgewählt. Die Sorgfalt, mit der er das volle Spektrum der heimischen Ressourcen nutzte, und die Eleganz der Einfachheit, die jedes seiner Artefakte auszeichnet, geben über die Jahrtausende hinweg den Blick frei – auf einen schöpferischen Geist. Der Gletschermann – der archetypische *homo sustinens*? Einer aus der langen Ahnenreihe der Erfinder der Nachhaltigkeit?

Ötzi, der erste Europäer: ideales Vorbild in Sachen Nachhaltigkeit?

Um den Zeithorizont zu verstehen: Zu Ötzis Lebzeiten war Babylon erst eine Ansammlung von Lehmbauten im Zweistromland. Aber viel weiter östlich, im Flussgebiet des Indus, besang man möglicherweise schon damals die »*alles tragende, fest gegründete, goldbrüstige Mutter Erde*« und betete: »*Was ich von dir, o Erde, ausgrabe, lass es schnell nachwachsen. Lass mich, o Reinigende, weder deinen Lebensnerv durchtrennen noch dein Herz durchbohren.*« Kann man nicht auch diese, später in der vedischen ›Hymne an die Erde‹ überlieferten Verse als eine Formel für Nachhaltigkeit lesen? Kein Begriff, aber eine archaische Beschwörung, die Prozesse des Wachsens und Nachwachsens in der Natur als etwas Heiliges zu respektieren. Indira Gandhi, die damalige indische Ministerpräsidentin, hat sie 1972 in Stockholm auf der ersten großen UN-Umweltkonferenz in diesem Sinne zitiert.

3. Canticum solis – Sonnengesang

»*Laudato si, mi signore, cun tucte le tue creature,/spetialmente messor lo frate sole,/lo qual'è iorno, et allumini noi per loi...*« Gelobet seist du, mein Herr, mit allen deinen Geschöpfen,/vor allem dem Herrn Bruder Sonne,/der den Tag heraufführt und uns durch sich erhellt...

Der fromme Lobpreis versetzt uns in die Welt der mittelalterlichen Klöster und in die Zeit der Kathedralen. Genauer gesagt: in die Parallelwelt der Einsiedeleien auf durchsonnten Berghöhen, der endlosen staubigen Landstraßen Mittelitaliens, der Dorfarmut und ihrer barfüßigen Propheten. ›Canticum Solis‹, der ›Sonnengesang‹ des Franziskus von Assisi, die mittelalterliche Ode an die Schöpfung, ist wie kein anderer Text aus dieser Epoche in unserem kulturellem Gedächtnis präsent. Sein *ökologischer* Gehalt ist schon häufig bemerkt worden. Der ›Sonnengesang‹ enthält aber auch das begriffliche Grundgerüst der Nachhaltigkeit.

Die Dichtung aus 50 Zeilen nimmt ihren Ausgang vom Allerhöchsten: »*Gelobet seist du, mein Herr, mit allen deinen Geschöpfen – cun tucte le tue creature.*« Aufschlussreich ist die Vokabel *tucte*. Der Aufstieg der Seele führt nicht über die Abwertung der materiellen Welt. Im Gegenteil. Die Seele öffnet sich zu allen Geschöpfen, zur ganzen Schöpfung. Von Anfang an bringen die ›Laudes creaturarum‹ Fülle, Ganzheit, Einheit und immer wieder die Schönheit von scheinbar unbelebter Materie und lebendiger Natur ins Spiel. »*Tucte le tue creature*« – in der Sprache der Ökologie und Erdsystem-Forschung von heute: *das Netz des Lebens*.

Die Blickachse des Textes verläuft vertikal. Die Anordnung seiner Bilder führt von ganz oben nach ganz unten. Vom Allerhöchsten über die Sonne, den Mond und die Sterne, durchquert sie die Lufthülle der Erde, die Atmosphäre, und erreicht die Biosphäre, die Gewässer und den Erdboden.

Doch Franziskus spricht nicht einfach von Sonne, Mond, Wind, Wasser, Feuer... Die Rede ist stets von »*frate sole*«, »*sora luna*«, »*frate vento*«, »*sora aqua*«, »*frate focu*«. Alles ist Bruder oder Schwester. Mensch und Naturphänomene haben gleichen Ursprung und gleichen Rang. Sie sind Geschöpfe eines gemeinsamen Vaters. Hier geschieht etwas Bedeutendes: Die franziskanische Perspektive hebt die Trennung zwischen Mensch und übriger Schöpfung auf. Sie vollzieht einen radikalen Bruch mit machtvollen Traditionen des antiken und christlichen Denkens – und fordert mindestens ebenso radikal die westliche Moderne heraus. Sich die Natur untertan zu machen war im Mainstream der Tradition legitim, ja sogar ein Gebot. Für uns ist es Normalität. Doch bereits der biblische Schöpfungsbericht fordert vom Menschen, die Erde zu *bebauen* und zu *bewahren* [»*abad*« und »*schamar*«, Genesis 2,15]. Der neue Mensch einer franziskanischen solaren Zivilisation geht einen bedeutenden Schritt weiter. Er akzeptiert, ja feiert seine eigene Naturzugehörigkeit. In dieser Versöhnung liegt die spirituelle Basis für die *Kommunion*, für eine universale geschwisterliche Gemeinschaft von Menschen und Mitwelt.

Verpflichtet uns die Naturzugehörigkeit zur Fürsorge für sie?

Herausgehoben ist die Sonne. Sie ist nicht nur *»frate«*. Als unendliche Quelle des Tageslichts, der Energie, des Lebens ist sie gleichzeitig *»messor«* – Herr oder (legt man das grammatikalische Geschlecht des deutschen Wortes zugrunde) Herrin. Die Sonne zieht besondere Attribute auf sich: schön, strahlend, glanzvoll. Sie ist Quelle von Freude und ästhetischem Genuss. Ja, sie ist sogar wie in so vielen Kulturen der Welt *»dein Gleichnis, o Höchster«*, Symbol der Gottheit. Sonne und Mond sind komplementär. Wie Tag und Nacht, hell und dunkel, Klarheit und Geheimnis. *»Sora luna e le stelle«*, Mond und Sterne, gehören noch zum himmlischen Bereich. In der Schwärze des Kosmos wirkt das Funkeln der Gestirne *kostbar* und *schön* (*»pretiose et belle«*), erscheint der Mond, sein Zyklus, seine sanfte Energie als besonders geheimnisvoll und anziehend.

Mit der anschließenden Strophe tritt die Bildfolge des Textes in die Sphäre der vier irdischen Elemente Luft, Wasser, Feuer, Erde ein. *»Gelobet seist du, mein Herr, durch Bruder Wind«*. Ihm zugeordnet sind die Luft, die Wolken, *heiteres und jedes Wetter*. Die Rede ist also von der Lufthülle der Erde in ihren verschiedenen Erscheinungsformen – also vom Klima. Genau an dieser Stelle taucht im ›Sonnengesang‹ zum ersten Mal das Ursprungswort von *sustainability* auf: *»sustentamento«*. Franziskus lobt Gott für die Phänomene der Atmosphäre, *durch welche Du Deinen Geschöpfen ›sustentamento‹ gibst* (*»per lo quale a le tue creature dai sustentamento«*) also Halt, Unterhalt, Nachhalt. Wobei *»sustentamento«* all das bezeichnet, was zur Erhaltung und zum Fortbestehen von Lebewesen und Dingen notwendig ist: Lebensunterhalt, Existenzgrundlagen. Ihre dauerhafte Sicherung ist eine Gabe Gottes. Er gewährt sie nicht allein durch Bruder Wind. Genauso haben *Schwester Wasser* (charakterisiert als sehr nützlich, demütig und kostbar) und *Bruder Feuer* (schön, angenehm, robust und stark) ihren Anteil.

Der ›Sonnengesang‹ wird nun zum Gesang der Erde. *»Gelobet seist Du, mein Herr, durch unsere Schwester Mutter Erde.«* Wie die Sonne ist auch die Erde – und damit ist hier vor allem das Erdreich, der Humus, der Mutterboden gemeint – doppelt hervorgehoben. *»Sora nostra mater terra.«* Sie ist nicht allein *»our fair sister«* wie in dem Doors-Song ›The End‹ von 1967. Aber auch nicht nur *magna mater*, die große Mutter, wie in archaischen Kulten, oder *Gaia*, Erdgöttin. Die mütterliche Erde bekomme bei Franziskus zusätzlich das *»Gesicht einer Schwester«*, schreibt Eloi Leclerc, und damit eine neue – ewige – Jugendlichkeit. *»Das Gefühl von Abhängigkeit und Verehrung, das der Mutter zukommt, wird hier durch das Gefühl geschwisterlicher Zuneigung nuanciert.«* Die Erde ist eben auch Schwester und somit Tochter desselben Vaters, selbst ein Geschöpf.

In ihrer Eigenschaft als Mutter hat sie freilich eine besondere Macht. *»Mater terra, la quale ne sustenta et governa et produce diversi fructi con coloriti flori et herba.«* Sie ist die Erde, die uns *trägt* (*»sustenta«* = erhält, aufrechterhält) und *regiert* (*»governa«* = lenkt, leitet) und *vielfältige Früchte mit bunten Blumen und Kräutern erzeugt*. Ein zweites Mal greift Franziskus auf eine Form von *»sustentare«* zurück. Was gibt uns *Halt* und *Nachhalt*? Es ist der von Gott geschaffene Erdboden im Zusammenspiel mit der Lufthülle des Planeten. Wir nennen das heute: Biosphäre. Sie bringt unfehlbar Früchte, Fruchtbarkeit, Biodiversität und – damit verknüpft – Farbe und Schönheit hervor. Solange wir uns von ihr *leiten* (*»governa«*) lassen. Die Bilder von Fülle und Vielfalt verbinden sich untrennbar mit der Begrifflichkeit von *»sustentamento«*.

Von diesem Punkt aus verstehen wir erst den Kern des franziskanischen Weltbildes: sein Armutsideal. Zugrunde liegt der unbedingte Wille zur *imitatio Christi*, der eine *forma vitae* ohne Eigentum und ohne Vorratshaltung attraktiv macht: *Nackt dem nackten Christus nachfolgen*. Kreuzförmiges Gewand, Strick als Gürtel, Barfüßigkeit sind die Requisiten der *»vestimentären Kommunikation«* (Peter Bell) dieses Ideals. Doch auch die Freude an der Fülle des Lebendigen ringsum ist Antrieb, den *Verbrauch* von *Ressourcen* auf ein Minimum zu reduzieren. Besitz ist Ballast. Verzicht ist Befreiung. Wer die Besitzlosigkeit zum Konzept macht, muss wissen, was ihn, was sie ohne die Pseudo-Sicherheit des Besitzes *trägt*. Was auf Dauer *tragfähig* bleibt, sagt uns der alte Text, ist eine geschwisterlich behandelte Natur. Im Vertrauen auf diesen sicheren Halt sind neue Bilder des guten Lebens zu entwerfen. Der franziskanische Minimalismus ist ein Weg, die Integrität der Mitgeschöpfe – aller Geschöpfe – ihre Schönheit, ihre Robustheit, ihre bunte Vielfalt, zu erhalten und so auf Dauer erleben und behutsam genießen zu können. Der freiwillige Verzicht, nicht der erzwungene, öffnet einen Zugang zur glanzvollen Fülle des Lebens. Die franziskanische Pyramide der Bedürfnisse: einfach leben, egalitär, im Einklang mit der Schöpfung, offen für die Stimme des Allerhöchsten. Das letzte Wort des ›Sonnengesangs‹ lautet: »*humilitate*« – Demut. Nackt ausgestreckt auf nackter Erde sterben, war Franziskus' letzter Wille. So ist er der Legende nach *Bruder Tod* begegnet.

4. Das Schachbrett des Forstes

Vor genau 300 Jahren erschien der deutsche Urtext unseres Leitbegriffs. Sein Autor ist Spross eines alten sächsischen Adelsgeschlechts, Manager des erzgebirgischen Bergbaus, eines Montanreviers von europäischem und globalem Rang, ein sächsischer Europäer: Hans Carl von Carlowitz. Er hat dem Begriff *Nachhaltigkeit* die Geburtsurkunde ausgestellt. In seinem Buch ›Sylvicultura Oeconomica‹, geschrieben hinter den dicken spätgotischen Mauern des Oberbergamts zu Freiberg, erschienen 1713 in Leipzig, taucht der Begriff zum ersten Mal in seiner modernen Bedeutung auf. Aber wie?

Carlowitz ist besorgt über die Ausplünderung der Wälder und die Übernutzung der lebenswichtigen Ressource Holz. Der drohende Holzmangel ist in ganz Europa die große, die alles überschattende Energiekrise seiner Zeit. Etwa das, was für uns im 21. Jahrhundert *peak oil* ist, das Versiegen der Ölquellen. Gegen den Raubbau am Wald setzt die ›Sylvicultura Oeconomica‹ die eiserne Regel, »*daß man mit dem Holtz pfleglich umgehe*«. Und Carlowitz geht der Frage nach, »*wie eine sothane [eine solche] Conservation und Anbau des Holtzes anzustellen/daß es eine continuirliche beständige und nachhaltende Nutzung gebe/weil es eine unentbehrliche Sache ist/ohne welche das Land in seinem Esse nicht bleiben mag*«. In diesem Satz, verkleidet in dieser barocken Sprache, taucht das Wort zum ersten Mal auf. Ohne den *nachhaltenden* Umgang mit den Wäldern kann das Land in seinem Esse – das heißt in seiner Existenz – nicht bleiben. Schon hier: Nachhaltigkeit als Selbstschutz der Gesellschaft vor dem existenzbedrohenden Kollaps.

Hören wir doch mal hin, wie Carlowitz vor 300 Jahren über die Natur redete? Ich paraphrasiere: Die Natur ist »*milde*«. Das bedeutete damals so viel wie *freigebig*. Es ist eine *gütige Natur. Mater natura* – Mutter Natur. Die Natur sei »*unsagbar schön*«. Wie angenehm z. B. »*die grüne Farbe von denen Blättern sey, ist nicht zu sagen*«. Vom »*Wunder der Vegetation*« ist die Rede. Von der »*lebendig machenden Krafft der Sonnen*« und von dem »*wundernswürdigen ernährenden Lebens-Geist*«, den das Erd-Reich enthalte. Man müsse nur im »*Buch der Natur*« zu lesen verstehen. Die »*äußerliche Gestalt*« der Bäume stellt Carlowitz in einen Zusammenhang mit der »*innerlichen Form*«, mit ihrer »*Signatur*« und der »*Constellation des Himmels, darunter sie grünen*« und mit der Matrix, der Mutter Erde und ihrer natürlichen Wirkung. Was ist die Matrix? Die Gebärmutter, der Sitz der Fruchtbarkeit. Nachhaltigkeit bedeutet das Primat der lebendigen, der nachwachsender Ressourcen und erneuerbarer Energien. Hier handelt es sich nicht um tote Materie, wie bei den fossilen Brennstoffen, sondern um lebende Organismen. Bei der *green economy* – so das neueste Schlagwort der UN – geht es um die Naturbindung der Ökonomie.

> **Wieviel Eigennutz steckt hinter nachhaltigem Wirtschaften?**

Das ökonomische Denken von Carlowitz hat zum Ausgangspunkt die Feststellung, dass sich der Mensch nicht mehr im Garten Eden befinde. Er müsse der Vegetation der Erde zur Hilfe kommen und »mit ihr agiren«. Er dürfe nicht »wider die Natur handeln«, sondern müsse ihr folgen und mit ihren Ressourcen haushalten. Im Einklang damit formuliert Carlowitz seine sozialethischen Grundsätze: Nahrung und Unterhalt stehen jedem zu, auch den »armen Unterthanen« und der »lieben Posterität«, also den nachfolgenden Generationen.

Carlowitz' Wortschöpfung etablierte sich in der Fachsprache des Forstwesens, zuerst im deutschsprachigen Raum, dann im 19. Jahrhundert auch international. Ins Englische übersetzte man sie mit *sustained yield forestry*. In dieser Fassung wurde der Fachausdruck zur Blaupause unseres modernen Konzepts *sustainable development*. *Nachhaltigkeit* als Begriff ist ein Geschenk der deutschen Sprache an die Kulturen der Welt.

Eine Erfolgsgeschichte? Ja, aber die nachfolgenden Generationen von Forstleuten haben den Begriff dem rationalistischen Zeitgeist folgend mathematisiert, systematisiert und operationalisiert. Mit ihrem Design der Wälder haben sie die Natur immer stärker denaturiert. Aus dem Mosaik des Waldes entstand das Schachbrett des Forstes. Die Turbowälder und Kurzumtriebsplantagen des 21. Jahrhunderts sind die vorerst letzte Stufe. Monokulturen aber sind nie nachhaltig. Aus diesem ›Holzweg‹ findet man nur schwer heraus.

5. Der blaue Planet

Über 250 Jahre blieb der Begriff im Elfenbeinturm der forstlichen Fachsprache. Ein ikonisches Bild hat den modernen Diskurs über Nachhaltigkeit in Gang gesetzt: Das Bild der Erde aus dem All, aufgenommen am 7. Dezember 1972 von der Apollo-17-Besatzung auf dem bis heute letzten bemannten Flug zum Mond. Es gilt als das meistreproduzierte Foto der Mediengeschichte. In einer perfekten Momentaufnahme zeigt es den blauen Planeten in der schwarzen Leere des Alls. Die Flugbahn des Raumschiffs kreuzt gerade die gedachte Verbindungslinie zwischen Sonne und Erde. Diese Konstellation hat sich nie zuvor und nie wieder ergeben. Die Sonne steht direkt hinter dem Raumschiff, sodass sie die Tagseite der Erde voll erleuchtet.

Drei Schlüsselwörter gehören untrennbar zur zeitgenössischen Deutung dieses Bildes: Die Augenzeugen, die Astronauten und Kosmonauten, sprachen von der »*grenzenlosen Majestät*« die das »*funkelnde blauweiße Juwel*« ausstrahle. Als eine zarte Sphäre, umkränzt von langsam wirbelnden Schleiern, steige die Erdkugel wie eine Perle »*unergründlich und geheimnisvoll*« aus einem tiefen Meer empor. *Schönheit* ist das erste Schlüsselwort: Eugene Cernan sah beim Blick zurück vom Mond den »*schönsten Stern am Firmament*«.

Alle Augenzeugen berichteten ferner von der zutiefst beunruhigenden »*Schwärze des Weltraums*«. Die kalte Pracht der Sterne mache die absolute Einzigartigkeit der Erde bewusst. Dieses »*einsame, marmorierte winzige Etwas*«, heißt es in einem Bericht, sei »*unsere Heimat*«, während wir durch das Sonnensystem reisten. *Einzigartig* wäre das zweite Schlüsselwort. »*Only one earth.*«

Fragil – zerbrechlich, zart, verletzlich – ist das dritte Schlüsselwort bei der zeitgenössischen Deutung des grandiosen Bildes. Da rückt die Biosphäre, die hauchdünne Schicht, die allein das Leben auf dem blauen Planeten trägt, ins Blickfeld. Luftmassen, Gewässer und Böden sind unsere einzige und einzigartige Lebensgrundlage. Aber sie sind verletzlich. Wenn wir sie über ihre Tragfähigkeit hinaus verbrauchen und kontaminieren, kann das Netz des Lebens an wichtigen Stellen reißen und die menschliche Existenz gefährden.

Schönheit, Einzigartigkeit, Zerbrechlichkeit der Erde – im Schoß dieser Anschauung und Vorstellung hat sich das moderne Konzept sustainable development/Nachhaltigkeit herauskristallisiert. Diese Vorstellungen, diese Bilder und Denkbilder gehören zum rationalen, emotionalen und spirituellen Kern von Nachhaltigkeit. Sie sind seine Matrix.

6. Avatar

Am Beginn des zweiten Jahrzehnts des 21. Jahrhunderts entstehen neue, aufregende Denkbilder. Im Dezember 2009, als in Kopenhagen der Klimagipfel scheiterte, hatte ein Hollywood-Blockbuster weltweit Premiere. Innerhalb weniger Wochen avancierte er zum bis dahin größten Kassenschlager der Filmgeschichte. ›Avatar – Aufbruch nach Pandora‹ spielt im Jahr 2154. Der Planet Erde ist geplündert. Die Erschließung neuer Ressourcen geht auf fernen Sternen mit denselben alten Methoden weiter. Das Bergbauunternehmen RDA plant die Lagerstätte eines wertvollen Metalls namens Unobtanium (das Unverfügbare) in Besitz zu nehmen und auszubeuten. Die liegt allerdings in einem verwunschenen Regenwald unter dem »*Heimatbaum*«, mitten im Habitat eines indigenen, naturnah lebenden Stammes. Und der lässt sich nicht kolonisieren, sondern setzt sich gegen die militärische Übermacht der Eindringlinge zur Wehr. Die einen bewegen sich mit schwerem technischem Gerät fort. Mit Kampfhubschraubern, im Space-Shuttle oder im Marschtritt auf fremdem Gelände. Das sind die Verlierer. Die anderen durchstreifen mit anmutigen, geschmeidigen, lustvollen Bewegungen zu Fuß oder auf schönen Fabelwesen reitend die tiefen Regenwälder ihres Sternes Pandora. Und wo kommen sich Jake Sully und Neytiri, die beiden Hauptfiguren des Films, näher? Auf einer gemeinsamen Nachtwanderung im schimmernden Licht fluoreszierender Pflanzen zu einem verwunschenen Wasserfall am Mons Veritatis, dem Berg der Wahrheit. Erzählt die Fabel dieses Fantasy-Films nicht von jenem ›Zusammenprall der Kulturen‹, der die Geschichte des Kolonialismus bestimmte und in neuer Camouflage die heute vor sich gehende Globalisierung dominiert? Wird dieser *clash of cultures* auch noch unsere Zukunft beherrschen – und zerstören?

Unter unseren Augen geht der Raubbau an den Ressourcen ungebremst weiter. An den natürlichen Lebensgrundlagen ebenso wie an den eigenen mentalen und psychischen Ressourcen. Die Folgen sind absehbar: Zum einen ist es die Erschöpfung der Lagerstätten auf dem Planeten. *Peak oil* ist nur eins von vielen Beispielen. Zum anderen sind es die individuellen und kollektiven Erschöpfungszustände in der Gesellschaft – die unheimliche Zunahme von Stress und Burn-out. Beides hängt unmittelbar zusammen. Die Jagd und die Aufholjagd nach den knapper werdenden Ressourcen machen uns krank. Diese Erscheinungen allgemeiner Erschöpfung werfen die Fragen auf: Was ist wirklich wichtig? Was brauchst du wirklich? Das Überflüssige, das Zerstörerische und Selbstzerstörerische aus seinem Leben zu streichen, ist kein Absturz. Es erleichtert und befreit. Einsparen, vermeiden, reduzieren sind die noch völlig unterschätzten Schlüsselfragen jeder Nachhaltigkeitsstrategie. Das Überflüssige gar nicht erst erzeugen – und dann in Kooperation mit anderen aus einem Minimum an Ressourcen ein Maximum an Lebensqualität schaffen. So öffnen sich gangbare Wege zu einem nachhaltigen Lebensstil.

7. Und jetzt?

Wie also lässt sich nachhaltig und nicht-nachhaltig unterscheiden? Mein persönlicher Lackmustest hat zwei Komponenten: 1) Reduziert sich der ökologische Fußabdruck? 2) Steigt die Lebensqualität – für jeden zugänglich? Alles was mir als *nachhaltig* vor Augen kommt, muss sich daran messen lassen.

Zunächst muss jede nachhaltige Handlung, Idee und Planung dazu beitragen, die Belastung der Umwelt abzusenken. Je radikaler, desto besser. Diese Priorität ergibt sich schlicht und einfach aus der gegenwärtigen dramatischen Übernutzung der Biosphäre. Den ökologischen Fußabdruck reduzieren heißt: Unsere Lebensweise und unsere Wirtschaftskreisläufe wieder in die Naturzusammenhänge einbetten. Die Tragfähigkeit der Ökosysteme ist Ausgangspunkt jeder Form von nachhaltigem Denken und Handeln. Und das kann nur heißen:

Mut zum Weniger. Nachhaltigkeit war immer und bleibt auf unabsehbare Zeit eine Strategie der Bewahrung des Vorhandenen und – gleichzeitig – der Reduktion. Natur bewahren, indem man sie weniger und pfleglicher nutzt. Dazu gehört wesentlich: Etwas nicht tun, obwohl man es tun könnte. Das erfordert nicht nur Mut, sondern auch ... Weisheit.

Doch Nachhaltigkeit hatte von den Urtexten bis heute noch eine andere Konstante: Die Suche nach dem »*summum bonum*« (Seneca), der »*glückseeligkeit*« (Leibniz), nach der »*Qualität eines lebenswerten Lebens*« (Willy Brandt). Dieses Streben hat nun sehr wohl mit *Wachstum*, *Aufstieg* und *Fülle* zu tun. Ohne diese Dimension ist das Leben auf Dauer tatsächlich nicht lebbar und nicht lebenswert. Doch das ist ein qualitativ anderes Wachstum als die Steigerung des Bruttosozialprodukts. Da geht es um das persönliche Wachstum eines jeden Individuums, den Aufstieg zur jeweils höheren Stufe auf der Pyramide der Bedürfnisse, das Erlebnis von Vielfalt und Buntheit in der Natur, in den zwischenmenschlichen Beziehungen und in den Kulturen der Welt. Um die Möglichkeit der Loslösung von den materiellen Grundbedürfnissen und die wachsende Konzentration auf die immateriellen »*Metabedürfnisse*« (Abraham Maslow) – mit einem Wort: um *Lebensqualität*. Da sind nun keinerlei Grenzen des Wachstums gezogen. In diesen Spielraum lockt uns die Verheißung des *guten Lebens* für alle. »*Buen vivir*«, so das aktuelle Leitbild in den lateinamerikanischen Schwellenländern, wird wichtiger als: viel haben.

»*Die Welt hat genug für jedermanns Bedürfnisse, aber nicht für jedermanns Gier.*« Der Satz Mahatma Gandhis flimmert seit dem Finanzkollaps über unzählige Webseiten. Das Passwort hier heißt: *genug*. Genügsamkeit oder besser: das Wissen um das Genug ist eine Basistugend einer nachhaltigen Lebenskunst. In der Fachsprache heißt sie: *Suffizienz*. Reduzieren, ohne abzustürzen in die Verelendung und die Hässlichkeit. Sondern im Gegenteil: die Fülle des Lebens, den Reichtum der Natur und der Kulturen der Welt in ihrer ganzen Vielfalt für alle zugänglich und erlebbar zu machen – wird zur Schlüsselaufgabe der großen Transformation. Eine nachhaltige Gesellschaft wird egalitärer sein – und gerechter – oder ein Traum bleiben.

Ulrich Grober, Jahrgang 1949, ist gelernter Germanist. Nach Tätigkeiten in der Erwachsenenbildung arbeitet er seit Mitte der 90er Jahre als freier Autor für Radio und Printmedien. Seine Themen: Ökologie, Nachhaltigkeit, Lebensstile. 1998 erschien sein erstes Buch (›Ausstieg in die Zukunft‹) über Projekte einer alternativen Ökonomie. Sein Buch ›Vom Wandern‹ von 2006 entwickelte sich zum Longseller. ›Die Entdeckung der Nachhaltigkeit – Kulturgeschichte eines Begriffs‹ erschien 2010 (auf Englisch 2012). Seitdem ist er mit Vorträgen und Seminaren zum Thema unterwegs. Jetziger Arbeitsschwerpunkt: Konturen einer zukunftsfähigen Lebensqualität. Lebt im Ruhrgebiet.

Literatur

›Apollo 17 Flight Journal‹ (1972): Im Internet unter www.earthwell.com

Cameron, James (2010): ›*Avatar Original Script*‹. (im Internet verfügbar).

Bosselmann, Klaus (2008): ›*The Principle of Sustainability. Transforming Law and Governance*‹. Ashgate: Farnham. Darin im Vorwort das Zitat von C. Weeramantry.

Campe, Johann Heinrich (1809): ›*Wörterbuch der deutschen Sprache Bd. 2*‹. Braunschweig. Siehe den Eintrag ›Der Nachhalt‹ S. 403.

Carlowitz, Hans Carl v. (1713, Reprint 2000): ›*Sylvicultura oeconomica. Anweisung zur wilden Baumzucht*‹. Leipzig: Reprint Freiberg (TU Bergakademie).

Diamond, Jared (2005): ›*Collapse. How Societies Choose to Fail or Survive*‹. New York: Viking Penguin.

Franz von Assisi (1997): ›*Legenden und Laudes*‹. Hg. von Otto Karrer, 5. Auflage, Zürich (Manesse). Darin auf Seite 518 ff. der frühitalienische Text des ›Sonnengesangs‹.

Grober, Ulrich (2010): ›*Die Entdeckung der Nachhaltigkeit – Kulturgeschichte eines Begriffs*‹. Antje Kunstmann Verlag, München. Englisch: ›*Sustainability – a cultural history*‹. Green Books, Totnes, UK, 2012.

Heimann, Heinz-Dieter et al. (2012): ›*Gelobte Armut. Armutskonzepte der franziskanischen Ordensfamilie vom Mittelalter bis zur Gegenwart*‹. Paderborn (Schöningh). Siehe besonders den Beitrag von Peter Bell ›Gewand(t) – Vestimentäre Kommunikation und Bildrhetorik in mittelalterlichen Franziskuszylen‹ S. 81–100.

Kelley, Kevin W. (1989): ›*Der Heimatplanet*‹. Frankfurt: Zweitausendeins.

Maslow, Abraham H. (1977): ›*Motivation und Persönlichkeit*‹. Reinbek: Rowohlt.

Meadows, Donella H. et al. (1972): The Limits to Growth. A Report for the Club of Rome's Project on the Predicament of Mankind. London: Earth Island.

›*The Future We Want. Abschlußbericht Rio+20*‹, Juni 2012. Im Internet unter www.un.org

Von technischen Innovationen getrieben hat sich die Zivilisationsdynamik ständig beschleunigt. Das hat zu einem starken Anstieg des Ressourcenverbrauchs und entsprechenden ›Nebenfolgen‹ für die Umwelt geführt. Die vom Menschen gemachten (anthropogenen) Einwirkungen auf das System Erde haben einen Grad erreicht, an dem abrupte globale Änderungen nicht mehr ausgeschlossen werden können. Sowohl die Quellen (für Ressourcen) als auch die Senken (für Rest- und Schadstoffe) stoßen an planetare Grenzen. Technik- (und Gesetzes-) Folgenabschätzungen sind notwendig, damit sich Gesellschaften dem Leitbild Nachhaltigkeit annähern können. Diejenigen Unternehmen, deren Prozesse und Produkte (Design) dem Leitbild Nachhaltigkeit möglichst nahe kommen, werden in Zukunft die Nase vorn haben.

Folgenabschätzungen

MICHAEL F. JISCHA

Die Menschheitsgeschichte ist untrennbar mit der Nutzung von Materie, Energie und Information verbunden. Im Laufe der Geschichte sind Produktivität, Bevölkerung und Ressourcenverbrauch ständig angestiegen, seit dem vergangenen Jahrhundert mit zunehmender Beschleunigung. In den früh industrialisierten Ländern entwickelte sich vor wenigen Jahrzehnten eine *Bewusstseinswende*, die Segnungen der Technik wurden zunehmend kritisch beurteilt. Das führte zur Formulierung des Leitbildes *Nachhaltigkeit* und der Frage, wie dieses in politisches und wirtschaftliches Handeln umgesetzt werden kann. Das in den 1960er Jahren vorgeschlagene Konzept *Technikfolgenabschätzung* hat sich dabei als machtvolles Instrument erwiesen. Generelle *Folgenabschätzungen* sind notwendig, um auf die *Weltprobleme* reagieren zu können. Der Satz von Immanuel Kant »*Unser Entscheiden reicht weiter als unser Erkennen*« hat angesichts der ständigen Beschleunigung aller Prozesse eine neue Aktualität bekommen.

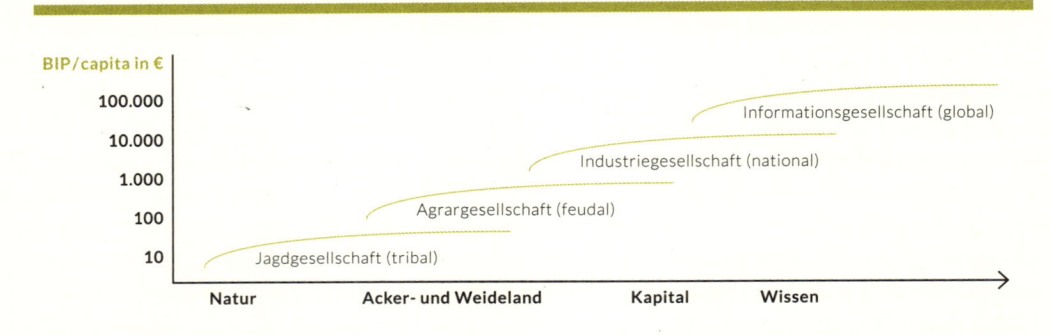

Abb. 1: Technischer Wandel als Motor für gesellschaftliche Veränderungen (nach Jischa 2005)

1. Zivilisationsdynamik

Die Geschichte der Menschheit ist ein evolutionärer Prozess. Nur der Mensch ist in der Lage, seine eigene Evolution durch Innovationen zu beschleunigen. Die Menschheitsgeschichte ist die Geschichte des sich durch Technik ständig beschleunigenden Einflusses auf immer größere Räume und immer fernere Zeiten. Waren die Kräfte der Veränderung größer als die Kräfte der Beharrung, dann traten Strukturbrüche ein. Die Zivilisationsdynamik ist durch drei *Revolutionen* gekennzeichnet. Die *neolithische Revolution* begann vor etwa 10.000 Jahren in verschiedenen Regionen der Welt. In Europa begann vor rund 400 Jahren die *wissenschaftliche Revolution*, die vor gut 200 Jahren in die *industrielle Revolution* überging. Vor wenigen Jahrzehnten startete die *digitale Revolution*, deren Folgen für die Arbeits- und Lebenswelt sich erst in Umrissen abzeichnen.

Abbildung eins zeigt die Entwicklung in einer qualitativen Darstellung. Auf der horizontalen Achse sind die zentralen Ressourcen der bisherigen Gesellschaftstypen aufgetragen. Wir können sie als Zeitachse deuten, denn die Übergänge erfolgten in zeitlicher Abfolge. Auf der vertikalen Achse ist die Produktivität aufgetragen, dargestellt in heutiger Terminologie als Bruttoinlandsprodukt (BIP) pro Kopf und Jahr. Es gibt quantitative Auftragungen mit einem ähnlichen Verlauf. Wenn die Entwicklung der Weltbevölkerung in doppelt logarithmischer Auftragung dargestellt wird, und dabei die Zeitachse rückwärts gezählt wird, so erreicht man eine Dehnung der jüngeren Vergangenheit und einer Stauchung der Urzeit. Die Entwicklung der Weltbevölkerung über der Zeitachse zeigt dann einen ähnlichen Verlauf wie Abbildung eins. Den Sättigungsprozessen bei der Produktivität entspricht ein Abflachen der Bevölkerungsentwicklung. Mit dem Einsetzen der drei geschilderten *Revolutionen* sind Produktivität, Bevölkerung sowie Verbrauch an Ressourcen jeweils signifikant angestiegen. Das ist ein typischer autokatalytischer Prozess. Derartige positive Rückkopplungen haben zu den *Weltproblemen* geführt, siehe Abschnitt 5.

Die Verläufe in Abbildung eins sind eng verknüpft mit vier *informationstechnischen Revolutionen*, auch ›Gutenberg-Revolutionen‹ genannt. Am Beginn der Menschwerdung stand die Innovation der Sprache vor einigen 100.000 Jahren. Die *erste Gutenberg-Revolution* war die Voraussetzung dafür, dass unsere Vorfahren sich in Stämmen organisieren konnten. Die Gesellschaft der Jäger und Sammler entstand, ihre entscheidende Ressource war die Natur. Die Produktivität war gering, der Anstieg der Weltbevölkerung ebenso. Vor etwa 10.000 Jahren setzte eine erste durch Technik induzierte strukturelle Veränderung der Gesellschaft ein, die *neolithische Revolution*. Sie kennzeichnet den Übergang von der Welt der Jäger und Sammler zu den Ackerbauern und Viehzüchtern. Pflanzen wurden angebaut und Tiere domestiziert, die Menschen begannen sesshaft zu werden. Die Agrargesellschaft entstand. Die Unterwerfung der Natur durch Be- und Entwässerungsanlagen sowie durch Dammbau war die erste große technische und soziale Leistung der Menschheit. Ein derartiges organisatorisches Problem konnte nicht von überschaubaren Stämmen gelöst werden, es bildeten sich feudale Strukturen aus. Mündliche Anweisungen wurden ineffizient und mussten durch neue Medien wie Schrift, Zahlen und Maße ersetzt werden. Das war die *zweite Gutenberg-Revolution*. Acker- und Weideland waren die entscheidenden Ressourcen in der Agrargesellschaft.

Vor gut 500 Jahren begann jenes große europäische Projekt, das mit den Begriffen ›Aufklärung‹ und ›Säkularisierung‹ beschrieben wird. Das »*Wunder Europa*« (Jones 1991) führte zur Verwandlung und Beherrschung der Welt durch Wissenschaft und Technik. Die *wissenschaftliche Revolution* wäre ohne den Buchdruck, der *dritten Gutenberg-Revolution*, nicht denkbar gewesen. In der sich anschließenden *industriellen Revolution* wurde das Kapital zur entscheidenden Ressource. Der Buchdruck induzierte ungeahnte Veränderungen in der Gesellschaft. Vermutlich wäre es ohne den Buchdruck nicht zur Reformation gekommen, Luthers Flugschriften waren die ersten Massendrucksachen in der Geschichte. Unsere Generation ist Zeuge der *vier-*

ten Gutenberg-Revolution, der *digitalen Revolution*. Die Industriegesellschaft war mit der Bildung von Nationalstaaten verknüpft, die Informationsgesellschaft erzwingt faktisch globale Strukturen. Wissen ist zur entscheidenden Ressource geworden.

Die zentrale Botschaft der Einführung lautet: Im Laufe der Menschheitsgeschichte sind Produktivität und Weltbevölkerung in einem positiv rückgekoppelten Prozess ständig gewachsen, wobei die durch technische Innovationen induzierten *Revolutionen* die entscheidenden Treiber gewesen sind. Die gesellschaftlichen Strukturen haben sich den jeweils neuen Erfordernissen angepasst, die dabei dominierenden Ressourcen für die weitere Entwicklung haben sich verändert. In welcher Weise die heute zentrale Ressource Wissen der Gesellschaft weiter verändern wird ist Gegenstand vieler Diskussionen. Es gibt eine Reihe von Vorschlägen, mit denen die postindustrielle Gesellschaft charakterisiert wird: ›Informationsgesellschaft‹, ›Dienstleistungsgesellschaft‹, ›Wissensgesellschaft‹, ›Wissenschaftsgesellschaft‹ oder ›Wissenstechnologiegesellschaft‹. Die Geschichte wird zeigen, welcher Begriff sich hierfür einbürgern wird. Der Metabegriff ›Globalisierung‹ ist untrennbar mit der räumlichen und zeitlichen Verdichtung durch die Digitalisierung der Informationstechnologien verbunden. Das gilt nicht nur für wirtschaftliche Prozesse, sondern gleichfalls für alle gesellschaftlichen und politischen Prozesse.

2. Gegenwartschrumpfung

Wird uns unser Fortschritt zum Verhängnis?

Ein Aspekt aus der Abbildung eins soll gesondert behandelt werden, für den der Philosoph Hermann Lübbe den plastischen Begriff »*Gegenwartsschrumpfung*« geprägt hat (Lübbe 1994). Unsere Vorfahren haben einige 100.000 Jahre in der Welt der Jäger und Sammler gelebt, einige 1.000 Jahre in der Agrargesellschaft und rund 200 Jahre in der Industriegesellschaft. Die Digitalisierung der Informationstechnologien hat erst vor wenigen Jahrzehnten begonnen und es wird deutlich, dass technische Innovationen in immer kürzeren Zyklen neue Produkte generieren. Wenn wir die Gegenwart als die Zeitdauer konstanter Lebens- und Arbeitsverhältnisse verstehen, dann nimmt der Aufenthalt in der Gegenwart ständig ab. Wegen der ständig beschleunigten Dynamik des technischen Wandels rückt die unbekannte Zukunft immer näher an die Gegenwart heran. Die laufend rascheren Veränderungen überfordern unsere auf statischem Denken beruhenden Rezepte. Dadurch werden Ängste und Unsicherheiten geschürt. Gleichzeitig wächst in der Gesellschaft die Sehnsucht nach dem Dauerhaften, dem Beständigen. Der Handel mit Antiquitäten, mit Oldtimern und Repliken blüht, weil diese das Dauerhafte symbolisieren.

Zugleich gilt eine für Entscheidungsträger ernüchternde Erkenntnis. Diese bezeichne ich als *Popper-Theorem*, auch wenn sich meine verkürzte Formulierung aus den Darstellungen von Karl Popper nur indirekt herauslesen lässt (Popper 1987): Wir können immer mehr wissen und wir wissen auch immer mehr. Aber eines werden wir niemals wissen können, nämlich was wir morgen wissen werden, denn sonst wüssten wir es bereits heute. Das bedeutet, dass wir zugleich immer klüger und immer blinder werden. Mit fortschreitender Entwicklung der modernen Gesellschaft nimmt die Prognostizierbarkeit ihrer Entwicklung ständig ab. Niemals zuvor in der Geschichte gab es eine Zeit, in der die Gesellschaft so wenig über ihre nahe Zukunft gewusst hat wie heute. Gleichzeitig wächst die Zahl der Innovationen ständig, die unsere Lebenssituation strukturell und meist irreversibel verändert. Es war stets so, dass sich die Arbeitswelt durch technische Innovationen verändert hat. Doch einerseits hat das Tempo der Veränderungen zugenommen, und andererseits haben diese Veränderungen gleichfalls die Lebenswelt erfasst. Das hat weitreichende Folgen für die Gesellschaft. Ausbildung, Lehre und Forschung in allen Disziplinen müssen sich diesen Herausforderungen stellen.

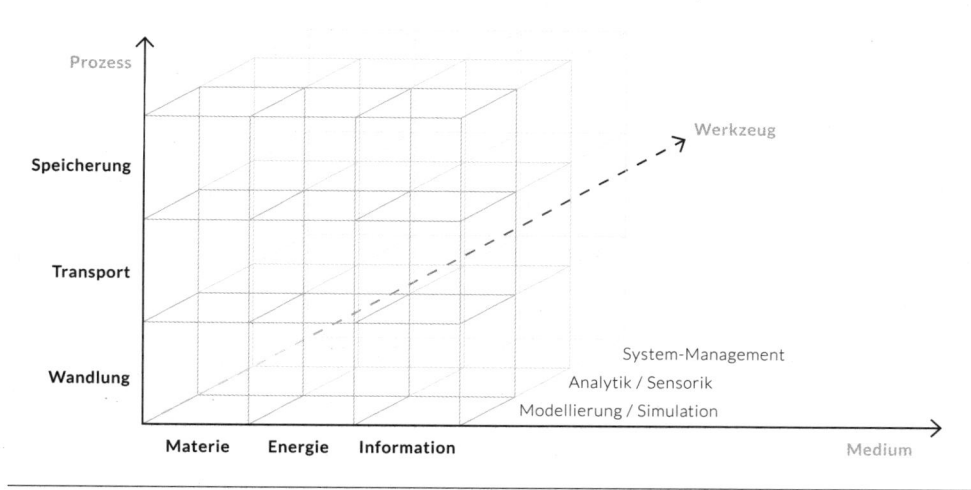

Abb. 2: Charakterisierung technischer Handlungen (nach Jischa 2010b)

3. Menschheitsgeschichte als Energiegeschichte

Die Abbildung zwei beschreibt, was Techniker eigentlich tun. Sie befassen sich mit den *Medien* Energie, Materie und Information. Darauf wenden sie die *Prozesse* Wandlung, Transport und Speicherung an. Eine derartige Darstellung ist mehrfach verwendet worden. Ich habe eine dritte Dimension zugefügt, denn es werden unterschiedliche *Werkzeuge* verwendet. Das Werkzeug Modellierung/Simulation hat vor wenigen Jahrzehnten eine ungeahnte Dynamik entfaltet. Die außerordentlich rasche Entwicklung von Hardware und Software hat Möglichkeiten geschaffen, die noch vor wenigen Jahren undenkbar schienen. Ähnliches gilt für das Werkzeug Analytik/Sensorik, womit physikalische, chemische und biologische Analytik gemeint sind. Erst das Zusammenspiel von Modellierung/Simulation mit Analytik/Sensorik hat neue Möglichkeiten der online-Prozesssteuerung eröffnet. Schließlich gewinnt das Werkzeug System-Management ständig an Bedeutung. Das Management von Stoff- und Energieströmen, zum Schutz der Umwelt *und* zur Schonung der Ressourcen, ist zu einem zentralen Thema geworden, auch für die Disziplin Design.

In Abschnitt 1 hatte ich die Zivilisationsdynamik mit den vier *informationstechnischen Revolutionen* verknüpft. In Anlehnung an Abbildung zwei lässt sich die Zivilisationsdynamik gleichfalls als *Geschichte der Materialien* oder als *Geschichte der Energien* beschreiben, Letzteres ist in Abbildung drei dargestellt. Verschiedene Energieträger und Energieformen sowie Fortschritte in Wandlung, Transport und Speicherung von Energie kennzeichnen die Entwicklung bis zum heutigen Tag. In der Welt der Jäger und Sammler waren das Feuer und die menschliche Arbeitsleistung die einzigen Energiequellen. In der Agrargesellschaft kam zunächst die Arbeitsleistung der Tiere hinzu, im Mittelalter folgten Wassermühlen und Windmühlen. Das war die energetische Situation bis zur französischen Revolution. Die Truppen Napoleons waren energetisch auf der gleichen Stufe wie jene von Alexander dem Großen, Hannibal und Cäsar. Ihre Geschwindigkeit war die Geschwindigkeit von Mensch und Tier. Die industrielle Revolution leitete Ende des 18. Jahrhunderts den Eintritt in das fossile Energiezeitalter ein. Beginnend mit der Nutzung der Steinkohle zur Verhüttung von Erzen traten Erdöl Ende des 19. und Erdgas Mitte des 20. Jahrhunderts als Primärenergieträger hinzu, Erdgas etwa zeitgleich mit der Nutzung der Kernenergie. Ohne an dieser Stelle auf die Definitionen von Ressourcen, wahrscheinlichen und sicheren Reserven einerseits sowie auf statische und dynami-

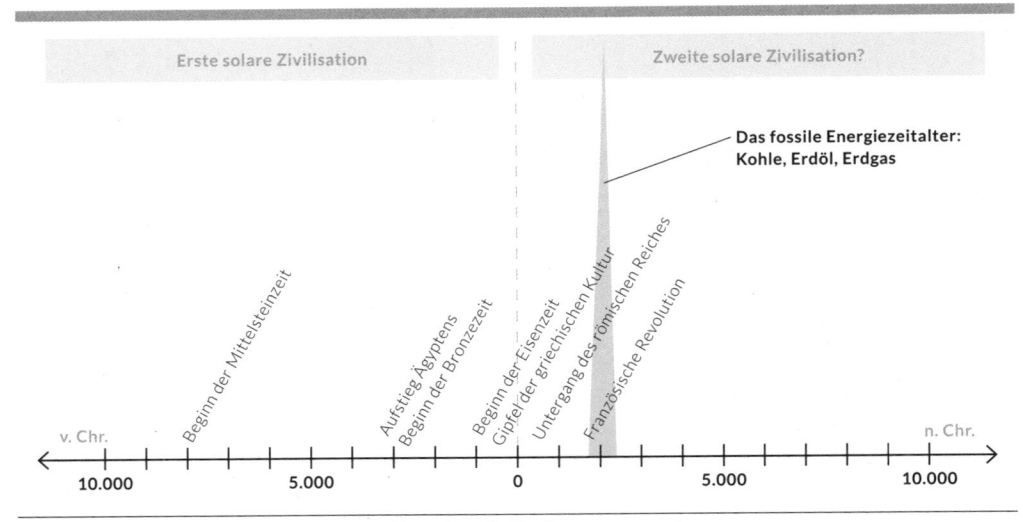

Abb. 3: Energiegeschichte der Menschheit (nach Jischa 2004, 2005)

sche Reichweiten andererseits einzugehen, sei kurz gesagt: Kohle, Erdöl und Erdgas stehen uns nur noch für einen Zeitraum zur Verfügung, der etwa der bisherigen Nutzungsdauer entspricht. Es ist daher berechtigt, das gut 200 Jahre währende fossile Zeitalter als *Wimpernschlag* in der Geschichte der Menschheit zu bezeichnen.

Unser heutiges Energiesystem ist weder aus Versorgungsgründen noch aus Entsorgungsgründen zukunftsfähig. Es basiert global und national zu über 80 Prozent auf den fossilen Primärenergieträgern, die ebenso wie Uran aus der Erde gewonnen werden. Über entsprechende Aufbereitungs- und Umwandlungsprozesse wird daraus Sekundärenergie für verschiedene Anwendungen. Anschließend werden die Rest- und Schadstoffe nach geeigneter Weiterbehandlung wieder in die Umwelt abgegeben. Trotz beachtlicher Erfolge in Techniken des Umweltschutzes bleibt es ein offenes System, das keine Zukunft haben kann.

4. Die Bewusstseinswende der 1960er Jahre

Seit wann und warum denken wir über die Gefährdung der Zukunftsfähigkeit nach? Bis vor wenigen Jahrzehnten war der Fortschrittsglaube überall in der Welt ungebrochen. Insbesondere die Aufbauphase in unserem Land nach dem Zweiten Weltkrieg wurde davon getragen. Die Erde schien über nahezu unerschöpfliche Ressourcen zu verfügen. Die Aufnahmekapazität von Wasser, Luft und Boden für Schadstoffe und Abfälle schien unbegrenzt zu sein. Die Segnungen von Wissenschaft und Technik verhießen geradezu paradiesische Zustände. Alles schien machbar zu sein und man glaubte, dass Wohlstand für alle – und damit auch für die Entwicklungsländer – nur eine Frage der Zeit sei. Etliche Schwellen- und Entwicklungsländer huldigen weiter dem Fortschrittsglauben, während dieser in der früh industrialisierten Welt zunehmend ins Wanken geriet. Ironischer Weise bedurfte es erst des Wohlstands, damit die im Wohlstand lebenden Gesellschaften die Technik und deren Segnungen zunehmend skeptisch beurteilten. 1969 landeten zwei US-Astronauten als erste Menschen auf dem Mond. Dies markierte einerseits einen Höhepunkt der Technikeuphorie. Andererseits wurde über die Fernsehschirme die Botschaft zu uns getragen, dass unser Raumschiff Erde endlich ist und dass wir alle in einem Boot sitzen.

> *Immer neue technische Möglichkeiten – zu welchem Zweck eigentlich?*

Folgenabschätzungen

In den Wohlstandsgesellschaften der westlichen Welt wurde in den 1960er Jahren eine Bewusstseinswende sichtbar. Mit dem Kürzel ›1968er-Bewegung‹ bezeichnen wir in unserem Land eine Reihe von ineinander greifenden gesellschaftlichen Prozessen. Dazu gehörten Friedensbewegungen, Frauenbewegungen, massive Proteste gegen die Kernenergie, gegen die Ordinarienuniversität und nicht zuletzt gegen die Umweltzerstörungen. Aus den ökologischen Bewegungen ist mit den ›Grünen‹ eine offenkundig stabile politische Kraft hervorgegangen. Die Bewusstseinswende manifestierte sich in unterschiedlicher Weise. Zum einen wurde 1968 der ›Club of Rome‹ gegründet. Die Initiative hierzu ging von dem Fiat-Manager Aurelio Peccei und dem OECD-Wissenschaftsmanager Alexander King aus. Sie setzten sich zum Ziel, gleichgesinnte Persönlichkeiten aus Wirtschaft und Politik zu gewinnen, um gemeinsam über die für die Zukunft der Menschheit entscheidenden Herausforderungen und Lösungsansätze zu diskutieren. Hierfür prägten sie die Begriffe »*World Problematiques*« und »*World Resolutiques*«. Ihre erste Analyse war erstaunlich weitsichtig, sie betraf drei Punkte: Die Bedeutung eines ganzheitlichen Ansatzes zum Verständnis der miteinander vernetzten Weltprobleme, die Notwendigkeit von langfristig angelegten Problemanalysen und die Aufforderung »*global denken und lokal handeln*«. Der ›Club of Rome‹ stellte 1972 seine erste Studie ›Die Grenzen des Wachstums‹ (Meadows et al 1972) vor. Die Mittel hierfür hatte die Volkswagen-Stiftung zur Verfügung gestellt. Das war Eduard Pestel, Professor für Mechanik an der Universität Hannover und Minister für Wissenschaft und Kunst in Niedersachsen, zu verdanken. Er schloss sich kurz nach der Gründung dem ›Club of Rome‹ an und initiierte sowie bearbeitete weitere Berichte.

Bereits 1962 hatte die amerikanische Biologin Rachel Carson mit ihrem zum Kultbuch der Ökologiebewegung avancierten Band ›Der stumme Frühling‹ (Carson 1962) ein aufrüttelndes Signal gesetzt. Knapp zehn Jahre nach den ›Grenzen des Wachstums‹ wurde der von James Carter, dem damaligen Präsidenten der USA, initiierte Bericht ›Global 2000‹ (1980) vorgestellt. Im Jahr 1987 erschien der Brundtland-Bericht der Weltkommission für Umwelt und Entwicklung mit dem Titel ›Our Common Future‹ und zeitgleich die deutsche Version ›Unsere gemeinsame Zukunft‹ (Hauff 1987). Dieser Bericht hat entscheidend dazu beigetragen, das Leitbild *Sustainable Development* (kurz *Sustainability* = *Nachhaltigkeit*) bekannt zu machen. Die Diskussion erreichte einen vorläufigen Höhepunkt mit der ›Agenda 21‹, dem Abschlussdokument der UN-Konferenz für Umwelt und Entwicklung 1992 (BMU 1992). Schließlich wurde Mitte der 1960er Jahre in den USA der Begriff ›Technology Assessment‹ (TA) geprägt. Die TA-Diskussion führte bei uns, ebenso wie in vergleichbaren Ländern, zu wachsenden TA-Aktivitäten und der Einrichtung von entsprechenden Institutionen, die mit den Begriffen ›Technikbewertung‹ oder ›Technikfolgenabschätzung‹ verbunden sind, siehe Abschnitt 7.

Offenbar befinden wir uns »*Am Ende des Baconschen Zeitalters*« (Böhme 1993), wenn wir die neuzeitliche Wissenschaft als die Epoche Bacons bezeichnen. Denn in unserem Verhältnis zur Wissenschaft ist eine Selbstverständlichkeit abhanden gekommen. Nämlich die Grundüberzeugung, dass wissenschaftlicher und technischer Fortschritt zugleich und automatisch humaner und sozialer Fortschritt bedeuten. Die wissenschaftlich-technischen Errungenschaften bewirken neben dem angestrebten Nutzen immer auch Schäden, die als Folge- und Nebenwirkungen die ursprünglichen Absichten konterkarieren.

5. Das Leitbild Nachhaltigkeit

Der Begriff *Nachhaltigkeit* ist keine Erfindung unserer Tage. Konzeptionell wurde er Anfang des 18. Jahrhunderts in Deutschland unter der Bezeichnung des nachhaltigen Wirtschaftens eingeführt, als starkes Bevölkerungswachstum und zunehmende Nutzung des Rohstoffes Holz (als Energieträger und als Baumaterial) eine einschreitende Waldpolitik erforderlich machten. Alle Definitionen von Nachhaltigkeit beziehen sich auf den Brundtland-Bericht. Danach ist eine Entwicklung nur dann nachhaltig, wenn sie »*die Bedürfnisse der gegenwärtigen Generation befriedigt, ohne zu riskieren, dass zukünftige Generationen ihre eigenen Bedürfnisse nicht befriedigen können*«. Die Überzeugungskraft des Leitbildes Nachhaltigkeit ist offensichtlich groß. Mindestens so groß ist dessen Unverbindlichkeit, da jede Interessengruppe jeweils *ihrer Säule* (Wirtschaft, Umwelt oder Gesellschaft) eine besondere Priorität zuerkennt. Zielkonflikte sind vorprogrammiert, politische und gesellschaftliche Auseinandersetzungen belegen dies. Als Fazit sei festgehalten: Das Leitbild Nachhaltigkeit ist allseits akzeptiert, aber diffus formuliert. Die fällige Umsetzung leidet sowohl an ständigen Zielkonflikten als auch an fehlender Operationalisierbarkeit. Entscheidend ist die Frage, wie Nachhaltigkeit in wirtschaftliches und politisches Handeln umgesetzt werden kann.

Das unscharfe Leitbild Nachhaltigkeit wird greifbar erst aus gesellschaftlichen und politischen Auseinandersetzungen bezüglich der Zielprioritäten. Also müssen gerade bei diffus formulierten Zielvorgaben folgende Probleme transparent und nachvollziehbar behandelt werden (Jischa 1999a): Es sind unterschiedliche Szenarien (was wäre wenn?) zu vergleichen; das erfordert quantifizierbare Aussagen; dazu müssen relevante Indikatoren entwickelt werden; Quantifizierung verlangt Messbarkeit und Vergleichbarkeit verlangt Bewertung; zur Bewertung werden schließlich Kriterien benötigt, diese sind zeitlich und räumlich veränderlich. Denn »*das Sein bestimmt das Bewusstsein*«, wie Karl Marx es so treffend formuliert hat. Oder um Bert Brecht zu zitieren: »*Erst kommt das Fressen und dann die Moral*«. Die indische Ministerpräsidentin Indira Gandhi hatte seinerzeit auf einer Weltenergiekonferenz auf die Frage, wie sie Indien zu elektrifizieren gedenke, geantwortet, mit Kernenergie. Auf die Nachfrage, ob ihr denn die Restrisiken der Kernenergie nicht bewusst seien, gab sie eine für mich klassische Antwort: »*Verhungernde fragen nach keinem Restrisiko*«. Unabhängig von den jeweiligen Zielvorgaben geht es stets um die gleiche Frage: Welche Technologien sind in der Lage, eine Entwicklung der Menschheit in Richtung Nachhaltigkeit zu ermöglichen? Und welche Technologien sind in der Lage, die durch Technik geschaffenen Probleme (die nichtintendierten Folgen von technischen Entwicklungen) zu mildern, zu korrigieren oder gar zu beseitigen.

Eine an dem Leitbild Nachhaltigkeit orientierte Einteilung der *Weltprobleme* betrifft die ökologische, die soziokulturelle und die ökonomische Säule des Leitbildes (Jischa 1993, 2005). Das *erste* globale Problem betrifft die *Umwelt*, sie ist in weiten Teilen ein öffentliches Gut. Dazu gehören die Ozeane mit ihrem Fischbestand und das Wasser im Allgemeinen, die Luft, die Wälder und die Böden. Bei öffentlichen Gütern gilt »*The Tragedy of the Commons*« (Hardin 1968). Die Allmende, die Gemeingüter (engl. commons), müssten geschont werden, um sie für zukünftige Generationen zu erhalten. Die Tragödie der Allmende liegt darin, dass einzelne Nutzer als Trittbrettfahrer Vorteile erzielen, aber die Nachteile von der Gemeinschaft getragen werden. Dazu gehören der Ausstoß von Kohlendioxyd als Auslöser für den anthropogenen Treibhauseffekt und damit die Erwärmung der Atmosphäre und das Ansteigen des Meeresspiegels, die Verschmutzung der Umwelt, die Überfischung der Weltmeere, das Abholzen der Wälder und die Brandrodung, die zunehmende Wasserknappheit sowie das Artensterben und damit der Verlust an Biodiversität. Das *zweite* globale Problem betrifft die *Weltgesellschaft*, die Frage nach der *Solidarität* Fremden und Fernen gegenüber. Der von Kant geprägte Begriff »*Weltbürgergesellschaft*« ist im Zeitalter der Globalisierung Realität geworden ist. Zu dem Problemfeld *Solidarität* gehören der Kampf gegen die Armut, gegen mangelnde Bildung, gegen Infektionskrankheiten, gegen Terrorismus als wesentlichen Beitrag zur Friedenssicherung, gegen die ökonomische und die digitale Spaltung der Welt sowie die Probleme der inter- und intragenerationellen Gerechtigkeit.

Was heißt Wohlstand? Was ist genug?

Das *dritte* globale Problem betrifft die *Weltwirtschaft*, die Frage nach den *Regeln* für wirtschaftliches Handeln. Dazu gehören Rahmenbedingungen und Rechtssetzung ebenso wie Infrastrukturen und informelle Strukturen. Regeln betreffen das Welthandelsrecht, internationale Finanzarchitekturen (z. B. Tobin Tax), die Vermeidung von Öko- und Sozialdumping und den internationalen Wettbewerb.

6. Perspektiven einer nachhaltigen Entwicklung

Die Herausgeber des Sammelbandes ›Perspektiven einer nachhaltigen Entwicklung‹ schreiben zu Beginn ihres einführenden Beitrags: »*Alle wesentlichen Entwicklungen in Bezug auf Nachhaltigkeit laufen in allen Gesellschaften auf dem Globus in falsche Richtung. Daher ist eine weitere Zeit des ›Leisetretens‹ nicht mehr zu verantworten. Um die Zivilgesellschaft wachzurütteln, müssen wir den Spagat wagen und einerseits den Menschen ein realistisches Bild vom schier unersättlichen Ressourcen- und Energieverbrauch und den damit verbundenen Überlastungen der Ökosysteme der Erde sowie den uns verbleibenden Handlungsoptionen zeichnen. Andererseits müssen wir gleichzeitig die gute Botschaft vermitteln, dass eine nachhaltigere Welt von morgen mehr und neue Lebensqualität bringen kann- zum Beispiel Zeitwohlstand, befriedigende soziale Beziehungen, Gesundheit, Glück und Solidarität*« (Welzer und Wiegandt 2011).

Claus Leggewie und Harald Welzer haben das Thema »*Klimawandel als Kulturwandel*« mehrfach behandelt. Nach ihrer Auffassung ist der Klimawandel nicht nur ein globales Phänomen, er stellt darüber hinaus die menschlichen Gesellschaften und Institutionen vor völlig neue Herausforderungen. Welzer macht deutlich, dass die Linien der Gewalt im 21. Jahrhundert durch Konflikte um Ressourcen, Kriege gegen eigene Bevölkerungen, Wellen von Klimaflüchtlingen und Terrorismus gekennzeichnet sind (Welzer 2008). Leggewie und Welzer verdeutlichen in ihrem Buch mit dem programmatischen Titel ›Das Ende der Welt, wie wir sie kannten‹, dass unsere Lebensgewohnheiten die Funktionsgrenzen der kapitalistischen Wirtschaftsform überschreiten (Leggewie und Welzer 2009). Sie stellen die Frage, ob die Demokratien des Westens fähig sind, sich in Richtung Zukunftsfähigkeit zu modernisieren. Sie sind der Auffassung, dass sich eine Gesellschaft zur Meisterung der Krise nicht mehr allein auf bisherige Institutionen und Akteure verlassen kann. Die Bürgergesellschaft muss sich als verantwortlicher Teil eines Gemeinwesens verstehen, das ohne deren aktiven Beitrag nicht überleben kann. Die Autoren möchten die Chancen einer Demokratisierung der Demokratie ausloten. In dem Sammelband ›KlimaKulturen‹ (Welzer et al 2010) wollen die Autoren der Zukunftsvergessenheit der Sozial-, Geistes- und Kulturwissenschaften entgegentreten. Denn ihre eigene Zunft habe bislang versäumt, sich mit dem Thema »*Klimawandel als Kulturwandel*« zu befassen.

7. Technikfolgenabschätzung

Der Begriff ›Technology Assessment‹ (TA) tauchte erstmalig 1966 in einem Bericht an den US-amerikanischen Kongress im Zusammenhang mit Folgen technischer Entwicklungen auf. Konkreter Anlass war die Forderung nach einem Frühwarnsystem bei komplexen großtechnischen Neuerungen wie Überschallflug, Raumfahrttechnik und Raketenabwehrsystemen. Als Folge davon wurde 1972 das ›Office of Technology Assessment‹ (OTA) gegründet. Damit sollte ein Beratungsorgan für den Kongress, also die Legislative, geschaffen werden. Dies löste ähnliche Bewegungen in den westlichen Industrieländern aus, wobei für TA synonym die Übersetzungen ›Technikbewertung‹ oder ›Technikfolgenabschätzung‹ verwendet werden. Zur Geschichte der TA-Bewegung in Deutschland verweise ich auf die Darstellungen in (Grunwald 2002, Jischa 1999, 2004, 2005). Hier möchte ich sogleich aus der VDI-Richtlinie ›Technikbewertung‹ die Vorgehensweise beschreiben (VDI 1991):

»*Technikbewertung bedeutet hier das planmäßige, systematische, organisierte Vorgehen, das 1. den Stand einer Technik und ihre Entwicklungsmöglichkeiten analysiert, 2. unmittelbare und mittelbare technische, wirtschaftliche, gesundheitliche, ökologische, humane, soziale und andere Folgen dieser Technik und möglicher Alternativen abschätzt, 3. auf Grund definierter Ziele und Werte diese Folgen beurteilt oder auch weitere wünschenswerte Entwicklungen fordert, 4. Handlungs- und Gestaltungsmöglichkeiten daraus herleitet und ausarbeitet, so dass begründete Entscheidungen ermöglicht und gegebenenfalls durch geeignete Institutionen getroffen und verwirklicht werden können.*«

Ingenieure haben Technik schon immer bewertet, bislang jedoch nur nach zwei Kriterien, einem technischen und einem ökonomischen. Das technische Kriterium betrifft Qualität, Funktionalität und Sicherheit von Produkten und Prozessen. Die Ökonomie beinhaltet einerseits ein betriebswirtschaftliches Kriterium, das danach fragt, ob sich ein Produkt am Markt platzieren lässt. Die volkswirtschaftliche Seite der Ökonomie berücksichtigt Fragen der internationalen Verträglichkeit und der Verfügbarkeit. Das Leitbild Nachhaltigkeit verlangt mehr, Technik muss zusätzlich *umweltverträglich* und *sozialverträglich* sein.

Die in der VDI-Richtlinie beschriebene Vorgehensweise zur Technikbewertung bzw. Technikfolgenabschätzung ist auf die ›Gesetzesfolgenabschätzung‹ (GFA) übertragen worden (Böhret und Konzendorf 2001). Dabei wird die enge Anlehnung an die Vorgehensweise bei TA deutlich. GFA soll helfen, die wahrscheinlichen Folgen und Nebenwirkungen rechtsförmiger Regelungsvorhaben zu ermitteln und zu beurteilen. GFA muss Zukunftsperspektiven und Entwicklungen berücksichtigen und in die Folgenabschätzung einbeziehen. GFA soll den politisch-administrativen Prozess der Gesetzgebung unterstützen und zu seiner Rationalisierung beitragen. Es gibt unterschiedliche Möglichkeiten, GFA in das Regierungssystem zu integrieren; so z. B. als Anweisungen in den Geschäftsordnungen politisch-administrativer Instanzen oder in Form von Normprüfstellen neuen Typs. GFA dient der expertengestützten Entwicklung von Regelungsalternativen und deren vergleichender Folgenbeurteilung, der Überprüfung von Entwürfen nach bestimmten Kriterien wie Kosten/Wirksamkeit und Verständlichkeit sowie Evaluierung der tatsächlich eingetretenen Wirkungen in Kraft gesetzter Rechtsvorschriften. Ebenfalls in Anlehnung an die Vorgehensweise bei TA unterscheidet man drei Module: *Prospektive* GFA als vorausschauendes Verfahren der Folgenabschätzung auf der Basis von Regelungsalternativen, *begleitende* GFA als vorausschauendes Verfahren auf der Basis eines rechtsförmigen Entwurfs und *retrospektive* GFA als zurückschauendes Verfahren auf der Basis einer in Kraft getretenen Rechtsvorschrift. Nach meinem Eindruck hat GFA noch keinen Eingang in die Ausbildung der Juristen gefunden.

Wer wagt es, sich den globalen Herausforderungen zu stellen?

Aus Sicht der TA-Experten benötigt die politische und administrative Seite dringend das Instrument GFA. Seit 1989 gibt es ein ›Büro für Technikfolgenabschätzung‹ beim Deutschen Bundestag (TAB), das seither in Personalunion vom Leiter des ›Instituts für Technikfolgenabschätzung und Systemanalyse‹ (ITAS) des ›Karlsruher Instituts für Technologie‹ (KIT) geleitet wird. Ich möchte anregen, eine analoge Einrichtung bezüglich GFA beim Deutschen Bundestag einzurichten. Man könnte auch darüber nachdenken, eine ›Einrichtung für Folgenabschätzungen‹ jedweder Art vorzusehen. Deren Aufgabe müsste darin bestehen, *alle* Aktivitäten in Politik und Wirtschaft am Leitbild Nachhaltigkeit auszurichten. Wir brauchen ein integriertes Nachhaltigkeitsmanagement, das sich an bereits existierende Managementsysteme wie Qualitäts-, Umwelt- und Risiko-Management anlehnen könnte. Denn die Frage, wie nachhaltig ist nachhaltig, hat mit der Frage zu tun, wie sicher ist sicher.

Die Reaktorkatastrophe vom März 2011 in Fukushima war eine (erneute) Bestätigung dafür, dass wir Folgenabschätzungen dringend benötigen. Es sei daran erinnert, dass es zuvor 1979 zu einem Reaktorunfall in Harrisburg/USA gekommen ist. Die erstellte Analyse der Experten ist anschließend von dem Soziologen Charles Perrow analysiert worden. Daraus ist das Buch ›Normale Katastrophen‹ entstanden (Perrow 1987, Orig. 1984). Seine Kernaussage lautet, dass in großtechnischen Systemen, unabhängig von inhärenten Gefahren wie Toxizität, Explosivität oder Radioaktivität, Systemausfälle geradezu unausweichlich sind. Seine Schlüsselbegriffe sind Komplexität und Kopplung. Je komplexer das System und die Wechselwirkungen seiner Bestandteile sind, desto häufiger kann es zu Störungen kommen und desto häufiger können die Signale der Störungen mehrdeutig sein und destabilisierende Reaktionen der Operateure und der automatischen Steuerungen bewirken.

Drei *normale Katastrophen* haben das Jahr 1986 zu einem *Schaltjahr* der Risikodebatte gemacht. Das war zunächst die Explosion der Raumfähre Challenger unmittelbar nach dem Start, was unmittelbar über die Fernsehschirme verfolgt wurde. Danach der GAU eines Reaktorblocks in Tschernobyl, was zur Einrichtung des BMU führte, und drittens der Chemieunfall von Sandoz in der Schweiz. Letzterer war deshalb bedeutsam für weitere Diskussionen, weil Argumente wie »*das kann bei uns nicht passieren*« (wie es nach dem folgenreichen Chemieunfall 1984 in Bhopal/Indien hieß) mit einem Schlag unglaubwürdig wurden. Die Botschaft von Sandoz lautete, wenn es in der Schweiz passieren kann, dann kann es überall auf der Welt passieren. Dieses Muster hat sich 2011 wiederholt. Wenn es in Japan passieren kann, dann kann es überall auf der Welt passieren. Über das Unglück von Fukushima wurde ständig live berichtet. Das hat zu einem ›Iconic Turn‹ geführt, im Gegensatz zu Tschernobyl, wo erst nachträglich über die Folgen berichtet wurde.

Der Philosoph Hans Jonas, Autor des Buches ›Das Prinzip Verantwortung‹ (Jonas 1979), hat in seinem Artikel ›Warum die Technik ein Gegenstand für die Ethik ist: Fünf Gründe‹ in dem Band ›Technik und Ethik‹ (Lenk und Ropohl 1987) formuliert: »*Handle so, dass die Wirkungen deiner Handlung verträglich sind mit der Permanenz echten menschlichen Lebens auf Erden*«. Einer der fünf Gründe lautet »*Globale Ausmaße in Raum und Zeit*«. Heutige Technologien sind dadurch gekennzeichnet, dass Wirkmächtigkeit und Eindringtiefe bezüglich Raum und Zeit in einem Maße angewachsen sind wie nie zuvor in der Geschichte. Stets galt der Erfahrungssatz, dass die Reichweite unserer Handlungen stets größer ist als die Reichweite unseres Wissens über mögliche Folgen.

Der ›Wissenschaftliche Beirat der Bundesregierung Globale Umweltveränderungen‹ hat soeben seinen Bericht ›Gesellschaftsvertrag für eine Große Transformation‹ vorgelegt (WBGU 2011). Dieser verstärkt die Argumentation, dass Folgenabschätzungen notwendiger sind denn je. Der Bericht ist deshalb bemerkenswert, weil er für die Behandlung der drängenden Zukunftsfragen die enge Zusammenarbeit der »*Zwei Kulturen*« (Snow 1967), der Geistes- und Gesellschaftswissenschaften einerseits sowie der Natur- und Ingenieurwissenschaften andererseits, einfordert. Es geht dem WBGU um einen »*neuen Weltgesellschaftsvertrag für eine klimaverträgliche und nachhaltige Weltwirtschaftsordnung*«. Dieser Gesellschaftsvertrag kombiniert eine Kultur der Achtsamkeit (aus »*ökologischer Verantwortung*«) mit einer Kultur der Teilhabe (als »*demokratische Verantwortung*«) und einer Kultur der Verpflichtung gegenüber zukünftigen Generationen (»*Zukunftsverantwortung*«). Der Gesellschaftsvertrag umfasst auch neue Formen globaler Willensbildung und Kooperation. Der WBGU fordert analog zum Weltsicherheitsrat die Schaffung eines ›UN-Rates für Nachhaltige Entwicklung‹.

2010 hat der ›World Chemical Engineering Council‹ (WCEC) eine Anfrage an alle Hochschulen gerichtet, die Chemieingenieure ausbilden. Dabei geht es um die Frage, ob und in welcher Weise das Leitbild Nachhaltigkeit in Lehre und Forschung eingebettet ist. Das Projekt ist vom Autor formuliert worden, diesbezügliche Aktivitäten sind kürzlich in einem Interview dargelegt worden (Jischa 2010a). Hier sei kurz skizziert, in welcher Weise ich an der TU Clausthal vorgegangen bin. Neben meinen Lehrverpflichtungen in Mechanik und Strömungsmechanik habe ich im Studium Generale Lehrveranstaltungen im Sinne dieses Beitrags angeboten. Am Beginn stand die Vorlesung ›Herausforderung Zukunft‹, erstmalig im Wintersemester 1991/92 gehalten, also unmittelbar vor der UN-Konferenz für Umwelt und Entwicklung in Rio de Janeiro im Juni 1992. Daraus ist das gleichnamige Buch entstanden (Jischa 1993, 2005). Das war eine *Sensibilisierungs*-Vorlesung, denn es ging darum, die Hörer für die Weltprobleme zu sensibilisieren. Im Wintersemester 1994/95 folgte die *Operationalisierungs*-Vorlesung ›Technikbewertung‹ (TA ist Nachhaltigkeits-Management) und im Sommersemester 1995 die *Anschluss*-Vorlesung ›Dynamische Systeme in Natur, Technik und Gesellschaft‹. Der Begriff Anschluss soll verdeutlichen, dass ein direkter Bezug zur System- und Regelungstechnik sowie zu dem Instrument der Modellierung und Simulation (mit Übungen) hergestellt wurde. Die drei Vorlesungen sind in der Folgezeit in verschiedenen Studiengängen verpflichtend verankert worden und werden seitdem kontinuierlich gehalten, seit meiner Emeritierung von ehemaligen Doktoranden und heutigen externen Professor(inn)en. Darüber ist mehrfach berichtet worden (Jischa 1997, 1999, 2004, 2005, 2010a, 2011).

8. Abschließende Bemerkungen

Wir sollten uns der Lebenslüge der Industriegesellschaft bewusst sein: Wir subventionieren unseren Wohlstand auf Kosten der Umwelt, der Mitwelt und der Nachwelt. Die Frage ist, ob wir unser ökologisches Kapital oder unser soziales Kapital rascher verbrauchen. Beides wird uns teuer zu stehen kommen. Eine Welt, in der die 20 Prozent Reichen immer reicher, immer weniger und immer älter werden, während die 80 Prozent Armen immer ärmer, immer mehr und immer jünger werden, kann politisch nicht stabil sein.

Vor rund 200 Jahren sagte Napoleon zu Goethe »*Politik ist unser Schicksal*«. Walther Rathenau, Gründer der AEG, formulierte vor etwa 100 Jahren »*Wirtschaft ist unser Schicksal*«. Unsere heutige Welt ist technologisch durchimprägniert wie nie zuvor in der Geschichte. Also sollten wir heute sagen »*Technik ist unser Schicksal*«. Daher müssen wir unsere Ausbildung in der geschilderten Weise verändern, denn »*Wir brauchen Ingenieure mit mehr Weitblick*« (Jischa 1999b). Niccolo Machiavelli hat vor 500 Jahren Weitblick bewiesen, als er in seinem Hauptwerk ›Der Fürst‹ Anforderungen an die Herrschenden formulierte: »*Es verhält sich damit so, wie die Ärzte von der Schwindsucht sagen: Sie ist im Anfangsstadium leicht zu heilen und schwer zu erkennen; ist sie aber fortgeschritten und hat man sie zu Beginn nicht erkannt und geheilt, dann ist es leicht, sie zu sehen, und schwer, sie zu heilen. So ist es auch in der Politik; denn hat man die Übel, die sich im Staat entwickeln, von weitem erkannt, was nur dem klugen Mann gegeben ist, so werden sie schnell beseitigt; wenn man sie aber, ohne sie verstanden zu haben, anwachsen lässt, bis ein jeder sie sieht, dann gibt es kein Heilmittel mehr*« (Machiavelli 1513). Das ist leicht formuliert aber schwer getan. Denn wie sagte Kant vor rund 200 Jahren: »*Die Notwendigkeit zu entscheiden ist stets größer als das Maß der Erkenntnis.*«

Michael F. Jischa, geb. 1937 in Hamburg, Lehre als Kraftfahrzeughandwerker, Ingenieurschule Hamburg; lernte, forschte und lehrte an den Universitäten Karlsruhe (TH, 1965 Dipl.-Ing. Maschinenbau), Berlin (TU, 1968 Promotion, 1971 Habilitation in Strömungsmechanik), Bochum (1971 Umhabilitation, 1973 apl. Prof. am Institut für Thermo- und Fluiddynamik), Essen (1974 o. Prof. Strömungslehre) und Clausthal (1981 C4-Prof. Technische Mechanik). Gastprofessuren in Haifa (Technion), Marseille, Shanghai und Danzig. Arbeitsschwerpunkte seit 20 Jahren: Dynamische Systeme, Technikbewertung, Nachhaltigkeitsmanagement. Emeritierung 2002. Ehrenpräsident der Deutschen Gesellschaft Club auf Rome.

Literatur

BMU (1992): ›Agenda 21, Konferenz der Vereinten Nationen für Umwelt und Entwicklung‹. Bonn: BMU.

Böhme, Gernot (1993): ›Am Ende des Baconschen Zeitalters‹. Frankfurt/Main: Suhrkamp.

Böhret, Carl und Konzendorf, Götz (2001): ›Handbuch Gesetzesfolgenabschätzung‹. Baden-Baden: Nomos.

Carson, Rachel (1963): ›Der stumme Frühling‹. München: Beck.

Global 2000 (1980): ›Der Bericht an den Präsidenten‹. Frankfurt/Main: Zweitausendeins.

Grunwald, Amin (2002): ›Technikfolgenabschätzung – eine Einführung‹. Berlin: Ed. Sigma.

Hardin, Garret (1968): ›The Tragedy of the Commons‹. Science 162, S. 1243-1248

Hauff, Volker (Hg.) (1987): ›Unsere gemeinsame Zukunft‹. Greven: Eggenkamp.

Jischa, Michael F. (1993): ›Herausforderung Zukunft – Technischer Fortschritt und ökologische Perspektiven‹. Heidelberg: Spektrum Akademischer Verlag.

Jischa, Michael F. (1997): ›Das Leitbild Nachhaltigkeit und das Konzept Technikbewertung‹. Chemie Ingenieur Technik (69) 12/97, S. 1695-1703

Jischa, Michael F. (1999a): ›Technikfolgenabschätzung in Lehre und Forschung‹. In Petermann, Thomas und Coenen, Reinhard (Hg.) (1999): ›Technikfolgenabschätzung in Deutschland‹. Frankfurt/Main: Campus. S. 165-195

Jischa, Michael F. (1999b): ›Standpunkt: Wir brauchen künftig Ingenieure mit mehr Weitblick‹. VDI-Nachrichten, 19. Nov. 1999, Nr. 46, S. 2

Jischa, Michael F. (2004): ›Ingenieurwissenschaften‹. Reihe Studium der Umweltwissenschaften. Berlin: Springer.

Jischa, Michael F. (2005): ›Herausforderung Zukunft – Technischer Fortschritt und Globalisierung‹. 2. Auflage. Heidelberg: Spektrum Akademischer Verlag.

Jischa, Michael F. (2010a): ›Nachhaltigkeit in Lehre und Forschung in den Ingenieurwissenschaften‹. GAIA 19/1, S. 37-39

Jischa, Michael F. (2010b): ›Die Mechanik in der Geschichte‹. In Hartmann, Stefan und Brenner, Gunther (2010): ›Jahresbericht 2008/2009. Berichte des Instituts für Technische Mechanik 1/2010‹, TU Clausthal, Clausthal-Zellerfeld, S. 7-17

Jischa, Michael F. (2011): ›Technikfolgenabschätzung lehren – Seit wann, warum und wie?‹ In Dusseldorp, Marc und Beecroft, Richard (Hg.) (2011): ›Technikfolgen abschätzen lehren – Bildungspotenziale transdisziplinärer Methoden‹. Wiesbaden: Springer. S. 63-78

Jonas, Hans (1979): ›Das Prinzip Verantwortung‹. Frankfurt/Main: Suhrkamp.

Jones, Eric L. (1991): ›Das Wunder Europa‹. Tübingen: Mohr.

Leggewie, Claus und Welzer, Harald (2009): ›Das Ende der Welt, wie wir sie kannten‹. Frankfurt/Main: Fischer.

Lenk, Hans und Ropohl, Günther (Hg.) (1987): ›Technik und Ethik‹. Stuttgart: Reclam.

Lübbe, Hermann (1994): ›Im Zug der Zeit‹. Berlin: Springer.

Machiavelli, Niccolo (1997, Orig. 1513): ›Der Fürst‹. Frankfurt/Main: Insel TB.

Meadows, Dennis et al (1972): ›Die Grenzen des Wachstums‹. Reinbek: Rowohlt.

Perrow, Charles (1987): ›Normale Katastrophen‹. Frankfurt/Main: Campus.

Popper, Karl (1987): ›Das Elend des Historizismus‹. Tübingen: Mohr.

Snow, Charles P. (1967): ›Die zwei Kulturen‹. Stuttgart: Ernst Klett.

VDI (1991): ›Technikbewertung - Begriffe und Grundlagen‹. Düsseldorf: VDI.

WBGU (2011): ›Welt im Wandel: Gesellschaftsvertrag für eine Große Transformation‹. Berlin: WBGU.

Welzer, Harald (2008): ›Klimakriege – Wofür im 21. Jahrhundert getötet wird‹. Frankfurt/Main: Fischer.

Welzer, Harald; Soeffner, Hans-Georg und Giesicke, Dana (Hg.) (2010): ›KlimaKulturen: Soziale Wirklichkeiten im Klimawandel‹. Frankfurt/Main: Campus.

Welzer, Harald und Wiegandt, Klaus (Hg.) (2011): ›Perspektiven einer nachhaltigen Entwicklung‹. Frankfurt/Main: Fischer.

Die Frage ist nicht, ob sich unsere Gesellschaft in der ersten Hälfte dieses Jahrhunderts radikal wandeln wird, sondern nur wie. Wird sie ihre multiple Krise erfolgreich meistern oder manche ›Tipping Points‹ überschreiten? Wird sie auf Not, Krisen und Katastrophen reagieren oder vorbeugend handeln? Wird die Anpassung an die Umweltbedingungen demokratisch, gerecht und friedlich verlaufen oder durch autoritäre Entwicklungen, Konflikte und Gewalt gekennzeichnet sein? Eine vorbeugende Nachhaltigkeit setzt die Fähigkeit voraus, a priori zu lernen: Der kulturelle Wandel muss die materielle Erfahrung des Kollaps antizipieren. Die Perestroika in der ehemaligen Sowjetunion hat es in den 1980ern vorgemacht, als sie das Ende des Kalten Kriegs einleitete. Wie muss sich die Gestaltungskultur ändern, wie kann sie präventiv wirken, um so den ökologischen und sozialen Herausforderungen dieses Jahrhunderts gerecht zu werden?

Das (nicht) Nachhaltige Design

DAVIDE BROCCHI

Nachhaltiges Design ist heute weder eine Selbstverständlichkeit noch ein reifes und organisches Fachgebiet. Zu groß bleibt die Kluft zwischen Nachhaltigkeitsdiskurs und dominanter Designproduktion.

Sogenannte *Nachhaltigkeitsexperten* haben Schwierigkeiten, die eigentliche Relevanz von Design zu erkennen, denn: Wie kann man mit Styling und Layout die Welt retten? Wofür brauchen Produkte eine schöne Verpackung, wenn diese eigentlich nur für den Müll bestimmt ist? Während Designer auf die Form achten, kommt es Nachhaltigkeitsexperten vor allem auf den Inhalt an.

Viele Designer reduzieren ihrerseits Nachhaltigkeit auf die Nutzung umweltfreundlicher Materialien, Recycling oder Biosiegel. Für sie ist Nachhaltigkeit das Orientierungsmuster eines bestimmten Konsumententyps, der besonders bewusst einkauft und auf Gesundheit bzw. Umweltverträglichkeit achtet. Die Kaufkraft sogenannter *LOHAS* (Menschen, die einen ›Lifestyle of Health und Sustainability‹ anhängen) macht diese Verbrauchergruppe besonders attraktiv für Unternehmen und Agenturen: Die LOHAS sind wohlhabend, überdurchschnittlich gebildet, geben gerne ein paar Euro mehr für Qualität aus und verachten das ›Geiz ist geil‹-Prinzip.

Wie alle Selbstständigen oder Agenturmitarbeiter machen sich auch Designer eher Gedanken um ihre Auftragslage als um Nachhaltigkeit. Der Wunsch der Kunden hat deutlich mehr Einfluss auf die Gestaltung als ethische Überlegungen. In einer profitorientierten Ökonomie heißt das Prinzip *Design follows money* statt *Design follows sustainability*.

Ein Teil der Designer entwirft Designobjekte und möchte gerne auf internationalen Messen und in Museen für angewandte Kunst vertreten sein. Manchmal findet ihr Kunsthandwerk auch prominente Abnehmer: Auf der ›Design Miami 2007‹ kaufte der Schauspieler Brad Pitt einen Tisch des holländischen Designers Jeroen Verhoeven für stolze 200.000 Euro (Kries 2010: 113). Vor allem im Textildesign und in der Modepresse wird deutlich worum es im Design wirklich geht: Einem ›Survival of the Hippest‹[1] in Zeiten der Massenshows.

Designtheoretiker scheinen die Exklusivität von Design noch einmal zu verstärken, wenn sie es von Kunst, Handwerk, Technik und Massenmedien kontrastierend absetzen. »*Manche Designhistoriker tendieren dazu, alles anonyme und bodenständige Design wegen mangelnder Qualität oder zu häufiger Verwendung zu ignorieren*« (Walker 1992: 39). Was haben in einem solchen Fachgebiet Themen wie Biodiversität oder Armut zu suchen?

Was heißt ›Nachhaltigkeit gestalten‹ jenseits von ›Öko-Design‹?

Das Fazit: Die meisten Nachhaltigkeitsexperten interessieren sich noch zu wenig für Design und die meisten Designer noch zu wenig für Nachhaltigkeit. Auf ein ähnliches »*zweifaches Defizit*« machten 2002 die Kulturwissenschaftler Hildegard Kurt und Bernd Wagner aufmerksam, als sie schrieben:

»*In jüngerer Zeit [wird] verstärkt auf das ›kulturelle Defizit‹ der Nachhaltigkeitsdebatte hingewiesen, das heißt auf die im Kontext Nachhaltigkeit zu beobachtende Tendenz, die Bedeutung des Faktors Kultur zu übersehen und strukturell zu vernachlässigen [...] Dieses Defizit lässt sich bis in die Rio-Dokumente zurückverfolgen. Nicht nur den Bereich künstlerisch-ästhetischer Produktion und Rezeption sucht man in der Rio-Deklaration und in der Agenda 21 vergebens. Auch Kultur [...] als gesellschaftlicher Teilbereich, der über die schönen Künste und die humanistische Bildung hinaus die symbolische und ästhetisch kreative Praxis von Individuen und Gesellschaften umfasst, findet dort je auch nur Erwähnung. Dem gemäß werden (a) die seitherigen Debatten ganz überwiegend in naturwissenschaftlichen und technischen, sozial- und wirtschaftspolitischen Begrifflichkeiten geführt mit allenfalls marginaler Beteiligung der Geistes- beziehungsweise Kulturwissenschaften, setzen sich (b) bislang noch sehr wenige KünstlerInnen unmittelbar mit dem Leitbild auseinander, gibt es (c) eine ›Ästhetik der Nachhaltigkeit‹ allenfalls in ersten Ansätzen [...] Dem ›kulturellen Defizit‹ des Bezugsfelds Nachhaltigkeit entspricht eine sehr weitgehende Ausblendung der ökologischen Krise beziehungsweise Geringschätzung gegenüber ökologischen Fragestellungen auf dem Feld der öffentlichen Kulturpolitik. Ungeachtet gegenteiliger Absichtserklärungen wie etwa dem Aktionsplan ›The Power of Culture‹ der UNESCO Konferenz (Stockholm 1998), wo als erstes Prinzip festgehalten ist, dass ›nachhaltige Entwicklung und kulturelle Entfaltung wechselseitig voneinander abhängig‹ sind, findet im kulturellen und kulturpolitischen Alltagshandeln eine Auseinandersetzung mit Nachhaltigkeit noch kaum statt*« (Kurt/Wagner 2002: 15 f.).

Jede Debatte zum *Nachhaltigen Design* erfordert eine Auseinandersetzung mit diesem zweifachen Defizit und sollte zu seiner strukturellen Überwindung beitragen. Dabei geht es um mehr als eine Brücke zwischen Fachbereichen. Nachhaltigkeit bedeutet einen Paradigmenwechsel für das Design (vgl. Maser ab S. 154 ff.), genauso wie die kulturelle Perspektive zu einer völlig neuen Auffassung von Nachhaltigkeit führt. Nur wenn Nachhaltigkeit und Design systemisch und nicht als getrennte Spezialgebiete verstanden werden; wenn sie keine exklusive Beschäftigung ausgewiesener Experten bleiben, werden sie ihr Potenzial für die gewaltigen gesellschaftlichen Herausforderungen des 21. Jahrhunderts entfalten.

---

1 So betitelte der Designer Wolfgang Joop 2009 seinen Vortrag bei dem Symposium ›Markenführung nach Darwin – Survival of the Fittest, the Fattest, or the Fastest?‹ der Agentur MetaDesign
(unter: http://www.metadesign.com/de/expertise/brand-new-day-2009, abgerufen am 15.07.13).

Der Nachhaltigkeits- und der Designbegriff leiden unter einer ausgeprägten Unschärfe und ihrer inflationären Verwendung (u. a. Wiechmann 2004). Nicht nur die Geschichte des Designs, sondern auch jene der Nachhaltigkeit ist zum Teil widersprüchlich. Wie kann eine Zusammenführung dieser beiden Begriffe in *Nachhaltiges Design* die Unschärfe und Ambivalenz lindern statt verstärken?

Diese Frage ist nicht nur eine theoretische. Gerade in einer Phase der multiplen Krise (Brand 2009), der Klimakrise, der Verknappung der Ressourcen, der Finanzkrise oder der Krise der Demokratie, setzt die Definition eines *Nachhaltigen Designs* eine kritische Auseinandersetzung mit der Genese des Nachhaltigkeits- und des Designbegriffs voraus. Vor diesem Hintergrund wird auf den nächsten Seiten eine erste Annäherung an das *Nachhaltige Design* skizziert.

1. Was ist Nachhaltigkeit?

Obwohl *Nachhaltigkeit* eine lange kulturelle Tradition vorzuweisen hat, wie Ulrich Grober im ersten Kapitel zeigt, war dieser Begriff bis zur UN-Konferenz für Umwelt und Entwicklung von 1992 in Rio de Janeiro in der breiten Öffentlichkeit kaum bekannt. Seit Jahrzehnten bedienten sich Umweltorganisationen und soziale Bewegungen einer anderen Semantik und brachten ihre Ziele mit Begriffen wie Umwelt- und Naturschutz, soziale Gerechtigkeit oder Frieden zum Ausdruck. Wer brauchte also plötzlich ein so verschachteltes Wort wie *Nachhaltigkeit*? Und warum?

Die Beantwortung dieser Fragen liegt in der Geschichte der internationalen Entwicklungspolitik. Sie begann mit der Amtsantrittsrede des US-Präsidenten Harry S. Truman am 20. Januar 1949 (vgl. Sachs 1998: 6). Darin deklarierte er den Kommunismus zum neuen Feind der USA und kündigte ein Vier-Punkte-Programm für »*Frieden und Freiheit*« an: *(1)* Unterstützung der Vereinten Nationen und ihrer Agenturen; *(2)* Programm für die Erholung der Weltwirtschaft durch den Abbau von Handelsschranken und Verstärkung des Marshall-Plans für den Wiederaufbau Europas; *(3)* Gründung des westlichen Militärbündnisses NATO. Der vierte Punkt umriss eine programmatische Vorstellung von Entwicklungspolitik, die aus einer ethnozentrischen Perspektive heraus Selbstüberschätzung und moralische Verpflichtung sowie Machtanspruch und Hilfsbereitschaft der westlichen Industrienationen miteinander verband.[2] 60 Jahre Entwicklungspolitik wurden davon geprägt und in den Modernisierungstheorien wissenschaftlich ausgearbeitet (Eblinghaus/Stickler 1996: 20–21). Jede Modernisierung setzt ein hierarchisches Verhältnis zwischen Moderne und Tradition, Industrie- und Entwicklungsland oder Experte und Laie voraus und zielt auf eine Aufholung des Entwicklungsrückstandes gegenüber dem gegebenen (westlich geprägten) *Vorbild*.

Die Modernisierung von unterentwickelten Ländern fand vor allem durch ›Strukturanpassungsprogramme‹, Kreditvergabe und Entwicklungshilfe statt. Die Strategie, die sich während des Marshallplans in Europa bewährt hatte, scheiterte aber in der sogenannten ›Dritten Welt‹. Paradoxerweise vergrößerte sich die Kluft zwischen reichen und armen Ländern sowie zwischen Zentren und Peripherien, trotz Entwicklungshilfe. Ab der zweiten Hälfte der 1960er geriet das Entwicklungsmodell der Modernisierung deshalb zunehmend in die Kritik, vor allem in Lateinamerika.

Dort behaupteten die Vertreter der ›Dependenztheorien‹ (vgl. Menzel 1993: 27), dass die Ursachen der Armut nicht in der Rückständigkeit der betroffenen Länder, sondern in ihrem Abhängigkeitsverhältnis zu den reichen Industrienationen lag: Die frühere Abhängigkeit der

---

2   Inaugural Address of Harry S. Truman, 20th January 1949
    (http://avalon.law.yale.edu/20th_century/truman.asp, am 29.12.09). Übersetzung von Aram Ziai (2004).

Kolonien von den Kolonialmächten hatte nur ihre Form verändert und bestand nun zwischen Helfern und Geholfenen (vgl. Gronemeyer 2010). Der Königsweg aus der Unterentwicklung lag deshalb nicht in der Entwicklungshilfe, sondern in der Emanzipation des Südens vom Norden und in einem Ende der Ausbeutung.

Das verschwenderische Entwicklungsmodell der Industrienationen durfte kein Vorbild für die ganze Welt sein: Dafür gab es auch ökologische Gründe. Diese wurden 1972 im ersten Bericht des ›Club of Rome‹ von Dennis Meadows (1972) auf der Basis von Computermodellen beschrieben. Sein Fazit: Auf einem biophysisch begrenzten Planeten ist kein unbegrenztes Wachstum möglich. Früher oder später werden wichtige Rohstoffe zuneige gehen. Die erste große Ölkrise von 1973 brachte diesen Thesen die nötige Aufmerksamkeit und zeigte, dass die Verletzlichkeit der Industrienationen proportional zu ihrer Abhängigkeit von nicht-erneuerbaren Ressourcen war – und noch heute ist.

Die Umwelt durfte weder als unbegrenztes Rohstofflager noch als bodenlose Deponie betrachtet werden, in die permanent Müll und Schadstoffe abgeladen werden. Die Meeresbiologin Rachel Carson hatte 1962 in ihrem Buch ›Silent Spring‹ die verhehrenden Auswirkungen von Chemikalien wie DDT auf die Umwelt beschrieben und damit jene breite Debatte in den USA ausgelöst, die zur Entstehung der Umweltbewegung führte. Zudem litten seit den 1950er Jahren die Menschen in London, im Ruhrgebiet und anderen industrialisierten Zentren unter starkem Smog. Bis in den 1970ern hinein waren Flüsse wie der Rhein, die Ruhr oder die Emscher stinkende Kloaken und gehörten zu den am meisten mit Schadstoffen belasteten der Welt. Die dramatischen Auswirkungen des sauren Regens in Skandinavien brachten Schweden 1972 dazu, den ersten ›Umweltgipfel der Vereinten Nationen‹ in Stockholm auszurufen.

Ein erster Versuch, ein umfassendes alternatives Entwicklungsmodell zur Modernisierung zu definieren, wurde von der schwedischen ›Dag Hammarskjöld Foundation‹ unternommen (vgl. Tarozzi 1990). Ihr Dokument ›What now? Another Development‹, das 1975 vor der Generalversammlung der Vereinten Nationen vorgestellt wurde, beschrieb drei Grundelemente der »anderen Entwicklung«:
- *Basic Needs*: eine Entwicklung, die sich an der Befriedigung der Bedürfnisse orientiert, beginnend mit der Ausrottung der Armut;
- *Self-Reliance*: eine endogene (von innen wirkend), selbstentfaltende und selbstbestimmte Entwicklung;
- *Eco-Development*: eine Entwicklung im Einklang mit der Umwelt.

Wie reagierte die internationale Gemeinschaft der Staatsregierungen auf die zunehmende Forderung nach einem radikalen Wandel in der Entwicklungspolitik? 1983 richteten die Vereinten Nationen die World Commission for Environment and Development (WCED), die unter den Vorsitz der ehemaligen norwegischen Ministerpräsidentin Gro Harlem Brundtland gestellt wurde. Diese Kommission verabschiedete 1987 einen Bericht mit dem Titel ›Our Common Future‹ – auch ›Brundtland-Bericht‹ genannt. Dieser Bericht wird heute immer wieder zitiert, weil er die bekannteste Definition von »sustainable Development« enthält:

»*Dauerhafte Entwicklung ist eine Entwicklung, die die Bedürfnisse der Gegenwart befriedigt, ohne zu riskieren, dass künftige Generationen ihre eigenen Bedürfnisse nicht befriedigen können. Zwei Schlüsselbegriffe sind wichtig: – der Begriff ›Bedürfnisse‹, insbesondere die Grundbedürfnisse der Ärmsten der Welt sollen Priorität haben; – der Gedanke von Beschränkungen, die der Stand der Technologie und der sozialen Organisation auf die Fähigkeit der Umwelt ausübt, gegenwärtige und zukünftige Bedürfnisse zu befriedigen.*« (Hauff 1987: 46)

1992 trafen sich die Regierungsvertreter aus aller Welt in Rio de Janeiro, um die guten Vorsätze des ›Brundtland-Berichtes‹ in die Tat umzusetzen. Ergebnisse der UN-Konferenz für Umwelt und Entwicklung (UNCED) waren die ›Agenda 21‹, die ›Rio-Erklärung über Umwelt und Entwicklung‹, die ›Klimarahmenkonvention‹, die ›Forest Principles‹ und die ›Biodiversitäts-Konvention‹.

Seitdem ist *Nachhaltigkeit* immer bekannter geworden und erhält heute breite Zustimmung: »*Von der Weltbank bis zur Gesellschaft für technische Zusammenarbeit, von der UNO bis zur EU, von den Entwicklungsagenturen bis zu den führenden Unternehmen, von Parteien und Verbänden bis zur ›Ökogruppe‹ vor Ort, von den Nichtregierungsorganisationen und den Grünen bis zur Internationalismus- und Umweltbewegung ist Sustainable Development der ›größte Renner‹*« (Eblinghaus/Stickler 1996: 11).

Aber der Begriff ist nicht bei jedem beliebt. Für den ehemaligen Direktor des Umweltbundesamtes Werner Schenkel droht der Nachhaltigkeitsbegriff »*zu Expertenlyrik zu verkommen*« (vgl. Kurt/Wagner 2002: 33). Die kritische Wissenschaftsgemeinschaft verwendet lieber Ersatzbegriffe wie »*Zukunftsfähigkeit*« (vgl. Brot für die Welt/EED/BUND 2010). Bei einigen NGOs gilt er als vorbelastet.

Der Nachhaltigkeitsbegriff kommt von oben und aus dem Westen. Entsprechend oft werden die Verbraucher sowie die Entwicklungs- und Schwellenländer als Zielgruppe genannt.

Wie ›ehrlich‹ und damit: wie ›realistisch‹ sind die Diskussionen und Ziele in der Nachhaltigkeitsdebatte?

Die entwicklungspolitische und umweltpolitische Diskussion der 1970er und 1980er Jahre sind zwar zum großen Teil in die Nachhaltigkeitsdebatte eingeflossen, jedoch wurden dabei die gesellschafts- und kulturkritischen Gesichtspunkte geschwächt. Deshalb die Frage: Ging es bei dieser aufwendigen Operation der internationalen Regierungsgemeinschaft eher um die Rettung der Natur und des Klimas oder vor allem um die Neulegitimierung der in die Kritik geratenen Modernisierung, des Fortschrittsmythos und des Wachstumsdogmas?

Einige Argumente stützen die Skepsis, zum Beispiel:
- Der Begriff von »*Sustainable Development*« wurde von Volker Hauff[3] mit »*dauerhafte Entwicklung*« übersetzt (s. o.), obwohl *tragfähig* richtiger als *dauerhaft* oder *nachhaltig* gewesen wäre. Diese Übersetzung macht den Begriff besonders manipulierbar. Wenn sich die Bundesregierung in einer Presserklärung für »*nachhaltiges Wachstum*« stark macht, dann meint sie wahrscheinlich eher *dauerhaftes Wachstum* als *sozial-ökologisches Wachstum*.[4]
- Der Brundtland-Bericht relativiert die biophysischen ›Grenzen des Wachstums‹: »*Es sind vielmehr lediglich technologische und gesellschaftliche Grenzen, die uns die Endlichkeit der Ressourcen und die begrenzte Fähigkeit der Biosphäre zum Verkraften menschlicher Einflussnahme gezogen sind. Technologische und gesellschaftliche Entwicklungen aber sind beherrschbar und können auf einen Stand gebracht werden, der eine neue Ära wirtschaftlichen*

---
[3] Deutscher SPD-Politiker, ehemaliger Vorsitzender des Rates für Nachhaltige Entwicklung und Herausgeber des ›Bruntland-Berichtes‹ im deutschsprachigen Raum.
[4] Bei der schwarz-gelben Bundesregierung hieß es im Dezember 2009: »Es geht nicht um Wachstum um des Wachstums willen, sondern um nachhaltiges Wachstum [...] Ein Wachstum, mit dem man an das Morgen und die nächste Generation denkt sowie unsere Lebensumwelt im Blick hat [...] Deshalb hat die neue Bundesregierung als eine ihrer ersten Maßnahmen das Wachstumsbeschleunigungsgesetz beschlossen.« (Quelle: Die Bundesregierung, ›Nachhaltiges Wachstum und Sparsamkeit‹, in: ›Magazin für Wirtschaft und Finanzen, Nr. 077‹, 12/2009 unter http://www.bundesregierung.de/Content/DE/Magazine/MagazinWirtschaftFinanzen/077/s2-nachhaltiges-wachstum-und-sparsamkeit.html, abgerufen am 07.01.10).

Wachstums ermöglicht« (Hauff 1987: 10). Auch umstrittene Technologien wie die Atomkraft finden Eingang: *»Wenn es keine neuen Versorgungsalternativen gibt, besteht kein Grund, warum Kernenergie nicht in den 1990er Jahren groß herauskommen sollte, wenn es ihnen erlaubt, die Probleme der Beseitigung von nuklearem Abfall und Entsorgung zu lösen«* (Hauff 1987: 187). Zu den umweltschutzrelevanten Technologien zählt der ›Brundtland-Bericht‹ die Informations- und Kommunikationstechnologien, Gen- und Biotechnologie sowie die Raumfahrttechnologie (Hauff 1987: 216).

- In der ›Agenda 21‹ wird der Umweltschutz als Voraussetzung für ein dauerhaftes Wirtschaftswachstum betrachtet, denn *»eine intakte Umwelt liefert die erforderlichen ökologischen und sonstigen Ressourcen zur Aufrechterhaltung des Wachstumsprozesses und zur kontinuierlichen Expansion des Handels«* (Bundesumweltministerium 1997: 13).
- Die meisten Dokumente, die die Regierungen im Rahmen von UN-Verhandlungen verabschiedet haben, sind oft nur eine allgemeine Erklärungen ohne konkrete Verpflichtungen. Die Schere zwischen den deklarierten Zielen der Nachhaltigkeit und den realen Ergebnissen der Entwicklung geht deshalb immer weiter auseinander. Das ›Kyoto-Protokoll‹ von 1997 sollte ein erster kleiner Schritt zur Minderung der weltweiten CO_2-Emmissionen sein. Bis heute wurde aber die Zunahme des globalen Treibhausausstoßes nicht einmal gestoppt. Im Gegenteil nahm er zwischen 2000 und 2007 dreimal schneller zu, als im Jahrzehnt zuvor.[5] Nur ein kleiner Teil der Unterzeichner ist bisher den Kyoto-Verpflichtungen nachgekommen (UNFCCC 2009). Vor allem seit der 16. UN-Klimakonferenz in Kopenhagen von 2009 und ihren enttäuschenden Ergebnissen gilt diese Strategie vielerorts als gescheitert.[6] Auch der ›Agenda-21-Prozess‹ hat kaum nennenswerte Veränderungen hervorgebracht und kommt auf kommunaler Ebene schon seit Jahren nicht mehr voran (ICLEI 1997).

Es gibt aber auch Argumente, die für eine Weiterverwendung des Nachhaltigkeitsbegriffes sprechen, zumindest solange kein besserer Ersatzbegriff erfunden wird. In den vorangegangenen Kapiteln haben Ulrich Grober und Michael F. Jischa eine ganze Reihe davon genannt.

Der Nachhaltigkeitsbegriff und der damit verbundene Diskurs bringen einige wichtige Neuigkeiten mit sich. Darin erscheint

Wieviel Diskurs verträgt eine Gesellschaft ohne in Unverbindlichkeit zu ertrinken?

der Westen nicht mehr nur als Vorbild: Es findet hingegen eine kritische Reflexion des eigenen Lebensstils statt. Ökologische und soziale Forderungen finden im Nachhaltigkeitsdiskurs zum ersten Mal eine Einheit und werden systemisch betrachtet. In der Nachhaltigkeit findet die gesellschaftliche Entwicklung eine multidimensionale Definition und wird nicht allein auf Wirtschaftswachstum reduziert.

Die begriffliche Unschärfe ist nicht nur ein Problem der Nachhaltigkeit, sondern betrifft alle Worte, die sich auf eine hohe Komplexität beziehen: Sollen wir deshalb nicht mehr von *Natur, Gesellschaft* oder *Kultur* sprechen? Das Risiko der Manipulation oder der inflationären Verwendung wohnt jedem *komplexen* Begriff inne. Je größer die Komplexität, auf die sich ein Begriff bezieht, desto breiter das Spektrum seiner Interpretationen.

---

5   Aus den Daten, die der US-Forscher Christopher Field von der Universität Stanford und dem Carnegie-Institut am 14.02.09 auf einer Tagung des Wissenschaftsverbandes AAAS in Chicago präsentierte. Field gehört dem Weltklimarat IPCC an und war maßgeblich an dessen viertem Sachstandsbericht vom Februar 2007 beteiligt.
6   U. a. Evangelische Kirche in Deutschland (EKD), ›Enttäuschung über Scheitern in Kopenhagen‹ (URL: http://www.ekd.de/aktuell_presse/news_2009_11_21_kopenhagen.html, abgerufen am 27.03.13).

Von all den Definitionen von Nachhaltigkeit sind zwei besonders relevant:
1. Die *negative Definition:* Nachhaltig ist eine Gesellschaft, die *»evolutionären Sackgassen«* (vgl. Habermas 2005) in ihrer Entwicklung vorbeugt. In der Geschichte wiederholt sich das Phänomen, dass Zivilisationen, die nicht nachhaltig waren, irgendwann untergegangen sind (vgl. Diamond 2006). Der Kollaps einer Gesellschaft war aber bisher eine regionale Erfahrung, seit der zweiten Hälfte des letzten Jahrhunderts hat der *Fortschritt* hingegen einen globalen Untergang möglich gemacht. Der ›nuclear overkill‹ eines dritten Weltkriegs hätte das Ende der gesamten Menschheit bedeutet. Heute ist unsere Existenz eher durch den Klimakollaps (Crutzen/Müller 1991), das sechste Massenaussterben der Erdgeschichte (u. a. Barnosky/Matzke et al. 2011) oder eine Metakrise (Leggewie/Welzer 2009) bedroht. Bei der negativen Definition von Nachhaltigkeit geht es darum, ein existenzgefährdendes Entwicklungsszenario abzuwenden, das an immer mehr Orten der Welt bereits Realität ist.
Jede Krise ist auch eine Chance. An einer Krise kann man wachsen; von einer Krise kann man lernen. Eine Krankheit kann zum Tod führen, aber auch das Immunsystem des Kranken stärken. In diesem Sinne ist Nachhaltigkeit ein Synonym für *Resilienz* (vgl. Holling 1973) und zielt auf eine Stärkung der Krisenresistenz einer Gesellschaft.
2. Die *positive Definition:* Nachhaltigkeit steht hier *für* alternative Wohlstands- und Entwicklungsmodelle in Abgrenzung zu den bisher dominanten der Modernisierung oder der neoliberalen Globalisierung. Nachhaltigkeit ist *»die Frage nach dem guten Leben«* (Nida-Rümelin 2001). Im Jahr 1971 stellte eine amerikanische Vereinigung von Wissenschaftlern diese Frage wie folgt: »*How to live on a finite earth? How to live a good life on a finite earth? How to live a good life on a finite earth at peace and without destructive mismatches?«* (American Association for the Advancement of Science zitiert von Daly 1980: 5 f.). Verschiedene Studien haben gezeigt, dass ein steigendes Einkommen nicht unbedingt glücklicher macht (Easterlin 1974; 2001). Deshalb orientieren sich einige Länder an Wohlstandmodellen, die sich von jenem des Westen abgrenzen. Anstelle des Bruttonationalproduktes ist in Bhutan das *»Bruttonationalglück«* das herausragende Kriterium des politischen Handelns (Brauer 2003). Es enthält Aspekte wie die Förderung einer sozial gerechten Gesellschafts- und Wirtschaftsentwicklung, Umweltschutz und die Bewahrung und Förderung kultureller Werte. In Ecuador und Bolivien ist hingegen das indigene Prinzip des *»Sumak kawsay«* (*gutes Leben*, span. *»buen vivir«*) 2008 und 2009 in den jeweiligen Verfassungen verankert worden.[7]

Sowohl die negative als auch die positive Definition von Nachhaltigkeit haben eine Relevanz für das Design, aber bevor die Verbindung zwischen den beiden Begriffen vertieft wird, stellt sich die Frage was Design überhaupt ist.

2. Was ist Design?

Wie *Nachhaltigkeit* ist auch *Design* kein klar definierter Begriff. So wie sich Großkonzerne zur Nachhaltigkeit bekennen dürfen,[8] so darf sich jeder im Prinzip Designer nennen, der etwas entwirft (Hauffe 2008: 11). »*Design ist zum Kofferwort geworden; zu einem Behälter, der nach außen ein einziges Etikett trägt, während [er] nach innen mit unterschiedlichen Bedeutungen beliebig gefüllt wird*« (eigene Übersetzung von Bassi 2013: 11). Ulrich Grober hat im ersten Kapitel versucht, den Begriff der Nachhaltigkeit greifbarer zu machen, indem er seine Kulturge-

---
[7] Muruchi Poma, ›Vivir Bien (Gut leben): Zur Entstehung und Inhalt des »Guten Lebens«‹, in: Portal Amerika21.de, 25.11.11 (unter: http://amerika21.de/analyse/42318/vivir-bien, abgerufen am 29.03.13).
[8] 1.840 Unternehmen hatten damals die Charta für eine langfristig tragfähige Entwicklung der Internationalen Handelskammer (ICC) unterschrieben (unter http://www.icc-deutschland.de/index.php?id=65, abgerufen am 07.01.10). Darin stand u. a.: »Wirtschaftliches Wachstum schafft die Voraussetzungen für die bestmöglichste Verwirklichung von Umweltschutz.«

schichte darlegt und sich mit den inoffiziellen Definitionen jenseits des ›Brundtland-Berichtes‹ beschäftigt. Mit einer ähnlichen Strategie kann man sich dem Designbegriff nähern.

So wie die Idee von Nachhaltigkeit deutlich älter als der Begriff ist, so begannen die Menschen Artefakte zu gestalten lange bevor sie über *Design* sprachen. »*Der Mensch hat immer Werkzeuge oder Utensilien hergestellt: Sie ermöglichen die Lösung von praktischen und konkreten Problemen; im Laufe der Zeit haben sie sich in ihrer Form und Funktionalität gefestigt. Zugleich hat er auch Objekte angefertigt, denen zusätzliche Bedeutungen und Werte zugeschrieben wurden, wie zum Beispiel ein Kleidungsstück, ein Schmuckstück, ein heiliges Parament, eine Waffe in kriegerischen Zivilisationen – neben jenen besonderen Typen von Artefakten, die aus Schriften bestehen*« (eigene Übersetzung von Bassi 2013: 53). In verschiedenen historischen Epochen waren zum Beispiel die Handwerker und die Künstler für die »*angewandten und dekorativen Künste*« zuständig (ebd.).

Der Ursprung des Designbegriffes liegt in der lateinischen Sprache. Dort bedeutet das Verb *Designare* »*die Repräsentation von Figuren mittels Linien*« – und in einer abstrakteren Weise »*durch Denken imaginieren*« (Bassi 2013: 14). Holger van den Boom übersetzt hingegen *designare* mit »*bestimmen*«: »*Ganz wörtlich aber bedeutet es ungefähr: von oben herab zeigen. Was bestimmt ist, liegt fest. Design verwandelt Vagheit in Bestimmtheit durch fortgesetzte Differenzierung. Design (designatio) also ist zunächst allgemein und abstrakt gefasst. Bestimmung durch Darstellung. Designwissenschaft ist entsprechend die Wissenschaft von der Bestimmung*« (zitiert in Bürdek 2005: 13).

> **Überschätzen Designer notorisch ihre Macht und Möglichkeiten, ihre Wirk- und Einflussmöglichkeiten?**

Wenn Gestalten »*bestimmen*« bedeutet, dann kann es nicht überraschen, dass einer der ersten römischen Designer Künstler, Ingenieur und Kriegsbaumeister war. Die Aufzeichnungen von Vitruv (ca. 80–10 v. Chr.) gehören »*zu den ältesten überlieferten der Architektur [...] Seine ›Zehn Bücher über die Baukunst‹ sind ein erstes und umfassendes Regelwerk für das Entwerfen und das Gestalten. So beschreibt er die enge Verbindung von Theorie und Praxis: Ein Architekt müsse künstlerisch wie auch wissenschaftlich interessiert, aber auch sprachlich gewandt sein, zudem geschichtliche und philosophische Kenntnisse besitzen.*« In einem Buch definiert Vitruv drei Kategorien, denen Bauwerke genügen sollten: Festigkeit (firmitas), Zweckmäßigkeit (utilitas) und Schönheit (venustas) (Bürdek 2005: 17).

Schon Michelangelo Buonarotti erkannte den Zusammenhang zwischen Macht und Kreativität, als er 1538 sagte: »*Das Zeichnen [disegno], das man mit anderen Worten auch Entwerfen nennt, ist Quelle und Inbegriff der Malerei, der Bildhauerei, der Baukunst und jeder anderen Art des Malens. Es ist die Wurzel jeder Wissenschaft. Wer diese große Kunst beherrscht, möge erkennen daß ihm eine unvergleichliche Macht untertan ist. Er wird Gestalten schaffen können, die größer sind als irgendein Turm dieser Welt. Er kann sie in Farben entwerfen oder aus einem Block herausmeißeln. Jede Mauer und jede Wand wird seiner weitgreifenden Phantasie zu eng sein*« (Hollanda/Vasconcellos 1899).

In der Renaissance wurde zwischen dem »*disegno interno*«, also dem Konzept für ein entstehendes Kunstwerk (die Skizze, der Entwurf oder der Plan), und dem »*disegno esterno*«, also dem vollendeten Kunstwerk (Zeichnung, Bild, Plastik) unterschieden (Bürdek 2005: 13). Exemplarischer Gestalter dieser Zeit ist Leonardo da Vinci. Bei ihm bilden Disziplinen wie Naturphilosophie, Wissenschaft, Mechanik und Kunst eine Einheit. Anderseits hat da Vinci »*die Vorstellung von Design entscheidend geprägt: der Designer als Erfinder*« (ebd.).

Design ist aber ein englischer Begriff. Er erschien zum ersten Mal 1588 im ›Oxford Dictionary‹ und wurde darin als ein »*Plan von etwas, das realisiert werden soll*«, »*ein erster zeichne-

Kann es den Designer ohne die Industriekultur überhaput geben?

rischer Entwurf für ein Kunstwerk« sowie »ein Objekt der angewandten Kunst, der für die Ausführung eines Werkes verbindlich sein soll« definiert (ebd.).

Warum hat sich weltweit der englische Begriff Design im Laufe der Zeit durchgesetzt – und nicht in etwa der italienische? Weil Design mit einem Entwicklungsmodell eng verknüpft ist, das seinen Ursprung in England hat und die Moderne bis heute dominiert. Design ist ein Kind der Industriellen Revolution. Mit der fortschreitenden Industrialisierung wird die Figur des Designers geboren. Die offizielle Geschichte des Designs beginnt so in der ersten Hälfte des 19. Jahrhunderts (Bassi 2013: 54 f.; Hauffe 2008: 9), genauso wie die offizielle Geschichte des Nachhaltigkeitsbegriffs mit dem Brundtland-Bericht beginnt – und nicht im 4. Jahrtausend v. Chr. mit Ötzi (vgl. Grober ab S. 034 ff.).

Es kann deshalb nicht überraschen, dass Design »*in der uns heute geläufigen Bedeutung [...] ganz allgemein den Entwurf und die Planung von Industrieprodukten [bezeichnet]*« (Hauffe 2008: 8). »*Für viele Fachleute ist Design gleichbedeutend mit Industriedesign*« (Walker 1992: 40). »*Design ist das, was sich ereignet, wenn Kunst auf Industrie trifft, wenn die Leute anfangen zu entscheiden, wie die Produkte der Massenherstellung aussehen sollen*« (Bayley 1982: 9).

Die Dominanz solcher Designdefinitionen korrespondiert mit der Dominanz einer Kultur und ihrer Produkte. »*Bis Heute dominieren Designs und Produkte den globalen Markt, die in den westlichen Industrienationen entwickelt worden waren*« (Moebius/Prinz 2012: 20).

Das Industrie-, das Produkt- oder das Kommunikationsdesign können als »*strukturierte, strukturierende Struktur*« (vgl. Bourdieu 1987: 279) beschrieben werden. Das Design hat nicht nur eine strukturierende Wirkung auf soziale Systeme, Denk- und Lebensweisen, sondern wird auch von diesen beeinflusst. Das Design wiederum beeinflusst unser Verhältnis zur ökologischen, sozialen oder emotionalen Umwelt und befindet sich selbst in Wechselwirkung mit ihr. Ein zentrales Element hierbei ist die Kultur: »*Wir schaffen die Kultur, die uns prägt [...] Kulturen definieren Gesellschaften, und Subkulturen bezeichnen Gruppen – und umgekehrt*« (Brocchi 2007). Wenn Kultur die »*Software of the mind*« ist (Hofstede 2010), dann dient auch das Kommunikationsdesign durch Werbung oder durch Kampagnen seiner *Programmierung*. Da Kultur die Basis ist, auf der von jedem täglich Entscheidungen (z. B. Kaufentscheidungen) getroffen werden, beeinflusst diese kognitive Programmierung individuelle und kollektive Verhaltensweisen.

Wenn Kultur »*eine Art Bauplan der Gesellschaft*« (Brocchi 2008) ist, dann dienen auch die Architektur sowie das Industrie- und Produktdesign ihrer Umsetzung.

3. Die Monokultur des nicht-Nachhaltigen Designs

Das gesellschaftliche Entwicklungsmodell und das Design, die heute dominieren, sind Ausdruck ein und desselben *Bauplans*. Beide enthalten ein Kulturprogramm, das sich durch folgende Merkmale auszeichnet:

Ursprung und universalistischer Anspruch

Diese Kultur ist im Westen entstanden und wurde später durch Missionierung, Kolonisierung, Modernisierung und Globalisierung auf andere Länder übertragen. Die dominante internationale Sprache ist heute die englische. China, Indien, Brasilien oder Pakistan haben das westliche Entwicklungsmodell übernommen und damit seine ökologischen und sozialen Auswirkungen. Einige dieser Auswirkungen wurden bereits 1846 von Friedrich Engels in ›Die Lage der arbeitenden Klasse in England‹ vorweggenommen. Auch auf dem Literaturmarkt, in der Wissenschaft und in den Massenmedien dominiert das westliche Weltbild. Egal woher Designer stammen: Die meisten von ihnen haben eine westlich geprägte Ausbildung genossen. In den Metropolen der ganzen Welt finden wir heute die gleiche Architektur, die gleichen Marken und die gleichen Produkte. Die Verbreitung der westlichen Kultur ist so überwältigend, dass ihr Weltbild universal und seine Dominanz selbstverständlich erscheint, obwohl es nur eines in einer Vielfalt von Kulturen ist. *Modern* ist eigentlich ein Synonym für die westliche Denk- und Lebensweise (in Abgrenzung zur traditionellen und nicht westlichen), der Begriff der *Modernisierung* verschleiert jedoch den räumlichen und historischen Ursprung des Entwicklungsmodells und somit auch seine kulturelle Relativität. Es herrscht der Glaube vor, dass die *Modernisierung* der höchste Punkt der menschlichen Entwicklung sei und deshalb als Vorbild für die ganze Welt gelte. Durch (westlich geprägte) Entwicklungs- und Bildungsprogramme wird Afrikanern, Indios oder Kleinbauern *geholfen*, ihre kulturelle *Rückständigkeit* zu überwinden. Es ist jedoch eine Form von Hilfe, die auf einem asymmetrischen Verhältnis basiert und dieses legitimiert.

Die Universalisierung eines Weltbildes drückt sich auch im Sprachgebrauch einiger Regierungschefs aus: »*There is no alternative*«, »*es ist alternativlos*«.[9] Auch das Design sieht die Modernisierung als alternativlos an. Die Welt darf nur nach dem westlichen Vorbild gestaltet werden.

Jedoch zeigt gerade die heutige Phase der Megakrisen wie gefährlich es ist, in der Entwicklung der Weltgesellschaft alles auf eine Karte zu setzen. Die globalisierte Monokultur beeinträchtigt die Umweltwahrnehmung, die Lern- und Dialogfähigkeit sowie die Möglichkeit, mit Wirtschafts- und Lebensalternativen zu experimentieren. Die Wahrscheinlichkeit, dass die Krisen zu einem Kollaps statt zu einer Wende führen, steigt dadurch.

Naturbild und Gestaltung

Bei ihrer Nobelpreis-Rede von 2009[10] wies die US-Politikwissenschaftlerin Elinor Ostrom auf den fundamentalen in den Köpfen fest verankerten Irrtum hin, dass Komplexität (d. h. auch Biodiversität und Vielfalt) gleich

Vermag der Designer ›Alternativen‹ zu sehen, wo Poltik sie nicht findet?

Chaos sei. Als Teil der Komplexität sorgt die wilde ursprüngliche Natur für Unsicherheit oder Misstrauen in der westlich geprägten Kultur. In seinem Hauptwerk ›Novum organum scientiarum‹ (dt.: ›Neues Organ der Wissenschaften‹) von 1620 suchte Francis Bacon (2008: 8) nach Hilfsmitteln »*damit der Geist von seinem Rechte gegen die Natur Gebrauch machen kann*« – und wurde mit seiner Methode zum Mitbegründer der modernen Naturwissenschaften. Auch das Naturbild von Charles Darwin (1859) ist eigentlich ein überwältigendes und bedrohliches. Am Ende seines berühmten Buches ›Über die Entstehung der Arten‹ verglich er die Evolution und die natürliche Auslese mit einem »*Krieg der Natur*«. Laut wissenschaftlicher Schätzungen sind 99,9 Prozent aller Tierarten in den letzten vier Milliarden Jahren ausgestorben (vgl. Raup 1991: 3–6). Wie könnte sich die Menschheit mit einem solchen Schicksal abfinden und sich der Natur einfach unterordnen?

Das Gleichgewicht der Natur basiert auf dem Kreislaufprinzip (vgl. Commoner 1971). Der ökologische Kreislauf würde sich nicht schließen, wenn Schöpfung, Leben und Liebe durch Zerstörung, Sterben und Aggression nicht ausgeglichen wären. Doch gerade die westliche

---

9   Die Redensart ›There Is No Alternative‹ (auch T.I.N.A.-Prinzip genannt) wurde oft von der ehem. britischen Premierministerin Margaret Thatcher verwendet, um die Regierungspolitik und die harten sozialen Schnitte zu verteidigen.
10 Eine Aufnahme der Rede ist online verfügbar, unter http://www.nobelprize.org/mediaplayer/index.php?id=1223 (abgerufen am 17.07.13).

Kultur pflegt eine besondere Angst davor, den Tod zu erleiden (vgl. Esposito 2004). Deshalb erfand sie den Fortschrittsmythos.[11] Durch die Entwicklung der Wissenschaft und durch technologische Innovationen sollte der Mensch dem natürlichen Kreislauf entkommen. Das Entropie-Gesetz (vgl. Rifkin 1982) sollte in seinem sozialen System außer Kraft gesetzt und die Geschichte als linearer Erfolgsprozess gestaltet werden – vom ursprünglichen Chaos hin zu immer höheren Entwicklungsstadien. So wurden in den letzten Jahrhunderten beispielsweise Krankheiten durch die Entwicklung neuer Medikamente besiegt und damit die Lebenserwartung der Menschen erhöht. Die *Nebenwirkung* war zwar ein explosionsartiges Bevölkerungswachstum, aber durch eine weltweite Ausweitung der Ackerfläche, eine Intensivierung der Landbewirtschaftung und den Einsatz von Gentechnik können immer noch mehr Menschen ernährt werden – so zumindest der Fortschrittsglaube.

Die moderne Gestaltung ist eine Strategie der Selbstbefreiung des Menschen von seiner äußeren und inneren Natur.[12] Diese Form von Gestaltung basiert auf der Auffassung, (a) dass Gestalter und gestaltetes Objekt (die Natur) getrennt seien, und (b) dass das Subjekt über das Objekt herrscht und dieses beliebig umformen darf.

In der christlich-jüdischen Mythologie ist der größte Gestalter Gott. Er erschuf den Menschen nach dem eigenen Abbild und verlieh ihm einen besonderen Status zwischen Himmel und Erde (Gen 1: 27). Warum der Mensch etwas besonderes war, erklärte der französische Philosoph René Descartes im 17. Jahrhundert, als er die Dichotomie zwischen Geist (»*Res Cogitans*«, das *gedachte Ding*) und Materie (»*Res Extensa*«, das *ausgedehnte Ding*, praktisch die Natur) aufstellte. Während die Tiere für ihn nichts anderes als »Maschinen ohne Innenseite« waren (Hösle 1991: 54), zog er die Trennung zwischen Geist und Materie durch den Menschen selbst: Seine Vernunft ist Teil der geistigen Sphäre, während sein Körper zur Sphäre der Sachen gehört.

Um das Objekt bzw. die Natur zu beherrschen und sich diese zu Nutze zu machen, so wie Gottes Auftrag in der Bibel lautete,[13] müsse der Mensch zuerst lernen, wie die Natur funktioniere. Neben Descartes machten sich Galileo Galilei, Francis Bacon und Isaac Newton diese Aufgabe zu eigen. Descartes schuf einen ersten Grundpfeiler der modernen Naturwissenschaften durch die Annahme, dass die Ordnung der Natur berechenbar sei. Deshalb: »*Nur ein Wissen, das durch Geometrie und Mathematik entsteht, kann als sicher betrachtet werden. Im cartesianischen Weltbild ist das quantifizierbare das einzige, was wissenschaftliche Aufmerksamkeit verdient. Das Qualitative und das Unberechenbare sind schon als Möglichkeit völlig ausgeblendet*« (Brocchi 2011: 22). Die Begründer der modernen Naturwissenschaften betrachteten die Natur wie eine komplexere Maschine, die am besten erforscht werden kann, wenn sie bis zum kleinsten Teil zerlegt wird.[14] In der Wissenschaft findet eine entsprechende Spe-

---

[11] Horkheimer und Adorno (1947: 13) beziehen einen ähnlichen Gedanken auf die Aufklärung: »Seit je hat Aufklärung im umfassendsten Sinn fortschreitenden Denkens das Ziel verfolgt, von den Menschen die Furcht zu nehmen und sie als Herren einzusetzen. Aber die vollends aufgeklärte Erde strahlt im Zeichen triumphalen Unheils. Das Programm der Aufklärung war die Entzauberung der Welt. Sie wollte die Mythen auflösen und Einbildung durch Wissen stürzen«.

[12] Die Abnabelung von der Natur ist bezeichnend auch für die (post)moderne Ästhetik. Sogar der menschliche Körper wird ›modernisiert‹, indem man zum Beispiel jene Zeichen entfernt, die unsere Verbindung zur Natur oder den entropischen Verfall (das Altern) sichtbar machen: »Eine Studie der Uniklinik Leipzig hat gezeigt, dass heute etwa 68 Prozent aller Frauen und Männer zwischen 18 und 25 in Deutschland ihren Intimbereich rasieren [...] Dass bei all den Optimierungsmöglichkeiten unseres Körpers die Grenzen zwischen Kosmetik und Medizin verschwimmen, zeigt allein ein Blick in unseren Badezimmerschrank [...] Fürs Gesicht bieten Pharmafirmen [...] sogenannte ›Cosmeceuticals‹ an, also eine Mischung aus Kosmetika und Pharmazeutika [...] Und wo eine Creme ein ›5-Minuten-Facelift‹ verspricht, schließt sich auch der Kreis von der Kosmetik zur plastischen Chirurgie wieder. Beide gehören heute zum Alltag des ›homo aestheticus‹, des Idealbürgers der Designgesellschaft« (Kries 2010: 103 f.).

[13] Dort heißt es: »Gott segnete sie und Gott sprach zu ihnen: Seid fruchtbar und vermehrt euch, bevölkert die Erde, unterwerft sie euch und herrscht über die Fische des Meeres, über die Vögel des Himmels und über alle Tiere, die sich auf dem Land regen« (Gen 1: 28).

[14] Francis Bacon (1974: 37) schrieb »Es ist besser, die Natur durch Zerlegung als durch Abstraktion erforschen zu wollen«.

zialisierung statt, wobei jedes Fach und jede Teildisziplin für die Erforschung eines Teils zuständig ist. Aus der Erkenntnismethode wurde, durch die Spezialisierung im Zuge der Industriellen Revolution, eine Gestaltungsmethode. Die ausgeprägte Arbeitsteilung wurde bezeichnend für die neue Produktionsweise und die Organisation der Gesellschaft. Das moderne Design selbst entstand durch eine Abspaltung von Kunst, Handwerk und Ingenieurwesen: »*Designer im spezifischen Sinn traten [...] im Zuge der wachsenden Arbeitsteilung [auf], die sich in Europa und Amerika als Begleiterscheinung der Industriellen Revolution des 18. Und 19. Jahrhunderts entwickelte [...] Design wurde also im Lauf der Zeit zur hauptberuflichen Tätigkeit für ausgebildete Spezialisten, die von den Herstellern angestellt oder mit Aufträgen versehen wurden*« (Walker 1992: 35 f.). Dabei wurde die gestalterische Kreativität auf eine Funktion in einer komplexen Maschine reduziert. Der Blick für das Ganze ist durch die Spezialisierung und die Arbeitsteilung verloren gegangen. Die Isolierung der Teile vom Ganzen hemmt die Wahrnehmung der Zusammenhänge, die Beziehungen und den Kontext.

Auch nur ein Rad im großen Getriebe?

Ein weiteres zentrales Element der modernen naturwissenschaftlichen Methode ist das Experiment. In seinem ›De dignitate et augmentis scientarum‹ warb Bacon 1605 dafür, die Natur »*auf die Folter des Experiments zu spannen, bis sie ihre Geheimnisse preisgibt*« und sie »*sich gefügig und zur Sklavin*« zu machen (zit. nach Kessler 1990: 42). Beim Experiment werden Forschungsobjekte aus ihrem natürlichen Kontext entfernt, isoliert und in einem Labor beobachtet. Der unberechenbare reale Kontext wird durch einen berechenbaren künstlichen ersetzt. Im Experiment sind Erkenntnis und Gestaltung eine Einheit. »*Mit der naturwissenschaftlichen Methode bekommt der Mensch nicht nur die Möglichkeit, die Ordnung der göttlichen Schöpfung zu erkennen, sondern er kann selbst diese Ordnung reproduzieren und schöpfen. Die Geometrie dient nicht nur der Beschreibung der Natur, sondern auch ihrem Umbau nach Formen, die die Menschen kontrollieren und nutzen können*« (Brocchi 2011: 27).

Die Industrielle Revolution machte das mechanistische Weltbild zum Bauplan einer neuen Gesellschaft und führte zu einem radikalen Wandel in dem Verhältnis zwischen Menschen und Natur. Durch die Maschine konnte die unberechenbare Natur in einem großen Maße in eine künstliche Ordnung umgewandelt werden, die den Regeln der Mathematik und Geometrie entsprach und dadurch kontrollierbar und berechenbar war. In der Architektur und im Design hieß es: ›Funktionalismus‹ – »*Form follows Function*«.[15]

Die Gestaltung basiert hier auf einem Wissen über die Funktionsweise. Wenn dieses Wissen durch eine Isolierung der Objekte von ihrer ökologischen, sozialen, kulturellen oder emotionalen Umwelt entsteht, dann ist es wahrscheinlich, dass die Umweltbelange in der Gestaltung keine Rolle spielen. Das moderne Design übersieht das Ganze und den Kontext, um sich auf die Gestaltung von Objekten im Studio zu konzentrieren.

Der Designer als Demiurg

»*Die sicherste allgemeine Charakterisierung der philosophischen Tradition Europas lautet, dass sie aus einer Reihe von Fußnoten zu Platon besteht*« (Whitehead 1979: 91). Platon (427–347 v.Chr.) ist ein weiterer Vater des westlichen Separationsdenkens. Bei ihm verläuft die Trennungslinie nicht nur zwischen unsterblicher Seele und sterblichem Leib, sondern auch zwischen dem Reich der Ideen und dem Reich des Körperlichen (vgl. Kunzmann/Burkard et al. 1991: 39). Während die Idee bei Platon eine immaterielle, unsichtbare und ewige Weisheit ist, ist die Körperlichkeit materiell, sichtbar und vergänglich.

---

15 Der Architekt Louis Sullivan formulierte diesen Leitsatz in seinem Artikel ›The Tall Office Building Artistically Considered‹ (1896) ästhetisch. Erst später deuteten andere Architekten und Gestalter wie Adolf Loos, Le Corbusier, Walter Gropius, Alvar Aalto und Mies van der Rohe (u. a.) ihn in den industriellen Funktionalismus um.

So wie bei Descartes und Bacon das Subjekt dem Objekt oder der Mensch der Natur übergeordnet ist, so liegt das Reich der Ideen bei Platon über die Welt des Körperlichen.

Die Wahrheit und die Perfektion sollten nicht in der Realität gesucht werden, sondern im geistigen Reich der Ideen, der Konzepte und der Denkmodelle. Übertragen auf die Gegenwart führt der Gedanke von Platon dazu, dass uns die Idee der Natur, die Idee des Menschen oder die eines Wirtschaftsmodells wichtiger, perfekter und sogar wahrer erscheinen als ihre Realität. Die Herrschaft der Vernunft ist gleichzeitig eine Abwertung des Leiblichen, der Natur (ebd.: 43). Während sich das Ganze im Konzept zeigt, berührt die sensible Erfahrung nur das Partikulare. Konzepte kategorisieren die Gemeinsamkeiten unter den Partikularitäten und schaffen dadurch eine Einheit im Wissen (Severino 1984: 83 f.). Durch die Kategorisierung verschwindet die Einzigartigkeit eines Menschen oder eines Werkes. Die Massengesellschaft wird vorbereitet.

Während die *Idee* unsterblich und unveränderlich ist, stellt Platon die *Realität* als vergänglich dar – also als gestaltbar. In der griechischen Mythologie ist der Gestalter der »*Demiurg*« (gr.: *Handwerker*), der Schöpfergott. Im Dialog ›Timaios‹ schreibt Platon (1971: 154), dass der Demiurg »*die materielle Welt des Werdens [...] gemäß der Vernunft planvoll [anlegt], indem er sie nach dem Vorbild der Idee gestaltet*« (vgl. Kunzmann/Burkard et al. 1991: 39). Seit der Industriellen Revolution wird der Designer zu einer Art *irdischer Demiurg*: »*Man kann von Design sprechen seitdem eine Trennung zwischen intellektueller Aktivität und Produktionsprozessen feststellbar wird*« (eigene Übersetzung von Bassi 2013: 54). Wenn der Designprozess vor allem Entwurf und Planung ist (vgl. Hauffe 2008: 8), dann beginnt er mit der Idee. Für den Medienphilosophen und Kommunikationswissenschaftler Vilém Flusser (2003) hat der »*Designbegriff den Ideenbegriff ersetzt und damit seine Verantwortung in der Konstruktion der Welt bekräftigt*« (eigene Übersetzung von Bassi 2013: 18).

Der Designer geht vor wie ein Bildhauer. Er bearbeitet einen Stein, bis seine Form der Idee entspricht: Das Material, das der Idee widerspricht, wird hingegen entfernt, während der Rest bestehen bleibt. Das ideale Objekt wird aus dem natürlichen Chaos durch Gestaltung abstrahiert, um in die Sphäre der künstlichen Ordnung aufgenommen zu werden. Dabei wird wertlose *Rohstoff* zur wertvollen Ware. Industrialisierung und Modernisierung sind nichts anderes als das Designen der ökologischen, sozialen oder inneren Umwelt nach dem Vorbild einer Idee. Das Unbegreifliche, Unberechenbare, Unkontrollierbare und Minderwertige wird zunehmend in das Begreifbare, Kontrollierbare und Hochwertige (das soziale System) umgewandelt – oder diesem unterordnet. Durch die Gestaltung wird die natürliche Komplexität auf eine Form und Größe reduziert, die ein kognitiv und physisch begrenztes Wesen wie der Mensch begreifen und kontrollieren kann.

In dieser Reduktion von Komplexität findet eine Selektion statt, die durch kulturbedingte Filter (Werte) gesteuert wird. Sie ermöglichen eine Unterscheidung zwischen wichtigen und unwichtigen Informationen, schönen und hässlichen Formen, geordneten und ungeordneten Strukturen oder Nutzpflanzen und Parasiten. Das, was eine Kultur als schön oder nützlich empfindet, wird durch Gestaltung in verschiedenen Kombinationen reproduziert, während der Rest ausgestoßen oder zerstört wird. Im extremen Fall führt die Gestaltung zu einer Monokultur, die die Biodiversität ersetzt.

Was war zuerst: Henne oder Ei? Die Welt oder unser Bild von ihr?

Mächtige Technologien (z. B. die Massenmedien) ermöglichen die Anpassung der Realität an eine herrschende Ideologie. Wir gestalten die Welt, so wie wir sie sehen und sehen die Welt, so wie wir sie gestaltet haben. Die Realität entspricht irgendwann dem Weltbild und das Weltbild der Realität.[16] Im selbstreferentiellen Kreis zwischen Wahrnehmung und Gestaltung gibt es immer weniger Platz für Widersprüche und Alternativen. Alles ist zwar kontrollierbar, aber es passiert auch nichts wirklich Neues.

Die Erfahrung der ursprünglichen Natur wird immer mehr zur Ausnahme. Die Kinder kennen heute nichts anderes als die künstliche Welt und mehr Fernsehhelden als Pflanzenarten.

Menschen- und Gesellschaftsbild

Die Gesellschaft prägt das Design, das die Gesellschaft prägt. Der *Bauplan* der westlichen bzw. globalisierten Gesellschaft orientiert sich eher an einem pessimistischen Menschenbild, das heißt an einem kulturbedingten Grundmisstrauen der Menschen untereinander. Vieles spricht dafür, zum Beispiel (Brocchi 2011: 7 f.):

- In der Marktwirtschaft wird der freie Wettbewerb der Kooperation vorgezogen.
- Natürliche und juristische Personen greifen sehr oft auf schriftliche Verträge zurück, um sich voreinander abzusichern. Es herrscht das Prinzip ›Vertrauen ist gut, Misstrauen ist besser‹.
- Vor allem die westliche Lebensweise zeichnet sich durch Individualismus aus. In angelsächsischen Ländern wie den USA, Australien und Großbritannien ist er besonders ausgeprägt (Hofstede/Hofstede 2009: 99–158). Der Individualismus drückt eine Unfähigkeit zu teilen aus, weshalb das Privateigentum gegenüber dem Gemeinwesen bevorzugt wird.
- Der Mythos des technologischen Fortschritts wächst proportional zum Misstrauen gegenüber dem Menschen. Durch die Entwicklung, den Einsatz und die Verbreitung von Technologien sollen die Schwächen überwunden und die Fehlbarkeit gesenkt werden, die in der physischen Natur des Menschen liegen.
- Die Globalisierung zeichnet sich nicht nur durch eine weltweite Integration (z. B. social networks), sondern auch durch Exklusion und Ausgrenzung des *Anderen* aus. Die Angst vor Kontamination durch das Fremde führt zu Immunisierungsprozessen der Gesellschaft z. B. das Errichten von Barrieren. »*Es wurden noch nie so viele Mauern gebaut, wie nach dem Fall der Berliner Mauer*«, sagt der Philosoph Roberto Esposito. Seit dem 11. September 2001 ist die Sicherheitspolitik eine Priorität für viele westliche Regierungen.
- Viele Experten bezeichnen die aktuelle Finanzkrise als Symptom einer tiefen »*Vertrauenskrise*« unserer Gesellschaft.
- In der westlichen Filmindustrie wird der Mensch auffällig oft in Verbindung mit Krieg, Gewalt und Tod gebracht. Auch die Repräsentation des *Alien* (Fremden) deutet auf die Projektion eines negativen Menschenbildes hin.

Woher kommt dieses Grundmisstrauen, das die Kooperation und das Teilen zu verhindern sucht und die Kommunikation unter Menschen hemmt? Das negative Naturbild korrespondiert anscheinend mit einer negativen Betrachtung der inneren Natur des Menschen. Für den

---

16 In ›Zeit des Weltbilds‹ schreibt der Philosoph Martin Heidegger (2003: 89 f.), dass nur die Moderne ein ›Weltbild‹ (im Sinne einer komplexitätsreduzierten Repräsentation der Natur) habe: »Weltbild, wesentlich verstanden, meint daher nicht ein Bild von der Welt, sondern die Welt als Bild begriffen. Das Seiende im Ganzen wird jetzt so genommen, daß es erst und nur seiend ist, sofern es den vorstellend-herstellenden Menschen gestellt ist. Wo es zum Weltbild kommt, vollzieht sich eine wesentliche Entscheidung über das Seiende im Ganzen. Das Sein des Seienden wird in der Vorgestelltheit des Seienden gesucht und gefunden«. Mit anderen Worten: Der Mensch nimmt die Natur nicht so wahr, wie sie ist; Er nimmt nur die eigene Vorstellung der Natur (das Weltbild) wahr. Die Natur hat keine eigene Existenzberechtigung, sondern Natur ist nur insofern Natur, als sie dem Menschen nutzt und sich von ihm bearbeiten lässt. Durch die technik-gestützte Gestaltung wird die Welt zunehmend zum Bild: »Der Grundvorgang der Neuzeit ist die Eroberung der Welt als Bild. Das Wort Bild bedeutet jetzt: das Gebild des vorstellenden Herstellens. In diesem kämpft der Mensch um die Stellung, in der er dasjenige Seiende sein kann, das allem Seienden das Maß gibt und die Richtschnur zieht« (ebd.: 94).

englischen Philosophen Thomas Hobbes wird das wahre Wesen des Menschen in zwei Situationen besonders sichtbar (Brocchi 2011: 9): *(a)* im Naturzustand, das heißt in der Vorgeschichte der Menschheit, als es noch keine Kultur gab; *(b)* im gesetzlosen Zustand des Krieges. Hobbes lebte in der Zeit des 30jährigen Kriegs, eines der grausamsten überhaupt, und wusste wozu Menschen fähig sind, wenn Anarchie und Gesetzlosigkeit herrschen.

Sowohl im Naturzustand als auch im Krieg herrscht das gleiche Prinzip (Brocchi 2011: 9 f.): *der Mensch ist des Menschen Wolf* (lat.: »*Homo hominis lupus est*«), das *unbegrenzte Streben nach Gütern* (griech.: »*pleonexia*«, Platon 1991: 373 d, e), der Überlebenskampf um die begrenzte Nahrung (vgl. Malthus 1793) oder die natürliche Auslese (vgl. Darwin 1859) – wobei das »*survival of the fittest*« oft als *survival of the strongest* (miss-)verstanden wird.

Es stellte sich also die Frage, wie das Wilde im Menschen gebändigt und so der Frieden (und die Nachhaltigkeit?) in der Gesellschaft garantiert werden könne. Die Antwort von Hobbes lautet: Blutige Kriege hätten »*vermieden werden können, wenn die Moralphilosophie und die politische Wissenschaft jene Fortschritte der Naturwissenschaften gemacht hätten [...] Die moderne Konzeption der politischen Ordnung sollte sich auf der Methode der Naturwissenschaften gründen*« (Brocchi 2009: 22). Wie für Descartes ist die Welt auch für Hobbes eine berechenbare – oder sollte zu einer berechenbaren gestaltet werden. Der Staat sollte wie eine »*Maschine*« regiert werden, in der jedes Teil kontrolliert werden kann und in der die Menschen wie Rädchen funktionieren. Um Frieden und Ordnung zu garantieren, verlassen die Menschen in Hobbes' ›Leviathan‹ (1991) den Naturzustand, indem sie durch einen Gesellschaftsvertrag auf die eigene Selbstbestimmung und Freiheit verzichten, zugunsten von Gesetzen und einer Autorität, die Ordnung garantiert. In Zeiten von Hobbes war diese Autorität der »*Souverän*«, in der modernen Gesellschaft ist es die *Bürokratie* (vgl. Weber 1985). Und in Zeiten der Nachhaltigkeit? Während die Effizienzstrategie die Umwelt durch neue Indikatoren oder die Einführung einer ›Carbon-Tax‹ berechenbar machen will (vgl. Weizsäcker et al. 1997; Schmidt-Bleek/Bierter 1998) und die *Maschine* entsprechend optimieren möchte, setzt die Suffizienzstrategie an anderer Stelle Grenzen an die Freiheit und Selbstbestimmung.

Wieviel Chaos ist gesund und wieviel Ordnung verträgt der Mensch?

Es ist kein Zufall, dass das Prinzip ›Form follows function‹ ausgerechnet nach den zerstörerischen Kriegen des 20. Jahrhunderts so viel Aufmerksamkeit erhielt: »*Als der Architekt Walter Gropius erschüttert aus dem Chaos des Ersten Weltkriegs nach Hause zurückkehrte, keimte in ihm die Vision einer grundlegenden Neuordnung der Verhältnisse [...] Es galt, ›dem Chaos mit der Kraft des Baues Ordnung abzutrotzen‹ (Mies van der Rohe 1928) [...] Achtzig Jahre später bekennt der 75-jährige (mit der Marke ›Braun‹ stilprägende) Industriedesigner Dieter Rams, wie er fasziniert war von der ›Ulmer Schule‹, dem Versuch, nach dem Zweiten Weltkrieg an das Dessauer Bauhaus anzuknüpfen. Der Leitgedanke der Ulmer Schule war es, so Rams: [...] ›Das Chaos [zu] beseitigen. Gute Gestaltung, das war die Gestaltung, die sich auf das Wesentliche konzentrier[t]e, Unwesentliches eliminierte‹*« (Hörning 2012: 29 f.).

Um das Chaos zu beseitigen, wurde der Alltag der Menschen zunehmend rationalisiert.[17] »*In der Herrschaft über die Natur ist die Herrschaft über den Menschen inbegriffen. Um die äußere Natur zu beherrschen, die menschliche und die nicht-menschliche, muss das Subjekt mit anderen Subjekten zusammenarbeiten und dabei seine eigene innere Natur bezwingen*« (eigene Übersetzung von Horkheimer 1969: 84). Die Menschlichkeit teilt ihr Schicksal mit dem Rest

---

[17] Ein Beispiel: Heute folgen die gesellschaftlichen Zeitstrukturen nicht dem Biorhythmus, sondern dem Maschinentakt (vgl. Tiezzi 1992) – und dieser wird immer schneller. Ein oft erwähntes Symptom der Beschleunigung (vgl. Rosa 2005) ist die Zunahme von Stress (vgl. Lohmann-Haislah 2012). Angeblich zählen gerade Medien-, Werbe- und Kreativagenturen zu den stressigsten Geschäftsbereichen überhaupt.

der Natur (Brocchi 2008). Sogar das Unbewusste der Menschen kann sich der Rationalisierung nicht ganz entziehen. Durch Wissenschaft und Marktforschung wird seit Jahrzehnten versucht, Emotionen und Gefühle für politische oder ökonomische Zwecke zu manipulieren. *»Einen wichtigen Anteil am wachsenden Erfolg moderner Industrieprodukte übernehmen nun auch minutiös geplante Werbekampagnen. Ein bahnbrechendes Werk dafür ist das 1928 publizierte Buch ›Propaganda‹ von Edward Bernays, einem Neffen von Sigmund Freud. Bernays legt darin erstmals dar, wie der Konsument in der modernen Gesellschaft systematisch und nach allen Regeln der Kunst umworben werden kann – gleich ob mit Mitteln des kontrollierten Tabubruchs oder mit neuesten Erkenntnissen aus Psychologie und Sozialwissenschaften. Damit schafft Bernays nicht nur die wissenschaftlichen Grundlagen für die moderne Werbeindustrie, sondern gibt tragischerweise auch dem nationalsozialistischen Propagandaminister Joseph Goebbels wichtige Anregungen für seine Kampagnen«* (Kries 2010: 31).

Durch Werbung kann die Denk- und Verhaltensweise der Menschen nach dem Vorbild einer bestimmten Idee des Nützlichen gestaltet werden.[18]
Wenn der Mensch als wildes Wesen geboren wird, das durch Triebe bestimmt ist, dann muss er im Laufe des Lebens durch Erziehung gestaltet werden, um zum vollständigen Mitglied der Gesellschaft zu werden. Werbung allein reicht dafür nicht aus. Bei der Sozialisierung wird auch der Geschmack des Individuums geformt, wobei Menschen durch die Wahl von Kleidern, Autos oder Einrichtungsgegenständen die eigene Zugehörigkeit zu einer sozialen Klasse oder einem Milieu zum Ausdruck bringen (vgl. Bourdieu 1982). Design re-produziert die Strukturen der sozialen Ungleichheit, indem es Massenware oder exklusive Objekte entwirft. In der modernen Gesellschaft wird unser Status und Wert eher durch das *Haben* als durch das *Sein* zum Ausdruck gebracht (vgl. Fromm 2005).

Obwohl das Individuum als *»Rädchen einer Maschine«*, als Teil einer Masse oder einer *»panoptischen Ordnung«* (Foucault 1977) beinah austauschbar ist, wurde der Individualismus im Laufe der Globalisierung zum universalen Lebensentwurf erhoben. Auch darin spiegelt sich das pessimistische Menschenbild von Hobbes wider: Die Separation von der Gemeinschaft ist die Voraussetzung für das moderne Projekt des vollkommenen Individuums, umgeben von einer Grenze, die es zugleich isoliert und schützt. Die Menschen werden von jenem Kontakt entbunden, der sie bedroht (Esposito 2004a: 28).

Das moderne Design hat diese Separation zwischen Individuum und Gemeinschaft gefestigt. So wird die Anonymität eines Supermarkts mit Massenware aus der ganzen Welt einer engen Beziehung zwischen Herstellern und Verbrauchern in regionalen Wirtschaftskreisläufen bevorzugt. Der private Besitz vermeidet das Teilen mit anderen Menschen. Doch gerade *»die Privatisierung von Gütern und Dienstleistungen, die früher öffentlich waren und geteilt wurden, hat dramatische Auswirkungen auf den Ressourcenverbrauch gehabt«* (Hill 2011: 26).

Unter Kreativen findet der Individualismus eine besondere Ausprägung.[19] Die Separation zwischen Individuum und Gemeinschaft äußert sich auch in einer bestimmten Auffassung der *»Autonomie der Kunst«* (vgl. Busch 1987; Bourdieu 2001). In der Entwicklung ihrer Entwürfe verbinden Architekten und Designer selten ihre individuelle Kreativität mit partizipa-

---

18 Im Durchschnitt konkurrieren täglich 3.000 Werbebotschaften miteinander, um einen kleinen Platz im Gehirn eines jeden Bundesbürgers (in den USA sind es sogar 8.000). Da seine kognitiven Fähigkeiten begrenzt sind, werden jedoch im Durchschnitt nur 52 (1,7 %) davon wahrgenommen (vgl. Emrich 2008: 211). Die hohe Konkurrenz erzeugt eine Art kreativen Rüstungswettlauf in der Werbeindustrie, an dem Marktforscher, Psychologen, Medienexperten, aber auch Designer arbeiten. Die Reizüberflutung, der Konsumenten ausgesetzt sind, nimmt seit Jahrzenten zu (ebd.).

19 Der Architekt und Designer Henry van der Velde sagte einmal: »Der Künstler ist in seinem Wesen ein leidenschaftlicher Individualist, ein spontaner Schöpfer. Niemals ordnet er sich freiwillig der Disziplin unter, die ihn in die Normen und Regeln zwingt« (zitiert unter http://www.henryvandevelde.pl/de/html/velde3.php, abgerufen am 08.09.13)

tiven Prozessen, unter anderem weil sie die Gemeinschaft als Form der Fremdbestimmung empfinden. Sie bestimmen in welchen Räumen und mit welchen Produkten Menschen zu leben haben, oft ohne mit ihnen in Dialog zu treten. Diese Einstellung ähnelt der Vorstellung vom Idealstaat bei Platon (1991). An der Spitze eines hierarchischen Staates setzte er die Philosophen, das heißt die Hüter der Weisheit und der Idee des Guten, Wurzelgrund aller Ideen. Weil das Wissen (»*Episteme*«) sicher und unveränderbar ist, bedarf seine Definition keinen Dialog zwischen Meinungen (»*Doxa*«). Platon betrachtete die Demokratie als eine der schlechtesten Regierungsformen, weil dort der Appetit und die Meinung der Vielen anstelle des Wissens herrsche. Der Philosophenkönig entspricht bei Platon hingegen der Herrschaft der Vernunft. Braucht Nachhaltigkeit wirklich eine solche Herrschaft – oder ist die Herrschaft an sich, die auch in einer bestimmten Auffassung der ›Autonomie der Kunst‹ innenwohnt, per se nicht nachhaltig?

4. Die Kulturen des Nachhaltigen Designs

Die kritische Auseinandersetzung mit dem Nachhaltigkeitsbegriff hat gezeigt, dass nicht immer nachhaltig ist, was *Nachhaltigkeit* genannt wird. In der bisherigen Nachhaltigkeitsdebatte sind Positionen sehr einflussreich, die eine merkwürdige Kontinuität mit nicht-nachhaltigen Merkmalen des bisherigen Entwicklungsmodells aufweisen (vgl. Brocchi 2010). Gleichzeitig wird das, was zur Nachhaltigkeit beiträgt, nicht immer so genannt. Das heißt: Allein die Etikette *Nachhaltigkeit* ist keine ausreichende Garantie für eine umweltverträgliche Entwicklung. Entscheidend ist hingegen die Denkweise, die hinter der Begriffsverwendung steckt bzw. die Kultur, woran sich die Entwicklung einer Gesellschaft und das Verhalten der Menschen orientiert.

»*Probleme kann man nicht mit derselben Denkweise lösen, durch die sie entstanden sind.*«[20] Deshalb muss sich die Kultur eines nicht nachhaltigen Designs von jener eines *Nachhaltigen Designs* deutlich unterscheiden. Wie muss sich die Gestaltungskultur ändern, um zu einem *Nachhaltigen Design* zu gelangen?

Nachhaltiges Design ist keine zusätzliche Spezialisierung neben den bestehenden: ›car design‹, ›exhibition design‹, ›fashion design‹ oder ›furniture design‹. Nachhaltigkeit ist mehr als ein neues Attribut zum Design: Sie stellt einen Paradigmenwechsel in der gesamten Gestaltung dar.

Der Paradigmenwechsel beginnt mit einem neuen Verständnis von Design. Anstelle des funktionalisierten und funktionalistischen Designbegriffs bedarf es eines *erweiterten Designbegriffs*.

Das Design als Kind der industriellen Revolution und Funktion einer großen *Maschine* ist nicht zukunftsfähig und wird so oder so in den nächsten Jahrzehnten ausgedient haben. In der Designwelt wird die Funktionalisierung der Gestaltung zwar als *Exklusivität* legitimiert: der Designer leistet eben etwas, was andere nicht leisten können. Doch diese Exklusivität ist gleichzeitig ein Gefängnis für die Kreativität. Die Mode, Objekte, Verpackungen und Werbespots sind Ausdruck einer »*Dialektik des Neuen und Immergleichen*« (Benjamin 1991: 793), wobei ihre absatzstärkende Funktion sowie *sinnliche Verklärung* konstant bleiben – wenn nicht sogar wachsen.

Solange die Kreativität eine Funktion bleibt, ist sie keine echte. »*Die moderne Gesellschaft wird oft mit Innovation, Flexibilität und Beschleunigung assoziiert, wirklich zutreffend ist dies aber nur in Bezug auf ihre innere Dynamik. Im Umgang mit der eigenen ökologischen, sozia-*

---

[20] Der Satz wird Albert Einstein zugesprochen.

len, emotionalen oder kulturellen Umwelt wirkt sie hingegen besonders steif und starr« (Brocchi 2011: 5). In den Nullerjahren sind zwar viele neue Finanzprodukte und Handymodelle auf dem Weltmarkt eingeführt worden, doch für die drängenden Menschheitsprobleme waren sie »*das verlorene Jahrzehnt*« (der Spiegel 41/2008). Im deutschen ›Car Design‹ spielt der Klimaschutz immer noch kaum eine Rolle (vgl. Kries 2010: 144 f.). Diese Beispiele zeigen, dass oft nur Innovationen umgesetzt werden, die innerhalb eines vorgegebenen Rahmens stattfinden und der vorherrschenden gesellschaftlichen Ordnung dienen. Sobald aber die Innovation auf eine Umgestaltung der Rahmenbedingungen und der Ordnung an sich zielt, wird sie als *Dysfunktion* unterdrückt.

Der Philosoph Wolfgang Welsch sieht es optimistisch: »*Die Aufgabe des Designs verlagert sich heute zunehmend von der Objektgestaltung (worauf sich die Moderne konzentriert hatte) zur Rahmengestaltung. Es gilt – postmodern wie ökologisch – die Rahmen-Bedingungen unserer Lebensverhältnisse zu verändern*« (Welsch 2006: 218). Die Gestaltung des Rahmens in Richtung Nachhaltigkeit erfordert aber oft *zivilen Ungehorsam* (nach Thoreau, Gandhi und King). Dort wo System und Umwelt in Konflikt geraten, entscheidet sich der *Nachhaltige Designer* für den Widerstand und gegen die Anpassung, für eine umweltorientierte Verantwortung (Gewissen), gegen die pflichtbewusste Verantwortung im System. Whistleblower (vgl. Faust 2009) machen es vor: Muss man nicht die Vertragsbedingungen des eigenen Unternehmens verletzen, zum Beispiel um die Allgemeinheit über gewaltige Missstände aufzuklären?

Muss der Designer ungehorsam sein?

Eine Dysfunktion kann nachhaltiger als eine perfekt funktionierende Maschine sein, die gegen eine Wand fährt. *Nachhaltiges Design* erfordert keine Unterordnung der Gestaltung unter moralische Pflichten, sondern eine Defunktionalisierung der Kreativität und eine Emanzipation der inneren Natur des Menschen. Nur so können systemische Innovationen entstehen, die mehr als eine Mode oder eine absatzfördernde Maßnahme sind.

Im *Nachhaltigen Design* bleibt der Designer ein Bürger, der die gesellschaftlichen Rahmenbedingungen aktiv mitgestaltet anstatt sich ihnen passiv unterzuordnen. Als Bürger ist *jeder Mensch ein Gestalter*.[21] Die Asymmetrie zwischen Gestaltern und *Konsumenten* oder zwischen einer »*creative class*« (Florida 2002) und einer *uncreative mass* entspricht keinem natürlichen Gesetz und ist genauso wenig berechtigt wie jene zwischen Moderne und Tradition oder entwickelten und *unterentwickelten* Gesellschaften (vgl. Thackara 2005).

Ein erweiterter Designbegriff stellt die Frage, wie wir unsere Um-Welt wahrnehmen und gestalten. Noch heute dominiert ein anthropozentrisches Weltbild, das den Menschen als Mittelpunkt des Universums und gleichzeitig als Herrscher über die Natur sieht. Dieses Weltbild ist jedoch längst zerrüttet und hat seinen Glanz verloren. Die Entthronung des Menschen begann im 16. Jahrhundert mit der ›kopernikanischen Revolution‹. Als Sigmund Freud dann zu Beginn des 20. Jahrhunderts das Unbewusste entdeckte, sagte er, dass »*der Mensch nicht einmal Herr im eigenen Haus*« sei. Wie sollte ein Wesen, das nicht einmal sich selbst kontrollieren könne, die Umwelt oder eine ganze Gesellschaft beherrschen?

Während die Moderne und die gesellschaftlichen Entwicklungsmodelle der Nachkriegszeit auf der Annahme basieren, dass der Gestalter die Dinge beherrscht, belehren uns gerade die Umweltkrise, die Finanzkrise oder Fukushima eines besseren: wir können die Kontrolle sogar über Dinge verlieren, die wir selbst geschaffen haben. Der britische Premierminister Win-

---

21 1978 in Achberg hielt Joseph Beuys einen Vortrag mit dem Titel ›Jeder Mensch ein Künstler – Auf dem Weg zur Freiheitsgestalt des sozialen Organismus‹.

ston Churchill hat es so ausgedrückt: »*Erst gestalten wir unsere Gebäude, danach gestalten sie uns.*«[22] In Krisen wird das Machtverhältnis zwischen Subjekt und Objekt umgekehrt, wobei dem ersten die eigene kognitive und physische Begrenztheit plötzlich bewusst wird. Krisen offenbaren die anthropozentrische Selbsttäuschung und zeigen im nächsten Moment eine Wirklichkeit, die immer da war, aber lange verdrängt wurde oder unbekannt blieb. Das moderne Design fördert sogar die Selbsttäuschung, indem es die Lebenswelt durch künstliche Produkte und die Wahrnehmung durch Werbung, Bilderfülle und ›good feelings‹ verstopft. Dadurch werden die Menschen in einen »*anästhetischen*« Zustand versetzt und ihre Empfindungsfähigkeit wird ausgesetzt (vgl. Welsch 2006: 10). Hingegen versteht sich das *Nachhaltige Design* als ästhetische Herausforderung. Entgegen des platonischen Weltbilds wird die Idee der Empfindung untergeordnet. Nicht die Realität wird nach dem Vorbild einer fixen Idee geformt, sondern die Idee öffnet sich einer ständig dynamischen Realität. Kulturelle Evolution statt Modernisierung, Beweglichkeit statt Kontrolle (vgl. Habermas 2005).

Während sich die Moderne nur auf die Teile des Ganzen konzentriert hat, kann eine Kultur des *Nachhaltigen Designs* nur in ganzheitlichen Wahrnehmungshorizonten entstehen. Unter anderem hat die ›Tiefenökologie‹ (Næss/Glasser et al. 2005) gefordert, die äußere und innere Natur des Menschen nicht mehr als *Um-Welt* zu betrachten, sondern als *Mitwelt* (vgl. Meyer-Abich 1990). In der Ökologie sowie in der ›Akteur-Netzwerk-Theorie‹ (ANT) von Bruno Latour (2007) ist Gestaltung kein Alleinstellungsmerkmal des Subjekts: auch die Dinge sind Designer. Die Moderne verdrängt, dass die *Mitwelt* den Menschen und die Gesellschaft immer mehr gestaltet als umgekehrt. Wir werden nicht nur von Menschen erzogen, sondern auch von Technologien, Produkten, Kunstwerken, Städten, Bergen oder Bäumen – und entwickeln unser Verhalten und unsere Bedürfnisse entsprechend. Deshalb fordert Latour (2001) anstelle des Zweikammer-Kollektivs von Gesellschaft und Natur, ein neues »*Parlament*« das aus »*Menschen*« und »*nicht-menschlichen Wesen*« zusammengesetzt ist. Die Natur ist selbst ein gestaltendes Subjekt und nicht nur ein gestaltetes Objekt.

Die Ökologie begründet ein neues Weltbild, das radikale Konsequenzen auch für die Gestaltung hat. Diesen Zusammenhang kann am besten anhand der vier Gesetze der Ökologie verdeutlicht werden, die der US-Biologe Barry Commoner in seinem Buch ›The Closing Circle: Nature, Man, and Technology‹ 1971 beschrieb:

1. Jedes Ding steht mit jedem anderen in Beziehung (Everything is connected to everything else).
Die Ökologie erforscht – so ihr der Erfinder des Begriffs Ernst Haeckel (1834–1919) – die Wechselwirkungen »*des Organismus zur umgebenden Außenwelt, wohin wir im weiteren Sinne alle* ›*Existenz-Bedingungen*‹ *rechnen können. Diese sind teils organischer, teils anorganischer Natur; sowohl diese als jene sind [...] von der größten Bedeutung für die Form der Organismen, weil sie dieselbe zwingen, sich ihnen anzupassen*« (Häckel 1866: 286). Das Verhältnis zur Umwelt ist im Fall des Menschen nicht nur ein physisches, chemisches und biologisches, sondern auch ein kulturelles. Jede Kultur hat sich ursprünglich als Überlebensstrategie in einem bestimmten regionalen Ökosystem entwickelt. So wie traditionelle Esskulturen eine Einheit mit den regionalen Umweltbedingungen gebildet haben, hat erst ihre Zerstörung immer wieder zum ökologischen Ungleichgewicht und dadurch Hunger geführt.

---

[22] Aus dem Englischen: »First we shape our buildings, then they shape us.« Diesen Satz sagte Churchill 1943 in einer Rede vor dem ›House of Commons‹.

Die Ökologie ersetzt das Objektdenken durch ein Denken in Beziehungen und Zusammenhängen. Als Wissenschaft der Komplexität fördert sie ein systemisches, vernetztes Denken (vgl. Vester 2005). Das Korollar des ersten Gesetzes der Ökologie ist: *Nichts ist isoliert.* Kontextlose Objekte und völlig autonome Individuen existieren nicht in der Realität, sondern lediglich im westlichen Weltbild.

Während in ihm eine Handlung als linearer Ursache-Effekt-Prozess zwischen Subjekt und Objekt betrachtet wird, geht die Ökologie von zirkulären Rückkoppelungseffekten aus (ebd.): Wenn jedes Ding mit jedem anderen in Beziehung steht, dann schlagen irgendwann die Effekte einer Handlung auf das Subjekt zurück. Wenn der Mensch ein Teil der Natur und die Natur ein Teil des Menschen ist, dann gleicht sein Umgang mit der Natur dem Umgang mit sich selbst. Verdrängungsmechanismen, Dämme und Stahldrähte um die Wohlstandsinseln bieten keinen Schutz gegen die Gefahren, die von einem selbst ausgehen.

Das *Nachhaltige Design* bringt Risse in jene sichtbaren und unsichtbaren Mauern, die die Moderne errichtet hat – und fördert (Selbst-)Vertrauen, wo Angst vor Beziehungen herrscht. Anstatt Statussymbole zu produzieren, die die soziale Ungleichheit festigen und die zwischenmenschliche Kommunikation hemmen, wird das Teilen unterstützt.

2. Alles muss irgendwo bleiben (Everything must go somewhere).

Die Umwelt ist keine bodenlose Deponie. In der Chemie besagt der Massenerhaltungssatz (auch als ›Lomonossow-Lavoisier-Gesetz‹ bekannt), dass die Materie nie verschwindet, sondern sich nur die Form ändert.[23] Künstliche Stoffe, die in der Natur nicht vorkommen, können von ihr auch nicht abgebaut werden. Sie akkumulieren sich im Laufe der Zeit und konzentrieren sich in der Spitze der Nahrungsketten – wo in der Regel der Mensch steht.

Deshalb plädieren Autoren wie Barry Commoner und Paul Hawken (1993) für eine Kreislaufwirtschaft, in der einerseits keine Abfälle und schädliche Emissionen entstehen und andererseits keine Ressourcen verbraucht werden. Ein Ersetzen von künstlichen durch natürliche Stoffe reicht dafür aber nicht aus. Um dem Nachhaltigkeitsgrundsatz gerecht zu werden, dürfen zum Beispiel nicht mehr Bäume gefällt werden als nachwachsen – so Hans Carl von Carlowitz in seiner ›Sylvicultura oeconomica‹ (1713). CO_2 ist zwar ein lebensnotwendiges Gas, aber es wird zum *Klimakiller*, wenn die Emissionen die Aufnahmefähigkeit der Ökosysteme übersteigen. Gerade bei natürlichen Stoffen gilt die Lehre des Paracelsus (1493–1541): »*Dosis sola venenum facit*« (dt.: »*Allein die Menge macht das Gift*«) (vgl. Golowin 2007).

Das ›Cradle to Cradle‹-Konzept (dt.: »*Von der Wiege zur Wiege*«) von Michael Braungart und William McDonough (2002) berücksichtigt dieses Problem, jedoch birgt es die Gefahr eines *utilitaristischen* Umgangs mit der Natur: Nur das, was dem Menschen nutzt, wird reproduziert. Monokulturen können dazu dienen, den Kreislauf zu schließen, jedoch gibt es kein ökologisches Gleichgewicht und keine Resilienz ohne Biodiversität.

> **Nachhaltigkeits-Designer:
> Risse ziehen im Putz sich
> überlebter Fassaden?**

3. Die Natur weiß es am besten (Nature knows best).

Während in jedem Gen 3,8 Milliarden Jahre *Forschung & Entwicklung* stecken, ist die Industrielle Revolution erst 200 Jahre alt. Diese Verhältnisse zeigen, wie groß die Weisheit der Natur im Vergleich zu jener des modernen Menschen ist. Für die nachhaltige Gestaltung bedeutet dies: Demut!

---

23 »Angewandt auf die Ökologie besagt dieses Gesetz, dass es in der Natur keinerlei ›Abfall‹ gibt. Für jedes natürliche System gilt, dass die ›Abfälle‹ oder Absonderungen eines Organismus einem anderen als Nahrung dienen« (Commoner 1971: 44).

Erstens: Nachhaltiges Design benötigt den systematischen Einsatz des konstruktiven Zweifels. Als kognitiv begrenztes Wesen muss der Gestalter immer damit rechnen, dass er sich täuscht. Lösungen, die ihm heute gut oder nachhaltig erscheinen, können sich morgen als Problem oder gar als verehrende Fehler erweisen. Ein Beispiel stellt zum Beispiel der Anbau von Energiepflanzen für die Produktion von Biokraftstoffen dar. Bis vor wenigen Jahren wurde er als viel versprechende Klimaschutzstrategie angepriesen. Heute sind diese Monokulturen vor allem ein Umweltproblem und stehen in Konkurrenz mit dem Anbau von Nahrungsmitteln.

Zweitens: Gar keine Gestaltung ist manchmal die nachhaltigste Gestaltung. Dieses Prinzip widerspricht der Tendenz der Moderne, ›a priori‹ die künstliche Welt der Natur vorzuziehen, das Neue dem Alten, die Innovation der Tradition. Der Kanadier John Thakara plädiert in seinem Buch ›In the bubble‹ (2005) für »*designfreie*« Zonen gegen die Vorstellung eines »*totalitären Designs*« (Kries 2010).

Drittens: Als kognitiv und physisch begrenztes Wesen kann der Mensch keine hohe Komplexität vertragen. Deshalb entspricht eine Gesellschaftsform, die auf kleinen Technologien und lokalen Gemeinschaften basiert, viel mehr seinem Wesen als eine Weltregierung, große Staaten und Megaprojekte.

4. So etwas wie ›Freibier‹ gibt es nicht (There is no such thing as a free lunch).

Die dominanten Wirtschaftsmodelle basieren auf dem Glauben, dass es so etwas wie Gratismahlzeiten gäbe und dass die natürlichen Ressourcen unbegrenzt verfügbar oder ersetzbar seien. Aber »*in der Ökologie – genau wie in der Ökonomie – soll das [vierte] Gesetz darauf aufmerksam machen, dass jeder Gewinn seinen Preis hat*« (Commoner 1971: 50). Anders ausgedrückt: Von einem Wirtschaftswachstum kann man nur dann sprechen, wenn man seine ökologischen, sozialen und menschlichen Kosten ausblendet.[24]

Eine nachhaltige Gestaltung kann nicht dem weiteren Wirtschaftswachstum dienen, sondern muss eine Umverteilung und ein Gleichgewicht innerhalb der absoluten biophysischen Grenzen des Planeten (vgl. Meadows 1972) fördern. Grenzen sind nicht mit Verzicht gleichzusetzen, sondern ermöglichen selbst ein gutes Leben. Eine Gesellschaft nach menschlichem Maß benötigt Entschleunigung statt Beschleunigung, immaterielles statt materielles Wachstum (Kurt 2010), mehr Qualität statt mehr Quantität, »*Small is Beautiful*« (Schumacher 2001) statt Macht und Status, Teilen statt Besitzen, Gemeinschaft statt Konsum, Kooperation statt Wettbewerb, ein optimistischeres Menschenbild anstelle eines pessimistischen.

Ein zentraler Aspekt des ökologischen Weltbilds ist die Evolution. Sie ist der Lernprozess der Natur im Umgang mit ihrer eigenen Umwelt. Auch die Natur musste im Laufe der Erdgeschichte den Umgang mit Krisen und Katastrophen (Asteroideneinschläge, Vulkanausbrüche, klimatische Veränderungen …) und das gute Leben lernen. Unter anderem machte der Soziologe und Philosoph Jürgen Habermas die Evolution zum Vorbild für die gesellschaftliche Entwicklung. Er definierte *soziale Evolution* als einen Prozess der Erarbeitung von Lernmechanismen, die eine Gesellschaft befähigen, drohenden *evolutionären Sackgassen* zu entkommen und

---

24 Das heutige Wirtschaftswachstum findet in einem gesellschaftlichen Kontext statt, der durch (zunehmende) soziale Ungleichheit und Wettbewerb gekennzeichnet ist. Diese Strukturen ermöglichen eine Internalisierung der ökonomischen Profite und eine Externalisierung der ökologischen und sozialen Kosten (vgl. Chomsky 2002). Die Armut eines großen Teils der Weltgesellschaft ist die Kehrseite des Reichtums eines anderen Teils. Was ein Teil der Gesellschaft als Wachstum erlebt ist für einen anderen ständige Rezession. Die Ungerechtigkeit ist nicht nur intragenerational, sondern auch intergenerational – denn die nächsten Generationen übernehmen eine teure Rechnung. Was wird es für sie bedeuten, in einer Welt zu leben, in der die durchschnittliche Temperatur einige Grad über der heutigen liegt? Welche Möglichkeiten werden tiefverschuldete Staaten haben, den ökologischen und sozialen Herausforderungen gerecht zu werden?

eine *gute* Gesellschaft zu werden (Jäger/Weinzierl 2007: 28). Nachhaltigkeit setzt viel mehr als nur technologische Innovationen voraus: Ausschlaggebend sind die Beweglichkeit und die Lernfähigkeit des sozialen Systems und des Individuums.

Nun lautet die Frage: Was hemmt und was fördert unsere Lernfähigkeit? Welche Gestaltung hemmt und welche fördert die Beweglichkeit von Gesellschaft und Individuen in einer dynamischen Umwelt? Ich werde versuchen, diese Fragen anhand verschiedener Stichworte zu beantworten.

Gedächtnis und Kommunikation

Das Gedächtnis bietet die Möglichkeit, Wissen zu speichern und wieder abzurufen. Das Gedächtnis der Natur liegt in den Genen. Ihre biologische Reproduktion ermöglicht die Übertragung einer riesigen Bibliothek von Generation zu Generation. Gleichzeitig sind die verschiedenen Spezies miteinander so vernetzt, dass sich die Energie- und Stoffkreisläufe des ganzen Ökosystems schließen.[25] Das heißt, die Natur tut das, was Physiker und Astronomen tun, wenn sie Forschungsprojekte starten, in denen sehr große Mengen von Information gespeichert und ausgewertet werden müssen: Sie bilden ein weltweites Netz von Rechnern. Durch die Bildung eines vernetzten Gedächtnisses hat die Natur gelernt, »*Komplexität mit Komplexität zu regieren*« (vgl. Prigogine 1997). Je größer die Gedächtniskapazität ist, desto besser kann sich das Ökosystem ständig gegen den entropischen Verfall behaupten: jede zusätzliche Information wirkt der Entropie entgegen (vgl. Zeh 2005: 42–69).

Die Natur hat die Lebewesen mit einem zusätzlichen Gedächtnis ausgestattet: dem Gehirn. Auch die interne Struktur des Gehirns ähnelt jener der Natur, denn die Synapsen sind vernetzt. Die ausgeprägte Entwicklung dieses Organs bei den Menschen war die Voraussetzung für das Entstehen von Kultur. In der Kultur speichert jede Ethnie und jede Gruppe die eigene historische Erfahrung im Umgang mit der sie umgebenden Umwelt. Jede Generation muss nicht die Fehler wiederholen, die die vorherige gemacht hat; muss nicht das Kochen neu erfinden, weil das Wissen über Nachahmung, Sozialisierung und Erziehung von Generation zu Generation übertragen wird.

Die Kultur ermöglicht die Bündelung der kognitiven Ressourcen der Individuen und so das Entstehen eines »*kollektiven Gedächtnisses*« (Halbwachs 1950). Durch den Dialog kann jedes Individuum die eigene begrenzte kognitive Fähigkeit durch jene des Kollektivs erweitern und dadurch die Chancen eines nachhaltigen Umgangs mit der Umweltkomplexität steigern bzw. die Wahrscheinlichkeit eines Fehlverhaltens senken. Diese Analyse macht deutlich, das Geist und Materialität, Kultur und Natur nicht voneinander getrennt sind (vgl. Finke 2003). Weil der Geist und die Kultur Produkte der biologischen Evolution sind, ist die Nachhaltigkeit ihrem Wesen innenwohnend.

Kommunikation statt Konsum?

Worin besteht die Lehre für eine nachhaltige Gestaltung? Ein Design als individueller oder als hierarchischer Prozess ist zwar effizienter, weil die Menge der verarbeiteten Informationen stark reduziert werden kann. Doch die Gestaltung, die daraus folgt, führt auch zu einer Reduktion von Komplexität in der Umwelt selbst und dadurch zu einer Schwächung des ökologischen, sozialen oder emotionalen Gleichgewichts. Eine effektive nachhaltige Gestaltung entsteht nur durch einen »*herrschaftsfreien Dialog*« (Habermas 2006) zwischen Menschen, Disziplinen und gesellschaftlichen Bereichen: Nur so kann Komplexität durch Komplexität regiert werden.

---

25 So wie der menschliche Organismus ein inneres Ökosystem enthält, in dem 100 Millionen Bakteriengäste leben (Costello, Lauber et al. 2009), so kann die Erde und ihre Biosphäre wie ein Lebewesen betrachtet werden. Das ist zumindest die These des Chemikers und Biophysikers James Lovelock (1991) – auch als ›Gaia-Hypothese‹ bekannt.

Davide Brocchi

Im Laufe der Geschichte ist die Gedächtniskapazität des Kollektivs durch die Erfindung von medialen Techniken (Schrift, Druck, Radio, Internet ...), die das Speichern und die Kommunikation von Wissen ermöglichen, erweitert worden. Während das menschliche Gedächtnis unter Vergesslichkeit leidet, festigen Literatur oder Mahnmale die Erinnerung. Ein *Nachhaltiges Design* schafft nicht nur Innovationen, sondern pflegt bewährte Traditionen weiter oder belebt sie wieder (z. B. in der Landwirtschaft, im Handwerk oder in der Architektur). Mit kommunikativen Mitteln kann man dem Vergessen entgegentreten, so dass sich gemachte Fehler nicht wiederholen.

Durch den Einsatz von Medien können zusätzlich Umweltveränderungen bewusst gemacht werden, die durch die sinnliche Erfahrung in ihrem Umfang nicht wahrgenommen werden können. Das betrifft globale Phänomene wie den Klimawandel, der nur durch die mediale Vermittlung vom Individuum wahrgenommen werden kann. Genauso wäre für die heutigen Generationen der Gletscherschwund in den Alpen kaum vorstellbar, wenn es nicht die Möglichkeit gäbe, aktuelle Bilder mit jenen aus den 1930er Jahren zu vergleichen.

Anpassungsfähigkeit und Beweglichkeit

Wie schon Platon erkannte, ist die Umwelt dynamisch und veränderlich. Nur Spezies, die sich ihr ständig anpassen können, überleben.

In seiner Buch ›Kollaps‹ (2006) untersuchte der US-Biogeograf und Evolutionsbiologe Jared Diamond, warum Gesellschaften im Laufe der Geschichte überlebt oder untergegangen sind. Sein Fazit: In vielen Fällen gingen Zivilisationen (z. B. die Rapanui auf der Osterinsel, die Normannen auf Grönland) unter, weil sie unfähig waren, sich von bestimmten sozialen Strukturen zu trennen und ihre kulturellen Einstellungen den neuen Umweltbedingungen anzupassen. Das heißt: Unbewegliche Gesellschaften oder starre Ideologien sind nicht zukunftsfähig. Die kulturelle Evolution folgt ähnlichen Prinzipien wie die biologische. Schon 1957 entwarf der US-Ethnosoziologe Julian H. Steward eine ›Theory of cultural adaptation‹ (Finke 2003: 252).

Entgegen der Überzeugung von Platon geht ein Staat gerade dann ein hohes Risiko ein, wenn er sich Ideen zuwendet, die unveränderlich sind und über die Realität gesetzt werden. Das Chaos liegt nicht in der Natur, sondern entsteht ausgerechnet dann, wenn die Menschen an einem Weltbild festhalten, das sich immer mehr von der Realität entfernt. Was kann dem entgegentreten?

Soziale Bewegungen, die nicht-funktionalisierte Wissenschaft, ein investigativer Journalismus oder die freien Künste können der Erweiterung des Wahrnehmungshorizonts und eine gesellschaftliche Auseinandersetzung mit dem Unbekannten dienen. So wie der interkulturelle Dialog mit Migranten: Sie sind Botschafter anderer gesellschaftlicher, kultureller und ökologischer Realitäten (Brocchi 2012).

Während in der Moderne das Lernen vor allem die Reproduktion der dominanten Denkmodelle und des sicheren Wissens ist (s. Volkswirtschaftslehre), erfordert die Nachhaltigkeit ein lebenslanges Lernen als Auseinandersetzung mit dem Fremden. Der Weg zur Erkenntnis beginnt eher mit einem »Ich weiß, dass ich nichts weiß.« Für Sokrates war diese Annahme die Voraussetzung des Dialogs und der Lernfähigkeit.

Während der moderne Designer eher das *Festhalten* (z. B. am Status, am Haben) mit seiner Arbeit fördert, betrachtet der *Nachhaltige Designer* auch das *Loslassen* als Chance: Nur wer sich von den Problemen trennen kann, kann sich zu ihrer Lösung bewegen; nur wer Abschied von vertrauten Überzeugen nehmen kann, kann lernen.

Der *Nachhaltige Designer* ist ein Pionier der kulturellen Evolution, ein Grenzgänger, der dem Fremden, dem Unbekannten, Gefühlszuständen und Lebensalternativen mit Neugierde begegnet und ihnen durch seine Arbeit eine Öffentlichkeit verleiht. Er bevorzugt die Lebendigkeit des Unberechenbaren der Kontrollierbarkeit des Berechenbaren. Der *Nachhaltige Designer* richtet sein Handeln eher nach den ›Megatrends‹ breiter Horizonte statt nach kurzlebigen Moden auf den *Wohlstandinseln*.

Mutationen

Ein zentraler Motor der biologischen Evolution, das heißt der Lern- und Anpassungsfähigkeit von ökologischen Systemen, ist die genetische Mutation. Nicht das Streben nach Perfektion, sondern die Imperfektion ist die Basis der *natürlichen Kreativität*.

Im Vergleich zu der Monogonie (die ungeschlechtliche Selbstvermehrung, ohne die Notwendigkeit eines Partners) ist die sexuelle Reproduktion ziemlich umständlich und ineffizient. Aber diese Ineffizienz bietet eben mehr Spielräume für das Entstehen des Neuen.

Kulturelle Mutationen haben für die Nachhaltigkeit einer Gesellschaft eine ähnliche Bedeutung wie die biologischen in natürlichen Systemen. Die Kultur ist *die DNS der Gesellschaft* und bedarf immer wieder Mutationen, um sich veränderten Umweltbedingungen anpassen zu können.

Nicht nur die Kunst, sondern auch die Pioniere, die Subkulturen und das Design sind potenzielle Quellen von *kulturellen Mutationen*. So spielt der Dichter mit der Sprache, verändert sie oder erfindet sie neu, um das semantische Netz zu befähigen, neue tiefe Gefühlszustände einzufangen und zu kommunizieren – um sie bewusst zu machen.

Diversität und Vielfalt

Wenn die Natur effizient und funktionalistisch denken würde, dann gäbe es keine Biodiversität. Während die Nationalsozialisten die Vermischung der Rassen verachteten und die Vielfalt unterdrückten, lehrt die Natur die Vermischung unterschiedlicher Gene die Spezies stärkt. *Parasiten* und *Untermenschen*, *Nutzpflanzen* oder *Leistungsträger* existieren nur in einem speziellen Weltbild, nicht in der Natur. Auch *Parasiten* sind in Ökosystemen essenziell, um die Kreisläufe zu schließen.

Für die Nachhaltigkeit einer Gesellschaft ist die kulturelle Vielfalt genauso wichtig wie die Biodiversität für die Krisenresistenz von Ökosystemen (UNESCO 2001). Während das ökologische Gleichgewicht von Tropenwäldern sehr stabil ist, können landwirtschaftliche Monokulturen nur durch den starken Einsatz von Pestiziden und künstlichen Stoffen *stabil* gehalten werden.

Eine tolerante Gesellschaft mit einer Vielfalt von (Sub-)Kulturen ist anpassungsfähiger und resilienter. Sie verfügt zum Beispiel über ein breiteres Spektrum an Problemlösungsansätzen. In einer Monokultur (im kulturellen Sinne) kann es hingegen passieren, dass ausgerechnet die Ursachen der Probleme als Allheilmittel betrachtet werden (z. B. ungezügeltes Wirtschaftswachstum).

Was sich in einer Situation bewährt, kann für eine andere falsch sein. Deshalb kommen in der Natur keine standardisierten Produkte für den größtmöglichen Absatzmarkt vor, sondern stimmt sich jedes *Produkt* mit den lokalen Gegebenheiten ab, zum Beispiel dem Mikroklima und der Morphologie des Territoriums.

Genauso hat sich weltweit eine Vielfalt von Kulturen entwickelt, die mit der Vielfalt der Ökosysteme abgestimmt ist.[26] Wenn eine Kultur zerstört wird, dann gerät oft auch das Ver-

---

[26] In dem ›Übereinkommen zum Schutz und zur Förderung der Vielfalt kultureller Auscruckformen‹ der UNESCO (Paris, 2005) wurde die Bedeutung einer kulturellen Vielfalt für das Leitbild der Nachhaltigkeit betont: »Der Schutz, die Förderung und der Erhalt der kulturellen Vielfalt sind eine entscheidende Voraussetzung für nachhaltige Entwicklung zu Gunsten gegenwärtiger und künftiger Generationen.«

Davide Brocchi

hältnis zwischen Menschen und Ökosystem aus dem Gleichgewicht. Der Entwicklungsprozess, der von der Kolonisierung bis zur Globalisierung geht, hat gleichzeitig zu einer weltweiten Abnahme der Biodiversität und der sprachlichen Vielfalt geführt. Die Hälfte der 6.000 Sprachen, die heute gesprochen werden, ist vom Verschwinden bedroht. Aus dem ›Atlas der bedrohten Sprachen‹ (Moseley 2010) muss die UNESCO alle zwei Wochen ein Idiom streichen. So wie die Missionare die Konquistadoren begleiteten, um indigene Völker zum Christentum zu bekehren, so haben in den letzten Jahrzehnten weltweite Nachrichtensender wie CNN, Hollywood-Produktionen, Marken, Popmusik und Moden eine Monokultur verbreitet, die ganze Völker regelrecht entwurzelt hat. Menschen, die seit Jahrhunderten in Tropenwäldern lebten, als Handwerker für den lokalen Markt tätig waren oder sich als Kleinbauer und Fischer ernährten, kaufen heute in den Shopping Malls von Manila, fahren Auto in Peking, produzieren Textilien für Weltkonzerne in Bangladesch, füllen die Favelas am Rande von Großstädten wie Rio de Janeiro oder riskieren ihr Leben, um Europa über das Mittelmeer zu erreichen.

Vor diesem Hintergrund ist eine Monokultur des *Nachhaltigen Designs* ein Widerspruch an sich. Die Nachhaltigkeit erfordert eine Vielfalt von Gestaltungskulturen, die mit den regionalen Umweltbedingungen am besten abgestimmt sind. Diese verschiedenen Kulturen sollen voneinander lernen, aber ein Lernprozess kann nur dort weiter stattfinden, wo Diversität bestehen bleibt.

Davide Brocchi (*1969, Rimini) ist Sozialwissenschaftler, Dozent an der ecosign/Akademie für Gestaltung, Köln, sowie an den Universitäten Düsseldorf und Lüneburg. Sein Schwerpunkt liegt im Nachhaltigen Design bzw. in der kulturellen Dimension der Nachhaltigkeit. Als Doktorand erforscht Brocchi die Rolle der individuellen und kollektiven Wahrnehmung beim Entstehen von gesellschaftlichen Krisen. Neben Sozialwissenschaften studierte er Philosophie, unter anderem bei Prof. Umberto Eco an der Universität Bologna. Nebenbei ist Brocchi immer wieder als Kulturmanager aktiv und engagiert sich in sozialen Bewegungen. Er initiierte das ›Festival der Kulturen für eine andere Welt‹ (2003, Düsseldorf.), die Kunstausstellung ›Subkulinaria‹ (2008, Köln) und den ›Tag des guten Lebens: Kölner Sonntag der Nachhaltigkeit‹ (2013).

Literatur

Francis, Bacon (2008): ›*Instauration Magna. Novum Organum*‹. Norderstedt: Books on Demand.

Barnosky, Anthony D.; Matzke, Nicholas et al. (2011): ›*Has the Earth's sixth mass extinction already arrived?*‹, in: ›Nature, 471/2011‹, McMillian Publishers Ltd. (unter: http://rewilding.org/rewildit/images/Barnosky-6th-Great-Extinction-copy.pdf, abgerufen am 30.03.13).

Bassi, Alberto (2013): ›*Design. Progettare gli oggetti quotidiani*‹. Bologna: Il Mulino.

Bayley, Stephen (1982): ›*Art and Industry*‹. London: Boilerhouse Project.

Beck, Ulrich (2008): ›*Weltrisikogesellschaft - Auf der Suche nach der verlorenen Sicherheit*‹. Frankfurt am Main: Suhrkamp.

Beck, Ulrich (1993): ›*Die Erfindung des Politischen. Zu einer Theorie reflexiver Modernisierung*‹. Frankfurt/Main: Suhrkamp.

Benjamin, Walter (1991): ›*Gesammelte Schriften in sieben Bänden. Band II*‹. Frankfurt/Main: Suhrkamp.

Bourdieu, Pierre (1987): ›*Die feinen Unterschiede – Kritik der gesellschaftlichen Urteilskraft*‹. Frankfurt/Main: Suhrkamp.

Bourdieu, Pierre (2001): ›*Die Regeln der Kunst*‹. Frankfurt/Main: Suhrkamp.

Brand, Ulrich (2009): ›*Die Multiple Krise*‹. Berlin: Heinrich Böll Stiftung.

Brauer, Dieter (2003): ›*Gross national happiness as development goal*‹. In: ›Development and cooperation 30/2003‹. S. 288–292.

Braungart, Michael; McDonough, William (2002): ›*Cradle to Cradle. Remaking the Way We Make Things*‹. New York: North Point Press.

Brocchi, Davide (2007): ›*Die Umweltkrise – eine Krise der Kultur*‹, in: Altner, Günter; Leitschuh, Heike et al. (2007): ›Jahrbuch der Ökologie 2008‹. München: C. H. Beck. S. 115–126.

Brocchi, Davide (2008): ›*Die kulturelle Dimension der Nachhaltigkeit*‹, in: ›Avinus Magazin‹, 26.01.08, Berlin: Avinus Verlag (unter: http://www.magazin.avinus.de/2008/01/26/brocchi-kulturelle-nachhaltigkeit/, abgerufen am 15.07.13).

Brocchi, Davide (2010): ›*Widersprüche und Mehrdeutigkeiten der Nachhaltigkeitsdebatte*‹, in: ›Der Rabe Ralf – Die Berliner Umweltzeitung, Nr. 155 - April/Mai 2010‹ (unter: http://www.schattenblick.de/infopool/umwelt/fakten/ufadb016.html, am 30.07.13 abgerufen).

Brocchi, Davide (2011): ›*Negatives Menschenbild und Separationsdenken der modernen Gesellschaft*‹. Cultura21 eBooks Reihe zu Kultur und Nachhaltigkeit. Berlin: Institut Cultura21 e. V. (unter: http://magazin.cultura21.de/_data/magazin-cultura21-de_addwp/2011/12/Davide_Brocchi_c21_ebook_vol4.pdf, am 11.06.13 abgerufen).

Brocchi, Davide (2012): ›Sackgassen der Evolution der Gesellschaft‹, in: Leitschuh, Heike; Michelsen, Gerd et al. (Hrsg.): ›Wende überall? Jahrbuch der Ökologie 2013‹. Stuttgart: Hirzel. S. 130–136.

Brot für die Welt/EED/BUND (Hrsg.) (2010): ›Zukunftsfähiges Deutschland in einer globalisierten Welt‹. Frankfurt/Main: Fischer.

Bundesumweltministerium (Hg.) (1997): ›Umweltpolitik – Agenda 21: Konferenz der Vereinten Nationen für Umwelt und Entwicklung im Juni 1992 in Rio de Janeiro‹. Bonn: Bundesumweltministerium.

Bürdek, Bernhard E. (1994): ›Design. Geschichte, Theorie und Praxis der Produktgestaltung‹. Köln: DuMont.

Busch, Werner (Hrsg.) (1987): ›Kunst: die Geschichte ihrer Funktionen‹. Weinheim: Beltz. S. 178–203.

Carlowitz, Hans Carl von (1713): ›Sylvicultura oeconomica‹. Leipzig: Braun.

Chomsky, Noam (2002): ›Profit over People. Neoliberalismus und globale Weltordnung‹. Hamburg: Europa Verlag.

Commoner, Barry (1971), ›Wachstumswahn und Umweltkrise‹ (The Closing Circle), München: Bertelsmann.

Costello, Elizabeth K.; Lauber, Christian L. et al. (2009): ›Bacterial Community Variation in Human Body Habitats Across Space and Time‹. In: ›Science, Nr. 326/2009‹. S. 1.694–1.697.

Crutzen, Paul J.; Müller, Michael (1991): ›Das Ende des blauen Planeten? Der Klimakollaps: Gefahren und Auswege‹. München: Beck.

Daly, Herman E. (1980): ›Economics, Ecology, Ethics‹. San Francisco: W. H. Freeman.

Darwin, Charles (1859): ›On the origin of species by means of natural selection, or the preservation of favoured races in the struggle for life‹. London: John Murray.

Diamond, Jared (2006): ›Kollaps: Warum Gesellschaften überleben oder untergehen‹. Frankfurt: Fischer Verlag.

Dürr, Hans-Peter (2009): ›Warum es ums Ganze geht – Neues Denken für eine Welt im Umbruch‹. München: Oekom.

Easterlin, Richard A. (1974): ›Does Economic Growth Improve the Human Lot?‹, in: David, Paul A.; Reder, Melvin W. (Hrsg.): ›Nations and Households in Economic Growth: Essays in Honor of Moses Abramovitz‹. New York: Academic Press. S. 89-125.

Eblinghaus, Helga; Stickler, Armin (1996): ›Nachhaltigkeit und Macht – Zur Kritik von Sustainable Development‹. Frankfurt/Main: IKO - Verlag für interkulturelle Kommunikation.

Emrich, Christin (2008): ›Multi-Channel-Communications- und Marketing-Management‹. Wiesbaden: Gabler.

Esposito, Roberto (2004a): ›Communitas – Ursprung und Wege der Gemeinschaft‹. Berlin: Diaphenes.

Faust, Thomas (2009): ›Whistleblowing – Verrat oder verantwortliches Handeln? Chancen und Risiken der Individualethik im Beruf‹. Essen: Ethos/Universität Duisburg-Essen (unter: http://www.ethos-wirtschaft.de/downloads/pdf/_Baustein_Whistleblowing.pdf, am 06.08.13 abgerufen).

Finke, Peter (2003): ›Kulturökologie‹, in: Nünning, Ansgar und Vera (Hrsg) (2003): ›Konzepte der Kulturwissenschaften‹. Stuttgart: Metzler.

Florida, Richard (2002): ›The Rise of the Creative Class: And How It's Transforming Work, Leisure, Community and Everyday Life‹. New York: Basic Books.

Flusser, Vilém (2003): ›Filosofia del design‹. Milano: Bruno Mondadori.

Foucault, Michel (1977): ›Überwachen und Strafen – Die Geburt des Gefängnisses‹. Frankfurt/Main: Suhrkamp.

Fromm, Erich (2005): ›Haben oder Sein: Die seelischen Grundlagen einer neuen Gesellschaft‹. München: dtv.

Golowin, Sergius (2007): ›Paracelsus – Mediziner – Heiler – Philosoph‹. Darmstadt: Schirner.

Gronemeyer, Marianne (2010): ›Helping‹, in: Wolfgang Sachs (ed.), ›The Development Dictionary‹. London: Zed Books, 2010. S. 55–73.

Habermas, Jürgen (2005): ›Kommentar zu Ulrich Beck: Modernität und der gesellschaftliche Umgang mit Andersheit‹. In: Beck, Ulrich; Mulsow, Martin (2006): ›Diskontinuität und Kontinuität der Moderne im historischen Vergleich‹. Frankfurt/Main.

Habermas, Jürgen (2006): ›Theorie des kommunikativen Handelns‹. Frankfurt: Suhrkamp.

Haeckel, Ernst (1866): ›Generelle Morphologie der Organismen‹. Berlin.

Halbwachs, Maurice (1950): ›La mémoire collective‹. Paris: Presses Universitaires de France.

Hauffe, Thomas (2008): ›Design: Ein Schnellkurs‹. Köln: DuMont.

Hauff, Volker (Hrsg.) (1987): ›Unsere gemeinsame Zukunft. Der Brundtland-Bericht der Weltkommission für Umwelt und Entwicklung‹. Greven: Eggenkamp Verlag.

Heidegger, Martin (2003): ›Die Zeit des Weltbildes‹. In: ›Holzwege‹. Hg. von Friedrich-Wilhelm von Herrmann. Frankfurt am Main: Klostermann. S. 75–113.

Hill, Glen (2011): ›The Aestetics of Architectural Consumption‹. In: Lee, Sang (ed.): ›Aesthetics of Sustainable Architecture‹. Rotterdam: 010 Publishers.

Hobbes, Thomas (1991): ›Leviathan, oder Stoff, Form und Gewalt eines kirchlichen und bürgerlichen Staates‹. Frankfurt/Main: S. Fischer.

Hofstede, Geert; Hofstede, Gert Jan (2009): ›Lokales Denken, globales Handeln. Interkulturelle Zusammenarbeit und globales Management‹. München: Beck.

Hofstede, Geert et al. (2010): ›Cultures and Organizations – Software of the Mind‹. New York: Mcgraw-Hill.

Hollanda, Francisco de; Vasconcellos, Joaquim de (1899): ›Vier Gespräche Über Die Malerei Geführt Zu Rom 1538‹. Wien: Graeser.

Holling, C. S. (1973): ›Resilience and stability of ecological systems. Annual Review of Ecology and Systematics 4/1973‹. S. 1–23.

Horkheimer, Max; Adorno, Theodor W. (1947): ›Dialektik der Aufklärung. Philosophische Fragmente‹. Amsterdam: Querido.

Horkheimer, Max (1969): ›Eclisse della ragione (dt.: Zur Kritik der instrumentellen Vernunft)‹. Torino: Einaudi.

Hörning, Karl H. (2012): ›Praxis und Ästhetik. Das Ding im Fadenkreuz sozialer und kultureller Praktiken‹, in: Moebius/Prinz 2012.

ICLEI- International Council for Local Environmental Initiatives (1997): ›Local Agenda 21 Survey‹. Bonn: ICLEI (unter http://a21l.qc.ca/web/document/LA21_survey_1997.htm, abgerufen am 28.03.13).

Jäger, Wieland; Weinzierl, Ulrike (2007): ›Moderne soziologische Theorien und sozialer Wandel‹. Wiesbaden: VS-Verlag für Sozialwissenschaften.

Jerman, Tina (Hrsg.) (2001): ›Zukunfts-Formen – Kultur und Agenda 21‹. Essen: Klartext.

Kessler, Hans (1990): ›Das Stöhnen der Natur‹. Düsseldorf: Patmos.

Kries, Mateo (2010): ›Total Design. Die Inflation moderner Gestaltung‹. Berlin: Nicolai.

Kurt, Hildegard; Wagner, Bernd (Hrsg.) (2002): ›Kultur – Kunst – Nachhaltigkeit‹. Essen: Klartext.

Kurt, Hildegard (2010): ›Wachsen! Über das Geistige in der Nachhaltigkeit‹. Stuttgart: Mayer.

Kunzmann, Peter; Burkard, Franz-Peter et al. (1991): ›dtv-Atlas zur Philosophie‹. München: Deutscher Taschenbuch Verlag.

Lanternari, Vittorio (1990): ›L'»incivilimento dei barbari«. Problemi di etnocentrismo e d'identità‹. Bari: Dedalo.

Latour, Bruno (2001): ›Das Parlament der Dinge: Naturpolitik‹. Frankfurt/Main, Suhrkamp Verlag.

Latour, Bruno (2007): ›Eine neue Soziologie für eine neue Gesellschaft. Einführung in die Akteur-Netzwerk-Theorie‹. Frankfurt/Main: Suhrkamp.

Leggewie, Claus; Welzer, Harald (2009): ›Das Ende der Welt, wie wir sie kannten‹. Frankfurt/Main: Fischer.

Light, Michael (2003): ›100 Sonnen‹. München: Knesebeck.

Lohmann-Haislah, Andrea (2012): ›Stressreport Deutschland 2012‹. Dortmund: Bundesanstalt für Arbeitsschutz und Arbeitsmedizin.

Lovelock, James (1991): ›GAIA: Die Erde ist ein Lebewesen‹. München: Heyne.

Malthus, Thomas Robert (1793): ›Das Bevölkerungsgesetz‹. München: dtv, 1977.

Meadows, Dennis (1972): ›Die Grenzen des Wachstums‹. Stuttgart: Deutsche Verlags-Anstalt.

Menzel, Ulrich (1993): ›Geschichte der Entwicklungstheorie. Einführung und systematische Bibliographie‹. Hamburg.

Meyer-Abich, Klaus Michael (1990): ›Aufstand für die Natur. Von der Umwelt zur Mitwelt‹. München: Hanser.

Moebius, Stephan; Prinz, Sophia (Hrsg.) (2012): ›Das Design der Gesellschaft‹. Bielefeld: Transkript.

Moseley, Christopher (ed.) (2010): ›Atlas of the World's Languages in Danger‹. Paris: UNESCO Publishing (Online version: http://www.unesco.org/culture/en/endangeredlanguages/atlas).

Næss, Arne; Glasser, Harold et al. (2005): ›Deep ecology of wisdom. Explorations in unities of nature and cultures, selected papers‹. Dordrecht: Springer.

Nida-Rümelin, Julian (2001): ›Partizipation im Kulturbetrieb‹, in: Jerman, Tina (2001).

Platon (1971): ›Sämtliche Werke 5 (Politikos, Philebos, Timaios, Kritias)‹. Herausgeg. v. Walter F. Otto Ernesto Grassi Gert Plamböck. Hamburg: Rowohlt.

Platon (1991): ›Der Staat‹. München: dtv.

Prigogine, Ilya (1997): ›La fine delle certezze‹. Torino: Bollati Boringhieri.

Raup, David M. (1991): ›Extinction: Bad Genes or Bad Luck?‹ New York: W. W. Norton and Company.

Rifkin, Jeremy (1982): ›Entropie. Ein neues Weltbild‹. Hamburg: Hoffmann und Campe.

Rosa, Harmut (2005): ›Beschleunigung. Die Veränderung der Zeitstrukturen in der Moderne‹. Frankfurt am Main: Suhrkamp.

Sachs, Wolfgang (ed.) (1978): ›Dizionario dello sviluppo‹. Torino: Gruppo Abele.

Scheer, Hermann (2005): ›Solare Weltwirtschaft. Strategie für die ökologische Moderne‹. München: Kunstmann.

Schmidt-Bleek, Friedrich; Bierter, Willy (1998): ›Das MIPS Konzept. Weniger Naturverbrauch, mehr Lebensqualität durch Faktor 10‹. München: Droemer Knaur.

Schumacher, Ernst Friedrich (2001): ›Small is Beautiful. Die Rückkehr zum menschlichen Maß‹. Bad Dürkheim: Stiftung Ökologie & Landbau.

Severino, Emanuele (1984): ›La filosofia antica‹. Milano: CDE.

Tarozzi, Alberto (ed.) (1990): ›Visioni di uno sviluppo diverso‹. Torino: Gruppo Abele.

Tiezzi, Enzo (1992): ›Tempi storici, tempi biologici‹. Milano: Garzanti.

Thackara, John (2005): ›In the bubble. Designing in a Complex World‹. MIT Press.

Tomasello, Michael (2006): ›Die kulturelle Entwicklung des menschlichen Denkens‹. Frankfurt/Main: Suhrkamp.

Unesco (2001): ›Universal Declaration on Cultural Diversity – Adopted by the 31st session of the UNESCO General Conference‹. Paris: Unesco.

UNESCO (2005): ›Übereinkommen zum Schutz und zur Förderung der Vielfalt kultureller Ausdrucksformen‹. Paris: UNESCO.

UNFCCC-Secretariat (2009), ›National greenhouse gas inventory data for the period 1990–2007‹, (http://unfccc.int/resource/docs/2009/sbi/eng/12.pdf, abgerufen am 28.03.13).

Vester, Frederic (2005): ›Die Kunst vernetzt zu denken. Ideen und Werkzeuge für einen neuen Umgang mit Komplexität‹. München: dtv.

Walker, John A. (1992): ›Designgeschichte‹. München: scaneg.

Weber, Max (1985): ›Wirtschaft und Gesellschaft‹. Tübingen: Mohr.

Weizsäcker, Ernst Ulrich von; et al. (1997): ›Faktor Vier – Doppelter Wohlstand – halbierter Naturverbrauch‹. München: Th. Knaur.

Welsch, Wolfgang (2003): ›Ästhetisches Denken‹. Stuttgart: Reclam.

Wiechmann, Thorsten (2004): ›Das Modellvorhaben »Regionen der Zukunft«‹, in: ›IÖR-Schriften 45–2004‹ (unter: http://www.ioer.de/fileadmin/internet/IOER_schriften/IOeR_Schriften_Band_45_EinfuEhrung.pdf, abgerufen am 30.03.13).

Whitehead, Alfred North (1979): ›Prozeß und Realität. Entwurf einer Kosmologie‹. Frankfurt/Main: Suhrkamp.

Zeh, Dieter H. (2005): ›Entropie‹. Frankfurt/Main: Fischer.

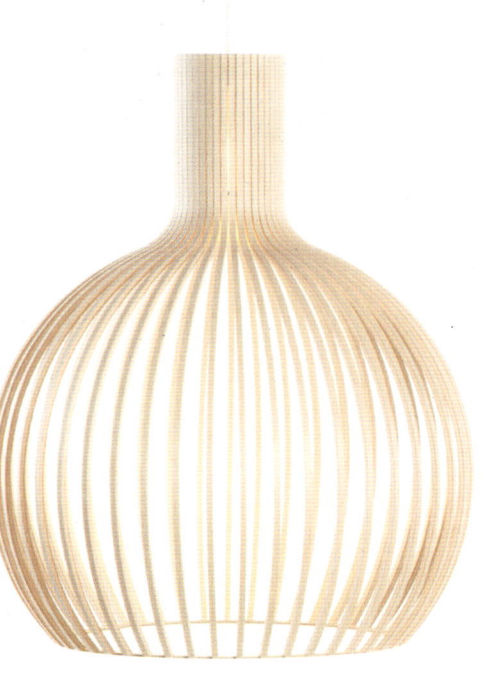

SEPPO KOHO
›Octo 4240‹, Pendelleuchte
1990

Diese Leuchten werden in Finnland aus PEFC-zertifizierter finnischer Birke handgefertigt. Form und Material sollen die Stimmung der finnischen Natur widerspiegeln. Umweltfreundlichkeit und Handarbeit sind dabei wichtige Bestandteile der Produktion.

© Secto Design

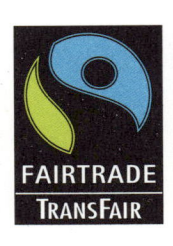

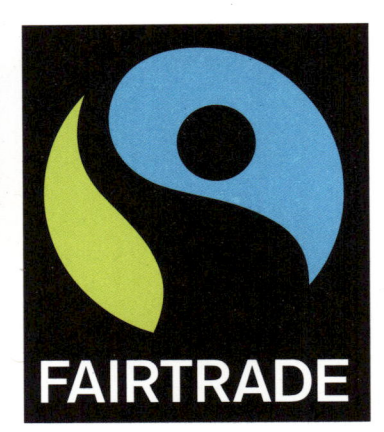

INTERBRAND (2003),
GENERATIONALLIANCE (2010)
›Fairtrade‹, Fair-Handels-Logo
Gründungsjahr TransFair e.V.: **1992**

Das Fairtrade-Siegel ist ein unabhängig kontrolliertes Produktsiegel für Fairen Handel. Beim Fairen Handel stehen Kleinbauern und Arbeiter in Entwicklungsländern im Mittelpunkt. Nur Produkte, die den Anforderungen des internationalen Fairtrade-Standards entsprechen, dürfen dieses Siegel tragen.

© *fairtrade-deutschland.de*

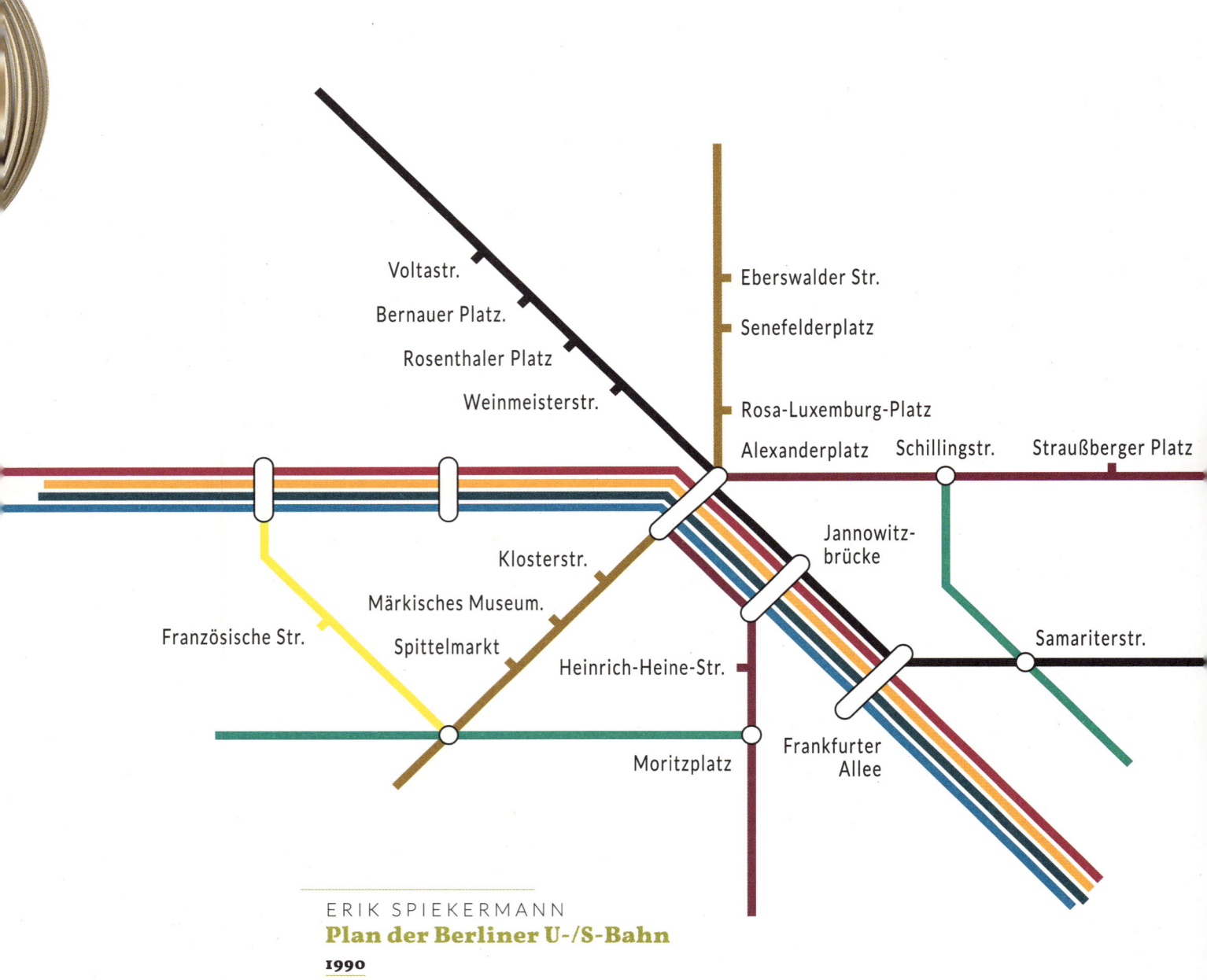

ERIK SPIEKERMANN
Plan der Berliner U-/S-Bahn

1990

Gute Gestaltung kommt besonders dann zum Tragen, wenn es um die Visualisierung komplexer Systeme geht. Neben den Berliner Verkehrsbetrieben selbst musste nach der deutschen Wiedervereinigung 1989 auch die Informationsstruktur angepasst, vereinheitlicht und für die Nutzer des öffentlichen Personenverkehrs einfach zugänglich gestaltet werden. Das gelang Erik Spiekermann u. a. durch eine prägnante Linienführung, den gezielten Einsatz von Farbe und eine den Bedürfnissen angepasste Typografie. So ist der Plan zur Vorlage vieler anderer Pläne – aber auch zum oft kopierten Muster bei der kreativen Auseinandersetzung mit Komplexität geworden. (Zeichnung oben zeigt nicht dasOriginal!)

THE FREITAG BROS.
›F12 Dragnet‹, Tasche
36 × 15 × 34 / 54 cm, **1994**

Die ›Dragnet‹ gilt als Klassiker unter den Fahrradkuriertaschen und ist aufgrund der wiederverwendeten gebrauchten LKW-Plane ein robustes, stabiles und stets einzigartiges Recyclingprodukt. Seit 1993 fertigt die Firma Freitag Taschen und Accessoires. Dabei wird mit hohem Anspruch an Design und Funktionalität recycelten Materialien ein neues Leben gegeben.

© schoener-waers.de / freitag.ch

ANDREAS STÖRIKO
FÜR WILKHAHN
**›Confair-Falttisch‹,
mobiler, faltbarer
Konferenztisch**
ungefähre Größe:
260 × 110 × 74 cm, **1994**

    Dieser Falttisch ist ›Greenguard‹ zertifiziert und besonders für vielfältig nutzbare Konferenzräume konzipiert. Er ist auf Rollen gelagert und kann bei Bedarf mittig gefaltet werden. So ist er problemlos (und von nur einer Person) von einem in einen anderen Raum zu transportieren. Die Faltbarkeit sorgt aber nicht nur für mehr Flexibilität bei der Nutzung vorhandener Räume: Auch die platzsparende Lagerung macht sich, gerade bei hohen Mietpreisen für Geschäftsimmobilien, duchaus bezahlt.

© Wilkhahn

ecosign

CANON
Canon ›Prima Sol‹, solarbetriebene 35mm-Kompaktkamera
124 × 67 × 44 mm, **1995**

Die Canon Prima Sol war die erste Kamera, die ihre komplette Stromversorgung allein aus einer auf der Vorderseite angebrachten Solarzelle bezieht. Diese wiederum speist einen eingebauten Lithium-Ionen-Akku, der genug Energie auch für Fotografien mit Blitz zur Verfügung stellt. Die Ladeanzeige auf der Vorderseite sorgt für entsprechende Gewissheit.

© Foto: M. Maxein

KARIN-SIMONE FUHS
›ecosign / Akademie für Gestaltung‹, Bildungseinrichtung
Köln **1994**

Die ecosign / Akademie für Gestaltung wurde 1994 von Karin-Simone Fuhs gegründet, um eine Verbindung zwischen Design und Nachhaltigkeit - der Berücksichtigung von ökologischen, ökonomischen und sozialen Belangen - zu schaffen. Die Akademie bietet ein 8-semestriges Ausbildungsangebot, das zur Ausübung des Berufs der Designerin bzw. des Designers qualifiziert. Nachhaltigkeit ist fester Bestandteil des Lehrplans, denn angesichts wachsender sozialer Probleme und bedrohlicher Umweltveränderungen gewinnt die Rolle des Designers als Erhalter von Ressourcen und Gestalter der Umwelt zunehmend an Bedeutung. Die Designer der Zukunft müssen Verantwortung zeigen und sollen durch ihre Arbeit dem Menschen und der Umwelt helfen, ohne dabei auf Innovationskraft, Ästhetik und Funktionalität zu verzichten. Gesellschaftlicher Wandel braucht Entwürfe, braucht kreative Ideen und konkrete Vorstellungen davon, wie eine nachhaltige Entwicklung umgesetzt werden kann. Dies ist die Aufgabe einer neuen Generation von Gestaltern – und Anspruch bei der Ausbildung in dieser Akademie.

© Karin-Simone Fuhs / Uwe Boden (Logo)

WERKSENTWURF ARTIFICAL
Vase, Recycling-Objekt
ca. ø 7 × 23 cm, **1996**

Diese Karaffe, gefertigt aus einer 0,75 Liter Weinflasche, kann auch als Blumenvase verwendet werden. Weil für dieses Recycling-Produkt alte Flaschen weiterverwendet werden, ist jedes Exemplar ein Unikat und kann in Form und Färbung unterschiedlich ausfallen.

© *lilligreenshop.de*

HENK STALLINGA
›Clojo‹, Toilettenpapierhalterung
12 × 23 cm, **1997**

So *elegant* aufgearbeitet können selbst die in sonst jeder Hinsicht billig produzierten (und eigentlich kaum brauchbaren) Kleiderbügel aus der Reinigung noch einer nützlichen Aufgabe zugeführt werden. Direktrecycling, wie es einfacher kaum vor Augen geführt werden kann.

© *www.droog.com*

ROELF MULDER, BYRON QUALLY UND ETIENNE RIJKHEER
›Freeplay‹, Kurbelradio
12 × 23 cm, **1997** (2. Modell)

Trevor Baylis, der Erfinder des ersten ›Freeplay‹, wollte allen Menschen – besonders denen in Entwicklungsländern – unabhängig von ihrer geografischen Anbindung sowie finanziellen Möglichkeit, moderne Technik zugänglich machen. So entwickelte er 1993 das aufziehbare Radio ›Freeplay‹, welches unabhängig von elektrischen Energiequellen den Gebrauch von Technik ermöglicht und damit die Weitergabe von Informationen und folglich Wissen fördert. Radiosendungen z.B. über Politik und Gesundheit können so auf einfachste Art und Weise verbreitet werden. Die Fotos zeigen die zweite Generation der Radios, das gezielt für den westlichen Markt gestaltet wurde. Über den Verkauf zu einem relativ hohen Preis in Industriestaaten wurde die kostengünstige Verteilung in Entwicklungsländern subventioniert.

© *...XYZ Design (South Africa) Foto: M. Maxein*

GEORGE BEYLERIAN
›Material ConneXion‹, Materialbibliothek
New York **1997** – Köln seit **2004**

Material ConneXion unterhält seit 1997 Materialbibliotheken in aller Welt, in denen sich Materialinteressierte – z. B. Designerinnen und Designer – über *hands-on-experience* zu neuen Produktlösungen inspirieren lassen können. Bei der Auswahl der Materialen spielen dann natürlich auch die Recyclierbarkeit, Herkunft und mögliche Umweltauswirkungen eine wichtige Rolle.

© *Material ConneXion Cologne*

JUDITH WILSKE & ANDRÉ ERLEN
›Mein erstes Shopping-Buch‹, Buch zur ›Why do you shop?‹-Kampagne
19,3 × 24 cm, 1998

›Mein erstes Shopping-Buch‹ ist eine auf dicken Pappseiten gedruckte Sammlung von Fragen und Antworten rund um das Thema ›Shopping‹. Judith Wilske und André Erlen hatten es sich 1998 zur Aufgabe gemacht, die *wichtigsten* Fragen, mit denen Konsumenten (darunter natürlich auch Kinder) heute tagtäglich konfrontiert werden, zusammenzufassen: Warum kaufen wir ein? Was ist eine Marke? Was ist Geld? Was ist Werbung? Wilske und Erlen haben dies auf anschauliche Weise illustriert und auf die Spitze getrieben. Dabei gingen sie so weit, dass das Buch nach Erscheinen von der Bundesprüfstelle für jugendgefährdende Schriften auf den Index gesetzt wurde. Die Prüfstelle schrieb in ihrer Begründung u.a., dass das Buch Kinder zum Kauf teurer Markenprodukte verführe. In diesem Zusammenhang bleibt natürlich die Frage, was Werbung auf der anderen Seite tagtäglich tut? Eine der wichtigsten Regeln des Shopping lautet konsequenterweise: »Lehne gebastelte Geschenke ab.«

© Wilske / Erlen; Verlag d. Buchhandlung W. König

JURGEN BEY FÜR DROOG
›Tree-trunk bench‹
1999

Ob es sich bei Jurgen Beys ›Tree-trunk bench‹ tatsächlich um Nachhaltiges Design handelt, darf durchaus bezweifelt werden. Im Preis von rund 11.200 Euro ist nicht einmal die Sitzgelegenheit selbst – sondern sind lediglich die bronzenen Rückenlehnen enthalten. Sie können jedoch in einen beliebigen eigenen Baumstamm befestigt werden. Die Materialen sind also immerhin sortenrein zu trennen und äußerst robust.

© Gerard van Hees – www.droog.com

Dream-Team:

GIB AIDS KEINE CHANCE

mach's mit.
machsmit.de

MARCEL KOLVENBACH & GUIDO MEYER
›Dream-Team‹, Anti-Aids-Plakat

Motiv aus dem Jahr 2000

›mach's mit‹ begann 1993 als Plakatserie und ist heute zu einer multimedialen, integrierten Präventionskampagne geworden. Sie ist damit das sichtbarste Element der Dachkampagne ›Gib Aids keine Chance‹, mit der die Bundeszentrale für gesundheitliche Aufklärung auf die Gefahren einer HIV-Infektion aufmerksam macht und zum Schutz mit Kondomen motivieren will. Als Idee zweier Düsseldorfer Studenten entstanden, hat sich ›mach's mit‹ in den vergangenen Jahren stetig weiterentwickelt.

© Bundeszentrale für gesundheitliche Aufklärung

ARNOUT VISSER FÜR DROOG
›Table tap‹, Wasserspender

Ø 17 × 47 cm, 2000

Eine elegante und einfache Lösung, anderen Tischgästen *das Wasser zu reichen*. Der table tap nutzt den durch das Zusammendrücken des Gummibalgs entstehenden Druck – ähnlich wie beim System einer Pump-Thermoskanne –, um über ein Glasrohr das in einem großvolumigen Erlenmeyerkolben befindliche Getränk zielgenau auszugeben. Das System spart zudem Geld und schont Ressourcen, da es es sich ganz einfach am Wasserhahn mit *Leitinger* befüllen lässt.

© Gerard van Hees – www.droog.com

creative commons

MICHAEL BRAUNGART & WILLIAM MCDONOUGH
›**cradle to cradle. Remaking the Way We Make Things**‹**,
Buch und Konzept**
12,7 x 20,2 cm, **2002**

»›Cradle to Cradle®‹ kennt, wie die Natur, keinen Abfall, keinen Verzicht und keine Einschränkungen« – so das Konzept, das in diesem Buch vorgestellt wird. Über biologische und technische Nährstoffkreisläufe werden die richtigen Materialien zum richtigen Zeitpunkt am richtigen Ort eingesetzt. Am Ende steht immer eine bessere Qualität. Die hier abgebildete englische Version des Buchs ist selbst ein ›Cradle to Cradle®‹-Produkt. Die Seiten sind aus einem Kunststoff, der unendlich oft in technischen Nährstoffkreisläufen wiederverwendet werden kann – als Buch oder auch als anderes Produkt.

© by William McDonough and Michael Braungart

LAWRENCE LESSIG,
HAL ABELSON
& ERIC ELDRED
›**Creative Commons**‹**,
Kennzeichnung**

2001

CC-Lizenzen kennzeichnen weltweit meist künstlerische Werke (Texte, Bilder, Musik etc.), die unter bestimmten Umständen frei genutzt, verändert und ggf. sogar weiterverarbeitet werden dürfen. Ein wichtiges Zeichen also für Gestalterinnen und Gestalter, die mit solchen Werken arbeiten.

© creativecommons.org

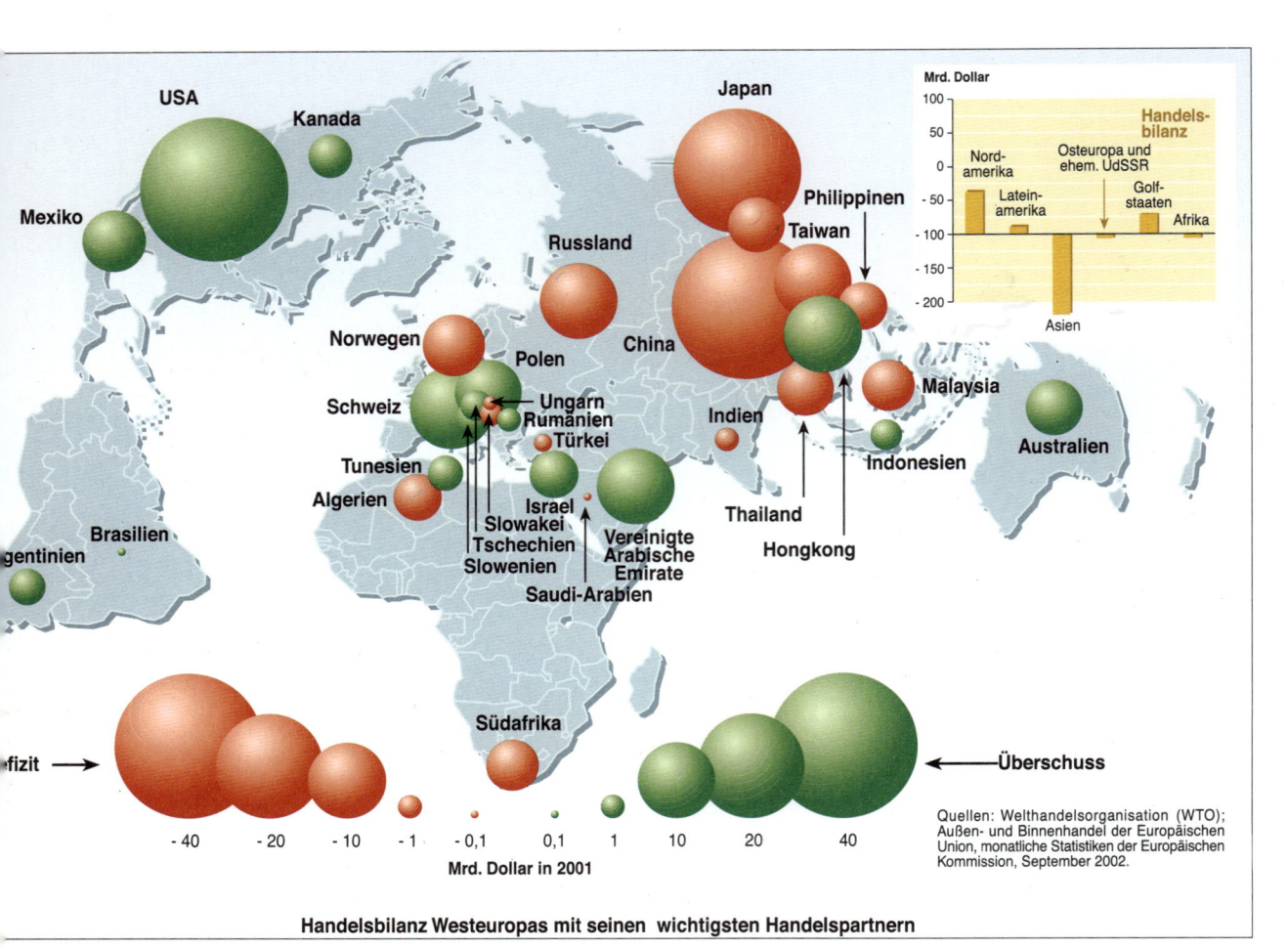

Handelsbilanz Westeuropas mit seinen wichtigsten Handelspartnern

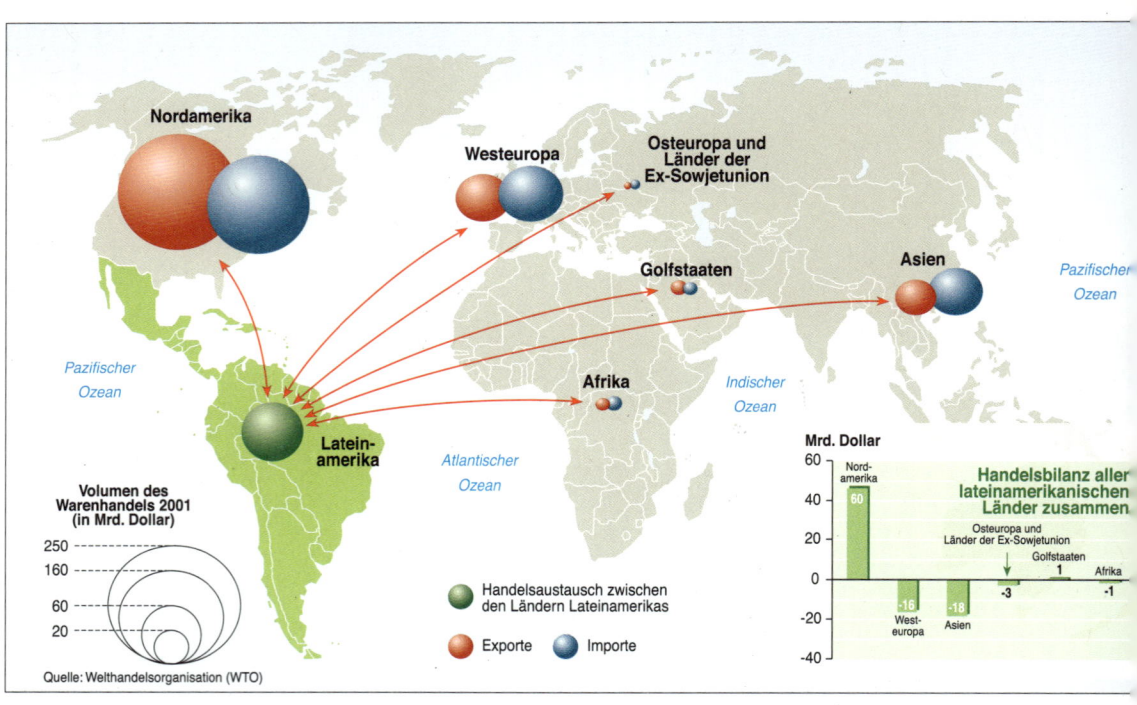

Quellen: Welthandelsorganisation (WTO); Außen- und Binnenhandel der Europäischen Union, monatliche Statistiken der Europäischen Kommission, September 2002.

Defizit ← −40 −20 −10 −1 −0,1 0,1 1 10 20 40 → Überschuss
Mrd. Dollar in 2001

Handelsbilanz (Mrd. Dollar): Nordamerika, Lateinamerika, Osteuropa und ehem. UdSSR, Asien, Golfstaaten, Afrika

Länder auf der Karte: USA, Kanada, Mexiko, Brasilien, Argentinien, Norwegen, Schweiz, Polen, Ungarn, Rumänien, Türkei, Tunesien, Algerien, Slowakei, Tschechien, Slowenien, Israel, Vereinigte Arabische Emirate, Saudi-Arabien, Russland, China, Japan, Philippinen, Taiwan, Indien, Malaysia, Indonesien, Thailand, Hongkong, Australien, Südafrika

Volumen des Warenhandels 2001 (in Mrd. Dollar): 250, 160, 60, 20
Quelle: Welthandelsorganisation (WTO)

- Handelsaustausch zwischen den Ländern Lateinamerikas
- Exporte
- Importe

Regionen: Nordamerika, Westeuropa, Osteuropa und Länder der Ex-Sowjetunion, Golfstaaten, Asien, Afrika, Lateinamerika

Pazifischer Ozean, Atlantischer Ozean, Indischer Ozean, Pazifischer Ozean

Handelsbilanz aller lateinamerikanischen Länder zusammen (Mrd. Dollar)

Nordamerika 60, Westeuropa −16, Osteuropa und Länder der Ex-Sowjetunion, Asien −18, Golfstaaten −3, Afrika −1

LE MONDE DIPLOMATIQUE
›Atlas der Globalisierung‹
DIN A4, erstes Erscheinungsjahr 2003

Der ›Atlas der Globalisierung - Die Welt von morgen‹ ist laut Le Monde diplomatique der noch immer »beste politische Reiseführer durch die Welt!«. Tatsächlich werden hier – ähnlich wie bei der arte-Sendung ›Mit offenen Karten‹ – verschiedenste Fakten zu den Problemen, aber auch den Möglichkeiten der fortschreitenden Globalisierung aufgezeigt. Dies alles auf eine angenehm zugängliche, aber im Blick auf die Fakten sehr direkt Art und Weise.

© Le Monde diplomatique

FERNANDO & HUMBERTO CAMPANA
›Buriti‹, Vase
35 × 30 × 30 cm, 2003

Diese Vase erinnert gestalterisch an eine brasilianische Palmart und ist ein Beispiel des Recyclings bzw. der Wiederverwertung von Abfall: Teppich wird in Streifen geschnitten und zu einer Vase umfunktioniert. Weiteres zur Arbeit der Brüder Campana sind ab Seite 308 nachzulesen.

© Estudio Campana, Foto: Fernando Laszlo

CARSTEN TRILL &
DENNIS SCHNELTING
›Schränk‹, Schrank aus undichtem Ölfass
ø 60 × 89 cm, **2004**

›Lockengelöt‹, eine Produktdesign-Manufaktur in St. Pauli, beschäftigt sich in erster Linie mit der Zweckentfremdung und dem Recycling von Alltagsgegenständen. Seit 2004 werden z. B. in Handarbeit Ölfässer zu stapel- und erweiterbaren Schränken umfunktioniert. Als Ausgangsmaterial dienen dabei Fässer, die »nicht ganz dicht sind«.

© *lockengelöt*

PANCHO NIKANDER
›Kanto‹, Zeitungs-/Brennholzständer
34 × 56,5 × 28,3 cm, **2004**

Eine einfache Form mit prakischem Griff: Der aus Birkenholz – einem schnell wachsenden CO_2-Speicher – gefertigte und nicht nur als Zeitungs- oder Brennholzständer nutzbare ›Kanto‹ bietet Stauraum für eigentlich alles, was im Haushalt transportiert werden muss.

© artek.fi

DOROTHEA HESS
›earthCOLORS®‹ – konsequent ökologische Druckfarben für den Bogenoffset
Markenanmeldung **2004**

Die earthCOLORS® sind das Ergebnis eines Forschungsprojektes in der Kooperation (BorgMann-Hess-Ponn). Die vollständige Substitution von Rohstoffen und Vorprodukten der Petro- und Chlorchemie durch nachwachsende, schonend verarbeitete bzw. mineralische Rohstoffe zeigen eine Umweltentlastung weit über das übliche Maß hinaus.

HOLGER DANNEBERG
›Running Box‹, Bürocontainer

60 × 30 × 37 cm, **2005**

Kennzeichen der ›Werkhaus‹-Artikel ist u.a. das hier an der Seite zu sehende Stecksystem, das lediglich mit Gummiringen und ohne Kleber oder Verschraubungen auskommt. Werkhaus produziert aus umweltfreundlichen Materialien (FSC-Papier und Holz aus Recycling und Durchforstung) klimafreundliche und ressourcensparenden – aber dennoch innovative und solide Trendobjekte.

© Werkhaus

JOACHIM LEFFLER (FAHRER)
›FAHRER BAND‹, Fahrrad-Hosenband mit Reflexstreifen

5,3 × 43 cm, **2005**

Jedes FAHRER BAND wird in Berlin designed und handgefertigt. Die Produktion erfolgt in Kooperation mit Berliner Werkstätten für Menschen mit Behinderung. Für die Herstellung verwendet FAHRER Recyclingmaterialien, wie z. B. LKW-Planen, Werbebanner oder Bootspersennings, die dann »ein zweites Leben am Hosenbein führen können«. Im Dunkeln reflektieren die Bänder dank eines zusätzlich angebrachten Reflexstreifens das Scheinwerferlicht der Autos und sorgen so für zusätzliche Sicherheit. Auch bei der Verpackung legt FAHRER Wert auf Nachhaltigkeit: Zum Einsatz kommt eine kompakte, handgestempelte und recycelte Trägerpappe.

© FAHRER; Foto: Martin Tervoort

WESTLICHE GESCHICHTE DES NACHHALTIGEN DESIGNS

098
Die Vordenker – 1850-1919
René Spitz

108
Bauhaus, Nachhaltigkeit und Biotechnik
Siegfried Gronert

116
Persönlichkeiten: Wassily Kandinsky
Hildegard Kurt

122
Zwischen den 1930er und den 1970er Jahren
René Spitz

132
Persönlichkeiten: Joseph Beuys
Shelley Sacks & Wolfgang Zumdick

142
Widerspruch und Zukunftsversprechen – 1980-2010
Thomas Edelmann

154
Persönlichkeiten: Siegfried Maser
Michael Maxein & Davide Brocchi

Mit der industriellen Revolution beginnt die offizielle Geschichte des Designs. Noch heute bezeichnet Design ganz allgemein den Entwurf und die Planung von standardisierten Industrieprodukten. Schon im 19. Jahrhundert bildeten sich jedoch Bewegungen, die durch Reformen des Kunsthandwerkes, Geschmackserziehung und durch soziales Engagement den negativen Folgen der Industrialisierung entgegentreten wollten. Sie waren vor allem in England und Deutschland aktiv.

Die Vordenker – 1850 – 1919

RENÉ SPITZ

Nachhaltiges Design gab es schon, bevor sich dieser Begriff dafür eingebürgert hat. Eine solchermaßen nachträgliche Etikettierung ist nichts Ungewöhnliches. Für die Geschichtswissenschaft gehört es zum Tagesgeschäft, ein Phänomen im nachhinein durch einen Begriff zu kennzeichnen, welchen seine Zeitgenossen nicht verwendet haben. Zum Beispiel wurde 1851 in London eine Ausstellung von noch nie dagewesener Art gezeigt. Sie wurde ›The Great Exhibition‹ genannt. Ihr Titel traf den Kern der Sache ziemlich genau auf den Punkt: Die Besucher erwartete ein Glashaus, das sechsmal so groß war wie die Londoner ›St Paul's Cathedral‹ und in dessen Hallen die unvorstellbare Masse von einer Million Maschinen und maschinell erzeugten Waren aus vielen Nationen zu sehen waren. Heute ist diese Schau unter einem ganz anderen als dem zeitgenössischen Begriff berühmt: Wir bezeichnen sie als die erste Weltausstellung.

Eine Darstellung der Geschichte des *Nachhaltigen Designs* bedarf also der Klärung, was mit diesem Begriff gemeint sei. Eine eindeutige, trennscharfe Definition gibt es nicht, weder für *Nachhaltigkeit* noch für *Design*. Denn das Phänomen Design besteht substanziell aus widersprüchlichen Facetten. Deshalb ist auch der Begriff missverständlich. Er wird sogar immer unschärfer, je mehr der Blick zu den Bedeutungsrändern schweift, zu den Übergängen an angrenzende Phänomene, etwa zur Kunst oder zum Handwerk, um nur zwei davon willkürlich herauszugreifen.

    Im Kern handelt es sich bei Design um Gestaltung innerhalb eines kommerziellen, arbeitsteiligen und industriellen Zusammenhangs, dessen Ziel in einer Serienproduktion besteht. Das Ergebnis, die Produkte, sind Botschaften und Waren.

Zu einer vollständigen Definition des Phänomens Design zählen zweifellos noch viel mehr Aspekte. Die Gestaltung von Handlungen und Abläufen beispielsweise (sog. Servicedesign) ist darin vollkommen unberücksichtigt.

Allerdings scheinen es diese vier genannten Kriterien des Kontextes von Gestaltung (kommerziell, arbeitsteilig, industriell, seriell) zu sein, die allgemein als Charakteristika des Designs akzeptiert werden – während über alle weiteren Aspekte gestritten wird. Es handelt sich also bei dieser Definition des Bedeutungskerns von *Design* um nichts mehr als um den kleinsten gemeinsamen Nenner der Verständigung darüber, worüber wir eigentlich reden, wenn wir über Design reden.

Wenn wir uns auf diese (nur eingeschränkt hilfreiche) Definition verständigen, beginnt die Geschichte des Designs zwangsläufig mit der Industrialisierung. Design wird deshalb hier als eine Erscheinung der industrialisierten Gesellschaft verstanden. Der Buchdruck Johannes Gutenbergs hingegen wird demzufolge als Handwerk begriffen, weil sich sein maschinell vervielfältigtes Buch substanziell von einem industriell produzierten unterscheidet. Es wäre falsch, beides *Design* zu nennen und dadurch die Unterschiede unkenntlich zu machen, weil die Systeme (Texterzeugung, Bilderzeugung, Gestaltung, Druck, Bindung, Verbreitung, Rezeption), innerhalb derer sie existierten, fundamental unterschiedlich gewesen sind – ganz abgesehen von den jeweiligen wirtschaftlichen, gesellschaftlichen und kulturellen Zusammenhängen.

Das Etikett *nachhaltig* muss ebenfalls erläutert werden. Ebenso wenig, wie Designer sich im Jahr 1880 als *Designer* bezeichnet haben, haben sie von *Nachhaltigem Design* gesprochen.

Der Begriff Design benennt beide Aspekte der Tätigkeit: Sowohl den Prozess des Hervorbringens und Erzeugens also auch das fertige Ergebnis. Wenn heute rückblickend von *Nachhaltigem Design* ›avant la lettre‹ gesprochen wird, dann kann sich diese Qualifizierung *nachhaltig* nur auf zwei Dimensionen des Designs beziehen.

Entweder wird damit das Produkt so bewertet, dass es heutigen Maßstäben, die mit der Forderung nach Nachhaltigkeit verbunden sind, genügt. Es kann sich etwa um einen Stuhl handeln, für dessen Herstellung besonders wenig Energie und Wasser benötigt werden; dessen Material aus wenigen, sortenreinen Rohstoffen besteht, die natürlichen Ursprungs sind und aus der Umgebung der Fabrik stammen; der nicht unnötig schwer, aber dafür vielseitig und lange nutzbar ist und im Schadensfall einfach repariert werden kann; für dessen gesamten Produktions- und Verkaufsprozess möglichst wenig Lieferketten und möglichst kurze Transportwege unterhalten werden; dessen herstellendes Unternehmen auf faire Bezahlung, gesundheitlich unbedenkliche Arbeitsplätze und soziale Unterstützung seiner eigenen Mitarbeiter und der Mitarbeiter seiner Lieferanten und Handelspartner Wert legt; und dessen äußere Beschaffenheit (Form, Materialien, Farben, Proportionen, Verarbeitung) vielen Menschen jahre- und jahrzehntelang gefällt. Wie wichtig all diese Faktoren sind, wissen wir heute. In der Vergangenheit haben die Designer jedoch nur vereinzelt ihren Blick auf sie gerichtet, weil für die Gesellschaft, in der sie lebten, das Thema Nachhaltigkeit in seiner umfassenden Komplexität keine Rolle spielte. Deshalb kann das Etikett *nachhaltig* sinnvollerweise auch nur eingeschränkt für die Anfänge des Designs verwendet werden: Wenn einzelne Aspekte im nachhinein als nachhaltig bewertet werden. Etwa wenn die äußere Form des Stuhls seit 160 Jahren im wesentlichen unverändert ist, wie es beim berühmten Kaffeehausstuhl von Michael Thonet der Fall ist. Formalästhetisch kann man hierbei von *Nachhaltigem Design* sprechen. Aber diese Aussage wäre lediglich ein oberflächliches Urteil, weil das gesamte System, das für seine Herstellung notwendig ist, unberücksichtigt bleibt.

Seit wann sprechen wir von ›Design‹? Seit wann von ›Nachhaltigem Design‹?

René Spitz

Oder es wird der Prozess qualifiziert, der zum fertigen Design geführt hat. Ein wesentlicher Aspekt dieses Prozesses ist die Absicht des Einzelnen, der diesen Prozess vorantreibt – ganz gleich, ob es sich dabei um Designer, Architekten, Künstler, Unternehmer, Beamte oder Politiker handelt (meist war es auch nicht nur ein Einzelner, sondern es waren mehrere, und keineswegs nur Männer, sondern oft auch Frauen). Sucht diese Antriebskraft nur einen kurzfristigen kommerziellen Erfolg oder will sie ein langfristig erfolgreiches Produkt entwickeln? Konzentriert sie sich nur auf das Äußere des Produktes oder bemüht sie sich darum, einen Beitrag zum gesellschaftlichen, wirtschaftlichen, politischen und kulturellen Kontext ihrer Zeit zu liefern? Um diesen Kriterien zu genügen, muss man nicht den Begriff *nachhaltig* verwenden. Die Entwicklung des Designs erhält von Anfang an Schub durch viele Antriebskräfte, deren Absichten aus heutiger Sicht als nachhaltig bezeichnet werden können, auch wenn die Zeitgenossen dafür andere Worte gewählt haben. Deshalb ist es legitim, eine Geschichte des *Nachhaltigen Designs* zu schreiben, obwohl dieses Vorhaben auf den ersten Blick wie ein Anachronismus erscheinen mag.

Älter als Design ist Stil – in unserer heutigen Bedeutung: Die freie Wahlmöglichkeit, sich allein nach seinem Geschmack für eine Gestaltungsweise zu entscheiden. Wir suchen uns ganz selbstverständlich aus einer großen Vielfalt genau die Produkte aus, die uns gefallen. Diese Selbstverständlichkeit beruht aber auf der Annahme, dass jede gestalterische Ausdrucksweise wesentlich gleichwertig sei. Es gibt heute keine gesellschaftliche Verbindlichkeit für einen übergreifenden Stil im Design, in der Architektur, in der Mode, in der Musik, in der Literatur und in der Kunst.

Was heißt Stil?

Diese Unverbindlichkeit ist eine Folge des Zeitalters der Vernunft. Bis ins späte 18. Jahrhundert hinein *»war der Stil einer Epoche einfach die Art und Weise, in der etwas hervorgebracht wurde, er wurde praktiziert, weil alle Leute annahmen, das sei genau der richtige Weg, einen bestimmten Effekt zu erreichen.«* (Gombrich 2010: 476) Einer der ersten, der diese existenzielle Rahmenbedingungen hinterfragte und sich aus freiem Willen darüber hinwegsetzte, war Horace Walpole (1717–1797), der Sohn des ersten englischen Premierministers. Seinen Landsitz ›Strawberry Hill‹ ließ er nicht im üblichen palladianischen Stil seiner Zeit errichten, einer Imitation der griechisch-römischen Antike mit den Mitteln der Renaissance. Gegen jede Konvention beauftragte er den Bau einer Villa, die aussah, als ob es sich dabei um ein Schloss aus der romantisch verklärten Epoche der Gotik handelte: *»Walpole hatte sich den Stil seines Landhauses so ausgesucht, wie man sich ein Tapetenmuster aussucht.«* (Gombrich 2010: 477)

Diese Schrulle eines englischen Exzentrikers trat im zeitlichen, räumlichen und kulturellen Zusammenhang der Industriellen Revolution auf, einer der folgenreichsten Entwicklungen der Weltgeschichte. Dafür waren folgende Voraussetzungen nötig (und, da in einem wechselseitigen Verhältnis stehend, wurden sie zugleich auch in diesem *»historischen Prozess«* [vgl. Faber, Meier 1978] hervorgebracht):
- der Stahl als universelles Konstruktionsmaterial für Gebäude und Maschinen,
- die Dampfmaschine als kontrollierbarer Transformator großer Energiemengen,
- die Eisenbahn als Transportmittel für Menschen, Tiere und Waren,
- der Telegraf als Informationsübermittler und
- der elektrische Strom als produzierbarer, transportierbarer und speicherbarer Energieträger.

Diese Umwälzung der Agrar- in Industriegesellschaften, zuerst in Europa und Nordamerika, kann unter vielen Blickrichtungen geschildert werden.

Bei der Industriellen Revolution handelt es sich nicht nur um die wunderbare Geschichte, in der innerhalb von nur hundert Jahren das tägliche Leben der meisten Menschen ungemein bequem wurde, weil immer mehr elektrisch angetriebene Maschinen sie von ihrer körperlich anstrengenden täglichen Arbeit erlösten: Wasser holen und es erhitzen, Wäsche damit waschen und Geschirr spülen, die Wohnräume heizen und beleuchten, Strecken zurücklegen und Dinge transportieren (hierzu immer noch grundlegend: Giedion 1982). Es war auch nicht nur das Entstehen einer zahlungskräftigen bürgerlichen Bevölkerung, die ihren Wohlstand mit der ununterbrochenen, ermüdungsfreien Maschinenproduktion erwirtschaftete und die ihre finanziellen Mittel auch zunehmend für den Konsum eben solcher maschinell produzierter, in vielen Stilrichtungen gestalteter Waren ausgab.

Sondern es war auch die Entwicklung, die große Teile der einfachen Landbevölkerung in die Stadt getrieben hat – einerseits, weil die verbesserten Techniken zur Bestellung und Ernte der Felder dazu geführt hatten, dass sich der Landbesitz in der Hand weniger Großgrundbesitzer konzentrierte; und andererseits, weil die Städte als wachsende Industriestandorte die Chance auf neue Arbeitsplätze boten. Die hineinströmenden Massen ungelernter Arbeitskräfte bedeuteten aber auch: Unmenschliche Arbeitsbedingungen in den Fabriken und erbärmliche Lebensumstände in den städtischen Wohnquartieren. Der Sohn eines erfolgreichen deutschen Industriellen, Friedrich Engels, schildert in berühmt gewordenen Passagen die elendige »*Lage der arbeitenden Klasse in England*«, die er mit eigenen Augen bei seinem Aufenthalt vor Ort gesehen hat. Die ökologisch und sozial gleichermaßen katastrophalen Zustände beschreibt er etwa am Beispiel der Stadt Bradford: Ein Ort, der *»nur sieben Meilen von Leeds, im Mittelpunkte mehrerer zusammenstoßenden Täler an einem kleinen, pechschwarzen, stinkenden Flusse liegt. Die Stadt bietet an einem schönen Sonntage – denn an Werktagen wird sie von einer grauen Wolke Kohlenrauch verhüllt – von den umliegenden Höhen einen prächtigen Anblick dar; aber drinnen herrscht derselbe Schmutz und dieselbe Unwohnlichkeit wie in Leeds. Die älteren Stadtteile sind an steilen Abhängen eng und unregelmäßig gebaut; in den Gassen, Sackgassen und Höfen liegt Schmutz und Schutt angehäuft; die Häuser sind verfallen, unsauber und unwohnlich, und in der unmittelbaren Nähe des Flusses und der Talsohle fand ich manche, deren unteres, halb in den Bergabhang hinein vergrabenes Stockwerk ganz unbewohnbar war.*« (Engels 1848: 273)

Hat Design eine gesellschaftliche Dimension?

Design ist ein integraler Bestandteil dieser umfassenden Entwicklung, der Industrialisierung der Welt, die bis heute andauert. Die formalästhetische Gestaltung innerhalb dieses neu entstehenden, komplexen Systems maschinell produzierter, standardisierter Waren wurde von Anfang an als ein Problem wahrgenommen: In den 1820er beginnt man in Großbritannien damit, darüber zu diskutieren, ob Sessel, Betten und Leuchten geschmackvoll sind bzw. ob sie dem richtigen Geschmack entsprechen (Rotermund 2011: 4).

Seit es also das Phänomen Design gibt, gehört die kritische Reflexion zum Design dazu. Die Tätigkeit des Designers ist untrennbar mit dem Nachdenken darüber verbunden, in welchem Zusammenhang er wirkt.

Der Kontext des Designs besteht aus vier miteinander verwobenen Dimensionen, einer gesellschaftlichen, wirtschaftlichen, kulturellen und politischen. Daraus folgen Ziele und Handlungen, die sich zum Teil widersprechen. Dem Phänomen Design ist nicht nur von Anfang an eine kritische Urteilskraft zu eigen, sondern es befindet sich auch in einem Spannungsfeld widersprüchlicher Kräfte, die durch das Design nicht ausgeglichen werden.

In gesellschaftlicher Hinsicht begleitet Design die Ausdifferenzierung der Gesellschaft: Die einfache Landbevölkerung schwindet, das städtische Proletariat wächst, ein neue Mittelschicht wohlhabender Bürger entsteht. Die industrielle Massenproduktion ermöglicht es zwar, billigere Produkte mit verbessertem Nutzen für das alltägliche Leben herzustellen. Die Arbeit im Haushalt und in der Fabrik wird auch – Schritt für Schritt – weniger mühsam. Allerdings sind diese Schritte anfangs noch sehr klein, während die Schufterei als Belastung der Gesundheit (körperlich und mental) zuerst unmenschliche Ausmaße annimmt. Den größten Nutzen hat das Bürgertum, dessen Familien ein Leben in nie da gewesener Bequemlichkeit führen können.

In kultureller Hinsicht spiegelt das Design den massiven Rückgang handwerklicher Strukturen, Traditionen und Fertigkeiten in allen Bereichen (vgl. Sennett 2008).

In wirtschaftlicher Hinsicht setzt das Design Arbeitsteilung voraus und damit zugleich auch Spezialisierung, sowie industrielle Massenproduktion für kommerzielle Zwecke des einmal vom Spezialisten Gestalteten.

Inwiefern diese drei Dimensionen rundweg abgelehnt, als gestaltbar angenommen oder als unverrückbar hingenommen wurden, hing jeweils von der politischen Überzeugung der Menschen ab. Wenn sie fortschrittlich war, und bei vielen Gestaltern war das der Fall, so beruhte sie oft auf der Analyse ihrer gesellschaftlichen, kulturellen und wirtschaftlichen Umstände. Ebenso oft waren sie auch davon überzeugt, dass das Design als Mittel zur Veränderung der politischen Rahmenbedingungen genutzt werden könnte. Insofern ist das Politische auch von Anfang an ein dem Design inhärenter Impuls.

Die ersten Diskurse innerhalb eines gedanklichen Kontextes, den wir heute dem Phänomen Design zurechnen, wurzelten in der Tradition philosophischer Überlegungen um Geschmack und Stil. Die neue Freiheit der Entscheidung hatte schließlich einen Zwang mit sich gebracht: Wenn der Stil zur Gestaltung eines Sessels, eines Türgriffs, einer Vase, einer Leuchte und der Hausfassade nun frei gewählt werden konnte – welcher war denn dann der richtige? Pure Renaissance oder neumodische Gotik? Sollte man sich fürs Byzantinisch-Venezianische entscheiden mit einem Hauch orientalischer Exotik? Oder doch lieber etwas traditionell Pallidianisches, italienische Eleganz mit einem Schuss klassische Antike?

Diese Entscheidung traf im 19. Jahrhundert zunehmend der Unternehmer. Künstler, Architekten und Handwerker – die ja bis dahin vorwiegend die Dinge der menschlichen Zivilisation gestaltet hatten – waren meist nicht in den industriellen Prozess eingebunden. Die Segmentierung der Wissens- und Erfahrungsbereiche beschleunigte sich: In der ersten Hälfte des 19. Jahrhunderts sonderten sich nicht nur die konstruierenden Ingenieure von den Fassaden gestaltenden Architekten ab, sondern auch die Künstler sowohl von der Wissenschaft als auch von den Nicht-Feinen Künsten, dem Handwerk: »*Der Künstler begann Begriffe wie Nützlichkeit und Publikum zu verachten.*« (Pevsner 2002: 11)

Das Ergebnis war schockierend, zumindest für Menschen, die für sich Urteilskraft in ästhetischen Fragen beanspruchten. Denn die Maschinen ermöglichten es den Fabrikanten, »*Tausende von minderwertigen Artikeln in der gleichen Zeit und mit gleichen Kosten auf den Markt zu werfen, wie sie früher für die Herstellung eines einzigen gutgemachten Gegenstandes erforderlich gewesen waren. Unechtes Material und unechte Technik beherrschen die gesamte Industrie. [...] Die Nachfrage steigerte sich von Jahr zu Jahr, aber es war die Nachfrage einer geschmacklich unerzogenen Bevölkerung, die entweder zu viel Geld und keine Zeit oder kein Geld und keine Zeit hatte.*« (Pevsner 2002: 10 f.)

In England widmeten sich zwei Zeitschriften der Frage, welcher Stil zu wählen und welcher Geschmack der richtige sei: ›Mechanics Magazine‹ (ab 1823) und ›Art Union Monthly Journal‹ (ab 1839) (Rotermund 2012: 4 f.). Ästhetik wurde nicht einfach auf die hübsche Oberfläche reduziert, die Standardisierung als ›conditio sine qua non‹ des Industriezeitalters nicht nur als Faktor für die formalästhetische Gestaltung der Welt identifiziert. Sondern es ging um Moral, die untrennbar damit verbunden wurde. Die Diskussion um die Folgen von Design für das Leben der Menschen in allen Dimensionen – gesellschaftlich, kulturell, wirtschaftlich und politisch – war eröffnet, in unserem heutigen Verständnis: Eine Diskussion um Ganzheitlichkeit und Nachhaltigkeit.

Die »*erste umfassende Beschäftigung mit den Auswirkungen der industriellen Entwicklung auf alle Aspekte der Gesellschaft – ihre Ökonomie, ihre sozialen Verhältnisse und ihre Kultur*« – wird zwar Charles Babbage (1791–1871) mit seinem Werk ›On the Economy of Machinery and Manufactures‹ (1832) zugesprochen (Rotermund 2012: 6). Doch dieser Vordenker ist in Vergessenheit geraten.

Wozu über Design reden? Kann man nicht einfach machen?

Das genaue Gegenteil gilt für den englischen Maler, Schriftsteller und Kunsthistoriker John Ruskin (1819–1900). Er war mit den Zuständen seiner Zeit nicht einverstanden und schrieb dagegen an. Die Ursache allen Übels waren für ihn die Maschinen. Sie zerstörten in seinen Augen das gewachsene, gesunde Beziehungsgeflecht zwischen dem Menschen und seiner Arbeit. Das Handwerk allein galt ihm als ehrliche Arbeit. Er war felsenfest davon überzeugt, dass nur die handwerkliche Arbeit die Grundlage dafür sei, dass wieder individuelle Zufriedenheit, gesellschaftliche Harmonie, natürliche Schönheit und ein einheitlicher Stil entstünden. Sein Ideal war das Mittelalter, das er romantisch verklärte und in dem es keine Maschinen gab. Deshalb idealisierte er die Gotik und verdammte zugleich die Renaissance. Er propagierte den Zusammenschluss der Handwerker in Gilden nach einem imaginären mittelalterlichem Vorbild, in das er utopische Vorstellungen von einem harmonischen Sozialismus projizierte (vgl. Negt 1998).

Eigentlich dürfte Ruskin an dieser Stelle nicht als *Vordenker* des *Nachhaltigen Designs* genannt werden, denn sein Blick richtete sich nach hinten, in eine utopische Vergangenheit, die es so, wie er es sich vorstellte, niemals gegeben hatte. Doch die Schriften, die er 1849 (›Die sieben Leuchter der Baukunst‹) und 1851 (›Steine von Venedig‹) veröffentlichte, erweckten breites Interesse, insbesondere durch die Rezeption von William Morris (1834–1896).

Nach der Ausbildung zum Architekten und Maler wurde Morris bewusst, dass er nicht einfach an der Staffelei Schönheit erschaffen konnte, wenn das Umfeld seinen Qualitätsansprüchen widersprach. Die gesamte materielle Ausstattung seiner Zeit war ihm ein ästhetisches und moralisches Grauen: Häuser, Interieurs, Möbel, Gebrauchsgegenstände. Weil er die Ansicht vertrat, dass es keine ehrlichen Möbel gab, wollte er sie kurzerhand selbst produzieren. Deshalb ist Morris so bemerkenswert: Seine Kritik an den Zuständen brachte ihn dazu, eine produktive Alternative zu entwickeln. Anstatt sich aus »*Abscheu vor der Formverfälschung aller Waren*« (Giedion 1976: 207) schmollend in einen Kreis gleichgesinnter Künstler zurückzuziehen, baute er 1859 sein ›Red House‹ in Upton, Kent, einschließlich der Einrichtung. Dann gründete er eine Firma: ›Morris, Marshall & Faulkner, Kunsthandwerker für Malerei, Schnitzerei, Möbel und Metallarbeiten‹. Morris scheiterte jedoch an der ökonomischen Wirklichkeit. Er wünschte sich zwar sehnlichst, dass hochwertige handwerkliche Erzeugnisse für jedermann erschwinglich sein sollten, weil er daran glaubte, dass ein besserer Geschmack und besser gestaltete Produkte dazu in der Lage wären, eine bessere Gesellschaft herbeizuführen. Aber wie er zugeben musste, war es unmöglich, solche Stühle, Tische und Bücher zu einem niedrigen Preis herzustellen. Seine Arbeit war nur wenigen vermögenden Kennern zugänglich. Er schuf, wie er es einmal ausdrückte, Kunst für »*den schweinischen Luxus der Reichen*« (Pevsner 2002: 15).

Dieser Sachzwang voll bitterer Ironie begleitet das Design seither. Zugleich hat er immer wieder Designer dazu angetrieben, neue Techniken auszuloten, um diesen anscheinend geschlossenen Teufelskreis zu durchbrechen und dennoch hohe Qualität in einem umfassenden Sinn zu einem niedrigen Preis hervorzubringen. Morris war nicht dazu in der Lage, er weigerte sich, Maschinen für seine Ideale zu nutzen. Darin liegt nach dem Urteil von Nikolaus Pevsner sein Widerspruch: Sein Werk, die Firma, war aufbauend, seine Lehre, die Verdammung der Gegenwart, zerstörerisch. Für die Ziele, die wir heute mit *Nachhaltigem Design* verbinden, ist aber ein anderer Aspekt von Morris' Lehre folgenreich. Die Überzeugung, dass sich ganzheitliche Gestaltung nicht auf die Werke beschränken darf, die im Atelier des Künstlers entstehen. »*In diesem Sinne ist Morris der wahre Prophet des 20. Jahrhunderts. Wir haben es ihm zu danken, dass das Wohnhaus des einfachen Mannes wieder zu einer lohnenden Aufgabe für den Architekten geworden ist, und ein Stuhl, eine Tapete oder eine Vase ein Gegenstand, wert der Phantasie des Künstlers*« (Pevsner 2002: 13).

In der Mitte des 19. Jahrhunderts konnte man Ruskins und Morris' Kritik teilen, aber dennoch aus der Analyse der Gegenwart ein anderes Fazit ziehen. Man konnte davon überzeugt sein, dass die Maschine zur Verbesserung des Lebens aller Menschen, dass die Industrie zum gesellschaftlichen Fortschritt beitragen könnte, und dass eine neue Ästhetik entwickelt werden musste, die nicht auf historischen Stilmerkmalen beruhte.

Solche Überzeugungen vertrat vor allem der Engländer Henry Cole (1808–1882), ein Hansdampf in allen Gassen, der sich vom Gärtner zum Publizisten, Ingenieur und Lobbyisten an der Seite des Gemahls der Queen, Prinz Albert, entwickelte. Nachdem Cole 1847–49 jährlich nationale Gewerbeausstellungen in Manchester organisiert und 1849 das Pendant in Paris besucht hatte, begeisterte er Albert für seinen Plan, 1851 in London erstmals eine internationale Schau von noch nie da gewesenen Ausmaßen zu realisieren. Dieses wagemutige Projekt wurde von großem Erfolg gekrönt. Seit März 1849 veröffentlichte Cole auch das ›Journal of Design and Manufactures‹, das zweifellos »*als erste Design-Zeitschrift überhaupt angesehen werden kann*« und das ihn zum »*Begründer einer Designauffassung (machte), die stärkere Impulse für eine Auseinandersetzung mit den Anforderungen der industriellen Welt aussendet als die rückwärts gewandten Utopien von John Ruskin oder William Morris*« (Rotermund 2012: 16 f.). Dafür war aber die Zeit noch nicht reif.

Die nachfolgende Generation, um 1880, orientierte sich an Morris und Ruskin. Einige wie Walter Crane (1845–1915) teilten sogar deren hasserfüllte Ablehnung der Maschinen. Sie dachten nicht daran, Maschinen zu nutzen, um bessere Lebensbedingungen herbeizuführen. Die Maschinen galten ihnen als Ursache der Misere, und sie konnte nur überwunden werden, wenn die Maschinen beseitigt wurden. Andere legten größeren Wert auf den sozialen Aspekt: Arthur H. Mackmurdo (1851–1942), Thomas Cobden-Sanderson (1840–1922), Charles Robert Ashbee (1863–1942). Sie verband die Überzeugung, dass alles – vom Haus über die Inneneinrichtung bis zu den Werkzeugen – eine ganzheitlich Gestaltung verdiente. In ganz England schlossen sich Gleichgesinnte zusammen: »*Zahlreiche Gesellschaften, wie Mackmurdos ›Art Workers Guild‹ von 1884, vereinigten Künstler und Architekten, die an Kunst und Kunstgewerbe interessiert waren. […] Die 1887 gegründete ›Arts and Crafts Exhibition Society‹ organisierte große Ausstellungen, mit denen sie beweisen wollte, dass die sogenannten minderen Künste eine ebenso hohe Bedeutung hatten wie die Malerei*« (Giedion 1976: 209). Diese ›Arts-and-Crafts-Bewegung‹ war also im Kern eine Belebung des Kunsthandwerks. Das Design beruht aber seither auf der Überzeugung, dass jedes Ding gut gestaltet sein soll.

Welchen Zweck hat Design?

An diesen Gedanken knüpfte der ›Jugendstil‹ an, eine Bewegung, die sich zum Ende des 19. Jahrhunderts über Kontinentaleuropa und die USA in unterschiedlichen Ausprägungen verbreitete und in den einzelnen Ländern mit anderen Begriffen belegt ist: ›Jugendstil‹ in Deutschland, benannt nach der Münchner Zeitschrift ›Jugend‹ (1896-1940); ›Secessionsstil‹ in Österreich, nach der 1897 gegründeten Wiener Vereinigung ›Secession‹; in Belgien ›Art Moderne‹, nach der gleichnamigen, 1881 gegründeten Wochenzeitschrift; sowie in Frankreich ›Art Nouveau‹, nach der Galerie ›Salon de l'Art Nouveau‹, die 1895 in Paris von dem aus Hamburg stammenden Samuel Bing (1838-1905) gegründet worden war, um dort Möbel und Gegenstände, u. a. Leuchten des Amerikaners Louis Comfort Tiffany (1848-1933), zu verkaufen.

Hinter dem einfachen Begriff Jugendstil verbirgt sich keine einheitliche Erscheinung. Nur wenige äußerliche Merkmale tauchen überall auf: Geschwungene Linien, flächige Ornamente, Flora, Fauna und junge Menschen als Motive, Verzicht auf geometrische Symmetrie. Für das Design war allerdings die intellektuelle Dimension des Jugendstils in all seinen Ausprägungen folgenreicher als die formalästhetische Oberfläche. Die Architekten, Künstler und Gestalter, die wir ihm heute zurechnen, eint, dass sie historische Stile nicht imitieren wollten und statt dessen versuchten, einen neuen, eigenen Stil für ihre Zeit geradezu natürlich zu entwickeln – einen Stil, der alle Hervorbringungen der menschlichen Kultur (*wieder*) harmonisch verbinden sollte, ohne Trennung zwischen *hoher Kunst* und alltäglichen Dingen.

Die Manifeste und Programme klangen diesseits und jenseits des Atlantiks gleich. Sei es, dass der amerikanische Architekturkritiker Russel Stirgis in ›The Architectural Review‹ mahnte: »*Alle anerkannten Stile sind durch den Missbrauch, den unsere Generation und die vorhergehende mit ihnen getrieben haben, diskreditiert worden. [...] Die alten Stile passen einfach nicht zu uns, und wir dürfen sie nicht verwenden. [...] Wenn die Architekten ihr Bauen, ihre Konstruktion, ihre Behandlung der Materialien als einzige Quelle der architektonischen Wirkung betrachten, könnte ein neuer, wertvoller Stil entstehen*« (Pevsner 2002: 19). Oder sei es, dass der belgische Architekt, Künstler und Designer Henry van de Velde sich an die Jahre um 1890 mit den Worten erinnerte: »*Die wirklichen Formen der Dinge waren alle überdeckt. Zu jener Zeit war die Revolte gegen die Verfälschung der Formen und der Vergangenheit eine moralische Revolte*« (Giedion 1976: 206).

Der moralische Anteil an der Argumentation dieser Generation wurde unüberhörbar. Nicht erst seit dem Dessauer Bauhaus oder der HfG Ulm, sondern schon seit dem Aufkommen des Jugendstils besteht eine enge Verknüpfung von Moral und Gestaltung: Es wird als selbstverständliche Verpflichtung des Designers gegenüber der Gesellschaft proklamiert, dass für die Qualität von Produkten nicht nur menschenwürdige Zustände bei der Herstellung, ihre ästhetische Oberfläche und ihr Preis eine Rolle spielen, sondern auch ihre praktische Zweckmäßigkeit (*fitness for purpose*) – und ob die Gestaltung dazu in der Lage ist, ihre Funktion ablesbar zu machen.

Dem Architekturhistoriker Julius Posener (1904-1996) hatte ein Zeitgenosse und Anhänger des Jugendstils geklagt, dass der Deutsche Werkbund diese Bewegung auf dem Gewissen habe (Posener 1978: Anm. 1). Das ist Unfug, eine durchsichtige Dolchstoßlegende. Der Jugendstil ist seiner eigenen Verkitschung zum Opfer gefallen, wir könnten auch sagen: Seinem rasanten und breiten kommerziellen Erfolg. Geschmacklose Imitate, verunstaltet mit billigen Applikationen, überschwemmten den Markt. Der Jugendstil war die erste Design-Mode, die aus den Ateliers der Gestalter innerhalb kürzester Zeit in die Fabriken und von dort in die Kaufhäuser – ebenfalls eine neue Erscheinungsform der industrialisierten Gesellschaften – gespült wurde. Die Kunden verlangten danach. Die Produzenten lieferten immer mehr davon, was dem äußeren Anschein irgendwie genügte und zudem immer billiger wurde.

Herausragende Gestalter wie Henry van de Velde waren bestürzt. In Deutschland, in dem die Industrialisierung erst mit den 1870er Jahren, also vor gerade mal einer Generation, mit unerhörter Energie eingesetzt hatte, setzten sich fortschrittliche Kräfte an die Spitze einer erneuten Reformbewegung, die 1907 in der Gründung des ›Deutschen Werkbundes‹ kulminierte.

Eine solche Vereinigung hatte es vorher noch nicht gegeben. Nicht nur wegen der Spannweite seiner Mitgliedschaft: Der Werkbund versammelte Industrielle, Intellektuelle, Beamte, Kaufleute, Architekten, Künstler und Designer. Sondern auch, weil es so viele herausragende Persönlichkeiten waren, die sich in Kontext ihres jeweiligen Betätigungsfelds für die Ziele des Werkbundes engagierten. Aus ihrem facettenreichen, streitbaren Diskurs entstand, wie der Historiker Frederic Schwartz ungemein luzide darlegt, eine publizistisch-intellektuelle Wirkung, die bis heute anhält. Führende Köpfe waren u. a. Peter Behrens (1868–1940), der wegen seiner Arbeit für die ›AEG‹ oft als erster deutscher *Industrial Designer* bezeichnet wird, und Hermann Muthesius (1861–1927), einer seiner geistigen Väter und unermüdlichen Wortführer.

Weil die Mitglieder des Werkbundes sich aus so heterogenen Feldern rekrutierten, blieb es nicht aus, dass es zum Streit kam zwischen den Vertretern einer Richtung, die sich mehr an den kunsthandwerklichen Idealen des Jugendstils orientierten, und solchen, die sich für den Entwurf von Typen für die industriell standardisierte Serienfertigung begeisterten (sog. ›Typenstreit‹ von 1914). Diese erbittert geführte Debatte über eine neue Maschinenästhetik wurde durch den Ausbruch des Ersten Weltkriegs brutal unterbrochen, eine »*Primärkatastrophe*« (Peter Sloterdijk) jenseits der Vorstellungskraft aller Menschen. Die mentalen Auswirkungen dieser Zäsur müssen unbedingt berücksichtigt werden, wenn man die Wiederaufnahme des Design-Diskurses im Weimarer Bauhaus 1919 verstehen will.

René Spitz ist u. a. Designtheoretiker und -historiker. Während des Studiums der Geschichte, Germanistik und Kommunikationswissenschaft hat er von 1989 bis 1991 projektweise mit Otl Aicher zusammengearbeitet. 1997 wurde er mit einer Dissertation über die politische Geschichte der HfG Ulm promoviert. Seit 1998 arbeitet er als Partner im Kölner Beratungsunternehmen ›rendel & spitz‹. Parallel hat er bis heute mehr als 350 Beiträge zur Theorie, Kritik und Geschichte des Designs veröffentlicht und dazu mehrere Lehraufträge übernommen. Von 2004 bis 2007 war er Vorsitzender des Fachbeirats und verantwortlich für die programmatische Neuausrichtung des IFG Ulm. Schwerpunkt seiner Forschungstätigkeit ist die gesellschaftliche Verantwortung der Gestalter.

Quellen

Babbage, Charles, ›Die Ökonomie der Maschine‹, hg. von Peter Brödner (Berlin: Kadmos, 1999).

Cole, Henry, ›Fifty years of public work of Sir Henry Cole accounted for in his deeds, speeches and writings‹, hg. von Henrietta und Alan S. Cole (London: Bell and Sons, 1884).

›The journal of design and manufactures‹, hg. von Henry Cole und Richard Redgrave, Bd. 1–36 (London: Chapman and Hall, 1849–1852), vollständig digitalisiert unter http://digital.library.wisc.edu/1711.dl/DLDecArts.JournDesv01 (9.3.2012).

Engels, Friedrich, ›Die Lage der arbeitenden Klasse in England‹ (2. Auflage Leipzig: Otto Wigand, 1848; hier zitiert nach: Marx Engels Werke, Band 2 (Berlin: Dietz, 1972), vollständig digitalisiert unter http://www.mlwerke.de/me02/me02_256.htm (12.3.2012).

Hofmann, Ida, ›Monte Verità. Wahrheit ohne Dichtung‹ (Lorch: Karl Rohm, 1906).

›Jugend: Münchner illustrierte Wochenschrift für Kunst und Leben‹, Bd. 1–45 (München 1896–1940), vollständig digitalisiert unter http://digi.ub.uni-heidelberg.de/diglit/jugend/ (9.3.2012).

Loos, Adolf, ›Gesammelte Schriften‹, hg. von Adolf Opel (Wien: Braumüller, 2010).

Morris, William, ›Collected Works‹, Bd. 1–24, hg. von May Morris (London: Longmans Green & Co., 1910–1915).

Muthesius, Herrmann, ›Stilarchitektur und Baukunst. Wandlungen der Architektur und der gewerblichen Künste im neunzehnten Jahrhundert und ihr heutiger Standpunkt‹ (2. Auflage, Mühlheim/Ruhr: Schimmelpfeng, 1903).

Muthesius, Herrmann, ›Kultur und Kunst: Gesammelte Aufsätze über künstlerische Fragen der Gegenwart‹ (Jena, Leipzig: Diederichs: 1904).

Muthesius, Herrmann, ›Kunstgewerbe und Architektur‹ (Jena: Diederichs, 1907).

Muthesius, Herrmann, ›Die Werkbundarbeit der Zukunft‹, hg. von Friedrich Naumann (Jena: Diederichs, 1914).

Osthaus, Karl Ernst, ›Reden und Schriften. Folkwang, Werkbund, Arbeitsrat‹, hg. von Rainer Stamm (Köln: Verlag der Buchhandlung Walther König, 2002).

Ruskin, John, ›The Works‹, Bd. 1–39, hg. von. Edward Tyas Cook und Alexander Wedderburn (London: George Allen, 1903–1912).

Semper, Gottfried, ›Wissenschaft, Industrie und Kunst‹ (1852), in: ders., ›Gesammelte Schriften‹, Bd. 4, hg. von Henrik Karge (Hildesheim: Olms, 2008).

Semper, Gottfried, ›Der Stil in den technischen und tektonischen Künsten, oder praktische Aesthetik‹ (1860–1863), in: ders., ›Gesammelte Schriften‹, Bd. 2–3, hg. von Henrik Karge (Hildesheim: Olms, 2008).

van de Velde, Henry, ›Zum neuen Stil‹, hg. von Hans Curjel (München: Piper, 1955)

Literatur

Blakesley, Rosalind P., ›The Arts and Crafts Movement‹ (London: Phaidon, 2005).

Bonython, Elizabeth, Burton, Anthony, ›The Great Exhibitor: The Life and Work of Henry Cole‹ (London: V&A, 2003).

Bröhan, Torsten, Berg, Thomas, ›Avantgarde Design 1880–1930‹ (Köln: Taschen, 1994).

Buddensieg, Tilmann, ›Industriekultur. Peter Behrens und die AEG 1907–1914‹ (Berlin: Gebr. Mann, 1979).

Bürdek, Bernhard E., ›Design. Geschichte, Theorie und Praxis der Produktgestaltung‹ (Basel: Birkhäuser, 2005).

Burckhardt, Lucius, ›Design ist unsichtbar‹ (Ostfildern: Cantz, 1995).

Bussmann, Klaus (Hg.), ›1910 – Halbzeit der Moderne. Van de Velde, Behrens, Hoffmann und die anderen‹ (Ostfildern: Hatje Cantz, 1999).

Byars, Mel, Hg., ›The Design Encyclopedia‹ (London: Laurence King, 2004).

Campbell, Joan, ›Der Deutsche Werkbund 1907–1934‹ (Stuttgart: Klett, 1981).

Cohen, Jean-Louis, ›The Future of Architecture. Since 1889‹ (London: Phaidon, 2012).

Dorschel, Andreas, ›Gestaltung – Zur Ästhetik des Brauchbaren‹ (Heidelberg: Winter, 2003).

Eckstein, Hans, ›Formgebung des Nützlichen. Marginalien zur Geschichte und Theorie des Design‹ (Düsseldorf: Marzona, 1985).

Edelmann, Klaus Thomas, Terstiege, Gerrit (Hg.), ›Gestaltung denken. Grundlagentexte zu Design und Architektur‹ (Basel: Birkhäuser, 2010).

Erlhoff, Michael, Marshall, Tim (Hg.), ›Wörterbuch Design. Begriffliche Perspektiven des Design‹ (Basel: Birkhäuser, 2008).

Faber, Karl-Georg, Meier, Christian (Hg.), ›Theorie der Geschichte, Bd. 2: Historische Prozesse‹ (München: dtv, 1978).

Fischer, Volker, Hamilton, Anne (Hg.), ›Theorien der Gestaltung. Grundlagentexte zum Design, Band 1‹ (Frankfurt am Main: form, 1999).

Fischer, Wend (Hg.), ›Die verborgene Vernunft. Funktionale Gestaltung im 19. Jahrhundert‹ (Ausst.-Kat. München: Die Neue Sammlung, 1971).

Fischer, Wend (Hg.), ›Zwischen Kunst und Industrie. Der Deutsche Werkbund‹ (Ausst.-Kat. München: Die Neue Sammlung, 1975).

Gay, Peter, ›Die Moderne. Eine Geschichte des Aufbruchs‹ (Frankfurt am Main: S. Fischer, 2008).

van de Velde, Henry, ›Récit de ma vie‹, Bd. 1–2, hg. von Anne Van Loo und Fabrice van de Kerckhove (Brüssel: zersa, Paris: Flammarion, 1992–1995).

Giedion, Siegfried, ›Die Herrschaft der Mechanisierung. Ein Beitrag zur anonymen Geschichte‹, hg. von Henning Ritter (Frankfurt am Main: Europäische Verlags-Anstalt, 1982).

Giedion, Siegfried, ›Raum, Zeit, Architektur. Die Entstehung einer neuen Tradition‹ (Basel: Birkhäuser, 1976).

Gombrich, Ernst H., ›Die Geschichte der Kunst‹ (Berlin: Phaidon, 2010).

Hill, Rosemary, ›God's Architect: Pugin and the Building of Romantic Britain‹ (London: Allen Lane, 2007).

Hobhaus, Hermione, ›The Crystal Palace and the Great Exhibition: Art, Science and Productive Industry‹ (London: Athlone, 2004).

Hölzl, Christoph (Bearb.), ›schön und gut. Positionen des Gestaltens seit 1850‹, hg. vom Zentralinstitut für Kunstgeschichte und dem Bayerischen Kunstgewerbe-Verein (München / Berlin: Deutscher Kunstverlag, 2002).

Kaplan, Wendy, ›The Arts & Crafts Movement in Europe and America: Design for the Modern World‹ (London: Thames & Hudson, 2004).

›Les origines de l'Art nouveau: La maison Bing‹, hg. von Gabriel P. Weisberg (Stuttgart: Belser, 2004).

Meier, Cordula (Hg.), ›Design Theorie. Beiträge zu einer Disziplin‹ (Frankfurt am Main: anabas, 2001).

Metz, Katharina, Richter, Tilo, Schmückle von Minckwitz, Priska, ›Henry van de Veldes Villa Esche in Chemnitz. Ein Gesamtkunstwerk zwischen Jugendstil und Sachlichkeit‹ (Basel: Birkhäuser, 2003).

›Monte Verità. Berg der Wahrheit. Lokale Anthropologie als Beitrag zur Wiederentdeckung einer neuzeitlichen sakralen Topographie‹, hg. von Harald Szeemann (Milano: Feltrinelli, 1978).

Morriy, May, ›William Morris, Artist, Writer, Socialist‹ (New York: Russell & Russell, 1936).

Negt, Oskar, ›Der Sozialismus des William Morris. Eine andere Vorstellung von Arbeit‹, in: Friemert, Chup (Hg.), ›William Morris Zyklus‹ (Berlin: form + zweck, 1998, 16–31).

Nerdinger, Winfried, Oechslin, Werner, ›Gottfried Semper 1803–1879. Architektur und Wissenschaft‹ (Zürich: gta, 2003).

Noschis, Kaj, ›Monte Verità. Ascona et le génie du lieu‹ (Lausanne: Presses polytechniques et universitaires romandes, 2011).

Wagner, Otto, ›Das Werk des Architekten‹, Bd. 1–2, hg. von Otto Antonia Graf (Wien: Böhlau 1985).

Pfeifer, Hans-Georg, ›Peter Behrens. Wer aber will sagen, was Schönheit sei?‹ (Düsseldorf: Bau + Technik, 1990).

Pevsner, Nikolaus, ›Wegbereiter moderner Formgebung. Von Morris bis Gropius‹ (Köln: DuMont, 2002).

Posener, Julius, ›Anfänge des Funktionalismus. Von Arts and Crafts zum Deutschen Werkbund‹ (Berlin: Ullstein, 1964).

Posener, Julius, ›From Schinkel to the Bauhaus‹ (Architectural Association Publications, London 1972).

Posener, Julius, ›Hermann Muthesius, 1861–1927‹ (Berlin: Ausst.-Kat. Akademie der Künste, 1977).

Posener, Julius, ›Werkbund und Jugendstil‹, in: ›Kunst im Alltag um 1900‹, hg. vom Werkbund-Archiv (Frankfurt am Main: Anabas, 1978).

Rotermund, Hermann, ›Industrial Design. Designtheoretische Diskurse im 19. Jahrhundert‹, in: Bernsau, Klaus, Friedrich, Thomas, Schwarzfischer, Klaus (Hg.), ›Management als Design? Design als Management? Intra-, inter- und transdisziplinäre Perspektiven auf die Gestaltung von ökonomischer, ästhetischer und moralischer Lebenswelt‹ (Regensburg: InCodes, 2012), hier zitiert nach dem Manuskript: http://www.weisses-rauschen.de/hero/industrial_design.pdf (9.3.2012).

Roth, Fedor, ›Hermann Muthesius und die Idee der harmonischen Kultur. Kultur als Einheit des künstlerischen Stils in allen Lebensäußerungen eines Volkes‹ (Berlin: Gebr. Mann, 2001).

Schivelbusch, Wolfgang, ›Lichtblicke. Zur Geschichte der künstlichen Helligkeit im 19. Jahrhundert‹ (München: Hanser, 1983).

Schwab, Andreas, Lafranchi, Claudia (Hg.), ›Sinnsuche und Sonnenbad. Experimente in Kunst und Leben auf dem Monte Verità‹ (Zürich: Limmat, 2001).

Schwartz, Frederic J., ›Der Werkbund. Ware und Zeichen 1900–1914‹ (Dresden: Verlag der Kunst, 1999).

Sembach, Klaus-Jürgen, ›Henry van de Velde‹ (Ostfildern: Hatje, 1989).

Sembach, Klaus-Jürgen, ›Jugendstil. Die Utopie der Versöhnung‹ (Köln: Taschen, 2002).

Sennett, Richard, ›Handwerk‹ (Berlin: Berlin Verlag, 2008).

Voswinckel, Ulrike, ›Freie Liebe und Anarchie. Schwabing – Monte Verità. Entwürfe gegen das etablierte Leben‹ (München: Allitera, 2009.

Windsor, Alan, ›Peter Behrens. Architekt und Designer‹ (Stuttgart: DVA, 1985).

Nach dem ersten Weltkrieg wurden kulturelle Errungenschaften und soziale Ordnungen in Frage gestellt. Nach einem Revolutionsversuch wurden in Deutschland die Republik ausgerufen und die Demokratie eingeführt, während sich in Italien der Faschismus breitmachte. Die schwierige wirtschaftliche Situation hob in Deutschland die soziale Frage besonders hervor. In diesem Kontext wurde 1919 das Bauhaus in Weimar gegründet. Es hat bis heute die Grundlagen für eine neue Formsprache gelegt und führte Handwerk und Kunst wieder zusammen. Obwohl bei einigen im Bauhaus entstandenen Werken eine strikte Separation zwischen Kultur und Natur erkennbar war, wird das Bauhaus immer wieder auch als eine der ersten Schulen des Nachhaltigen Designs benannt.

Bauhaus, Nachhaltigkeit und Biotechnik

SIEGFRIED GRONERT

Zwischen 1919 und 1938 hatte jede der vier Hochschulen unter dem Namen ›Bauhaus‹ eigene Vorstellungen vom Umgang mit unseren natürlichen Ressourcen und dem, was wir heute als Nachhaltigkeit bezeichnen: eine Verbindung von Effizienz, Suffizienz und Konsistenz.

Die ersten Jahre des Weimarer Bauhauses (1919–25) wurden durch ein romantisches Naturverhältnis geprägt, das an die Kunstgewerbebewegungen des 19. Jahrhunderts anknüpfte, an William Morris und die ›Arts-and-Crafts-Movement‹ und deren Argumentationen gegen die Industrie und ihre naturzerstörenden Technologien, gegen Maschine und Arbeitsteilung, für Handarbeit und die Freude an einer selbsterfüllenden Arbeit. Diese Gedanken sind mit der zentralen Forderung, Handwerk und Kunst miteinander zu verbinden, im Gründungsmanifest des Bauhauses von 1919 verankert worden: »*Architekten, Bildhauer, Maler, wir alle müssen zum Handwerk zurück! ... Es gibt keinen Wesensunterschied zwischen dem Künstler und dem Handwerker. Der Künstler ist eine Steigerung des*

Bild 1: Metallwerkstatt des Bauhauses in Weimar im Sommer 1923

Handwerkers.«[1] Der Programmatik einer *Einheitskunstschule* entsprechend mussten alle Studierenden – ob Künstler oder Kunstgewerbler – einen künstlerischen Vorkurs absolvieren, die Werkstätten wurden jeweils von einem »*Meister der Form*« und einem »*Meister des Handwerks*« geleitet.[2] Zur Ausstellung des Weimarer Bauhauses von 1923 demonstrierte in der Metallwerkstatt ein alter Drillbohrer die Nähe zur mittelalterlichen Werkstatt, zum Ideal der Bauhütte im Bauhaus (Bild 1).

Wie nahe stehen sich Handwerk, Kunst & Design?

Doch bereits zur Eröffnung dieser Ausstellung proklamierte Gropius mit dem neuen Arbeitsethos »*Kunst und Technik – eine neue Einheit*« eine Wende hin zur Industrie. Personell wurde diese Zäsur durch das Ausscheiden von Johannes Itten (1888–1967) im Frühjahr 1923 und die kurz darauf erfolgte Einstellung von Lazslo Moholy-Nagy (1895–1946) untermauert. Moholy übernahm anstelle von Itten die Leitung der Vorkurse und der Metallwerkstatt und förderte ausdrücklich die Zusammenarbeit mit der Industrie. Daraus entstand etwa die Bauhaus-Leuchte mit einem technisch aufwändigen Glas von den Jenaer Glaswerken. Deutlichere Konturen erhielt dieser Wandel erst nach dem Wechsel des Bauhauses nach Dessau (1925–32). Gemäß den »*Grundsätzen der Bauhausproduktion*« sollten »*durch die entschlossene Berücksichtigung aller modernen Herstellungsmethoden, Konstruktionen und Materialien Formen entstehen, die, von der Überlieferung abweichend, oft ungewohnt und überraschend wirken (vergleiche beispielsweise den Gestaltwandel von Heizung und Beleuchtung).*«[3] Die Werkstätten wurden mit der Aufgabe, neue Modelle für die serielle Produktion zu entwickeln, nun als »*Laboratorien*«[4] an der ökonomischen Effizienz der Industrie orientiert: »*Einfachheit im Vielfachen, knappe Ausnutzung von Raum, Stoff, Zeit und Geld.*« Die Einbeziehung der Industrie ermöglichte, so Gropius, die effiziente »*Ausnutzung aller modernen, ökonomischen Mittel*« für »*eine neue Qualitätsarbeit*« der Industrie.[5] Als Beispiele für diese Phase der Effizienz können die von Marcel Breuer entworfenen Stahlrohrmöbel gelten, hergestellt von Standard Möbel, Anton Lorenz und Thonet, sowie die Kandem-Leuchten von Marianne Brandt und Hin Bredendieck für Körting & Mathiesen, damals einer der größten Leuchtenhersteller in Deutschland.[6]

Ein wichtiges Moment dieser industriellen Qualitätsarbeit bildete die ästhetische Konsistenz in der »*Beschränkung auf typische, jedem verständliche Grundformen und -farben*« (Gropius).[7] Obwohl diese Gestaltungsregel nur in der ersten Hälfte der zwanziger Jahre dogmatisch eingefordert wurde, vermittelte sie dennoch die Maßgaben einer ästhetischen Effizienz. Einmal im Sinne einer Reduktion auf wenige Formen und Farben, angemahnt zeitlich parallel in der Ausstellung des Deutschen Werkbundes von 1924 unter dem Titel ›Form ohne Ornament‹. In dem Motto »*Weniger ist mehr*« von Ludwig Mies van der Rohe (1886–1969), dem letzten Direktor des Bauhauses in Deutschland, erhielt diese Reduktion schließlich eine unüberbietbare Steigerung. Zum anderen forderte die ästhetische Effizienz der Beschränkung auf Grundformen und -farben eine äußerst strenge Disziplin in der Gestaltung, die mit ihrer wahr-

---

1   Walter Gropius: ›Manifest und Programm des Staatlichen Bauhauses in Weimar‹. Weimar, Staatliches Bauhaus, April 1919, zit. nach: ›Programme und Manifeste zur Architektur des 20. Jahrhunderts‹. Zusammengestellt u. kommentiert v. Ulrich Conrads. Berlin, Frankfurt a. M. u. Wien 1964 (Bauwelt Fundamente 1), S. 47.
2   Zur Pädagogik des Bauhauses s. insb.: Rainer Wick: ›Bauhaus Pädagogik‹. Köln 1982 u. spätere Ausgaben.
3   Walter Gropius: ›Grundsätze der Bauhausproduktion‹ (1925), zit. nach: ›Programme und Manifeste‹ 1964, S. 90.
4   Vgl. ›Vom Labor zum Projekt/From Laboratory to Project. Jahrbuch der Fakultät Gestaltung/Yearbook of the Faculty of Art and Design‹. Hg. Siegfried Gronert u. Thomas von Taschitzki. Weimar 2011.
5   Gropius 1925, zit. nach: ›Programme und Manifeste‹ 1964, S. 90 f.
6   Vgl. ›Die Metallwerkstatt am Bauhaus‹. Hg. für das Bauhaus-Archiv von Klaus Weber. Berlin 1992.
7   Gropius 1925, zit. nach: ›Programme und Manifeste‹ 1964, S. 90.

Siegfried Gronert

nehmungstheoretischen Begründung zugleich unbeschränkte Dauerhaftigkeit versprach.[8] Zweifellos ist die Beschränkung in der Verwendung von Formen und Farben einer der wichtigsten, in seiner Dogmatik aber auch umstrittenen ästhetischen Beiträge der modernen Gestaltung zur Nachhaltigkeit.

Nachdem Gropius 1928 das Bauhaus verlassen hatte, trat unter der Leitung des Architekten Hannes Meyer (1889–1954) neben der ökonomischen Effizienz eine sozial motivierte, an rational nachvollziehbaren Abläufen orientierten Gestaltung stärker in den Vordergrund. Der Bauhaus-Historiker Hans M. Wingler charakterisierte die neue Ausrichtung unter Meyer als »*Forderung nach sozialer Effizienz*« und nannte als Beispiel die Laubenganghäuser in Dessau-Törten, in denen Meyer durch die Lage der Häuser und die ökonomischen Grundrisse einen sehr hohen Gebrauchswert erreichte.[9] Die Siedlung im Dessauer Stadtteil Törten war nach dem Entwurf von Gropius von 1926–28 in drei Bauabschnitten begonnen und 1929–30 durch die Laubenganghäuser von Meyer erweitert worden. Wie bei den Entwürfen von Gropius gehörte zu jedem Haus ein kleiner Garten, der die Selbstversorgung mit Gemüse und Obst gewährleisten sollte.[10]

Meyers architektonisches Programm enthielt zusammen mit den ökonomischen, technischen und sozialen Anforderungen einen biologisch orientierten Funktionalismus, in dem das Wohnhaus vor allem als ein »*biologischer apparat für seelische und körperlich bedürfnisse*« gesehen wurde.[11] Dieser biotechnische Ansatz evozierte sehr weitreichende Verbindungen zwischen Gestaltung, Technik, Mensch und Umwelt. Dagegen konzentrierte sich das Bauhaus nach der Ablösung Meyers durch Mies van der Rohe als Leiter des Bauhauses (1930–33) in Dessau und in Berlin auf einen erneut gesteigerten Qualitätsbegriff.

Biotechnische Überlegungen spielten in der letzten Phase des Bauhauses in der Emigration und an dem von Moholy geleiteten New Bauhaus in Chicago (1937–38; ab 1939 ›School of Design‹) eine wichtige und für heutige Auffassungen von Nachhaltigkeit relevante Rolle. Doch bevor ich darauf eingehe, soll kurz der biotechnische Funktionalismus erläutert werden, denn unter diesem Aspekt wurden am Bauhaus die Gestaltungsfragen einer modernen Industriegesellschaft in einem spezifischen Sinne vertieft. Was ist unter dem biotechnischen Funktionalismus zu verstehen?

Wie ›natürlich‹ ist ›funktional‹?

Die Wende von einem expressionistischen zu einem vor allem funktionalistisch aufgefassten Gebrauchsgegenstand hatte Gropius gleichzeitig mit der Orientierung an der technischen Produktion vorgenommen. In den bereits angesprochenen ›Grundsätzen der Bauhausproduktion‹ von 1925 schrieb er: »*Ein Ding ist bestimmt durch sein Wesen. Um es so zu gestalten, dass es richtig funktioniert – ein Gefäß, ein Stuhl, ein Haus –, muss sein Wesen zuerst erforscht werden; denn es soll seinem Zweck vollendet dienen, das heißt, seine Funktionen praktisch erfüllen, haltbar, billig und ›schön‹ sein.*«[12] Man sollte sich durch die von Gropius behauptete Wesenserforschung nicht irritieren lassen, denn theoretisch ging es hier nicht um das Wesen des Gegenstandes, sondern um seine Funktionen. Ebenso wie sich in der Geschichte der Biologie die Klassifikation der Pflanzen und Tiere nach den elementaren Funktionen ihrer Organe

---

8   Vgl. Ludwig Grote: ›grundformen und funktionalismus‹. In: ›bauhaus‹.
    Hg. Institut für Auslandsbeziehungen. Stuttgart 1974, S. 18–21.
9   Hans M. Wingler: ›Kurzgefaßte Geschichte des Bauhauses‹. In: ›Kunstschulreform 1900–1933‹.
    Hg. Hans M. Wingler. Berlin 1977, S. 97–112, hier S. 109.
10 Zur Siedlung Dessau-Törten siehe: Hartmut Probst u. Christian Schädlich: ›Walter Gropius. 3 Bde‹.
    Berlin (DDR) 1985–87, Bd. 1: 1985, S. 100–106; ›Hannes Meyer 1889–1954. Architekt Urbanist Lehrer‹. Ausst. Kat.
    Bauhaus-Archiv Berlin u. Deutsches Architekturmuseum, Frankfurt/Main. Berlin 1989, S. 228–233.
11 Hannes Meyer: ›Bauen (1928)‹, zit. nach: ›Programme und Manifeste 1964‹, S. 110.
12 Gropius 1925, zit. nach: ›Programme und Manifeste 1964‹, S. 90.

durchsetzte (Atmung, Verdauung, Kreislauf, Nerven etc.) und damit die Orientierung an äußeren Formen aufgegeben wurde, so konzentrierte sich der Funktionalismus in Architektur und Design nicht auf äußere Stilformen und Ornamente wie zuvor der Historismus, sondern auf die Funktionen eines organisch aufgefassten Gegenstandes. Eine der ersten Formulierungen in diesem Sinne, »*form follows function*« (1896), stammt von dem amerikanischen Architekten Louis Sullivan, der ihre Anwendung bei Artefakten mit Vergleichen aus der Biologie begründete.[13] Ähnlich wie Sullivan die zentralen Funktionen eines Gebäudes auflistete, so stellte Gropius mit den Funktionen *praktisch, haltbar, billig und schön* die zentralen Funktionen eines Gebrauchsgegenstandes heraus.

Die biotechnische Komponente wurde noch vor der Berufung Meyers an das Bauhaus von Moholy angesprochen. In den ›Telefonbildern‹, hergestellt nach telefonischen Angaben, hatte Moholy bereits 1922 seine künstlerische Produktion mit den neuesten Techniken verknüpft.[14] Die künstlerisch geleitete Liaison mit der Technik bestimmte dann auch den Abschluss seiner Überlegungen zu diesem Thema am Bauhaus in dem 1929 erschienenen Bauhausbuch ›von material zu architektur‹. Die Technik sei als »*ein organisch sich entwickelnder lebensfaktor [...], nicht mehr aus unserem leben fortzudenken, weder aus ästhetischen noch aus ethischen noch aus hygienischen gründen. sie ist das unentbehrlichste hilfsmittel eines lebensstandards.*«[15] Der technische Fortschritt sollte »*dem gesunden lebensplan des menschen*« dienen und der »*wiedergewinnung der biologischen grundlagen. erst dann kann die maximale ausnutzung des technischen fortschritts in körper-, ernährungs-, wohn- und arbeitskultur einsetzen. die technik darf also niemals ziel, sondern stets nur mittel sein.*«[16]

Bild 2: Herbert Bayer: Werkbundausstellung Paris 1930, ›section allemande‹, Saal 5: Architektur und Sitzmöbel

Moholys pädagogisches Grundkonzept einer *Sinnesschulung* im Vorkurs richtete sich gegen den arbeitsteiligen Spezialisten (»*der sektorhafte mensch*«) in der modernen Industriegesellschaft. So sollten die Studierenden anhand von Materialstudien zeichnerisch und haptisch ihr Sehen und Fühlen auf »*primitive Erlebnisquellen*« zurückführen und das Erleben von Raum und Architektur durch Studien zur Raumerfahrung auf sinnliche Wahrnehmungen beziehen.[17]

---

13 Vgl. Joseph Rykwert: ›Organisch, mechanisch, funktionell – Terminologie oder Ideologie?‹ In: ›Das Abenteuer der Ideen. Architektur und Philosophie seit der Industriellen Revolution‹. Ausst. Kat. Neue Nationalgalerie, Berlin 1987, S. 107–118.
14 Nach Wick 1982, S. 115 f.: vorgeblich wurden die »Telefonbilder« telefonisch in der Fabrik bestellt.
15 Laszlo Moholy-Nagy: ›Von Material zu Architektur‹. München 1929 (Bauhausbücher, 14), zit. nach der Faksimileausg. Mainz u. Berlin 1968, S. 12.
16 Moholy-Nagy (1929) 1968, S. 13; mit teilweise denselben Worten äußerte sich Moholy rund 10 Jahre später in dem Aufsatz: ›Education and the Bauhaus [Erziehung und das Bauhaus]‹. In: ›Focus‹, 1938, Nr. 2; dt. Übers. in: Krisztina Passuth: ›Moholy-Nagy‹. (Corvina 1982) Weingarten 1986, S. 356–361.
17 Moholy-Nagy (1919) 1968; vgl. das Darstellung der Kunstpädagogik von Moholy in: Wick 1982, S. 112–148.

Siegfried Gronert

Bild 3: Herbert Bayer: Reklame für ›Adrianol-Emulsion‹

Moholy wollte den ganzen Menschen mit allen Sinnen und Wahrnehmungen in eine durch Technik erweiterte Gestaltung einbeziehen. Später wurden diese organisch-biologischen Vorstellungen in den wissenschaftlichen Studienfächern der »*Lebenswissenschaften*« (Biologie, Physiologie und Anatomie) am New Bauhaus in Chicago unterrichtet.[18]

In seinen Ausführungen von 1929 ging Moholy noch einen Schritt weiter, indem er die »*biotechnik als metode schöpferischer tätigkeit*« in eine funktionalistische Gestaltungsmethodik integrierte. Dabei bezog er sich auf den österreichisch-ungarischen Botaniker und Naturphilosophen Raoul Heinrich Francé (1874–1943) und dessen Buch ›Die Pflanze als Erfinder‹ von 1920. Demnach würden »*technische formen*« immer als »*funktionsform durch prozesse*« entstehen und dabei dem Gesetz der Ökonomie folgen: »*dem gesetz des kürzesten ablaufs; kühlung erfolgt nur an auskühlenden flächen, druck nur an druckpunkten, zug nur an zuglinien; bewegung schafft sich bewegungsformen.*«[19] Moholy leitet daraus das folgende »*grundgesetz*« ab: »*auf allen gebieten des schaffens bemüht man sich heute, reine funktionelle lösungen technisch-biologischer art zu finden; ein jedes werkstück eindeutig aus den elementen aufzubauen, die zu seiner funktion erforderlich sind.*« Wie für Maschinen, Brücken oder Flugzeugen sollte auch für Haushaltsgeräte und Möbel die »*organische, funktionelle lösung*« gewählt werden.[20]

Mit dem Programm des biotechnischen Funktionalismus, Gegenstände aus ihren biologischen und technischen Funktionen zu entwickeln, bietet das historische Bauhaus einen wichtigen Beitrag zur aktuellen ökologischen Nachhaltigkeitsdiskussion. Entsprechend datiert der Wissenschaftshistoriker Peder Anker in seinem kürzlich erschienen Buch zur Geschichte des ökologischen Designs die Anfänge in das Umfeld des historischen Bauhauses.[21] Er konzentriert sich auf die Zeit nach der Vertreibung des Bauhauses aus Deutschland nach 1933, bezieht aber die grundlegenden Impulse von Moholy, von Marcel Breuer (1902–1981) und Herbert Bayer (1900–1985) aus der Zeit des deutschen Bauhauses mit ein.

Gropius, Breuer und Moholy hatten zwischen 1934 und 1937 während der Zeit ihrer Emigration in London eine Gruppe von Architekten, Designern, Künstlern und Intellektuellen um sich versammelt, die als ›London Bauhaus‹ bezeichnet wird. In den Diskussionen ging es

---

18 Moholy-Nagy (1938) 1986, S. 360; ›50 Jahre New Bauhaus. Bauhaus-Nachfolge in Chicago‹. Hg. Peter Hahn. Ausst. Kat. Bauhaus-Archiv, Berlin 1987.
19 Raoul Heinrich Francé: ›Die Pflanze als Erfinder‹. Stuttgart 1920, zit. nach Moholy-Nagy 1929, S. 60.
20 Moholy-Nagy (1929) 1968, S. 69.
21 Peder Anker: ›From Bauhaus to ecohouse. A history of ecological design‹. Baton Rouge 2010; ders.: ›The Bauhaus of Nature‹. In: ›Modernism/Modernity, Bd. 12‹ (2005), H. 2, S. 229–251.

um die Verbindung von Architektur und Natur, um Flachdächer und hängende Gärten, Licht, Luft und Hygiene. Eine zentrale Rolle spielten die Londoner Isokon-Werke. Die ehemaligen Bauhäusler waren in den Isokon Gebäuden der Lawn Road Flats untergebracht. Breuer entwarf für Isokon einige wenige Sperrholzmöbel, darunter ein Set von Beistelltischchen aus jeweils einem Stück und die Long Lounge, eine den früheren Stahlrohrmöbeln und mehr noch den vorherigen Aluminiumliegen für die Schweizer Firma Embru nachempfundene Liege aus Sperrholz. Die Übertragung von Metall zu Holz kann als Wende hin zu natürlichen, organischen Materialien verstanden werden ebenso wie die organisch gebogenen Formen als Vorläufer der späteren ›organic furnitures‹ von Eero Saarinen und Charles Eames. In der Werbegrafik von Moholy für die Long Lounge bilden organische, biotechnische Bezüge zum menschlichen Körper das gestalterische Konzept der Anzeige. Bezeichnend für die Orientierung am Organischen sind auch zwei kleinere Dokumentarfilme von Moholy. Die beiden Filme, die sich in ihrer naturalistischen Filmsprache von seinen früheren abstrahierenden Licht- und Schattenbildern abheben, thematisieren organische Formen und Funktionen: ›The Life of the Lobster‹ (1935) und ›The New Architecture of the London Zoo‹ (1936). Das 1934 von der Tecton Company in stereometrischen Formen mit einer Doppelhelix gebaute Pinguinbecken im Londoner Zoo wurde schon damals als Avantgarde eines ökologischen Bauens unter dem Einfluss des Bauhauses gesehen. Im Zoo sollten die Tiere unter humanen, auch in ästhetischer Hinsicht durchdachten Bedingungen untergebracht werden.[22]

Herbert Bayer vollzog in jener Zeit ebenfalls seine biotechnische Wende. Nachdem er 1928 gleichzeitig mit Gropius das Bauhaus in Dessau verlassen hatte, gestaltete er als Leiter der Dorland Studios in Berlin einige erfolgreiche Werbekampagnen mit organischen Motiven und Formen, z. B. zeigt eine Anzeige von 1935 für das Schnupfenmittel Adrianol bildlich die Wirkungszusammenhänge (Bild 3). Durch die Einbindung griechischer Statuen vermittelten diese Anzeigen allerdings ein klassizistisch überhöhtes Naturideal. So verwendete Bayer in der Adrianol-Anzeige den Hermes-Kopf des Praxiteles, im selben Jahr für den Prospekt der Ausstellung ›Das Wunder des Lebens‹ den Doryphoros des Polyklet in Verbindung mit einem Diagramm der menschlichen Anatomie. Schon 1930 forderte er in einem Aufsatz in der Zeitschrift ›Uhu‹ klassizistisch und kokett: »*Zieh Dich aus – und Du bist Grieche*«.[23] In der Ausstellungsgestaltung der Sektion des Deutschen Werkbundes 1930 in Paris orientierte er die Ausstellungstafeln an dem Augenpunkt des Betrachters. Bayer konnte 1938 im Zusammenhang mit den Vorbereitungen für die Ausstellung des Bauhauses im Museum of Modern Art in die USA emigrieren und hatte 1945 eine beratende Funktion bei der Anlage des berühmten Aspen Institute, das 1950 von dem US-amerikanischen Unternehmer und deutschen Emigranten Walter Paepcke im Wintersportort Aspen (Colorado) gegründet wurde, ein ›Think Tank‹ für Politik, Wirtschaft und Kultur und später Standort der International Design Conference in Aspen (IDCA).

Wenn aus heutiger Sicht die Nachhaltigkeit auf das historische Bauhaus projiziert wird, dann ist in den verschiedenen Bauhaus-Schulen ein historisches Spektrum zu entdecken, das den heutigen Nachhaltigkeitsdebatten Anregungen für die Metamorphosen ihres Themas bieten kann.

---

22 Anker 2010, ›The Bauhaus of Nature‹, Abschnitt: ›Learning from Nature's Workshop‹.
23 ›Herbert Bayer. Das künstlerische Werk 1918–1938‹. Ausst. Kat. Bauhaus-Archiv Berlin. Berlin 1982.

Siegfried Gronert ist Professor für Designgeschichte und Designtheorie und hat zur Zeit eine Honorarprofessur in Wuhan/China. Nach einer praktisch-technischen Ausbildung promovierte er an der Universität Köln. Von 1993 bis 2011 war er Professor an der Fakultät Gestaltung der Bauhaus-Universität Weimar und gründete 2008 in Deutschland den ersten Promotionsstudiengang Kunst/Design/Medien mit dem Abschluss Doctor of Philosophy (Ph. D.). Seit 2008 Erster Vorsitzender der Gesellschaft für Designgeschichte e. V. (GfDg). Zahlreiche Beiträge und Publikationen zur Geschichte und Theorie des Designs: ›Vom Labor zum Projekt‹ (2011), ›Das Modell als Denkbild‹ (2005), ›Horst Michel – Formgestalter in Weimar‹ (2004), ›Umweltzeichen global‹ (1999), ›Form und Industrie. Wilhelm Braun-Feldweg‹ (1998), ›Türdrücker der Moderne‹ (1991). Schwerpunkte: Designgeschichte in Deutschland, Design und Globalisierung.

Literatur

Anker, Peder (2005): ›The Bauhaus of Nature‹. In: ›Modernism/Modernity‹. The Johns Hopkins Univerity Press: Baltimore.

Anker, Peder (2010): ›From Bauhaus to ecohouse. A history of ecological design‹. Louisiana State University: Baton Rouge.

Bayer, Herbert (1982): ›Das künstlerische Werk 1918–1938‹. Ausst. Kat. Bauhaus-Archiv. Mann: Berlin.

Conrads, Ulrich (1964): ›Programme und Manifeste zur Architektur des 20. Jahrhunderts‹. Ullstein: Berlin.

Francé, Raoul Heinrich (1920): ›Die Pflanze als Erfinder‹. Frankh'sche Verlagshandlung: Stuttgart.

Gronert, Siegfried und von Taschitzki, Thomas (2011): ›Vom Labor zum Projekt/From Laboratory to Project. Jahrbuch der Fakultät Gestaltung / Yearbook of the Faculty of Art and Design‹. Verlag der Bauhaus-Universität: Weimar.

Hahn, Peter (Hg.) (1987): ›50 Jahre New Bauhaus: Bauhaus-Nachfolge‹. In: ›Chicago‹. Bauhaus-Archiv: Berlin.

Institut für Auslandsbeziehungen (1974): ›bauhaus‹. Institut für Auslandsbeziehungen: Stuttgart.

Kleihues, Josef Paul; Magnago Lampugnani, Vittorio; Nationalgalerie (Germany: West); Baldus, Claus (1987): ›Das Abenteuer der Ideen. Architektur und Philosophie seit der Industriellen Revolution‹. Internationale Bauausstellung: Berlin.

Meyer, Hannes (1989): ›Architekt Urbanist Lehrer 1889–1954‹. Ernst & Sohn: Berlin.

Moholy-Nagy, Laszlo (1929/1968): ›Von Material zu Architektur‹. F. Kupferberg: Mainz u. Berlin.

Probst, Hartmut u. Schädlich, Christian (1985–87): ›Walter Gropius. 3 Bände‹. VEB Verlag für Bauwesen: Berlin.

Weber, Klaus (1992): ›Die Metallwerkstatt am Bauhaus‹. Kupfergraben: Berlin.

Wick, Rainer K. (1982): ›Bauhaus-Pädagogik‹. DuMont: Köln.

Wingler, Hans M. (1977): ›Kurzgefaßte Geschichte des Bauhauses‹. In: ›Kunstschulreform 1900–1933‹. Bauhaus-Archiv: Berlin.

Abbildungen

Bild 1: Bauhaus Weimar, Metallwerkstatt, Sommer 1923; Foto aus den Materialien Winglers © Bauhaus-Archiv Berlin

Bild 2: Werkbundausstellung Paris 1930, ›section allemande‹, Saal 5: Architektur und Sitzmöbel. © VG Bild-Kunst, Bonn 2013; Bauhaus-Archiv Berlin

Bild 3: Reklame für ›Adrianol-Emulsion‹ © VG Bild-Kunst, Bonn 2013; Bauhaus-Archiv Berlin

Die Moderne zeichnet sich nicht nur durch eine Separation von Natur und Kultur, sondern auch durch die industrialisierte Arbeitsteilung und die Spezialisierung der Disziplinen aus. So entstand das Design aus der Trennung von Kunst und Handwerk. Nachhaltigkeit basiert jedoch auf einem Bewusstsein für Beziehungen und Zusammenhänge. Vor allem die Arbeit des russischen Malers, Grafikers und Kunsttheoretikers Wassily Kandinsky ist emblematisch für den Versuch des Bauhauses, Handwerk, Kunst und Design zu verbinden. Gerade die Kunst war für Kandinsky der Königsweg zur inneren Umwelt des Menschen; für eine Umweltkommunikation mit dem Unbewussten.

Persönlichkeiten: Wassily Kandinsky

HILDEGARD KURT

Wassily Kandinsky, damals Meister am Bauhaus in Dessau, veröffentlichte 1927 einen Aufsatz mit dem lapidaren Titel ›und‹. Der Kerngedanke darin lautet: Das 19. Jahrhundert unterlag dem Prinzip des ›entweder-oder‹. Es hatte sich der Absonderung verschrieben, der Spezialisierung, der Differenzierung und der Fragmentierung. Wissenschaft, Kunst, Religion, Wirtschaft – alles wurde voneinander getrennt. Besonders in den Naturwissenschaften und der Technik führte das Prinzip des ›entweder-oder‹ zu enormen Erfolgen. Es brachte das hervor, was für uns heute Insignien des Fortschritts sind. Im Blick auf die Entwicklung der Gesellschaft insgesamt aber entstand daraus, so Kandinsky, ein »*Chaos*«.

Um dieses Chaos zu überwinden, müsse das 20. Jahrhundert vom ›entweder-oder‹ zum ›und‹, von der Analyse zur Synthese übergehen: »*Der Anfang besteht in der Erkenntnis der Zusammenhänge. Immer mehr wird man sehen können, dass es keine ›speziellen‹ Fragen gibt, die isoliert erkannt oder gelöst werden können, da alles schließlich ineinander greift und voneinander abhängig ist. Die Fortsetzung des Anfangs ist: weitere Zusammenhänge zu entdecken und sie für die wichtigste Aufgabe des Menschen auszunützen – für die Entwicklung*« (Kandinsky 1973: 107 f.).

Entwicklung bedeutet hier nicht den linear-quantitativen Fortschritt, das »schneller, höher, weiter, mehr« (Hans Glauber) der Industriemoderne. Gemeint ist vielmehr die Entfaltung von Humanität – im Individuum und in der Gesellschaft. Die Kunst, für Kandinsky »*Mutter der Zukunft*« (Kandinsky 1952: 26), sollte dem den Weg bereiten.

Anstatt den Wechsel von der Analyse zur Synthese zu vollziehen, wurde das 20. Jahrhundert eine Zeit zugespitzter gesellschaftlicher Widersprüche bis hin zu industrialisierter Barbarei. Und heute erleben wir das von Kandinsky diagnostizierte »Chaos« im globalen Maßstab. Zugleich aber erstarkt das Gespür dafür, wie existenziell es ist, Inhalte zusammen zu denken, die bislang getrennt voneinander verhandelt wurden und transdisziplinär zusammenzuarbeiten. Darin äußert sich jenes »*synthetische*«, verbindende Denken, das Kandinsky für unverzichtbar hielt, wo chaotische, lebensfeindliche Verhältnisse umzuwandeln sind in humane Gesellschaftsformen – human im Sinne von menschenwürdig und wünschenswert.

**Innere Notwendigkeit –
Prinzip der Kunst und des Lebens**
Kandinsky war als Maler wie auch als Theoretiker ein kraftvoller Erneuerer. Wohl mehr als alle anderen Künstler der historischen Avantgarde hat er zur Herausbildung der abstrakten Formensprache beigetragen, wobei er über Jahrzehnte hinweg eingehend seine Zeit und die Kunst reflektierte: in zahlreichen Schriften, Vorträgen oder auch in seiner Lehrtätigkeit am Bauhaus zunächst in Weimar, später in Dessau und zuletzt in Berlin. Besonders mit dem Buch ›Über das Geistige in der Kunst‹, das zwischen Dezember 1911 und Herbst 1912 gleich in drei Auflagen bei Piper in München erschien, übt Kandinskys Denken bis heute eine beträchtliche Wirkung aus.

So bahnbrechend Kandinsky arbeitete, lag ihm Dogmatisches fern. In der »*großen Realistik*« sah er von Anfang an eine legitime Alternative zur Abstraktion, und auch das gesamte Spektrum dazwischen erkannte er an. Was ihn zu solcher geistigen Offenheit befähigte, war das Prinzip der »*inneren Notwendigkeit*«, das seiner gesamten künstlerischen Praxis zugrunde lag.

In ›Über das Geistige in der Kunst‹ erklärt Kandinsky, eine Gestaltungskraft, sei es die Kunst oder die Wissenschaft, könne nur dann auf der Höhe ihrer Zeit sein und ihre Zwecke erfüllen, wenn der Gestaltende sein Auge und sein Ohr stets auch nach innen wendet:

»*Der Weg, auf welchem wir uns heute schon befinden und welcher das größte Glück unserer Zeit ist, ist der Weg, auf welchem wir uns des Äußeren entledigen werden, um statt dieser Hauptbasis eine ihr entgegen gesetzte zu stellen: die Hauptbasis der inneren Notwendigkeit*« (ebd.: 85 f.). Das »*Äußere*« meint hier nicht die Materie, sondern Konventionen und Denkgewohnheiten.

Dabei betont er mehrfach und ausdrücklich: So unverzichtbar die Stimme der inneren Notwendigkeit sei, stehe sie keineswegs ohne Weiteres zur Verfügung, sondern sie sei eine Fähigkeit, die geschult sein will. Sie existiere in dem Maße, wie sie bewusst gepflegt wird: »*Wie der Körper durch Übungen gestärkt und entwickelt wird, so auch der Geist. Wie der vernachlässigte Körper schwach und schließlich impotent wird, so auch der Geist*« (ebd.: 86).

Anstatt auf sein Talent und seine Freiheit zu pochen, solle der schöpferische Mensch sich als »*Diener höherer Zwecke*« verstehen: »*Er muss sich erziehen und vertiefen in die eigene Seele, diese eigene Seele vorerst pflegen und entwickeln, damit sein äußeres Talent etwas zu bekleiden hat*« (ebd.: 135, Hervorh. W. K.). Dieses Kultivieren der inneren Wahrnehmungs- und Erkenntnisorgane schaffe den Raum wahrer Freiheit.

Während die »*innere Notwendigkeit*« Kandinsky in den Jahren um 1910 zur abstrakten Formensprache führte, ermöglichte eben dieses Prinzip wenig später, Mitte der zwanziger Jahre, Werner Heisenberg nach eigenem Bekunden die Entdeckung der Quantenphysik (vgl. Fischer 2006: 209). Ab den späten sechziger Jahren dann sollte die »*innere Notwendigkeit*« bei Joseph Beuys zu einer »*Richtkraft*« für die neue Wesensbestimmung des Menschen – jeder Mensch ist ein Künstler – werden.

Nicht wirklich gegenstandslos
Geboren 1866 als Sohn eines wohl situierten Teehandelsunternehmers in Moskau wird Kandinskys Berufung zum Künstler erst spät manifest. Nach einem Studium der National-

ökonomie und der Rechtswissenschaft promoviert er 1893 mit einer Dissertation ›Über die Gesetzmäßigkeit der Arbeitslöhne‹ und arbeitet dann als Attaché der Juristischen Fakultät der Universität Moskau. Erst 1896, mit dreißig Jahren, entscheidet er sich für die Künstlerlaufbahn und siedelt nach München über, wo er bald darauf an der Akademie studiert. Zu seinen Kommilitonen dort zählt Paul Klee, mit dem ihn eine lebenslange Freundschaft und eine fruchtbare Zusammenarbeit am Bauhaus in Weimar und in Dessau verbinden sollte.

Das beginnende 20. Jahrhundert, jene Zeit, in der Kandinsky sich als Künstler zu erkunden und zu entfalten begann, stand kulturell bereits ganz im Zeichen der Industriemoderne. Überwältigende technische Entwicklungen, ein ungezügelter Kapitalismus und große soziale Missstände, die Vorboten der sozialistischen Revolutionen und des Ersten Weltkriegs schürten hoch fliegende Hoffnungen, Wirrnisse und existenzielle Nöte.

Zwar war auch unter den Künstlern die Euphorie über die Errungenschaften der Technik groß. Doch nicht wenige Protagonisten der damaligen Avantgarde, unter ihnen Franz Marc, mit dem Kandinsky 1912 in München den Almanach ›Der Blaue Reiter‹ herausgab, empfanden den herrschenden Zeitgeist als zutiefst materialistisch. Sie sahen eine primäre Aufgabe ihrer Kunst darin, dem entgegenzuwirken. In der nicht gegenständlichen Malerei lag für jene Künstler der Vorschein zukünftiger Formen einer Kultur, die nicht mehr auf das Objekthafte, Zählbare, Verkaufbare fixiert sein würde.

Wie, so fragte Kandinsky, muss ein »*geistiges Leben*« beschaffen sein, das in der Lage wäre, den »*Alpdruck der materialistischen Anschauungen*« zu überwinden, »*welche aus dem Leben des Weltalls ein böses, zweckloses Spiel gemacht haben?*« (Kandinsky 1952: 22). Die Wissenschaft allein vermöge dies offenkundig nicht zu leisten. Denn dem bloß Begrifflichen gebe sich das Kommende nicht zu erkennen. Um die Gegenwart auf schöpferische Weise mit der Zukunft zu verbinden, bedürfe es vielmehr eines freien, offenen, auch bewusst unscharfen, intuitiven Wahrnehmens und Denkens – bedürfe es der Kunst. So wird Kandinskys Malerei ein Forschen nach zukunftsfähigen Formen der Erkenntnis; nach einem Terrain jenseits des toten, trennenden, instrumentellen Denkens der Moderne, jenseits der Verdinglichung der Welt.

Ein Gegenpol, an dem Kandinskys Forschen sich maß und formte, war die klassische Naturwissenschaft Newtonscher Prägung. Seit dem 19. Jahrhundert beanspruchte ihr Erkenntnisideal zunehmend Deutungshoheit weit über die Wissenschaften hinaus. Auch die Bereiche des Sozialen und der Wirtschaft wurden in der frühen Industriemoderne – und werden weithin bis heute – als Mechanismen aus strikt von Ursache und Wirkung regierten Komponenten interpretiert. Für Kandinsky war diese Weltsicht sowohl Ursache als auch Ausdruck einer umfassenden kulturellen Krise. Er widmete seine künstlerische Existenz der als unaufschiebbar empfundenen Aufgabe, die bloß analytischen Verfahren der Naturberechung durch »*synthetische*«, verbindende Gestaltungsformen auszugleichen – und jene so zu entmachten.

In den Jahren um 1910, als sein Durchbruch zur abstrakten Formensprache stattfand, sah Kandinsky auch die Wissenschaft – insbesondere aufgrund der Speziellen Relativitätstheorie Albert Einsteins – bereits auf dem Weg hin zu einem synthetischen Denken: »*Das Drama, dem wir seit einiger Zeit beiwohnen, zwischen dem absterbenden Materialismus und den Anfängen einer Synthese, die versucht, die vergessenen Beziehungen der kleinen Phänomene unter sich und die Beziehungen zwischen diesen und den großen Prinzipien wiederzuentdecken, wird uns endgültig zum kosmischen Fühlen führen: ›Die Musik der Sphären‹. Der Weg der zeitgenössischen Wissenschaft ist bewusst oder unbewusst synthetisch*« (Kandinsky 1973: 162 f.). Wie aber sollte nun ausgerechnet die Kunst oder ge-

Wo sind die Grenzen der Wissenschaft?

nauer die abstrakte Formensprache im Strudel einer sich auflösenden Sicht der Welt zu neuer Orientierung verhelfen? Wie sollte sie den kulturerneuernden Wandel von der Zersplitterung zur Erkenntnis der Zusammenhänge voran bringen?

Die Welt des Gegenständlichen, in der die Phänomene abgesondert voneinander in Erscheinung treten, durchdringen. Anstatt irgendeinen Ausschnitt von Natur, wie er sich dem Auge bietet, abzubilden, zu den Gesetzmäßigkeiten vorstoßen, aus denen die sichtbare Welt sich bildet. Den Lebenszusammenhang, woraus die Vielfalt der Phänomene entspringt, zur Darstellung bringen. Das war es, was Kandinsky zum Gang in die Abstraktion motivierte.

Weiß Kunst Antworten auf Fragen, die Design nicht findet?

Die Balancen aus reinen Formen, Linien, Flächen und Farben in dieser Malerei tasten bildnerisch nach den verborgenen Bildkräften, von Aristoteles telos genannt, die dem Augenfälligen ursächlich voran gehen, und deren Wirken Wirklichkeit schafft. Kandinskys Formen- und Farbenlehre, Gegenstand zahlreicher seiner Schriften wie auch seines Kurses ›Primäre künstlerische Gestaltung‹ am Bauhaus, widmet sich der Frage nach den richtigen Proportionen, Beziehungen, Spannungsverhältnissen zwischen elementaren Formen. Mithilfe der Abstraktion forschte Kandinsky somit nach dem nicht mehr greifbaren und nicht mehr rational fassbaren Urgrund der Welt – worauf kurze Zeit später auch die Experimente der Physiker stoßen sollten.

In der Sprache der Quantenphysik veranschaulicht diese Kunst die immateriellen, Information tragenden Verknüpfungen, woraus Materie letztendlich besteht. Betrachtet man Kandinskys ›Improvisationen‹ oder ›Kompositionen‹ von der Theorie der Offenen Systeme aus, wie sie ab den sechziger Jahren aufkam, werden sie zu bildnerischen Annäherungen an das Prinzip der Selbstorganisation, nach dem sich die dynamischen Prozesse, Formen und Funktionen in Natur und Kosmos zu einem fließenden Ganzen fügen.

Diese abstrakte Kunst ist daher nicht wirklich gegenstandslos. Vielmehr hat sie zum Gegenstand, was zuvor als nicht malbar galt. Auch entsprang Kandinskys Gang in die Abstraktion nicht im Entferntesten einer künstlerischen Caprice, sondern er musste erfolgen und zwar genau zu der Zeit. Denn ebenso wie die klassische Physik mit ihrem Fokus auf dem materiell Objekthaften nicht mehr zur Interpretation der Wirklichkeit ausreichte, genügte für Kandinsky das gegenständliche Vokabular der Malerei nicht mehr, um die materielle Welt und den auf neue Weise ins Blickfeld tretenden Innenraum der Natur zu erhellen. Die abstrakte Formensprache ist ihm Medium eines gesteigerten Wahrnehmens, das sich mit den verborgenen Gestaltungskräften lebendigen Seins zu verständigen sucht.

Und aus dem Abstand von nahezu einem Jahrhundert heraus zeigt sich in aller Deutlichkeit, was Kandinsky meinte, als er schrieb: »*Mit der Zeit wird man beweisen, dass die ›abstrakte‹ Kunst nicht die Verbindung mit der Natur ausschließt, sondern dass im Gegenteil diese Verbindung größer und intensiver ist als je*« (Kandinsky 1973: 162 f.).

Zur Synthese der Künste

Nach Ausbruch des Ersten Weltkrieges kehrte Kandinsky, zunächst mit seiner damaligen Lebensgefährtin, der Künstlerin Gabriele Münter, aus seiner Wahlheimat München nach Russland zurück. Sein Glaube an die Kraft des Geistes und sein Vertrauen in kulturelle Erneuerungsfähigkeit ließen ihn die Oktoberrevolution – trotz aller äußerer Einschränkungen – begrüßen. Bis 1921 bekleidete er eine Reihe von Führungsaufgaben in Kultur- und Kunstinstitutionen in Moskau. Doch musste er dabei bald feststellen, wie seine Anschauungen in Konflikt mit der zunehmend konstruktivistischen Ausrichtung des revolutionären Russlands gerieten. So nahm er die im Herbst 1921 übermittelte Einladung, eine Stelle am Weimarer Bauhaus zu übernehmen, an.

Dort unterrichtete er primär im Vorkurs und Werkunterricht, hatte aber ab 1927 auch eine Malklasse, die zu den Anziehungspunkten des späten Bauhauses zählte. Wenn Designer im Bauhaus Kunst lernen mussten, entsprach das der hier propagierten Einheit von Kunst und Leben. Auch ging es im Bauhaus nicht um die Ausbildung von Spezialisten, sondern um den Erwerb von möglichst umfassendem Gestaltungswissen. Hierfür war eine Künstlerpersönlichkeit wie Kandinsky als Dozent geradezu ideal. Aus seiner fundierten Praxis hatte er ein außerordentliches Formbewusstsein entwickelt, das er wie nur wenige in Lehre und Schrift zu vermitteln verstand. Auf der Ebene elementarer Formen experimentierend forschte er mit seinen Klassen nach grundlegenden Gestaltungsprinzipien, was etwa in der Abhandlung ›Punkt und Linie zu Fläche‹ (Kandinsky 1959) von 1926, seinem wichtigsten theoretischen Ertrag aus der Bauhaus-Zeit, zum Ausdruck kam.

Wenn Kandinsky dem Bauhaus bis zu dessen Zwangsschließung 1933 durch die Nationalsozialisten treu blieb, dann wohl nicht zuletzt deshalb, weil er diese Schule bei allen programmatischen Umbrüchen, die es dort gab, als Ort ansah, wo er an der Verwirklichung seiner zentralen Idee, der Synthese der Künste mitarbeiten konnte. Dem ab Mitte der zwanziger Jahre wachsenden Pragmatismus, für ihn eine zu starke Anwendungsorientierung, widersetzte er sich ebenso entschieden wie den Dominanz-Ansprüchen der Bauhaus-Architekten. In einer Meisterratsitzung im April 1924 erklärte er, die »*einseitige Einstellung auf Produktion*« würde die weitere Existenz der Werkstätten für Bildhauerei, Glasmalerei und Bühne unmöglich machen, »*was für das Endziel des Bauhauses – Entwicklung der synthetischen künstlerischen Idee – verhängnisvoll sein würde. Abgesehen davon, dass das Bauhaus eine Schule ist, die sich ausschließlich auf die Produktion nicht einstellen kann, sollte das Bauhaus eine Gemeinde bilden, die – außer den laufenden Arbeiten mit der sofortigen direkten Verwendung – der Ausbildung der synthetischen Idee und in der Vorbereitung der Studierenden zur Aufnahme dieser Idee ihr höchstes Ziel setzen sollte*« (Wingler 1962: 93 f.). Darin liegt ein guter Teil seines künstlerischen und pädagogischen Credos.

Von 1933 bis 1944 wurde Neuilly-sur-Seine bei Paris zur letzten Lebensstation Kandinskys. Über alle politischen Umbrüche sowie über alle Wechselfälle seines beruflichen und persönlichen Lebens hinweg verschrieb er sich stets und bis zuletzt in erster Linie dem künstlerischen Schaffen.

Prinzipien zukunftsfähiger Gestaltung
Zusammenfassend nun zu der Frage: Was können wir heute, wenn es um Prinzipien zukunftsfähigen Gestaltens geht, von Kandinsky lernen? Hier wäre wohl als erstes jenes verbindende Denken zu nennen, das Kandinsky »*synthetisch*« nannte. Gemeint ist, Inhalte, die gewöhnlich getrennt voneinander verhandelt werden, zusammen zu denken und von da aus transdisziplinär zusammenzuarbeiten.

Ein zweites Prinzip wäre das Finden und Pflegen der »*inneren Notwendigkeit*« – nicht etwa als selbstbezogener Subjektivismus, sondern als ein fortwährendes, diszipliniertes Kultivieren der eigenen Wahrnehmungs-, Empfindungs- und Erkenntniskräfte.

Ebenso wegweisend dürfte sein, wie Kandinsky Gestaltung als ein Forschen nach zukunftsfähigen Formen der Erkenntnis ansah – nach einem Terrain jenseits des einseitig materialistischen Denkens der Moderne, jenseits der Verdinglichung der Welt.

Nur eine ästhetische Praxis, die sich fern von ›l'art pour l'art‹ und von vordergründigen Nutzungsinteressen der gesellschaftlichen Notwendigkeit einer tiefgreifenden kulturellen Erneuerung verschreibt, war für Kandinsky auf der Höhe ihrer Zeit. Gilt das vielleicht heute noch mehr als damals?

Hildegard Kurt, geb.1958, ist promovierte Kulturwissenschaftlerin, Senior Lecturer für Soziale Plastik an der Oxford Brookes University und Mitbegründerin des ›und. Institut für Kunst, Kultur und Zukunftsfähigkeit‹ in Berlin. Lehrtätigkeit und Vorträge im internationalen Kontext. Diverse Stipendien und Auszeichnungen. Die jüngsten Bücher sind ›Wachsen! Über das Geistige in der Nachhaltigkeit‹ (2010), ›Leicht auftreten. Unterwegs zu einer anderen Welt‹ (2011) und ›Die rote Blume. Ästhetische Praxis in Zeiten des Wandels‹ (mit Shelley Sacks, 2013). Arbeitsschwerpunkte sind Kunst und Kultur der Nachhaltigkeit, ästhetische Bildung, Soziale Plastik und Dialog der Kulturen. (Foto: Rudi Lurz)

Literatur

Fischer, Ernst Peter (2006), ›*Einstein trifft Picasso und geht mit ihm ins Kino*‹, München; Zürich: Piper.

Kandinsky, Wassily (1973), ›*Die Kunst von heute ist lebendiger denn je*‹, in: ders., ›*Essays über Kunst und Künstler*‹, Bern: Benteli.

Kandinsky, Wassily (1973), ›*und*‹, in: ders., ›*Essays über Kunst und Künstler*‹, Bern: Benteli.

Kandinsky, Wassily (1959), ›*Punkt und Linie zu Fläche*‹, Bern: Benteli.

Kandinsky, Wassily (1952), ›*Über das Geistige in der Kunst*‹, Bern: Benteli.

Wingler, Hans Maria (1962), ›*Das Bauhaus*‹, Bramsche: Rasch, S. 93 f.

Die Reproduzierbarkeit von Bildern ermöglicht eine rasche Weiterentwicklung der Massenmedien. Als erste erkannten die Nationalsozialisten dieses Potential für die Manipulation der Massen und die Einrichtung einer totalitären Gesellschaft. Nach 1945 wurden die Medien verstärkt für die Manipulation des Verbrauchers eingesetzt. Nun mussten die BürgerInnen konsumieren, um Teil des Großen Ganzen zu sein. Das Design war an der Ästhetisierung der Politik und an der Ästhetisierung des Konsums stark beteiligt. Mit dem ›Funktionalismus‹ wird die Maschine zum Maßstab von Schönheit und der Nutzen für den Menschen zum Hauptprinzip der Gestaltung. Doch in der zweiten Hälfte der 1960er Jahre gerät das moderne Programm der ›totalen Gestaltung‹ in die Kritik.

Zwischen den 1930er und den 1970er Jahren

RENÉ SPITZ

Zwei Faktoren haben die Entwicklung des Designs im 20. Jahrhundert maßgeblich angetrieben: Die Steigerung des individuellen Komforts und die wachsende Verbreitung einer hedonistischen Lebensführung.

Seit den Fünfziger Jahren ist das alltägliche Leben für einen wachsenden Teil der Bevölkerung in den westlichen Industriegesellschaften immer bequemer geworden. Noch eine Generation vorher, um 1930, hatten nicht einmal die kühnsten Visionäre diese Entwicklung vorhergesehen. Der Zweite Weltkrieg lag erst wenige Jahre zurück. Doch die primären Bedürfnisse der Menschen wurden überraschend schnell gestillt. Sie widmeten sich fortan der Befriedigung ihrer sekundären und tertiären Bedürfnisse. Im Klartext: Die landwirtschaftlich und industriell geprägten Gesellschaften verwandelten sich in postindustrielle Konsumgesellschaften. Große Teile der Bevölkerung können sich seither in einer dynamischen Entwicklung fortschreitender Verfeinerung und Ausdifferenzierung mit dem beschäftigen, was für die Menschheit bis dahin als unvorstellbarer Luxus gegolten hat: Ein Leben ohne alltägliche Mühsal und Plackerei, ohne existentielle Nöte und permanenten Hunger. Ein Zustand, der – trotz aller berechtigten Kritik am westlichen, von den USA geprägten Lebensstil – den Überlebenden des Zweiten Weltkriegs umso unwirklicher erschienen sein muss, da die Welt noch wenige Jahre zuvor von unvorstellbarem Leiden und Hoffnungslosigkeit geprägt war, hervorgerufen durch die kollektive Grausamkeit der europäischen Faschisten, allen voran der deutschen Nazis seit ihrer sukzessiven Machteroberung ab 1930.

Die faschistische Barbarei ist wohl auch deshalb so unfassbar, weil unverhohlene, abgestumpfte mörderische Brutalität einher ging mit technisch-rationaler Effizienz und bürokratisch-organisatorischer Gründlichkeit. Insbesondere das deutsche Nazi-Regime verstand es, Kräfte der Moderne für seine Zwecke zu instrumentalisieren. Dazu zählten vor allem die Propaganda mit Hilfe der jungen Massenmedien Fotografie, Film und Rundfunk. Darüber hinaus perfektionierte der NS-Staat die Selbstinszenierung in Aufmärschen, Umzügen und Paraden, die den Einzelnen zum unbedeutenden und jederzeit austauschbaren Erfüllungsgehilfen innerhalb eines übermenschlich großen Apparats degradierten, dessen einzige Aufgabe darin bestand, die erhaltenen Befehle ebenso willenlos wie fehlerfrei auszuführen. Zugleich erlebte das Individuum das Mitwirken und Aufgehen in einem Zusammenhang, dessen Bedeutung als etwas Größeres suggeriert wurde als seine eigene Existenz: Wer mitmachte, war Teil eines Ganzen, das seinen Horizont weit überstieg und dessen Details er innerhalb des beschränkten Ausschnitts seiner Wirklichkeit nicht einordnen musste. Von Kindesbeinen an sollte ein jeder lediglich seinen präzise definierten Platz in der Hierarchie einnehmen und sich widerstandslos gleichschalten lassen. Traditionelle Werte, familiäre und freundschaftliche Bindungen und gesellschaftliche Konventionen wurden erst unterhöhlt und dann ersetzt durch neue Anweisungen. Uniformierte Kleidung in allen Lebensbereichen verdeutlichte die neuen Rangordnungen. Weite Bereiche des Alltags waren im Sinne des NS-Staats formal definiert. *The Leader as Designer* (eine Formulierung des amerikanischen Designhistorikers Steven Heller) bedeutete: Adolf Hitler stand nicht nur an der Spitze eines neuen Staatswesens, sondern auch im Zentrum eines perversen, allumfassenden soziopolitischen Gesamtkunstwerks »*built on the notions of racial purification, nationalist regeneration, and world domination*« [Heller 2003: 14]. Heller beschreibt die strukturelle Parallelität von betriebswirtschaftlich-industriellem und totalitär-staatlichem *Corporate Design* ›avant la lettre‹: Für beide Einsatzzwecke wurden identische Techniken zur Erzeugung einer grafischen Identität verwendet. Diese »*Ästhetisierung der Politik*« (Walter Benjamin) durch den Faschismus beruhte auf streng eingehaltenen Planungsunterlagen. Die wichtigsten Anweisungen waren im Organisationshandbuch der NSDAP zusammengestellt, erstmals 1936 herausgegeben von Robert Ley, dem Führer der ›Deutschen Arbeitsfront‹ (DAF). In diesem ›Corporate Design Manual‹ war nicht nur die Anwendung identitätsstiftender grafischer Elemente – z. B. Hakenkreuz, Farben, Schriften, Hitlers Konterfei – detailliert geregelt, sondern auch die Sprache: Die Begriffe wurden umgedeutet, und damit griff das Regime nach der Kontrolle über das Denken der Menschen, wie es Aldous Huxleys ›Brave New World‹ (1932) präludiert.

In einer Geschichte des *Nachhaltigen Designs* muss auf diese düstere Epoche hingewiesen werden, weil die totalitären Systeme des 20. Jahrhunderts, insbesondere der europäische Faschismus, aber auch die russischen und chinesischen Regime Josef Stalins und Mao Tsetungs, als Negativschablonen für alle zentralen Aspekte des Konzepts Nachhaltigkeit stehen. Sie zögerten nicht, Zerstörung als notwendiges Mittel zu proklamieren, um ihre Vorstellung von einer neuen Gesellschaft zu verwirklichen. Weil es sich um totalitäre Systeme handelte, war kein Bereich von ihrer destruktiven Gewalt ausgenommen: Menschliches Leben, gesellschaftliche Beziehungen, gewachsene Traditionen, humanitäre und geistige Werte, materielle Infrastruktur und natürliche Umwelt. Deshalb kann Widerstand gegen diese Regime als Verteidigung von Gesellschaftsformen verstanden werden, welche eine nachhaltige Lebensführung erst ermöglichen.

Vor diesem Hintergrund sind die Gedanken des deutschen Philosophen Walter Benjamin (1892–1940) bemerkenswert. Er hat seinen

Kann Design faschistisch sein?

berühmten Aufsatz über ›Das Kunstwerk im Zeitalter seiner technischen Reproduzierbarkeit‹ 1935 im Exil in Paris verfasst, wohin er im September 1933 vor den Nazis fliehen musste. Darin warnt er eindringlich vor der Gefahr, die von der Vereinnahmung der Ästhetik durch die Politik ausgeht. Er prognostiziert den drohenden Zusammenhang von industrialisierten Massenmedien und industrialisierter Massenvernichtung: Wenn Lichtdome aus Flak-Scheinwerfern und Spaliere aus Fackeln das nächtliche Dunkel mythisch aufladen, wenn Hunderttausende stumm in Reih und Glied aufmarschieren und wie eine riesige choreografierte Maschine auf den Befehl eines einzelnen Befehlshabers gehorchen, wenn sich athletisch gestählte Körper von Olympioniken in Leni Riefenstahls Propagandafilm wie übermenschliche Heroen vom Sprungturm in die Tiefe stürzen, dann haben sich zuvor alle beteiligten Gestalter kritik- und widerstandslos den machtpolitischen Interessen ihrer Auftraggeber unterworfen, um ihre ästhetischen Vorstellungen zu realisieren. Benjamins Vorhersage erfüllte sich. Die Lehre aus dieser Erfahrung lautet, dass die gesellschaftliche Verantwortung des Gestalters darin besteht, sich der immer vorhandenen politischen Dimension der Gestaltung bewusst zu sein. Dieses Bewusstsein ist unverzichtbar, um die Voraussetzungen für Nachhaltigkeit zu schaffen.

Ist emotional beeinflussende Gestaltung unethisch?

Politische Zusammenhänge lassen sich nur verstehen, wenn auch die wirtschaftlichen Rahmenbedingungen durchdrungen werden. Es ist deshalb unsinnig, wenn Gestalter den Anspruch auf *autonome* oder *absolute* Kreativität erheben. Der Begriff *absolut* bedeutet wörtlich: losgelöst. Absolute Kreativität wäre also eine, die von der Wirklichkeit losgelöst wäre. Wenn sich Gestalter lediglich auf ästhetische Aspekte ihrer Arbeit konzentrieren und die gesellschaftlichen, politischen und wirtschaftlichen Dimensionen ausklammern wollen, überlassen sie die Gestaltung der Welt denen, die für Gestaltung nichts, für Macht aber sehr viel übrig haben. Im Extremfall lässt sich diese Diagnose in totalitären Systemen stellen. Sie streben danach, jegliche Freiheit der Kreativität zu kontrollieren und sie vollständig zum Erhalt ihrer eigenen Macht zu instrumentalisieren.

Ein herausragendes Beispiel dafür, wie man sich politische und wirtschaftliche Zusammenhänge erschließen und mit den Mitteln der Gestaltung für eine demokratische und freie Gesellschaft engagieren konnte, ist das Werk von Gerd Arntz (1900–1988). Der Sohn eines Industriellen aus Remscheid wollte die Fabrik seines Vaters nicht übernehmen. Stattdessen entschied er sich für eine künstlerische Laufbahn. Aus eigener Anschauung lernte er nicht nur die Auseinandersetzungen zwischen Arbeiterschaft und Arbeitgebern in der wilhelminischen Gesellschaft kennen, sondern auch die Folgen des Ersten Weltkriegs für die Menschen. Er zog daraus den Schluss, dass Kapitalismus und Krieg unmittelbar miteinander zusammenhingen. Deshalb wollte er seine künstlerischen Interessen in den Dienst der Arbeiterschaft stellen, um dazu beizutragen, dass eine klassenlose Gesellschaft entstünde. Aus dieser Motivation entwickelte er gemeinsam mit dem Soziologen und Philosophen Otto Neurath zwischen 1929 und 1934 am Wiener Gesellschafts- und Wirtschaftsmuseum die ›Wiener Methode der Bildstatistik‹. Mithilfe einer weitgehend reduzierten, konstruktiven Bildersprache wollte er komplexe gesellschaftliche Zusammenhänge einfach verständlich machen. Seine Piktogramme werden von dem aufklärerischen Impetus getragen, dass die Aufgabe der Gestaltung in didaktischer Information besteht und nicht in emotionaler Überwältigung.

Betrachtet man den gewaltigen Aufschwung der westlichen Industriegesellschaften nach dem Ende des Zweiten Weltkriegs, so finden sich bei vielen formalästhetisch-stilistischen Ausprägungen des Designs Aspekte, die als nachhaltig bezeichnet werden könnten. Beim sogenannten ›organischen Design‹ wäre es beispielsweise die Vorliebe für einheimisches Holz und geschwungene Oberflächen, welche nicht der euklidischen Geometrie folgen, sondern Erscheinungsweisen der Tier- und Pflanzenwelt nachahmen. Beim sogenannten ›Funktionalismus‹ [vgl. Spitz 2007; Bürdek 1997] könnte man das zugrunde liegende Paradigma erwähnen, wonach sich die Form *zwangsläufig* aus einer inneren Logik des funktionalen Nutzens heraus ergeben soll. Doch haben diese und weitere Spielformen kaum Beiträge zur Entwicklung des *Nachhaltigen Designs* geleistet. Ihre Akteure interessierten sich nicht dafür, dauerhafte Lösungen für komplexe Kontexte herbeizuführen – Lösungen, die humanitäre, soziale, wirtschaftliche, kulturelle, politische und ästhetische Faktoren berücksichtigen. Unter diesem ganzheitlichen Anspruch lassen sich nur wenige Institutionen und Akteure für *Nachhaltiges Design* nach 1945 benennen.

Ein Beispiel ist der vielfach belächelte, sogar mit Häme überschüttete Versuch, die beinahe total zerstörte Nachkriegswelt zu heilen und eine bessere Gesellschaft durch allumfassende Gestaltung zu formen: Die Aktion ›Die gute Form‹. Ihr Name war Programm. Er bringt zum Ausdruck, dass der Güte von Gestaltung sowohl eine ästhetische als auch eine moralische Dimension zu eigen sei. Die Aktion des ›Schweizerischen Werkbundes‹ (SWB) von 1949 bis 1969 war aus einem Vortrag Max Bills (1908–1994) hervorgegangen, einem Schüler des Dessauer Bauhauses, der sich als Skulpteur, Maler, Architekt, Designer und Publizist einen Namen gemacht hatte. 1948 hielt er auf der Tagung des SWB den Vortrag ›Schönheit als Funktion und aus Funktion‹. Der Werkbund beauftragte ihn daraufhin, für die Schweizerische Mustermesse in Basel 1949 eine Sonderschau zu organisieren. Bill verlieh ihr den Titel ›Die gute Form‹. Daraus ging die gleichnamige Auszeichnung hervor, die der SWB ab 1952 jährlich an ausgewählte Produkte verlieh, welche in Basel ausgestellt wurden. Der Katalog ihrer Kriterien bewertet umfassend sämtliche Einflussfaktoren des Designs und stellt deshalb auch nach heutigen Maßstäben einen Versuch dar, Nachhaltigkeit zu qualifizieren. Der Schweizer Designhistoriker Peter Erni listet die wesentlichen Merkmale eines Gegenstands auf, welcher den Ansprüchen der Guten Form genügt:

»*Er ist auf Grund einer optimalen Ökonomie der Handhabung erzeugt worden und strukturiert auf Grund einer Ökonomie der eingesetzten Mittel. Im Umgang mit ihm wird jeder Energieverlust vermieden. Seiner Produktion ging eine Analyse der Praktiken voraus, die sachlich dazu beigetragen hat, dass er das geworden ist, was er ist. An ihm und mit ihm wird man im Gebrauch nichts vermissen. Er verspricht den höchsten denkbaren Gebrauchswert. An ihm ist nichts zu viel und nichts zu wenig. [...] Er ist handlich, praktisch, er verheißt wenn nicht Glück, so doch jahrelange Annehmlichkeiten und Komfort. [...] Er möchte nicht mehr sein, als es scheint, aber auch nicht weniger. [...] Er verkörpert eine bewusste Askese und beweist sich unablässig als sinnfälliger Demonstrant gegen schrille Formen [...]. Dies Gerät ist ein Massenprodukt und damit erschwinglich. Es gibt sich klassenlos.*« [Erni 1983: 5 f.]

Braucht Design Moral?

Faktoren wie Zweckmäßigkeit, Solidität, Sparsamkeit beim Materialverbrauch und bei den Arbeitsgängen in der Handhabung des Produktes, Benutzerfreundlichkeit durch eine einfache und klar verständliche Oberfläche und eine selbstverständliche Bedienung, die ohne Anleitung auskommt, zielen auf die Optimierung des Nutzens. Selbst die formal strenge Ästhetik ist von Nutzen, so die These, weil sich der Käufer lange mit seinen Erwerbungen umgeben kann, da sie nicht aus der Mode geraten. Ihren Vertretern galt alles als Antipoden der Guten Form, was sie als Schund, Kitsch, Geschäftemacherei oder Blendwerk ablehnten: Sowohl das Modisch-Effekthaschende, wegen eines kurzfristigen Gewinns Gestaltete, als auch das seine industrielle Herkunft Verleugnende, das Handwerk Vorgebende.

Hinter der Idee der Guten Form steht ein offen geäußerter Verdacht: Was außen dekoriert ist, verdeckt innere Untauglichkeit und Unvollkommenheit. Es ist das Glaubensbekenntnis, dass das Schlechte im Kleinen zu schlechteren gesellschaftlichen Verhältnissen führt, während, so die aufklärerische Überzeugung, das Schöne als etwas Gutes zum guten Menschen führe. »*Humanität per gute Tasse*«, lautet die saloppe Formel, auf die es der Biograf der ›Weißen Rose‹, Christian Petry, gebracht hat.

Max Bill legte immer Wert darauf, dass über die moralische Dimension die gestalterischen nicht vergessen werden: »*jedes objekt hat eine ästhetische komponente. [...] die gute form ist etwas, was in jeder beziehung nicht anfechtbar ist, sagen wir mal: aus praktischen und moralischen gründen.*« [IDZ-Protokolle 1987: 24]

Zeitlich weitgehend parallel zur Guten Form verlief die Geschichte der privaten Hochschule für Gestaltung (HfG) Ulm. Die Gründungsaktivitäten setzten 1949 ein, 1953 begann der Unterricht in provisorischen Räumen der Ulmer Volkshochschule, 1968 wurde der Unterricht im eigenen Gebäudekomplex auf dem Kuhberg eingestellt. Auch inhaltlich und personell gab es Parallelitäten, vor allem verkörpert durch Max Bill als Gründungsrektor (bis 1957) und Architekt der Hochschulbauten. Aber die Bedeutung der HfG Ulm im Zusammenhang der Entwicklung *Nachhaltigen Designs* übersteigt die Facette ihrer Verbindung zur Ideologie der Guten Form bei weitem. Vermutlich kann die HfG sogar als die erste Designhochschule gesehen werden, die sich nach 1945 vollständig auf den Themenkomplex konzentriert hat, welche nach heutigen Maßstäben zusammengenommen Nachhaltigkeit bedeuten. Die Rezeption der HfG leidet allerdings darunter, dass sie formalästhetisch als Hort des sogenannten ›Funktionalismus‹ missverstanden wurde. Die unter dieser Oberfläche wirkenden Antriebskräfte wurden vielfach übersehen.

Erstens machte die HfG zwar, ähnlich wie das Bauhaus, mehrere Phasen durch, welche unterschiedlichen Charakter tragen [vgl. Aicher 1975]. Aber die wesentlichen Überzeugungen, Ausrichtungen und Beschäftigungsfelder blieben konstant. Charakteristisch für die HfG ist ihr politisches Fundament. Vom ersten Tag an wurde Gestaltung als Mittel verstanden, um gesellschaftliche Veränderung herbeizuführen. Die Initiative zu ihrer Gründung ging 1949 von den Ulmern Inge Scholl (1917–1998) und ihrem späteren Ehemann Otl Aicher (1922–1991) aus. 1950 sicherten sie sich dafür die Hilfe Max Bills. Inge Scholl als älteste Schwester der studentischen Widerstandskämpfer Hans und Sophie Scholl sowie Otl Aicher als enger Freund dieser beiden von den Nazis 1943 hingerichteten Mitglieder der Weißen Rose betrachteten die HfG als einen Beitrag zur Bildung einer demokratischen, freien, kritischen deutschen Nachkriegsgesellschaft. Ihr Ziel bestand darin, einen Ort für junge Menschen aus aller Welt zu etablieren, wo sie sich allseitig schulen konnten, um Disziplinen übergreifend als Gestalter zu arbeiten.

Deshalb war zweitens ein breites Spektrum an Fächern charakteristisch für den Lehrplan der HfG, welche in dieser Breite und Tiefe an keiner anderen zeitgenössischen Einrichtung angeboten wurden, z. B. Mathematik, Ingenieurwissenschaften wie Fertigungslehre und Materialkunde, Sozialwissenschaften wie Soziologie und Psychologie sowie Geisteswissenschaften wie Semiotik, Kultur- und Literaturgeschichte ergänzten die im engeren Sinne typischen Gestaltungsfächer wie Farbtheorie, Harmonie- und Proportionslehre und die handwerkliche Ausbildung in den Werkstätten (Holz, Gips, Metall, Fotografie).

Drittens entwickelte die HfG ein eigenständiges Modell der projektorientierten Teamarbeit in den sogenannten Entwicklungsgruppen, in denen Aufträge der Privatwirtschaft und der öffentlichen Hand nachgegangen wurde. Am Anfang stand stets die umfassende Analyse des jeweiligen Kontextes, um ein nüchternes, sachliches und vernünftiges Ergebnis zu erzeugen. Die HfG verlegte den Entwurf aus dem Atelier des intuitiv-genialischen Künstlers in das

Labor, in dem der Designer als gleichberechtigter Partner von Wissenschaftlern, Kaufleuten und Technikern zur gemeinsamen Entwicklung durch Kommunikation beitragen sollte.

Viertens wurden Prestige und Luxus gemieden. Die HfG interessierte sich für die Gestaltung der Welt mit Artefakten, die für 99 % der Menschheit relevant waren: An die Stelle des Porzellanservices für Feiertage trat die Frage, wie ein stapelbares, robustes und günstiges Geschirr für Jugendherbergen auszusehen habe. In der Abteilung für visuellen Kommunikation wurde nicht über Werbung für Mode, Waschmittel oder Süßigkeiten nachgedacht, sondern über eine Kampagne für Sicherheit im Straßenverkehr oder für gesunde Ernährung. »*Dinge wie Nostalgie, planned obsolence, Pop-Art, Werbung als geheime Versuchung oder Wegwerfprodukte haben keinen Platz in der Ulmer Aussage gefunden.*« [Ohl 1975: 20].

Fünftens war die HfG »*die erste Designschule, die sich ganz bewusst in die geistesgeschichtliche Tradition der Moderne einordnete.*« [Bürdek 1991: 39] Damit ist die Überzeugung gemeint, dass jede Aufgabe aus sich selbst gelöst werden soll. Das Ulmer Paradigma vom vernünftigen Entscheiden auf der Basis rationaler Argumente begründet sich laut Herbert Lindinger darin, dass der Faschismus gerade überstanden war, der als Versuch in Erinnerung geblieben war, »*Menschen ihrer Ratio zu berauben, sie bewusst mit Symbolen und Irrationalität hörig zu machen. Wir glaubten dagegen an die Machbarkeit dieser Welt, an das Rationale und daran, an die Tradition der Aufklärung anknüpfen zu können. [...] Der ganze Ansatz Ulms ist im Grunde genommen ein aufklärerischer, nämlich der Versuch einer organischen Verbindung von Gesellschaft und Kultur einerseits und Wissenschaft und Technologie andererseits.*« [Lindinger 1991: 83 ff.] Der Glaube an die Machbarkeit der Welt führt zum Gedanken, dass die Welt, oder besser: die Umwelt, gestaltet und dass die Umwelt vor den Folgen schlechter Gestaltung bewahrt werden müsse.

Wo sind die Aufträge für Designer, abseits von Politik und Absatzwirtschaft?

Die HfG geriet in der Mitte der 1960er Jahre in die Krise, als auch der uneingeschränkte Glaube an die positiven Folgen der Moderne einbrach. Obwohl sich die HfG stets mit der »*kulturellen Bewältigung der technischen Zivilisation*« (Otl Aicher) als gesellschaftlicher Aufgabe beschäftigte, wurde sie in der Wahrnehmung schon früh auf oberflächliche Ergebnisse reduziert: Weil sie Technik als Technik sichtbar machte (wie bei einem Radio oder einem Fernseher), galt sie als asketische, radikalisierte Ausprägung des sogenannten Funktionalismus. Von ihrer ästhetischen Strenge wurde auf die Kompromisslosigkeit der moralischen und charakterlichen Ansprüche der Menschen geschlossen, die sich mit diesen Objekten umgeben sollten. Die HfG konnte auch das seit ›Arts and Crafts‹ bekannte Paradoxon nicht auflösen, dass ihre Arbeiten nur von einer kleinen Schicht des Mittelstands (meist Aufsteiger) geschätzt wurden, deren Angehörige dadurch ihre Kennerschaft demonstrierten und die sich diese Vorliebe auch leisten konnten. 1968 wurde der Unterricht an der HfG eingestellt. Die Nachfolgeinstitution wurde nicht mehr von der privaten Geschwister-Scholl-Stiftung finanziert, sondern war der Technischen Universität Stuttgart angegliedert: Das Institut für Umweltplanung (IUP). Das Konzept dieses Post-Graduate-Studiums war auf partnerschaftliche Partizipation angelegt: Weil sie bereits ein Studium absolviert hatten, sollten die Studenten von den Dozenten lediglich Hilfestellung für die selbstständige Vertiefung ihrer persönlichen Interessen erhalten. Nach nur drei Jahren wurde das IUP jedoch geschlossen. Siegfried Maser, einer der drei Dozenten des IUP, führte die Ansätze im Fachbereich ›experimentelle Umweltgestaltung‹ an der Braunschweiger Hochschule für Bildende Künste fort.

Die Krise der Moderne war eingebettet in eine gesamtgesellschaftliche Legitimationskrise. Es war offenbar geworden, dass Analyse kein methodisches Allheilmittel ist und Objektivität ein Mythos; dass die Form nicht der Funktion folgt, weil ein Ding niemals nur eine Funktion hat, sondern durch den Anwender ungeplante Funktionen zugewiesen bekommt; dass stupide Rationalität in der Architektur zu Monotonie in den Städten führt; dass industrielle Massenproduktion den Reichtum kultureller Vielfalt bedroht; dass eine hedonistische, konsumorientierte Lebensführung natürliche Ressourcen verschwendet und die Umwelt dauerhaft zerstört; dass zentrale, streng hierarchische Planung von Großprojekten ohne Partizipation der Betroffenen katastrophal scheitern. Kurz: Die »*Dysfunktionalität des Funktionalen*« (Michael Erlhoff) war Ende der 1960er Jahre nicht mehr zu übersehen. Der Psychoanalytiker Alexander Mitscherlich klagte 1965 über die »*Unwirtlichkeit unserer Städte*«. Wolfgang Fritz Haug prangerte 1971 in seiner ›Kritik der Warenästhetik‹ eine Konsumgesellschaft an, die vom Fetischcharakter der Produkte besessen war. Die Zeichenhaftigkeit der modernen Dinge hatten schon zuvor französische Soziologen herausgearbeitet, allen voran Henri Lefebvre, Roland Barthes und Jean Baudrillard.

So waren die 1960er Jahre durch die Gleichzeitigkeit von einander widerstrebenden Kraftfeldern geprägt. Einerseits war der sogenannte ›International Style‹ als gestalterische Konvention etabliert (Mies van der Rohes Hauptwerke, das ›Seagram Building‹ an der New Yorker Park Avenue und die ›Neue Nationalgalerie‹ in Berlin, wurden 1958 bzw. 1968 eingeweiht). Die Begeisterung für technischen und wissenschaftlichen Fortschritt erfuhr durch die Raumfahrt einen euphorischen Aufschwung und brachte den Stil des sogenannten ›Space Design‹ hervor. Andererseits blühten Protestbewegungen in unterschiedlichen Ausprägungen auf: die die Konsumgesellschaft kritisch spiegelnde ›Pop Art‹, das provokative ›Anti-Design‹, die bunte und spielerisch-verträumte Gegenkultur der Hippie-Bewegung und die durch den Vietnamkrieg desillusionierte Anti-Kriegsbewegung.

Diese Bewegungen kumulierten 1968 in den Unruhen der europäischen und nordamerikanischen Studenten. Sie wurde von einer vielfach motivierten Wut, Enttäuschung und Frustration der jungen Generation getragen und richtete sich gegen die Unfähigkeit ihrer Eltern, die akuten Themen zuerst zur Sprache und dann in Ordnung zu bringen: Mangelnde selbstkritische Auseinandersetzung mit der eigenen Verantwortung im Nationalsozialismus, gesellschaftliche Erstarrung in Hierarchien, fehlende Emanzipation der Frauen, Tabuisierung der Sexualität, weltweiter Hunger und Armut, Rassendiskriminierung, Kriege in Asien und Afrika, Teilung der Welt in einen westlichen und einen östlichen Machtblock, gegenseitige Bedrohung durch atomaren *Overkill*. Die Studenten stellten jegliche Autoritäten in Frage, vor allem in den Hochschulen. Die westliche Gesellschaft galt ihnen nicht als Hort der Freiheit, sondern sie begehrten gegen den Bestand massiver Unfreiheiten auf.

Vor diesem Hintergrund erfuhren Design und Architektur ab den späten 1960er Jahren wesentliche Impulse von der italienischen Bewegung ›Architettura Radicale‹. Der Architekt Andrea Branzi, einer ihrer tragenden Protagonisten, beschrieb sie aus der Rückschau als Sammelbecken: »*In ihr sind verschiedene kulturelle Bewegungen wie die Pop-Architektur, die Konzeptionelle Architektur und das Anti-Design miteinander verbunden. Darüber hinaus sind auch die neuen politischen Ideen der 68er Bewegung, die neue Musik, die Beat-Literatur sowie die Pop-Art von sehr großer Bedeutung gewesen.*« [Schepers 1998: 69] Mit Formationen wie ›Archigram‹ (England, 1961), ›Archizoom‹ und ›Superstudio‹ (beide Italien, 1966) trat eine grundsätzlich neue Haltung zur Gestaltung an die Öffentlichkeit. Nachdem die französischen Soziologen den Blick dafür geöffnet hatten, dass alles zum Zeichen werden konnte – zum Zeichen der Revolte oder des Protests im Politischen ebenso wie im Sozialen oder auch im Psychischen –, interessierten sie sich weniger für die Erfindung von Objekten, sondern vor allem für die Konstruktion von sozialen Kontexten.

»*Sowohl der künstlerischen wie der politischen Avantgarde um 1968 ging es um die Gründung einer Interpretationsgemeinschaft, die eine Art Wechsel des Aggregatszustands der Welt im Sinn hatte: Wo in der Entfremdung der Konsumgesellschaft alles verfahren ist, müssen die erkannten Strukturen des Realen zunächst aufgeweicht werden, damit das Negative im Sinne des Nicht-Menschgemäßen endgültig aus der Welt geräumt werden kann. Das Reale selbst stand zur Disposition, die Dinge probten den Aufstand. So änderte sich das Verhältnis zu den alltäglichen Gegenständen, indem die profanen Dinge im Diskurs des Kritizismus in neuem Sinn bedeutend wurden.*« [Schepers 1998: 78]

Im den Jahren des Übergangs vom Ende der 1960er zum Begin der 1970er Jahre verfasste der in Wien geborene Designer Victor Papanek ein Buch, in dem er seine Antworten auf all diese drängenden Themen der Zeit zu einem kritischen Manifest mit polemischem Tonfall (anders ging es wohl kaum) zusammenfasste. ›Design for the real world‹, 1971 in den USA veröffentlicht, erschien zu einer Zeit, als Ökologie noch ein weitgehend unbekannter Begriff war. Er leitete sein Werk mit einem scharfen Angriff gegen die Designer ein:

»*Es gibt Berufe, die mehr Schaden anrichten als der des Industriedesigners, aber viele sind es nicht. Verlogener ist wahrscheinlich nur noch ein Beruf: Werbung zu machen, die Menschen davon zu überzeugen, dass sie Dinge kaufen müssen, die sie nicht brauchen, um Geld, das sie nicht haben, damit sie andere beeindrucken, denen das egal ist, – das ist vermutlich der schlimmste Beruf, den es heute gibt. Die industrielle Formgebung braut eine Mischung aus den billigen Idiotien zusammen, die von den Werbeleuten verhökert werden, und landet damit gleich auf Rang 2. Es ist ein Zeichen unserer Zeit, dass erwachsene Menschen sich hinsetzen und ernsthaft elektrische Haarbürsten, strassbesetzte Schuhlöffel und Nerzteppichböden für Badezimmer entwerfen, um dann komplizierte Strategien auszuarbeiten, wie man diese erzeugen und an Millionen Menschen verkaufen kann. [...] Durch kriminell unsichere Autos, durch die jedes Jahr fast eine Million Menschen auf der ganzen Welt umkommen oder verstümmelt werden, durch neue Arten von bleibendem Müll, der die Landschaft verschandelt, und Verfahren, die unsere Atemluft verschmutzen, sind die Designer zu einer gefährlichen Berufsgruppe geworden. [...] Im Zeitalter der Massenproduktion, wo alles Planung und Gestaltung erfordert, ist das Design zum wichtigsten Instrument des Menschen geworden, mit dem er seine Werkzeuge und die Umwelt (im im weiteren Sinne auch die Gesellschaft und sich selbst) gestaltet. Das erfordert vom Designer ein hohes Maß an sozialer und moralischer Verantwortung. [...] Wir dürfen unseren Planeten nicht länger mit schlecht gestalteten Objekten und Bauten verschandeln.*« [Papanek 2009: 7 f.]

Wie radikal und umfassend muss Design sein?

Als Papanek sein Buch veröffentlichte, hatte der ›Club of Rome‹, 1968 gegründet, noch nicht auf die Fragwürdigkeit des grenzenlosen Wirtschaftswachstums hingewiesen. Globale Herausforderungen wie Umweltverschmutzung, Verschwendung von Wasser, Energie und Rohstoffen, Ungleichverteilung des Wohlstandes in der Welt, mangelnde medizinische Versorgung und Zugang zu Bildungschancen in vielen Ländern sowie das Auto als Benzin- und Raumfresser wollte Papanek durch partizipatives Design lösen. Er ließ seine Entwicklungen absichtlich nicht patentieren, sondern veröffentlichte sie kostenlos, weil sie für eine uneingeschränkte Do-it-yourself-Produktion verbreiten werden sollten. Seine Hoffnung richtete er auf eine neue Form des Designs, das gemäß seiner Definition als *Nachhaltiges Design* begriffen werden kann: »*Integriertes Design ist umfassend: Es versucht, alle Faktoren und Varianten in Betracht zu ziehen, die für eine Entscheidungsprozess notwendig sind. Integriertes und umfassendes Design ist vorausschauend: Es versucht, bestehende Daten und Trends zu bewerten und anhand von Szenarien die Zukunft, wie es gestaltet, ständig zu extrapolieren und zu in-*

terpolieren. Integriertes, umfassendes, antizipatives Design ist ein Akt des Planens und Gestaltens über disziplinäre Grenzen hinweg, ein Akt, der dauernd an ihren Schnittstellen ausgeführt wird.« [Papanek 2009: 320]

Spätestens mit diesem Beitrag steht auf der Agenda der Designer, dass sie für die globalen und potentiell unkontrollierbaren Folgen ihrer Arbeit Verantwortung übernehmen müssen – auch wenn in diesem Text erneut die seit Morris aufflackernde Sehnsucht der Gestalter, die fortschreitende Technisierung aufzuhalten und zurückzudrehen, unübersehbar ist. Eine konstruktive Alternative dazu liefert die Haltung des amerikanischen Ingenieurs Richard Buckminster Fuller, der einen Perspektivwechsel herbeigeführt hat: Auf die Tatsache, dass wir Menschen gemeinsam das *Raumschiff Erde* bevölkern.

René Spitz ist u. a. Designtheoretiker und -historiker. Während des Studiums der Geschichte, Germanistik und Kommunikationswissenschaft hat er von 1989 bis 1991 projektweise mit Otl Aicher zusammengearbeitet. 1997 wurde er mit einer Dissertation über die politische Geschichte der HfG Ulm promoviert. Seit 1998 arbeitet er als Partner im Kölner Beratungsunternehmen ›rendel & spitz‹. Parallel hat er bis heute mehr als 350 Beiträge zur Theorie, Kritik und Geschichte des Designs veröffentlicht und dazu mehrere Lehraufträge übernommen. Von 2004 bis 2007 war er Vorsitzender des Fachbeirats und verantwortlich für die programmatische Neuausrichtung des IFG Ulm. Schwerpunkt seiner Forschungstätigkeit ist die gesellschaftliche Verantwortung der Gestalter.

Quellen

Adorno, Theodor W. , ›*Funktionalismus heute, Gesammelte Schriften, Band 10: Kulturkritik und Gesellschaft*‹ (Frankfurt am Main: Suhrkamp, 2003), 375–395.

Aicher, Otl, ›*die hochschule für gestaltung. neun stufen ihrer entwicklung*‹, archithese 15/1975, 12–18.

Aicher, Otl, ›*die welt als entwurf*‹ (Berlin: Ernst & Sohn, 1991).

Barthes, Roland, ›*Mythen des Alltags*‹ (Frankfurt am Main: Suhrkamp, 1964).

Baudrillard, Jean, ›*Das System der Dinge*‹ (Wien: Europa, 1974).

›*Beauty is in the street. A visual record of the may '68 paris uprising*‹, hg. von Johan Kugelberg und Philippe Vermès (London: Four Corners Books, 2011).

Benjamin, Walter, ›*Das Kunstwerk im Zeitalter seiner technischen Reproduzierbarkeit*‹, ›Zeitschrift für Sozialforschung‹ 5/1936, 40–66.

Bill, Max, ›*Funktion und Funktionalismus, Schriften: 1945–1988*‹, hg. von Jakob Bill (Bern, Sulgen: Benteli, 2008)

›*... daß diese ganze Geschichte in Ulm losgegangen ist, das ist überhaupt ein Irrtum ...*‹. IDZ-Protokolle HfG Ulm, hg. von Angela Schöneberger (Berlin: Internationales Design Zentrum, 1987).

›*Design Theorie*‹, hg. von Cordula Meier (Frankfurt am Main: Anabas, 2001).

›*Die Bauhaus-Debatte 1953: Dokumente einer verdrängten Kontroverse*‹, hg. von Ulrich Conrads (Braunschweig, Wiesbaden: Vieweg, 1994).

›*Gesellschaft und Wirtschaft. Bildstatistisches Elementarwerk*‹, hg. von Otto Neurath (Leipzig: Bibliographisches Institut, 1930).

›*Gestaltung denken. Grundlagentexte zu Design und Architektur*‹, hg. von Klaus Thomas Edelmann und Gerrit Terstiege (Basel: Birkhäuser, 2010).

Haug, Wolfgang Fritz, ›*Kritik der Warenästhetik*‹ (Frankfurt a. M.: Suhrkamp, 1971).

Killy, Walther, ›*Deutscher Kitsch. Ein Versuch mit Beispielen*‹ (Göttingen: Vandenhoeck & Ruprecht, 1961).

›*Kitsch. Texte und Theorien*‹, hg. von Ute Dettmar und Thomas Küpper (Stuttgart: Philipp Reclam jun. , 2007).

Lefebvre, Henri, ›*Kritik des Alltagslebens*‹, hg. von Dieter Prokop, Bd. 1–3 (München: Hanser, 1974–75).

McLuhan, Marshall, ›*Die magischen Kanäle. Understanding Media*‹ (Düsseldorf: Econ, 1968).

Mitscherlich, Alexander, ›*Die Unwirtlichkeit unserer Städte. Anstiftung zum Unfrieden*‹ (Frankfurt am Main: Suhrkamp, 1965).

Moles, Abraham, ›*Psychologie des Kitsches*‹ (München: Hanser, 1971).

Müller-Brockmann, Josef, ›*Gestaltungsprobleme des Grafikers. Gestalterische und erzieherische Probleme in der Werbgrafik – die Ausbildung des Grafikers*‹ (Sulgen, Zürich: Niggli, 1961).

Ohl, Herbert, ›*Das Bewusstsein, das Ulm geschaffen hat*‹, archithese 15/1975, 19–25.

›*Otto Neurath. From hieroglyphics to Isotype. A visual autobiography*‹, hg. von Matthew Eve und Christopher Burke (London: Hyphen Press, 2010).

Packard, Vance, ›*Die geheimen Verführer*‹ (Düsseldorf: Econ, 1958).

Papanek, Victor, ›*Design für die reale Welt. Anleitungen für eine humane Ökologie und sozialen Wandel*‹, hg. von Florian Pumhösl u. a. (Wien, New York: Springer, 2009).

›*Texte zur Typografie. Positionen zur Schrift*‹, hg. von Petra Eisele und Isabel Naegele (Sulgen, Zürich: Niggli, 2012).

›*Theorien der Gestaltung. Grundlagentexte zum Design, Band 1*‹, hg. von Volker Fischer und Anne Hamilton (Frankfurt am Main: form, 1999).

Literatur

Bittner, Regina (Hg.), ›Bauhausstil. Zwischen International Style und Lifestyle‹ (Berlin: Jovis, 2003).

Breuer, Gerda; Peters, Andrea; Plüm, Kerstin, ›die 60er. Positionen des Designs‹ (Köln: Wienand, 1999).

Breuer, Gerda (Hg.), ›Das gute Leben. Der Deutsche Werkbund nach 1945‹ (Tübingen: Wasmuth, 2007).

Bürdek, Bernhard E., u. a., ›Vom Mythos des Funktionalismus‹ (Köln: Verlag der Buchhandlung Walther König, 1997).

Bürdek, Bernhard E., ›Design. Geschichte, Theorie und Praxis der Produktgestaltung‹ (Basel: Birkhäuser, 2005).

Bürdek, Bernhard; Eisele, Petra (Hg.), ›Design, Anfang des 21. Jh. Diskurse und Perspektiven‹ (Ludwigsburg: av edition, 2011).

Cohen, Jean-Louis, ›The Future of Architecture. Since 1889‹ (London: Phaidon, 2012).

Eckstein, Hans, ›Formgebung des Nützlichen. Marginalien zur Geschichte und Theorie des Design‹ (Düsseldorf: Edition Marzona, 1985).

Eisele, Petra, ›BRDesign. Deutsches Design als Experiment seit den 1960er Jahren‹ (Köln: Böhlau, 2005).

Erni, Peter, ›Die gute Form. Eine Aktion des Schweizerischen Werkbundes. Dokumentation und Interpretation‹ (Baden/CH: Lars Müller, 1983).

Garner, Philippe, ›sixties design‹ (Köln: Taschen, 1996).

›Gerd Arntz. Graphic Designer‹, hg. von Ed Annink und Max Bruinsma (Rotterdam: 010 Publishers, 2010).

Heller, Steven, ›Merz to Emigre and Beyond: Avant-Garde Magazine Design of the Twentieth Century‹ (London: Phaidon, 2003).

Heller, Steven, ›Iron Fists. Branding the 20th-Century Totalitarian State‹ (London: Phaidon, 2008)

Kellein, Thomas (Hg.), ›Alvar & Aino Aalto. Design‹ (Ostfildern: Hatje Cantz, 2004).

Lindinger, Herbert (Hg.), ›Hochschule für Gestaltung Ulm. Die Moral der Gegenstände‹ (Berlin: Ernst & Sohn, 1991).

Manske, Beate (Hg.), ›Die organische Form. 1930–1960: Produktgestaltung‹ (Bremen: Wilhelm Wagenfeld Stiftung, 2003).

Oestereich, Christopher, ›Gute Form im Wiederaufbau. Zur Geschichte der Produktgestaltung in Westdeutschland nach 1945‹ (Berlin: Lukas, 2000).

Ogan, Bernd; Weiß, Wolfgang W. (Hg.), ›Faszination und Gewalt: Zur politischen Ästhetik des Nationalsozialismus‹ (Nürnberg: W. Tümmels, 1992).

Petry, Christian, ›Studenten aufs Schafott. Die Weiße Rose und ihre Scheitern‹ (München: Piper, 1968).

Schepers, Wolfgang (Hg.), ›'68 Design und Alltagskultur zwischen Konsum und Konflikt‹ (Köln: DuMont, 1998).

Spitz, René, ›HfG Ulm. Der Blick hinter den Vordergrund. Die politische Geschichte der Hochschule für Gestaltung 1953–1968‹ (Stuttgart, London: Axel Menges, 2002).

Spitz, René, s.v. Funktion, ›Wörterbuch Design‹, hg. von Michael Erlhoff und Tim Marshall (Basel: Birkhäuser, 2007).

Schneider, Beat, ›Design – Eine Einführung. Entwurf im sozialen, kulturellen und wirtschaftlichen Kontext‹ (Basel: Birkhäuser, 2005).

Vossoughian, Nader, ›Otto Neurath. The Language of the Global Polis‹ (Rotterdam: NAI, 2011).

›Verner Panton. Das Gesamtwerk‹, hg. von Alexander von Vegesack und Mathias Remmele (Weil am Rhein: Vitra Design Museum, 2000).

Wichmann, Hans, ›Design contra Art Déco. 1927–1932 Jahrfünft der Wende‹ (München: Prestel, 1993).

Gestaltung ist stets politisch. Beuys erweitert das Material der Gestaltung von tradierten Werkstoffen wie Holz oder Farbe um den Menschen und die Gesellschaft. Der Künstler selbst ist Teil seines Werkes – und weil »*jeder Mensch ein Künstler*« ist, gestaltet er seine eigene Biografie und seine Lebenswelt wie Kunstwerke. Mit Projekten wie ›7000 Eichen – Stadtverwaldung statt Stadtverwaltung‹ kehrt Beuys die Hierarchie zwischen Natur und künstlicher Welt um. Für den deutschen Künstler war die innere Nachhaltigkeit die Voraussetzung für ein ökologisches und friedliches Zusammenleben.

Persönlichkeiten:
Joseph Beuys

SHELLEY SACKS & WOLFGANG ZUMDICK

»*Jeder Mensch ist ein Künstler*« – die Bedeutung der Idee der Sozialen Skulptur für einen *Erweiterten Designbegriff*

Was kann daran sinnvoll sein, in einem Buch über Eco-Design mehr als zwei Jahrzehnte zurückzugehen und auf eine Kunstrevolution zurückzugreifen, die in den 1970er und 1980er Jahren stattfand? Einer Zeit vor dem Internet, noch fest im Zeichen des Ost-West-Konfliktes, geregelter Märkte und allenfalls erster Anzeichen der kommenden Globalisierung?

Kann Beuys' Kunstkonzept, das durch und durch romantische Züge trägt und eher auf Diskussionen des 19. als des 20. oder gar des 21. Jahrhunderts zu verweisen scheint, tatsächlich Antworten auf Fragen geben, vor denen die komplexen sozialen Organismen des 21. Jahrhunderts mit ihren Arbeitswelten stehen? Und kann es auch dem Selbstverständnis von Design Anregungen bieten, die über den traditionellen Design-Begriff hinaus Impulse bis hin zur Gestaltung einer existenzfähigen Zukunft geben?

Wir meinen ja. Und wir hoffen auf den kommenden Seiten einige Hinweise geben zu können, welche Implikationen die Idee der Sozialen Skulptur für die zeitgenössische Design-Diskussion haben kann und in welche Richtung sie führen könnte.

Joseph Beuys als Initiator
Joseph Beuys wird im Jahr 1921 in Krefeld am Niederrhein geboren und wächst in Kleve in bürgerlichen Verhältnissen auf. Nach Absolvierung des Gymnasiums meldet er sich 1941 freiwillig zur Luftwaffe und ist dort bis Ende des Krieges in aktivem Kriegseinsatz. In den Jahren 1947 bis 1952 studiert er an der Düsseldorfer Kunstakademie und schließt das Studium als Meisterschüler des Bildhauers *Ewald*

Ist jeder Mensch ein Designer?

Mataré ab. Ab Mitte der 50er Jahre zieht sich Beuys mehr und mehr aus der Öffentlichkeit zurück, was 1957 in einer schweren depressiven Krise kulminiert, von der er sich aber noch im gleichen Jahr erholt. Eine produktive Schaffensphase beginnt, die Beuys als Kunstrevolutionär weltweit bekannt machen wird. 1961 wird der Bildhauer als Professor für monumentale Bildhauerei an die Düsseldorfer Kunstakademie berufen, an der er bis zu seiner Entlassung im Oktober 1972 lehrt.

Als Künstler und Bildhauer wird Joseph Beuys zunächst durch seine Zeichnungen und Skulpturen bekannt, später, seit Beginn der 1960er Jahre durch seine provokativen Kunst-Aktionen, meist unter Einbeziehung der Materialien Filz und Fett, die er im Zusammenhang mit der von *George Macunias* initiierten ›Fluxus-Bewegung‹ durchführt. Beuys ist seit Beginn der 1960er Jahre regelmäßig Gast der Kasseler ›documenta‹, wo seine Arbeit zunehmend politische, ökologische und sozialreformerische Züge annimmt.

Spätestens seit Beginn der frühen 1970er Jahre beginnt er seinen Erweiterten Kunstbegriff und die Idee der Sozialen Plastik zu propagieren, mit der er die zeitgenössischen, eng umgrenzten Vorstellungen von Wirtschaft, Politik und Kultur in Frage stellt. Mit seinen Anregungen zu einem alternativen Bildungs-, Wirtschafts- und Demokratiemodell und seinem aktiven Eintreten für die Friedens- und Ökologiebewegung wird er schließlich 1979/80 zu einem der Mitbegründer der Grünen Partei. Am 23. Januar 1986 stirbt Beuys in seinem Atelier in Düsseldorf.

Schon dieser kurze Lebensabriss mag ein Bild davon vermitteln, dass Beuys' künstlerischer Entwicklung eine kontinuierliche Steigerung zugrunde liegt. Sind es zu Beginn maßgeblich die Auseinandersetzung mit philosophischen, anthroposophischen und literarischen Themen, die sein frühes Werk prägen, so erhält sein künstlerisches Schaffen im Laufe der Zeit einen sich stetig steigernden Gegenwartsbezug, der bis hin zu Maßnahmen wie der Gründung einer ›Freien Internationalen Universität‹ (FIU), der Mitbegründung eines alternativen Unternehmensverbandes oder politischer Aktivitäten, wie der Gründung der ›Deutschen Studentenpartei‹, der ›Organisation für Direkte Demokratie durch Volksabstimmung‹ und schließlich der Mitbegründung der ›Grünen Partei‹ führt.

Was sich als ein Leitmotiv durch die Zeit des Krieges, der Depression, seinen Fragen nach dem Stand der Humanität in einer durch und durch inhumanen Welt und der Einseitigkeit einer für Humanitätsfragen blinden Naturwissenschaft zieht, ist die Frage, wie wir als Menschen der Natur und uns selbst näher kommen können und unsere Potentiale so entwickeln, dass wir in der Lage sind, eine andere, echt humane Welt zu entwerfen.

Es ist keine äußere Macht, die das *Design* dieser Welt entwirft. Das stand für Beuys fest. Aber wie ist es möglich, unsere kreativen Fähigkeiten so zu entwickeln, dass wir uns nicht mehr fatalistisch dem Leben einfach nur hingeben, sondern zu echten Lebensgestaltern werden können? Dies würde ganz andere Designer-Qualitäten von uns erfordern, als nur ein in einem formalen Sinn gutes Kunstwerk oder Design zu entwerfen.

Inspiriert durch diese Fragestellung propagiert Beuys das Bild des autonomen, selbstverantwortlichen, freien Individuums, das sich insbesondere durch ästhetische Erziehung, die auch als eine Verlebendigung sozialer Bezüge und ein neues, erweitertes Verständnis von Gestaltung verstanden werden kann und zu der neben Formgestaltung auch die Gestaltung von Kommunikations- und Interaktionszusammenhängen gehört, realisieren soll.

Die permanente Konferenz

In diesem Zusammenhang entwickelt Beuys die Idee der »*permanenten Konferenz*« über Gestaltungs- und Zukunftsfragen, die eine grundlegende Transformation sozialer und ökologischer Kontexte zum Ziel hat. So werden beispielsweise parallel zu seiner Installation ›100 Tage documenta – Honigpumpe am Arbeitsplatz‹ (documenta 6, 1977) fortlaufend Diskussionsforen veranstaltet, oder bereits fünf Jahre vorher, 1972 auf der documenta 5 ein ›Büro für Direkte Demokratie‹ eingerichtet, in dem Beuys 100 Tage lang mit Besuchern über die Ideen eines erweiterten Kunstbegriffes, die alle gesellschaftlichen Gestaltungsfragen einbegreift, diskutiert – wohlgemerkt als Kunst!

Beuys Idee der »permanenten Konferenz« erinnert dabei in vielem an die etwa zeitgleich von *Jürgen Habermas* entwickelte Theorie des »kommunikativen Handelns«, auf die Beuys in diesem Zusammenhang auch positiv verweist (Rede zur Verleihung des Wilhelm-Lehmbruck-Preises 1986: o. P.). Zu Beginn der Regierung Schröder wird die Idee – nachdem sie bei der *Revolution* von 1989 eine wichtige Rolle gespielt hatte – dann in Form der so genannten ›runden Tische‹ wieder aufgegriffen und in den politischen Kontext eingeführt, wobei die damaligen Versuche aus heutiger Sicht wenig erfolgreich sind.

Vielleicht war die Divergenz der an diesen Gesprächen teilnehmenden Parteien und der durch sie repräsentierten Interessen zu gewichtig, als dass man tatsächlich zu befriedigenden Lösungen hätte kommen können. Vielleicht war auch die Idee der »permanenten Konferenz« in ihrer Entwicklung hin zum »runden Tisch« noch nicht genug entwickelt, um mehr von ihrem Potential zu entfalten. Wie dem auch sei, es fällt auf, dass der runde Tisch seitdem eher weniger zu den politischen Problemlösungsszenarien gehört.

Dennoch wollen wir noch ein wenig bei diesem von Beuys maßgeblich in seiner späteren Werkphase genutzten Instrument verweilen. Dabei sind besonders die Begriffe *Kommunikation, ästhetische Interaktion* und *gemeinsame soziale Gestaltung*[1], die Kategorien, die wir aufgreifen, da sie uns für weiterführende Diskussion im Hinblick auf die Eco-Design-Debatte geeignet erscheinen und zu der Frage führen: wie sollte eine permanente Konferenz aussehen, was ist ihre tiefere Bedeutung und wie können wir sie erreichen?

Hinter der Radikalität, mit der Beuys im Laufe der Zeit seine Kunst entwickelt, steht maßgeblich die Erfahrung einer gescheiterten menschlichen Interaktion. Die Unfähigkeit, Konflikte auf konstruktive Weisen auszutragen, führt zu den Verwerfungen, vor denen die Moderne seit den globalen Zerstörungen insbesondere des 20. Jahrhunderts steht. Für Beuys sind diese Krisen solche, in denen sich grundlegende Störungen des menschlichen Individuationsprozesses zeigen: Der *moderne Mensch* will seine freie Individualität – die für Beuys immer auch soziale Verantwortung beinhaltet – entwickeln und erleben, wird aber durch starre soziale Organisationen und Institutionen daran gehindert, dieses Elementarbedürfnis nach Freiheit zu leben.

Durch eine allgemeine gesellschaftliche Transformation, die mehr Mitbestimmung, Teilhabe und besonders die Möglichkeit zur Ausbildung individueller Kreativität beinhaltet, will er diese Fehlentwicklungen in eine andere, produktive Richtung führen.

---

1   Begriffe, die Beuys so nicht gebrauchte, die aber der Sache nach seinen Intentionen entsprechen

Bild 1: Documenta 6, 1972. Joseph Beuys im Büro für Direkte Demokratie

Bild 2: Documenta 7, 1977. Nebenraum Honigpumpe am Arbeitsplatz. JosephBeuys bei einem der zahlreichen Parallel-Workshops.

Persönlichkeiten: Joseph Beuys

Um den Gedankengang auf eine so einfache wie komplexe Formel zu bringen, entwickelt Beuys die Formel »*KUNST = KAPITAL*« und bringt damit zum Ausdruck, dass das Kapital menschlicher Gesellschaften in den Fähigkeiten seiner Mitglieder besteht. Einerseits in dem jeweils individuell eingebrachten Kapital, das heißt den spezifischen Fähigkeiten eines Mitglieds einer Gemeinschaft, in einem gesteigerten Sinne aber auch in der Weise, wie diese Individuen dann als soziale Gruppen – Beuys nennt sie in Anlehnung an Rudolf Steiner »*soziale Organismen*« – miteinander kommunizieren und produzieren.

Zu Beuys' Erweitertem Kunstbegriff gehört daher keineswegs nur der Aspekt, dass jeder in einer sozialen Gemeinschaft Tätige das Recht erwerben müsse, einen Raum für die bestmögliche Entwicklung seiner individuellen Fähigkeiten zu erhalten, es gehört ebenso auch die Frage dazu, auf welche Weise sich dann die Kommunikations- und Arbeitsgemeinschaften, oder, allgemeiner gesagt, die Arbeitswelten organisieren, sodass die Produkte und Formen, die dabei *designed* werden, auch in einem erweiterten Sinn künstlerisch genannt werden können. Nur am Rande sei erwähnt, dass Beuys' Vorstellungen hier an wesentliche Elemente des zeitgleich entwickelten »*Design for the real World*« erinnern, von dem *Victor Papanek* in den 1970ern sprach.

Beide Aspekte – die Fähigkeit zur Entdeckung individueller schöpferischer Leistung und die Fähigkeit zu einer gelingenden sozialen Wahrnehmung und Interaktion – sollten in freien Bildungseinrichtungen erforscht, gelehrt und praktiziert werden.

De facto aber blieben Beuys' Ansätze zunächst ein Torso. Man wusste nach seinem Tod nicht, wie man kreativ mit einem erweiterten Verständnis von Gestaltung umgehen und weiterarbeiten könnte. In diesem Zusammenhang verdient zunächst der ›Omnibus für Direkte Demokratie in Deutschland‹ Erwähnung, der wohl als erste Initiative nach Beuys' Tod diese Lücke schloss. Seit 25 Jahren reist der *Kunst-Omnibus* Jahr für Jahr durch Deutschland und hat entscheidende Impulse für die Entwicklung der demokratischen Kultur gebracht und den Anstoß zu zahlreichen Verfassungsänderungen hin zu mehr Direkter Demokratie in den Bundesländern gegeben.

Ganz in diesem Sinne verstehen die Autoren auch die Forschung und Bildungspraxis, die zunächst in den siebziger Jahren in Südafrika mit neuen Arbeitsformen und Kreditkooperativen begann, dann zum ›Social Sculpture Forum‹ in Großbritannien weiter entwickelt wurde und schließlich seit den späten 1990er Jahren an der ›Social Sculpture Research Unit‹ (SSRU) praktiziert wird.[2]

---

2 Die Social Sculpture Research Unit (SSRU) an der Oxford Brookes Universität ist ein Lehr- und Forschungsinstitut, an dem seit 1999 die Inhalte der Idee der Sozialen Skulptur erforscht, vermittelt und durch Praktiken und Projekte weiterentwickelt werden, um Studierende und Projektteilnehmer in die Lage zu versetzen, mit einem erweiterten Gestaltungs- und Kreativitätsbegriff in die unterschiedlichen Felder ökonomischer, politischer und sozialer Gestaltung hineinzuwirken. www.socialsculpture.org/www.brookes.ac.uk

Bild 3: Ost-Berlin, 07.12.89. Im Dietrich-Bonhoeffer-Haus der ev. Kirche treffen sich Vertreter der Volkskammer-Parteien und oppositionelle Gruppen erstmals am Runden Tisch, um über die Zukunft der DDR zu sprechen. © Andreas Schoelzel

Bild 4: Omnibus für Direkte Demokratie in Deutschland

Arbeit an gelingenden Interaktionen im Rahmen der SSRU

Wenn die Grundannahme von Beuys – und davon gehen wir aus – richtig ist, dass die Krisen moderner Gesellschaften Identitätskrisen in einem zweifachen Sinne sind, dann besteht eine wichtige Aufgabe darin, die bestehenden Bildungs-, Arbeits-, und politischen Mitbestimmungswelten so zu transformieren, dass sich der Selbstentfaltungswille Einzelner und der Wille der Entfaltung von Gemeinschaften darin auch verwirklichen kann. Wir möchten betonen, dass dies in unseren Augen ein nötiger Bestandteil des Designs für eine *humane* und zugleich *existenzfähige* Welt ist.

Dazu aber bedarf es grundlegend anderer Formen der Kommunikation, des Miteinanders, der Begegnung und der Diskussion.

Eine Kommunikation besteht, vereinfacht gesagt, zunächst aus zwei Komponenten. Einer Person, die sich äußert und jenen, die ihr zuhören. In der Ausbildung an der SSRU in Oxford und bei assoziierten Projekten lernen die Beteiligten diesen Elementarvorgang ganz bewusst kennen. Wir beschreiben das erste Teilelement der Kommunikation, das *Zuhören* als *active listening* und verstehen darunter, dass die Teilnehmenden die Fähigkeit entwickeln, dem anderen aktiv, bewusst und vor allem vorurteilsfrei zuzuhören.

Bei den Studierenden wird Wert darauf gelegt, dass die Kommentare zu dem Gesagten nicht kritisch, sondern deskriptiv erfolgen. Für die Projektbeteiligten liegt die Betonung auf dem vorurteilslosen Zuhören (»*listening without judging*«), einem Zuhören, das frei ist von Sympathien oder Antipathien. In allen Fällen wird betont, fest bei der Sache zu bleiben und den anderen konzentriert zuzuhören, ohne dass die Gedanken abschweifen.

In dieser Atmosphäre des Zuhörens und der Anerkennung der Gesprächspartner werden Vertrauen und Empathie eingeübt. Aus Offenheit und der vertieften Kenntnis bilden sich oft schon nach kurzer Zeit Gruppen, die nicht nur sozial interagieren, sondern auch gemeinsame Arbeitsprozesse initiieren.

Auch innerhalb der Projekte entwickeln sich neue *Communities of Understanding* und Gruppen, die den *Active-Listening-Prozess* in ihre unterschiedlichen Arbeitsbereiche tragen, um so in ihren Lebenswelten neue Formen des Miteinander-Seins und andere neue soziale Formen auszuprobieren.

Weiterhin legen wir Wert darauf, dass die Teilnehmenden klar und ausgiebig über ihre eigene Motivation berichten. Dadurch lernen sie sich nicht nur besser kennen, sondern es zeigt ihnen auch, dass sie alle vor derselben Herausforderung stehen und eine essenzielle Kommunikation mit anderen auch die eigene Sprach- und Ausdrucksfähigkeit hebt – ja vielleicht sogar erst zum Ausdruck bringt.

Überhaupt scheinen uns die sozialen Kompetenzen, die durch das *active listening* geschaffen werden, ein wichtiger Schlüssel zur Behandlung der sozialen und der ökologischen Frage zu sein. In diesem Sinne sind sie auch neue Design-Kompetenzen. Wenn der Mangel an Verstehen das Signum dieser Zeit ist und die echte Begegnung mit dem anderen durch die unterschiedlichsten Mechanismen gestört wird, dann kann es auch kein Verständnis geben – weder mit dem menschlichen Gegenüber, noch mit dem der Natur in allen ihren Ausprägungen. Das Nicht-Verstehen aber erzeugt die Fremdheit und Isolation, mit der wir überall konfrontiert sind.

»Eine Quelle von kostbarer Substanz«

Joseph Beuys hat diesen ganzen Zusammenhang einer fehlgeschlagenen Interaktion zwi-

Bild 5: Frame Talks. Gegenüber sein ist alles. 24-Stunden-Aktion mit Shelley Sacks und Wolfgang Zumdick im Forum Altenberg. Bern.

schen den Menschen, den Menschen und der Natur, und besonders der Unfähigkeit des Menschen, in einem tieferen Sinn zu hören, als »*Leiden*« bezeichnet. Das Leiden, so Beuys – und er meint hier Leiden im weitesten Sinne, also nicht nur das, das durch Krankheit, Verrohung oder Tod in die Welt gebracht wird, sondern auch das Leiden der Natur – sei keineswegs nur negativ zu sehen, sondern es sei zugleich auch »*eine Quelle der Erneuerung*«. »*Es ist eine Quelle von kostbarer Substanz, die das Leiden in die Welt entlässt. Da sieht man: es ist eine wohl unsichtbare, sakramentale Substanz. Und wer das heute merkt, sind weniger die Menschen als die Bäume. Und deswegen pflanze ich ja Bäume. Ich bin ja kein Gärtner, der Bäume pflanzt, weil Bäume schön sind. Nein, ich sage, die Bäume sind heute ja viel intelligenter als die Menschen. Wenn der Wind durch die Kronen geht, dann geht zu gleicher Zeit durch die Krone, was die leidenden Menschen an Substanz auf die Erde gebracht haben. Das heißt, die Bäume nehmen das längst wahr. Und sie sind auch schon im Zustand des Leidens. Sie sind entrechtet. Sie wissen das ganz genau, dass sie entrechtet sind. Tiere, Bäume, alles ist entrechtet. Ich möchte diese Bäume und diese Tiere rechtsfähig machen. Das ist selbstverständlich eine Pflicht des Menschen. Wenn er seine Aufgaben hier auf der Welt im Sinne des wirklichen Christentums, der wirklichen christlichen Substanz, also des Sakraments, das durch die Baumwipfel weht, wahrnimmt, dann muss er sich entsprechend verhalten. Und dann muss er seine Intelligenz, angefangen bei den Bäumen, langsam wieder aufrichten.*« (Beuys zu Christus/Beuys on Christ 1989: 46)

Beuys spricht in diesem Zusammenhang von neuen Wahrnehmungsorganen, die der Mensch entwickeln müsse, um »*diese Intelligenz langsam wieder aufzurichten*«. Neue Fähigkeiten des Hörens und Zuhörens, des Sehens und des Erfahrens, wozu auch die Fähigkeit der Stille und inneren Ruhe gehören.

Das aktive Zuhören, die Hinwendung an den anderen und an das andere, das auch Dinge, Systeme und Lebenswege einschließt, macht diese für uns auf eine neue Art erfahrbar und innerlich erlebbar und ist ein erster Schritt, um das Fremd-Sein aufzuheben.

Bild 6: University of the Trees. Eine mobile Universität, an der die Bäume unsere Lehrer sind.

Wir haben in jüngerer Zeit diesen Kontext, dieses ganze Spannungsfeld zwischen Fremdheit, Solipsismus und Autismus auf der einen und Annäherung, Begegnung und innerem Verstehen auf der anderen durch den Begriff des Poetischen zu erfassen und zu beschreiben versucht. Die poetische Wahrnehmung zeichnet sich gerade durch die Fähigkeit des aktiven Zuhörens aus. Das Ich tritt aus sich selbst heraus und wendet sich dem Anderen zu. Es tauscht die Geister und lässt sich mit klarem Bewusstsein und allen Sinnen auf den oder das Andere ein. In künstlerischen Kontexten wurde diese Fähigkeit des Zuhörens in einem erweiterten Sinn als ›Inspiration‹ bezeichnet und tatsächlich ist das aktive Zuhören mit einer Art von *einhauchen* verbunden. Der Lebensnerv, der *Atem* des anderen wird nun als ein Modus der eigenen Welt erfahren.

Diese Fähigkeit, mit den Augen des Anderen zu sehen, die Mit-Erleben, Mit-Erkennen, Mit-Leiden, Mit-Fühlen, etc. impliziert, kann aber zugleich auch ein innerer Antrieb sein, uns auf neue Weisen in das Leben einzuschalten und wieder daran teilzunehmen. Die innere Beteiligung gibt neben der Möglichkeit, uns neue Ebenen der Wahrnehmung zu erschließen, auch innere Strenge, Lebensfreude, Lebensmut und die Fähigkeit, aktiv auf die Probleme zuzugehen und Strategien

Shelley Sacks & Wolfgang Zumdick

der Neuorientierung und Genesung zu entwickeln. Dementsprechend erfordert ein angemessenes Eco-Design auch neue menschliche Wahrnehmungs- und Interaktionsqualitäten. Wir werden nicht sehen, hören, fühlen können, was wirklich benötigt wird, wenn wir nicht Fähigkeiten entwickeln, die uns verbinden. Es reicht nicht, einfach nur neue Formen wie den runden Tisch zu entwickeln. Wir benötigen substanziellere Formen der Begegnung. Und ohne neue Fähigkeiten der Wahrnehmung und der Begegnung wird es auch ein soziales Design nicht geben.

Bild 7: Earth Forum 2012 in Kassel

›Earth Forum‹

Beuys' erste Versuche in diesem Zusammenhang – wie die erwähnten 100 Tage auf der ›documenta‹ 5 und 6 – gehören noch ganz in den Kontext der 1970er und -80er Jahre und tragen den kritischen Gestus einer sich aus alten Abhängigkeiten befreienden Bewegung an sich. Die politische Bewegung der 68er und Nach-68er entwickelte zwar zum einen eine kluge Debatten- und Diskussionskultur, diese fand aber eher auf einer abstrakten, stark theoretisierenden Ebene statt. Und auch Beuys Versuche, diese Formen politischer Kommunikation zu integrieren und einen neuen Diskurs über Gestaltungs- und Zukunftsfragen zu initiieren, blieben in gewisser Weise hinter seinem eigenen Anspruch zurück.

Die Diskutanten waren oft nach kürzester Zeit heillos miteinander zerstritten und die als Austauschforen geplanten Veranstaltungen endeten häufig darin, dass Beuys Monologe hielt.

Daher muss die Strategie der permanenten Konferenz heute tiefer ansetzen und zu echter Interaktion und Kommunikation erweitert werden.

Eine Art *Werkzeug* oder Strategie, um solche *echten* Austauschforen zu schaffen, ist die in der SSRU entwickelte Praxis des ›Earth Forum‹, die mittlerweile weltweit in unterschiedlichen Kontexten angewandt wird.

Das kleine, scheinbar einfache *Bewusstseinsinstrument*, wie wir es nennen, ist ein Stück ›Minimal Art‹, das, trotz seiner Einfachheit, eine feine Stimmigkeit und ein kraftvolles *Design* verbindet und mit dem mehrdimensional gearbeitet werden kann. Ein geöltes, rundes Stück Stoff, das auf dem Boden oder einem Tisch ausgebreitet wird, inszeniert einen Schauplatz, an dem die Teilnehmerinnen und Teilnehmer sich mit der Erde, sich selbst und miteinander befassen. Dabei bildet eine Reihe von *nicht sichtbaren* Formen den Teil des Designs, der uns Raum für den Dialog mit uns selbst und der Welt gewährt und Begegnungen ermöglicht, die auf mindestens drei Ebenen stattfinden.

Zunächst auf der Ebene der Begegnung mit den anderen Teilnehmerinnen und Teilnehmern, die ihre Erfahrungen und ihre Begegnung mit der Situation austauschen und teilen. Sodann die Begegnung mit dem eigenen Selbst, das durch die Begegnung mit dem Natürlich-Stofflichen auf sich selbst und die Kommunikation mit diesem anderen zurückverwiesen wird. Zuletzt eine vertiefte Begegnung mit dem Natürlich-Stofflichen und seinen unterschiedlichen Qualitäten, die sich nicht unmittelbar aussprechen sondern still zeigen und die daher eine gesteigerte Offenheit und Rezeptionsfähigkeit von uns verlangen und die vor allem unser lebendiges Denken anregen. Ein Blatt, eine Hand voll Erde, ein Zigarettenstummel, eine Vogelfeder, ein Stück Beton, oder was auch immer dort gefunden wird und wie banal es auf den ersten Blick auch scheinen mag, schließt uns auf eine produktive Weise mit der Komplexität der

Bild 8: Earth Forum, Wuesting, Konferenz Cultura21, September 2011

Welt und den Verhältnissen, die wir immer wieder neu reproduzieren, zusammen. Hier stellen wir fest, inwieweit wir selbst Akteure sind, die humane oder inhumane Formen schaffen und erleben zugleich, wie wir sie im Austausch mit anderen ändern können. Hier erleben wir, dass wir aber auch Elemente des umfassendem ästhetischen Phänomens Erde sind, das uns als physische Wesen bedingt, und dem wir uns auf eine, poetische Weise wieder nähern und öffnen können.

In der tragbaren Arena, die durch das geölte Tuch geschaffen wird, erlernen die Teilnehmer eine Reihe von neuen Fähigkeiten wie das bereits von uns beschriebene *aktive Hören* (»*active listening*«). Eine andere besteht in der spontanen Erfahrung, durch welche *Linsen* wir die Welt sehen. Die Erfahrung, dass wir perspektivisch in die Welt blicken, ist die Voraussetzung für einen weiteren Aspekte der Sozialen Skulptur und den von Öko-Design.

Ohne über Erkenntnistheorie zu sprechen oder komplexere Bereiche der Phänomenologie zu berühren, ohne dass wir ein großartiges Gespräch über die Beziehung von Denken, Freiheit und Verantwortung führen müssen, entdecken wir unsere Fähigkeit, uns auf die Ebene unserer Gewohnheiten zu begeben, um dort mit den unsichtbaren Materialien von Werten und Einstellungen zu arbeiten.

Dieser einfache Prozess, der 2011 zum Auftakt für den ›Klima-Gipfel‹ in Durban (Südafrika) entwickelt wurde, gibt Menschen allen Alters und aller Lebensentwürfe die Möglichkeit, ihr *bildhaftes Denken* zu entdecken und zu entwickeln, erschließt den Wert des *aktiven Hörens* und der oft verlorenen Beziehung zur Erde und damit auch zur ökologischen Krise und eröffnet so Möglichkeiten, als sozialer Künstler *Agent of Change* zu werden.

So gesehen ist die Idee der Sozialen Skulptur auch als eine Strategie angelegt, die durch Formen der Tiefenkommunikation eine heilsame Wirkung auf den sozialen Organismus ausüben kann. Es kommt zu einer *De-Zentralisation* und einer *Ent-Anthropozentrierung* als Hinwendung zum anderen und zur Natur, die aber paradoxerweise eine Stärkung des Ich und der inneren Natur der Individuen zur Folge haben.

Individuen, die sich auf diese Weise in der natürlichen und sozialen Welt verankert haben, spüren viel weniger den Drang nach Attraktion und Zerstreuung. Der Fokus geht mehr danach, das *innere Kapital*, den *Künstler*, wie Beuys sagen würde, in sich zu entdecken, jene Antriebsfeder, die uns zu verantwortungsvollen, sozial und ökologisch handelnden Individuen macht.

Kommunikation wäre so gesehen in erster Linie eine Aufgabe, die sich jedem Einzelnen stellt. Sie bestünde einerseits in der Bereitschaft, aktiv und vorurteilslos zu hören, zu erleben, und zu betrachten, auf der anderen aber auch ebenso aktiv und vorurteilslos zu denken und dieses Denken in eine angemessene, den Gesprächspartnern zugängliche Form zu bringen, in der die Problemstellungen sorgsam wahrgenommen und durchdacht werden. Dabei gilt: je tiefer ich meine Fähigkeit, aktiv zu hören entwickeln kann, umso klarer und genauer werden die Bilder sein, aus denen sich dann meine Arbeit entwickelt. Die Qualität meiner Arbeit, und damit auch die Stimmigkeit meines *Designs* steigern sich durch meine innere Aufmerksamkeit, Aktivität und Vitalität.

Die Frage, was ein Design zu einem wirklich qualitativen Design macht, ist weniger eine Frage der äußeren, bzw. formalen Oberfläche, als eine Frage der inneren Kraft und Agilität, mit der ich das, was ich gestalte, auch innerlich wahrnehme, *sehe* und dadurch erst

Shelley Sacks & Wolfgang Zumdick

Wieviel weiß der Einzelne schon über sich selbst und über seine Möglichkeiten?

angemessen gestalten kann. Habe ich ein lebendiges, inneres Bild, dann kann meine Arbeit überzeugend sein und den anderen wird es möglich, das Bild zu teilen. Kommunikation ist dann weniger eine Frage des Designs im traditionellen Verständnis, als eine Frage der Spontaneität und der Verbundenheit, mit der ich etwas so Wahrgenommenes und gemeinsam Erarbeitetes zum Ausdruck bringen kann.

Nachhaltige und sozialverantwortliche Produktgestaltung

Damit einher geht selbstverständlich auch die Frage nach dem *Wozu?*, die Frage nach dem Zweck des Designs. Beuys gab hierauf eine eindeutige Antwort. Aufgrund seines radikalen Kunst- und Gestaltungsbegriffes war für ihn jeder menschliche und natürliche Akt eine Form von Gestaltung. Die meisten dieser Gestaltungsvorgänge aber geschehen unbewusst und werden nicht als solche wahrgenommen. Beuys war der Überzeugung, dass es eine wichtige Aufgabe zeitgenössischer Kunst und Erziehung sei, unser Bewusstsein dafür zu schärfen, dass wir uns mit jedem Schritt, den wir tun, auch schon in Gestaltungsvorgängen bewegen und damit immer auch schon uns selbst, unsere natürliche und die soziale Umwelt gestalten. Fasst man Design in diesem erweiterten Sinn, dann wird deutlich, dass jeder Gestaltungs- und Designvorgang ganzheitlich gesehen werden muss. Die Frage nach dem Zweck des Designs impliziert zugleich die Frage nach dem Feld, nach den Rahmenbedingungen, in das ein Projekt eingebunden ist.

Daher muss sich der Designer, wie jeder andere verantwortlich Tätige in einer Gemeinschaft auch, die Frage gefallen lassen, ob das Produkt, für das er mit seiner Arbeit, mit seinem Namen und nicht zuletzt auch mit seinem Anspruch an sich selbst werben wird, auch den Ansprüchen nach ökologischer und sozialer Verantwortlichkeit und Nachhaltigkeit entspricht.

Wird dies nicht berücksichtigt, wird er ständig in dem ›Hiatus‹ leben, dass er mit seiner Arbeit für etwas bürgt, für das er nicht aus Überzeugung stehen kann.

Neben den bereits erwähnten Beispielen von ›Earth Forum‹ oder dem ›Omnibus für Direkte Demokratie‹, könnten hier auch zahlreiche andere Entwicklungen auf diesem Feld stehen. ›Bobble‹ beispielsweise, die Flasche, die immer frisch gefiltertes Wasser bringt, vermindert den Wahnsinn der millionenfachen Produktion von Wegwerfflaschen, der auf vielen Teilen der Erde zu massiven ökologischen Folgeschäden führt.

Aber es sind nicht nur die Öko-Design-Vorzeigeprojekte, die diese Kriterien erfüllen. Auf einer Prozessebene gehören auch die ›Grundeinkommen-‹, ›Permakultur-‹ und die ›Transition-Town-Bewegung‹ dazu, die, wie ›Bobble‹, die Rahmenbedingungen in einem integralen Sinn berücksichtigen und transformieren. Dazu gehören schließlich auch all jene Initiativen, die, wie ›Earth Forum‹, die Umgestaltung und Vertiefung unserer inneren Fähigkeiten in den Blick nehmen.

Die Frage nach einem guten Design impliziert daher immer auch die Frage nach dem guten Produkt. Das Produkt, das wir gestalten, ist keine unabhängige Entität, die wir aus seinen vielen Bezügen und Kontexten einfach herauslösen können, sondern wir sollten es, wie Beuys sagt, erst einmal durchdenken. Und damit einhergehend auch unsere eigene Beziehung zum Objekt.

Denn Menschen sind es, die die Welt zu dem machen, was sie ist. Daher sollten wir lernen, auch unser eigenes Denken, Fühlen und Handeln zu beobachten und auf den Prüfstand zu stellen. Nicht im Sinne einer fundamentalen Selbstkritik, die nur zu oft zu Handlungsunfähigkeit führt, aber doch immer unter der Fragestellung, ob dieses Handeln tatsächlich zur Einlösung der Wünsche, Ziele und Sehnsüchte führt, die wir damit verbinden. Wenn wir uns selbst als Akteure erkennen, die die Welt zu dem machen, was sie ist, wird es leichter, unser Verhalten zu ändern. Es wird leichter, unsere Gewohnheiten und Wertsysteme zu überdenken und verantwortungsvoll zu handeln.

Was in den 1980er Jahren zu Beuys' Zeiten noch wie eine Utopie klang, wird heute in weitem Maße umgesetzt. Immer mehr Verbraucher fragen nach Produkten, die unter entsprechenden ökologischen und sozialen Bedingungen hergestellt wurden und die Märkte beginnen sich mehr und mehr danach zu richten. Die sogenannte ganzheitliche Betrachtungsweise von Produkten und Gütern tritt mehr und mehr in den Vordergrund.

Was uns in all diesen Bezügen aber zu fehlen scheint, ist ein über die reine Moral-Ebene hinausgehendes Tiefenverständnis der Bezüge, das über Betroffenheit oder ein gutes Produzenten- und Käufer-Gewissen hinausgeht.

Wir meinen, heute stellt sich viel mehr die Frage, wie wir die Welt und uns als in ihr handelnde Individuen wahrnehmen. Wie können wir zu einem Seinsverständnis kommen, das von Ehrfurcht vor und Anerkennung all der Qualitäten, die uns umgeben, getragen ist? Wie können wir uns wieder auf eine Art mit den Menschen und den Dingen und mithin mit uns selbst verbinden, so dass wir die Fremdheit und Einsamkeit, in die wir uns selbst begeben haben und die wir in jede Begegnung tragen, verlieren und in dieser Welt wieder eine echte Heimat finden? Dies scheinen uns die wirklich bewegenden Fragen auch des Eco-Designs zu sein.

Bild 9: ›Bobble‹-Flasche

Dr. Wolfgang Zumdick, geb. 1957, Autor, Philosoph, Kurator und ›Joseph Beuys – Soziale-Skulptur‹-Spezialist. Ehem. Stipendiat der Stiftung Laurenz Haus, Basel, und Gastdozent an der Basler Universität. Gastdozenturen an nationalen und internationalen Universitäten. Senior Lecturer an der Oxford Brookes University, Oxford GB. Zahlreiche Veröffentlichungen zur Philosophiegeschichte und zur Kunst und Philosophie des 20. Jahrhunderts. Neben Monographien u. a. zu Joseph Beuys und Rudolf Steiner, Katalogbeiträge für zahlreiche namhafte Museen und Ausstellungshäuser in Deutschland, der Schweiz, Irland, Spanien und Australien.

Shelley Sacks, geb. 1950, ist interdisziplinäre Künstlerin und Pionierin der Sozialen Plastik. Sie studierte an der Universität Kapstadt und arbeitete mit Joseph Beuys im Kontext der ›Free International University‹. Heute ist sie Professorin an der von ihr gegründeten ›Social Sculpture Research Unit‹ der Oxford Brookes University. Im Zentrum ihrer Lehrtätigkeit, Schriften und Projekte wie ›Exchange Values‹, ›University of the trees‹, ›Frame Talks‹ oder ›Earth Forum‹ stehen der Zusammenhang zwischen Imagination und Transformation und die Neudefinierung von Ästhetik.

Literatur

Beuys, Joseph (1986): ›Mein Dank gilt Wilhelm Lehmbruck. Rede zur Verleihung des Wilhelm-Lehmbruck-Preises der Stadt Duisburg 1986‹. Duisburg.

Harlan, Volker; Rappmann, Rainer; Schata, Peter (1984): ›Soziale Plastik, Materialien zu Joseph Beuys‹. Achberg.

Mennekes, Friedhelm (1989): ›Beuys zu Christus. Eine Position im Gespräch‹. Stuttgart.

Sacks Shelley; Zumdick, Wolfgang (2009): ›Atlas. Zur Sozialen Plastik Ort des Treffens‹. Stuttgart.

Zumdick, Wolfgang (2002): ›PAN XXX ttt. Joseph Beuys als Denker. Sozialphilosophie – Erkenntnistheorie – Anthropologie‹. Stuttgart.

Seit den 1970ern Jahren werden soziale und ökologische Nebenwirkungen der Moderne in den Industriestaaten deutlich. Ein Höhepunkt des technologischen Fortschritts ist zugleich ein Tiefpunkt: Zum ersten Mal in ihrer Geschichte ist die Menschheit in der Lage sich selbst mittels Atombomben vollständig auszulöschen. Das Ende des Kalten Krieges beflügelt zeitweise Hoffnungen auf eine neue Ära der Nachhaltigkeit: 1992 findet die UN-Konferenz für Umwelt und Entwicklung in Rio de Janeiro statt. Tatsächlich setzt sich jedoch ein anderes Modell der Globalisierung durch: Die Konsumgesellschaft wird zum weltweiten Phänomen; alle gesellschaftlichen Bereiche werden einer radikalen Ökonomisierung unterworfen. Design ist ambivalent, es forciert Konsumwünsche, beinhaltet aber auch ein kritisches Potential nachhaltiger Veränderung.

Widerspruch und Zukunftsversprechen – 1980–2010

THOMAS EDELMANN

Was die Begriffe *Design* und *Nachhaltigkeit* miteinander verbindet, ist ihre thematische Offenheit, ein Bedeutungshorizont, der unterschiedliche inhaltliche Konzepte zulässt. Zudem signalisieren beide Begriffe einen emotionalen Gehalt, der nicht nur zu präzisen, sondern auch zu spekulativen und manipulativen Aussagen einlädt. Damit entziehen sie sich den Regeln vermeintlich exakter Wissenschaften. Dies ist kein Mangel, schon gar keiner, der durch bessere Definitionen zu beheben wäre, sondern eine Qualität, die Michael Erlhoff als »*eigentliche Kompetenz von Design als wegweisend in praktischer Arbeit wie in Theorie und Forschung*« begreift (Erlhoff in: Positionen zur Designwissenschaft, 2010: 41). So formuliere die Kategorie der Unschärfe »*jene so undogmatische Kompetenz des offenen Zugangs zu allen Vorgängen und Problemen, die dem Design zu eigen ist.*«

Im zweiten Jahrzehnt des 21. Jahrhunderts ist viel von Nachhaltigkeit die Rede, so wie im letzten Drittel des 20. Jahrhunderts erstmals mit Emphase von Design die Rede war. Wie sich der Begriff Nachhaltigkeit entwickelt hat, wurde zu Beginn dieses Bandes ausführlich dargestellt.
Gestalterische Berufe, von der Architektur über Mode bis zum Produktdesign und zu visueller Kommunikation, haben ihn angenommen. Zugleich bleibt er höchst umstritten. »*Das Ausmaß, in dem das Design der modernen Gesellschaft bei der Bereitstellung effizienter, dauerhafter und flexibler Ressourcen versagt hat*« bilanziert Cameron Tonkinwise zum Stich-

wort ›Nachhaltigkeit‹ (Wörterbuch Design, 2008, 282–288), veranlasse manchen zur Ansicht, dass »*der Begriff ›Nachhaltiges Design‹ wenn nicht ein Widerspruch in sich*«, so doch »*eine unzulängliche Bezeichnung sei*«. Die Diskussion um *Nachhaltiges Design* sei eine »*weitgehend theoretische*«, befindet Moritz Gekeler in seiner Untersuchung »*Zur Inszenierung neuer Leitmotive in der Produktkommunikation*« (Gekeler, 2012: 97). Rar seien bis heute die Beispiele, die nicht nur einzelne, sondern alle geforderten Eigenschaften der Nachhaltigkeit erfüllten, die neben ökologischen also auch soziale und ökonomische Aspekte berücksichtigten. Als Ursache benennt Gekeler die »*eingeschränkte Macht der Designer*«, die an Weisungen von Managern und Unternehmensstrategien gebunden seien. Er unterscheidet zwischen »*faktionaler Nachhaltigkeitsnarration*«, die hohe Anforderungen für die Produkt- und Gegenstandswelt definiere und den »*fiktionalen Leitmotiven der Nachhaltigkeit*«. Markenautoren zeichneten darin »*zauberhafte Bilder einer nachhaltigen Welt, die mit Produkten assoziiert werden sollen,*« dabei beherrschten immer wieder ähnliche Fiktionselemente die Werbe- und Produktsprache in Text, Bild und Design.

»Der schnellste Weg, ein umstrittenes Thema dem öffentlichen Interesse zu entziehen«, wusste bereits Tomás Maldonado in seinem Essay ›Umwelt und Revolte‹ (Maldonado, 1972: 70), bestehe darin »*alle Welt zur unablässigen Beschäftigung mit ihm anzuhalten.*« Maldonado plädierte demgegenüber für ein kritisches ökologisches Verständnis, das zugleich die Gesellschaft als Ganze in den Blick fasst.

> **Lassen sich Nachhaltigkeit und Design überhaupt realistisch miteinander verbidnen?**

Gemeinsame Ausgangspunkte

Zu Beginn der achtziger Jahre dominierten soziale Wertesysteme und wirtschaftliche Produktionsweisen, die uns heute kaum mehr geläufig sind. Der Soziologe Zygmunt Bauman spricht vom Übergang von der »*schweren zur leichten Moderne*« (Bauman, 2003: 136). Die schwere Moderne war für ihn ein Zeitalter der Werkzeuge, eine »*je-größer-desto-besser-Moderne*«, damals, »*im Zeitalter der schweren Moderne bedeutete Fortschritt Wachstum und räumliche Ausdehnung.*« Die »*gefragten kulturellen Symbole*« der leichten Moderne dagegen, die Bauman als ein »*Zeitalter der Unmittelbarkeit*« charakterisiert, seien »*ein schlanker, durchtrainierter Körper [...], das unvermeidliche Handy (erfunden für die neuen Nomaden, die ›immer in touch‹ bleiben müssen), und schließlich alles, was tragbar oder wegwerfbar ist.*« (Bauman, 2003: 152). Nicht eben ein Modell für nachhaltige Entwicklung. In vielen seiner Bemerkungen bleibt der Soziologe vage und vermeidet es, den Beginn dieser »*großen Transformation*« genauer zu datieren. Er sieht sie als Prozess der »*Verflüssigung*« wirtschaftlicher Strukturen wie menschlicher Beziehungen.

Baumans begreift den technologischen Wandel durch Digitalisierung, sowie die Globalisierung der Kapitalströme als Katalysatoren der »*Verflüchtigung*«. Politisch ermöglicht wurden sie durch die wirtschaftliche Deregulierung und Liberalisierung gesellschaftlicher Institutionen, die in den 1980er Jahren begann.

Die Entdeckung des Designs

Wie René Spitz in seinen vorstehenden Kapiteln gezeigt hat, gab es in der Geschichte des Designs immer wieder ganzheitliche gestalterische Ansätze, die sich im Kontext von Nachhaltigkeit begreifen lassen. Dennoch ist dies eine nachträgliche Zuschreibung.

Betrachtet man die Entwicklung des Designs und die Entwicklung von Umwelt- und Protestbewegungen seit den 1980er Jahren, dann wiesen beide zunächst kaum Parallelen auf, sondern folgten einer jeweils eigenen Entwicklungslogik.

Eine frühe Ausnahme ist die studentische Gruppe ›Des-In‹, die 1974 an der Hochschule für Gestaltung in Offenbach von dem frisch berufenden Designprofessor Jochen Gros mit Studenten gegründet wurde. Die Gruppe entwickelte eine Kollektion von Recycling-Produkten, bei denen zu Abfall gewordene Gegenstände wie Offsetdruckplatten oder Blechdosen zu neuen Produkten umgebaut wurden. Das bekannteste Beispiel ist das ›Reifen-Sofa‹ von 1975. (Albus, Borngräber, 1992: 14), (Gros in: ›Design ist unsichtbar‹, 1980: 581–586). Gros umriss die Ziele des Projektes in der Rückschau: »*Die Auseinandersetzung mit Produktformen ist hier im Grunde eine Auseinandersetzung mit Produktionsformen*« (Löbach, 1983: 95). Die Designer fertigen und vertrieben ihre Entwürfe selbst. Eine umfangreiche Würdigung der Gruppe, ihrer Intentionen und Wirkungen findet sich in Petra Eiseles Darstellung experimentellen westdeutschen Designs ab 1960 (Eisele, 2005, 119 f.).

Die Gruppe bezog eine Zwischenposition, die weder Design als solches verteufelte, wie es Papanek tat (vgl. Spitz 1930er–1970er ab S. 122 ff.), noch der herkömmlichen Serienproduktion zuneigte, sondern diese um handwerkliche und ornamentale Aspekte zu bereichern suchte. Kritisiert wurde ihre Nähe zur Alternativkultur. Auch bei heutigen Experimenten der Umnutzung und Umformung von Abfällen stellt sich die Frage, inwieweit diese Projekte symbolischen Charakter haben oder Allgemeingültigkeit beanspruchen können.

Während sich die Alternativkultur im Zuge der Protestbewegung der 1970er Jahre als selbstbestimmte Produktions- und Lebensweise begriff und mit dem Ende der Protestbewegung verschwand, zielen die seit den 2000er Jahren populären ›Lifestyles of Health and Sustainability‹ (LOHAS) auf eine Veränderung des Produktangebotes durch eine koordinierte veränderte Nachfrage nach guten, beständigen und werthaltigen Gegenständen. Dieses bürgerliche Gegenmodell zur Alternativkultur kommt auf Grund hoher Kosten zur Organisation des Alltagslebens für große Teile der Bevölkerung nicht in Frage. Für viele Unternehmen erschienen die LOHAS als Zielgruppe zunächst reizvoll, weil sie potentiell zur Verbesserung des Images beitrugen und zugleich höhere Gewinnspannen versprachen. Die z. T. euphorische Sicht auf die LOHAS als individuell motivierte, zugleich politisch wirksame Peergroup einer allgemeinen nachhaltigen Entwicklung wich bald einer Ernüchterung. Inzwischen wird ihre Rolle eher kritisch gesehen, da sie eine relativ kleine, untypisch zahlungskräftige Gruppe stellen, deren Konsumverhalten sich kaum verallgemeinern lässt. Ihr berufliches und privates Mobilitätsverhalten macht sie zu Vielfliegern, die zudem vergleichsweise viel Wohnraum beanspruchen. »*In Bezug auf die Emission von Klimagasen*«, schreibt etwa der Tourismusforscher Stefan Gössling (Gössling, 2009, VIII), »*tragen Lohas vermutlich mehr zum Klimawandel bei als der Durchschnittsbürger. Zwar glauben Lohas an eine rigorose Klimapolitik, aber das fällt leicht, wenn man zu den hohen Einkommensgruppen gehört, die von steigenden Energiepreisen nicht wirklich betroffen sind.*«

Eine andere Strömung, die so genannten ›LOVOS‹ (Lifestyles of Volutary Simplicity), huldigt dem einfachen Leben inmitten der arbeitsteiligen Industrie- und Wissensgesellschaft. Dabei greifen sie auf historische Vorbilder vom Einsiedler der Antike bis zu den Thesen von Henry David Thoreu (1817–1862) und Richard Gregg (1885–1974) zurück. Während sich die LOHAS mit Politik als Resultat ihrer Konsumentscheidungen begnügen, finden sich bei den LOVOS mitunter radikal individualistische, anarchistische Ansätze, gepaart mit Vorstellungen von vorindustriellen Kommunen. Interessant sind im Zusammenhang der nachhaltigen Gestaltung Versuche, die Zahl der Produkte im eigenen Lebensumfeld radikal zu begrenzen, beispielsweise

Ist Nachhaltigkeit nur eine Mode, die genauso wieder außer Mode geraten könnte?

›The 100 Thing Challenge‹, des amerikanischen Religionshistorikers und Marketingexperten Dave Bruno (Bruno, 2010) oder – spezifischer aus dem Designkontext formuliert, der mehrjährige Selbstversuch des Designers Moritz Grund, mit lediglich einhundert Objekten zu leben. (Grund, 2012). Individuelle Forschungsansätze dieser Art sind durchaus geeignet, das Mainstream-Design mit Aussagen und Erfahrungen zu konfrontieren, die in die Entwicklung künftiger Objekte und Dienstleistungen einfließen. An den grundsätzlichen Zielen des industriellen Wachstums, der Zerstreuung sowie der Überproduktion industrieller Güter zur Erzeugung von kapitalistischem Mehrwert, können sie auch durch Weglassen kaum begegnen.

Ist das Konzept *Nachhaltigkeit* also eine Spielart ganzheitlichen Denkens und Handelns, oder lediglich eine zusätzliche Option, eine weitere Spielart der kapitalistischen Wirtschaftsweise? Zumindest scheint es frühere utopische Gesellschaftsentwürfe beerben zu wollen, die als heute als gescheitert gelten.

Das Ende der Utopie

1984 konstatiert der Philosoph Jürgen Habermas: »*Heute sieht es so aus, als seien die utopischen Energien aufgezehrt [...]. Der Horizont der Zukunft hat sich zusammengezogen und den Zeitgeist wie die Politik gründlich verändert. Die Zukunft ist negativ besetzt; an der Schwelle zum 21. Jahrhundert zeichnet sich das Schreckenspanorama der weltweiten Gefährdung allgemeiner Lebensinteressen ab.*« (Habermas, 1985: 143) Seine Analyse bezieht Habermas auf das Gesellschaftsmodell des Sozialstaats, das im Nachkriegseuropa und darüber hinaus große Attraktivität entwickelte und nun – zu Beginn der 1980er Jahre – plötzlich als nicht mehr finanzierbar und nicht mehr attraktiv erscheint. Im Westen geht der Utopieverlust mit einem hedonistischen und individualistischen Lebensideal einher, das von Punks bis zu Yuppies (›young urban professionals‹) höchst gegensätzliche Ausprägungen kennt. Sogar Positionen, die jedwede Sozialität leugnen, werden in den 1980er Jahren populär. Die Äußerung der britischen Premierministerin Margret Thatcher aus dem Jahr 1986: »*So etwas wie Gesellschaft gibt es nicht!*«, interpretiert Zygmunt Bauman als »*zugleich scharfsinnige Beobachtung zum Wandel des Kapitalismus, [...] Absichtserklärung und selbsterfüllende Prophezeiung: Auf diesen Schlachtruf folgte der Abbau schützender normativer Netzwerke, wodurch sich die Umsetzung dieser Programmatik beschleunigte. No Society – das bedeutet das Ende der Utopie und der Dystopie zugleich.*« (Bauman, 2003: 79)

Dabei war es soziales Handeln Vieler, das ab Mitte der 1980er Jahre den osteuropäischen Wirtschafts- und Militärblock unter Vorherrschaft der Sowjetunion von innen her auflöste und zu neuen Umbrüchen führte.

Aktiver und passiver Umweltbegriff

Auf Seiten des Designs gab man dem Begriff *Umwelt* zunächst eine Bedeutung, die heute kaum noch gebräuchlich ist. Als theoretisches Erbe aus der Schlussphase der Ulmer Hochschule verbreitete sich der Begriff der ›Umweltgestaltung‹. So verstand sich das ›Institut für Umweltplanung‹ (iup) der Universität Stuttgart zeitweise als Nachfolgeorganisation der HfG Ulm. (Eisele, 2005: 81–94), (Spitz 2012: 70–74). Nach dem Professionalisierungsschub, den die HfG Ulm und andere Ausbildungsstätten bewirkt hatten, wandten sich Designer nicht mehr allein der Optimierung einzelner Produkte zu, sondern Systemen. Dazu gehört etwa die Gestaltung städtischer Plätze in Darmstadt und Hannover (Lindinger 1985: 136) oder die Entwicklung komplexer Erscheinungsbilder für Unternehmen wie Erco (ab 1974) und FSB (1985) durch Otl Aicher. Thematisiert wurde die »*Umweltgestaltung*«, die »*Humanisierung der Umwelt*«, als positiv galt der ordnende Eingriff, der das Leben Vieler verbessern sollte. Bis Anfang der 1970er Jahre war dabei wenig oder gar nicht von den unerwünschten Nebenwirkungen menschlichen Handelns und menschlicher Produktion die Rede. Dies änderte sich im Laufe der zweiten Hälfte der 1970er Jahre, als Fortschritt und Zukunft im Zuge der ersten Ölkrise nicht mehr uneingeschränkt positiv wahrgenommen wurden. Umweltkatastrophen wie die unkontrollierten chemischen Reaktionen in den Fabriken in Seveso bei Mailand 1976 und im indischen Bhopal 1984 sowie die Vergiftung des Rheins durch Sandoz 1986 machten deutlich, dass nicht allein die dort gefertigten Desinfektionsmittel, Herbizide und Pestizide und Farbenstoffe giftig sind, sondern dass auch ihre Zwischenprodukte im Produktionsprozess zu unmittelbaren Gefährdungen der Bevölkerung, zu Vergiftungen ganzer Regionen führen können. Zudem stellten sie monokausale Kalkulationen der Industriegesellschaft in Frage, die der günstigen Produktion von Stoffen scheinbare Nebenaspekte unterordnete. Dass Erde, Wasser und Luft sich nicht als Mülldeponie eignen, wurde einer größeren Zahl von Menschen deutlich. Auch die Hungerkatastrophen der späten siebziger Jahre in der afrikanischen Sahel-Zone wurden im Westen zu einem Bezugspunkt, der auf massive Fehlentwicklungen verwies.

Zukunft bedeutete nun Eingriff, Veränderung, Bedrohung aller gewohnten Lebensumstände. Gegen die als Gefährdung der eigenen Lebensweise empfundenen Großprojekte fanden sich Tier- und Naturschützer, alte Konservative und neue Linke zusammen, schmiedeten Bündnisse, die in Deutschland 1980 in der Gründung der Partei der ›Grünen‹ mündeten.

Umso schwieriger war es um 1980 Ökologie und Design zusammenzudenken. Design stand seit dem berühmtem Thonet Stuhl Nr. 14 bis hin zum ›stile olivetti‹ für Standardisierung, für Massenfertigung, Modularität, platzsparenden Transport, industriell bedingte Arbeitsteilung und weltweite Distribution, und eben nicht für basisdemokratisch Entschiedenes, regionales Handwerk und Selbstgemachtes, also all das, was die Antiatomkraft-, Ökologie- und Bürgerbewegung um 1980 charakterisierte.

Design, das war zumindest in seiner Geschichte technikbejahende Gestaltung, gerade auch Gestaltung des zunächst elektrischen und später elektronischen Zeitalters, dass – man denke nur an die geradezu prototypisch für das deutsche Design stehenden Produkte der Firma Braun, von der Kaffeemaschine bis zum Haartrockner und vom batteriebetriebenen Rechner bis zur professionellen Audioanlage – den Strom aus der Steckdose nahm, auch wenn es Atomstrom war. Design, das meinte Präzision und minimale Toleranzen, die industrielle Techniken benötigten, glatte homogene Oberflächen statt natürlichen Unterschieden, Lacke gleichbleibender Qualität aus Chemiegroßbetrieben, Verbundwerkstoffe, die unterschiedliche Eigenschaften von Materialien vereinten. Design meinte nicht zuletzt auch Urbanität und Anonymität. Damit aber stand es dem ökologischen und alternativen Milieu entgegen, ging es dort doch um Selbsterfahrung und oft mehr beschworene denn reale Authentizität, die eigene Produktion von Gütern für den persönlichen Bedarf, die Betonung des Nutzens gegenüber der Form, die als äußerlich, mithin oberflächlich in jedem Sinn beargwöhnt wurde.

Sichtbar und unsichtbar

Auseinandersetzungen um das Design und die Bedingungen seiner Entstehung waren bis zu Beginn der 1980er Jahre meist eine Angelegenheit von Expertenzirkeln. Bereits 1980 ging ein wesentlicher Impuls vom Forum Design Linz in Österreich aus. In einem langgestreckten temporären Ausstellungsbau mit 5.000 Quadratmetern Ausstellungsfläche, gewölbter Struktur und Kunststoffbespannung (entworfen von Haus-Rucker-Co) fand gleichermaßen eine Rückschau auf gestalterische Konzepte seit den 1920er Jahren sowie eine Übersicht zu aktuellen Tendenzen statt. Designer wie Raymond Loewy, Ettore Sottsass und die englische Gruppe

Pentagram, Architekten wie Christopher Alexander, Morris Lapidus, Robert Stern und Hermann Czech, Künstler wie Rebecca Horn und Mario Merz, aber auch Unternehmen wie Honda, Citroën, Siemens, Alessi und Zanotta nahmen teil.

Die Macher des Forum Design und andere Gleichgesinnte holten gestalterische Tätigkeit aus den Labors und Werkstätten der Experten ins Licht der Öffentlichkeit. Noch einmal wurde über den Begriff des Funktionalismus gestritten, wobei die entscheidenden Beiträge bereits Jahre zuvor geleistet wurden. Beispielhaft ist hier Gerda Müller-Krauspes differenzierter Beitrag ›Opas Funktionalismus ist tot‹ (in: Fischer/Hamilton, 1999: 223), der die Gleichsetzung von künstlerisch inspirierten Konstruktivisten und Funktionalisten thematisierte. Eine gute Übersicht über den Verlauf der Debatte findet sich in ›Unternehmen pro Umwelt‹, einem Buch, das »Ansätze ganzheitlichen Denkens in Politik und Wirtschaft, Architektur, Produktentwicklung und Design« (Möller, 1989: 26) unter die Lupe nahm. Autorin ist die Designerin und Pädagogin Evelin Möller, eine Pionierin bei der Durchsetzung ökologischer Themen im Entwurfs- und Herstellungsprozess, die kontinuierlich mit Veröffentlichungen in der Zeitschrift ›form‹ auf Designer einwirkte, auch durch ihre Mitarbeit im Verband VDID.

Den Machern des Forum Design schien der Funktionalismus nicht deshalb überholt, weil seine Vertreter zu sehr der Logik der Maschinen folgten, sondern weil sie der stetigen Wiederholung des Immergleichen und der Tabuisierung des Historismus überdrüssig waren. Die Prinzipien der ›Guten Form‹ hatten ausgedient, als sie begannen alternativlos zu werden. Dass die Neuerer statt nach gültigen, mitunter einfach nach vorläufigen Formen suchten, irritierte die Verfechter eines traditionellen Designbegriffs.

»*Wie Kunst, wie Liebe, wie Kommunikation gehört Design zu den Vokabeln, deren Bedeutungshof so groß ist*«, schrieb etwa die Journalistin Gisela Brackert in einem Bericht über das Design Forum Linz, »*dass die Gefahr besteht, am Ende alles und nichts zu meinen.*«

Lässt sich ›Nachhaltiges Design‹ konkret genug definieren, um auch anwendbar zu sein?

(Landesgewerbeamt 1981: 19) Das Design Forum Linz trat ein für einen erweiterten Designbegriff, wie er zuvor bereits am Berliner Internationalen Designzentrum (IDZ) (Eisele, 2005: 95), einem zu dieser Zeit überwiegend staatlich finanzierten Institut mit entwickelt worden war. »*Es genügt nicht mehr, Design-Qualität nur aufgrund ökonomischer, funktionaler, ergonomischer oder ästhetischer Kriterien zu bestimmen*«, schrieb François Burkhardt, damals Fachlicher Leiter des IDZ (Berliner Forum, 1980: 16). Vielmehr stelle sich die Frage nach dem Verhältnis von Subjekt und Objekt: »*Das Design-Verständnis des IDZ bezieht sich nicht ausschließlich auf die Gestaltung von Produkten. Ziel unserer Bemühungen ist es, an einer Umwelt mitzuarbeiten, die eine Entfaltung des einzelnen wie auch der Allgemeinheit ermöglicht. Da sich die Umwelt aber nur zum Teil in Gegenständen manifestiert, müssen auch die gesellschaftlichen und politischen Faktoren berücksichtigt werden, die sie mitbestimmen.*« Folglich zeigte das IDZ kaum Schauen vorbildlich gestalteter Produkte, sondern veranstaltete Symposien und Kongresse, thematisierte Krankenhaus und Spielplatz, Recycling Design und Do-it-Yourself-Produkte und präsentierte monographische Ausstellungen zu Gestaltern wie Peter Behrens, Ettore Sottsass, Charles und Ray Eames oder dem bekennenden Stylisten Raymond Loewy.

Auf der Ebene der Konzepte und Objekte erregte die Designergruppe ›Memphis‹ im Herbst 1982 internationale Aufmerksamkeit. Die Designer, großenteils ausgebildete Architekten, wollten nicht länger nach Vorgaben einiger weniger Unternehmer Entwürfe anfertigen, die mal realisiert, mal unautorisiert verändert wurden, ein andermal ganz in der Schublade verschwanden. Als Alternative präsentierten sie eine eigene Kollektion von Möbeln, Leuchten und Gebrauchsgegenständen, die sich von bis dahin bekannten, funktionsorientierten

Objekten unterschieden, ja der Funktion mitunter Hohn sprachen. Sie ironisierten etwa die Form eines Regals, betonten bewusst fehlerhaft erscheinende Proportionen und überzogen ihre Objekte mit großflächig ornamentierten Laminaten, die mit edlen Materialien wie Marmor oder Wurzelholz kontrastiert wurden. Eines davon trug nicht nur den Namen ›Bacterio‹, sondern war von der stark vergrößerten Aufnahme eines Bakterienstammes inspiriert. Was als Provokation begann, wurde zu einem weltweiten medialen Erfolg. Dabei war es weniger wichtig, die Objekte tatsächlich zu besitzen, als Fotos, Zeitschriften und Bücher, in denen sie dokumentiert wurden. Wie in der Pop-Kultur mit dem Aufkommen neuer musikalischer Grundströmungen, änderte sich mit der Existenz von ›Memphis‹ die Wahrnehmung des Designs in der Öffentlichkeit, vor allem aber das Selbstverständnis der Designer, die nun nicht länger ausschließlich als Dienstleister, sondern verstärkt als *Autoren-Designer* auftraten. Neue Freiheitsspielräume, Möglichkeiten der Eigenproduktion von Entwürfen, die Annäherung von Design an die Kunst: All dies schuf neue Zugänge und Betätigungsfelder für Designer, die bislang verschlossen waren.

›Design ist unsichtbar‹ überschrieb der Schweizer Soziologe und Volkswirt Lucius Burckhardt seinen Beitrag für das Design Forum Linz, der kürzlich zum wiederholten Mal in einem Sammelband neu aufgelegt wurde (Burckhardt, 2012). Nicht der Gegenstand ist Design, sondern der Prozess, der zu ihm führt. Und überhaupt sind es nicht nur Gegenstände, sondern Kontexte, Straßenecken, Fahrpläne, Wirkungszusammenhänge, die – ob wir es wollen oder nicht – entworfen werden und die unseren Alltag bestimmen. Burckhardt kritisiert zugleich die »*Kontraproduktivität*« verengter Entwurfshaltungen, die etwa Randbedingungen ausblenden. Jeder neue Entwurf bewirke im Gebrauch Änderungen »*und diese Änderungen ziehen die Notwendigkeit neuer Entwürfe nach sich.*« Schließlich resümiert er: »*Güter sind dann schädlich, wenn sie uns von Systemen abhängig werden lassen. […] Wir sollten diejenigen Objekte meiden, die uns dazu zwingen weitere Zusatzgeräte zu kaufen.*« Und als habe er die Erfindung der Smartphones und Sozialen Netzwerke bereits vorhergesehen: »*Wir sollten Gütern misstrauen, die einseitige Informationswege enthalten, wenn wir wohl auch nicht mehr ohne solche auskommen.*« (Burckhardt, 2012: 20, 23).

Die 1980er Jahre waren in Bezug auf Design und Nachhaltigkeit höchst widersprüchlich: Utopien lösten sich auf, neue Optionen für Designer entstanden, Funktionalismus wurde in Frage gestellt, und setzte sich in Form von Möbel-Replikaten durch, die als Statussymbole dienen. Design diente als Bildlieferant für Medien und Museen, während zugleich sein Prozesscharakter betont wurde.

Der österreichische Designer Robert Maria Stieg zerlegte um 1980 Polstermöbel unterschiedlicher Machart und Herkunft und untersuchte sie in relevanten Details: Er bezog Standort, Produktionsverhältnisse, Qualifikation der Arbeitskräfte, verwendete Materialien, Lebensdauer der Polster, Reparierbarkeit, Maße und Preis in seine Recherchen ein und dokumentierte die Ergebnisse in der Ausstellung ›Vorsicht: Polstermöbel!‹ (Stieg/Hammerschmied, 1980: 45).

Der Industriedesigner und Hochschullehrer Bernd Löbach fragte »*Welche Chancen hat ökologisch orientiertes Design?*«, besprach die damals gängigen Ansätze von Recycling-Design bis Produktvermeidung und kam als Designer zu einem eher skeptischen Resümee, was ihn als Künstler Bernd Löbach-Hinweiser dazu bewegte, »*umweltkritische Kunst*« zu produzieren. So befüllte er Glasflaschen zur Hälfte mit Flüssigkeit und versah sie mit einem Etikett: ›Jeder 1-Liter-Glasbehälter entspricht einer Energiemenge von ½ Liter Öl. Jede weggeworfene Flasche ist gleichsam halb voll mit Öl. (nach André Gorz)‹

Die neue Utopie?

In seinem Buch ›The Material of Invention‹ zeigte der italienische Ingenieur, Designer und Hochschullehrer Ezio Manzini Möglichkeiten auf, neue Materialien und Herstellungstechnogien im Entwurfsprozess für plausible Innovationen zu nutzen (Manzini, 1986). Später wandte er sich dem Verhältnis von »*Design, Umwelt und sozialer Qualität*« zu. (Manzini, 1994: 170) In der Rückschau sah er die 1980er als Zeit der »*Normalisierung des Öko-Designs*«, das zugleich auf ein zumeist technisch orientiertes Redesign des Bestehenden setze. Neu für die 1990er Jahre sei dagegen eine Radikalisierung, die auf der Einsicht basiere, dass eine etwas weniger giftige Produktion und Konsumtion nicht zu nachhaltigen Lösungen führe. Manzini sah – wie schon die Autoren des ›Club-of-Rome-Berichts‹ von 1972 – im weltweit vorherrschenden Entwicklungs- und Wachstumsmodell das Grundproblem. Statt wie in den 1920er Jahren ein zuschreibendes *Existenzminium* (damals vor allem für den sozialen Wohnungsbau) zu formulieren, ginge es darum ein *Qualitätsmaximum* zu propagieren. Ähnliche Ziele verfolgte der Designer Herbert Schultes mit seiner Idee des ›light design‹ (Schultes, 1996: 38), einer Art Leichtbau von Produkten, die zugleich höchste emotionale Attraktivität und Ausstrahlung besitzen sollten.

Anders als Manzini vermutete, begann jedoch in den 1990er Jahren nicht eine Radikalisierung, bei der Design wie er formulierte »*der sich ändernden Welt Form geben und Chancen für neue Verhaltensweisen aufzeigen*« sollte. Stattdessen wurde Design immer mehr – auch von seinen einstmals staatlich finanzierten Förderern – als Wirtschaftsfaktor anerkannt und propagiert. Design als Kulturfaktor, als Sozio-Design wie es Burckhardt und Bazon Brock in den 1980er Jahren konzipierten, geriet aus dem Blick.

Das Marketing entdeckte die Potentiale einer Verbindung von Design, Marke und Umweltthemen. »*Reduce to the max*« lautete 1998 der Slogan zur Einführung des Mini-Autos Smart. Ökologisches und/oder *Nachhaltiges Design* dürfe keinen Verzicht bedeuten, verkündeten Designer, Hersteller und Marketingexperten übereinstimmend. Diese Sichtweise zielt darauf ab, reformerisch Spielräume innerhalb der kapitalistischen Wirtschaftsordnung zu gestalterisch zu nutzen. Doch können Projekte und Errungenschaften dieses vermeintlich verzichtsfreien Designs jederzeit zur Disposition stehen. Ursachen sind etwa veränderte Trends, ökonomische Krisen oder auch schlicht der soziale Wandel und veränderte Werteordnungen in der öffentlichen Wahrnehmung.

Inzwischen setzt sich Manzini mit Fragen der »*sozialen Innovation und Nachhaltigkeit*« auseinander, wobei er sich ebenso mit Urban Gardening-Projekten in New York wie mit Selbsthilfegruppen innerhalb des britischen Gesundheitssystems befasst.

Seit den 1990er Jahren werden weitere Themenfelder im Design diskutiert, die hier nur angerissen werden können:

- *Die Frage nach dem Material:* Das New Yorker Museum of Modern Art zeigte 1995 die Ausstellung ›Mutant Materials in Contemporary Design‹, die den technologischen Wandel vor allem bei der Produktion, Formung und Anwendung von Kunststoffen an eindrucksvollen Beispielen zeigte. Um das Thema der Materialien hat sich eine eigene Szene entwickelt. Material-Datenbanken, Material Labs in Designbüros und Publikationen wie ›Materialrevolution‹ (Peters, 2011) oder das ›Handbuch Technisches Produktdesign‹ (Kalweit u. a., 2011) versuchen das innovative aber auch unübersichtliche Angebot auszuleuchten.
- *Selbstproduktion:* Das ›Do-It-Yourself‹ der 1970er Jahre, eine Laien- und Dilettantenbewegung, wurde als ›DIY‹ wiederentdeckt. Es bezieht sich nur gelegentlich auf bekannte gestalterische Projekte wie die von Enzo Mari ›Proposta per un'autoprogettazione‹ (1974), dem Neuen Deutschen Design der 1980er Jahre oder dem Projekt ›Blaupause‹ von

Vogt+Weizenegger (1993). Anders als diese kann es das Internet als weltweiten Bewertungs- und Vertriebskanal nutzen. Bekanntestes deutsches Beispiel ist Van Bo Le-Mentzel mit seinem Projekt ›Hartz IV Möbel‹, das wiederum Verbindungen zum ›Open Design‹, also dem kollektiv über das Netz entwickelten Design aufweist. Ein weiterer Protagonist dieser Entwicklung war der bereits eingangs zitierte Gründer von ›Des-In‹ mit seiner Idee, Handwerk und CNC-Lasertechnik zu vereinen (Steffen, 2003). Zusammen mit der Verbreitung preiswerter 3-D-Drucker könnte die Selbstproduktion künftig zu neuartigen Vertriebswegen und partizipativen Entwurfspraktiken führen. Ebenso ist es mit diesen Techniken allerdings möglich, digital konstruierte Waffen zu verbreiten und auszudrucken.

- *Einfachheit*: Wie man trotz zunehmender Komplexität von Entwurfsprozessen und ständig steigenden Anforderungen an Produkte (man denke an zusätzliche Funktionen, die Integration von Hard- und Software bei technischen Produkten, die Zerlegbarkeit für internationalen Versand, die Beachtung verschiedenster gesetzlicher Vorgaben etc.) diese so gestaltet, dass sie einfach und verständlich zu nutzen sind, hat John Maeda in seinen ›Zehn Gesetzen der Einfachheit‹ dargelegt. (Maeda, 2007)

Mut zur Gestaltung

In ihrem Text ›Dilemmas in einer Allgemeinen Theorie der Planung‹ befassten sich der Mathematiker und Designtheoretiker Horst W. J. Rittel und der Stadtplaner Melvin M. Webber mit den von ihnen so genannten »*bösartigen Problemen*«, mit denen Planer und Designer häufig konfrontiert sind.

Sie stellten sie den »*zahmen Problemen*« gegenüber, mit denen sich Naturwissenschaftler hauptsächlich beschäftigten. Die erste von elf Eigenschaften des »*bösartigen Problems*«, bestehe darin, »*dass es keine definitive Formulierung für sie gibt*«. Anders ausgedrückt: Man »*kann das Problem nicht verstehen, […] ohne es zu lösen, und das Problem zu lösen bedeutet gleichzeitig, es zu verstehen.*« (Rittel/Webber, 1992: 44)

Rittel, als Mathematiker an die HfG Ulm berufen, um objektivierende Urteile und Ableitungen zum Design zu entwickeln, kam diesen Wünschen der Designer mit seinen systemtheoretischen Überlegungen nicht nach, leistete dennoch für die (Erkenntnis-)Theorie des Design Wesentliches, er stellte unter anderem fest: »*Es bleibt dem Urteil des Designers überlassen, wie er vorgeht. Es gibt keine – logische oder andere – Notwendigkeit, etwas Bestimmtes als Antwort auf ein Issue zu wollen oder zu tun. Nichts muss sein oder bleiben, wie es ist oder zu sein scheint, es gibt keine Grenzen des Denkbaren*«, formulierte er zur ›Denkweise von Designern‹ (Rittel, 2012: 33). In den 1970er Jahren war Rittel an der Entwicklung von ›Umplis‹, einem Umwelt-Planungs-Informationssystem beteiligt, das bis heute aktiv, im Vorfeld des Umweltbundesamtes entstand. (Kunz, Reuter, Rittel, 1980, 47). Umweltprobleme lägen notorisch quer zu Expertisen und Kompetenzen, seien wie Rittel formulierte, »*nicht-disziplinär. Schon bei ihrem Aufspüren und ihrer Analyse*« komme es auf die »*Aktivierung all derer (an), die Expertenwissen beitragen können. Umweltprobleme sind also nicht nur interdisziplinär*«, denn es reiche nicht aus, Fachwissen von Vertretern vieler wissenschaftlicher und technischer Disziplinen zu summieren, »*da zu ihrer Lösung außerwissenschaftliches Wissen*«, etwa über »*Sollzustände und die Angemessenheit der Verteilung von Vor- und Nachteilen umweltpolitischer Maßnahmen*«, erforderlich sei.

Womöglich bedeutet *Nachhaltiges Design* eben dies: sich der eigenen Freiheit bewusst werden, aber auch zu möglichst allen Betroffenen der eigenen gestalterischen Entscheidungen Kontakt zu halten. Eine noch immer utopische, aber durchaus reizvolle Idee.

Für Anregungen und Hinweise danke ich Jörg Stürzebecher.

Thomas Edelmann ist freier Journalist und Publizist. Nach dem Studium der Rechtswissenschaften, das er abbrach, gehörte er ab 1988 zur Gründungsredaktion der Zeitschrift ›Design Report‹, deren Chefredakteur er von 1996 bis 2001 war. Thomas Edelmann wirkt in verschiedenen Jurys mit, unter anderem beim ›Cor-Preis‹, der journalistische Texte über Design und Wohnen prämiert und beim ›Wilhelm Braun-Feldweg-Award‹, der angehende Designer zum kritischen Schreiben anregt. Seit 2001 schreibt er für Fach- und Publikumszeitschriften sowie für Online-Publikationen über Architektur und Design. 2010 erschien seine, zusammen mit Gerrit Terstiege herausgegebene, kritische Textsammlung ›Gestaltung denken‹.

Quellen

Antonelli, Paola, ›Mutant Materials in Contemporary Design‹, (New York, Museum of Modern Art, 1995)

Barbero, Silvia, Brunella Cozzo, ›Ecodesign‹, (Potsdam: H.F. Ullmann, 2009)

Bauman, Zygmunt: ›Flüchtige Moderne‹ (Frankfurt am Main: Suhrkamp, 2003)

Bruno, Dave: ›The 100 Thing Challenge. How I Got Rid of Almost Everything, Remade My Life, and Regained My Life, and Regained My Soul‹, (New York, London, Toronto, Sydney: Harper 2010)

Burckhardt, Lucius: ›Design ist unsichtbar – Entwurf, Gesellschaft & Pädagogik‹, (Berlin, Martin Schmitz, 2012)

Eisele, Petra, ›BRDesign. Deutsches Design als Experiment seit den 1960er-Jahren‹ (Böhlau, Köln, 2005)

›Wörterbuch Design, Begriffliche Perspektiven des Designs‹, Michael Erlhoff, Tim Marshall, Hg., (Basel, Bosten, Berlin, 2008)

Gekeler, Moritz: ›Konsumgut Nachhaltigkeit – Zur Inszenierung neuer Leitmotive in der Produktkommunikation‹, (Bielefeld: transkript, 2012)

Gössling, Stefan: ›Tourismus, Entwicklung, Klima – Mythen, Fakten und ein gordischer Knoten: In Bezug auf Emissionen von Klimagasen tragen Lohas mehr zum Klimawandel bei als der Durchschnittsbürger‹, (Berlin: die tageszeitung, Nr. 8.817, 21.02.09)

Grund, Moritz: ›Einhundert – Der Designer und die Dinge – Ein Selbstversuch‹, (Sulgen, Schweiz: Niggli, 2012)

Habermas, Jürgen, ›Die Krise des Wohlfahrtsstaats und die Erschöpfung utopischer Energien‹, in: ders. ›Die Neue Unübersichtlichkeit, Kleine Politische Schriften V‹, (Frankfurt am Main, Suhrkamp, 1985)

Hauff, Volker (Hg.): ›Unsere gemeinsame Zukunft. Der Brundtland-Bericht der Weltkommission für Umwelt und Entwicklung‹, (Greven: Eggenkamp, 1987)

Kalweit, Andreas, Christof Paul, Sascha Peters u. a., ›Handbuch für Technisches Produktdesign‹, 2. Aufl. (Berlin, Heidelberg: Springer, 2012)

Kunz, Werner, Wolf Reuter, Horst W. J. Rittel: ›Umplis, Entwicklung eines Umwelt-Planungs-Informationssystems, Fallstudie‹, (München, New York, London, Paris: K. G. Saur, 1980)

›Krise des funktionalistischen Design?‹ Landesgewerbeamt Baden-Württemberg (Hg.), (Stuttgart: Selbstverlag, 1981)

Le-Mentzel, Van Bo & The Crowd: ›Hartz IV Moebel.com, Build more, Buy less, Konstruieren statt Konsumieren‹ (Ostfildern: Hatje Cantz, 2012)

Lindinger, Herbert: ›Urban Design‹, in: ›public design, Jahrbuch zur Gestaltung öffentlicher Räume‹, Messe Frankfurt, Michael Peters (Hg.), (Gütersloh: Bertelsmann, 1985), S. 138–153

Löbach, Bernd: ›Industrial Design, Grundlagen der Industrieproduktgestaltung‹ (München: Thiemig, 1976)

Löbach, Bernd: ›Design durch alle, Alternativen zur fremdbestimmten Massenproduktkultur‹ (Braunschweig: Hochschule für Bildenden Künste, 1983)

Löbach, Bernd: ›Welche Chancen hat ökologisch orientiertes Design?‹, in: ›Bauwelt, 29‹, 2. August 1985, S. 1.157–1.159

Löbach-Hinweiser, Bernd: ›Museum für Wegwerfkultur. Eine reisende Sammlung »Umweltkritischer Kunst« zur Bildung von Umweltbewußtsein‹, (Cremlingen: Designbuch, 1993)

Maeda, John: ›Simplicity – Die zehn Gesetze der Einfachheit‹, (München: Elsevier, 2007)

Manzini, Ezio: ›The Material of Invention‹ (London: Design Council, 1989)

Manzini, Ezio: ›Design, Umwelt und soziale Qualität. Vom Existenzminimum zum Qualitätsmaximum‹, in: ›Welche Dinge braucht der Mensch‹, Dagmar Steffen (Hg.), (Gießen: Anabas, 1995) S. 169–174,

Möller, Evelin: ›Unternehmen pro Umwelt. Ansätze ganzheitlichen Denkens in Politik und Wirtschaft, Architektur, Produktentwicklung und Design‹, (München: Lexika, 1989)

Müller-Krauspe, Gerda: ›Opas Funktionalismus ist tot‹, in: ›Theorien der Gestaltung. Grundlagentexte zum Design, Band 1‹, hg. von Volker Fischer und Anne Hamilton (Frankfurt am Main: form, 1999), S. 218–225.

Peters, Sascha, ›Materialrevolution – Nachhaltige und multifunktionale Materialien für Design und Architektur‹, (Berlin, Basel: Birkhäuser, 2011)

›Positionen zur Designwissenschaft‹, Felicidad Romero-Tejedor, Wolfgang Jonas (Hg.), (Kassel: Kassel University Press, 2010)

Rittel, Horst W. J. mit Melvin M. Webber: ›Dilemmas in einer allgemeinen Theorie der Planung‹, in: Rittel, Horst W. J.: ›Planen, Entwerfen, Design‹, (1992), S. 13–35

Rittel, Horst: ›Die Denkweise von Designern, Studienhefte Problemorientiertes Design 1‹, Jesko Fezer, Oliver Gemballa, Matthias Görlich, (Hg.), (Hamburg, Adocs, 2012)

Rudofsky, Bernard: ›Sparta/Sybaris, Keine neue Bauweise, eine neue Lebensweis tut not‹, (Wien: Residenz Verlag, 1987)

Spitz, René: ›HFG IUP IFG, Ulm 1968–2008‹, (Ulm: Internationales Forum für Gestaltung, 2012)

Steffen, Alex, ›World Changing, Das Handbuch der Ideen für eine besser Zukunft‹, (Knesebeck, 2008)

Steffen, Dagmar (Hg.): ›Welche Dinge braucht der Mensch?‹ (Gießen: Anabas, 1995).

Stieg, Robert Maria/Herbert Hammerschmied: Katalog zur Ausstellung ›Vorsicht Polstermöbel!‹, (Wien: Österreichisches Gesellschafts- und Wirtschaftsmuseum, 1980)

v. Borries, Friedrich, Matthias Böttger, ›Updating Germany – 100 Projekte für eine bessere Zukunft‹ (Ostfildern: Hatje Cantz, 2008)

Wiedemann, Julius (Hg.): ›Product Design in the Sustainable Era‹ (Köln: Taschen, 2010)

Literatur

Ashbey, Mike and Kara Johnson: ›Materials and Design. The Art and Science of Material Selection in Product Design‹, (Oxford: Butterworth-Heinemann, 2009)

Baacke, Rolf-Peter, Uta Brandes, Michael Erlhoff: ›Design als Gegenstand‹, (Berlin: Frölich & Kaufmann, 1983)

Bauman, Zygmunt, ›Leben in der Flüchtigen Moderne‹, (Frankfurt am Main: Suhrkamp 2007)

Borngräber, Christian (Hg.): ›Berliner Design-Handbuch‹, (Berlin: Merve, 1987).

Braungart, Michael, William McDonough: ›Einfach intelligent produzieren‹ (Berlin: BvT, 2003)

Braungart, Michael, William McDonough (Hg.): ›Die nächste industrielle Revolution. Die Cradle to Cradle-Community‹, (Hamburg: Europäische Verlagsanstalt, 2008)

Bürdek, Bernhard E., ›Design. Geschichte, Theorie und Praxis der Produktgestaltung‹ (Basel: Birkhäuser, 2005).

Bürdek, Bernhard, Eisele, Petra (Hg.), ›Design, Anfang des 21. Jh. Diskurse und Perspektiven‹ (Ludwigsburg: av edition, 2011).

Burckhardt, Lucius und Internationales Design Zentrum Berlin (Hg.), ›Design der Zukunft, Architektur, Design, Technik, Ökologie‹, (Köln, DuMont, 1987)

Burkhardt, François, ›Der erweiterte Design-Begriff des IDZ-Berlin‹, in: ›Gestaltung im Wandel, Zehn Jahre Internationales Design-Zentrum‹ (IDZ) Berlin, 2/1980

Chick, Anne, Paul Micklethwaite, ›Design for Sustainable Change: How Design and Designers Can Drive the Sustainability Agenda‹, (Lausanne: Ava Academia, 2011)

›Design? Umwelt wird in Frage gestellt‹. Hg. vom Themakreis im IDZ Berlin (Berlin: IDZ, 1970)

›Design ist unsichtbar‹, hg. von Hellmuth Gsöllpointner, Angela Hareiter und Laurids Ortner (Wien, Löcker: 1981)

Erlhoff, Michael: ›Nutzen statt Besitzen‹ (Göttingen: Steidl, 1995)

›Essen und Ritual. Ergebnisse der Entwurfswoche im IDZ Berlin‹, Januar 1981, François Burkhardt (Hg.), (Selbstverlag, Crusinallo, 1981)

›Ex und hopp, Das Prinzip Wegwerf‹, hg. im Auftrag des Deutschen Werkbunds von Ot Hoffmann (Gießen: Anabas, 1989)

›Formbeständig, Bis heute hergestellt: Produkte der Jahre 1949–1978‹, Design Center Stuttgart (Hg.), (Stuttgart: Design Center, 1988)

Friedl, Friedrich und Gerd Ohlhauser: ›Das gewöhnliche Design‹, (Köln: Rheinland-Verlag, 1979)

›Gestaltung denken. Grundlagentexte zu Design und Architektur‹, hg. von Klaus Thomas Edelmann und Gerrit Terstiege (Basel: Birkhäuser, 2010).

Grund, Moritz: ›Einhundert, der Designer und die Dinge – Ein Selbstversuch, Designkritische Texte Vol. 4/Wilhelm Braun-Feldweg-Förderpreis‹ (Sulgen: Niggli, 2012)

Grunwald, Armin, Jürgen Kopfmüller, ›Nachhaltigkeit‹, (Frankfurt: Campus, 2011)

Hauffe, Thomas, ›Fantasie und Härte – Das »Neue Deutsche Design« der achtziger Jahre‹ (Gießen: Anabas, 1994)

›Innovationen zur Nachhaltigkeit – Ökologische Aspekte der Informations- und Kommunikationstechniken‹, Enquete-Kommission Schutz des Menschen und der Umwelt, (Berlin, Heidelberg: Springer, 1998)

›KAP #4: Green‹, KAP Forum für Architektur, Technologie, Design, Andreas Grosz, (Köln: Selbstverlag, 2009)

Lange, Hellmuth (Hg.): ›Nachhaltigkeit als radikaler Wandel. Die Quadratur des Kreises?‹ (Wiesbaden: VS Verlag Sozialwissenschaften, 2008)

Maldonado, Tomás: ›Umwelt und Revolte, Zur Dialektik des Entwerfens im Spätkapitalismus‹ (Reinbek: Rowohlt, 1972)

›Massive Change‹, Bruce Mau and the Institue without Boundaries, (London: Phaidon, 2004):

Miller, Laurel & Stephen Aldridge: ›Why Shrink-Wrap a Cucumber? The Complete Guide to Environmental Packaging‹, (London: Laurence King, 2012)

Nachtwey, Jutta, Judith Mair, ›design ecology! Neo-grüne Markenstrategien‹ (Mainz: Hermann Schmidt, 2008)

Petzet, Muck, Florian Heilmeyer: ›Reduce/Reuse/Recycle. Ressource Architektur‹, (Ostfildern: Hatje Cantz, 2012)

Radkau, Joachim: ›Die Ära der Ökologie – Eine Weltgeschichte‹, (München: C. H. Beck, 2011)

Rahmstorf, Stefan und Hans Joachim Schellnhuber: ›Der Klimawandel, Diagnose, Prognose, Therapie‹ (München: C. H. Beck, 2006)

›Refuse, Making the most of what we have/verschwenden. Aus Alt mach Neu‹, Natascha Drabbe (Ed.). engl./dt. (Utrecht, Cultural Connections: 1997)

Schmidt-Bleek, Friedrich, Thomas Merten, Ursula Tischner (Hg.) ›Ökointelligentes Produzieren und Konsumieren‹. (Berlin, Basel, Boston: Birkhäuser, 1997)

Schmidt, Bleek, Friedrich: ›Das MIPS-Konzept, Weniger Naturverbrauch, mehr Lebensqualität durch Faktor 10‹, (München: Knaur, 2000)

›Seit langem bewährt – Klassische Produkte moderner Formgebung‹, (München: Die Neue Sammlung, Staatl. Museum f. Angewandte Kunst, 1968)

Spitz, René, s.v. ›Funktion‹, ›Wörterbuch Design‹, hg. von Michael Erlhoff und Tim Marshall (Basel: Birkhäuser, 2007).

Steffen, Dagmar (Hg.): ›C-Möbel. Digitale Machart und gestalterische Eigenart‹ (Gießen: Anabas, 2003)

Uekötter, Frank: ›Am Ende der Gewissheiten. Die ökologische Frage im 21. Jahrhundert‹ (Frankfurt/New York: Campus: 2011).

Lindinger, Herbert (Hg.), ›Hochschule für Gestaltung Ulm. Die Moral der Gegenstände‹ (Berlin: Ernst & Sohn, 1991).

Spitz, René, ›HfG Ulm. Der Blick hinter den Vordergrund. Die politische Geschichte der Hochschule für Gestaltung 1953–1968‹ (Stuttgart, London: Axel Menges, 2002).

Tischner, Ursula, Eva Schmicke, Frieder Rubik, ›Was ist EcoDesign?‹ (Frankfurt, form, 2000).

Vezzoli, Carlo Arnoldo und Ezio Manzini, ›Design for Environmental Sustainability‹ (Springer, London 2008).

Was dürfen wir uns von ›Nachhaltigem Design‹ in diesem und in den kommenden Jahrzehnten erwarten?

In den Nachkriegsjahren waren Sparsamkeit und Wiederverwertung eine Selbstverständlichkeit in Deutschland. So ging der junge Siegfried Maser mit seinem Vater auf Baustellen, sammelte Nägel oder zog sie aus alten Brettern und machte sie wieder gerade, so dass sie wieder verwendet werden konnten. Heute ist er einer der bekanntesten deutschen Designtheoretiker. Maser begann seine Karriere an der Seite der strengsten Vertreter des ›technischen Rationalismus‹ an der Hochschule für Gestaltung in Ulm. Nach und nach entdeckte er die Relevanz der Nachhaltigkeit für das Design. Im folgenden Interview spricht er über diesen Weg.

Persönlichkeiten: Siegfried Maser

MICHAEL MAXEIN & DAVIDE BROCCHI

Siegfried Maser studierte Philosophie, Physik und Mathematik und promovierte beim Philosophen Max Bense am Institut für Philosophie und Wissenschaftstheorie der Technischen Hochschule Stuttgart. Zwischen 1969 und 1971 arbeitete er als Dozent für Allgemeine Kommunikationstheorie am Institut für Umweltplanung an der ehemaligen Hochschule für Gestaltung Ulm. Die Beschäftigung mit Ökologie im Zusammenhang mit Design, Architektur und Stadtplanung begann bereits in den 1970er Jahren. Er war Professor und Rektor der Bergischen Universität in Wuppertal sowie der Hochschule für Bildende Künste in Braunschweig. Seit 2004 ist Siegfried Maser emeritiert.

Davide Brocchi (DB): Herr Professor Maser, wenn Sie das Wort Nachhaltigkeit hören – was verstehen Sie darunter?
Immer noch schön finde ich das ursprüngliche Bild von der Forstwirtschaft: Die Bäume eines Waldes wachsen jährlich so und so viel. Ich habe mal mathematisch berechnet, wie viel das ist und wenn ich jedes Jahr nur so viel Holz fälle wie nachwächst, bleibt immer gleich viel Wald übrig. Aber auch jede Haushaltsführung, auch die private, hat mit Nachhaltigkeit zu tun. Ich kann von den einfachen Leuten lernen, dass ich sehr sorgsam mit den Dingen, die ich habe, umgehen sollte. Das ist der Vorteil von armen Gesellschaften – bei aller Not und allem Elend.

1946 zum Beispiel ging mein Vater auf Baustellen und ich durfte mit, um Nägel gerade zu hauen. Ich zog die Nägel aus den alten Brettern und machte sie gerade, sodass sie wieder verwendet werden konnten. Das war funktionelles Recycling. Aber es war selbstverständlich. Man hat damals alles gesammelt. Wir mussten Mäuse sammeln und haben pro Maus 10 Pfennig bekommen. Wir mussten Maikäfer sammeln und wir haben freiwillig Zigarettenkippen gesammelt, weil man den verbliebenen Tabak rausholen und wieder verwenden konnte. So gibt es viele Möglichkeiten den Begriff Nachhaltigkeit zu erklären. Ich habe in einem Seminar mal die Frage gestellt, ob die Natur im banalen Sinne selbst *ökologisch* ist oder nicht. Eine Vielzahl der Spezies bisher ist ja auch ohne menschlichen Einfluss ausgestorben. Dann stellt man rasch fest: Es gibt ›sich selbst reproduzierende Systeme‹ – und das hat ebenfalls mit Nachhaltigkeit zu tun.

DB: Autopoiesis?
Ja. Wenn sie ein System mit 100 Elementen haben, dann ist das produktive Ergebnis dieses Systems immer einfacher als es selber. Jetzt kann das System immer komplexer werden – mehr Elemente beinhalten. Und plötzlich gibt es Systeme, die so komplex sind, dass das, was sie machen, von derselben Qualität ist wie es selbst – beispielsweise sich selbst reproduzierende Automaten.

Aber auch die Biologie ist ein Beispiel. Ein Wurm bringt einen Wurm zur Welt. Stellt sich die Frage: Gibt es Systeme, die so komplex sind, dass sie noch komplexere Systeme als sie selbst produzieren können? Vielleicht ist der Mensch ein Beispiel dafür. Wenn ich zum Beispiel alle Rechner der Welt miteinander vernetze, bekomme ich ein neues informationsverarbeitendes System. Möglicherweise hat es eine Komplexität die dazu fähig ist, ein höheres *Wesen* als den Menschen hervorzubringen. Man müsste es nur mal probieren! [lacht]

Michael Maxein (MM): Ist diese zunehmende Komplexität nicht auch eine willkommene Herausforderung für Gestalterinnen und Gestalter?
Natürlich! Gestalter glauben, dass wenn sie die Welt ordnen und wir sie wahrnehmen, dann entsteht durch die harmonische Ordnung draußen auch eine harmonische Ordnung in uns drin – und das tut gut. Warum? Weil unser Denken und Handeln eben immer komplexer wird und wir diese Ordnung zunehmend lernen und dann auch in der Umwelt wiederfinden.

DB: Wie hat denn das Thema Ökologie die Aufgaben der Designer verändert?
Ich hatte verschiedene Bekannte, die sich früh damit auseinandergesetzt haben – unter anderem Evelin Möller.[1] Sie hat es »*ökologisches Design*« genannt und gesagt: Zu den Fächern, die ihr bisher gelehrt habt, kommt dieses noch dazu. Das hat mich damals ein bisschen aufgeregt, weil ich der Meinung war, da kommt nicht *eins dazu* – sondern das da ändert die Denke aller Fächer, die vorher schon da waren. Ich mache ja nicht Konstruktionslehre, Marketing, Zeichnen und zusätzlich Ökologie – sondern die Ökologie verändert das Marketing selbst, verändert das Konstruktive, verändert alles. Ökologie muss radikal die Denke verändern. Die Studenten lernen das, was sie künftig bei der Lösung ihrer Aufgaben brauchen. Sie können zeichnen oder ein Modell bauen. Die Ökologie aber verändert bereits die Aufgabestellung radikal und nicht erst die Lösung.

Wenn ich eine schon schwachsinnige Aufgabe habe, dann kann ich mit meinem ökologischen Anspruch nur scheitern. Ich habe relativ früh Seminare zu dem Thema gemacht.

DB: Und welches waren die wichtigsten Texte oder Autoren?
Das fing an mit einer Geschichte, in der die Vögel im Frühling plötzlich nicht mehr pfeifen...

---

1 Autorin einer der ersten deutschen Veröffentlichungen zum ökologisch orientierten Design: ›Unternehmen pro Umwelt. Ansätze ganzheitlichen Denkens in Politik und Wirtschaft, Architektur, Produktentwicklung und Design‹ erschienen 1989 in München bei Lexika.

DB: Vielleicht meinen Sie ein Buch, das 1962 erschien – ›Silent Spring‹ von Rachel Carson …?

Ja, genau – damit fing es an. Weil ich gelesen hatte, dass es John F. Kennedy sehr beeindruckte und weil daraufhin das erste ›Umweltjahr‹ zustande kam. Ich lehrte damals Design-Philosophie, Planungs- und Systemtheorie, Kommunikationstheorie und Ästhetik. Die Design-Philosophie war ein sehr dynamisches Fach, mit ständigen Neuerungen. Ein gutes Beispiel in dem Zusammenhang war jedoch viel später auch die Verpackungsverordnung – 1991. Hieran konnte ich nachweisen, dass Ökologie bzw. Umweltschutz in der Tat nicht nur ein zusätzliches Fach ist, sondern die Denke radikal verändern kann. So haben wir versucht, ein System zu entwickeln, an dem man sich bei der Gestaltung von Produkten orientieren kann – wir nannten es »*Die vier V*«. Es sind Zielsetzungen, die es schon beim Entwurf des Produkts zu berücksichtigen gilt: 1. *Vermeiden*, 2. *Vermindern*, 3. *Vereinfachen*, 4. *Verwerten*. Damals war z. B. Porsche das erste Unternehmen, dass das ganze Kupfer, das im Auto verwendet wurde, wiederverwerten wollte. Bei den Planungsmodellen angefangen habe ich jeden Schritt nach den *vier V* geprüft: Brauche ich den Schritt unbedingt? Kann ich ihn vermeiden? Kann ich den Materialeinsatz vermindern oder den Prozess vereinfachen? Wie lässt sich das eingesetzte Material später auf einfache Weise wieder verwerten? Ich bin das ganze Modell so durchgegangen.

DB: Würden Sie daraus auch Ihre Definition eines Nachhaltigen Designprozesses ableiten?

Ja vielleicht – aber mit Definitionen ist es ja eh so eine Sache. Wie definiert man Design? Was genau ist dann *Nachhaltiges Design*? Man hat lange gedacht, man fängt mit Definitionen an und leitet davon alles ab. In der Mathematik funktioniert das auch, aber in den Disziplinen, die sich um die Welt kümmern, da komme ich mit vorgegebenen Definitionen nicht wirklich weiter. Der Mathematiker Benoît Mandelbrot hat gesagt: »*Bisher haben wir die Knicke in den Kurven immer rausgeschmissen. Jetzt interessiere ich mich genau für die.*« Und er fing an, Kurven zu gestalten. Und am Ende kam eine Kurve raus, die können Sie nicht mehr integrieren, sie können die Fläche nicht mehr bestimmen, es lässt sich nicht mehr differenzieren – die ganze Mathematik bricht zusammen.

MM: Die ›Chaos-Theorie‹ …

Man nannte es ›Chaos-Theorie‹, weil die traditionelle Denkordnung zusammenbrach. Heute nennt man es ›Fraktal‹. Je nach Sachverhalt ergeben sich immer die unterschiedlichsten Sichtweisen. Eigentlich gibt es aber nur vier mögliche Meinungen: die richtige, die falsche, die übliche und die meinige. Solch differierende Einschätzungen und Wahrnehmungen von Subjekten zu einem größeren ganzen zu vereinen, die Einheit in der Vielfalt zu suchen, das genau ist die Herausforderung, der ein fraktales System gerecht werden will. Bis heute wurden sehr viele unterschiedliche Definitionen zum Design verfasst, von sehr engen bis hin zu sehr allgemeinen. Ich kann in der Geschichte schauen, wer die *Helden des Designs* waren und was sie gesagt haben. Und dann kommt ein Aspekt, den sie alle genannt haben – und so haben sie am Ende ihre Definition. Das Definieren von Begriffen, das Festhalten von Bedeutungen, das kann frühstens am Ende und auch dann nur auf Zeit passieren.

DB: Apropos Helden des Designs: Die Studentenproteste in den 68ern – wie haben Sie diese erlebt? Wie standen Sie dazu?

Ich habe 1965 promoviert und war im Anschluss daran Assistent von Max Bense an der Technischen Hochschule in Stuttgart. Ich war überzeugt, dass viele der Professoren Mist machen und dass ich es viel besser kann. So wurden in den Fluren Zelte aufgebaut und auf eine Tafel habe ich geschrieben, welche Seiten des ›Kapital‹ von Karl Marx heute bei mir dran sind. So habe ich da gesessen und gewartet, bis jemand kommt und irgendwas passiert. Wir haben uns natürlich auch immer gut vorbereitet. Insofern hat man viel dabei gelernt. Ich hatte das Glück, dass Max Bense selber so ein Revoluzzer war, der nichts dagegen hatte. Was mich heute manchmal wundert ist, dass die Studenten so brav sind. Sie haben große Veranstaltungen in einem kleinen Raum – und können nicht sitzen bzw. sie sitzen auf dem Boden. Das muss heute nicht sein. Hätte irgendwer das richtig organisiert, würden genügend Stühle da stehen oder man wäre in einem Raum, der groß genug ist. Oder wenn ein Hochschullehrer schlechte Lehre macht – ich würde mir das nicht bieten lassen. Aber ich komme vom Thema ab … [lacht] Persönlich hatte ich damals eine trivial erscheinende Motivation: Es gibt eigentlich nur dann Fortschritt, wenn die Studies schlauer sind als ihre Lehrer. Solange man immer nur dasselbe reproduziert, passiert nichts Neues. Das gilt natürlich heute noch genauso.

DB: Wie sind Sie, nach Mathematik und Philosophie, zum Design gekommen?
Ich habe Mathematik studiert, weil ich mir damals einbildete, dass man mit Mathematik immer Recht hat. Bis ich gemerkt habe, dass dort der Umgang mit Wahrheit noch problematischer ist als in anderen Fächern. Aber es wird verdrängt: keiner traut sich zu sagen, dass die Wahrheit nicht in den Zahlen liegt … Ich entschied mich am Ende für eine Kombination von Mathematik, Physik und Philosophie – Philosophie mit dem Schwerpunkt Ästhetik. Es macht Spaß, wenn man sieht, dass Mathematik nicht auf dem Papier und in Formeln stattfindet, sondern dass sich Realität so verhält wie man es irgendwann mal gerechnet hat. Und was ich errechnet habe, kann ich auch reproduzieren. Das wiederum hat mit numerischer Ästhetik[2] zu tun. Damit, dass das Verhältnis zwischen Mathematik und Kunst ein gutes ist und dass es eine ganze Reihe von Ansätzen gibt, ästhetische Werte tatsächlich zu quantifizieren. Offiziell war ich damals aber Kommunikationstheoretiker. Mir wurde klar, dass wir zur Kommunikation zwar üblicherweise Text – bis hin zu seiner formellen Exaktheit in der Mathematik – aber natürlich auch Bilder benutzen. Text allein ist langweilig – ein großes Buch ohne Bilder ist furchtbar. Aber ein Bilderbuch ohne Text ist keine Dissertation. Irgendwo dazwischen muss man ein gutes Verhältnis finden und so stieg ich mehr und mehr ins Kommunikationsdesign ein. Und dann dachte ich, dass ich visuelle Kommunikation – also Bilder – auch verbal transformieren kann. Und umgekehrt: Ich kann das Verbale ins Visuelle transformieren. Es ist ja so, dass wir die meisten Informationen mit dem Auge aufnehmen und mit dem Mund abgeben. Also muss in uns drin die Übersetzung von Auge zu Mund funktionieren, sonst haben wir keine Chance. Das nennt man visuelle und verbale Kommunikation. Und wenn ich dann interdisziplinär arbeite, wenn ich Brücken zwischen unterschiedlichen Wissenschaftsbereichen baue, ist das ein typisches kommunikatives Geschäft. Die Ulmer nannten das ›MADEKO‹: MA von *Marketing*, DE von *Design* und KO von *Konstruktion* – und Design sollte die Brücke zwischen Marketing und Konstruktion sein.

DB: Sie haben zwei Jahre lang an der Hochschule für Gestaltung in Ulm gearbeitet. Dort assoziierte man Design sehr stark mit einem Rationalisierungsprozess, wobei gerade die Mathematik eine prominente Rolle spielte.
Es war dort nur das erlaubt, was man auch begründen konnte. Der Funktionalismus stand hoch im Kurs. Die Vertreter der HfG nannten es »*technischen Rationalismus*«. Die Ratio war das Herzstück ihrer Designtheorie. Weil die Anwender der Technik Ingenieure und keine Künstler sind, wurden in Ulm die Künstler nach und nach ausgegrenzt. Die Haltung war: »*Die Künstler sind nur Schmarotzer und unfähig die Probleme der Gesellschaft zu lösen.*« Technischer Rationalismus hat in

---
[2] So auch der Titel der Habilitationsschrift von Siegfried Maser: ›Numerische Ästhetik – Neue mathematische Verfahren zur quantitativen Beschreibung und Bewertung ästhetischer Zustände‹. K. Krämer: Stuttgart/Bern 1970

der technischen Welt seinen Sinn. Wenn ich Raketen baue, um auf den Mond zu fliegen, dann ist dies die richtige denkerische Grundhaltung. Wenn ich aber dieselbe Denkweise beim Gestalten eines Kinderzimmers anwende, bin ich pervers. Die HfG hatte eigentlich eine ganz gute Philosophie zum Aufbau von Industrieunternehmen, für den Wechsel vom Handwerk-Produzieren zum Industrie-Produzieren. Man legte aber sehr viel Wert darauf, diese Denke von Ästhetik und Kunst abzugrenzen. Ästhetik als sinnliche Wahrnehmung spielt immer eine Rolle. Wenn ich Farbe nicht begründen kann und in der Folge alle Produkte nur grau gefärbt werden, dann hat das natürlich auch für die Wahrnehmung der Menschen Konsequenzen – das ist klar.

DB: War diese Denkweise an der HfG mit dem Begriff Nachhaltigkeit vereinbar?
Die Umwelt- und Nachhaltigkeitsdebatten kamen später. In einer der letzten Ausgaben der Zeitschrift der HfG, eine Ausgabe mit schwarzen Deckblatt,[3] stand eine Aufforderung von Gui Bonsiepe, einem der Dozenten dort: »*In unserer Hochschule müssen wir anders weitermachen als bisher – und zwar die Umweltproblematik in den Vordergrund rücken.*« Das war 1968, da gab es nicht einmal die Grünen. Um die verbliebenen Studierenden zu beruhigen, gründete man das ›Institut für Umweltplanung‹. Mit sechs Lehrern, einer davon war ich.

DB: Wenn ich die Studierenden frage, was Design ist, sagen sie unter anderem: Alles, was nicht Natur ist. Design ist das, was von Menschen gestaltet wurde. Haben sie recht?
Sie sollten auf jeden Fall ein bisschen selbstbewusster werden und sagen: »*Was Design ist, weiß ich nicht, aber ich bin ein Designer.*« Wenn sie diesen Beruf tatsächlich gelernt haben, dann wissen sie auch, wie vielfältig er ist; wie unterschiedlich die Aufgaben sind. Deshalb ist es wichtig, dass Designer versuchen, sich einen Überblick zu verschaffen über die Vielfalt der Theorien, der Positionen und der Strömungen. Jeder Designer beeinflusst eine bestimmte Entwicklungsrichtung, von der man selbst überzeugt ist – von der man auch andere überzeugen will. Ich las einmal den Satz, in etwa: »*Menschen sind schon blöde Dackel. Nicht nur dass wir die Welt leer fressen, sondern wir scheißen sie gleichzeitig voll.*« Das ist ein harter Spruch, aber leider stimmt er. Wenn man Designer ist, hat man auch eine gewisse Verantwortung.

MM: Victor Papanek[4] griff die Frage nach Ethik in Verbindung mit Design ja damals auf.
Solche Autoren rückten in den 1970ern mehr und mehr in den Vordergrund, weil man Design eher aus der Ethik (anstelle zum Beispiel des technischen Rationalismus) heraus entwickeln wollte. Man sagte: Gut, es gibt die Logik, die Methodik, die Ästhetik und dann noch die Ethik in der Philosophie. Man stellte schnell fest, dass man die drei Disziplinen, die das zentral menschliche in der Philosophie ausdrücken, nämlich Logik, Ästhetik und Ethik, unter einen Hut bekommen muss. Heute, in der Postmoderne, soll das, was unter ästhetischen Gesichtspunkten gemacht wird, auch Freude bringen. Es macht Spaß mit Farben zu arbeiten, mit unterschiedlichen Formen zu arbeiten und Leute glücklich zu machen. Und warum soll ich nicht Dinge machen, die mir Spaß machen? Damals hieß es: Wie kannst Du solche Stühle produzieren, wenn in Vietnam gerade Krieg ist und in Afrika Hunger herrscht? Ich war mal in den 70ern bei einem Kongress in Rumänien. Da haben die Chinesen kurzfristig mit der Begründung abgesagt, sie hätten gerade Kulturrevolution und deshalb wichtigeres zu tun, als über Ästhetik zu diskutieren. Das hat mich mächtig beeindruckt. Ich stellte mir die Frage: Wie kann ich es mir überhaupt leisten, schwer-

---

[3] Es handelte sich dabei wohl um ›ulm 21‹, die letzte Ausgabe der Zeitschrift der Hochschule für Gestaltung. Sie erschien im April 1968.

[4] Victor Papanek war österreichisch-amerikanischer Designer und Designphilosoph. Sein bekanntestes Werk war ›Design for the Real World: Human Ecology and Social Change‹, Pantheon Books: New York 1971.

punktmäßig das Schöne zu machen? Aber Schiller zum Beispiel sagte, dass der Mensch erst beim Spielen richtig zum Ausdruck kommt und das Spielen ein Üben fürs Leben sei. Bei der Arbeit mit Kindern zum Beispiel kommen Ästhetik, Logik und Ethik – kommt alles gut zusammen. Ich bin jetzt ein Rentner. Ich habe viel Zeit und kümmere mich sehr gerne und sehr viel um Kinder. Das sind teils behinderte Kinder in Polen; es ist ein blinder Junge, bei dem es mir gelungen ist, ihn in eine normale Schule zu bringen. Oder ein mehrfach behindertes Mädchen, das in derselben Schule ist – ein Vorzeigeprojekt, mit europäischer Unterstützung.

MM: Sie haben in Polen auch einen Orden für Ihr Engagement verliehen bekommen.
Ja – der ›Orden des Lächelns‹ ist ein Preis, da haben nur Kinder das Vorschlagsrecht und es war mir eine besondere Ehre.[5]

DB: Doch noch einmal zurück zum Design. Wie Sie eben bereits beschrieben haben, scheint sich durch die Globalisierung ein Design verbreitet zu haben, das in erster Linie Spaß zu machen scheint. Und dieses Design hat auf andere Länder, Völker und Kulturen Auswirkungen, die mit Spaß wenig zu tun haben.
Was also ist ihre Vision für das Design?
Das mit dem Spaß ist ja nur die eine Seite – gestalterische Aufgaben wird es immer geben. Das Problem dabei ist, dass typische Aufgaben des Industrial-Designs vermutlich irgendwann gelöst oder nicht mehr interessant sein werden. Wie man ein Bürosystem oder ein Büroarbeitsplatz gestaltet – da gibt es inzwischen kaum Verbesserungsmöglichkeiten. Eher wird es im Bereich der Automatisierung noch Entwicklung geben. So nutzt man derzeit ja zum Beispiel bei Laptops höchstens 5 oder 10 Prozent der Funktionen, die insgesamt zur Verfügung stehen. Es ist so, dass wir die Automatisierung in das Produkt integrieren, aber den Umgang mit dem Produkt in einer Gebrauchsanweisung, einem Buch oder in einer Datei als Text abbilden. Es müsste doch einfacher sein, wenn wir dies alles in das Produkt integrieren – und nicht in uns. Wir sind ja nur begrenzt lernfähig. Das heißt, interessante Projekte gibt es in der Tat gerade im Bereich der Integration von Informationen, die ich zum Gebrauch eines Produktes benötige. Was die Konsequenz daraus ist, das wissen wir nicht. Vielleicht macht sich der Mensch auf diese Weise überflüssig. Was kommt jetzt? Kommt jetzt das Chaos oder kommt eine neue Form von Logik?

DB: Wie hat Ihr Interesse für Logik Ihre Auseinandersetzung mit Design beeinflusst?
Ich habe irgendwo gelesen: »*Die Logik ist das Badezimmer im Haus der Philosophie.*« Sie schafft Ordnung und Sauberkeit. Logik heißt erst einmal Definitionslehre, Mengenlehre etc. Und die Aussagenlogik ist, dass über Begriffe Sätze formuliert werden und Sätze miteinander zusammenhängen. Und alle Begriffe werden so definiert, dass sie alle Sätze beweisen – sich also aus anderen Sätzen ableiten. Das heißt letztendlich Ordnung schaffen – und das ist Ästhetik.

DB: Mit Ordnung kommen die Menschen ja auch besser zurecht als mit komplexen Modellen.
Das ist richtig. Ich habe in meinen Seminaren immer gesagt: Wenn wir anfangen mit Denken, dann halbieren wir erstmal die Welt in zwei Teile – hell und dunkel, heiß und kalt, Nacht und Tag. So fangen wir an. Dann lernen wir, dass diese Denkweise zu grob ist. Es gibt nicht nur gut und böse, sondern auch gut gemeint. Es gibt auch Noten von 1 bis 6. Dann denken wir: O.K. – das ist die eine Seite, das die andere – und dazwischen gibt es so Gra-

---

5   In einem Internetartikel des ›Stadtnetz Wuppertal‹ vom 05.11.09 hieß es unter dem Titel ›Orden des Lächelns für Alt-Rektor Prof. Siegfried Maser‹: »Herr Professor Maser ist Vorsitzender des Freundeskreises Liegnitz in Wuppertal. Seit 10 Jahren unterstützt er finanziell und sachlich unsere Kinderfreizeiten. Er besuchte uns in unseren Freizeiten und brachte uns immer Geschenke, Spiele oder Süßigkeiten mit.« (Quelle: http://www.stadtnetz-wuppertal.de/article47065-3985.html)

duelles. Es gibt warm und kalt und Grad Celsius. Erst gab es die zweiwertige Logik, hier ist das graduierte Denken.

Am Anfang war Schwarz-Weiß, dann kamen die Grautöne und jetzt muss ich die ganze Welt einordnen. Mein Problem dabei sind eigentlich die Grenzen. Ich muss schauen, dass ich sie rausschmeiße und nicht noch mehr einziehe. Und ich sage: Gut, es gibt das Weiße und es gibt das Schwarze und die wirken aufeinander. Ich betrachte es als Funktion und nenne es meinetwegen *Kontrast*. Und jetzt mache ich nicht mehr die Lehre von Schwarz und Weiß, sondern die Lehre vom Kontrast. Das nennt man auch funktionelles Denken. Wenn Kontrast nun mein Thema ist, dann sind die Grenzen das Weiß und das Schwarz. In Wahrheit ist mein Problem aber der Spannungsbogen zwischen solchen Kontrasten und den soll ich nun in ein harmonisches Verhältnis bringen. Am Ende bekommt man ein fraktales System. Wer sich mal so eine Denke angeeignet hat, der nennt jeden, der noch mit funktionalistischem Denken kommt, naiv. Man sagt heute, dass es nicht nur eine Lösung gibt, sondern es gibt viele Lösungen, die nebeneinander Platz haben – und nicht eine richtige.

DB: Ist das auch Ihre Definition für die Postmoderne?

Die Postmoderne ist irgendwo dazwischen. In der Kunst- und Designgeschichte gab es verschiedene Phasen. Aber eine der Grundideen war zu reflektieren, wie Künstler arbeiten und ein Künstler will auf jeden Fall und immer *etwas anderes* machen. Das kann im Design nicht so sein. Da will man zwar auch etwas verändern – aber man will es besser oder anspruchsvoller und nicht bloß *anders* machen.

Siegfried Maser, geboren 1938 promovierte und arbeitete Maser bei Max Bense am Institut für Philosophie und Wissenschaftstheorie der Technischen Hochschule Stuttgart, habilitierte 1968 mit einer Arbeit über Numerische Ästhetik und erhielt in der Folge einen Lehrauftrag für ›Logik und Logistik mit besonderer Berücksichtigung der Kommunikationsforschung‹. In der Folge war er Dozent für ›Allgemeine Kommunikationstheorie‹ am Institut für Umweltplanung in Ulm (ehemals HfG Ulm) und bis 1978 Professor für ›Systemforschung und Planungstheorie‹ im Fachbereich Experimentelle Umweltgestaltung in Braunschweig. Seit 1978 ist er (seit 2004 emeritiert) Professor für ›Designtheorie‹ im Fachbereich Design der Bergischen Wuppertal mit den Hauptarbeitsgebieten Designphilosophie, Planungs- und Systemtheorie, Kommunikationstheorie, Ästhetik und Ökologie. Er ist seit Anfang der 1970er Jahre im Deutschen Werkbund und im VDID aktiv, erhielt zahlreiche nationale und internationale Auszeichnungen (u. a. 2009 den ›Orden des Lächelns‹) und ist heute u. a. als Gastdozent an der Technischen Universität Kosice und der ecosign/Akademie für Gestaltung Köln tätig.

Literatur

Maser, Siegfried (1970): ›*Numerische Ästhetik – Neue mathematische Verfahren zur quantitativen Beschreibung und Bewertung ästhetischer Zustände*‹. Stuttgart/Bern: K. Krämer.

Maser, Siegfried (1971): ›*Grundlagen der Allgemeinen Kommunikationstheorie*‹. Stuttgart: Verlag Berliner Union.

Maser, Siegfried (1993): ›*Zur Planung gestalterischer Projekte*‹. Essen: Verlag Die Blaue Eule.

SIR JAMES DYSON
›Dyson Airblade‹, Händetrockner
33 × 66,1 × 24,7 cm, 2006

Der Dyson Airblade ist um bis zu 80 % energieeffizienter als andere Händetrockner und sorgt in 10 Sekunden für vollständig getrocknete Hände. Er wird angetrieben von einem digitalen Motor, der um bis zu 80 Prozent energieeffizienter ist als andere Händetrockner. Außerdem nutzt er lediglich kühle Luft, die mit über 600 km/h durch 0,8 Millimeter schmale Öffnungen strömt und so das Wasser von den Händen entfernt. Darüber hinaus setzt sich Dyson, beispielsweise mittels des eigens ausgeschriebenen ›James Dyson Award‹, für die Suche nach innovativen, energiesparenden Erfindungen im Produktdesignbereich ein.

© Dyson

BOO LOUIS
›Bo‹ Schalen aus Bambus
versch. Größen, 2006

Diese Schalen der Firma ›Ekobo‹ werden aus Bamus in Vietnam von Hand gefertigt. Sie sind innen naturbelassen und außen lackiert. Ekobo kombiniert in seinen Produkten moderne Ästhetik und regionale Handwerkskunst und ermöglicht vietnamesischen Handwerkern ein sicheres Einkommen durch Preise, die etwa beim doppelten Weltmarktniveau liegen. Darüber hinaus ist Bambus schnell wachsend, speichert in kurzer Zeit viel CO_2 und ist daher, bei entsprechendem Anbau, ein außerordentlich umweltfreundliches Material

© ekobohome.com

APPLE COMPUTER
›Magsafe‹, Netzstecker für Mobilcomputer
2006

Der Magsafe-Stromanschlussstecker hält mittels Dauermagneten und federnd gelagerter Kontakte in der Netzbuchse des Computers. So wird vermieden, dass es z. B. beim Stolpern über das Ladekabel zu Unfällen und Schäden an Mensch und Computer kommt. Als nachhaltig kann man das Design also deshalb bezeichnen, weil unnötiger Ressourcenverbrauch auf diese Weise vermieden wird.

© Mobius (bei Wikipedia)

HEIKE KÜSTER
›Hauptsache Arbeit 1–3‹, Bilderserie bestehend aus 3 Farbholzschnitten
18,5 × 29 cm, **2006**

Die Bilderserie entstand als Reaktion auf den gesellschaftlichen Stimmungswechsel, den z. B. die ›Agenda 2010‹ sowie der massive Abbau von Arbeitnehmerrechten und sozialen Leistungen mit sich brachte. Speziell die Idee der Ein-Euro-Jobs, in dem »Hauptsache Arbeit« Programm war, inspirierte die Künstlerin zu den Motiven für ihre Bilderserie.

© Heike Küster

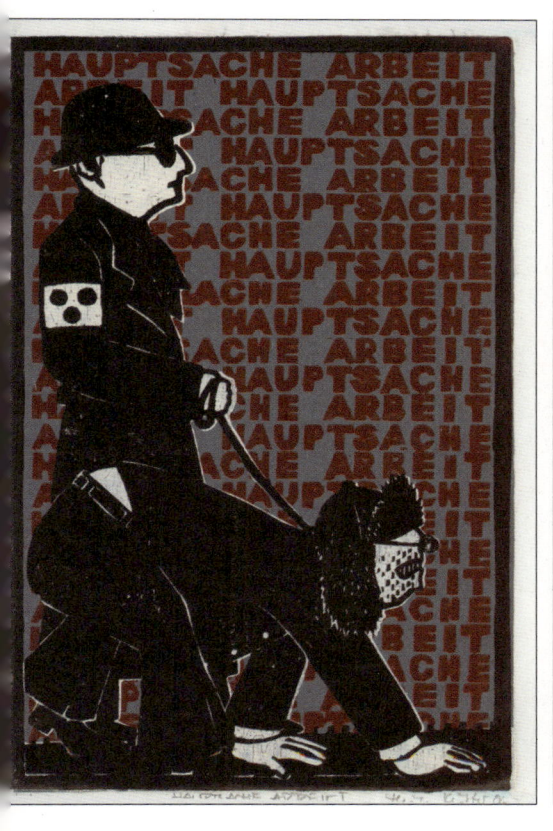

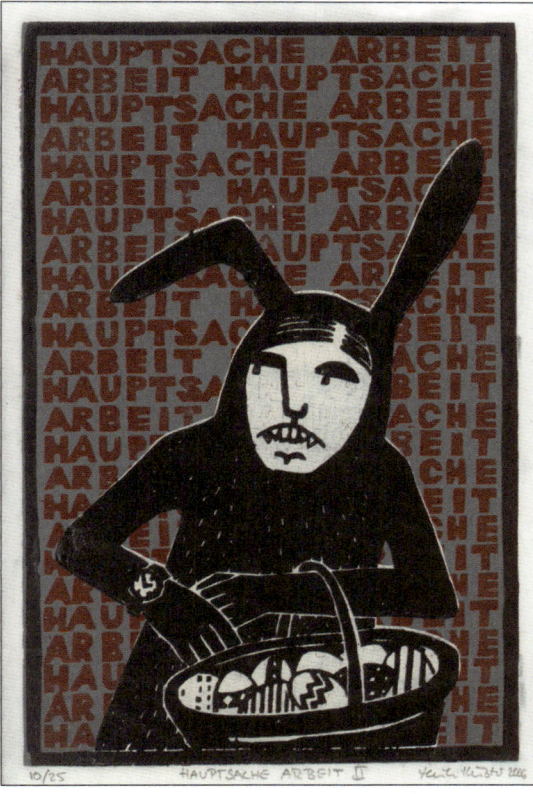

CORINNA VOSSE & FRAUKE HEHL
›KUNST-STOFFE – Zentralstelle für wiederverwendbare Materialien‹, Verein
Berlin, 2006

Entgegen unserer Konsum- und Wegwerfkultur fokussiert ›Kunst-Stoffe‹ Wieder- und Weiterverwendungsstrategien. Sie vermitteln in Materiallagern Gebrauchtmaterialien an Bildungseinrichtungen und Selbermacher und bieten Workshops, Offene Werkstätten (Holz, Metall, Lastenradbau) und ein Repair Café an.

© Barbara Dietl (außer Logo)

GABRIELE GÄTJENS
›Blütensushi‹, Mini-Pflanzengesteck
ca. 6 × 6 × 6 cm, 2007

Idee des Blüten-Sushi war es, ein kleines, günstiges Geschenk oder Mitbringsel anbieten zu können. Ein kleiner Würfel Steckmasse wird je nach Jahreszeit und Angebot gesteckt und erinnert in Größe und Form an ein Sushi – weniger ist häufig mehr. Die hochwertigen und oft ausgefallenen Blumen und Pflanzen stammen größtenteils aus fairem Handel. Beim Einkauf der Pflanzen wird ökologisch erzeugte Ware bevorzugt.

© Foto: Jörg Gätjens, 2009

STEELCASE DESIGN STUDIO & STEFAN BRODBECK
›Kalidro‹, Bürotisch
versch. Formen und Größen, **2007**

Der Bürotisch ›Kalidro‹ ist zu 99 % recycelbar und besteht zu 34 % aus recycelten Materialien. Er wird in Deutschland produziert, ist mit Zusatzelementen zu erweitern und höhenverstellbar. Dank einer Lebenszyklus-Analyse (LCA) können Umweltauswirkungen kontinuierlich ermittelt und reduziert werden.

© steelcase

VERONIKA KIENEKE
›Guter Fang‹, Online-Video für ›followfish‹

Markenentstehung: 2007 / Video ›Guter Fang‹: **2012**

Die industrielle Fischerei bedingt Probleme wie unerwünschten Beifang, Überfischung und übermäßigen Antibiotikaeinsatz. ›followfish‹ setzt hingegen auf nachhaltige Fang- und Zuchtmethoden – wie z.B. die Angelfischerei beim Thunfisch. Mit stilistisch gelungenen Illustrationen und einem konsequenten Packpapier-Look erreicht die Marke eine hohe Wiedererkennbarkeit. Auch der Infografik-Film ›Guter Fang‹ spiegelt dies wider und wurde 2012 mit dem ›Deutschen CSR-Preis‹ (CSR = Corporate Social Responsibility) für das beste Video zum Nachhaltigkeits-Engagement eines Unternehmens ausgezeichnet.

© *Leagas Delaney Hamburg*

PAWEL BOROWSKI – TWBA
›Gefangene‹, Plakatkampagne für Amnesty International Polen

2007

Diese Plakatkampagne von Amnesty International nutzt öffentliche Werbeflächen als *Räume*, um auf die katastrophale Situation von Gefangenen in aller Welt aufmerksam zu machen. Auf den Plakten wirbt die Hilfsorganisation dafür, sich bei den entsprechenden Regierungen für eine Verbesserung der Haftbedingungen – oftmals auch politischer Gefangener – einzusetzen.

© *TBWA/Warsaw, Poland*

MEMO
›Magic Stapler‹, Hefter ohne Klammern

3,5 × 6,5 × 5,5 cm, **2007**

Dieser aus Bio-Kunststoff gefertigte Hefter kommt ohne Klammern aus. Trotzdem heftet er bis zu vier Blätter aneinander, indem er in einer Bewegung einen feiner Schlitz und eine Lasche ins Papier stanzt und beides so ineinander fädelt, dass es hält.

© memo.de

OLIVER FABEL
Krippe, 11-teilig
17,2 × 9 × 2,2 cm, **2007**

Diese *formschöne* Krippe – aus Holz in Deutschland von der Werkgemeinschaft für Berlin / Brandenburg produziert – sorgt rasch für eine der Situation angemessene Kontemplation …

© *Oliver Fabel*

ANGIE RATTAY
›Gebrauchsinformation für den Planeten Erde‹, Informationsdesign
15,5 × 5,5 × 2,5 cm, **2007** (Entwurf 2005)

»Vier Beipackzettel illustrieren, woran es auf unserer Erde krankt und liefern gleichzeitig wichtige Informationen, wie weiteren Beschwerden der Atmosphäre (Luft), Biosphäre (Biomasse), Hydrosphäre (Wasser) sowie Litho- und Pedosphäre (Gestein und Boden) vorgebeugt werden kann. Die ›Gebrauchsinformation für den Planeten Erde‹ regt die Menschen zu einem Leben mit und nicht auf Kosten unserer Umwelt an. Gestaltet nach dem Vorbild medizinischer Packungsbeilagen, gibt das mehrfach ausgezeichnete Projekt eine klar strukturierte Übersicht über die mittlerweile unüberschaubar gewordene Flut an Hinweisen, so werden *Unerwünschte Nebenwirkungen* genauso wie *Besondere Warnhinweise* näher behandelt. Das verordnete Mittel für einen gesunden Planeten ist schlicht die menschliche Vernunft. Die Dosierung liegt in unseren Händen. Die Gebrauchsinformationen werden mit Pflanzenölfarben auf FSC-zertifizierten Dünndruckpapier klimaneutral gedruckt. Gedruckt wird einmal jährlich im Rahmen einer Druckgemeinschaft. Das Projekt wird nur gegen Spenden verteilt und nicht verkauft. Die Gebrauchsinformation können in deutscher und englischer Sprache über den gemeinnützigen Verein *Neongreen Network* gegen Spenden bezogen werden.«

© *Foto: Marco Rossi*

TIMM KEKERITZ FOR RAUREIF, BERLIN
›Virtual Water in Products‹, Poster
A0-Poster **2007**; Poster (2. Aufl.) & iOS-App, **2010**

Das Großplakat visualisiert auf ansprechende und zugleich erschreckende Weise den ›virtuellen‹ Wasserverbrauch eines Produktes. Es wird also nicht gemessen, wieviel Wasser z. B. in einer Tasse Kaffee enthalten ist sondern gezeigt, wie hoch der Wasserverbrauch des Endprodukts insgesamt war (also z. B. auch für den Bedarf der Kaffeepflanze, das Waschen und Reinigen der Bohnen, ggf. den Transport und die Zubereitung etc.). Diese Systematik lässt sich auf viele Produkte des täglichen Bedarfs anwenden, was das Plakat anschaulich dokumentiert.

© 2013 Raureif GmbH

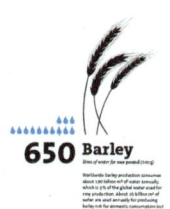

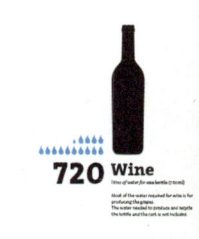

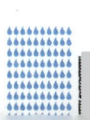

CLAUDIA LANGER
›Utopia‹, Onlinemagazin / Plattform
2007

»Utopia will dazu beitragen, dass Millionen Menschen ihr Konsumverhalten und ihren Lebensstil nachhaltig verändern. Dass sie bewusster entscheiden und mit jedem Kauf umweltfreundliche Produkte und faire Arbeitsbedingungen in aller Welt unterstützen. Gemeinsam mit den *Utopisten* wollen wir einen starken Impuls in Richtung Unternehmen setzen, dass es richtig und wichtig ist, ökonomisch, ökologisch und sozial nachhaltig zu handeln. Utopia will den Dialogprozess über das Thema Nachhaltigkeit zwischen allen gesellschaftlichen Akteuren fördern und zu einem Motor des grünen Wirtschaftswunders werden«. (lt. eigener Website)

© Logo: Stefan Rückerl (Studio Strada), Claudia Langer & Gregor Wöltje

ANNIE LEONARD / RUBEN DELUNA UND LOUIS FOX (ILL.) (FREE RANGE STUDIOS)
›The story of stuff‹, Kurzfilm und Projekt
2007

Im Dezember 2007 stellten Annie Leonard und Freunde der Free Range Studios einen 20-minütigen, mit animierten Illustrationen versehenen Film zum Thema Produktion, Nutzung und „Verwertung" von alltäglichen Produkten ins Internet. Es wird auf anschauliche Weise dargestellt, wie wir (in erster Linie bezogen auf die nordamerikanische Gesellschaft – aber durchaus übertragbar auf die „westliche Welt") mit Rohstoffen, Arbeitskräften, Umwelt und mit der Entsorgung verfahren und welche Konsequenzen dies wiederum für Menschen und Umwelt mit sich bringt. Seit 2007 wurde der Film um weitere Episoden – z.B. zum Thema Kosmetik und Wasser – ergänzt und innerhalb von fünf Jahren von über 30 Millionen Menschen angesehen und verbreitet. Eine äußerst gelungene Art der Informationsvermittlung mittels Kommunikationsdesign mit dem Thema Produktdesign.

© Annie Leonard

TING HOME
›Ting‹, Recycling-Kissen aus Anschnallgurten
46 × 46 cm, **2007**

Dieses Kissen aus alten Anschnallgurten ist besonders stabil und pflegeleicht und wird unter fairen und CO_2-optimierten Produktionsbedingungen in Europa produziert.

© lilligreen.de / Ting home

klimaneutral
natureOffice.com | DE-123-456789
gedruckt

BJÖRN HEIN (LOGO)
›NatureOffice‹, Prozess zur nachhaltigen Medienproduktion

2008

Das ›klimaneutral gedruckt‹-Logo von natureOffice dient der Kennzeichnung *klimaneutraler* Druckobjekte. Beim natureOffice-Verfahren werden die CO_2-Emissionen, die bei der Papierherstellung und dem Transport entstehen, genauso berücksichtigt wie beispielsweise die Druckveredelung und die Nachlogistik. Dann werden über den Ankauf und die verbindliche Stilllegung von anerkannten Klimaschutz-Zertifikaten die entsprechenden Emissionen ausgeglichen – also klimaneutral gestellt. Die unterstützten Klimaschutzprojekte sind Gold-Standard zertifiziert und bieten viele Vorteile auch für bei der Umsetzung diverser sozialer Projekte (z.B. in Togo).

© natureoffice.com

ökoRAUSCH

BUREAU GRUEN – DUNJA KARABAIC
›ökoRAUSCH‹, Messe / Festival für Design & Nachhaltigkeit

Köln, seit 2008

Am 13. September 2008 fand in Köln die deutschlandweit erste »Messe für Design mit Bewusstsein« statt. Ziel war es, den PionierInnen unter den Design-Labeln, für die eine nachhaltige Produktionsweise oberstes Gebot ist, ein Forum zu bieten und sie bei ihrer Arbeit zu unterstützen. Die jährlich stattfindende Veranstaltung hat sich seitdem schrittweise konzeptionell verändert. Seit 2012 präsentiert das »ökoRAUSCH Festival« eine Woche lang eine kuratierte Ausstellung zu nachhaltigem Design und Kunst und bietet parallel ein umfangreiches Begleitprogramm mit Vorträgen und Workshops rund um die Themen Design, Kunst und Nachhaltigkeit.

© Dunja Karabaic

BOO LOUIS
›Mini Mello‹, Bambus-Hocker

Ø 34 × 12 cm, **2008**

Der farbenfrohe Hocker aus Bambus wird in Vietnam handgefertigt. Er ist innen naturbelassen und außen in verschiedenen Farben glänzend lackiert. Er hat eine einfache Form und kann umgedreht als Aufbewahrungsbehälter für Spielzeug verwendet werden.

© ekobohome.com

ELMAR SANDER
›Kosmos‹, Spiel mit dem Chaos
2008

»Das Zusammenspiel von Kosmos und Chaos, aus dem heraus Neues entstehen kann – eine archetypische Vorstellung, die sich durch die gesamte Kulturgeschichte zieht – ist das Thema des Brettspiels von Elmar Sander. Das Ziel des Spiels ist es, als Erster das Ziel zu erreichen. Die Spieler sind dabei jedoch nicht unter sich auf dem Spielfeld: Ausgehend von dem fehlenden Feld in der Mitte breitet sich das Chaos, der leere Raum des Nicht-Gestalteten, aus und löst Stück für Stück den Spielkosmos in Nichts auf, indem Felder aus dem Spielraster entnommen werden. Um das Chaos zu überwinden, müssen die Spieler mit ihren Figuren in zeitweilige Kooperationen treten, um in Gemeinschaft (Communitas) den Spielkosmos wiederherzustellen und neu zu gestalten. So ergibt sich ein ständiges Abwägen zwischen dem Erreichen des eigentlichen, agonalen Spielziels und der Bewahrung des Spielkosmos an sich. Dieser kann auf Dauer nur erhalten werden, wenn die Spieler im Sinne der Beuys'schen Sozialen Plastik auch Verantwortung für das Funktionieren und Gestalten des Ganzen übernehmen. Nur wo ein gestaltendes Miteinander, Dialog und Kommunikation stattfinden, werden Leere und Anti-Struktur überwunden – im Mikrokosmos des Spiels genauso wie im Makrokosmos des Lebens.«

© Elmar Sander

ROB HOPKINS
›Transition-Town‹-Bewegung
2008

Begonnen hat bzw. einen Namen bekam die Transition-Town-Bewegung nach Erscheinen des ›Transition Handbook‹ von Bob Hoskins. Seitdem haben sich weltweit hunderte Gemeinden zum sogenannten Transition-Network zusammengeschlossen. Auf der deutschen Seite (www.transition-initiativen.de) heißt es erläuternd: »Im Rahmen des Transition Town Movement (etwa *Bewegung für eine Stadt des Übergangs/Wandels*) proben [eigentlich bereits] seit 2006 Umwelt- und Nachhaltigkeitsinitiativen in vielen Städten und Gemeinden der Welt den geplanten Übergang in eine postfossile, relokalisierte Wirtschaft. Die Bewegung, initiiert von dem irischen Permakulturalisten Rob Hopkins, lässt sich dem v.a. in den USA weit verbreiteten Gedanken des ›Eco-Communalism‹ zuordnen, einer Umweltphilosophie, die angesichts schwindender Rohstoffe und negativer ökologischer Auswirkungen der Globalisierung die Idee des *einfachen Lebens*, der Regional- bzw. lokalen Wirtschaft sowie der Nachhaltigkeit und der wirtschaftlichen Selbstversorgung propagiert. Eine wichtige Rolle spielen auch die Gestaltungsprinzipien der Permakultur, die es insbesondere landwirtschaftlichen, aber auch allgemein-gesellschaftlichen Systemen ermöglichen sollen, so effizient und energiesparend zu funktionieren wie ein natürliches Ökosystem.« Der links abgebildete Langflyer – der auch kostenlos im Internet heruntergeladen werden kann – zeigt die inhaltlichen Schwerpunkte der Initiative auf recht anschauliche Art und Weise.

© transitionnetwork.org / transition-initiativen.de

DACARR
Körbe aus alten Reifen
Ø 40 × 28 cm, 2009

Hier trifft ein robustes Recyclingprodukt auf bewährtes Design. Der praktische und schöne Korb eignet sich als Blumenübertopf, Holzkorb, Spielkiste oder Wäschekorb – der Kreativität sind mit diesem hochwertigen Upcyclingprodukt keine Grenzen gesetzt. In echter Handarbeit entstehen diese stabilen Körbe für Haus und Garten. Jedes Jahr gibt es einen Überschuss von etwa 280 Millionen alten Reifen weltweit. Die Firma DACARR will mit der Herstellung dieser ganz besonderen Gummikorb-Kollektion ein Zeichen für ökologisches Bewusstsein setzen.

© dacarr.com / lilligreenshop.de

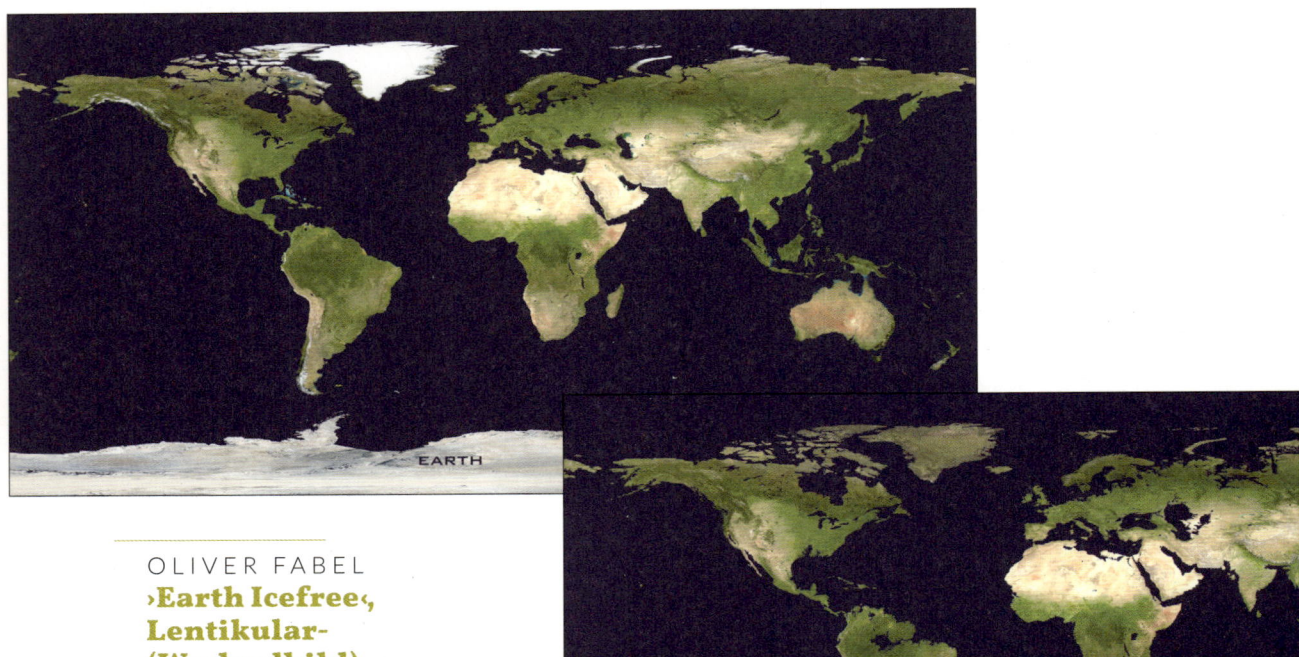

OLIVER FABEL
›Earth Icefree‹, Lentikular- (Wechselbild) Karte
2009

Klimawandel visualisieren: »Es gibt Orte auf der Welt, die vom steigenden Wasserspiegel bereits betroffen sind, wie die Atollgruppe Tuvalu, deren Bewohner bereits bei anderen Staaten *Klimaasyl* beantragt haben. Ohne das Eis der Pole liegt der Meeresspiegel der Erde um etwa 68 Meter höher.« Mit dieser Wechselbild- oder Wackelkarte wird das o.g. Szenario simuliert. Die Umrisse der Kontinente verändern sich deutlich – und Berlin liegt am Meer.

© Oliver Fabel / Nasa

UNTERSCHIEDL. PARTNER
›Sustainable Summer School‹
seit 2009

Die Sustainable Summer School wurde 2009 erstmals von einem Konsortium von mittlerweile 5 Hochschulen und 3 Forschungsinstituten organisiert und findet seither jährlich stattt. Internationale Studierende und junge Professionals von allen Kontinenten – aus dem Design und benachbarten Disziplinen – beschäftigen sich mit nachhaltigen Konzepten zu jährlich wechselnden thematischen Schwerpunkten. Im Zentrum stehen dabei die intensive kreative und konzeptionelle Arbeit in kleinen Gruppen, der transkulturelle und transdisziplinäre Austausch unter den Teilnehmern und der unmittelbare Dialog mit renommierten Experten. Methodisch zeichnet sich die Sustainable Summer School durch die konsequente Verflechtung von ökologischen, technologischen, sozioökonomischen, kulturellen und ästhetischen Perspektiven aus.

© sustainable-summer-school.org

1st SUSTAINABLE SUMMER SCHOOL

POSITIONEN DER GEGENWART

178
Das dematerialisierte Design
Christa Liedtke & Johannes Buhl

194
Das ökoeffektive Design
Uwe Boden

204
Das Postwachstumsdesign
Niko Paech

214
Persönlichkeiten: Viktor Gruen
Martin Herrndorf

218
Die soziale Dimension des Designs
Tom Bieling, Florian Sametinger, Gesche Joost

230
Die kulturelle Dimension des Designs
Claudia Mareis

242
Persönlichkeiten: Der Ecosigner
Christina Zimmer

248
Akteure Nachhaltigen Designs
Michael Maxein

Eine der Definitionen von ›ökologischem Design‹ bezieht sich auf eine Reduktion des Ressourcenverbrauchs in der industriellen Produktion sowie die Lebensstile der Menschen. Um dieses Ziel zu erreichen, wurden in den letzten Jahrzehnten Konzepte und Indikatoren entwickelt, mit deren Hilfe man eine mögliche absolute Reduktion des Ressourcenkonsums richtungssicher abschätzen kann. Sie liefern DesignerInnen, EntwicklerInnen und Unternehmen ein wirksames Instrumentarium, um Produkte anders – umweltfreundlich und ressourcenschonend – zu konzipieren und in ein Nachhaltigkeitsmanagement von Produktion und Konsum einzubetten.

Das dematerialisierte Design

CHRISTA LIEDTKE & JOHANNES BUHL

Auf unserer Erde sind Ressourcen und Flächen begrenzt. Wenn sie für gegenwärtige und zukünftige Generationen nutzbar sein sollen, müssen sie so bewirtschaftet werden, dass Menschen heute und in Zukunft Wohlstand daraus schaffen können, ohne die Natur zu zerstören. Über den Umfang, die Art und Weise der Umweltnutzung und der damit verbundenen Umweltzerstörung entscheiden die Menschen selbst, indem sie Wirtschaft und Gesellschaft gestalten.

Wenn die Grenzen der Natur berücksichtigt werden, dann ergibt sich daraus ein Umweltraum, in dem die Menschen wirtschaften sowie ihr Leben gestalten können. Das Umweltraumkonzept umschreibt den Handlungsrahmen, innerhalb dessen die Dienstleistungen der Natur genutzt werden können, ohne die Tragfähigkeit der Erde zu zerstören. Der Umweltraum zeigt auf, ob und wie sehr Wirtschaften und Haushalte über ihre Verhältnisse leben und formuliert gleichsam die Obergrenze für eine »*ökologische Unbedenklichkeit*« in der Diskussion um zukünftige Produktions- und Konsummuster (Opschoor/Costanza 1995, Spangenberg 1995, BUND/Brot für die Welt 2008, Rockström et al. 2009). Innerhalb dieser Grenzen ist eine kreative individuelle und soziale Ausgestaltung verschiedener Lebensstile und des gesellschaftlichen Zusammenlebens möglich.

Entsprechend stellt sich die Frage, wie sich jener begrenzte Umweltraum für die dauerhafte und gerechte Entwicklung von Wohlstand und Lebensqualität ausgestalten lässt (Schmidt-Bleek 1994, Spangenberg 1995, Liedtke et al. 2013a, siehe Abb. 1). Das betrifft notwendige Infrastrukturen z. B. für Mobilität oder Energieversorgung ebenso wie die einzelnen Produkte

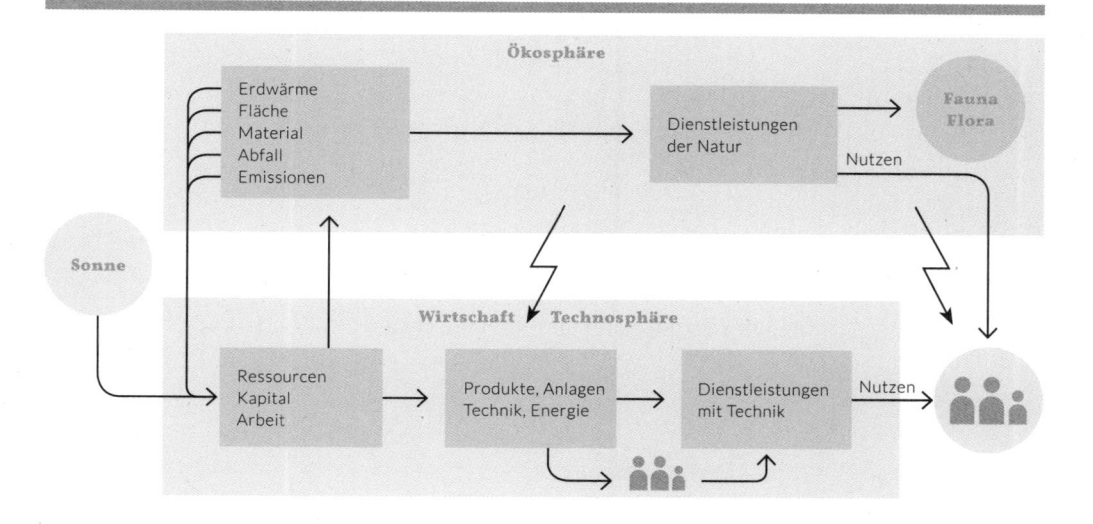

Abb. 1: Interaktion von Öko- und Technosphäre (Liedtke/Welfens 2008: 52)

und Dienstleistungen, die u.a. von Haushalten, Unternehmen, dem Staat selbst in die Nutzung genommen werden (Liedtke/Kaiser 2005). Wie also können diese möglichst dematerialisiert Nutzen stiften?

Aufgabe soll deshalb im Folgenden sein, Konzepte an die Hand zu geben, an denen sich GestalterInnen im Umweltraum orientieren können. Dafür wird zunächst das Umweltraumkonzept Faktor 10 vorgestellt, um Zielvorgaben an ein nachhaltiges Design zu konkretisieren. Darauf aufbauend integriert das MIPS-Konzept die Bewertung und Integration von Effizienz-, Konsistenz- und Suffizienzstrategien. Abschließend sollen in aller Kürze Beispiele den integrativen Ansatz veranschaulichen, denn zentrale Herausforderung für innovative DesignerInnen wird die nutzerintegrierte und bedarfsorientierte Gestaltung des gesellschaftlichen Leitbildes Nachhaltigkeit sein.

1. Dienstleistungen der Natur

Prinzipiell lässt sich der Umweltraum auch über die Vielfalt, Art und Menge der vorhandenen Dienstleistungen der Natur beschreiben. Wir nutzen (Dienst-)Leistungen der Natur direkt – sei es das Gemüse aus dem Garten oder die frische Luft auf einer Wanderung – und indirekt über produzierte Güter aus natürlichen Ressourcen. Dienstleistungen der Natur sind lebensnotwendig, oft kostenfrei und können vom Menschen beansprucht und genutzt, jedoch nicht durch Technik ersetzt werden. Alle Dienstleistungen der Natur sind lebensnotwendig, es sind jedoch bei Weitem nicht alle technikbedingten Dienstleistungen für das Überleben der Menschen essentiell (vgl. Abb. 1).

Die Zerstörung der Dienstleistungen der Natur ist die entscheidende, die eigentliche Umweltzerstörung, verursacht durch eine falsche Wirtschaftsführung der Menschen sowie einem stetig wachsenden Ressourcenkonsum[1]. Unterstützt wird jener Wirtschaftsstil durch die häufig vertretene Überzeugung, natürliche Ressourcen seien durch menschengeschaffene

---

[1] Dabei ist wichtig zu verstehen, dass Ressourcenkonsum ursächlich für Emissionen und letztendlich Klimaveränderungen ist. Ressourcenverbrauch zu verringern, bedeutet das Klima zu schonen, da keine weiteren Ressourcen benötigt werden. Die Ambivalenz, das Klima durch Umweltzerstörung zu schützen wird möglichst aufgehoben.

Güter ersetzbar (Prinzip der sog. schwachen Nachhaltigkeit). In der Summe sei der Erhalt des Kapitalstocks insgesamt von Bedeutung, ob natürliches oder durch Menschenhand geschaffenes Kapital ist dabei zweitrangig. Demgegenüber verneint das Prinzip der starken Nachhaltigkeit die Möglichkeit der Kapitalsubstitution. Viel mehr sei es die Verantwortung eines zukunftsfähigen Wirtschaftsstils, natürliche Ressourcen für kommende Generationen zu erhalten und zu schonen (Liedtke/Welfens 2008). Doch gerade ein westlich geprägter Wirtschafts- und Lebensstil forciert einen stark zunehmenden Ressourcenkonsum, sodass weltweit mit einer Verdopplung des globalen Ressourcenkonsums bis 2030 zu rechnen ist (SERI/Wuppertal Institut[2], Bringezu & Bleischwitz 2009). Dieser massive Trend führt immer mehr zur Gefährdung der eigenen Lebensgrundlage durch die Folgen des Klimawandels oder durch Konflikte um knappe Ressourcen, die wiederum in der Risikobegrenzung und Nachsorge hohe Kosten und soziale Konflikte verursachen (vgl. Stern 2007, Parry et al. 2009, siehe Abb. 2).

Trends heute
- 1. Verdoppelung der Weltbevölkerung seit 1960; 2011: ca. 7 Mill. , 2050: ca. 9 Mill. Menschen
- 2. Urbanisierung: 50 % der Menschen leben in Städten, 2050 werden es 70 % sein.
- 3. Ressourcenentnahme: Anstieg von 40 Billionen t 1980 auf 58 Billionen t 2005; 2050: 100 Bill. t
- 4. Energieverbrauch: Anstieg um 40 % bis 2030
- 5. Temperaturanstieg: um 0,7-0,8 Grad bis 2009 zum vorindustriellen Niveau
- 6. Artensterben: erhöht um den Faktor 1000
- 7. Konflikte, Armut, Migration und soziale Ausgrenzung: wächst durch Degradierung der Ökosysteme und Klimawandel

Abb. 2: Trends heute

Die Ökosysteme geben also den Rahmen im Sinne eines begrenzten Umweltraumes vor, in dem die Menschen wirtschaften und gestalten können. Mit diesem Umweltraum heißt es ökointelligent umzugehen, um Lebensqualität und Wohlstand zu schaffen. »*Aus weniger mach mehr oder mache einfach nichts*«, so der gestalterische Auftrag.

Ökointelligente Güter sind dann letztendlich Gegenstände, Geräte, Maschinen, Gebäude und Infrastrukturen, die bei marktgängigen Preisen und bei Minimierung von Material, Energie, Flächenbedarf, Abfall, Transport, Verpackung und gefährlichen Stoffen über den gesamten Lebenszyklus von Rohstoffabbau bis Recycling hinweg möglichst lange und möglichst viel (unterschiedlichen, an den Bedürfnissen des einzelnen Kunden gemessenen) Nutzen erbringen (Schmidt-Bleek 2000a: 4).

2. Das Faktor 10-Konzept – ein Umweltraumkonzept

Greifbarer wird das Umweltraumkonzept durch das Faktor 10-Konzept. Faktor 10 entstammt der zuvor ausgeführten Erkenntnis, dass der gegenwärtige Ressourcenverbrauch nicht zukunftsfähig, eine Halbierung desselben, also um den Faktor 2, mindestens notwendig sein wird. Will man aber den Ressourcenverbrauch gerecht auf alle Menschen verteilen, müssten Industrieländer ihren Verbrauch um den Faktor 10 reduzieren. Das Faktor 10-Konzept ver-

---

[2] Global Resource Extraction, 2005 - 2030 auf Grundlage von MFA (Material Flow Analysis) des Sustainable Europe Research Institute (SERI) in Kooperation mit Wuppertal Institut für Klima, Energie, Umwelt (www.materialflows.net).

sucht hierfür die absoluten wie relativen Entwicklungen in den Ressourcenverbräuchen von Wirtschafträumen (Volkswirtschaften, Regionen, Städten, Unternehmen, Haushalten etc.) sowie Wertschöpfungsketten, Produkten und Dienstleistungen über Materialintensitätsanalysen (MAIA) (Schmidt-Bleek et al. 1998) sichtbar zu machen. Dadurch, dass die Bewertung auf produkt- wie wirtschaftsraumbezogener Ebene erfolgt, können Rebound-Effekte[3] oder auch Problemverlagerungen zwischen Lebenszyklusphasen, Branchen oder Medien charakterisiert und bewertet werden. Ein Einbezug dieser Effekte in die Gestaltung wird möglich.

Das Faktor 10-Konzept definiert somit eine klare ressourcenbezogene Obergrenze und leitet daraus die maximalen Ressourcenverbräuche pro Kopf ab. Mit anderen Worten: Faktor 10 bricht das Umweltraumkonzept auf eine metrische und damit greifbare Größe herunter. Gegenwärtig schlagen die Ressourcenverbräuche in Deutschland (sowie den USA) mit mindestens 70 Tonnen pro Kopf und Jahr zu Buche (Schmidt-Bleek 2007: 44, Bringezu/Bleischwitz 2009: 61). Nachhaltig ist ein Verbrauch von 6 bis 8 Tonnen pro Kopf und Jahr (Lettenmeier et al. 2013, under review).

Das Management der Stoffströme in Produktion und Konsum ist entsprechend weit davon entfernt im Sinne eines Faktor-10-Konzeptes effizient, konsistent und suffizient (im Folgenden) oder auch nach dem Soziologen Wolfgang Sachs (1993; Schneidewind/Palzkill 2011) entschleunigt, entflochten, entrümpelt und entkommerzialisiert zu sein. Diese Ansatzpunkte berücksichtigt das Faktor-10-Konzept für eine Gestaltung nachhaltigerer Wirtschaftsprozesse und Produkt-Dienstleistungssysteme möglichst ohne Einbußen an Lebensqualität hinnehmen zu müssen (Schmidt-Bleek 1994). Es geht dabei um ressourcenleichtere Lebensstile, denen ganz andere Handlungs- und Konsummuster zugrunde liegen als heute. Auch solche Veränderungsprozesse benötigen Gestaltung über sich in diese Richtung verändernde Produkte und Dienstleistungen.

Entschleunigung ohne Einbußen?

Faktor 10 bedeutet somit einen grundlegenden kulturellen Paradigmenwechsel im Produktions- und Konsumsystem – weg von der Massenwirtschaft hin zur Maß(halten)wirtschaft:
1. in unserem Wirtschaften, von den Prozessen über die Unternehmen, bis hin zu den Geschäftsmodellen,
2. von der Boden- und Waldbewirtschaftung bis zu den Arbeits- und Lebensmodellen,
3. in unseren Lebensstilen, vom Wohnen und Essen über die Mobilität und die Bekleidung bis zur Freizeitgestaltung und Muße sowie genussvoll empfundenem Nichtstun.

Dies ist eine der größten Herausforderung für alle gestaltenden Akteure.

3. Das MIPS-Konzept – ein Maß zur Orientierung

MIPS = Material Input Pro Serviceeinheit

MIPS ist ein Maß für die Umweltbelastungsintensität von Produkten, Infrastrukturen, Dienstleistungen und Regionen.

Abb. 3: Material Input Pro Serviceeinheit (MIPS) (nach Schmidt-Bleek 1994)

---

[3] Rebound-Effekte entstehen durch den Mehrkonsum trotz oder gerade wegen der Effizienzgewinne. Wenn etwa finanzielle Einsparungen durch den geringeren Verbrauch meines Autos vorliegen, kann ich entsprechend längere Strecken zurücklegen (direkte Rebound-Effekte) oder das Ersparte an anderer Stelle ausgeben (indirekte Rebound-Effekte).

Die Maßzahl zur Orientierung auf Produktebene heißt »*Materialinput pro Serviceeinheit*«, kurz MIPS, auf Basis der Materialintensitätsanalyse (MAIA)[4]. Einfach gesprochen handelt sich dabei um ein Maß, den ökologischen Rucksack bzw. den Material Footprint von Produkten zu berechnen (Schmidt-Bleek 1994, 2007, Ritthoff/Rohn/Liedtke 2002, Lettenmeier et al. 2009).

Äpfel mit Birnen vergleichen?

MIPS erlaubt die Messung und Bewertung des inputorientierten ökologischen Wirkungspotenzials eines Produktes (z. B. einer Waschmaschine), das genutzt wird, um einen spezifischen Service oder Nutzen (z. B. saubere Wäsche) zu erhalten. Es ermöglicht auf diese Weise auch den Vergleich unterschiedlicher Produkte mit dem gleichen, zugrunde liegenden Nutzen (z. B. auf unterschiedliche Art von A nach B zu reisen).

Der Material Input (MI) wird in Kilogramm oder Tonnen gemessen. Die Serviceeinheit oder Service Unit (S) hat dagegen keine vordefinierte Dimension. Diese hängt von dem Einzelfall und der näheren Beschreibung der gewünschten Dienstleistung ab. Alle Materialien, die in der Natur von der Erstellung bis zur Entsorgung eines Produktes oder einer Dienstleistung bewegt werden, aber nicht in diese eingehen und damit direkt wieder zu Abfall werden, bilden den versteckten ökologischen Rucksack eines Produktes oder einer Dienstleistung. Der Material Footprint oder ökologische Rucksack entspricht damit dem Materialinput »*von der Wiege bis zur Wiege*« des Produktes (Schmidt-Bleek 1994: 108)[5].

MIPS fokussiert die Eingangsseite von Ressourcen in den Wirtschaftskreislauf bzw. die Gesellschaft. Daher bewertet MIPS die Umweltauswirkungen durch Emissionen (insb. Treib-

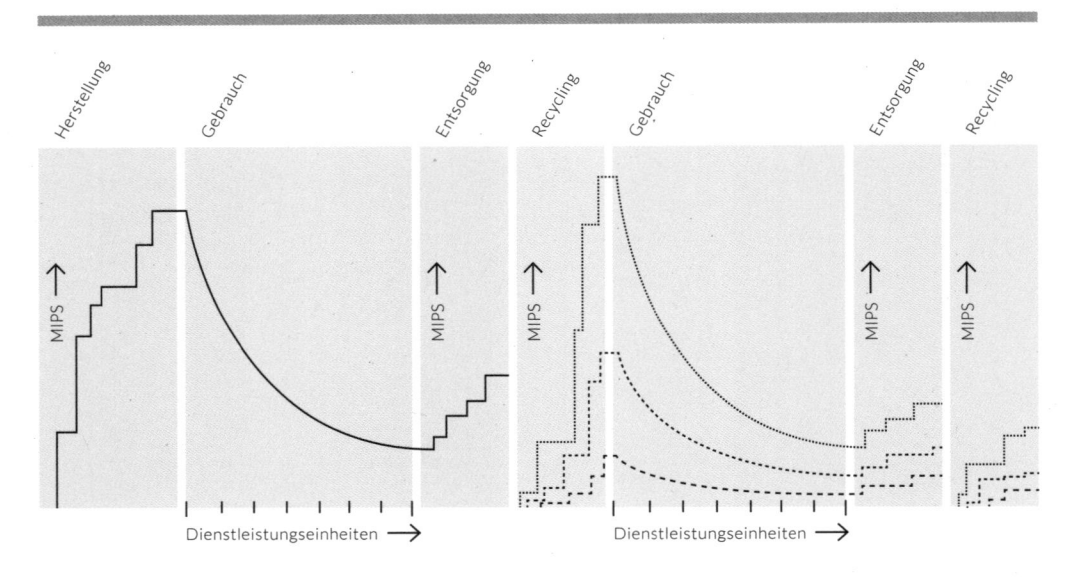

Abb. 4: MIPS-Verlauf entlang des Lebenszyklus eines Gutes (nach Schmidt-Bleek 1994: 164)

---

4 MIPS kann auch genutzt werden, um die Ressourceneffizienz als auch den absoluten Ressourcenverbrauch komplexer Systeme wie Transportsysteme oder privater Haushalte, Unternehmen, Volkswirtschaften zu bestimmen (z. B. Bringezu/Liedtke 1997, Lähteenoja et al. 2008, Kotakorpi et al. 2008, Bringezu/Bleischwitz 2009, Lettenmeier et al. 2009, Liedtke et al, im Erscheinen).
5 Für eine ausführliche Beschreibung der Berechnung von MIPS anhand eines Beispieles sei an dieser Stelle auf Ritthoff/Rohn/Liedtke 2002 verwiesen, online beziehbar auf wupperinst.org.

Das dematerialisierte Design

hausgasemissionen) nur indirekt und pauschal. Es gibt über den Umfang der Inanspruchnahme der Natur eine Richtung zum Weniger an und sagt bewusst nichts zu Toxizität und Qualität von Stoffen. Diese werden, wenn sie denn bekannt sind, möglichst durch Nichtnutzung ausgeschlossen oder vermieden.

Abbildung 4 zeigt, dass jeder Ressourceninput in der Herstellung addiert wird, der Ressourcenrucksack nimmt zu. In der Gebrauchsphase nimmt selbiger wieder ab: Der Materialinput und damit der MIPS-Wert wird mit zunehmender Anzahl an Dienstleistungen immer kleiner. Denn 1000 Tonnen Ressourcen geteilt durch 2 Serviceeinheiten ergibt bis zum Lebenszyklusende des Produktes einen Ökologischen Rucksack von 500 Tonnen oder geteilt durch 250 Serviceeinheiten einen Ökologischen Rucksack von nur noch 4 Tonnen. Mit anderen Worten: Eine Waschmaschine, die 100.000 Waschgänge unbeschadet übersteht, ist ökologisch um das 10 fache (oder um den Faktor 10) günstiger als eine Waschmaschine, welche nur 10.000 Waschgänge übersteht. Damit verbessert sich die Umweltverträglichkeit mit zunehmender Anzahl an Dienstleistungen und es muss kein neues Produkt in der Zwischenzeit für die Nutzung bereit gestellt werden. Die Frage aber, ob die Dienstleistung *saubere, komfortable Wäsche* mit dem Produkt Waschmaschine optimal erfüllt wird, muss jedoch immer wieder kritisch hinterfragt werden

Dafür tritt anstelle der Entsorgung eines Produktes im Faktor-10-Konzept die Reparatur, Weiterverwertung (z. B. Second-Hand-Kleidung) oder die Wiederverwertung über Nutzung von Modulen des Produktes, werkstoffliches Recycling und Kaskadennutzung (so können bspw. aus Holzplatten weitere Holzprodukte hergestellt werden). Auch so lässt sich der ökologische Rucksack über verändertes Konsum- und Einkaufsverhalten drastisch verringern. Allerdings sind jene Verwertungsstrategien nur ökologisch sinnvoll, wenn dadurch der Materialinput bzw. der Aufwand an natürlichen Ressourcen etwa für das Recycling niedriger als für die Erstherstellung des Produktes ausfällt – die Herstellung der zweiten Produktes darf also nicht mehr neue Ressourcen nutzen als die des ersten Produktes (Abb. 4). Die Beobachtung der Stoffströme eines Gutes von der Wiege bis zur Wiege erlaubt entsprechend die Optimierung von Prozessen über die Herstellung hinaus, also auch in der Gebrauchs- oder Entsorgungs- bzw. Recyclingphase (Schmidt-Bleek 1994).

Modulbauweise für ein besseres Recycling?

Ein auf der Grundlage jenes lebenszyklusweiten Stoffstrommanagements entwickeltes Ressourcenmanagement betrachtet Produktion und Konsum als ein interagierendes System, das neben dem Herstellungsprozess auch die Nutzung und Entsorgung bzw. Verwertung des Produktes im Blick behält (Neu- als auch Re-design)[6]. Nur durch parallele und aufeinander abgestimmte Veränderung der Produktions- und Konsummuster können Güter und Dienstleistungen nachhaltiger gestaltet werden. Denn letzten Endes ist nicht das Produkt an sich nachhaltiger, sondern die damit verbundenen Lebensstile (einige Aspekte, die im systemweiten Ressourcenmanagement berücksichtigt werden, beschreibt die Abbildung 5).

In diesem Zusammenhang werden in der Regel verschiedene Nachhaltigkeitsstrategien wie die der Effizienz, Konsistenz und Suffizienz getrennt und in Abgrenzung voneinander diskutiert. Einen Faktor 10 erreicht man aber nur, wenn alle diesem Ziel dienenden Strategien genutzt werden.

---

[6] Im Gegensatz zum Neu-Design wird beim Re-Design das ursprüngliche Produkt einer neuen oder technisch verbesserten Funktion zugeführt (Wiederverwertung). So können bspw. alte LKW-Planen zu Taschen umfunktioniert werden oder das gleiche Funktionsprodukt über andere Materialien langlebiger gestaltet werden.

4. Die Effizienzstrategie

Die Effizienzstrategie zielt auf die Senkung des Ressourcen- und Energieeinsatzes pro Outputeinheit ab. Klassischerweise werden in diesem Zusammenhang häufig spritsparsame Autos oder auch Energie-Sparlampen genannt. Damit bleibt aber zunächst offen, ob der Ressourcenverbrauch nur relativ, also in Abhängigkeit des Outputs (pro gefahrenen Kilometer oder Leuchtstunde) oder auch absolut abnimmt (siehe Bringezu/Bleischwitz 2009, Bringezu/Schütz 2010, Mancini et al. 2011). Denn Effizienzgewinne können leicht überkompensiert werden, wenn aufgrund von Rebound-Effekten, etwa durch sparsamere Autos oder Glühbirnen Anreize geschaffen werden, längere Strecken zurück zu legen oder das Licht länger brennen zu lassen (Sorrel et al. 2007).

Mehr Wohlstand bei weniger Verbrauch?

Nur eine absolute Entkopplung des Ressourcenverbrauchs vom Produktionsprozess trägt aber zum Erreichen des Faktor 10, also zu einer echten Umweltentlastung bei. Relevante Schritte zu jener Ressourcenproduktivität zeigt der Naturwissenschaftler Ernst Ulrich von Weizsäcker (u.a.) auf: In ›Faktor 4 – Doppelter Wohlstand mit halbem Naturverbrauch‹ (2005) und ›Faktor 5 - Die Formel für nachhaltiges Wachstum‹ (2009) beschreibt er die Möglichkeit einer effizienteren Nutzung der Ressourcen um den Faktor 4 bzw. Faktor 5 mit verfügbarem technologischen Know-How.

Langfristig betrachtet ist eine absolute Entkopplung von Ressourcenverbrauch und Wirtschaftswachstum möglich. Allerdings auf einem solch hohen Niveau des Ressourcenkon-

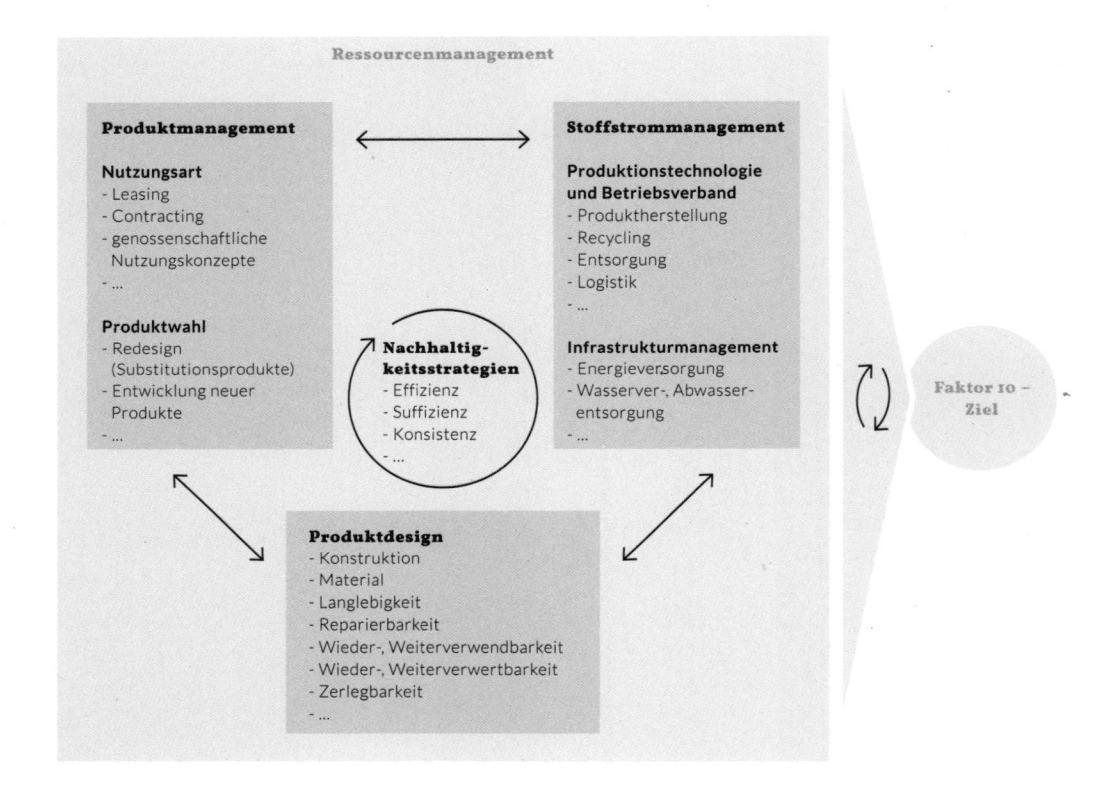

Abb. 5: Ausgewählte Aspekte eines Ressourcenmanagements für das Design

Das dematerialisierte Design

sums, dass das Ziel eines Faktor 10 noch in weiter Ferne liegt (Bleischwitz et al. 2012). Keine Frage, eine gesteigerte Ressourcenproduktivität auf technologischem Wege allein wird nicht zu einer absoluten Entkopplung um den Faktor 10 führen, Verbrauchersuffizienz ist notwendig (Schmidt-Bleek 1994, 2007, im Folgenden). Effizienz in Produktion und Konsum darf entsprechend nicht nur über technologische Innovationen gedacht werden: Soziale Innovationen spielen eine nicht weniger bedeutende Rolle für ein *Nachhaltiges Design*. Wenn sich statt 4 Personen in 4 Pkws nunmehr über CarSharing oder Mitfahrportalen nur 1 Pkw mit allen 4 Personen im Pendelverkehr bewegen, ist damit eine Effizienzsteigerung um den Faktor 4 erreicht. Das erfordert, dass die Fähigkeit Güter und Dienstleistungen zu teilen, angesprochen wird, anstatt das technische Effizienzpotential des Autos selbst zu verbessern.

Für GestalterInnen heißt das, Effizienz im Nutzenmanagement zu denken und Service-Design zu betreiben (Schmidt-Bleek und Tischner 1995, Tischner 2000, Liedtke et al. 2012a,b, 2013b). Design muss über das technische Produktdesign hinaus gedacht werden, Effizienzen finden sich nicht nur technologisch, vor allem und richtungssicher, das heißt ohne negative Rebound-Effekte, in sozialen Innovationen (siehe auch Beispiele im Folgenden).

5. Die Konsistenzstrategie

Im Gegensatz zur effizienteren Bewirtschaftung der einzusetzenden Ressourcen, zielt die Konsistenzstrategie auf den Einsatz anderer, öko-effektiver Materialien ab. Konsistenz bedeutet in diesem Zusammenhang die Schließung der Stoffkreisläufe in wirtschaftlichen Wertschöpfungsketten nach dem Vorbild der ökologischen Kreisläufe. Abfälle oder schädliche Emissionen werden weitestgehend minimiert, da alle Materialien, die am Ende von Konsumakten oder Leistungserstellungsprozessen anfallen, für den jeweils nächsten Prozess wieder den Ausgangsstoff bilden können (Paech 2005: 54).

Das Konsistenzprinzip beschränkt sich also auf die Materialqualität des Produktes an sich. Kann diese am Ende wieder dem Stoffkreislauf zugeführt werden, spielt die Quantität der eingesetzten Materialien keine Rolle mehr (etwa ein vollständig biologisch abbaubares T-Shirt). Das MIPS-Konzept erweitert diese Sichtweise um alle für die Produktionsprozesse be-

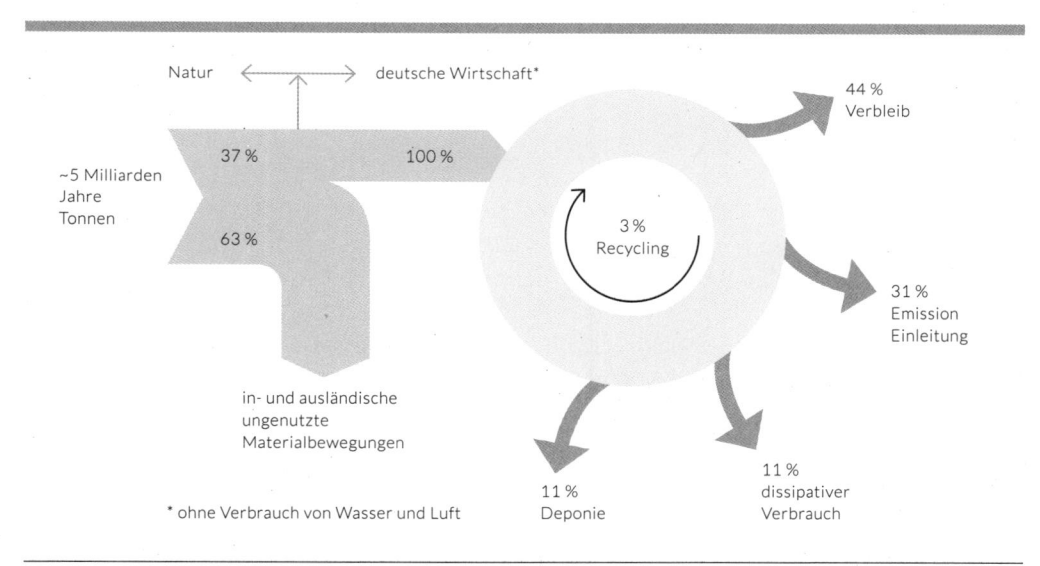

Abb. 6: Ressourcenverwendung in der deutschen Wirtschaft

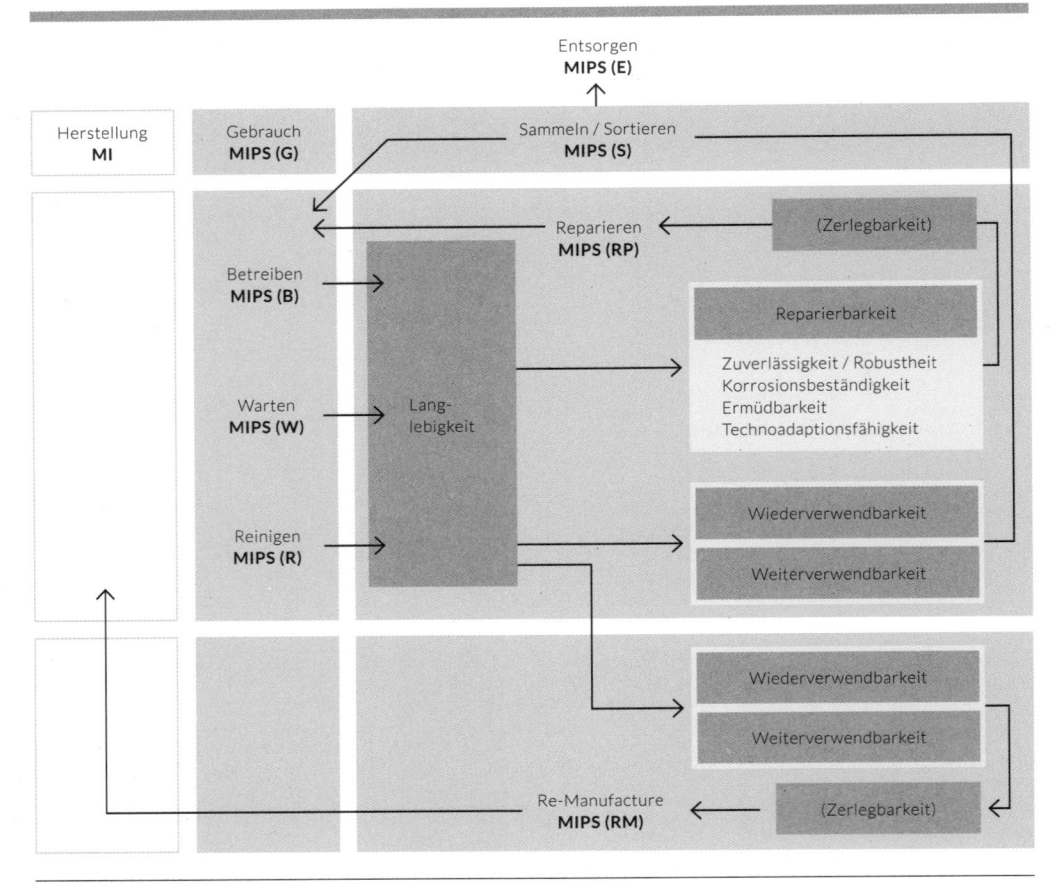

Abb. 7: Einige MIPS-relevante Faktoren im Design

nötigen und in der Natur bewegten Materialien (Material Footprint). Denn etwa zwei Drittel der bewegten Materialien landen gegenwärtig direkt wieder als Abfall in der Natur – sie können gar nicht im Kreislauf geführt werden, da sie niemals in einen Wirtschaftskreislauf über das Produkt eintreten (Schmidt-Bleek 2007:42).

Dabei handelt es sich bspw. um die umgepflügte Erde, die Erosion oder das verbrauchte Wasser beim Baumwollanbau. Nur etwa 3 Prozent der in der Technosphäre befindlichen Stoffströme werden bisher im Kreislauf geführt (siehe Abb. 6) – für diese trifft das Konsistenzprinzip ansatzweise zu. Alle weiteren Stoffströme gehen in den Bestand – also in Infrastrukturen und langlebige Produkte wie z. B. Brücken, Energiesysteme, Ver- und Entsorgungssysteme, Telekommunikationssysteme über, die wiederum beständig neue Stoffströme und Ressourcenverbräuche durch wachsende Nachfrage, Pflege und Instandhaltung induzieren. Gerade die Nutzung von Informations- und Kommunikationstechnologien kostet zunehmend Umwelt und Ressourcen und wirkt beschleunigend auf Konsumumsätze (z. B. über überproportionale Wachstumsraten im eCommerce). Alle diese Stoffströme produzieren einen weltweit wachsenden ökologischen Rucksack. Konsistent kann also ein System nur sein, wenn es auch diese *versteckten* ökologischen Rucksäcke in die (Um-)Gestaltung unserer zukünftigen Produktion- und Konsumsysteme, in die Nachhaltigkeitsstrategien sowie die Lebenszykluskosten jeweils einbezieht (vgl. Abb. 7).

Das dematerialisierte Design

Die blinden Flecken der beiden vorgestellten Strategien dürfen aber nicht darüber hinwegtäuschen, dass Effizienz und Konsistenz wichtige Teilstrategien zur Umsetzung von nachhaltigem Design bzw. der Berücksichtigung eines begrenzten Umweltraums darstellen. Denn sie spiegeln sich direkt im Materialinput vom MIPS (= Material Input per Service Unit) wieder (vgl. Abb. 6 und 7).

6. Die Suffizienzstrategie-Design von S (oder Nutzeneffizienz)

Der Nenner – die Service Unit oder Dienstleistungseinheit – verbirgt die eigentliche gestalterische Chance und die Möglichkeit Systemsprünge hinsichtlich der Reduktion des absoluten Ressourcenverbrauchs zu schaffen. S = 0 würde bedeuten, erst gar keine ressourcenbasierte Dienstleistung in Anspruch zu nehmen. Sofern dies nicht möglich ist, geht es um die Dematerialisierung von gestiftetem Nutzen, in dem entweder der Ressourcenverbrauch in Produktion und Konsum direkt und absolut gesenkt wird und/oder der aus einem kg Natur gestiftete Service gesteigert wird: Entschleunigungs- und Regionalisierungsstrategien, z. B. ein Gespräch von Angesicht zu Angesicht zu führen oder einen Waldspaziergang zu machen, Produkte zu teilen oder Dienstleistungen zu tauschen, entschleunigt zu kochen und zu essen (Slow Food, Slow Shopping) sind in diesem Zusammenhang zu nennen.

Die Frage ist also letztendlich, benötige ich diese Dienstleistung bzw. dieses Produkt überhaupt? Gewinne ich damit an Lebensqualität oder nicht? Beschwert mich das Produkt oder die Nutzung vielleicht langfristig in Form von zusätzlichen Kosten für Pflege oder Miete (eine Waschmaschine z. B. benötigt Platz)? Sind soziale *Folgeinvestitionen* wie z. B. steigernder Bedarf an Zeit zu erwarten? Will ich mich damit überhaupt im Weiteren beschäftigen? Wenn die Entscheidung fällt, dass die Dienstleistung für das eigene Wohlbefinden, die Lebensqualität notwendig ist, dann beginnt die gestalterische Aufgabe des Wie: ein Neu-design oder Redesign des Vorhandenen kann stattfinden, allerdings unter der Prämisse der Nutzung eines begrenzten, aber innerhalb seiner Grenzen frei ausgestaltbaren Umweltraumes.

Design ist dann in der Lage, just am Hebel der Dematerialisierung anzusetzen – zu Beginn des Produktionsprozesses. Dafür ist es notwendig, die engen Grenzen eines klassischen Produktdesigns zugunsten einer holistischen Designperspektive im Sinne eines Sustainable Designs oder EcoDesigns zu überwinden (vgl. Charter/Tischner 2001, Wimmer et al. 2004, Vezzoli/Manzini 2006), die Raum für eine Neuentdeckung des Produktions- und Konsumsystems gibt. Das inhärente Wesen *Nachhaltigen Designs* ist die konsumorientierte Befriedigung von Bedürfnissen bei gleichzeitiger Erfüllung ökologischer Ziele. Dadurch stehen weniger die Produkte als viel mehr die Funktion, der Nutzen, des Produktes im Vordergrund (Karlsson/Luttrop 2006). Design kann dann als Intermediär zwischen Produktion und Konsum fungieren, steht gleichsam aber nicht mehr allein vor der Aufgabe, existierende Güter neu aufzulegen, sondern sich auf die Suche nach neuen Lösungen zugunsten nachhaltiger Produkt- und Dienstleistungsarrangements zu begeben.

Denn es geht längst nicht mehr allein um die *andere* (konsistente) oder *bessere* (effiziente) Güterproduktion, sondern auch um das *weniger* im Sinne der angesprochenen Suffizienz. Die Suffizienzstrategie fragt nicht, wie sich vorhandene Konsumansprüche anders erfüllen lassen, sondern versucht sowohl eine Antwort auf das Warum jener Ansprüche, ihr Ausmaß als auch ihre Beschaffenheit zu geben, sodass sie mit dem Ziel einer nachhaltigen Entwicklung vereinbar sind (Paech 2005: 66). Für Joseph Beuys lag die eigentliche Grundlage der in der absoluten Bedürfnislosigkeit: »*Wie das richtige Gesetz einer quali-*

> **Was brauche ich, um wirklich zufrieden zu sein?**

tätsvollen Produktion und Erkenntnis ja besagt: Bedürfnislosigkeit, absolute Bedürfnislosigkeit ist das anzustrebende Ziel, denn ohne diese Bedürfnislosigkeit können die Weltprobleme nicht gelöst werden« (Beuys et al. 1989: 48f).

Für den Gestalter, die Gestalterin ergibt sich die Frage, wie immateriell lässt sich die Dienstleistung gestalten, können Ressourcen z. B. durch soziale Interaktionen und soziale Innovationen ersetzt werden? Können sogar positive Rebound-Effekte erschlossen werden über eine ästhetische und humorvolle Gestaltung des Nichts oder wie Beuys sagen würde der Bedürfnislosigkeit? Lassen sich daraus neue Statussymbole generieren?

7. Ansätze zum nachhaltigen Gestalten - Beispiele

Der Fokus muss letztendlich auf der systemweiten Betrachtung des Lebenszyklus der in der Konzeption befindlichen Produkte und Dienstleistungen (Wiege–Wiege/Bahre-Perspektive) liegen. Dafür ist die didaktische Gestaltung der Veränderungsschritte (Schneidewind/Singer-Brodowski 2013) notwendig (vgl. transformationales ((Produkt))Design, Laschke/Hassenzahl 2011).

Den im Folgenden vorgestellten Dienstleistungsarrangements liegt deshalb ein Designleitfaden zugrunde (Liedtke et al. 2013b,c), der die Methoden der Materialitätsanalyse (Schmidt-Bleek 1998), »*Nutzen gestalten*« (Schmidt-Bleek/Tischner 1995, Schmidt-Bleek 2000b), sowie die Hot Spot-Analyse (Liedtke et al. 2010) kombiniert und mit dem Designprozess verbindet.

Zwei von zahlreichen Ergebnissen der Sustainable Summer Schools[7] werden im Folgenden beschrieben.[8]

Phlox – Exploit your neighbours

»*Phlox – exploit your neighbours!*« wurde von den Studierenden Chistina Mertens, Carina Matzky, Jasmin Acar, Andrea Augsten und Daniel Hyngar unter Anleitung der Dozenten Prof. Brigitte Wolf und Marcel Befort (BUW) entwickelt. Die Projektidee fokussiert als konkrete Fallstudie die Funktion eines sozialen Schwarmsystem in einem Mehrfamilienhaus mit Mietparteien aus unterschiedlichen Milieus. Es entwickelt ein interaktives Dienstleistungskonzept, das Ressourcen einspart und soziale Bindungen und Netzwerke entstehen lässt. Damit ist beschrieben, wie Interessen und Bedarfe der Mieter in reziproken Tauschhandlungen berücksichtigt werden können. Phlox stellt nicht das Design von Produkten, sondern das Design eines sozialen Arrangements in den Mittelpunkt, das es ermöglicht die Funktion des Produktes, i.e. die Bedarfserfüllung zu substituieren. Essen kann weitergereicht, anteilig bezahlte W-Lan-Netze eingerichtet, Kinder und Wohnungen gehütet oder sonstige Leistungen koordiniert werden. Statt dem ressourceneffizienten Design eines W-Lan-Routers, wird durch eine soziale Reziprozität die Leistung Internet ohne zusätzlichen direkten Materialinput bereit gestellt. Das Design ist letztendlich durch die Integration eines suffizienten Nutzungsdesigns (auf den Besitz eines W-Lan Routers wird verzichtet) um ein Vielfaches effizienter als die Bereitstellung zusätzlicher Router. Um Kommunikation unabhängig von Alter, Generation oder Lebensstil im Netzwerk zu ermöglichen und zu motivieren, steht neben digitalen Applikationen im Internet und auf dem Smartphone, der analoge Zugang über das Schwarze Brett, Post-Its oder eben mündlicher Natur unter Nachbarn im Vordergrund.

---

[7] Die Sustainable Summer Schools werden vom Wuppertal Institut für Klima, Umwelt, Energie in Kooperation mit der Aalto University, der Bergischen Universität Wuppertal, der Folkwang Universität, der Hochschule Luzern und des UNEP Collaborating Centre on Sustainable Consumption and Production jährlich veranstaltet.
[8] vgl. Dokumentationen unter www.designwalks.org.

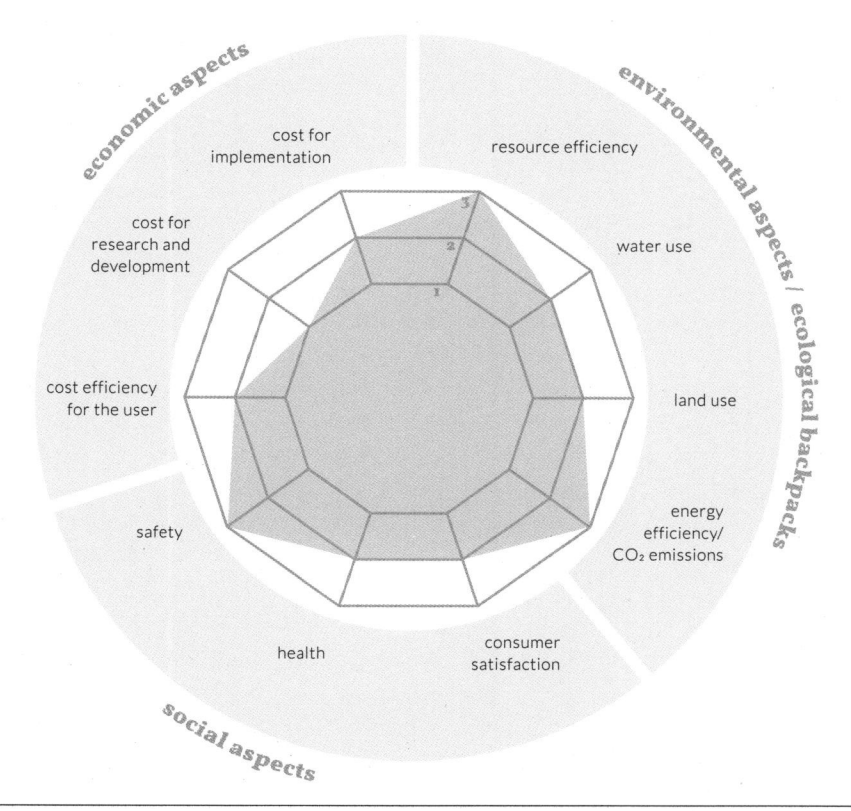

Abb. 8: Nachhaltigkeitsbewertung des Konzepts FoodPrint über den Designleitfaden durch die Studierenden

FoodPrint

Das Konzept FoodPrint wurde von den Studierenden Jenny Dobslaff, Kaya Erdal und Christian Wiciok unter Anleitung der Dozenten Prof. Nina Gellersen und Luzius Schnellmann entwickelt (Abb. 8 und 9). Die Konzeptentwickler haben für den Einkauf, die Verarbeitung, das Interieur, die Entsorgung und natürlich vor allem das Essensangebot, ein ressourceneffizientes und möglichst nachhaltiges Take-Away Restaurant entwickelt. Von dem regionalen Einkauf der Waren über die Energie- und Wasserversorgung, die Möbel und Küchengeräte bis hin zur Essensausgabe, der Zusammenstellung der Menüs, haben sie auf langlebige und ressourceneffiziente Ausstattung geachtet (Abb. 8).

Auf Basis des MIPS-Konzeptes können die Kunden direkt bei ihrer Essenwahl sehen, wie der ökologische Rucksack mit der Wahl der Zutaten steigt oder sinkt. So erhöht z. B. die Wahl von Fleisch den Rucksack eines gemüsebasierten Essens oder eines Salates. Ein Teller Suppe mit Fleischbällchen kostet ca. 13 kg Natur, während die Gemüsesuppe nur ca. 3 kg kostet – also um etwa den Faktor 4 preiswerter ist (Abb. 9).

Der Kunde/die Kundin kann entsprechend selbst wählen, wie viel Naturressourcen sie oder er pro Menü verbraucht.

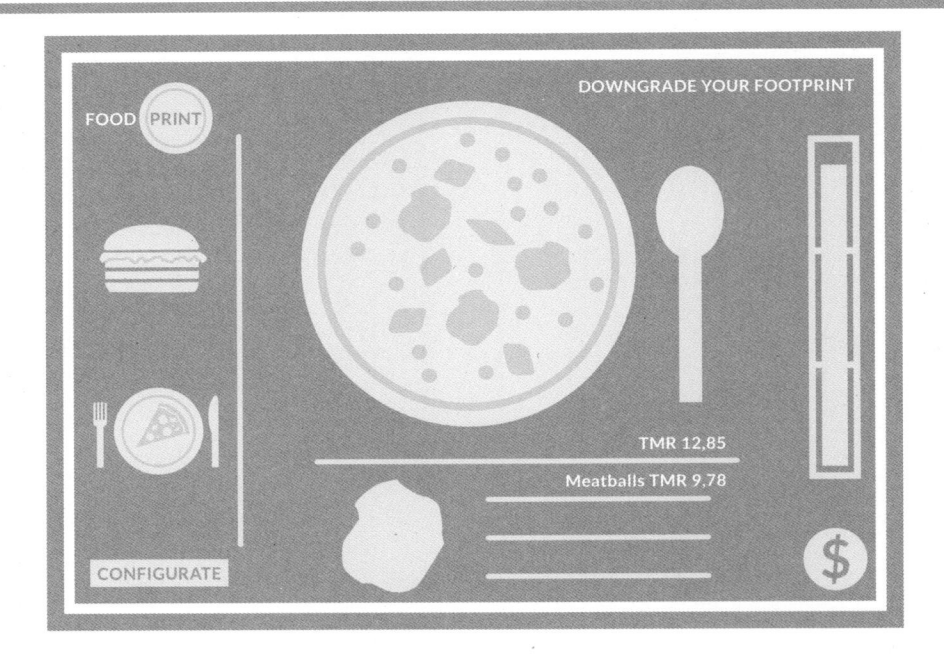

Abb. 9: Zusammenstellung eines Menüs – Berücksichtigung des benötigten Umweltraumes über den ökologischen Rucksack

Die Handlung *Essen gehen* wird also in eine didaktische Konzeption eingefasst, das über selbstregulative bzw. bestimmte Schritte und ein transformationales Dienstleistungsdesign Lebensstiländerungen im Bereich der Ernährung verfolgt. Soziale Routinen und Werthaltungen werden schrittweise neu eingeübt. Weniger die technologische Innovation führt zu Effizienzsteigerungen, sondern das Neudenken sozio-kultureller Ernährungsroutinen im Sinne der Verbrauchersuffizienz.

8. Fazit – Integration von Nachhaltigkeitsstrategien

Nachhaltiges Design wird dadurch in die Lage versetzt, Veränderungsprozesse anzustoßen, die zu Deutungs- und Wertewandlungen, letztlich zu einer gesellschaftlichen Transformation in Richtung Nachhaltigkeit führen können. Wenn Nachhaltigkeitskonzepte für Produzenten wie Konsumenten akzeptabel sein sollen, bedarf es dafür einer professionellen und kreativen, nutzerintegrierten wie didaktisch aufbereiteten Gestaltung von Alltagshandlungen und Handlungsmustern (Matthies 2005, Stengel et al. 2008)[9].

Jedes nicht nachhaltig gestaltete Produkt führt dagegen zur Schädigung des Ökosystems und damit letztlich der Gesellschaft, in dem es die Vielfalt der Dienstleistungen der Natur reduziert und den Umweltraum verringert. Produkte, die ihre Umweltwirkung transparent vermitteln, helfen dagegen die eigene Lebensqualität auf Basis eines begrenzten Umweltraumes mitzugestalten. Die Herausforderung liegt darin, mit begrenztem Umweltraum möglichst vielfältige Freude am und Glück im Leben zu bereiten.

---

[9] Damit die Integration einer systemorientierten Nachhaltigkeitsperspektive über viele experimentelle Ansätze explorativ erlebt und erlernt werden kann (Schneidewind 2009, Rotmans/Loorbach 2010), hat das Wuppertal Institut zusammen mit anderen europäischen Forschungsinstituten das Sustainable Living Lab - Konzept entwickelt (Liedtke et al. 2012a, 2012b).

Die in diesem Artikel skizzierten Ansatzpunkte – Umweltraum-, Faktor-10- und MIPS-Konzept – zeigen zum einen die Einbindung von gestalterischen Prozessen in die Umsetzung einer Nachhaltigkeitsvision auf. Zum anderen kann Design nur nachhaltig im Sinne des Faktor-10-Konzeptes sein, wenn das Designparadigma eine Integration der vorgestellten Nachhaltigkeitsstrategien (Effizienz, Konsistenz und Suffizienz) zulässt. *Nachhaltiges Design* kann nicht nur als konventionelles Produktdesign gedacht werden, sondern stellt sich zuerst die Frage nach dem Warum, nach der Funktion des Produktes, um in einem zweiten Schritt das Design einer nachhaltigeren Bedarfserfüllung in den Blick nehmen zu können.

Prof. Dr. Christa Liedtke ist seit 2003 Leiterin der Forschungsgruppe Nachhaltiges Produzieren und Konsumieren am Wuppertal Institut für Klima, Umwelt, Energie. Vorher war sie seit 2000 Leiterin der Arbeitsgruppe Ökoeffizienz & Zukunftsfähige Unternehmen ebenfalls am Wuppertal Institut. Seit August 2012 ist sie Gast-Professorin für Nachhaltigkeitsforschung im Design an der Folkwang Universität der Künste in Essen. Sie hat Biologie und ev. Theologie studiert. Promoviert hat sie in der Zellbiologie. Ihre Arbeitsschwerpunkte sind: Ressourceneffiziente Produkt-Dienstleistungs-Systeme und nachhaltige Unternehmen; Politiken für Nachhaltiges Produzieren und Konsumieren; Handlungsmuster in Produktion und Konsum; Ecoinnovationen und nachhaltiges Design.

Johannes Buhl ist seit 2012 wissenschaftlicher Mitarbeiter in der Forschungsgruppe Nachhaltiges Produzieren und Konsumieren am Wuppertal Institut für Klima, Umwelt, Energie. Er hat Soziologie und Volkswirtschaftslehre in Bamberg und Prag studiert. Seine Arbeitsschwerpunkte sind nachhaltiger Konsum und Rebound-Effekte.

Literatur

Beuys, J., Fischer, K., & Smerling, W. (1989): ›Joseph Beuys im Gespräch mit Knut Fischer und Walter Smerling‹. Köln: Kiepenheuer & Witsch.

Bringezu, S. & Liedtke, C. (1997): ›Technisch-stoffliche Faktoren: Stoffstromanalyse der industriellen Produktion‹. Landsberg: Ecomed, 83-106.

Bringezu, S. & Bleischwitz, R. (2009): ›Sustainable resource management: global trends, visions and policies‹. Sheffield, UK: Greenleaf.

Bringezu, S. & Schütz, H. (2010): ›Der »ökologische Rucksack« im globalen Handel: ein Konzept verbindet Ökonomie‹ in: ›Umwelt und Geographie‹, 4, 12–17.

BUND & Brot für die Welt (2008): ›Zukunftsfähiges Deutschland in einer globalisierten Welt: ein Anstoß zur gesellschaftlichen Debatte. Eine Studie des Wuppertal Instituts für Klima, Umwelt, Energie‹Frankfurt am Main: Fischer Taschenbuch Verlag.

Charter, M. & Tischner, U. (2001): ›Sustainable solutions: developing products and services for the future‹.Sheffield, U.K.: Greenleaf Pub.

European Environment Agency (EEA) (2010): ›The European environment state and outlook 2010: synthesis‹.

IPCC (2007): ›Climate Change 2007: Synthesis Report. Contribution of Working Groups I, II and III to the Fourth Assessment Report of the Intergovernmental Panel on Climate Change [Core Writing Team, Pachauri, R.K and Reisinger, A. (eds.)]‹.IPCC, Geneva, Switzerland.

Karlsson, R. & Luttropp, C. (2006): ›EcoDesign: what's happening? An overview of the subject area of EcoDesign and of the papers in this special issue‹. in: ›Journal of Cleaner Production‹, 14(15-16), 1291–1298.

Kotakorpi, E., Lähteenoja, S. & Lettenmeier, M. (2008): ›Household MIPS: natural resource consumption of Finnish households and its reduction (No. 43en)‹.Helsinki: Finnish Environment Inst.

Lähteenoja, S., Lettenmeier, M. & Kotakorpi, E. (2008): ›The ecological rucksack of households: huge differences, huge potential for reduction?‹ in: ›Mol: Flemish Inst. for Technological Research‹, 319-337.

Laschke, M. & Hassenzahl, M. (2011): ›Things with attitude: Transformational Products‹. Create11 Conference, S. 1-2. Abgerufen von http://www.create-conference.org/storage/create11papersposters/Things with attitude.pdf (letzter Zugriff 21. Juni 2012).

Lettenmeier, M., & Wuppertal-Institut für Klima, Umwelt, Energie (2009): ›Resource productivity in 7 steps how to develop eco-innovative products and services and improve their material footprint‹. Wuppertal: Wuppertal Inst. for Climate, Environment and Energy, Wuppertal Spezial (41).

Lettenmeier, M., Hirvilammi, T., Laakso, S., Lähteenoja, S., & Aalto, K. (2012): ›Material Footprint of Low-Income Households in Finland - Consequences for the Sustainability Debate, in Sustainability‹. 4(7), 1426–1447.

Lettenmeier, M., Liedtke, C., & Rohn, H. ›A production-and consumption-orientiered reference framework for low resource household consumption - perspective for sustainable transformation processes of lifestyles, in Resources‹. Im Erscheinen.

Liedtke, C., & Kaiser, C. (2005): ›Zukünfte, aber welche? Integriertes Stoffstrommanagement zwischen Infrastruktur- und Produktentwicklung‹ in: R. Loske (Hrsg.), (S. 417–445). Marburg: Metropolis-Verl.

Liedtke, C. & Welfens, M. (2008): ›Mut zur Nachhaltigkeit Nachhaltige Entwicklung. Wirtschaft - Neue Weltordnung‹. Seeheim-Jugenheim: Stiftung Forum für Verantwortung [u.a].

Liedtke, C., Baedeker, C., Kolberg, S., Lettenmeier, M. (2010): ›Resource intensity in global food chains: the Hot Spot Analysis‹ in: ›British Food Journal‹, 112 (10), 1138–1159.

Liedtke, C., Ameli, N., Buddenberg, J., & Oettershagen, P. (2011): ›Sustainable Products and Services: Design-Guide. Developed for the Sustainable Summer School‹. Wuppertal Institut für Klima, Umwelt und Energie.

Liedtke, C., Baedeker, C., von Geibler, J., Hasselkuß, M. (2012a): ›User-integrated Innovation: Sustainable LivingLabs. Research and development of sustainable products and services through user-driven innovation‹. Conference Proceedings of 2012 PERL's international conference ›Beyond Consumption: Pathways to Responsible Living‹.

Liedtke, C., Welfens, M. J., Rohn, H., & Nordmann, J. (2012b): ›LIVING LAB: user-driven innovation for sustainability‹ in: ›International Journal of Sustainability in Higher Education‹, 3(2), 106–118.

Liedtke, C., Buhl, J., & Ameli, N. (2013a): ›Microfoundations for sustainable growth with eco-intelligent product service arrangements‹ in: ›Sustainability‹, 5(3), 1141–1160.

Liedtke, C., Buhl, J., & Ameli, N. (2013b): ›Designing value through less by integrating sustainability strategies into lifestyles‹. International Journal of Sustainable Design, 14 S., online first.

Liedtke, C., Ameli, N., Buhl, J., Oettershagen, P., Pears, T., & Abbis, P. (2013c): ›Wuppertal Institute designguide: background information & tools‹. Wuppertal: Wuppertal Inst. for Climate, Environment and Energy.

Liedtke, C., Bienge, K., Wiesen, K., Teubler, J., Greiff, K., Lettenmeier, M., & Rohn, H.: ›Resource Use in the production and consumption system - the MIPS approach‹ in: ›Resources‹. Im Erscheinen

Mancini, L., Lettenmeier, M., Rohn, H. & Liedtke, C. (2012): ›Application of the MIPS method for assessing the sustainability of production-consumption systems of food‹ in: ›Journal of Economic Behavior & Organization‹, 81(3), S. 779–793.

Matthies, E. (2005): ›Wie können PsychologInnen ihr Wissen besser an die PraktikerIn bringen?‹ in: ›Umweltpsychologie‹, 9(1), 62–81.

Opschoor, J.B. & Costanza, R. (1995): ›Environmental Performance Indicators, Environmental Space and the Preservation of Ecosystem Health‹ in: J. Jaeger, A. Liberatore und K. Grundlachk (Hrsg.): ›Global Environmental Change and Sustainable Development‹. Luxemburg: EC DGXII / Office for Publication of EC.

Paech, N. (2005): ›Hat sich die Wachstumsfrage erledigt?‹ in: Natur und Kultur, 6(1), 52–72.

Parry, M. L. & International Institute for Environment and Development (2009): ›Assessing the costs of adaptation to climate change a review of the UNFCCC and other recent estimates‹. London: Emtone.

Ritthoff, M., Rohn, H. & Liedtke, C. (2002): ›MIPS berechnen: Ressourcenproduktivität von Produkten und Dienstleistungen (No. 27)‹. Wuppertal: Wuppertal Institut für Klima, Umwelt, Energie.

Rockström, J., Steffen, W., Noone, K., Persson, Å., Chapin, F. S., Lambin, E. F., ... & Foley, J. A. (2009): ›A safe operating space for humanity, in Nature‹ 461(7263), 472-475.

Rotmans, J. & Loorbach, D. (2010): ›Towards a Better Understanding of Transitions and Their Governance: A Systemic and Reflexive Approach‹ in: Grin, J, Rotmans, J., Schot, J. (Hrsg.) (2010): ›Transitions to Sustainable Development. New Directions in the Study of Long Term Tansformative Change‹. New York: Routledge, 105-220.

Sachs, W. (1993): ›Die vier E. Merkposten für einen maßvollen Wirtschaftsstil‹ in: ›Politische Ökologie‹, 11(33), 69–72.

Schmidt-Bleek, F. (1994): ›Wieviel Umwelt braucht der Mensch?: Faktor 10 - das Maß für ökologisches Wirtschaften‹. München: DTV Deutscher Taschenbuch Verlag.

Schmidt-Bleek F. & Tischner U. (1995): ›Produktentwicklung: Nutzen gestalten – Natur schonen‹, Schriftenreihe des Wirtschaftsförderinstituts Nr. 270, WIFI Österreich.

Schmidt-Bleek, F. (1998): ›MAIA: Einführung in die Material-Intensitäts-Analyse nach dem MIPS-Konzept‹. Basel: Birkhäuser.

Schmidt-Bleek, F. (2000a): ›Das MIPS-Konzept: weniger Naturverbrauch - mehr Lebensqualität durch Faktor 10. München: Droemer Knaur.

Schmidt-Bleek, F. (2000b): ›Nachhaltigen Nutzen gestalten. Einführung für ein Buch zum Wuppertal Haus‹. Faktor 10 Institut, Carnoules. Abgerufen von http://www.factor10-institute.org/files/Nachhaltigen_Nutzen_Gestalten.pdf (letzter Zugriff 21. Juni 2012).

Schmidt-Bleek, F. (2007): ›Nutzen wir die Erde richtig? Die Leistungen der Natur und die Arbeit des Menschen. Forum für Verantwortung‹. Frankfurt am Main: Fischer.

Schneidewind, U. (2009): ›Nachhaltige Wissenschaft: Plädoyer für einen Klimawandel im deutschen Wissenschafts- und Hochschulsystem‹. Marburg: Metropolis Verlag.

Schneidewind, U. & Palzkill, A. (2011): ›Suffizienz als Business Case: Nachhaltiges Ressourcenmanagement als Gegenstand einer transdisziplinären Betriebswirtschaftslehre‹. Impulse zur WachstumsWende.

Schneidewind, U., & Singer-Brodowski, M. (2013): ›Transformative Wissenschaft: Klimawandel im deutschen Wissenschafts- und Hochschulsystem‹. Marburg: Metropolis.

Spangenberg, J. H. (Hrsg.) (1995): ›Towards Sustainable Europe. A Study from the Wuppertal Institute for Friends of the Earth Europe‹. Luton/Bedfordshire: Friends of the Earth Publications.

Sorrell, S., & University of Sussex. Sussex Energy Group. (2007): ›The Rebound effect: an assessment of the evidence for economy-wide energy savings from improved energy efficiency‹. Sussex: UK Energy Research Centre.

Stengel, O., Liedtke, Ch., Baedeker, C. & Welfens, M. J. (2008): ›Theorie und Praxis eines Bildungskonzepts für Nachhaltigkeit‹ in: ›Umweltpsychologie‹, 12. Jg., 2/2008, 29-42.

Stern, N. (2007): ›The economics of Climate Change: The Stern Review‹. Cambridge: Cambridge University Press, Great Britain Treasury.

Tischner, U. (2000): ›Was ist EcoDesign?: ein Handbuch für ökologische und ökonomische Gestaltung‹. Frankfurt am Main: Verl. Form.

Vezzoli V. & Manzini E. (2006): ›Design for Sustainable Consumption‹ in: ›Perspective on Radical Changes to Sustainable Consumption and Production‹. SCORE workshop, Copenhagen.

Weizsäcker, E. U. von, Lovins, A. B. & Lovins, L. H. (1995): ›Faktor Vier: doppelter Wohlstand - halbierter Naturverbauch: Der neue Bericht an den Club of Rome‹. München: Droemer Knaur.

Weizsäcker, E. U. von, Hargroves, K & Smith, M. (2009): ›Faktor Fünf: Die Formel für nachhaltiges Wachstum‹. München: Droemer.

Wimmer, W., Züst, R., Lee, K.-M. & Alliance for Global Sustainability (2004): ›ECODESIGN Implementation: a systematic guidance on integrating environmental considerations into product development‹. Dordrecht: Springer.

Abbildungen

Abb. 1: Liedtke/Welfens 2008: 52 basierend auf Schmidt-Bleek (persönliche Mitteilung)

Abb. 2: European Environment Agency (EEA) 2010 und IPCC 2007

Abb. 3: nach Schmidt-Bleek 1994)

Abb. 4: eigene Darstellung nach Schmidt-Bleek 1994: 164

Abb. 5: Nach Liedtke et al. 1994: 19

Abb. 6: Schmidt-Bleek 2007: 42

Abb. 7: Schmidt-Bleek 1994: 109

Abb. 8: 3rdSustainable Summer School (Dobslaff, Erdal und Wiciok 2011, Dozenten: Prof. Nina Gellersen, Luzius Schnellmann)

Abb. 9: 3rdSustainable Summer School (Dobslaff, Erdal und Wiciok 2011, Dozenten: Prof. Nina Gellersen, Luzius Schnellmann)

Grafische Anpassung der Abbildungen: Mario Franck

Ein neues Verständnis von Nachhaltigem Design rückt die Qualität der Materialien ins Zentrum der Produktgestaltung. Wenn sich alle Produkte vollständig in geschlossene natürliche bzw. technische Kreisläufe fügten, würden Quantität und Wachstum kein wirkliches Problem mehr darstellen. Alle erneuerbaren Energiequellen wie Biomasse, Wind- und Wasserkraft beruhen auf der Sonnenenergie und sind folglich nahezu unbegrenzt verfügbar. Im Gegensatz zu fossilen Brennstoffen birgt ihre Nutzung keine oder zumindest wesentlich geringere ökologische Risiken. Der ›Cradle to Cradle‹-Ansatz nimmt daher die Natur zum Vorbild nachhaltigen Wirtschaftens: Jedes Jahr werden Milliarden Tonnen Biomasse von ihr produziert – bei diesem Output handelt sich dabei jedoch keineswegs um Abfall.

Das ökoeffektive Design

UWE BODEN

Der Gedanke der Nachhaltigkeit findet heute, so der Rat für Nachhaltige Entwicklung, eine breite Akzeptanz. Der Schritt vom Wissen zum Handeln ist jedoch noch nicht konsequent vollzogen, denn unser Verhalten im Umgang mit Ressourcen ist nach wie vor vom Wegwerfen und Verbrauchen geprägt (Rat für Nachhaltige Entwicklung 2011:2). Angesichts weltweit knapper Ressourcen erscheint es paradox, dass nach wie vor elementare Rohstoffe – zum Beispiel Basis- und Sondermetalle für die industrielle Produktion von Computern und Mobiltelefonen – hierzulande im Abfall enden. Die Verluste an Kupfer, Silber oder Coltan sind enorm. Zur Verknappung seltener Metalle in der Zukunft führen nicht nur geologische Gegebenheiten, technische oder ökonomische Grenzen, sondern ökologische und soziale Nachhaltigkeitsgebote. Vor diesem Hintergrund lautet die Empfehlung, die der Rat für Nachhaltige Entwicklung der Bundesregierung im Frühjahr 2011 ausspricht, wie folgt: »*Eine 100 %ige Kreislaufführung von Rohstoffen ist eine handlungsleitende Vision für den Umbau der Wirtschaft*« (Rat für Nachhaltige Entwicklung 2011:4). Damit einhergehen muss zudem – so der Rat für Nachhaltige Entwicklung – die absolute Reduktion »*des Verbrauchs nicht erneuerbarer Rohstoffe und der Entkopplung des Wirtschaftswachstums vom Rohstoffverbrauch*«, um das Problem der zunehmenden Verknappung von Ressourcen in der Zukunft nachhaltig lösen zu können (Rat für Nachhaltige Entwicklung 2011:4). Die Bundesregierung hat mit dem neuen Kreislaufwirtschaftsgesetz 2011, entsprechend der EU-Abfallrahmenrichtlinien, Ziele für das Recycling festgeschrieben. Die Recyclingquote für Siedlungsabfälle soll im Jahr 2020 65 % betragen. Darüber hinaus wird eine Verwertungsquote von mindestens 70 % für Bau- und Abbruchabfälle angestrebt (BMU 2011). Die technische Herausforderung zur Umsetzung dieser Ziele wird vor allem darin bestehen, Materialien zu recyceln, die nie für ein Recycling vorgesehen waren (Braungart 2008:21).

Für den deutschen Chemiker Michael Braungart und den us-amerikanischen Architekten William McDonough ist die Kreislaufführung von Rohstoffen und der damit einhergehende Umbau der Wirtschaft längst keine Vision mehr. Das haben sie mit Produkten und Architekturprojekten, die im Hinblick auf das spätere Recycling entwickelt wurden, bereits unter Beweis gestellt. Braungart und McDonough vertraten bereits 2002 – in der englischen Ausgabe ihres Buches ›Cradle to Cradle: Remaking the Way We Make Things‹ – die Auffassung, dass eine nachhaltige Entwicklung nur dann Erfolg haben kann, wenn der lineare Stoffstrom bei der Herstellung und Nutzung von Produkten – Cradle to Grave – durchbrochen werden kann. Nach dem ›Cradle to Cradle‹-Prinzip werden Produkte und Architektur am Ende des Lebenszyklus erneut zu Rohstoffen für weitere Produkte und Gebäude. Die Auffassung von Design geht hier weit über die Gestaltung der äußeren Form hinaus, denn das Design der Materialen – ihre Zusammensetzung, Beschaffenheit und Wiederverwertbarkeit – ist die biologische oder technische Voraussetzung für einen Stoffstrom von der Wiege zur Wiege. Das stellt eine große Herausforderung für Wissenschaftler, Designer, Architekten und Ingenieure dar, denn nach dem ›Cradle to Cradle‹-Design-Konzept soll Abfall gleich Nahrung sein (Braungart/McDonough 2003:121). Auf diese Weise sollen einmal geschöpfte Ressourcen in zirkulierenden Materialströmen für die Umwelt und den Menschen erhalten.

Heute gibt es weltweit mehr als 600 Produkte, die auf dem ›Cradle to Cradle‹-Design-Konzept basieren (Braungart 2011:3). Das Spektrum der Produkte reicht von T-Shirts, die bedenkenlos kompostiert werden können, über Büromöbel und Fliesen bis zu Teppichen, die nach Ablauf der vereinbarten Nutzung vom Hersteller zurückgenommen und recycelt werden. Mit der Umsetzung des Prinzips geht ein Wandel der bisherigen industriellen Produktionsweise und des bestehenden Wirtschaftssystems einher, der die gesamte Gesellschaft betrifft. In diesem Kontext ist der Titel des 2008 erschienenen Buches ›Die nächste industrielle Revolution: Die ›Cradle to Cradle‹-Community‹ – gemeinsam herausgegeben von Braungart und McDonough – zu verstehen. Michael Braungart berichtet über die rasante Umsetzung der ›Cradle to Cradle‹-Idee in den Niederlanden und weiteren europäischen Ländern. Zudem stellt er Produkte, Studien und aktuelle Projekte vor.

1. Erweiterter Designbegriff

Die ökologische Herausforderung ist für Michael Braungart, aber auch für Philosophen wie Wolfgang Welsch von entscheidender Bedeutung für unsere Gegenwart und die nahe Zukunft. Wolfgang Welsch sieht im Design eine mögliche Schnittstelle von Ökologie und Postmoderne. Er plädiert für einen erweiterten Designbegriff, da heute menschliche Tätigkeit, »*von den Entwürfen der großen Politik bis zum Familienleben*«, Elemente von Design mit einschließen. Die Designaufgaben in der Zukunft erschöpfen sich nach dem »*erweiterten Design-Begriff*« nicht im klassischen Objekt-Design, sondern schließen unsere Lebensverhältnisse mit ein (Welsch 1990:217). Die Gestaltung dieser Rahmen-Bedingungen bezeichnet Welsch mit dem Begriff Rahmen-Design. Michael Braungart definiert das Cradle to Cradle-Design-Konzept als begrifflichen Rahmen für »*die Restrukturierung der Grundbeziehung zwischen menschlicher Tätigkeit und der den Menschen umgebenden Umwelt*« (Braungart 2008:36). Der Übergang vom »*Objekt-Design zum Rahmen-Design, wie ihn die Postmoderne nahelegt*«, entspricht im Sinne von Welsch den Forderungen der Ökologie. Während sich das Design der Moderne auf die Gestaltung von Objekten konzentriert hatte, verlagern sich die Aufgaben heute zunehmend in Richtung der Rahmengestaltung. Für Wolfgang Welsch »*gilt – postmodern wie ökologisch – die Rahmen-Bedingungen unserer Lebensverhältnisse zu ändern*« (Welsch 1990:217). »*So wie Joseph Beuys einmal begriffen hatte, das jeder Mensch ein Künstler ist, so kann jeder Mensch auch ein/e Stoffstromdesigner/in und damit nützlich für andere Lebewesen auf der Erde sein*« (Braungart 2007:21). Braungart stellt eine Analogie zwischen dem »*erweiterten Kunstbegriff*« im Sinne von Joseph Beuys und der ›Cradle to Cradle‹-Philosophie her. Im Kontext der sozialen Plastik hatte Beuys alle Menschen zur kreativen Teilhabe und Gestaltung der Gesellschaft aufgefordert, indem er die zeitgenössischen Vorstellungen von Wirtschaft, Politik und Kultur mit künstlerischen Mitteln zur Diskussion stellte (vgl. Sacks u. Zumdick Seite 132ff.). »*Im Sinne des erweiterten Design-Begriffs könnte – während das 20. Jahrhundert ein Jahrhundert der Kunst war – das 21. Jahrhundert ein Jahrhundert des Designs werden*« (Welsch 1990:217). Im Folgenden ist daher Design im Sinne dieses »*erweiterten Designbegriffs*« zu verstehen.

2. Konsistenz-Strategie und Öko-Effizienz-Strategie

Der Umweltsoziologe Joseph Huber definiert den Aspekt der *qualitativen* Transformation industrieller Stoffumsätze als »*Konsistenz*«. Im Fokus der Konsistenz-Strategie steht die Beschaffenheit industrieller Stoffkreisläufe, während bei der Effizienz-Strategie das Prinzip der Dematerialisierung und Verringerung von Mengenumsätzen im Mittelpunkt steht (Huber 1994:31-46). Der Grundgedanke der industriellen Kreislaufwirtschaft nach dem Vorbild der Natur – Ziel ist die Vereinbarkeit von Ökologie und Ökonomie – findet sich bei Michael Braungart und William McDonough (Braungart & McDonough 2003), Paul Hawken (Hawken 1996), Gunter Pauli (Pauli 1999) und weiteren Autoren. Vor allem Braungart und McDonough konnten das Konzept der Kreislaufwirtschaft in Zusammenarbeit mit der Industrie beispielhaft umsetzen. Ihr ›Cradle to Cradle‹-Ansatz steht für ein Designkonzept, auf dessen Grundlage industriell gefertigte Produkte, nach Verbrauch und Gebrauch in Kreisläufe zurückgegeben werden können, ohne die Umwelt zu belasten (Braungart 2009: 40–43). Das entspricht dem Modell einer Konsistenz-Strategie im Sinne Hubers, einer »*Industriellen Ökologie*«, die den »*industriegesellschaftlichen Metabolismus*« in den »*Gesamtmetabolismus der Geo- und Biosphäre*« einbettet (Huber: 2000:III). Der Umweltwissenschaftler Friedrich Schmidt-Bleek – ein Befürworter der Öko-Effizienz-Strategie – hält Ökologie und Ökonomie für unvereinbar.

Michael Braungart sieht sich in Kontraposition mit dem Umweltwissenschaftler Friedrich Schmidt-Bleek – einem Befürworter der Ökoeffizienz-Strategie, der vor allem durch sein MIPS-Konzept bekannt wurde. Während Braungart Ökologie und Ökonomie für prinzipiell vereinbar hält, entwirft Schmidt-Bleek ein Bild, das die »*menschliche Ökonomie*« als »*Parasit*« darstellt, »*der nur von der Ökosphäre leben kann*« (Schmidt-Bleek 2000:14). Es geht darum, nach Möglichkeit zu verhindern, dass »*Ressourcen mit technischen Mitteln der Natur entnommen und bewegt werden.*« Ziel ist es, »*die Ökosphäre so wenig wie nur eben möglich zu stören*« (Schmidt-Bleek 2000:14). Aus der Perspektive Braungarts hat das Prinzip der Ökoeffizienz bisher dazu beigetragen, »*den Niedergang unseres Planeten zu entschleunigen.*« Durch entsprechende Verordnungen im Umweltschutz werden Menschen und natürliche Systeme weniger schnell vergiftet, weniger gefährliche Materialien produziert und geringere Müllmengen erzeugt (Braungart 2008:19). Seine Kritik bringt Braungart wie folgt auf den Punkt: »*Weniger schlecht ist nicht gleich gut*« (Braungart 2008:22). Da die Ökoeffizienz-Strategie auf Dematerialisierung – auf die Verringerung von Material und Energie bei der industriellen Produktion – ausgerichtet ist, verlaufen die Stoffströme, im Gegensatz zur Konsistenz-Strategie, weiterhin »*linear von der Wiege zur Bahre*«. Knappe Ressourcen enden nach wie vor als Abfall, die Umwelt wird belastet. »*Wenn ein System zerstörerisch ist, sollte man nicht den Ver-*

such machen, es effizienter zu gestalten« (Braungart 2008:33). Braungart erhebt die Kreislaufführung zum alleinigen Prinzip, zur Rettung unseres Planeten. Die so erzeugte Polarisierung von Ökoeffizienz und Ökoeffektivität, stellt jedoch nur einen Teil des Problems dar, wie sich später zeigen wird.

3. Ökoeffektivität

Um die Probleme, die mit der Ökoeffizienz-Strategie einhergehen, zu lösen, setzt Braungart auf Ökoeffektivität. Er schlägt vor, das bestehende System »*vollständig umzukrempeln*« und »*effektiv*« zu gestalten (Braungart 2008:33). Ökoeffektivität ist eine große Herausforderung, denn es geht darum, die Rahmenbedingungen für eine Produktionsweise – in Form von »*Versorgungsketten, Herstellungsprozessen und Materialstromsystemen*« – nach dem Vorbild der Natur zu entwickeln und zu gestalten (Braungart 2008:39).

Unter Ökoeffektivität versteht Braungart das Spiegelbild einer gesunden und regenerativen Produktivität der Natur. Um diesen Gedanken zu veranschaulichen, führt er in zahlreichen Veröffentlichungen als eingängige Metaphern den Stoffwechsel der Ameisen und einen Kirschbaum im Kontext des Ökosystems an.

Müssen auch Kirschblüten entsorgt werden?

Ameisen sind bekanntlich für das Ökosytem eines tropischen Regenwaldes unersetzbar und darüber hinaus nützlich, denn »*sie managen ihr Nährstoffsystem intelligent und produzieren keinen Müll*« (Braungart 2008:33). Obwohl die Ameisen viel konsumieren – die gesamte Biomasse der Ameisen übersteigt die der Menschen um ein Vielfaches – stellt sich das Problem der Überbevölkerung nicht (Braungart 2008:32). Das Beispiel des Kirschbaums wählt Braungart, um zu zeigen, dass natürliche Systeme völlig uneffizient und gleichzeitig sehr effektiv sein können. Die Überproduktion von Blüten und Früchten ist Nährstoff für das gesamte ökologische System. Zudem nutzt der Baum Sonnenenergie, produziert Sauerstoff und bindet Stickstoff (Braungart/McDonough 2003:123). Folgt man Braungarts Gedanken und überträgt die Funktionsweisen natürlicher Systeme auf industrielle Systeme, wären die Produkte und ihre naturähnlichen Produktionsprozesse unschädlich für die Menschen und die Natur (Braungart 2007:20). Die Übertragung natürlicher Systeme auf industrielle Systeme ist im Diskurs der Nachhaltigkeit umstritten, da schlecht vorstellbar ist, wie ein komplexes Ökosystem, das sich über Jahrmilliarden entwickelt hat, in wenigen Jahren industriell nachgebildet werden soll. Während Schmidt-Bleek dafür eintritt, die Ökosphäre möglichst wenig zu stören, ist Braungart der Auffassung, dass es Sinn macht, in natürliche Systeme einzugreifen, um einen gezielten ökologischen Fußabdruck zu hinterlassen, der für die Menschen und das Ökosystem gleichermaßen nützlich ist (Braungart 2007:20). Die Strategie einer »*Industriellen Ökologie*« bedeutet »*in gewissem Ausmaß auch die absichtliche Gestaltung von Mensch-Natur-Systemen auf wissenschaftlich-technischer Grundlage*« (Huber 2000:111). Visionen von ökoeffektivem Design im Geiste von Braungart und McDonough könnten folgende Formen annehmen: Gebäude, »*die wie Bäume mehr Energie produzieren, als sie verbrauchen.*« Fabriken, die »*Abwässer mit Trinkwasserqualität freisetzen.*« Produkte, die nach ihrer »*Verwendung nicht nutzloser Abfall werden.*« Manche Produkte sollen verrotten und zur Nahrung für das Ökosystem werden. Andere Produkte sollen in »*hochwertige technische Rohstoffe*« umgewandelt werden. Objektdesigner, die ökoeffektive Produkte entwerfen, wären frei in der Wahl des schadstofffreien Materials. Die Vision von Braungart und McDonough ist eine »*Welt des Überflusses, nicht eine der Begrenzungen, der Verschmutzung und des Abfalls*« (Braungart/McDonough 2003:119).

4. ›Cradle to Cradle‹-Design-Konzept

Das Basiskonzept für öko-effektive Produkte entwickelte Michael Braungart bereits in den späten 1980er Jahren, in Form des Intelligente Produkte System (IPS), am EPEA-Institut in Hamburg. Intelligente Produkte sind ungiftig und können so recycelt werden, dass aus ihren Rohstoffen qualitativ ebenbürtige Produkte geschaffen werden können, die wiederum für die Umwelt unschädlich sind. Das ›Cradle to Cradle‹-Designkonzept ist die Weiterentwicklung des IPS, das Braungart und McDonough gemeinsam vorantreiben (Braungart 2007:20). Sie entwickeln – in ihrer Firma ›McDonough Braungart Design Chemistry‹ – öko-effektive Produkte und öko-effektive Architektur (Braungart 2008:32).

»*Ein Hauptgrund für das Versagen von Recyclingsystemen*«, analysiert Braungart, »*ist die Tatsache, dass die in diesem System recycelten Materialien ursprünglich nicht für ein Recycling vorgesehen waren*« (Braungart 2008:.21). Das führt zu einer Abwertung der Materialien im Recycling-Prozess. Faktisch findet ein Downcycling statt. Darüber hinaus stellt Braungart fest, dass Materialien und Produkte – deren Rohstoffe in einem Downcycling-Prozess gewonnen wurden – oft ungünstige Folgen für die Gesundheit und die Umwelt haben, da sie Gifte enthalten, die an die Menschen und die Umwelt abgegeben werden (Braungart 2008:21). Wie bereits im Kontext Öko-Effektivität dargestellt, sieht Braungart die Natur als perfektes Vorbild für ein Recyclingsystem. »*Der Abfall eines Geschöpfs ist Nahrung für ein anderes*«(Braungart 2008:37). Parameter, die wir aus natürlichen Systemen kennen, werden im Rahmen des ›Cradle to Cradle‹-Design-Konzepts auf die Herstellung von Produkten in industriellen Systemen übertragen. Entscheidend ist hier das Design der Produkte, denn deren Inhaltsstoffe können – ähnlich wie Stoffwechselprodukte in natürlichen Kreisläufen – als Rohstoffe für gleichwertige Produkte wiederverwertet werden. Zentrale Schnittstellen des Systems bilden zwei geschlossene Stoffkreisläufe, in denen Materialien als *Nährstoffe* zirkulieren. Braungart spricht von biologischen und technischen Nährstoffen, um die Analogie von industriellen und natürlichen Systemen deutlich zu machen. Die Materialen von Produkten werden entweder für biologische oder für technische Stoffkreisläufe optimiert. Biologische Nährstoffe, zum Beispiel kompostierbare Textilien, stellen keine Belastung für die Umwelt dar. Technische Nährstoffe, zum Beispiel Kunststoffe oder Metalle, müssen unbedingt im geschlossenen technischen Stoffkreislauf verbleiben, da sie die Umwelt, beziehungsweise den biologischen Stoffkreislauf, belasten können (Braungart 2008:40-43). Ein weiterer integraler Bestandteil des ›Cradle to Cradle‹-Design-Konzepts ist die Nutzung der Sonnenenergie. Braungart sieht im Sonnenlicht »*ein elegantes, effektives System, das die einzige dauerhafte Energiequelle der Erde nutzt*« (Braungart 2008:37). Energiegewinnung aus fossilen Brennstoffen und Atomenergie widerspricht dem ›Cradle to Cradle‹-Prinzip.

Braungart teilt Produkte in drei Kategorien ein: Verbrauchsgüter, Gebrauchsgüter und Güter, die nicht vermarktungsfähig sind. Verbrauchsgüter – im Grunde alles was verschleißt, Waschmittel, Schuhsohlen, Bremsbeläge, Wegwerfverpackungen oder Nahrungsmittel – können aus biologischen Nährstoffen gefertigt werden. Entsprechend des Designs der Produkte als biologische Nährstoffe, ist die sichere Rückkehr in die Umwelt Konzept. Hier werden sie in lebenden Systemen – zum Beispiel durch Kompostierung – wiederum zu Nährstoffen (Braungart 2008:41). Gebrauchsgüter – alles was aus technischen Komponenten besteht (Autos, Fernseher, Waschmaschinen oder Bürostühle) – enthalten technische Nährstoffe. Diese Produkte stellen im Grunde, in Form von Mobilität, dem TV-Programm, sauberer Wäsche oder gutem Sitzen am Arbeitsplatz, einen Service auf Zeit dar. Hier kommt der Gedanke des *Dienstleistungsprodukts* ins Spiel. *Dienstleistungsprodukte* sind für den Hersteller und den Kunden gleichermaßen nützlich, denn die wertvollen technischen Nährstoffe verbleiben im Eigentum der Hersteller, während der Kunde kein Problem mit der Entsorgung hat. Braungart nennt dieses Modell »*Öko-Leasing*«, da die Produkte nach der vereinbarten Nutzungsdauer an den Hersteller zurückgehen (Braungart 2008: 42–43). Güter, die nach ihrem Gebrauch nicht wiederverwertbar sind, gehören in die Gruppe der nicht vermarktungsfähigen Produkte. Es sind Produkte, die nach der Nutzung ihren kommerziellen Wert verloren haben, wie zum Beispiel abgebrannte Brennstäbe aus Atomkraftwerken. Diese Produkte stellen eine Gefahr für die Umwelt und die Gesundheit dar und sollten rasch ersetzt werden (Braungart 2008:44). Braungart geht von positiven Synergieeffekten aus, die sich bei der Umsetzung ökonomischer, ökologischer und sozialer Ziele – im Rahmen eines ökoeffektiven Wirtschaftssystems – ergeben. »*Letztlich macht der Übergang von herkömmlichen Industriesystemen auf solche, die den Kreislauf der Natur nicht unterbrechen, die Idee des Abfalls überflüssig und schafft so dauerhaften Wohlstand und soziale Werte – das ist das Design der naturnahen Produktion nach dem Cradle to Cradle-Konzept*« (Braungart 2008:39).

5. ›Cradle to Cradle‹ in der Anwendung

Eine Zertifizierung von Rohstoffen, Produkten und industriellen Prozessen – nach den Vorgaben des ›Cradle to Cradle‹-Konzepts – werden von der Environmental Protection Encouragement Agency (EPEA) und McDonough Braungart Design Chemistry (MBDC) durchgeführt (Braungart 2009:60).

Die fünf Hauptkriterienkriterien für die Bewertung von Produkten zur Erlangung eines ›Cradle to Cradle‹-Zertifikats sind (EPEA 2008:3):
- 1. Materialbewertung in Bezug auf die Gesundheit von Mensch und Umwelt;
- 2. Wiederverwendung des Materials;
- 3. Energieverbrauch und Energiequellen;
- 4. Wasserverbrauch und Abwasser;
- 5. Soziale Verantwortung.

Erreicht werden können die Bewertungen Basic, Silver, Gold und Platin.

Mit dem Bürostuhl *Mirra* kam 2003 eines der ersten Produkte – konzipiert und gestaltet unter Berücksichtigung des ›Cradle to Cradle‹-Design-Konzepts – für eine breite Zielgruppe auf den Markt. Der Stuhl ist ein Produkt des us-amerikanischen Möbelherstellers Herman Miller. Zum Programm gehören zum Beispiel die Entwürfe von Ray und Charles Eames. *Mirra* wurde von den Designern des Studio 7.5 aus Berlin gestaltet. Burkhard Schmitz, Claudia Plikat, Nicolai Neubert, und Carola Zwick haben einen Bürostuhl mit herausragenden passiven ergonomischen Eigenschaften und hoher ästhetischer Qualität entworfen, der sich an die Bewegungen und die Haltung des Nutzers anpasst. Der Stuhl ist zu 96 Prozent wiederverwertbar und besteht zu 42 Prozent aus Recyclingmaterial (Braungart/ McDonough 2008:144). Auf PVC wurde verzichtet, da die karzinogenen Zusatzstoffe biologisch nicht abgebaut werden können. *Mirra* lässt sich in etwa drei Minuten zerlegen und jedes Kunststoff-Teil ist mit einem eigenen Material-Code versehen. Aufgrund dieser Eigenschaften wurde das Produkt, abhängig von der Ausführung im Detail, mit Gold und Silber nach den Cradle to Cradle-Kriterien zertifiziert.

Voraussetzung für eine industrieweite Umsetzung ›Cradle to Cradle‹-Prinzips ist eine intensive Zusammenarbeit der produzierenden Unternehmen. »*Herzstück einer solchen Zusammenarbeit ist eine Materialbank, die das Eigentum an technischen Chemikalien, an Nährstoffen und Materialien behält*« (Braungart 2008:51). Denkbar ist, dass sich mehrere Unternehmen einen solchen Materialpool teilen. Braungart schlägt vor – analog zu *Dienstleistungsprodukten* und zum *Ökoleasing* von Gebrauchsgütern – dass die Materialbank ebenfalls »*Substanzen im Leasingverfahren an teilnehmende Unternehmen*« weitergibt. Durch die Rücknahme der Gebrauchsgüter gelangen die Materialien wieder in den gemeinsamen Materialpool (Braungart 2008:51).

Im Rahmen des ›Cradle to Cradle‹-Festival, das im Frühjahr 2011 unter dem Motto ›Blueprint Netherlands‹ in Berlin stattfand, wurde deutlich, wie rasch die praktische Umsetzung des Cradle to Cradle-Prinzips in größerem Maßstab in den Niederlanden vorankommt (›Cradle to Cradle‹-Festival 2011). Ein Motor für diese Entwicklung ist sicherlich die Ausrichtung und Gestaltung der Floriade 2012 – einer internationalen Gartenbauausstellung, die in Venlo stattfinden wird – nach ›Cradle to Cradle‹-Kriterien (Braungart/ McDonough 2008:2–3). Im Rahmen der Floriade werden Aufträge für Produkte, Dienstleistungen und Architektur an die Wirtschaft vergeben, die im Sinne von Cradle to Cradle ausgeführt werden müssen. Die Niederlande hinterlassen heute, laut des ›Living Planet Report 2008‹, bereits einen der kleinsten ökologischen Fußabdrücke der westeuropäischen Industrieländer (WWF International 2008:38–40). Eine reine Ökoeffizienz-Strategie scheint jedoch hier nicht der Weisheit letzter Schluss zu sein, denn das ›Cradle to Cradle‹-Prinzip wurde von Gesellschaft und Politik mit großem Interesse angenommen (Raphael 2008:29). Auf dem Weg zu einem neuen Wirtschaftssystem in den Niederlanden sind nicht nur Großunternehmen wie Philips, AkzoNobel und DSM, sondern auch kleine mittelständische Unternehmen (Braungart/ McDonough 2009:8). Bisher konnte man lediglich darüber spekulieren, welche Auswirkungen die Umstellung auf ›Cradle to Cradle‹ auf ein ganzes Land haben würde. Es wird sich zeigen, ob die nationale Ökonomie wachsen und gleichzeitig nachhaltig sein kann (Raphael 2008: 29). Nach Einschätzung von Braungart werden die Niederlande und der Kernbereich Europas mit dem ›Cradle to Cradle‹-Prinzip nur erfolgreich sein, wenn sich die industrielle Produktion und das Selbstbild der Menschen in den nächsten zehn bis zwanzig Jahren verändert. Braungart plädiert für ein verändertes Bildungsverständnis, in dem vermittelt wird, »*dass die Menschen nützlich statt weniger schädlich*« sind (Braungart/ McDonough 2008:10). Durch gemeinsame Projekte mit Studierenden und Lehrenden, soll ein »*Umbau der Industrie und Zivilgesellschaft ebenso wie der öffentlichen Verwaltung und des Bildungswesens*« erreicht werden (Braungart/ McDonough 2008:14).

6. Ökoeffizienz schafft den Übergang zur Ökokonsistenz

Ein Fehler, der bereits im Entwurf des Produktes angelegt ist, kann weder durch Fertigungsqualität noch durch Oberflächengestaltung beseitigt werden (Komar 2008:58). Zudem sind die meisten Produkte, die sich zur Zeit auf dem Markt befinden – stellt Reinhard Komar, Leiter des Instituts für Designforschung in Oldenburg, fest – im Hinblick auf Nachhaltigkeit veraltet. Dennoch finden sich, aufgrund entsprechender Marketingstrategien der Produzenten, weiterhin Abnehmer (Komar 2008:29). Diese Probleme können mit Hilfe des ›Cradle to Cradle‹-Design-Konzepts gelöst werden.

Für Designer birgt das Konzept die Chance, einem ethischen Dilemma zu entrinnen. Designaufgaben, die dem Ziel der Nachhaltigkeit nicht gerecht werden, könnten der Vergangenheit angehören, wenn es Müll im bisherigen Wortsinn nicht mehr gibt. Im Rahmen des ›Cradle to Cradle‹-Design-Konzepts wird der gesamte Lebenszyklus eines Produkts, vom Entwurf bis zur Wiederverwendung, berücksichtigt. Das hat wiederum zur Folge, dass nahezu alle Produkte, die sich derzeit auf dem Markt befinden, ein grundsätzlich neues Design benötigen, da sie weder in biologischen oder technischen Kreisläufen recycelt werden können (Braungart 2008: 68). Hier wird deutlich, welchen großen Herausforderungen sich Designer, Produzenten und die Gesellschaft zu stellen haben. »*Es geht also um intelligente Verschwen-*

dung und damit um einen Ansatz, der den Menschen nicht länger als potenziellen Zerstörer dieses Planeten betrachtet« (Braungart/ McDonough 2008:7). Ob jedoch die Vision Braungarts, von einer Welt des Überflusses und der Verschwendung, Wirklichkeit werden wird, bleibt abzuwarten.

Gerhard Scherhorn vertritt die Auffassung, dass im Rahmen der Konsistenz-Strategie – die auch das ›Cradle to Cradle‹-Konzept beinhaltet – naturgegebene Ressourcen lediglich in der Menge verbraucht werden können, in der sie nachwachsen, durch Recycling wiedergewonnen oder durch andere ersetzt werden können. Seiner Einschätzung nach ergibt das für die Bedürfnisse von bald 9 Milliarden Menschen genug Produktion. Gegen die menschliche Gier, so Scherhorn, ist der Konsistenz-Strategie »*ein Zwang zur Ökosuffizienz gleichsam eingebaut, denn ohne Beschränkung auf das Naturverträgliche kommt sie gar nicht zustande*« (Scherhorn 2008:28). Da die Frage nach dem rechten Maß der Konsistenz-Strategie innewohnt, wird es Überfluss und Verschwendung in der Produktion nur unter der Prämisse der Naturverträglichkeit gegeben. Das ist jedoch kaum zu erwarten, da der Teil der Sonnenenergie, der naturverträglich für menschliche Zwecke genutzt werden kann, kaum dazu ausreichen wird, weil das Biosystem den Großteil der Sonnenenergie braucht, um stabil zu bleiben. »*Nach dieser Rechnung können aus der Sonneneinstrahlung*« – so Gerhard Scherhorn, der sich auf eine Modellrechnung des Physikers Hans-Peter Dürr bezieht – »*bei nachhaltiger Entwicklung nur 20 Prozent Primärenergie für technische Zwecke abgezweigt werden, und wenn diese Menge über die Welt gleichmäßig verteilt wird, müssen die Deutschen ihre Primärenergieansprüche auf etwa ein Drittel des heutigen Verbrauchs beschränken, die US-Amerikaner die ihren auf ein Fünftel*« (Scherhorn 2008: 27). Eine auf ständiges Wachstum ausgerichtete Industriegesellschaft wird mit einem Drittel des heutigen Energieverbrauchs nur schwer zu realisieren sein. In diesem Zusammenhang stellt sich die grundsätzliche Frage, ob ständiges Wachstum im Hinblick auf eine nachhaltige Entwicklung überhaupt zielführend oder sogar schädlich sein kann. Der Ökonom Niko Paech setzt im Gegensatz zu Michael Braungart auf den Rückbau der industriellen Produktion und den Übergang zur Postwachstumsökonomie, um den nachhaltigen Umbau der Gesellschaft zu erreichen. In diesem Kontext stellt Peach in Frage ob das ›Cradle to Cradle‹-Prinzip auf ein so komplexes Produkt - wie zum Beispiel ein Auto - überhaupt anwendbar sei (vgl. Paech Seite 204ff.)

Eine Einschränkung bei der Kreislaufführung von Rohstoffen besteht in den Grenzen durch physikalische Gesetzmäßigkeiten. »*Außerdem muss man beim Recycling immer in Rechnung stellen, daß bei jeder Kreislaufführung mehr oder weniger viel Masse verlorengeht, weil kein Recyclingprozeß hundert Prozent der eingesetzten Masse zurückgewinnen kann*« (Schmidt-Bleek 2000:58). Der Rat für Nachhaltige Entwicklung geht zum Beispiel von einer Recyclingquote von lediglich 70 – 80 Prozent bei Technologiemetallen aus. Bei Produkten, die aus intelligenten Materialien nach dem ›Cradle to Cradle‹-Design-Konzept produziert wurden (insbesondere bei Kunststoffen), kann man davon ausgehen, dass die Rückführquote mit der des Bürostuhls *Mirra*, von 96 Prozent, vergleichbar sein wird oder sogar noch höher liegen wird. Anzumerken ist in diesem Zusammenhang, dass lediglich die Qualität des Materials der Produkte, die wieder in den Stoffkreislauf zurückgeführt werden, im Rahmen der Konsistenzstrategie berücksichtigt wird. Christa Liedke, Leiterin der Forschungsgruppe ›Nachhaltiges Produzieren und Konsumieren‹ am Wuppertal Institut, macht deutlich, dass etwa zwei Drittel der Materialien nicht im Kreis geführt werden können und wieder als Abfall in der Natur landen (vgl. Liedtke und Buhl Seite 178ff.)

Ob alle Produkte, die wir Menschen brauchen, im Sinne von ›Cradle to Cradle‹ neu erfunden werden können, wird sich in den nächsten zehn bis zwanzig Jahren zeigen. Auf dem Weg dorthin kann die Ökoeffizienz-Strategie, gekoppelt an eine Ökosuffizienz-Strategie, der

Menschheit wertvolle Dienste leisten, um die Ausbeutung unseres Planeten zu entschleunigen. Suffizienz ist im Zusammenhang mit Effizienz so wichtig, damit die ökologische Effizienz nicht von ökonomischer Effizienz überlagert wird (Scherhorn 2008: 21). Für Braungart und McDonough stellt die Ökoeffizienz-Strategie »*innerhalb eines größeren, effektiven Systems*«, ein durchaus wertvolles Werkzeug dar, »*wenn man sie als Übergangsstrategie betrachtet, mit deren Hilfe die Auswirkungen des derzeitigen Systems gebremst und eine Kehrtwende herbeigeführt werden kann*« (Braungart/McDonough 2003:90). Langfristig ist die Strategie der Ökokonsistenz »*ein für die nachhaltige Entwicklung unentbehrliches Konzept*« (Scherhorn 2008:25).

Michael Braungart spricht von »*umfassender Schönheit*« intelligenter Produkte. Hingegen kann »*ein Produkt, welches die Menschen krank macht und die Umwelt zerstört*«, aus seiner Perspektive niemals schön sein. »*Alles neu zu erfinden, so dass es umfassend schön ist, setzt Kreativität frei*« (Braungart 2008:69). Im Sinne des erweiterten Kunstbegriffs von Beuys – Kunst = Kapital – ist kreatives Vermögen und schöpferische Energie das Kapital des Menschen. Im Hinblick auf den erweiterten Designbegriff könnte man Kreativität als Kapital begreifen, um den Rahmen unserer Lebensverhältnisse nachhaltig zu verändern. In diesem Sinne ist jeder Mensch ein Designer der Nachhaltigkeit.

Dipl.-Des. Uwe Boden: Studium Visuelle Kommunikation mit den Schwerpunkten Foto-/Filmdesign und Grafikdesign an den Fachhochschulen in Dortmund und Köln; Studium Kommunikationsdesign an der Universität Wuppertal; freiberufliche Tätigkeit als Kommunikationsdesigner, gemeinsam mit Bettina Boden, im Designbüro boden2; Lehrbeauftragter an der ecosign/Akademie für Gestaltung für Kommunikationsdesign und Designtheorie; Lehrbeauftragter an der Fachhochschule Bochum für Ökodesign: Nachhaltigkeit und Ästhetik im Produkt- und Kommunikationsdesign; Lehrbeauftragter an der Leuphana Universität Lüneburg für Nachhaltigkeitskommunikation und Posterdesign Arbeitsschwerpunkte: Visuelle Konzeption analoger und digitaler Medien, Designgeschichte, Ästhetik der Nachhaltigkeit, Nachhaltigkeit und Kommunikation.

Literatur

Braungart, Michael; McDonough, William (2003): ›Einfach intelligent produzieren. Cradle to Cradle: Die Natur zeigt, wie wir die Dinge besser machen können‹ BVT Berliner Taschenbuch Verlags GmbH, Berlin

Braungart, Michael; McDonough, William, Hrsg. (2008): ›Die nächste industrielle Revoulution. Die Cradle to Cradle-Community‹ Europäische Verlagsanstalt: Hamburg

Braungart, Michael (2007): ›Ein Rohstoff ist ein Rohstoff ist ein Rohstoff‹ in: ›Politische Ökologie‹ Nr. 105, S. 20-23, Juni 2007

Braungart, Michael (2008): ›DAS RICHTIGE TUN – Öko-Effektivität und intelligente Verschwendung: Cradle to Cradle‹ in: Braungart, Michael; McDonough, William (Hrsg.): ›Die nächste industrielle Revoulution. Die Cradle to Cradle-Community‹ Europäische Verlagsanstalt: Hamburg. S. 18-69

Commoner, Barry (1989): ›Wachstumswahn und Umweltkrise‹ Gütersloh: Bertelsmann.

Hawken, Paul (1996): ›Kollaps oder Kreislaufwirtschaft‹ Wolf Jobst Siedler Verlag GmbH: Berlin

Huber, Joseph (1994): ›Nachhaltige Entwicklung durch Suffizienz, Effizienz und Konsistenz‹ in: P. Fritz; J. Huber; H.W. Levi (Hrsg.): ›Nachhaltigkeit in naturwissenschaftlicher und sozialwissenschaftlicher Perspektive‹ Hirzel/Wissenschaftliche Verlagsgesellschaft: Stuttgart S. 31-46

Huber, Joseph (2000): ›Industrielle Ökologie: Über Konsistenz, Effizienz und Suffizienz‹ in: Kreibich, R. , Simonis, U. E. (Hrsg.): ›Global Change – Globaler Wandel‹ Berlin Verlag Arno Spitz GmbH: Berlin S. 107-124.

Komar, Reinhard (2008): ›Grünes Bauhaus. Wir brauchen völlig neue Formen‹ dbv Deutscher Buchverlag GmbH: Stuttgart / Oldenburg

Pauli, Gunter (1998): UpCycling: ›Wirtschaften nach dem Vorbild der Natur für mehr Arbeitsplätze und eine sauberere Umwelt‹ Riemann: München

Rapheal, Carol Ann (2008): ›Let's cradle. Die Holländer kurbeln ihre Wirtschaft an und schalten einen Öko-Gang höher‹ in: ›What is Enlightenment?‹ Nr. 28, Deutsche Ausgabe S. 29-30, Sommer 2008

Rat für Nachhaltige Entwicklung (2011): ›Wie Deutschland zum Rohstoffland wird. Empfehlungen des Rates für Nachhaltige Entwicklung an die Bundesregierung‹ Bonn

Scherhorn, Gerhard (2008): ›Über Effizienz hinaus‹ in: Hartard, Susanne (Hrsg.): ›Ressourceneffizienz im Kontext der Nachhaltigkeitsdebatte‹ Nomos-Verl.-Ges. - Baden-Baden : S. 21-30

Schmidt-Bleek, Friederich (2000): ›Das MIPS-Konzept‹ Knaur: München

Welsch, Wolfgang (1990): ›Ästhetisches Denken‹ Reclam: Stuttgart

WWF International (2008): ›Living Planet Report‹ (deutschsprachige Version): Gland, Schweiz

Internet

Braungart, Michael (2011): ›Kluge Produkte, von klugen Köpfen, für kluge Menschen‹ in: ›forum Nachhaltiges Wirtschaften‹ Ausgabe: ›Cradle to Cradle Festival‹ S. 3 Stand: 20.06.2011 www.cradletocradlefestival.com/data/FNW.pdf

BMU, Bundesministerium für Umwelt, Naturschutz und Reaktorsicherheit (2011): ›Bundesregierung beschließt die Novelle des Kreislaufwirtschaftsgesetzes‹ Stand: 20.06.2011 http://www.bmu.de/abfallwirtschaft/abfallpolitik/kreislaufwirtschaft/doc/47201.php

Braungart.com (2011): ›Über Michael Braungart‹ http//braungart.com/backgrndDE.htm

›Cradle to Cradle‹-Festival (2011): ›Blueprint Netherlands‹ Stand: 20.06.2011 www.cradletocradlefestival.com/

EPEA (2008): ›The Cradle to Cradle Certification program. Certification of products‹ Stand: 20.06.2011 http://epea-hamburg.org/fileadmin/downloads/allgemeines/C2C_Certification_Flyer.pdf

Miller, Herman (2011): ›Studio 75‹ Stand: 20.06.2011 www.hermanmiller.com/Designers/Studio75

Schmidt-Bleek, Friederich (2003): ›Konzept‹ Stand: 20.06.2011 http://www.faktor-x.info/wissenschaft/schmidt-bleekmai-2003/konzept.html

Auf einem physisch begrenzten Planeten ist kein unbegrenztes Wachstum möglich. Während die Effizienzstrategen und die Befürworter einer ökologischen Konsistenz ein weiteres Wirtschaftswachstum favourisieren und die meisten menschlichen Bedürfnisse als berechtigt betrachten, kritisieren die VertreterInnen der Suffizienzstrategie die künstliche Vermehrung der Bedürfnisse und stellen die Überflussgesellschaft infrage. Wie viel ist genug? Sind für ein gutes Leben die Fähigkeit zu teilen und genügsame Ansprüche nicht viel entscheidender als materielles Wachstum?

Das Postwachstumsdesign

NIKO PAECH

Am Anfang jeder Produktion steht eine Designlösung. Unternehmerische Wertschöpfung kann somit als Prozess aufgefasst werden, der ein bestimmtes Produkt- oder Technikdesign materialisiert und vervielfältigt. Das Design ist somit die Software, nach deren Plan Energie und Material in handelbare Objekte umgewandelt werden. Insoweit die Materialität der Wertschöpfung – daran ändern die optimistisch gefärbten Diskurse um eine angeblich dematerialisierte ›Dienstleistungs-‹, ›Wissens-‹ oder gar ›Sinngesellschaft‹ gar nichts – vorerst ein unhintergehbares Faktum bleibt (Paech 2005a 2012), bildet das Design eine Schnittstelle: Insoweit hier Informationen in physische Sachverhalte übersetzt werden, ergibt sich daraus ein immenser Einfluss auf den Nachhaltigkeitseffekt jeglichen Produzierens. Demnach hängt es vom Design ab, wie materialisiert die Wertschöpfung ist. Falsche Weichenstellungen im Design können im Nachhinein auch durch noch so optimierte Produktionsvorgänge nicht ausgeglichen werden.

Neben dieser materiellen Gestaltungsfunktion kommt dem Design eine Vermittlerrolle zwischen den Angebots- und Nachfrageseiten der Märkte zu. Was nützen ökologisch optimierte Formen, die an mangelnder Kompatibilität mit Alltagsroutinen, sozialen Praktiken, ästhetischer oder emotionaler Attraktivität scheitern? Da jedes Konsumobjekt – ganz gleich ob materiell oder digital – symbolischen und emotionalen Gehalt transportiert, ist sein Markterfolg von den kommunikativen Eigenschaften des Entwurfs abhängig.

1. Vom Produkt zur ganzheitlichen Lösung

Aus der Nachhaltigkeitsperspektive lässt sich die gesamte Produktionskette als Designprozess auffassen, denn die physische Form eines isoliert betrachteten Objektes weist immer ein

›Downstream‹ (Vergangenheit und Herkunft der Materialien) und ein ›Upstream‹ (Zukunft und Verbleib der Materialien) entlang der sogenannten ›Supply Chain‹ (Produktionskette) auf. »*The central idea of supply chain management is to apply a total system approach to managing the flow of information, materials, and services form raw material suppliers through factories and warehouses to the end customer*« (Chase/Aquilano/Jacobs 2001: 17). Vollständig ist die ›Supply Chain‹ allerdings erst, wenn sie ›Downstream‹ um die Verwendung bzw. Entsorgung der eingesetzten Ressourcen nach Beendigung der physischen Nutzungsdauer ergänzt.

Durch diesen ›Cradle to Cradle‹-Ansatz kann erstens die kumulierte ökologische Wirkung und zweitens die Möglichkeit alternativer Konzepte der Bedarfsbefriedigung jenseits reiner Produktentwicklung in den Blick genommen werden. Die Idealvorstellung der »*ökologischen Konsistenz*« (Huber 1995) lässt sich vor diesem Hintergrund als geschlossenes Wertschöpfungssystem darstellen, das keine Emissionen oder andere Umweltschädigungen freisetzt. Anstelle der linearen Durchflusswirtschaft würden ›Closed loops‹ dafür sorgen, dass alle verwendeten Stoffe in einem technischen oder biologischen Kreislauf verbleiben und allein erneuerbare Energieträger zum Einsatz kommen. Daraus folgen hohe Anforderungen an das Design der Erzeugung, Nutzung und späteren Verwendung der Marktlösungen, insbesondere bezogen auf die Stofflichkeit und Funktionalität.

Derartige Ansätze im Sinne von »*Bionik*« (Nachtigall 1998), »*Biomimikry*« (Hawken/Lovins/Lovins 2000), »*Ökoeffektivität*« (Braungart/McDonough 1999) oder »*Upcycling*« (Pauly 1998) übertragen den Wirtschaftsstil der Ökosphäre auf das Design von Marktlösungen: Alles Materielle, das irgendwo als Input eingespeist wird, verwandelt sich nie in Abfall oder Emissionen, sondern mutiert nach jeder produktiven oder konsumtiven Nutzung zu neuer *Nahrung* für weitere Prozesse. So sollen industrielle Produktion und ökologische Reproduktion angenähert werden. In diesem Zusammenhang meint Reproduktion »*die Wiederherstellung eines Zustandes, der dem Ausgangszustand insoweit entspricht, als er die Voraussetzungen für den Neubeginn des Wirtschaftsprozesses schon in sich trägt*« (Hofmeister 1998: 190).

Die Praktikabilität dieses Leitbildes einer Kreislaufwirtschaft stößt jedoch auf Grenzen. Auf welche Weise könnte z. B. ein derart komplexes Gebilde wie ein Automobil je so konstruiert werden, dass sämtliche Bestandteile und Produktionsschritte entlang der Supply Chain ökologisch neutralisiert werden und ausschließlich regenerative Energiequellen in den Fertigungsprozess einfließen – insbesondere eingedenk der gigantischen Anzahl von Autos? Eine alleinige Orientierung an geschlossenen Kreisläufen blendet die quantitative Dimension und Herkunft der verwendeten Stoffe aus. Dies gesteht Huber (2000:110) durchaus ein, wenn er betont, »*dass es in erster Linie nicht um weniger Materialnutzung geht, als vielmehr um andere Arten von Materialnutzung, die auch in großen Volumina aufrechterhalten werden können*« (Hervorhebung im Original).

Auf das damit verbundene Problem der »*Materie-Translokationen*« hat Schmidt-Bleek (2000: 58) hingewiesen: »*Gegen eine Kreislaufführung als oberstes Prinzip spricht schon die Tatsache, dass [...] etwa 70 Prozent der derzeit vom Menschen verursachten Ströme fester Materialien technisch gar nicht im Kreis geführt werden können, weil ein Großteil davon niemals in den ›Produktionskreislauf‹ eintritt, sondern einfach Abraum, Bodenaushub oder anderes ist, was bei der Gewinnung der Stoffe, die nachher genutzt werden, bewegt, aber nicht genutzt wird.*« Folglich plädiert Schmidt-Bleek für einen anderen Ansatz, nämlich die Minimierung der Materialien und Energie, die als Input in die Supply chain eingespeist werden müssen, um ein bestimmtes vermarktbares Resultat zu erzielen. Dies kann grundsätzlich auf zweierlei Weise erfolgen. Technische Effizienz kann dafür sorgen, dass die Produktivität der eingesetzten Faktoren bereits auf der Hardware-Ebene gesteigert wird (z. B. durch sparsamere Motoren, Energiesparbirnen, Dämmung der Gebäudehülle, Kraft-Wärme-Kopplung).

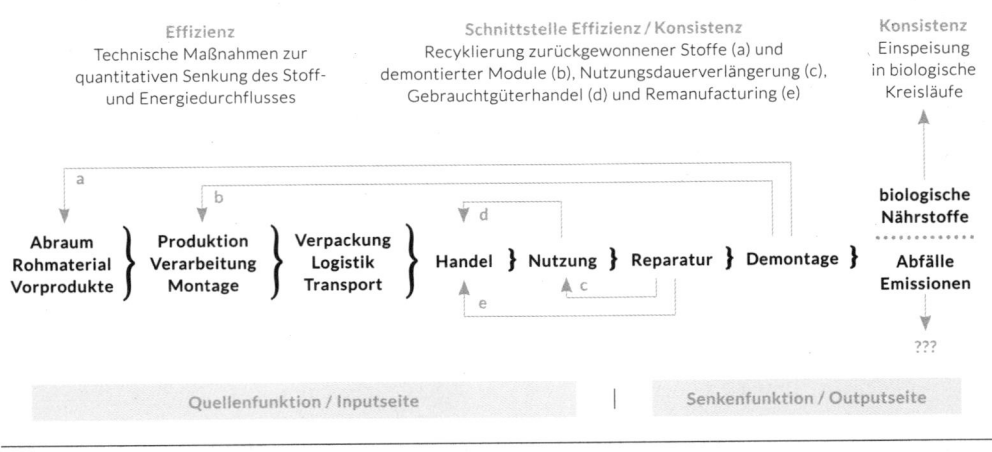

| Effizienz | Schnittstelle Effizienz / Konsistenz | Konsistenz |
| Technische Maßnahmen zur quantitativen Senkung des Stoff- und Energiedurchflusses | Recyklierung zurückgewonnener Stoffe (a) und demontierter Module (b), Nutzungsdauerverlängerung (c), Gebrauchtgüterhandel (d) und Remanufacturing (e) | Einspeisung in biologische Kreisläufe |

Abraum / Rohmaterial / Vorprodukte } Produktion / Verarbeitung / Montage } Verpackung / Logistik / Transport } Handel } Nutzung } Reparatur } Demontage } → biologische Nährstoffe ⋯ Abfälle / Emissionen → ???

Quellenfunktion / Inputseite | Senkenfunktion / Outputseite

Abb. 1: Stark vereinfachte Supply Chain

Nutzeneffizienz widmet sich hingegen den späteren Stufen der Supply chain, bezieht also die Rolle Endverbraucher ein. So kann die Nutzungsintensität oder Nutzungsdauer materieller Objekte erhöht werden, indem – wie beim Carsharing – Konzepte der Gemeinschaftsnutzung den Ressourcenaufwand reduzieren, ohne die gewünschten Konsumfunktionen einzuschränken. Demnach würden Konsumgüter als »*Dienstleistungserfüllungsmaschinen*« (Schmidt-Bleek 2000: 77) aufgefasst. Das Abrufen der intendierten Konsumfunktion setzt nicht das Produkteigentum voraus, sondern kann als Dienstleistung vermarktet werden. So gelingt es, ein bestimmtes Quantum an konsumierbarer Leistung mit verringertem Hardware-Aufwand zu erzeugen.

Neben derartigen »*eigentumsersetzenden Dienstleistungen*« (Schrader 2001) finden sich auch Effizienz steigernde Nutzungssysteme, die das Produkteigentum auf Seiten der Konsumenten beibehalten. So lassen sich beispielsweise über den stationären oder internetgestützten ›Second-hand-Handel‹ Bedingungen für eine »*Konsumgüterrezyklierung*« (Paech 2005: 377 ff.) herstellen. Konsumobjekte, die nicht aufgrund physischen, sondern *kulturellen Verschleißes* ausrangiert werden, können durch den Wechsel des Eigentümers länger im Prozess der Nutzung verbleiben. Andere Konzepte der Nutzungsdauerverlängerung bestehen darin, den physischen Verschleiß zu minimieren. Dies kann durch Update-, Reparatur- oder Instandhaltungsmaßnahmen erfolgen.

Effizienz, die tendenziell an der Inputseite ansetzt, und Konsistenz, die vorwiegend eine ökologische Neutralisierung aller Outputströme intendiert, lassen sich aus der Supplychain-Perspektive zu einem Gesamtkonzept für *Nachhaltiges Design* verdichten. Demnach wären vorzugsweise »*solche Stoffe und Stoffverbindungen zu entwickeln und zu verwenden, deren ökologische Wirkungen weitgehend überschaubar sind und deren Gegenwart im anthropogenen Haushalt über möglichst lange Zeiträume andauert, von denen also Dauerhaftigkeit in der anthropogenen Nutzung erwartet werden kann (›Langlebigkeit‹ der Produkte, Wiederverwendbarkeit der Stoffe). In der Umkehrung dazu gilt es, mit Blick auf den ökologischen Haushalt solche Stoffe vorrangig zu entwickeln und zu verwenden, die in möglichst kurzen Zeiträumen eine produktive Verbindung mit dem Stoffhaushalt des ökologischen Systems einzugehen vermögen, die also ›kurzlebig‹ und in diesem Sinne zukunftsfähig sind*« (Hofmeister 1998: 197; Hervorhebung im Original). Interessante Beispiele bzw. Konzepte finden sich bei Fuad-Luke (2002) und Charter/Tischner (2001).

Was aber, wenn sich alle Effizienz- und Konsistenzpotenziale, mit deren Hilfe das zeitgenössische, auf industrieller Arbeitsteilung und Konsum beruhende Fremdversorgungsmodell von Umweltschäden entkoppelt werden soll, als nicht ausreichend erweisen?

2. Die Ökonomie der Fremdversorgung hat sich überlebt

Das moderne Leitbild eines räumlich entgrenzten Fremdversorgungssystems verbindet arbeitsteilige Produktion mit einem Lebensstil, der auf lückenloser Konsumgüterzufuhr basiert. Konsumierende Individuen greifen auf Leistungen zurück, die sie selbst nicht produzieren können, deren Herstellung und Verbrauch somit zwei räumlich und zeitlich getrennte Sphären darstellen. Durch Konsum wird nicht nur auf die von anderen Menschen an anderen Orten geleistete Arbeit, sondern auch den Ertrag andernorts verbrauchter Ressourcen und Flächen zugegriffen. Der Preis für die permanente Mehrung des materiellen Wohlstandes besteht jedoch nicht nur in den ökologisch ruinösen Entgrenzungstendenzen, die diesem Versorgungssystem innewohnen. Hinzu tritt die strukturelle Vulnerabilität der darauf gründenden Lebensform.

Fremdversorgte Individuen sind immer vom Zufluss eines hinreichenden monetären Geldeinkommens abhängig, das sich aus spezialisierter Erwerbsarbeit, Unternehmensgewinnen oder staatlichen Transferleistungen speist. Sie haben im Zuge ihrer Assimilation in die industrielle Arbeitsteilung jegliche Kompetenz aufgeben müssen, durch produktive Leistungen zur eigenen Versorgung beizutragen. Mit anderen Worten: Konsumwohlstand bedeutet immer Konsumabhängigkeit. Deshalb wachsen mit dem Überfluss die soziale Fallhöhe und folglich die Verlustängste angesichts des latenten Risikos, dass den als unverzichtbar empfundenen Konsum- und Mobilitätsausschweifungen die Einkommens- und Ressourcenbasis wegbricht. Aber genau dies wird aufgrund des ›Peak-Everything-Phänomens‹ sowie drohender Finanzkrisen immer wahrscheinlicher.

Das dritte Problem des Fremdversorgungssyndroms ist die Stabilisierung funktional hoch ausdifferenzierter – also *langer* – Wertschöpfungsketten. Dies setzt permanentes Wachstum voraus. Die Wohlstandsmehrung durch industrieller Arbeitsteilung beruht auf einer wachsenden Anzahl zwischengeschalteter Spezialisierungsstufen. Jede davon muss vor Aufnahme der Produktion die benötigten Inputs vorfinanzieren, also investieren, wozu Fremd- und/oder Eigenkapital benötigt wird. Jede am arbeitsteiligen Wertschöpfungsprozess beteiligte Unternehmung muss daher einen entsprechenden Überschuss erwirtschaften, um die Fremdkapitalzinsen und/oder Eigenkapitalrendite zur Deckung des Investitionsrisikos zu erzielen. Letzteres steigt überdies mit zunehmender Komplexität, also Anzahl, Distanz und Anonymität der Produktionsstätten. Die Untergrenze für das insgesamt nötige Wachstum zur Stabilisierung des Wertschöpfungsprozesses wird daher mit jedem weiteren arbeitsteilig integrierten Unternehmen erhöht, dessen Überleben nur bei Erzielung eines hinreichenden Überschusses möglich ist.

> **Verschleißt Design durch das Bedienen bzw. Erzeugen ständig neuer Moden kulturelle Idenditäten?**

3. Übergänge zur Postwachstumsökonomie

Den Ausweg bilden zwei Strategien, die das Fundament der »*Postwachstumsökonomie*« (Paech 2008) bilden, nämlich Suffizienz und Subsistenz. Erstere zielt auf eine Entrümpelung und Entschleunigung konsumtiver Ansprüche. Letztere umfasst entkommerzialisierte und auf Eigenarbeit beruhende Versorgungsmuster. Beide Strategien erhöhen die Resilienz, indem sie die ökonomische Souveränität stärken: Aus Konsumenten werden »*Prosumenten*« (Toffler 1980; Kotler 1986).

3.1 Suffizienz

Als Antithese zu expansiven Nachhaltigkeitsauslegungen gründet Suffizienz (vgl. Paech 2010) auf ökonomischen Reduktionsleistungen. Damit Konsumaktivitäten überhaupt Nutzen stiften können, muss ihnen ein Minimum an eigener Zeit und Aufmerksamkeit gewidmet werden. Da aber die verfügbare Zeit aus individueller Perspektive nicht gesteigert werden kann, droht eine Eskalation: Ein knappes, nicht vermehrbares Quantum an Zeit muss auf eine immer größere Anzahl von Konsumobjekten verteilt werden. Jedem einzelnen davon wird ein zusehends geringeres Quantum an zuteil. Die Konzentration auf eine überschaubare Anzahl von Konsumaktivitäten bedeutet also keinen Verzicht, sondern Selbstschutz vor Verzettelung und Reizüberflutung. Sich klug jenes Ballastes zu entledigen, der viel Zeit kostet, aber nur minimalen Nutzen stiftet, erzeugt zugleich mehr Unabhängigkeit vom volatilen Marktgeschehen, von Geld und Erwerbsarbeit, also auch Stressfreiheit. Jedenfalls scheinen die Rahmenbedingungen, unter denen eine Entledigung von Wohlstandsschrott intrinsisch motiviert sein könnte, zunehmend relevanter zu werden.

Mit weniger Produktion auszukommen setzt voraus, dass die nur noch in verringerter Quantität verfügbaren Güter ein entsprechendes Design aufweisen. Gefragt sind daher Designlösungen, die sich durch eine dauerhaft attraktive Ästhetik dem Ex-und-Hopp-Modus widersetzen; deren sinnlicher Zugang von bleibendem Charakter ist. Objekte, die beständig zu fesseln und emotional zu befriedigen vermögen, sind Sand im Getriebe eines ausufernden Konsumismus, der das bereits Geschaffene in immer kürzeren Zyklen entwertet und zu Entsorgungsfällen degradiert. Die Produktion von Zeitlosigkeit, mithin von Symbolen, die über vergängliche Moden erhaben sind, verlangt weniger nach technischer als nach einer besonderen Form von künstlerischer Kreativität. Genau hier wird die ästhetische Gestaltung zu einem Instrument der Suffizienz: Weniger kann mehr sein, wenn die Konzentration auf das Wenige hinreichend sinnstiftend ist. Die Aufwertung, Optimierung, Instandhaltung, Konversion, Renovation und der dauerhafte Erhalt vorhandener Artefakte sind dann eine ebenso relevante Designaufgabe wie die Produktion von neuem.

3.2 Moderne Subsistenz

Eine neu zu justierende Balance zwischen Selbst- und Fremdversorgung kann auf individueller Ebene unterschiedlichste Formen annehmen. Zwischen den Extremen lokaler Subsistenz und globaler Verflechtung existiert ein reichhaltiges Kontinuum unterschiedlicher Fremdversorgungsgrade. Deren Reduzierung zielt darauf, von außen bezogene Leistungen durch eigene Tätigkeiten punktuell oder graduell zu ersetzen. Urbane Subsistenz (vgl. Dahm/Scherhorn 2008) entfaltet ihre Wirkung im unmittelbaren sozialen Umfeld, also auf kommunaler oder regionaler Ebene. Sie basiert auf der (Re-)Aktivierung von Kompetenzen, manuell und kraft eigener Tätigkeiten Bedürfnisse jenseits kommerzieller Märkte zu befriedigen, vor allem mittels handwerklicher Fähigkeiten.

> **Was, wenn es keine neuen Konsumgüter mehr bräuchte, die gestaltet werden müssten?**

Der Übergang zur Postwachstumsökonomie setzt einen Rückbau der industriellen Produktion voraus. Dies wäre durch eine Umverteilung der dann noch verfügbaren Arbeitszeit sozial und ökonomisch abzufedern. Durch eine Halbierung der Erwerbsarbeit ließen sich Selbst- und Fremdversorgung so kombinieren, dass die Abhängigkeit von einem monetären Einkommen sinkt. Neben ehrenamtlichen, gemeinwesenorientierten, pädagogischen und künstlerischen Betätigungen kann urbane Subsistenz drei Outputkategorien erzeugen, die zur Substitution industrieller Produktion beitragen.

1. *Gemeinschaftsnutzung:* Wer sich einen Gebrauchsgegenstand mit anderen teilt trägt dazu bei, materielle Produktion durch soziale Beziehungen zu substituieren. Objekte wie Autos, Waschmaschinen, Gemeinschaftsräume, Gärten, Winkelschleifer, Digitalkameras etc. sind auf unterschiedliche Weise einer Nutzungsintensivierung zugänglich. Sie können gemeinsam angeschafft werden oder sich im privaten Eigentum einer Person befinden, die das Objekt gegen eine andere Subsistenzleistung verfügbar macht. Auch die Institution sogenannter »*Commons*« (Ostrom 2011) kann in manchen Fällen geeignet sein.
2. *Nutzungsdauerverlängerung:* Ein besonderer Stellenwert käme der Pflege, Instandhaltung und Reparatur von Gütern jeglicher Art zu. Wer durch handwerkliche Fähigkeiten oder manuelles Improvisationsgeschick die Nutzungsdauer von Konsumobjekten erhöht – zuweilen reicht schon die achtsame Behandlung, um den frühen Verschleiß zu vermeiden –, substituiert materielle Produktion durch eigene produktive Leistungen, ohne notwendigerweise auf bisherige Konsumfunktionen zu verzichten. Wenn es in hinreichend vielen Gebrauchsgüterkategorien gelänge, die Nutzungsdauer der Objekte durch Erhaltungsmaßnahmen und Reparatur durchschnittlich zu verdoppeln, dann könnte die Produktion neuer Objekte entsprechend halbiert werden. Auf diese Weise würde ein Rückbau der Industriekapazität mit keinem Verlust an Konsumfunktionen der davon betroffenen Güter einhergehen.
3. *Eigenproduktion:* Es besteht ein Dilemma darin, dass ausgerechnet jenes Bedürfnisfeld, nämlich Ernährung, dessen Kollaps unweigerlich zur Überlebensfrage würde, durch seine exorbitant hohe Mineralölabhängigkeit geradezu das Gegenteil von Resilienz verkörpert. Zum Glück erweisen sich Hausgärten, Dachgärten, Gemeinschaftsgärten und andere Formen der urbanen Landwirtschaft (vgl. Müller 2011) als dynamischer Trend. Dieser Sektor ist allein deshalb nicht zu unterschätzen, weil konventionelle Wertschöpfungsketten im Agrar- bzw. Lebensmittelsektor derart schwerwiegende ökologische Schädigungen hervorrufen, dass jede auch nur teilweise Substitution entsprechende Entlastungseffekte zeitigt. In vielen anderen Versorgungsbereichen sind künstlerische und handwerkliche Leistungen möglich, die von der kreativen Wiederverwertung ausrangierter Gegenstände über Holz- oder Metallobjekte in Einzelfertigung bis zur semiprofessionellen »*Marke Eigenbau*« (Friebe/Ramge 2008) reichen. Tauschringe, Netzwerke der Nachbarschaftshilfe, Verschenkmärkte und ›Transitions Towns‹ sind nur einige Beispiele dafür, dass lokal erbrachte Leistungen über den Eigenverbrauch hinaus einen Leistungstausch auf lokaler Ebene erlauben.

Diese drei Outputkategorien bewirken, dass eine Halbierung der Industrieproduktion und folglich der monetär entlohnten Erwerbsarbeit per se nicht den materiellen Wohlstand halbiert: Wenn Konsumobjekte doppelt so lange und/oder doppelt so intensiv genutzt werden, reicht die Hälfte an industrieller Produktion, um dasselbe Quantum an Konsumfunktionen oder Services, die diesen Gütern innewohnen, zu extrahieren. Im Rahmen einer Postwachstumsökonomie besteht urbane Subsistenz darin, einen markant reduzierten Industrieoutput durch Hinzufügung eigener Inputleistungen aufzuwerten. Bei diesen Subsistenzinputs handelt es sich um marktfreie Güter. Sie erstrecken sich auf drei Kategorien:

Für wen sollte man ›nicht-Verkäufliches‹ gestalten?

1. *Handwerkliche Kompetenzen und Improvisationsgeschick*, um Potenziale der Eigenproduktion und Nutzungsdauerverlängerung auszuschöpfen;
2. *eigene Zeit*, die durch Arbeitszeitverkürzungen freigestellt wird und die aufgewandt werden muss, um handwerkliche, substanzielle, manuelle oder künstlerische Tätigkeiten verrichten zu können;

Niko Paech

Wer muss noch alles umdenken, damit ›Nachhaltiges Design‹ möglich wird?

3. *soziale Beziehungen*, ohne die subsistente Gemeinschaftsnutzungen undenkbar sind.

Urbane Subsistenz ist das Resultat einer Kombination der genannten Input- und Outputkategorien. Angenommen, Prosument A lässt sich ein defektes Notebook von Prosument B, der über entsprechendes Geschick verfügt, reparieren und überlässt ihm dafür Bio-Möhren aus dem Gemeinschaftsgarten, an dem er beteiligt ist. Dann gründet diese Transaktion erstens auf sozialen Beziehungen, die Person A sowohl mit B als auch mit der Gartengemeinschaft eingeht, zweitens auf handwerklichen Kompetenzen (A: Gemüseanbau; B: defekte Festplatte erneuern und neues Betriebssystem installieren) und drittens auf eigener Zeit, ohne die beide manuelle Tätigkeiten nicht erbracht werden können. Die Outputs erstrecken sich auf Eigenproduktion (Gemüse), Nutzungsdauerverlängerung (Reparatur des Notebooks) und Gemeinschaftsnutzung (Gartengemeinschaft). Selbstredend sind auch Subsistenzhandlungen naheliegend, die keiner Ausschöpfung der vollständigen Palette denkbarer Subsistenzinputs und -outputs bedürfen. Wer seinen eigenen Garten bewirtschaftet, die Nutzungsdauer seiner Textilien durch eigene Reparaturleistungen steigert oder seine Kinder selbst betreut, statt eine Ganztagsverwahrung zu konsumieren, nutzt keine sozialen Beziehungen, wohl aber Zeit und handwerkliches Können. Die Outputs erstrecken sich in diesem Beispiel auf Nutzungsdauerverlängerung und Eigenproduktion.

Insoweit Subsistenzkombinationen im obigen Sinne Industrieoutput ersetzen, senken sie zugleich den Bedarf an monetärem Einkommen. Eine notwendige Bedingung für das Erreichen geringerer Fremdversorgungsniveaus besteht also in einem hinreichend gleichgewichtigen Verlauf von Industrierückbau und Subsistenzaufbau. So ließe sich der doppelte *Verlust* an arbeitsteiliger Produktion – Einkommen und Güterverfügbarkeit – sozial auffangen.

3.3 Die Rolle der Unternehmen

Aus den vorangegangenen Ausführungen lässt sich unmittelbar schlussfolgern, wie Unternehmen zur Postwachstumsökonomie beitragen können.

Maßnahmen zur Unterstützung urbaner Subsistenz
- Arbeitszeitmodelle: Maßnahmen, die eine Reduktion und Umverteilung von Arbeitszeit erleichtern, speisen den Subsistenzinput *eigene Zeit*;
- lokale und regionale Beschaffung, um Supply Chains zu entflechten und zu verkürzen;
- Unterstützung von und Teilnahme an Regionalwährungssystemen;
- Direkt- und Regionalvermarktung;
- Entwicklung modularer, reparabler, an Wiederverwertbarkeit und physischer sowie ästhetischer Langlebigkeit orientierter Produktdesigns, um urbane Subsistenzleistungen zu erleichtern;
- Prosumenten-Management: Unternehmen könnten über Produkte und Dienstleistungen hinaus Kurse oder Schulungen anbieten, um Nutzer zu befähigen, Produkte Instand zu halten, zu warten und zu reparieren.

Maßnahmen im Rahmen des Fremdversorgungssystems

Der nach einem etwa 50-prozentigen Rückbau verbleibende Rest des industriellen Fremdversorgungskomplexes wäre so umzugestalten, dass die Neuproduktion von Gütern, die viel langlebiger und reparaturfreundlicher sein müssten, eher eine untergeordnete Rolle spielt. Der Fokus läge auf dem Erhalt, der Um- und Aufwertung vorhandener Produktbestände, etwa durch Renovation, Optimierung, Nutzungsdauerverlängerung oder Nutzungsintensivierung. Produzierende Unternehmen (im physischen Sinne) würden durch Anbieter abgelöst, die nicht an einer weiteren Expansion der materiellen Sphäre, sondern an deren Aufarbeitung und Optimierung orientiert wären. Dies beträfe jene Bereiche der Bestandspflege, mit denen Prosumenten überfordert wären, sodass urbane Subsistenz und unternehmerische Leistungen sich ergänzen könnten.

Durch Renovationsstrategien des Typs *Umbau* statt *Neubau* würde aus vorhandenen Gütern und Infrastrukturen weiterer Nutzen extrahiert, in dem diese funktional und ästhetisch an gegenwärtige Bedürfnisse angepasst würden und somit möglichst lange im Kreislauf einer effizienten Verwendung verblieben. Märkte für gebrauchte, aufgearbeitete und überholte Güter würden ebenfalls zu einer Reduzierung von Neuproduktion beitragen. Solche »*stofflichen Nullsummenspiele*« (Paech 2005) verkörpern die physisch-materielle Dimension von Wachstumsneutralität.

Sie umfassen zwei Perspektiven:
- Veränderungen konzentrieren sich auf eine Umnutzung, Aufwertung oder Rekombinationen der bereits in Anspruch genommenen ökologischen Ressourcen und geschaffenen Objekte. Stoffliche Additionen werden minimiert.
- Wenn es zu einer Addition materieller Objekte oder Inanspruchnahme ökologischer Kapazitäten kommt, muss dies mit einer Subtraktion verbunden sein, durch die andernorts im selben Umfang Ressourcen und Räume freigegeben werden.

Unternehmen, die an stofflichen Nullsummenspielen orientiert sind, wären erkennbar als ...
- *Instandhalter*, die durch Maßnahmen des Erhalts, der Wartung, der vorbeugenden Verschleißminderung und Beratung die Lebensdauer und Funktionsfähigkeit eines möglichst nicht expandierenden Hardware-Bestandes sichern;
- *Reparatur-Dienstleister*, die defekte Güter davor bewahren, vorzeitig ausrangiert zu werden;
- *Renovierer*, die aus vorhandenen Gütern weiteren Nutzen extrahieren, in dem sie diese funktional und ästhetisch an gegenwärtige Bedürfnisse anpassen;
- *Umgestalter*, die vorhandene Infrastrukturen und Hardware rekombinieren, konvertieren oder dergestalt umwidmen, dass ihnen neue Nutzungsmöglichkeiten entspringen;
- *Provider* von Dienstleistungen, die in geeigneten Situationen bislang eigentumsgebundene Konsumformen durch Services substituieren;
- *Intermediäre*, die durch eine Senkung der Transaktionskosten des Gebrauchtgüterhandels dafür sorgen, das Konsum- und Investitionsgüter möglichst lange im Kreislauf einer effizienten Verwendung belassen werden und schließlich;
- *Designer*, die das zukünftig geringere Quantum an neu produzierten materiellen Objekten auf Dauerhaftigkeit und Multifunktionalität ausrichten.

4. Fazit

Die Transformation in Richtung Postwachstumsökonomie, also eine Rückführung materieller Selbstverwirklichungsansprüche auf ein Niveau, dessen Befriedigung durch eine neu justierte, nachhaltigkeitskompatible Balance zwischen Subsistenz und Fremdversorgung erfolgt, bedeutet kein zurück in die Steinzeit. Die auf globaler Spezialisierung und Geldwirtschaft beruhende Fremdversorgung würde zwar auf eine maßvolle Restgröße reduziert, böte aber innerhalb dieses Rahmens interessante Herausforderungen an das Design von Gütern. Eine Wende zum Weniger ist untrennbar mit der Frage verbunden, welche Beschaffenheit und Qualität die dann verbleibenden Konsumobjekte aufweisen müssten. Um mit weniger auszukommen, muss das Wenige entsprechend hohe Anforderungen an Ästhetik, Dauerhaftigkeit, Funktionalität etc. erfüllen. Aber dann wären Suffizienz und Subsistenz entgegen anderslautender Klischees zwar wachstums-, aber eben nicht per se wirtschafts- oder unternehmensfeindlich. Designlösungen, die nicht mit ruinösem Überfluss, sondern einer Postwachstumsökonomie kompatibel sind, müssten sich daran messen lassen, bis zu welchem Grad sie die Nutzer befähigen, Güter zu pflegen, reparieren, instand zu halten und mit anderen zu teilen. Aus weniger Materie mehr Lebenszufrieden zu generieren, bleibt eine Frage des gelungenen Designs.

apl. Prof. Dr. Niko Paech ist Wirtschaftswissenschaftler und vertritt den Lehrstuhl für Produktion und Umwelt an der Carl von Ossietzky Universität Oldenburg. Er forscht und lehrt u. a. in den Bereichen Klimaschutz, nachhaltiger Konsum, Umweltökonomik, Sustainable Supply Chain Management, Nachhaltigkeitskommunikation, Diffusionsforschung, Innovationsmanagement und Postwachstumsökonomik. Momentan ist er Vorsitzender der Vereinigung für Ökologische Ökonomie (VÖÖ), gehört unter anderem dem Post Fossil Institut (PFI), dem Oldenburg Center for Sustainability Economics and Management (CENTOS), dem Kompetenzzentrum Bauen und Energie (KoBE) an und ist Aufsichtsratsvorsitzender der Oldenburger Energiegenossenschaft (OLEGENO).

Literatur

Binswanger, H. C. (2009). ›Vorwärts zur Mäßigung: Perspektiven einer nachhaltigen Wirtschaft‹. Hamburg.

Braungart, M. R./McDonough, W. A. (1999): ›Die nächste industrielle Revolution‹, in: ›Politische Ökologie 62‹, S. 18–22.

Charter, M./Tischner, U. (2001): ›Sustainable Solutions‹, Sheffield.

Dahm, D./Scherhorn, G. (2008): ›Urbane Subsistenz‹, München.

Friebe, H./Ramge, T. (2008): ›Marke Eigenbau‹, Frankfurt/New York

Fuad-Luke, A. (2002): ›Handbuch ökologisches Design‹, Köln.

Hawken, P./Lovins, A./Lovins, H. (2000): ›Ökokapitalismus‹, München.

Hofmeister, S. (1998): ›Zeit der Erneuerung‹, in: Adam, B./Geißler, K. A./Held, M. (Hrsg.): ›Die Nonstop-Gesellschaft und ihr Preis‹, Stuttgart, S. 185–200.

Hopkins, R. (2008): ›The Transition Handbook‹, Dartington.

Huber, J. (1995): ›Nachhaltige Entwicklung‹, Berlin.

Kotler, P. (1986): ›The Prosumer Movement: A New Challenge for Marketers‹, in: Lutz, R. J. (Hrsg.): ›Advances in Consumer Research, Vol. 13‹, S. 510–513.

Nachtigall, W. (1998): ›Bionik‹, Heidelberg et al.

Ostrom, E. (2011): ›Was mehr wird, wenn wir teilen‹, München.

Paech, N. (2005): ›Nachhaltiges Wirtschaften jenseits von Innovationsorientierung und Wachstum‹, Marburg.

Paech, N. (2005a): ›Nachhaltigkeit zwischen ökologischer Konsistenz und Dematerialisierung: Hat sich die Wachstumsfrage erledigt?‹, in: ›Natur und Kultur 6‹, S. 52–72.

Paech, N. (2008): ›Regionalwährungen als Bausteine einer Postwachstumsökonomie‹, in: ›Zeitschrift für Sozialökonomie 45/158–159‹, S. 10–19.

Paech, N. (2010): ›Nach dem Wachstumsrausch: Eine zeitökonomische Theorie der Suffizienz‹, in: ›Zeitschrift für Sozialökonomie 47/166–167‹, S. 33–40.

Paech, N. (2012): ›Befreiung vom Überfluss‹, Marburg.

Pauli, G. (1998): ›Upcycling‹, München.

Pfriem, R. (2000): ›Jenseits von Gut und Böse‹, in: Beschorner, T./Pfriem, R. (Hrsg.): ›Evolutorische Ökonomik und Theorie der Unternehmung‹. Marburg, S. 437–476.

Schelling, T. C. (1978): ›Micromotives and Macrobehavior‹, New York/London.

Schmidt-Bleek, F. (2000): ›Das MIPS-Konzept. Weniger Naturverbrauch – mehr Lebensqualität durch Faktor 10‹, München.

Schneidewind, U./Hübscher, M. (2000): ›Nachhaltigkeit und Entrepreneurship in der New Economy‹, in: Beschorner, T./Pfriem, R. (Hrsg.): ›Evolutorische Ökonomik und Theorie der Unternehmung‹, Marburg, S. 419–436.

Schrader, U. (2001): ›Konsumentenakzeptanz eigentumsersetzender Dienstleistungen‹, Frankfurt et al.

Schulze, G. (2003): ›Die Beste aller Welten‹, München/Wien.

Stahel, W. (2001): ›Sustainability and Services‹, in: Charter, M./Tischner, U. (Hrsg.): ›Sustainable Solutions‹, Sheffield, S. 151–164.

Stehr, N. (2007): ›Die Moralisierung der Märkte‹, Frankfurt/M.

Toffler, A. (1980): ›The Third Wave‹, New York.

Victor Gruen ist ein Beispiel für die Ambivalenz von Gestaltung. Er ist zugleich ›Vater der Wiener Fußgängerzone‹ als auch Planer der ersten großen Einkaufszentren am Rande amerikanischer Städte. Die Lehre aus seinem Werk: Eine Gestaltung, die uns aus heutiger Sicht nachhaltig erscheint, kann morgen nicht-nachhaltige Nebenwirkungen entfalten bzw. nicht-nachhaltigen Zwecken dienen. Ist Nachhaltiges Design in einer nicht-nachhaltigen Gesellschaft überhaupt möglich?

Persönlichkeiten: Viktor Gruen

MARTIN HERRNDORF

Victor Gruen war ein Gestalter im umfassenden und interdisziplinären Sinn – und eine widersprüchliche Persönlichkeit. Zum einen war er ein bekennender Umweltschützer, Autoskeptiker und Urbanist, und überzeugt von der Bedeutung vielfältiger, kleinräumiger, europäischer Innenstädte. Auf der anderen Seite gilt als der Erfinder der Shopping-Mall, diesem Symbol für Zersiedlung und Konsumismus, das sich, ausgehend von den USA, weltweit verbreitet hat.

Anhand seiner Lebensgeschichte lassen sich zwei Aspekte *Nachhaltigen Designs* gut aufzeigen: Was in einer Zeit ökologisch und sozial angemessen und zielführend erscheint, kann sich, über die Zeit, ins Gegenteil umwandeln. Eng damit hängt die zweite Lektion zusammen: Absicht und Wirkung können weit auseinanderfallen – und *Nachhaltiges Design* ist ein ständiger Lernprozess.

Ein europäischer Urbanist in den USA

Victor Gruen wurde 1903 als Victor Grünbaum in Wien geboren. Er war dort bekannt für die kreative Gestaltung von Verkaufsräumen, bevor er 1938 vor den Nazis in die USA floh. Nachdem er, insbesondere in seiner Anfangszeit in den Staaten, als Dramaturg und Kabarettist tätig war, machte er sich auch dort bald als Gestalter von Ladenlokalen und größeren Verkaufshäusern einen Namen (Domhardt 2007)[1].

Später wandte er sich der Architektur und Stadtplanung zu. Hier war sein Denken lebenslang geprägt von seiner Heimat, vom europäischen kleinteiligen Stadtraum, in dem es vielfältige Nutzungen gab, und der nicht-

---

[1] Er wurde sogar namesgebend für den ›Gruen Effekt‹ – eine Laden-Architektur, die den Kunden vom gezielten Kauf hin zum ziellosen Schlendern und, dadurch erst recht, zum ziellosen Konsum anregen soll (Baldauf 2010).

motorisierte Verkehr (noch) Vorrang vor Autoverkehr hatte.[2] Nach Gruen sollte eine hohe Dichte diverser menschlicher und ökonomischer Interaktionen in urbanen Zentren und Sub-Zentren stattfinden – und den Menschen damit neue Handlungsmöglichkeiten eröffnen. Er lehnte reine Geschäftsviertel ab, und kritisierte den städtebaulichen ›Gigantizismus‹, weil dies nur den Interesse von Großunternehmen, insbesondere der Finanzbranche, diene (Gruen 1977).

Die Erfindung der Shopping Town

Aus diesem ökologisch und urban geprägten Denken heraus entwarf Victor Gruen die ersten ›shopping towns‹. Sie waren eine Reaktion auf die auto-dominierten und lebensfeindlichen amerikanischen Vorstädte, die grade in Mode gekommen waren (Gladwell 2004). Nach Gruens Ansichten fehlte ihnen ›Urbanität‹, ein Zentrum europäischen Types, das kleinteiligen, lebenswerten Stadtraum bietet. Die Shopping Town sollte Geschäfte, Ämter und Freizeiteinrichtungen auf kleinem Raum bündeln – Vielfalt nach dem Vorbild gewachsener, funktionierender Städte, ein »*Kristallisationspunkt für das Gemeinschaftsleben der Vorstädte*« (Gruen, in Cohen 1996: 1056).

Gruen entwarf diese Idee zuerst nur auf dem Papier, als Wettbewerbsbeitrag im Jahr 1943. Doch setzte er sie in die Tat um. In den ersten Malls existierte die angestrebte Vielfalt tatsächlich: Neben Geschäften gab es öffentliche Einrichtungen, Kinos, Kultureinrichtungen, offene Plätze, Räume für soziale Organisationen, Ausstellungen zu wissenschaftlichen Themen etc. (Cohen 1996: 1058). In der von Gruen entworfenen Northland-Mall gab es darüber hinaus weite Grünflächen, sowie tausende Bäumen, Gewächse und Blumen (Garvin 2003).

Die Wahrnehmung der Malls war anfangs durchweg positiv, und Stadtplaner urteilten, dass die Einkaufszentren von Gruen dem Versprechen, eine lebenswerte Innenstadt zu schaffen, durchaus entsprachen. Southdale, das erste überdacht Einkaufszentrum, sei »*more like downtown then downtown itself*« (The Economist 2007). Allerdings gab es auch hier für die Anfahrt bereits Autostraßen und Parkflächen, und die Fassaden waren nach innen statt, wie in Städten, nach außen auf den Straßenraum gerichtet (Gladwell 2004).

Die Entwicklung zur Shopping Mall

Aus der ›Shopping Town‹, mit ihrer gemischten Nutzung und ihrer Vielfalt, wurde erst über die Zeit hinweg die heutige auf Konsum zentrierte ›Shopping Mall‹. Mehrere Faktoren spielten bei diesem Prozess eine Rolle.

Zum einen wurde im Rahmen der breiteren Umstrukturierung der amerikanischen Gesellschaft zur »*mass consumer society*« (Cohen 1996) die Shopping Mall zunehmend dominiert von kommerziellen Interessen. Der ursprüngliche Nutzungsmix wurde geändert – vor allem in neu gebauten Anlagen wurde weniger öffentliche und kulturelle Flächen vorgesehen, um zusätzliche (und rentable) Verkaufsfläche zu schaffen.

Kann man Innenstädte privatisieren?

Zum anderen wurde die ›Shopping Mall‹ als Raum privatisiert, vereinheitlicht und von der umliegenden Stadt abgeschottet. Ursprünglich gab es zwar die Vision eines offenen, vielfältigen Stadtzentrums für alle, in der sich die verschiedenen Bevölkerungsgruppen ähnlich wie in existierenden Städten begegnen. Doch daraus waren Shopping-Tempel für bestimmte und relativ klar definierte gesellschaftliche Schichten, ausgehend von der weißen Mittelschicht, geworden.[3]

Als letzter Faktor hatte der Versuch von Gruen, der amorphen Vorstadt ein Zentrum

---

[2] Diese Gegenüberstellung ›europäisch‹ vs. ›amerikanisch‹ ist mit Sicherheit überzogen – sowohl weil eine Reihe von amerikanischer Städte durchaus ›europäisch‹ geprägt war oder ist (Jacobs 1961), als auch weil auch europäische Städte ›amerikanische‹ Wesenszüge der Zersiedlung und Auto-Dominanz aufweisen.

[3] Über die Zeit haben sich die Zielgruppen nach Einkommen und anderen sozio-ökonomischen Kriterien differenziert (Cohen 1996).

zu geben, die bis dahin funktionierenden, etablierten Stadtzentren geschwächt. Die auto-zentrierte Kultur hatte dies noch gefördert und das Verständnis und die Nachfrage für urbanen Raum weiter geschwächt.

Als Reaktion auf diese Entwicklung versuchte Victor Gruen, mit neuen Konzepten die darbenden amerikanischen Innenstädte zu beleben (Gruen 1964). Die Rezepte waren ähnlich wie bei der Shopping-Mall: Parkhäuser außerhalb der direkten Innenstadt sollten den Autoverkehr aufnehmen, und die Besucher sich im Stadtraum allein zu Fuß bewegen. Auch wenn das Konzept, zum Beispiel in Kalamazoo, Michigan, durchaus erfolgreich umgesetzt wurde (Garvin 2003), wurden viele Orte später wieder motorisiert.

Das Wirken in Wien
Ende der 1960er Jahre kehrte Gruen nach Wien zurück, und war hier als Denker und Umweltaktivist tätig. Ein zentraler Plan von Gruen war, den ersten Bezirk der Wiener Innenstadt von Autos zu befreien und dadurch wiederzubeleben. Seine Skepsis gegenüber dem Auto, und seiner frühen Beobachtung eines ›grimmigen Kampfes‹[4] zwischen automobilem und Fußverkehr getreu, galt ihm als Devise:

»*Ich empfahl nicht für den Verkehr, sondern gegen den Verkehr zu planen, um in der Anlage von städtischen Einheiten und Untereinheiten ein Höchstmaß an Kommunikation zu Fuß und ein Mindestmaß an mechanisiertem Verkehr zu erreichen.*« (Gruen n.d.)

Doch auch in Europa hatte sich der Zeitgeist gedreht und seine Ideen stießen auf Widerstand und Unverständnis in der Stadtverwaltung. Der Wechsel von der autogerechten zur menschengerechten Stadt, den er in seiner ›Wiener Charta‹ forderte (Gruen n.d.), konnten sich bis heute nicht durchsetzen.

Durchgesetzt hat sich dagegen das Shopping-Center – diese Erfindung ist er nicht mehr losgeworden. So betonte er in späteren Jahren, er weigere sich »*Alimente für diese Bastardprojekte zu bezahlen*«, die seinem ursprünglichen Gedanken einer hohen Aufenthaltsqualität in einem wirklich urbanen Raum zuwiderliefen (Gladwell 2004, Baldauf 2010). Und auch wenn sich in Europa in den letzten Jahren eine gewisse Ernüchterung hinsichtlich der Attraktivität von Einkaufszentren breit gemacht hat, ist sie ein globales Erfolgsmodell – ganz sicher nicht im Sinne des Erfinders.

Gegenwärtige Rezeption
Das Denken von Victor Gruen ist weiterhin aktuell, und in seinen Positionen und in seinem »*Vertrauen in die Stadt*« (Domhardt 2007) ist Gruen nah bei späteren progressiven Denkern – wie Jane Jacobs (Jacobs 1961), die ebenfalls für kleinräumige, verschränkte Nutzungen kämpfte, oder dem ähnlich gelagerten New Urbanism (CNU 2001) der 2000er Jahre. Die Auswirkungen seiner Arbeit, die in gewissem Sinne in Widerspruch zu seinen Grundüberzeugungen stehen, bietet daher eine spannende Möglichkeit, Potenziale und Grenzen *Nachhaltigen Designs* und einer nachhaltigen Architektur und Stadtplanung kritisch zu reflektieren.

So kommt es zum einen auf eine konkrete Ausgestaltung sowie einer bedachten Umsetzung von Konzepten an – die ersten Shopping Malls sind, in ihrem historischen Kontext und mit den getroffenen Maßnahmen, nicht mit den heutigen ›Mega-Malls‹ vergleichbar. Zum anderen lenkt das Beispiel den Blick auf die Rahmenbedingungen *Nachhaltigen Designs*. In einer Gesellschaft, die einen massiven Wan-

---

[4] Im Original: »grim battle«, Victor Gruen, Associates 1968

del zu einem ›Massen-Konsum-Gesellschaft‹ durchläuft, ist die Wirkung auch durchdachter und umsetzbarer Konzepte für Nachhaltigkeit eventuell begrenzt. Es bleibt zu hoffen, dass die neue Bemühungen, lebenswerte urbane Räume zu gestalten, wie die Transition Town-Bewegung in ihrem Beharren auf lokaler ›Resilienz‹ (Hopkins 2010), ihrem Anspruch, das Gute im Falschen zu schaffen, auf Dauer besser gerecht werden.

Martin Herrndorf ist Gründer des ›Colabor | Raum für Nachhaltigkeit‹ in Köln und neben seiner Promotion an der Universität St. Gallen als freiberuflicher Berater, Projektentwickler und Autor tätig. Nach seinem Studium der VWL an der Uni Köln arbeitete er von 2005 bis 2008 an Wuppertal Institut und dem angeschlossenen CSCP. Er beschäftigt sich mit unternehmerischen Ansätzen der Armutsbekämpfung, der Rolle von Design und (Online-)Technologien für öko-soziale Innovationen und allgemein mit breiteren Fragen eines sozialen, ökonomischen und kulturellen Wandels zu einer nachhaltigen Gesellschaft. Er ist ›Associate Expert‹ bei Endeva, Berlin, sowie Beirat bei oikos Köln und oikos International.

Literatur

Garvin, Alexander (2003): ›Review: »Mall Maker: Victor Gruen, Architect of an American Dream By M. Jeffrey Hardwick«‹ Archives of American Art Journal 43:27-8.

Baldauf, Anette (2010): ›Shopping Town: Victor Gruen und die Shopping Mall‹ konstruktiv 280:15-21.

Cohen, Lizabeth (1996): ›From Town Center to Shopping Center: The Reconfiguration of Community Marketplaces in Postwar America‹ The American Historical Review 101:1050-81.

CNU (2001): ›Charter of the New Urbanism‹ Congress for the New Urbanism.

Gladwell, Malcom (2004): ›The Terrazzo Jungle: Fifty Years Ago, the Mall Was Born. America Would Never be the Same‹ The New Yorker

Gruen, Victor (1962): ›Environmental Architecture‹ Journal of Architectural Education (1947-1974) 17:96-7.

Gruen, Victor (1964): ›The Heart of Our Cities: The Urban Crisis-Diagnosis and Cure‹ New York: Simon & Schuster.

Gruen, Victor (1977): ›Review: »Redstone, Louis G. (1976): The New Downtowns. Rebuilding Business Districts«‹ Journal of the Society of Architectural Historians 36:133-4.

Gruen, Victor. n.d. ›Victor Gruen: Ein Realistischer Träumer – Rückblicke, Einblicke, Ausblicke – Unveröffentlichte Autobiographie‹ zitiert nach: Institut für ökologische Stadtentwicklung (2003): ›Victor Gruen: Leitlinien für die Gestaltung der lebenswerten Stadt‹.

Hopkins, Rob (2010): ›The Transition Handbook: From Oil Dependency to Local Resilience‹ Transition Books.

Jacobs, Jane (1961): ›The Death and Life of Great American Cities‹ New York: Modern Library (Random House).

The Economist (2007): ›Birth, Death and Shopping: The Rise and Fall of the Shopping Mall‹ The Economist

Victor Gruen Associates (1968): ›Fresno: A City Rebord‹ http://www.youtube.com/watch?v=bdTS_LLJvcw (abgerufen am 19.05.2013)

Die dominanten Konzeptionen von Nachhaltigkeit sind meist auf die Ausgewogenheit zweier, ihr inhärente Dimensionen konzentriert: die ökologische und die ökonomische. Die Ursachen des Klimawandels oder der Finanzkrise liegen aber auch in den sozialen Verhältnissen. Eine schwache Demokratie, mangelnde Unabhängigkeit der Medien, die Kombination von sozialer Ungleichheit und freiem Wettbewerb sowie eine ungerechte Weltordnung erschweren die Wege zu mehr Nachhaltigkeit. Dennoch haben sich im Design neuartige Ansätze entwickelt, die die Inklusion von Bürgerinnen und Bürgern in gesellschaftliche Prozesse fördern und soziale Innovationen beflügeln.

Die soziale Dimension des Designs

TOM BIELING, FLORIAN SAMETINGER, GESCHE JOOST

Die soziale Dimension des Designs scheint in den letzten Jahren mehr und mehr an Bedeutung zu gewinnen.[1] Vor dem Hintergrund der wachsenden Erkenntnis, dass die Grenzen eines ungebremsten Konsums deutlich werden, entwickeln sich Praktiken des kollaborativen Konsums (›collaborative consumption‹) in einer Ökonomie des Teilens und Teilhabens (›sharing economy‹): immer mehr Menschen teilen Güter miteinander, von Couchsurfing bis Carsharing. »*Nutzen statt besitzen*«, wie Michael Erlhoff (1995) es bereits vor zwei Dekaden formulierte, wird zu einem neuen Leitbild in einer von Konsumgütern übersättigten Welt. Dass gerade jetzt eine soziale Orientierung im Design an Aktualität gewinnt, scheint eine logische Konsequenz. Ein »*sozial aktives Design*«, wie Alastair Fuad-Luke es nennt, konzentriert sich auf die Gesellschaft und ihre Transformationen hin zu einer nachhaltigeren Lebens-, Arbeits- und Produktionsweise (Fuad-Luke 2009: 1978). Ezio Manzini, Professor für Industrial Design am Politecnico di Milano, beschreibt die Notwendigkeit eines kulturellen Wandels, der durch ein neues Bewusstsein in der Gesellschaft und durch die Etablierung neuer Verhaltensmuster angetrieben werden kann (Manzini 1997: 43-51). Hier kann das Design eine wichtige Rolle einnehmen, da es durch seine Artefakte – in Form von Produkten, Services oder Interventionen – jenes Bewusstsein schaffen und zu alternativen Verhaltensformen motivieren kann. Dabei ist die Reflexion der Tragweite der Handlung und die Verantwortung für die möglichen Auswir-

---

[1] Der Begriff ›sozial‹ wird hier in seiner allgemeinen Bedeutung benutzt, als das Gemeinsame betreffend, auf Aspekte des Zusammenlebens gerichtete.

kungen der gestalteten Artefakte eine Aufgabe, der sich das Design zu stellen hat. Es sowohl um die soziale Verantwortung von Gestaltung als auch um ein Potenzial, soziale Verantwortung mit zu gestalten.

Diese Zusammenhänge werden aktuell in unterschiedlichen Strömungen im Design reflektiert, die wir am Beispiel »*Participatory Design*« (vgl. Sanders & Stappers 2008), »*Design Infrastructuring*« (vgl. Björgvinsson, Ehn & Hillgren 2010) und »*Design Activism*« (vgl. Thorpe 2008) erörtern und mit konkreten Forschungsbeispielen illustrieren werden.

Die grundsätzliche Ausrichtung des *Participatory Design* ist es, unterschiedliche Gruppen von Akteuren in den Designprozess einzubinden und dabei die Rollen von Designern und ›Nicht-Designern‹ als gleichberechtigt zu entwerfen. Diese Akteure können potenzielle Endnutzer, Auftraggeber, Vertreter des öffentlichen Sektors oder andere Interessensgruppen sein. Sie können unter dem Begriff ›Stakeholder‹ subsumiert werden, also all jene Akteure, die ein bestimmtes, mittelbares oder unmittelbares Interesse an dem Designprozess, seiner Konzeption, Umsetzung, Implementierung oder den daraus resultierenden Konsequenzen haben. Diese Akteure können von der Erarbeitung der Fragestellung an über die Ideen-Generierung, die Umsetzung bis

> **Partizipation zur Erhöhung der Marktfähigkeit?**

hin zur Vermarktung und darüber hinaus entlang dieses Prozesses in unterschiedlicher Form eingebunden werden (vgl. Sanders 2013). Verschiedenste Spielarten lassen sich heutzutage in den Bereichen des Designs finden. Wir wollen uns in diesem Kapitel auf zwei Hauptrichtungen des ›Partizipativen Designs‹ beschränken. Neben der ursprünglichen, politischen Motivation, die sich beispielsweise in der Do-It-Yourself und Open Source Bewegung finden lässt, wird Participatory Design in der traditionellen Produktentwicklung immer mehr Bedeutung beigemessen, um beispielsweise die Ideenfindung[2] zu unterstützen. Elizabeth Sanders (2006) beschreibt eher an Produktentwicklungsprozessen orientierte Methoden, bei der entlang des Prozesses Stakeholder einbezogen werden, um die Marktfähigkeit eines Produkts oder Services zu erhöhen. Bei Pelle Ehn (2010) und Ezio Manzini (2006) hingegen findet sich eine eher politisch orientierte Variante des Participatory Design. Dabei steht die Inklusion von Bürgern in gesellschaftliche Prozesse, sowie die Ermächtigung zur eigenständigen Verbesserung der Lebenssituation im Vordergrund. Diese Variante ist tief in der skandinavischen und amerikanischen Arbeiterbewegung (Ehn, Kyng, 1987) verwurzelt und baut auf dem Grundsatz der Einbeziehung unterschiedlicher Gruppen in soziale und technologische Entwicklungsprozesse auf.

Ehn schlägt *Design Infrastructuring* als eine Weiterentwicklung des Participatory Designs vor. Das Konzept setzt sich zum Ziel, längerfristige, nachhaltige Infrastrukturen zu bilden, um soziale Innovation (Ehn, 2009) zu ermöglichen. Soziale Innovationen sind nach Wolfgang Zapf »*neue Wege, Ziele zu erreichen, insbesondere neue Organisationsformen, neue Regulierungen, neue Lebensstile, die die Richtung des sozialen Wandels verändern, Probleme besser lösen als frühere Praktiken, und die deshalb wert sind, nachgeahmt und institutionalisiert zu werden*« (Zapf, 1989). Gemeint sind insbesondere die »*Werte des sozialen Fortschritts, wie sozialer Gleichheit, Gerechtigkeit und Integration*« (Rammert, 2010)

Diese Infrastrukturen können tatsächliche Orte sein, an denen Akteure zusammentreffen, um in einem gemeinsamen, offenen Designprozess Probleme zu erörtern und Lösungs-

---

[2] Beispielhaft hierfür ist das hauptsächlich web-basierte Crowdsourcing, bei dem Aufgaben oder Problemstellungen implizit oder explizit an eine unbestimmte Gruppe von Nutzern übertragen werden, die diese dann gemeinsam bearbeiten.

ansätze zu entwickeln. Es können aber auch andere Strukturen oder Werkzeuge für Gemeinschaften entstehen, deren Ziel es ist, die Akteure zu eigenem Handeln zu ermächtigen. Es geht in diesem Sinne weit über die Idee des klassischen Designprojekts hinaus, in dem ein abgeschlossenes, kurz- oder mittelfristiges Ergebnis vorgesehen ist.

Darüber hinaus schiebt sich unter dem Begriff *Design Activism* ein immer populärer werdender Ansatz an der Schnittstelle zu bürgerschaftlichem Engagement und unterschiedlichen Facetten der Nachhaltigkeit[3] in den Vordergrund. Unter diesem Begriff versammeln sich unterschiedliche Aktivitäten, denen die Auffassung gemein ist, dass Design sozial und ökologisch nachhaltige Prozesse gestalten kann und soll. Design Activism wird oft als Synonym für sozial nachhaltiges Design verwendet (vgl. Markussen 2011) und setzt sich zum Ziel, »*das langfristig-nachhaltige Aufblühen und Wohlbefinden von menschlichen und ökologischen Systemen*« zu gestalten (vgl. Thorpe 2011). Sozialer Wandel soll dadurch unterstützt werden, dass gesellschaftliche Herausforderungen gemeinsam adressiert werden und somit stärker ins Bewusstsein einer breiten Öffentlichkeit rücken. So werden bestehende Normen der Konsumgesellschaft hinterfragt und neu verhandelt, um durch Design Activism neue Lösungen zu erarbeiten (Markussen 2011:1). Diese Perspektive auf soziale Nachhaltigkeit im Design macht sich vor allem Methoden zu Nutze, die nicht zwangsläufig auf gesellschaftlichem Konsens beruhen, sondern oftmals disruptiv und provokativ sind, um Missstände auf anderen Wegen deutlich zu machen. Sie bedient sich, laut Ann Thorpe (2008), explizit aktivistischer Praktiken und entwickelt sie weiter. Design Aktivismus will eine Gegenerzählung (›Counter Narrative‹) entwickeln also alternative Zukunftsentwürfe aufzeigen und darüber hinaus Impulse zu deren Umsetzung geben.

Was ist ›normal‹?

Die soeben beschriebenen Perspektiven setzen an einer zentralen gesellschaftlichen Herausforderung an: den Umgang mit Diversität im Alltag. Ein markantes Merkmal des Menschen ist dessen Vielfalt (Heidkamp 2010:8). Eine Vielfalt, die sich auch in den vom Menschen produzierten Artefakten widerspiegelt, und die im Umkehrschluss auch durch die Gestaltung von Artefakten adressiert werden kann. Hier offenbart sich ein großes Potenzial, Menschen aus unterschiedlichen (z. B. kulturellen, sozialen, demografischen) Kontexten in die Prozesse technologischer und/oder sozialer Innovation miteinzubeziehen, um nicht zuletzt dies zu verdeutlichen: Das Bewusstsein darüber, dass Gesellschaft in sich divers ist, kann auch im Gestaltungsprozess dabei behilflich sein, neue und alternative Konzepte zu entwickeln, die weit über das stereotype Bild so genannter Standard-User hinausgehen (Joost/Chow 2010). Denn ein solcher Standard- oder Norm-User wäre das genaue Gegenteil von Vielfalt, und somit realitätsfern. Gerade in Bezug auf soziale und kulturelle (neben der ökologischen und ökonomischen) Nachhaltigkeit, stellt das oben beschriebene Potenzial somit einen wichtiger Schritt der Erkenntnis dar, in dem sich die Zielsetzungen des Participatory Designs und des Design Activisms vereinbaren lassen, und das Konzept des Design Infrastructuring einen passenden Rahmen entwirft.

Diversität im Alltag bedeutet auch, bestehende Normalitätskonstrukte in Frage zu stellen: welcher Körper ist ›normal‹? Welches Verhalten ›sozial akzeptiert‹? Die Vorstellungen des ›Normalen‹ werden durch Design häufig zementiert, und zwar nicht nur durch die Bilder der Werbung, sondern auch dadurch, dass bestimmte Menschen von der Nutzung aktueller Services und Technologien durch ihre Gestaltung ausgeschlossen werden.

---

[3] Hier beziehen wir uns auf die kulturell-politischen, sozialen, ökologischen und ökonomischen Dimensionen von Nachhaltigkeit.

1. Soziale Dimensionen der Designforschung

In der heutigen Designforschung werden häufig Methoden und Prozesse aus allen drei Bereichen, dem *Participatory Design, Design Infrastructuring* und *Design Activism*, im Rahmen von interdisziplinären Forschungsprojekten angewandt. Am Design Research Lab an der Universität der Künste, Berlin, wird hierzu das Modell einer entwurfsbasierten Forschung (›Research through Design‹; vgl. Jonas 2006 u. Findeli et al. 2008) zugrunde gelegt, in dem der praktische Designentwurf das zentrale Vehikel darstellt, durch das Erkenntnisse für die Forschungsfrage entwickelt werden. Durch das Design wird demnach Wissen generiert, das durch etablierte wissenschaftliche Methoden wie Interviews oder Testreihen (allein) kaum erfahrbar wäre.

Im Folgenden werden drei solcher Projekte exemplarisch vorgestellt, bei denen Fragen zur sozialen Ungleichheit anhand der Themenkomplexe Gender, soziale Integration und Behinderung adressiert werden.

1.1 Design und Gender

Design und Gender (vgl. Brandes 2008) hängen eng zusammen, wenn man davon ausgeht, dass die kulturelle Herstellung von Geschlechtlichkeit jenseits der rein biologischen Disposition ein Akt der Gestaltung ist. Denn genau das beschreibt der Begriff ›Gender‹: dass unsere Geschlechterrollen täglich neu verhandelt werden und dass darin ein Gestaltungspotenzial liegt. Damit hat das Design eine grundsätzliche Beziehung zu Gender, als Gestaltung von Geschlechtlichkeit. Darüber hinaus gibt es ganz praktische Bezüge, nämlich beispielsweise bei der Frage, inwieweit Design-Artefakte klischierte Rollenbilder manifestieren oder aber sich davon distanzieren. Das wird in Ansätzen wie ›shrink it, and pink it!‹ bei der Gestaltung von Produkten für Frauen deutlich – und in der damit transportierten Vorstellung von Weiblichkeit.

Für die Designforschung stellt sich die Frage, wie es gelingen kann, etablierte Stereotypen von ›Mann‹ und ›Frau‹ zu überwinden, um qualifizierte Konzepte für die Praxis zu gewinnen. Eine mögliche Antwort dazu ist: durch Participatory Design. Die Hypothese ist, dass ein partizipativer Design-Ansatz vermeidet, lediglich existierende Klischees des Männlichen und Weiblichen in der Gestaltung zu bestätigen, allein dadurch, dass die ganz unterschiedlichen Perspektiven von Akteurinnen und Akteuren einbezogen werden.

Wenn jenseits der klischierten Vorstellungen, wie Frauen oder Männer bestimmte Produkte nutzen möchten, ganz reale Individuen zu Wort kommen, entstehen zum Teil unerwartete, neue Lösungen. Gleichzeitig lernen die Gestalterinnen und Gestalter in diesem Prozess durch Beobachtung, wie reale Nutzungsszenarien und Tagesabläufe aussehen.

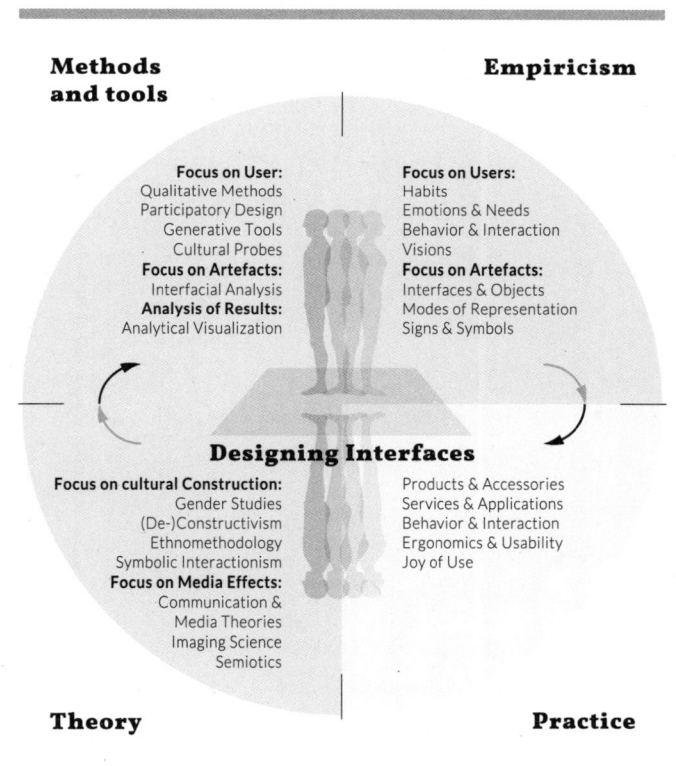

Methods and tools — **Empiricism**

Focus on User:
Qualitative Methods
Participatory Design
Generative Tools
Cultural Probes
Focus on Artefacts:
Interfacial Analysis
Analysis of Results:
Analytical Visualization

Focus on Users:
Habits
Emotions & Needs
Behavior & Interaction
Visions
Focus on Artefacts:
Interfaces & Objects
Modes of Representation
Signs & Symbols

Designing Interfaces

Focus on cultural Construction:
Gender Studies
(De-)Constructivism
Ethnomethodology
Symbolic Interactionism
Focus on Media Effects:
Communication &
Media Theories
Imaging Science
Semiotics

Products & Accessories
Services & Applications
Behavior & Interaction
Ergonomics & Usability
Joy of Use

Theory — **Practice**

Abb. 1: Zusammenspiel der Themen und Methoden im Forschungsprojekt

Diese Aspekte untersuchten wir in einer Studie zum Thema ›Gender-inspired Technology‹ an der TU Berlin. Ziel der Studie war es, in Bezug auf Kommunikationstechnologien das Nutzungsverhalten von Frauen und deren Nutzungskontexte differenziert zu erfassen und gleichzeitig Ideen für neue Produkte und Services zu entwickeln.

Dabei interessierten uns folgende übergreifende Forschungsfragen:
- Wie beeinflussen Kommunikationstechnologien den Lebensalltag von Frauen?
- Wie kommunizieren Frauen in ihrer Lebenswelt mit und ohne Technologien?
- Wie können Kommunikationstechnologien das Leben von Frauen und Männern verbessern?

Wir fokussierten auf die Themen ›Mikro-Kommunikation‹ (der kurze, schnelle Austausch von Nachrichten über Social Media, SMS oder Chat), Privatsphäre und Datenkontrolle im Internet und bei der mobilen Kommunikation, sowie auf Kommunikationspausen und Rückzugsstrategien in der vernetzten Welt.

Mit über 70 Probandinnen und Probanden arbeiteten wir mit Methoden der partizipativen Designforschung, Cultural Probes, Storytelling, Interviews und Ideenwerkstätten, um vielfältige Einblicke in das Kommunikationsverhalten von Frauen und Männern unterschiedlichen Alters und Hintergrundes zu bekommen und um daraus Rückschlüsse abzuleiten, wie Kommunikationstechnologien in Zukunft verbessert werden können.

In einem gemeinsamen Workshop wurden die Ergebnisse vorgestellt und zusammengefasst, und dienten als Vorbereitung für die folgende Aufgabe, die in einer gemeinsamen Ideenwerkstatt bestand.

Dabei entstand eine Bandbreite ganz unterschiedlicher Prototypen. Ein Prototyp (Bild 3) integrierte einen Spiegel, eine Disko-Kugel als ›Party-Location-Finder‹ und ein Pfefferspray, mit dem Frau sich in gefährlichen Situationen verteidigen kann. Ein anderes Beispiel (Bild 4) ist der Entwurf eines Buches als Kommunikationsgerät, in dem Notizen eingefügt werden können und das gleichzeitig mehrere mediale Schnittstellen (Telefon, MP3-Player) integriert. Die klassische Form des Mobiltelefons wird dabei überwunden. Damit wird exemplarisch deutlich, dass Frauen sehr vielfältige Wünsche, Bedürfnisse und Ideen haben, die sich

Bild 1: Cultural Probes als Forschungswerkzeug

Bild 2: Materialauswahl bei der Ideenwerkstatt

nicht mit rein technologisch-funktionalen Parametern beschreiben lassen. Gleichzeitig wurden anhand der Prototypen viele Aspekte deutlich, die auf der verbalsprachlichen Ebene eines Interviews kaum abgedeckt werden können, wie zum Beispiel unterschiedliche Materialien, Formen oder Kompositionen. Gleichzeitig wurden jedoch auch manche Klischees bestätigt, wie der Wunsch nach einem integrierten Schminkspiegel. Auch das ist ein mögliches Ergebnis eines Co-Designs.

Daher stellten wir uns im Team die Frage, inwieweit trotz des partizipativen Prozesses womöglich bestehende Gender-Rollen reproduziert wurden (vgl. Buchmüller 2012). Es wurde deutlich, dass die Konzentration auf Gender-Aspekte immer wieder der Reflexion bedarf, inwieweit dadurch implizit die gängigen Rollenbilder verstärkt hervorgehoben werden. Wenn in diesem Beispiel Service-Ideen entwickelt wurden, die auf Alltagsbedürfnissen beruhen, bedeutet dies nicht gleichzeitig, dass sie per se zu einem emanzipierten Rollenbild beitragen oder dass sie zu einer ausgeglichenen Aufgabenteilung zwischen den Geschlechtern führt. Diese Beobachtung war für das Team ein neuralgischer Punkt im Projekt, da sie die Grenzen der Partizipation deutlich macht und die Verantwortung für das Produkt zurück an den Designer und die Designerin weist. Der Umgang mit den Ergebnissen aus partizipativen Designprozessen bedarf daher hoher Sensibilität und Reflexion dessen, was durch die entstehenden Services oder Produkte bewirkt werden kann.

1.2 Design und Lokale Communities

Möglichkeiten, die angesprochene Diversität im Alltag zu unterstützen und zu fördern, untersuchen wir seit 2010 im Forschungsprojekt Neighborhood Labs. Hierbei spielen sowohl Design Infrastructuring als Forschungsumgebung im realen Lebensumfeld der Benutzer, als auch Methoden und Werkzeuge des Design Activism eine große Rolle. Die Grundlage der Forschung liegt hier im gesellschaftlichen Wandel hin zum ›Nutzen statt Besitzen‹, das hier im Sinne von Wissensaustausch und nachbarschaftlicher Teilhabe untersucht wird. Gemeinsam mit Bewohnern einer lokalen Nachbarschaft in Berlin werden dazu Fragen definiert, partizipative Gestaltungsansätze entwickelt und auf Aktivitäten geplant, die die Bedürfnisse der Teilnehmenden abbilden. Dabei beziehen wir als Designforscher explizit den Standpunkt, Teil der Infrastruktur zu sein, um demokratische Entscheidungsprozesse und Organisationsstrukturen innerhalb der Nachbarschaft besser erforschen und eine Vertrauensbasis mit den

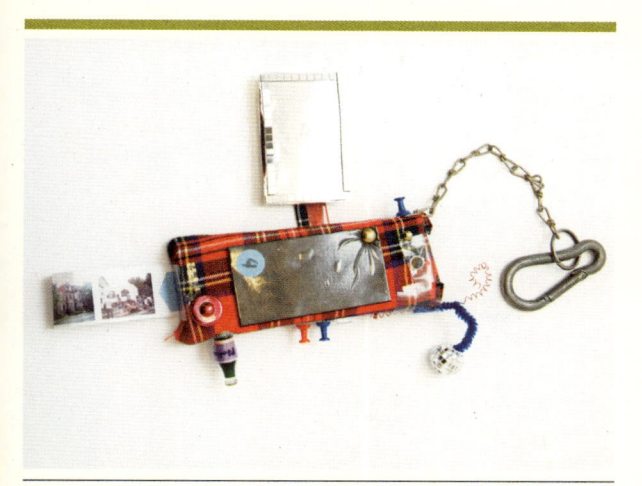

Bild 3: Prototyp mit Spiegel, Disko-Kugel, ›Party-Location-Finder‹ und Pfefferspray

Bild 4: Das Buch als ›Kommunikationsgerät‹

Partizipanten legen zu können. Der Ort für unsere Untersuchungen liegt im Zentrum Berlins, auf der südlichen Fischerinsel, dem sogenannten ›Fischerkiez‹, der eine gute Forschungsumgebung bietet.

In Diskussionen in der Nachbarschaft wurden von den Teilnehmern strukturelle, bauliche und materielle Probleme der Gemeinschaft beanstandet. Um die Hintergründe dieser Probleme zu ergründen, entwickelte das Team ein Toolkit zur Erforschung von Gebrauchs- und Abnutzungsspuren im urbanen Raum, das Cultural Exploration Kit (CEK). Damit wird der momentane Status einer Nachbarschaft durch die darin hinterlassenen Gebrauchsspuren analysiert.

Wie gestalten wir unser Umfeld?

Das CEK ist in diesem Fall ein Werkzeug der kritischen Untersuchung und ermöglicht mehrere Deutungsmöglichkeiten, um Zufall und Mehrdeutigkeit (vgl. etwa Gaver et al. 2003 oder Pierce 2009) Raum zu bieten. Es erlaubt Nutzern, Spuren der Ab- und Umnutzung innerhalb einer Nachbarschaft und seiner Artefakte aufzunehmen und zu identifizieren und in Bezug auf ihre Zusammenhänge begreiflich zu machen. Dabei argumentieren wir, dass solche Spuren immer die Nutzungsgeschichte des Orts oder Artefakts wiedergeben und damit dazu beitragen, unser Verständnis und Bewusstsein für das jeweilige Umfeld zu prägen.

Das CEK ist als tragbare Expeditionsausrüstung entwickelt worden (Bild 6), um maximale Beweglichkeit im urbanen Raum zu ermöglichen und vereint dabei drei Aufnahmemöglichkeiten: eine Digitalkamera, einen portablen Scanner mit GPS-Logger und Kohlepapier, um eine mehrschichtige Momentaufnahme der Nachbarschaft zu erreichen.

Der GPS-Logger ermöglicht die genaue Positionierung der aufgenommenen Spur im urbanen Raum, um sie später digital verorten zu können. Die Kamera nimmt Spur und umgebenden Kontext auf, der portable Scanner liefert eine direkte, digitale Abbildung. Durch das Kohlepapier, mit dem die Spur manuell kopiert wird, wird abschließend eine abstrakte Repräsentation der Spur aufgenommen. Das CEK verlangt von den jeweiligen Partizipanten einen aktiven Perspektivwechsel und spezifische Auseinandersetzung mit dem Umfeld.

Derzeit führen wir mit Bewohnern der Fischerinsel eine Spurensuche mit dem CEK durch und analysieren die gesammelten Spuren in halb-strukturierten Interviews. Daraus werden gemeinsame Interventionen und Aktionen im Rahmen des Neighborhood Labs entwickelt. Aus der aktiven Teilhabe der Bewohner an der initiierten Veränderung soll letztendlich die soziale Nachhaltigkeit in urbanen Nachbarschaften zum Besseren verändert werden.

1.3 Design und Inklusion

Das dritte Projekt ›Designabilities – Disability-inspired Interaction‹ basiert auf der Annahme eines grundsätzlichen Zusammenhangs von Design und Behinderung: Zwei unterschiedliche Phänomene – ›behindert sein‹ und ›behindert werden‹ – scheinen hier unweigerlich miteinander verwoben. Hier spielt insbesondere die Verknüpfung zwi-

Bild 5: Partizipativer Designworkshop mit Teilnehmern des Kreativhaus Berlin-Mittet

Die soziale Dimension des Designs

schen Menschen, Artefakten und ihren Beziehungen zueinander eine große Rolle (Latour 2001; Moser/Law 1999; Winance 2006). So wird sich etwa ein Rollstuhlfahrer (s)einer Behinderung insbesondere immer dann bewusst, wenn sich ihm Treppen oder Bürgersteige entgegen stellen.

Ähnlich wie bei Gender-Fragen haben wir es im Kontext von Behinderung zudem mit kulturellen Strukturen und Konstruktionen zu tun, denen nicht zuletzt durch Design zur Re-Produktion und Dominanz verholfen wird (z. B. durch ›perfekte Menschen‹ in der Werbung; durch Produkte, die gleichzeitig durch die Marke oder den Preis eine Exklusivität ausdrücken sollen, die gleichzeitig ausgrenzend ist).

Dies wirft die Frage auf, ob die ›Behinderung‹ selbst das Problem ist, auf das sich Design konzentrieren sollte, oder die kulturbedingten Einstellungen, die ausgrenzen. Speziell in Bezug auf die Annäherung der beiden Parameter ›Design‹ und ›Behinderung‹ stellen Design-Theorie und Praxis Ansätze vor, die unter verschiedenen Begriffen Verbreitung gefunden haben: Allen voran »*Universal Design*« (Erlandson 2008, Herwig 2008, Mace et al. 1991, Mitrasinovic 2008), »*Design for all*«, »*Design for Accessibility*«, »*Barrier-free Design*«, »*Transgenerational Design*« oder »*Inclusive Design*« (Imrie/Hall 2001). Dabei wird Folgendes deutlich: Ein rein traditioneller (problem-orientierter) Designbegriff wird für Behinderung unbrauchbar, das heißt ein Design, das sich als Anbieter für Lösungen für ein definiertes Problem begreift. Der Designer/die Designerin wird dadurch mit einem Dilemma konfrontiert: Design für Behinderte gestaltet Behinderung immer auch mit.

Konkreter lässt sich dies in mindestens zwei Dilemmata aufschlüsseln: Zum einen stellt sich die Frage nach dem Sichtbarmachen gegenüber dem Verbergen von Behinderung. Diese kann zwar einerseits formal-ästhetisch gestellt werden, wenn es beispielsweise darum geht, Prothesen besonders dezent oder körperrealistisch zu gestalten, so dass sie kaum oder gar nicht mehr auffallen, oder sie im Gegenzug besonders auffällig, dem menschlichen Körper eher ›unähnlich‹ zu gestalten. Dies führt bisweilen zu unterschiedlichen Akzeptanz-Mechanismen: Während etwa die Brille – je nach Anmutung – unterschiedliche Assoziationen zulässt (Weisheit, Coolness, Sportlichkeit, etc.), bisweilen sogar als reines Mode-Accessoire fungiert, so wirkt das Hörgerät, sofern denn als solches erkennbar, nach wie vor stigmatisierend. Dem zugrunde liegt die generelle Frage, wie Menschen sich anderen Menschen gegenüber verhalten, denen ein vermeintlicher Makel anhaftet.

Bild 6: Das Cultural Exploration Kit im ersten Feldtest

Tom Bieling, Florian Sametinger, Gesche Joost

Des Weiteren steht Design auf der Suche nach ›Lösungen‹ für das ›Problem‹ Behinderung in der Zwickmühle: Zum einen will es helfen, zum anderen wirkt es sich so zwangsläufig normativ auf die Manifestierung gesellschaftlicher Definitionen und Handlungsabläufe aus.

Im Projekt Designabilities (Bieling/Gollner/Joost 2012) wird versucht, dieser Problematik neue Perspektiven aufzuzeigen: Was, wenn man Behinderung nicht zwangsläufig defizitär, also als Schwäche interpretierte, sondern vielmehr als Stärke oder Expertise?

Durch die intensive Auseinandersetzung mit alternativen Formen der Kommunikation, Wahrnehmung und Mobilität, rückte das Vorhaben in den Vordergrund, speziell solche am gesellschaftlichen Rande befindlichen Gruppen und deren Interaktionsformen zu untersuchen, die aufgrund ihrer Andersartigkeit von gängigen gesellschaftlichen Prozessen häufig ausgeschlossen werden, wie zum Beispiel gehörlose oder blinde Menschen. Ein ›Extrembeispiel‹ ist die Gruppe der Taubblinden, also Menschen deren Seh- und Hörvermögen gleichermaßen stark oder gänzlich eingeschränkt ist. Betroffene sind in den Bereichen Kommunikation, Information und Mobilität sehr stark limitiert und können ihr Recht auf Teilhabe an der Gesellschaft nur mit Hilfe Anderer realisieren.

Eine gängige Kommunikationsform bei späterworbener Taubblindheit ist das Tastalphabet Lorm, bei dem jedes Wort Buchstabe für Buchstabe in die Handinnenfläche der Hand des Taubblinden getippt bzw. gestrichen wird. Jeder Buchstabe ist dabei einem bestimmten Punkt auf der Hand zugeordnet. Voraussetzungen dieser Kommunikationsform sind räumliche Nähe und das Beherrschen des Tastalphabets beider Gesprächspartner. Aufgrund der geringen Anzahl derer, die Lorm beherrschen, führt dies oft zur sozialen Isolation Taubblinder.

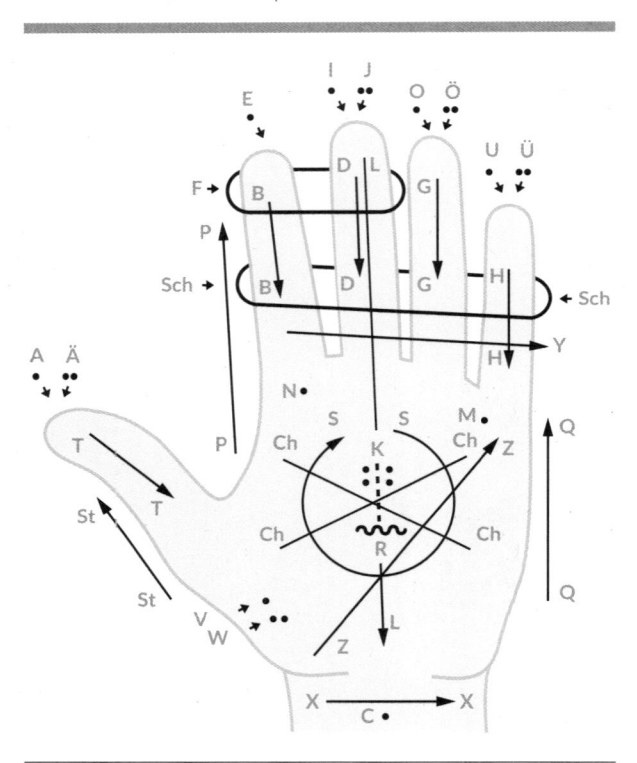

Abb. 2: Das Deutsche Lorm Alphabet

In einem partizipativen Projekt mit zwei Taubblinden-Institutionen in Berlin (ABSV, Oberlinhaus Babelsberg) wurde nach einer Möglichkeit gesucht, taubblinden Menschen die gesellschaftliche Integration zu erleichtern. Die Teilnehmer der beiden Institutionen wurden als Experten ihres Alltags in einen iterativen Gestaltungsprozess miteinbezogen. Die Einblicke, die dabei gewonnen wurden, resultierten im ›Mobile Lorm Glove‹, einem Kommunikationsgerät in Form eines Handschuhs, welches das Deutsche Lorm Alphabet in digitalen Text übersetzt und umgekehrt. Der Glove ermöglicht Kommunikation über Distanz, den autonomen Zugang zu Information und dient als Übersetzer in der Kommunikation mit Personen, welche nicht mit dem Lormen vertraut sind. Desweiteren wird es Taubblinden ermöglicht, mit mehreren Personen gleichzeitig zu kommunizieren.

Die räumliche Nähe der Gesprächspartner ist nicht mehr zwingend erforderlich. Der Träger des Handschuhs kann Textnachrichten verfassen und zu anderen Mobile Lorm Gloves, auf mobile Endgeräte oder Computer senden und kann diese auch empfangen. Dies kann Taubblinden zu einer intensiveren Teilnahme am gesellschaftlichen Leben verhelfen.

Das Projekt veranschaulicht, welche Rolle Integration, Partizipation und Inklusion nicht zuletzt in Gestaltungsprozessen spielen und wie sie gefördert werden können. Besondere Relevanz hat dies in Bezug auf mögliche Zugänge zu Wissenskanälen als grundlegende Vorstufe zu einem autonomen selbstbestimmten Leben. Der Handschuh ist somit nicht nur als Übersetzungswerkzeug zu verstehen, sondern bietet als Hilfsmittel zur Demokratisierung auch eine politische Dimension. Darüberhinaus ermöglicht er ein Zusammenführen von Menschen und Institutionen, die bis dato keinen Zugang zueinander hatten.

Geht man davon aus, dass Technologie-Gestaltung auch über soziale und kulturelle Inklusionen und Exklusionen und somit auch über die Teilhabe an gesellschaftlichen Prozessen mit entscheidet, so wird deutlich, welchen Einfluss der Zugang zu Information dahingehend hat, wie gesellschaftliche Inklusion einzuleiten und zu ermöglichen ist.

Eine wichtige Botschaft kann hierbei sein, nicht nur die vermeintlich negativen Aspekte – die Behinderungen – hervorzuheben, sondern vielmehr die tatsächlichen Fähigkeiten und Expertisen von Behinderten zu erkennen, von denen nicht nur Interaktionsgestalter lernen können. Der spezielle Blickwinkel, Behinderung als Expertise zu verstehen, erlaubt dabei indirekt eine grundsätzliche Umdeutung weitläufig verankerter gesellschaftlicher Bewertungen und Verständnisse von Behinderung und Normalität.

Bild 7: Textile Drucksensoren dienen als Eingabe Einheit des Mobile Lorm Gloves

Bild 8: Kleine Vibrationsmotoren dienen als Ausgabe Einheit des Mobile Lorm Gloves

2. Ausblick

Die vorangegangenen Beispiele dienen einer Standortbestimmung, um zu klären, welche Position dem Design und seiner Forschung im sozialen Gefüge zukommen kann. Ein Ansatz ist es, durch Designprozesse benachteiligte Menschen oder marginalisierte Gruppen stärker in Gestaltungsprozesse zu integrieren - und Gestaltung heißt in diesem Sinne auch die Gestaltung von Entscheidungen, von Situationen, von Prozessen der Teilhabe. Das Design übernimmt hier eine andere Rolle als etwa Politik oder Sozialarbeit: durch das gemeinsame Entwerfen werden abstrakte Konzepte begreifbar und wirkungsvoll.

Der Designer oder die Designerin übernimmt dabei die Rolle, die nötigen Mittel zur Verfügung zu stellen, um anderen zum Ausdruck zu verhelfen. Diese Rolle steht einem traditionellen Design-Begriff gegenüber, bei dem es um die schöpferische Kraft des Individuums und ihren Ausdruck im Entwurf geht.

Bei einer solch starken sozialen Ausrichtung kommen alsbald Zweifel auf - was sind die Grenzen der sozialen Dimension des Designs? Ist es schlussendlich doch die Vermarktbarkeit unserer Produkte, die das Ende des Sozialen bedeutet? Oder ist die Partizipation eine Mogelpackung, um weitere, bisher unerreichte Zielgruppen zu erschließen? Sicherlich gibt es Grenzen im partizipativen Design, das steht außer Frage. Jedoch muss eine Marktrelevanz von Design-Produkten nicht zwangsläufig im Widerspruch zu einer sozialen Ausrichtung stehen. Gelingt es uns, durch partizipative Prozesse Gruppen von Menschen zu Wort - und Gestalt - kommen zu lassen, die vorher marginalisiert wurden, und schaffen es die Ergebnisse schließlich in die Realität des Marktes, ist ein großer Schritt vollbracht. Wichtig ist im Gestaltungsprozess jedoch immer wieder die Frage, wo die Partizipation endet, wo Designentscheidungen getroffen werden, die eines designspezifischen Expertentums bedürfen, etwa in der Frage der Produktionstechnik, der formalen Gestalt, der Ausarbeitung der Interaktion. Über diese Entscheidungspunkte Transparenz im Prozess zu schaffen, diese Entscheidungen zu begründen, ist wichtig für das Gelingen des Dialogs.

Solche Fragestellungen stärker im Design-Diskurs zu verankern und in der Design-Ausbildung zu problematisieren, ist eine wichtige Aufgabe für die nächsten Jahre. Die kritische Reflexion der eigenen Verantwortlichkeit als Designerin und Designer sollte fester Bestandteil der Lehre sein, um hieraus Gestaltungsmöglichkeiten zu entwickeln.

Tom Bieling forscht und lehrt am Design Research Lab der Berliner Universität der Künste und ist seit 2011 Gastprofessor an der German University in Cairo (GUC). Er ist Gründer des Instituts für angewandte Fantasie (Institute for applied Fantasies) und aktives Gründungsmitglied des Design Research Networks. Nach und während seines Studiums in Köln (KISD) und Curitiba (UFPR) war er international als Kommunikations- und Interaction Designer tätig. Als Gastdozent leitete er Projekte und Workshops an zahlreichen Universitäten, unter anderem in Basel, Brüssel, Budapest, Edinburgh, Eindhoven, Mailand, Mumbai, Portland, Rotterdam oder São Paulo. Sein derzeitiger Forschungsschwerpunkt: die Zusammenhänge von Gestaltung und Behinderung.

Florian Sametinger ist Interaction Designer, Designforscher und Dozent und hat Design an der Brunel University of West London, am Politecnico di Milano und der Hochschule Magdeburg-Stendal studiert. Nach seinem Diplom 2007 arbeitete er in München als selbständiger Designer an Projekten im Kommunikations-, Automobil- und Haushaltsgerätebereich. Seit 2010 ist er Doktorand am Design Research Lab der Universität der Künste Berlin und untersucht im Rahmen seiner Forschungsarbeit, welche Rolle partizipatives Design und Bürgerforschung zur nachhaltigen Entwicklung von Nachbarschaften spielen können und welche Werkzeuge dabei die Einbeziehung möglichst vieler Stakeholder ermöglichen.

Gesche Joost ist Professorin für Designforschung an der Universität der Künste Berlin. Seit 2005 leitet sie das Design Research Lab in Kooperation mit den Deutschen Telekom Laboratories. Mit internationalen Partnern entwickelt sie Forschungs- und Lehrprojekte zur Mensch-Maschine-Interaktion, zu Gender und Diversität in der Technologie-Entwicklung und zur gesellschaftspolitischen Partizipation. Sie ist Vorsitzende der Deutschen Gesellschaft für Designtheorie und -forschung e.V. und Vorstandsmitglied der Technologiestiftung Berlin. 2013 war sie Mitglied im Kompetenzteam von Peer Steinbrück für das Thema ›Vernetzte Gesellschaft‹.

Literatur

Bieling, T., Gollner, U., Joost, G. (2012): ›What do you mean user study? Translating Lorm, Norm and User Research‹. Bangkok: Design Research Society, DRS.

Björgvinsson, Erling, Pelle Ehn, and P.A. Hillgren (2010): ›Participatory design and democratizing innovation‹ Pp. 41–50 in: ›Proceedings of the 11th Biennial Participatory Design Conference‹ ACM Retrieved June 28, 2011 (http://portal.acm.org/citation.cfm?id=1900448).

Bonsiepe, Gui (1977): ›Precariousness and Ambiguity – Industrial Design in Dependent Countries‹ in: Bicknell, Julian/ McQuiston, Liz (Ed.): ›Design for Need - The Social Contribution of Design; ICSID, Pergamon Press, 1977.

Brandes, U. (2008): ›Gender und Design‹ In: Michael Erlhoff/Tim Marshall (Hrsg.): ›Design Dictionary‹ New York: Birkhäuser, 2008.

Buchmüller, Sandra (2013): ›Partizipation = Gleichberechtigung?‹ in: ›Wer gestaltet die Gestaltung?‹ hrsg. von Matthias Held, Gesche Joost, Claudia Mareis. Bielefeld: transcript

Buchmüller, S., Joost, G., Bessing N. & Stein, S. (2011): ›Bridging the gender and generation gap by ICT applying a participatory design process‹ in: ›Personal and Ubiquitous Computing‹ Vol. 15/ Number 7. London: Springer-Verlag, 2011. P. 743 –758.

DiSalvo, C, Illah Nourbakhsh, D Holstius, A. Akin and Marti Louw (2008): ›The neighborhood networks project: A case study of critical engagement and creative expression through participatory design‹ Proc PDC 2008.

Ehn, P./ Kyng, M. (1987): ›The Collective Resource Approach to Systems Design‹ in: G. Bjerknes, et al. (Eds.): ›Computers and Democracy‹ P. 17-57.

Ehn, P. (2001): ›On the Collective Designer‹ keynote lecture at Cultural Usability Seminar, UIAH Helsinki, April 2001; as quoted in Diaz-Kommonen 2002

Ehn, P. (2009): ›Design Things and Living Labs. Participatory Design and Design as Infrastructuring. In Multiple Ways to Design Research. Research cases that reshape the design discipline‹ Proceedings of the Swiss Design Network Symposium 2009; Lugano. P. 52-64.

Erlandson, R. F. (2008): ›Universal and Accessible Design for Products, Services and Proceses‹ Boca Raton: CrC Pres.

Erlhoff, M. (1995/2001): ›Nutzen statt besitzen‹ Göttingen: Steidl.

Findeli, Alain, Denis Brouillet, Sophie Martin, Christopher Moineau, and Richard Tarrago (2008): ›Research Through Design and Transdisciplinarity: A Tentative Contribution to the Methodology of Design Research‹ Pp. 67-91 in: ›Focused Current Design Research Projects and Methods Swiss Design Network Symposium 2008‹ Swiss Design Network.

Fuad-Luke, Alastair (2009): ›Design activism : beautiful strangeness for a sustainable world‹ London: Earthscan.

Flusser, V. (1993): ›Vom Stand der Dinge. Eine kleine Philosophie des Design‹ Göttingen.

Gaver, W., Dunne, T., Pacenti, T. (1999): ›Cultural Probes‹ in: ›Interactions‹ 6 (1): 21 - 29.

Gaver, William W., Jacob Beaver und Steve Benford (2003): ›Ambiguity as a resource for design‹ Proceedings of the conference on Human factors in computing systems - CHI '03 (5): 233.

Hawkes, J. (2001): ›The Fourth Pillar of Sustainability: Culture's Essential Role in Public Planning‹

Heidkamp, P. et al. (2010): ›Learning from Nairobi Mobility - a cultural library Project‹ Cologne: KISDedition.

Herwig, O. (2008): ›Universal Design: Lösungen für einen barrierefreien Alltag‹ Basel: Birkhäuser Verlag.

Imrie, R., Hall, P. (2001): ›Inclusive Design: Designing and Developing Accessible Environments‹ London: Spon Press.

Jégou, François, and Ezio Manzini (2007): ›Collaborative Services - Social innovation and design for sustainability‹ Milan.

Jonas, Wolfgang (2006): ›Research through DESIGN through research - a problem statement and a conceptual sketch‹ Society 36(1): 1-8.

Joost, G., Chow, R. (2010): ›Design Research in University-Industry Collaborative Innovation: Experiences and Perspectives‹ in: Arnold, H., Erner, M., Möckel, P. Schläffer, Ch.: ›Applied Technology and Innovation Management‹ Berlin, Heidelberg: Springer.

Joost, G.; Bessing, N.; Buchmüller, S. (2010): ›G – Gender Inspired Technology‹ in: Ernst, W. (Hrsg.): ›Geschlecht und Innovation. Gender Mainstreaming im Techno-Wissenschaftsbetrieb, Internationale Frauen- und Genderforschung in Niedersachsen‹ Teilband 4. Berlin: LIT Verlag.

Latour, B. (2001): ›Das Parlament der Dinge – Für eine politische Ökologie‹ Frankfurt/M.: Suhrkamp.

Mace, R.L., Hardie, G. J., Plaice, J.P. (1991): ›Accessible Environments. Towards Universal Design‹ in: Priser, Wolfgang et al. (Hg.): ›Design Inverventions. Towards a more Human Architecture‹ New York.

Manzini E., Jegou F. (2003): ›Sustainable everyday. Scenarios of Urban Life‹ Milano: Edizioni Ambiente.

Manzini E. (2007): ›Design Research for Sustainable Social Innovation‹ in: Michel, R. Design Research Now. Basel: Birkhäuser.

Manzini, E. (1997): ›Leapfrog – designing sustainability‹ Domus, 01/1997, pp 43-51

Markussen, Thomas (2011): ›The Disruptive Aesthetics of Design Activism: Enacting Design between Art and Politics‹ Design 1-9.

Mitrasinovic, M. (2008): ›Universal Design‹ in: Erlhoff, M. / Marshall, T.: ›Perspectives on Design Terminology‹ Basel: Birkhäuser.

Moser, Ingunn / Law, John (1999): ›Good passages, bad passages‹ In: Law, J. / Hassard (Eds.), Actor Network Theory and After. Oxford, UK: The Sociological Review and Blackwell, 196-219.

Pierce, James (2009): ›Material awareness: promoting reflection on everyday materiality‹ Pp. 4459–4464. In: ›Proceedings of the 27th international conference extended abstracts on Human factors in computing systems‹

Rammert, W. (2010): ›Die Innovationen der Gesellschaft‹ in: ›Soziale Innovationen‹ VS Verlag für Sozialwissenschaften

Sanders, E. (2002): ›From User-Centered to Participatory Design Approaches‹ in: FRASCARA, J.: ›Design and the Soc. Sciences, Taylor & Francis‹

Sanders, Elizabeth B.-N. (2006): ›Scaffolds for building everyday creativity‹ in: ›Design for Effective Communications: Creating Contexts for Clarity and Meaning‹ Jorge Frascara (Hrsg.) Allworth Press, New York, 2006.

Sanders, Elizabeth, and Pieter Jan Stappers (2008): ›Co-creation and the new landscapes of design‹ CoDesign 4(1):5-18.

Sanders, E. (2013): ›Perspectives on participation in design‹ in: ›Wer gestaltet die Gestaltung?‹ Tagungsband DGTF-Jahrestagung. Bielefeld: transcript

Simon, H. (1996): ›The Sciences of the Artificial‹ Boston: MIT Press.

Thorpe, Ann (2008): ›Design as Activism - A Conceptual Tool, In proceedings of Changing the Change conference‹ Turin, 2008

UNESCO's World Commission on Culture and Development (1995): ›Our Creative Diversity‹ http://portal.unesco.org/culture/en/ev.php-URL_ID=22431&URL_DO=DO_TOPIC&URL_SECTION=201.html (abgerufen am 20.05.2013)

Winance, Myriam (2006): ›Trying out the Wheelchair; Science, Technology & Human Values‹ 31(1), 52-72.

Zapf, Wolfgang (1989): ›Über soziale Innovationen‹ erschienen in ›Soziale Welt‹ 40. Jahrg., H. 1/2 (1989), pp. 170-183.

Produkt- und Kommunikationsdesign werden durch dieselbe Kultur geformt, innerhalb derer sie agieren und an der sie mitgestalten. Auf der Basis von Kultur, mit all ihren Normen und Konventionen, treffen die Menschen ihre alltäglichen Entscheidungen. Design wird vielfach dazu genutzt, das Kaufverhalten von Menschen, ihre materiellen Wünsche aber auch ihre politischen Einstellungen zu beeinflussen. Dabei dient Design nicht nur der Befriedigung existierender Bedürfnisse, sondern kann diese, quer durch die gesellschaftlichen Schichten, auch künstlich erzeugen. Nachhaltiges Design setzt eine Kulturkritik voraus – eine Emanzipation von Kreativität und Gestaltungsprozessen von den Ideologien und Strukturen, die eine Gesellschaft dominieren.

Die kulturelle Dimension des Designs

CLAUDIA MAREIS

Eine Vermessung der kulturellen Dimension von Design mutet bereits bei einer ersten, oberflächlichen Betrachtung schier aussichtslos an. Entwerfen, Planen und Formgeben umfassen als kulturelle Praktiken ein ebenso weitreichendes wie wirkungsmächtiges Feld menschlicher Aktivität, Produktion und Kreativität. Unter dem Begriff einer »*Kulturtechnik*«[1] (Krämer/Bredekamp 2003) wird dem Entwerfen sogar das Potential zugesprochen, »*sich selbst ständig mit und in unterschiedlichen Entwurfstechniken neu zu entwerfen*« (Gethmann/Hauser 2009: 10). Im Entwurf wird das Entwerfen also gleichsam mitentworfen.

Stärker noch als die Entwurfstechniken und -konzepte prägen aber die materiellen Objekte und visuellen Zeichensysteme, die Waren und Produkte, die aus dieser Entwurfstätigkeit resultieren, unseren Alltag und unsere Umwelt. Als kulturell codierte und ökonomisch distribuierte Artefakte beeinflussen sie die Art und Weise wie wir leben, wohnen und uns kleiden, wie wir Wissen vermitteln und archivieren, wie wir uns in den Städten und insgesamt in unserer Kultur bewegen und orientieren: angefangen mit Gegenständen des alltäglichen Gebrauchs bis hin zum Design von nur vermeintlich immateriellen Dingen wie Dienstleistungen, Interfaces oder Systemdesign. Der Techniksoziologe Bruno Latour konstatierte unlängst, dass sich

---

[1] Das Konzept der Kulturtechnik stellt einen interdisziplinären Versuch dar, nicht-sprachliche bzw. sprachanalytische Praktiken, Techniken und Darstellungsformen zu erforschen, die für die Genese und Analyse kultureller Ordnungen bedeutsam sind. Gemeinhin werden Bild, Schrift, Zahl als Kulturtechniken behandelt, aber auch Diagramme, Modelle oder Entwürfe zählen dazu. Als Kulturtechnik gilt, was »die Leistungen der Intelligenz durch Versinnlichung und exteriorisierende Operationalisierung des Denkens« befördert (Krämer/Bredekamp 2003: 18).

das Wort *Design* auf immer größere Produktionsgefüge anwenden und längst nicht mehr auf eine Liste von Gebrauchs- oder sogar Luxusgütern beschränken ließe (Latour 2009: 357).

Diese Diagnose beansprucht ihre Geltung jedoch nicht erst für das 21. Jahrhundert. Die Fülle dessen, was entworfen und gestaltet werden kann, hat bereits in den in den 1960er Jahren den Sozial- und Wirtschaftswissenschaftler Herbert Simon zu der Aussage motiviert: »*Jeder ist ein Designer, der Abläufe ersinnt, um bestehende Situationen in erwünschte zu verwandeln*« (Simon 1990: 95). Design wurde auf diese Weise nicht nur als generalistische Tätigkeit in einer artifiziellen Welt bestimmt, zugleich wurden Entwurfsprozesse im Zeitalter der Kybernetik grundsätzlich systemisch gedacht: als Regulation eines suboptimalen Ist-Zustandes in einen optimierten Soll-Zustand.

Ein derart ausgedehnter, systemischer Designbegriff gilt heute keineswegs als überholt, sondern wird in aktuellen Designdiskursen unter dem Vorzeichen einer unkontrollierbaren, dem steten Wandel unterworfenen »*Risikogesellschaft*« (Beck 1986) fortgeführt. Harold Nelson und Erik Stolterman projektieren in ihrem Buch ›The Design Way‹ (2003) Designpraxis als alternatives Handlungsangebot, um mit Krisen, Veränderungen und Risiken, die von der Wissenschaft weder vorhergesehen noch kontrolliert werden können, produktiv umzugehen. Die enorme Wirkungsmacht von Design werde erst in Krisenzeiten und Katastrophen erkannt, so auch die These von Bruce Mau, da erst beim Versagen technischer, politischer und sozialer Systeme der Blick auf ihre Herstellung, also auf das Design dieser Systeme falle (Mau 2004: 6).

In den genannten Ansätzen, die trotz ihrer interessanten Ideen weniger Designtheorien als Heilsversprechen ähneln, wird nicht nur dem Design, sondern selbstredend auch dem Designer eine zentrale gesellschaftstragende und systemstabilisierende Funktion attestiert. Es scheint mitunter, als solle durch die Aussicht auf Weltverbesserung durch Design die Profession insgesamt einer Nobilitierung unterzogen werden. Seltsam unbeachtet bleibt in der Rede vom ›Systemdesign‹ jedoch zumeist die materielle Dimension von Design, die sich in den genannten technischen, politischen und sozialen Systemen nicht nur als positiver Katalysator ideeller Art, sondern auch als »*Nachtseite der materiellen Kultur*« (Sennett 2008: 28) verdinglicht: etwa in Form von Umweltschäden, Abfallstoffen, Warenüberfluss, nicht-nachhaltigen Produktionssystemen oder unzumutbaren Arbeitsbedingungen. Das vermeintlich grenzenlose Bild einer fortschrittlichen materiellen Kultur, die durch Designer entworfen und gestaltet wird, findet seine Grenzen mithin in den Schäden, die sich die Menschheit nicht nur wissentlich, sondern auch »*unwissentlich oder durch unglückliche Umstände selbst zufügt*« (ebd.).

Schärfer und pointierter noch fiel in dieser Hinsicht Victor Papaneks Kritik an der Design- und Werbeindustrie aus, als er in den 1970er Jahren konstatierte: »*There are professions more harmful than industrial design, but only a very few of them. And possibly only one profession is phonier. Advertising design [...]. Never before in history have grown men sat down and seriously designed electric hairbrushes, rhinestone-covered shoe horns, and mink carpeting for bathrooms, and then drawn up elaborate plans to make and sell these gadgets to millions of people*« (Papanek 2000: ix). Aus seiner Kritik geht ungeachtet allen Zynismus deutlich hervor, dass die Analyse von Designobjekten, von materieller Kultur insgesamt, ohne eine flankierende Analyse der Produktionsverhältnisse, unter denen diese produziert werden, ihren Gegenstand verfehlen muss.

1. Die marginalisierte kulturelle Dimension von Design

Paradoxerweise führt die vermeintliche Omnipräsenz und -potenz, die dem Design attestiert wird, keineswegs dazu, dass dessen kulturelle Dimension von der Designforschung eingehender reflektiert wird. Bevor in einem späteren Abschnitt auf Ansätze eingegangen wird, welche die Kulturalität von Design als materielle Kultur unterstreichen, sollen zunächst zwei essentialistische Modelle von Design diskutiert werden, die ihre wichtigste Legitimation gerade nicht aus der kulturellen Reflexion von Design beziehen, sondern sich anderer Narrative bedienen.

Eine Marginalisierung von Kulturalität kann vor allem bei solchen Designmodellen beobachtet werden, in denen das Entwerfen auf naturalisierende Weise als eine anthropologische Konstante aufgefasst wird, das heißt, als eine menschliche Aktivität, die derart grundlegend anmutet, dass sie als *conditio humana* jedem Menschen innezuwohnen und gewissermaßen von ›Natur aus‹ gegeben zu sein scheint. Im Sinne dieses Modells behaupten etwa Harold Nelson und Erik Stolterman: »*Design is such a natural human ability that almost everyone is designing most of the time – whether they are conscious of it, or not*« (Nelson/Stolterman 2003: 1).

Ist Gestaltung ein göttlicher Akt?

Der Mythos von der *conditio humana* stützt sich jedoch, wie wir von Roland Barthes wissen, »*auf eine sehr alte Mystifikation, die seit jeher darin besteht, auf den Grund der Geschichte die Natur zu setzen*« (Barthes 1964: 17).

Parallel zu diesem anthropologischen Modell des Entwerfens wurde in der Kunstgeschichtsschreibung über Jahrhunderte hinweg der Entwurfsprozess respektive der Entwerfer, als Personifizierung des schöpferischen Akts, einer theologisch-idealistischen Mystifikation unterzogen. Die Idee der *creatio ex nihilo* legt nahe, dass es die Schaffung von etwas Neuem ins »*Leere, Undefinierte*« hinein nur als einen »*göttlichen Akt*« geben kann (Bröckling 2010: 89), nicht aber als ein durch Menschen kultiviertes Projekt. Auch der Disegno-Begriff, auf den viele Designtheorien sich stützen, fand seine funktionale Bestimmung in der Kunsttheorie der Renaissance als geistig-schöpferische, also ideelle, nicht materielle Grundlage der Künste (Kemp 1974: 224). Kreativität und Entwerfen stellen also Begriffe mit zutiefst »*religiösen Wurzeln*« und »*theologischen Mucken*« dar (Bröckling 2010: 89).

Die genannten Entwurfsmodelle, die trotz ihres problematischen Charakters bis heute als sinnstiftende Leiterzählungen in Designdiskursen fungieren, argumentieren die weitreichende Wirkungsmacht von Design einerseits naturalistisch, andererseits theologisch-idealistisch. Beiden Modellen ist jedoch gemeinsam, dass sie die Geschichtlichkeit oder Kulturalität des Entwerfens zu weiten Teilen unterschlagen, indem sie konkrete menschliche Akteure durch letztlich unfassbare nicht-menschliche (natürliche oder göttliche) Instanzen und durch idealistische Konzepte ersetzen. Anstelle von differenzierten kulturhistorischen, materialen Analysen treten dann essentialistische, epochenübergreifende Narrative und Mythen, die dem Objekt, von dem sie sprechen, jegliche Geschichte entziehen und stattdessen ein »*natürliches Bild des Realen*« wiedergeben (Barthes 1964: 130). Ausgeblendet wird dabei, dass es sich beim Entwerfen *erstens* um keinen homogenen Prozess handelt, sondern um ein heterogenes, instabiles und bisweilen widersprüchliches Ensemble von Techniken, Verfahren, Instrumenten und Materialien sowie von Theorien und Modellen, die bis zu einem bestimmten Grad immer auch ›gegen den Strich‹ gelesen und nonkonform verwendet werden können. Marginalisiert wird *zweitens*, dass das Entwerfen spezifischen, kulturell unterschiedlich ausgebildeten Gewohnheiten, Regeln und Normen folgt, also ›Entwurfskulturen‹ bildet, die innerhalb von historisch partikulären Wissens- und Expertenkulturen vermittelt und erlernt werden. Damit ist *drittens* auch gesagt, dass solche Entwurfskulturen eingebettet sind in übergreifende Dispositive, in Instanzen und Technologien der Regulierung, Instrumentalisierung, Disziplinierung und Ökonomisierung menschlicher Kreativität und ihrer Produkte, die den Individuen, die innerhalb dieser Dispositive agieren, so selbstverständlich erscheinen, dass sie sich ihnen als historische Positivität zugleich auch entziehen.

2. Die Materialität und Alltäglichkeit von Dispositiven

Die Elemente, die ein Dispositiv miteinander verknüpft, sind gemäß Michel Foucaults oft zitierter Definition »*ein entschieden heterogenes Ensemble, das Diskurse, Institutionen, architekturale Einrichtungen, reglementierende Entscheidungen, Gesetze, administrative Maßnahmen, wissenschaftliche Aussagen, philosophische, moralische oder philanthropische Lehrsätze, kurz: Gesagtes ebensowohl wie Ungesagtes umfasst*« (Foucault 1978: 119). Ihr wichtigster Effekt besteht darin, Macht-Wissensverhältnisse programmatisch zu strukturieren und ein Wissen zu erzeugen, das Menschen dazu bringt, auf eine bestimmte Weise zu denken und zu handeln. Dispositive tragen zu einer Subjektbildung bei, der immer schon eine externe Desubjektivierung inhärent ist, vermittelt etwa durch staatliche, rechtliche oder technologische Instanzen. An Foucault anschließend beschreibt Giorgio Agamben, wie besonders technische Dispositive Prozesse der Desubjektivierung unterstützen. »*Wer sich vom Dispositiv Mobiltelefon gefangen nehmen lässt*«, so Agamben, »*erwirbt deshalb keine neue Subjektivität, sondern lediglich eine Nummer, mittels derer er gegebenenfalls kontrolliert werden kann; der Zuschauer, der seine Abende vor dem Fernseher verbringt, erhält im Tausch für seine Desubjektivierung nichts als die frustrierende Maske des zappeur oder die Einbeziehung in die Berechnung der Einschaltquote*« (Agamben 2008: 37).

Diese Überlegungen lassen sich auch auf Probleme und Fragestellungen des Designs übertragen. Nicht nur in technischen, sondern auch in entwerferischen Gefügen werden hegemoniale Denkstrukturen durch material-mediale *devices* oder objektbasierte Handlungsangebote (*affordances*) re-produziert. Etwa in der Form schriftlicher Sprachregelungen, architektonischer Raumplanung, ikonischer Verbots- oder Warnschilder, diagrammatischer Gebrauchsanleitungen, routinisierter Objekt- und Bildpraktiken, ästhetischer Normen oder technisch-medial wirksamen Ein- und Ausschlussverfahren. Als anschauliche Beispiel kann die Gestaltung staatlicher Schuleinrichtungen dienen, die mittels spezifischer architektonischer Strukturen (Klassenzimmer, Lehrerzimmer, Pausenplatz), akustischer Signale (Pausenklingel), festgelegter Sitzordnungen, ritualisierter Redenormen (wenn der Lehrer spricht, schweigt die Klasse) oder disziplinierender Körperübungen (Schreiben, Turnen) eine »*kulturelle Grammatik*« durch »*Unterordnung und Autorität*« ausformen, innerhalb derer sich Machtverhältnisse nicht nur materialisieren, sondern vielmehr als *normal* und alltäglich erscheinen (vgl. Blissett et al. 2001: 14)

Insgesamt sind es also die »*allzu vertrauten Dinge, die aufgrund ihrer nur peripher wahrgenommenen Selbstverständlichkeit und dem stillen Zwang ihrer materiellen Widerständigkeit die kulturellen Wahrnehmungs-, Denk- und Handlungsschemata umso nachhaltiger prägen*« (Prinz/Moebius 2012: 9). Gerade das alltägliche, »*anonyme Design*« re-produziert demnach »*eine kulturell und historisch spezifische Material- und Formensprache, die nicht einfach nur eine tiefer liegende Sozialstruktur widerspiegelt, sondern selbst strukturierend wirkt, da sie die verschiedensten routinisierten Praktiken stets begleitet oder gar erst ermöglicht*« (ebd.).

3. Von der Kulturindustrie zu den Design-Dingen

Das Unterfangen, materiale Alltags- und Populärkultur einer philosophisch-soziologischen Analyse zu unterziehen, ist spätestens seit den kulturpessimistischen Thesen der Frankfurter Schule Mitte des 20. Jahrhunderts eng mit der Kritik an ihren industriellen Produktionsweisen und massenmedialen Konsumptionsformen verzahnt. In der historisch-materialistischen Lesart von Kultur durch Max Horkheimer und Theodor W. Adorno – die zeithistorisch in Absetzung zur massenmedialen Politpropaganda der Nationalsozialisten sowie zur amerikanischen Konsumkultur der 1940er Jahre zu verstehen ist – wird Kultur weder einseitig durch ihre materialen Grundlagen vergegenständlicht, noch beschränkt sich der Wirkungsbereich industrieller Produktion auf die Herstellung von Konsumgütern des alltäglichen Gebrauchs. Vielmehr ist für Horkheimer und Adorno dieses Verhältnis wechselwirksam zu denken: Kultur nimmt in der sogenannten ›Kulturindustrie‹ einen grundlegend warenförmigen Charakter an (Horkheimer/Adorno 2003: 128–176). Sie wird zum zugleich symbolischen und materiellen Ausdruck einer kapitalistischen Vergesellschaftung, in welcher der ökonomische Waren- und Tauschwert eines Kulturproduktes und seine ästhetische Bedeutung vermeintlich unterschiedslos ineinander übergehen.

Führt eine ›ästhetische Ökonomie‹ zu geistiger Blindheit?

Die Logik, der die Kulturindustrie folgt, ist jene der vermeintlich konformen Masse, deren Begehren nach Unterhaltung und »Amusement« industriell gestillt und stillgelegt wird. Individuelle künstlerische Positionen werden demnach »*illusionär*« (ebd.: 163), ersetzt durch konformistische, massentaugliche Kulturkonsumprodukte. Der Kulturindustrie sei es gelungen, so schreiben Horkheimer und Adorno, die »*Transposition der Kunst in die Konsumsphäre energisch durchgeführt, zum Prinzip erhoben*« zu haben (ebd.: 143). Dadurch wird freilich auch der Einfluss, der den industriell erzeugten, massenhaft verbreiteten Medien wie Radio, Film oder Zeitschriften zugeschrieben wird, ins Extreme überhöht: »*Die ganze Welt wird durch das Filter der Kulturindustrie geleitet*«, so lautet ihr pessimistisches Fazit (ebd.: 134).

Auch in der neueren deutschsprachigen Kulturphilosophie hebt sich der Versuch einer Ausdehnung ästhetischer Theorien auf Phänomene des Populären und Alltäglichen ab. Wiederum ist dieser Versuch durchzogen von einem latenten Kulturpessimismus. Gernot Böhme übt in seinen Ausführungen zu einer allgemeinen Theorie der Ästhetik Kritik an einer »*ästhetischen Ökonomie und einer ästhetisierten Politik*«, der es nur noch um den »*Inszenierungswert von Waren*« gehe (Böhme 2001: 160). »*Was Aufmachung und Ästhetik im Sinne von Verschönerung gewesen sein mag und entweder dem Verkauf von Waren oder ihrem Gebrauch diente, verselbstständigt sich nun, und es tauchen Waren auf, die keinen Gebrauchswert haben bzw. deren Gebrauchswert allein in ihrer Inszenierung bzw. ihrer Funktion in Inszenierungen besteht*« (ebd.). In ähnlicher Weise hebt Wolfgang Welsch die negative »*Kehrseite des Ästhetischen*« (Welsch 2003: 10) hervor, die aus einer weitreichenden Ästhetisierung öffentlicher Räume, Dienstleistungen und Medien resultiere. Aus seiner Sicht führt die Omnipräsenz von ästhetischen Gegenständen jedoch keineswegs zu einer Steigerung des individuellen schöpferischen Potentials, sondern zeigt sich, im Gegenteil, vielmehr als lähmende Kraft, als »*Anästhetisierung*« (ebd.: 14), die »*von der physischen Stumpfheit bis zur geistigen Blindheit*« (ebd.: 10) reiche.

Doch längst nicht alle Kulturtheorien verharren angesichts der Diagnose einer durchgreifenden Gestaltung, Ästhetisierung und Kommerzialisierung unserer Alltags- und Lebenswelt in Resignation. Auch sehen längst nicht alle in den Gegenständen des Designs ein beliebig formbares Material oder eine willfährige Projektionsfläche gesellschaftlicher Repräsentation und Repression. So versteht der Designtheoretiker Pelle Ehn Designobjekte gerade nicht als passive Artefakte, sondern bezeichnet sie mit Bezug auf Bruno Latour als aktive »*Design-Dinge*«: als soziomaterielle Akteure, in denen und durch die gesellschaftliche Aushandlungsprozesse sich materialisieren und Kontroversen visualisieren lassen (Ehn 2008: 92).

Das Konzept des ‚Dings' gewinnt bei Bruno Latour durch seine etymologische Herleitung vom altnordischen Wort ‚thing', als gemeinschaftsöffentlicher Verhandlungsort, an neuer analytischer Kraft: »*Wenn man über Artefakte in Begriffen von Design nachdenkt*«, so Latour, »*begreift man sie immer weniger als modernistische Objekte, sondern zusehends als ‚Dinge'.*

[...] Artefakte werden begreiflich als komplexe Versammlungen widersprüchlicher Sachverhalte« (Latour 2009: 359). Entsprechend kritisiert er den Umstand, dass in den gängigen Medien und Darstellungsformen, wie sie in der Wissenschaft oder in der Politik zu finden sind, die Widersprüchlichkeit und Komplexität von politischen oder wissenschaftlichen Sachverhalten gerade *nicht* vermittelt werde, sondern dass kontroverse Sachverhalte vielmehr vereinfacht und *neutralisiert* werden würden. Sie würden als »*unabänderliche, neutrale Tatsachen*« (matters of fact) dargestellt, nicht jedoch als Angelegenheiten, »*die uns angehen*« (matters of concern) und die öffentlich zur Disposition gestellt werden müssten (ebd.: 357). Basierend auf dieser Problemdefinition begründet Latour eine Designtheorie, in der die Art und Weise, wie Sachverhalte ästhetisch-medial gestaltet und vermittelt werden, zur eigentlichen Möglichkeitsbedingung ihrer Diskussion und Analyse wird: »*Wenn man Dinge als gut oder schlecht designt ansieht, dann erscheinen sie nicht länger als unabänderliche Tatsachen*«, so Latour (ebd.: 359).

Obwohl sein Ansatz in der Designforschung derzeit auf reges Interesse stößt, so haftet ihm doch auch der Vorwurf einer Vernachlässigung sozialer Handlungs- und Machtstrukturen an. In der Latourschen Denkweise wirken Designobjekte als nicht-menschliche Akteure – die innerhalb eines komplexen Akteurs-Netzwerks von Menschen und Dingen agieren – mit ihrem materiellen Eigensinn auf die Erzeugung von Wissen sowie auf die Re-Produktion von Kultur ein. Marginalisiert wird dabei jedoch, dass nicht alle Positionen in diesem Akteurs-Netzwerk in sozialer Hinsicht gleich zu bewerten sind bzw. gleich bewertet werden. So weist die Wissenschaftsforscherin Donna Haraway explizit auf die soziale Normierung von Kultur- und Wissenserzeugungen hin und fordert, sie mithin vor diesem Hintergrund zu adressieren und zu problematisieren. Vergleichbar mit Latour bekräftigt auch sie den Einfluss, den Objekte und Medien auf die Re-Produktion von Kultur und Wissen ausüben. Ihr Ansatz eines ›situierten Wissens‹ betont jedoch sehr viel stärker den Umstand, dass die historischen, politischen und gesellschaftlichen Existenzbedingungen einzelner Subjekte sehr unterschiedlich ausfallen können und somit der Akt des Wissens und Erkennens nur partiell, das heißt von einem bestimmten Standpunkt aus erfolgen kann (Haraway 1995: 93 f).

4. Die Cultural Studies und die Umkehrung der Zeichen
Anders als die meisten der bis hierher diskutierten Ansätze stellen die *Cultural Studies* ein Forschungsprogramm aus der zweiten Hälfte des 20. Jahrhunderts dar, das die Alltags- und Populärkultur nicht nur als akademischen Forschungsgegenstand legitimieren will, sondern ihr darüber hinaus ein Potential zum Nonkonformismus und zur Gesellschaftskritik attestiert. Dieses Potential wird insbesondere im unkonventionellen, non-intentionalen Gebrauch von hegemonialen kulturellen Medien- und Zeichensystemen gesehen und von der These angeleitet, dass Kultur ein Ort konstanter sozialer Sinnaushandlung sei.

Die Cultural Studies hatten sich bekanntlich im Großbritannien der 1960er Jahre an der Schnittstelle von Erwachsenenbildung und Literaturwissenschaften entwickelt. Ausgehend von der Überzeugung, dass Kultur kein stabiles, homogenes Gefüge sei, sondern ein inkommensurables, veränderliches, und somit veränderbares, »*Feld von Praxen, Repräsentationen, Sprachen und Bräuchen in jeder historisch bestimmten Gesellschaft*« darstelle (Hall 1989: 89, zit. nach Winter 2006: 386), propagierten ihre Vertreter einen erweiterten Kulturbegriff, der sich nicht länger auf die Analyse von valorisierter Hochkultur (high culture) beschränken wollte, sondern Arbeits-, Freizeit- und Populärkulturen (low culture) thematisierte. Populärkultur wurde dabei keineswegs einer bestimmten gesellschaftlichen Klasse, etwa der Arbeiterklasse, zugeordnet, vielmehr wurde das Populäre selbst als wesentlicher Schauplatz im »*Kampf um Hegemonie in der Gesellschaft*« identifiziert (Winter 2006: 383).

Erkenntnisleitend für die empirischen, stark theoriegeleiteten Untersuchungen der Cultural Studies waren Fragen zur Repräsentation von Kultur durch kulturelle Codierungen sowie deren Re-Produktion innerhalb von medialen Einschreibe- und Umdeutungspraktiken. Beispiele dafür sind Stuart Halls Arbeiten zu den Encodierungs- und Decodierungsmöglichkeiten massenmedialer Codes, wie sie durch das Fernsehen verbreitet werden (Hall 1973) oder Dick Hebdiges Studie zur Bedeutung von Stilproduktion innerhalb von subkulturellen Jugendgruppen (Hebdige 1979). Für Hebdige handelt es sich bei den Stilphänomenen dieser Jugendgruppen um »*bedeutungsschwangere Zeichen*« (ebd.: 18), die nicht einfach als beliebige ästhetische Codes dechiffriert werden können, sondern einen integralen Bestandteil spezifischer Lebensweisen bilden und diese repräsentieren.

Der Repräsentationsbegriff ist für die genannten Studien insofern bedeutsam, als er, semiologisch begründet, »*als konstitutiv für Praktiken*« gelten kann, »*in denen Bedeutung hergestellt und zwischen Mitgliedern einer Kultur kommuniziert wird*« (Schade/Wenk 2011: 111). Diese »*Beziehungen zwischen Vorstellungen, Dingen und Zeichen*« werden »*durch Kodes reguliert, die kulturell bestimmt und entsprechend unterschiedlich sind*« (ebd.). Daneben wurde in den Cultural Studies auch nach der Strukturierung von kultureller Hierarchie sowie nach der Legitimierung von Wissen durch soziale Faktoren wie Klasse, Ethnizität und Gender gefragt. Diese Fragen spiegeln nicht zuletzt die theoretischen Grundlagen der Cultural Studies wider, die sich wesentlich aus dem Marxismus, der Frankfurter Schule, der Semiologie bzw. dem Strukturalismus oder der Psychoanalyse speisen. Mit Bezug auf Rainer Winter lassen sich vier theoretische Prämissen zusammenfassen, die für die Medien- und Zeichenanalysen der frühen Cultural Studies, namentlich bei Stuart Hall, bezeichnend waren und die bis heute produktiv geblieben sind (vgl. Winter 2006: 385 f):

Erstens werden Medien »*als dominante kulturelle und ideologische Kraft*« verstanden, die nicht nur fähig ist, »*gesellschaftliche Beziehungen und politische Probleme zu bestimmen*«, sondern auch »*populäre Ideologien hervorzubringen und an ein breites Publikum zu vermitteln*«. *Zweitens* werden Medientexte nicht als »*transparente Träger von Bedeutung*« betrachtet, sondern in ihrer sprachlichen und ideologischen Struktur analysiert. *Drittens* wird die Vorstellung einer ›homogenen‹, ›passiven‹ Publikumsmasse durch ein Modell ersetzt, in dem das Publikum aktiv an der Enkodierung und Dekodierung von Medienbotschaften beteiligt ist. Damit wird zugleich die Polysemie, also die Mehrdeutigkeit und ›Pluralität von Lesarten‹, die mediale Codes stets offerieren, bedeutsam. *Viertens* generiert die Beschäftigung mit dem Ideologiekonzept Fragen zur »*Funktion von Medien in der Zirkulation und Stabilisierung dominanter ideologischer Definitionen, Rahmen und Repräsentationen*«.

Neben der Einsicht in die semiologische Kontingenz von Medienbotschaften und kulturellen Texten, die sie stets (wenngleich in begrenztem Maße) auf eine andere als die intendierte Weise les- und benutzbar machen, ist besonders der letzte Punkt für die Betrachtung der re-produktiven kulturellen Funktion von Designpraktiken und -objekten bedeutsam. Er verdeutlicht, dass es in der Analyse und Dekonstruktion von Kultur niemals nur um die stabile Bedeutung einzelner Zeichen gehen kann, sondern dass stets ganze Zeichenkomplexe sowie die dynamischen, wechselwirksamen Prozesse ihrer Produktion, Verteilung und Aneignung im Kontext heterogener kultureller Praxen in die Analyse miteinbezogen werden müssen.

Mit ihrem Anliegen, Gesellschaft durch Theoriebildung nicht ›objektiv‹ abzubilden, sondern durch eine intellektuelle »*Politik des Möglichen*« (Winter 2006: 391) interventionistisch zu beeinflussen, stellen die Cultural Studies insgesamt das Projekt einer Fusion von Kulturtheorie und -praxis dar. Ihre Vertreter verstanden sich daher auch nicht länger als Intellektuelle in einem ›traditionellen‹ Sinn, sondern als »*organische Intellektuelle*«, die ihre Arbeit in den Dienst der Gesellschaft stellen wollten (ebd.: 383). Dieser gesellschaftspolitisch motivierte Übergang von Theorie zu Praxis bildet zusammen mit der zentralen Einsicht der Cultural Studies in die Veränderbarkeit kultureller Zeichensysteme eine wichtige Grundlage und, mehr noch, eine Handlungsanleitung für konsumkritische gegenkulturelle, politische Bewegungen wie Culture-Jamming, Adbusting, Media-Hacking oder die Kommunikationsguerilla, die sie seit Ende der 1980er Jahre unter dem Einfluss einer wachsenden Kapitalismus- und Globalisierungskritik aktiv sind.

5. Culture-Jamming und der Mythos der Gegenkultur

In ihrem Buch ›No Logo!‹ von 2000, das zu einer umstrittenen Ikone der Konsumkritik und Antiglobalisierungsbewegung avanciert ist, prangert die kanadische Autorin Naomi Klein die prekären Produktionsweisen und Vermarktungsstrategien finanzstarker globaler Markenkonzerne wie Nike, Adidas, Microsoft oder Coca-Cola an. Diesen wirft sie vor (ähnlich dem Vorwurf der Frankfurter Schule an die Kulturindustrie), »*die Kultur so zu verwandeln, dass sie praktisch nur noch aus einer Ansammlung von Markenerweiterungen im Wartestand besteht*« (Klein 2001: 50). Sie kritisiert die Vereinnahmung des öffentlichen Raums durch die ubiquitären Marken- und Logokampagnen der Markenkonzerne sowie ihr Bestreben, sich sämtliche kulturellen, gegen- und subkulturellen Aktivitäten einzuverleiben und kommerziell zu verwerten. Nichtsdestoweniger erkennt sie auch ein Widerstandspotential, das in der Etablierung einer kritischen Masse besteht, die sich der durchgreifenden Vermarktung kultureller Aktivitäten und sozialer Werte entgegenstellen will: »*Eine wachsende Zahl von Aktivisten findet es höchste Zeit, dass die Öffentlichkeit den Raum aktiv zurückerobert, anstatt nur darum zu bitten, dass manche Räume vom Sponsoring verschont werden*« (ebd.: 290 f).

Bild 1: ›Grease‹ aus: Culture Jamming – das Manifest der Anti-Werbung

Kleins Diagnose folgend, dass sämtliche Kultur zu kommerzieller Markenkultur transformiert werde, fordern aktivistische Bewegungen wie Culture-Jamming, Media-Hacking oder die Kommunikationsguerilla zu künstlerisch-medialen Aktionen auf, in denen die Werbeindustrie durch die Subversion ihrer eigenen Zeichen- und Mediensysteme bekämpft werden soll. Kalle Lasn, Begründer der Adbusters Media Foundation, spricht von einer »*Rebellion*«, in der die Werbeindustrie »*mit ihren eigenen Mitteln*« geschlagen werden solle (Lasn 2008: Klappentext). Werbemedien, wie Plakate, TV-Spots oder Logos, sollen durch den Einsatz subversiver künstlerischer Verfahren und Medientechniken derart manipuliert und umcodiert werden, dass sich die intendierte Werbebotschaft in mediale Des- und Fehlinformation verwandelt.

Zur Anwendung kommen in diesem »*Krieg der Zeichen*« (Hanzer/Hanzer 2009) ästhetische, rhetorische und performative ›Taktiken‹[2] der Sinnzersetzung und Verfremdung, Kontextverschiebung, Übertreibung und Parodie, der Maskierung, Verkleidung oder des Karnevalesken sowie For-

---

[2] Der Begriff der *Taktik*, der in diesem Zusammenhang oft verwendet wird, bezeichnet im Anschluss an Michel De Certeaus Buch Die Kunst des Handelns die »kulturelle Aktivität von Nicht-Kulturproduzenten« (De Certeau 1988: 20), bei der, vergleichbar wie in einem Guerilla- oder Partisanenkrieg, die finanz- und ressourcenstarken Strategien der Herrschenden von den Unterdrückten taktisch geschickt mit den ihnen zur Verfügung stehenden Mitteln sabotiert werden.

Claudia Mareis

men der Hybridität (Terkessidis 2008 32–37; siehe auch Gau/Schlieben 2008). Werbetexte werden beispielsweise mit neuen Lettern versehen, die den intendierten Sinn der kommerziellen Werbebotschaft verfremden. (Bilder 1 und 2). Oder es werden unkonventionelle Bildmotive, wie als Clowns verkleidete Demonstranten, durch Aktivisten in der Konfrontation mit der offiziellen Staatsgewalt medienwirksam inszeniert. Die derart erzeugten Bilder werden durch Presse und öffentliche Medien massenmedial distribuiert und formieren sich zu einer nicht-repräsentativen, grotesk anmutenden Ikonographie des Politischen. (Bild 3).

Umberto Eco schreibt in seinen Überlegungen zu einer »*semiologischen Guerilla*«, dass in einer Welt, die durch mediale Massenkommunikation regiert werde, die Beherrschung dieser Kommunikation zentral sei. Es komme darauf an, so Eco, »*überall in der Welt den ersten Platz vor jedem Fernsehapparat zu besetzen [...]. Die Schlacht ums Überleben des Menschen als verantwortlichem Wesen im Zeitalter der Massenkommunikation gewinnt man nicht am Ausgangspunkt dieser Kommunikation, sondern an ihrem Ziel*« (Eco 2002: 154). Der Widerstand gegen die Vereinnahmung des öffentlichen Raums durch Markenkonzerne sowie die Kritik an ihren Produktionsweisen verschiebt sich damit an die Front einer symbolischen Auseinandersetzung mit ihren Massenmedien und Kommunikationstechnologien; Gesellschaftskritik mutiert zu Medienkritik. Auch auf die drängende Frage der Kommunikationsguerilla, wie sich der »*gesellschaftliche Konsens, der hinsichtlich der Ausübung von Macht und Herrschaft besteht, stören und durcheinander bringen [lässt]*« (Blissett et al. 2001: 14), scheint eine pragmatische Antwort in Form von medientaktischen Handlungsanweisungen gegeben zu sein.

Freilich aber ist die Behauptung, dass es sich hierbei um die »*diskursive Verortung von Subversion*« handelt, mit Vorsicht zu genießen, da sich die Subversion »*oft mehr als Zuschreibung denn als Effekt*« erweist, wie Mirco Schäfer und Hans Bernhard konstatieren (Schäfer/Bernhard 2008: 70): Die diskursive Verortung von Subversion »*in der politischen Linken und innerhalb künstlerischer Avantgarden lenkt von der Ambivalenz [der] Strategien ab, die auch effizient vom Establishment angewendet werden*« (ebd.). Das bedeutet, dass sich nicht nur konsum- und globalisierungskritische Aktivisten in ihrem Kampf gegen die Markenkonzerne subversiver Medientechniken bedienen, sondern dass auch die Markenkonzerne ihrerseits darauf zurückgreifen können und ein »*Mainstreaming der Subversion*« in Gang setzen. Diese These scheint sich zu bewahrheiten, denkt man an kommerzielle Werbestrategien wie Guerilla-Marketing oder Street-Branding (Levinson 1989), die mit ähnlichen *subversiven* visuellen und rhetorischen Mitteln operieren wie die Aktivisten des Adbusting oder des Culture-Jamming, dabei aber unterschiedliche Zielsetzungen verfolgen. Hier stellt sich die Frage, ob die subversiven Taktiken, die zur Herstellung einer konsumalternativen Identität dienen sollen, nicht gerade deswegen zu scheitern drohen, weil »*Identität letztlich nur als Status quo beschrieben werden kann und nicht als Mittel zu Veränderung*« (Terkessidis 2008: 37).

Bild 2: Anzeige der ›Adbusters‹

Markenkonzerne als Triebfedern der Subversion?

Bereits die These, dass ausgerechnet die Zeichendimension von Kultur einen prädestinierten Ort im Hinblick auf ihre Gestaltbarkeit darstellen soll, ist problematisch, da sie auf bestimmten, bisweilen einseitigen Prämissen beruht. Bekannt ist, dass die mediale Strategie des détournement, also die Umkehrung medialer Botschaften des kapitalistischen Systems gegen sich selbst (Debord/Wolman 1956), auf die französischen Situationisten um Guy Debord zurückgeht, die mit ihren künstlerischen Aktionen maßgeblich an den Pariser Studentenprotesten 1968 beteiligt waren. Kaum diskutiert wird hingegen, dass schon im Konzept des avantgardistischen Künstlers in der Moderne die Zuschreibung eines gesellschaftsverändernden, revolutionären Potentials konstitutiv angelegt ist (siehe Schmidt-Burkhardt 2005). Kunst repräsentiert innerhalb dieses Konzepts das jeweils ›andere‹ der Gesellschaft, sie wird als imaginäre kulturelle Außenzone projiziert, in welcher der Entwurf und die Gestaltung alternativer Gesellschaftsmodelle durch eine ›Ästhetik des Widerstands‹ programmatisch vorangetrieben wird.

Eine unkritische Perpetuierung dieses Künstlermythos erweist sich jedoch im Hinblick auf den genannten medienkünstlerischen Aktivismus in mindestens zwei Punkten als problematisch: Einerseits wird hier ein unvollständiges Bild des Kunstsystems gezeichnet, das den Künstler losgelöst von ökonomischen, politischen oder sozialen Sachzwängen idealisiert, andererseits und schwerwiegender noch wird eine Spaltung zwischen Politik und Kunst nahegelegt, in der ›Politik‹ als unkreative, ideenlose und lustfeindliche Zone dargestellt wird, während ›Kunst‹ für Veränderung, Kreativität und Phantasie stehen soll (Raunig 2008: 86–88). Diese stereotype Sichtweise wird jedoch weder den kreativen Potentialen politischer Basis- und Regierungsarbeit gerecht, noch trägt sie dem oft nur begrenzten Einfluss von Kunst und Design auf gesellschaftlichen Wandel und politische Veränderung Rechnung.

Ist Politik das Gegenteil von Kreativität?

Was die Frage nach dem Schauplatz der medienkritischen aktivistischen Auseinandersetzung betrifft, die Dimension kultureller Zeichenproduktion, so ist von einem partikulären, nämlich medial gedachten Verhältnis von kapitalistischer Ideologie und Kultur auszugehen. In seinem Manifest ›Die Gesellschaft des Spektakels‹ von 1967 liefert Guy Debord eine Begründung für den vermeintlich medialen und inszenatorischen Charakter der massenmedialen Kulturindustrie: »*Das Spektakel ist das Kapital in einem solchen Grad der Akkumulation, dass es zum Bild wird*« (Debord 1996: 27). Eine Gesellschaft des Spektakels, wie er sie beschreibt, ist demnach als Resultat einer umfassenden massenmedialen Inszenierung durch das kapitalistische System zu verstehen. Jeglicher Ausdruck kulturellen Lebens wird in ein trügerisches Abbild verwandelt und als Fiktion seiner selbst inszeniert. Kultur wird darin, ebenso wie die Warenwelt und ihre Produktionsweisen, zum medial erzeugten »*Simulacrum*« (Baudrillard 1978), das es entsprechend auch auf der medialen Ebene durch die Herstellung einer »*kognitiven Dissonanz*« zu bekämpfen gilt (Heath/Potter 2009: 20).

Bild 3: Demonstrantin zwischen Polizeibeamten während Protesten gegen einen Atommülltransport in Gorleben am 27.11.2011

Auf dieser Deutung von Kultur als trügerisches Bild, Spektakel oder inszenierter symbolischer Zeichenraum, beruhen zahlreiche gegenkulturelle Konzepte und Aktivitäten. Sie sind entsprechend immer schon dem Verdacht und der Kritik ausgesetzt, dass auch ihre Wirkungsmacht den symbolischen Raum der medialen Zeichen- und Bildebene nicht überschreiten kann und dass sie im Hinblick auf die effektive Veränderung und Gestaltung realer Produktionsverhältnisse wirkungslos bleiben müssen. Zudem wird kritisiert, dass sich der gegenkulturelle Protest auf das Bild einer einheitlich organisierten, inszenierten hegemonialen Kultur und eines konsistenten Zeichensystems berufe, dabei jedoch die Vielfalt, die Inkommensurabilität und die Kontingenz kultureller Konstellationen außer Acht lasse. »*Die Kultur lässt sich nicht unterlaufen*«, so das kritische Fazit von Heath und Potter, »*weil es die Kultur oder das System gar nicht gibt*« (ebd.: 21).

Ausgeblendet wird in der Kritik an gegenkulturellem Protest und Medienkritik aber ihrerseits, dass Zeichen- und Produktionsraum als semiologisches System nicht kategorisch voneinander unterscheidbar sind, sondern dass sie einander in ihrer Wirkungsweise wechselseitig bedingen – auch wenn der (rein) medientaktischen Kritik an den Produktionsweisen globaler Markenkonzerne freilich Grenzen gesetzt sind.

6. Schlussgedanken

Kultureller *Sinn* wird, so ist abschließend zu konstatieren, stets auch auf *sinnliche* Weise erzeugt, medial dargestellt und repräsentiert – und wird damit zu einem wesentlichen Teil auf der Ebene von materieller und visueller Kultur ausgehandelt. Eine Vernachlässigung ebendieser Dimension von Kultur, die ganz wesentlichen den Wirkungsbereich des Designs ausmacht, wäre entgegen der oben angeführten Kritik an den vermeintlich wirkungslosen gegenkulturellen Praktiken oder einem fehlgeleiteten ›Designaktivismus‹ fatal. Nicht nur kann es »*die Kultur oder das System*« (Heath/Potter 2009: 21) als abschließbare, totale Entität nicht geben, sondern ebenso sind die Versuche eines medienkritischen Aktivismus nicht einfach nur an ihrem vollständigen Gelingen oder Scheitern zu bemessen, sondern ebenso an ihren Teilerfolgen, temporären Errungenschaften oder punktuellen Aushandlungsergebnissen. Am Ende seiner Überlegungen zu einer Neuorientierung des Designs fragt Bruno Latour deswegen zu Recht, warum ein so wirksames visuelles und materielles Vokabular, wie es in der Vergangenheit von Künstlern, Ingenieuren, Designern, Handwerkern und Architekten für die Darstellung von »*unabänderlichen, unbestreitbaren Tatsachen*« ersonnen worden ist, nicht ebenfalls entwickelt werden kann, für in der Aushandlung befindliche Dinge (Latour 2009: 374).

Nichts kann dagegen sprechen, prekäre Lebensbedingungen und gesellschaftliche oder ökologische Schäden, die durch die Produktion und Konsumption von überflüssigen Waren oder unnötigem Design entstehen, mit alternativen Entwürfen und kreativen Möglichkeitsräumen zu konfrontieren – ungeachtet zunächst der Frage, ob diese den Anforderungen politischer Machbarkeit oder den Kriterien marktwirtschaftlichen Effizienzdenkens entsprechen.

Claudia Mareis ist seit 2013 Professorin für Designtheorie und Designforschung an der Hochschule für Gestaltung und Kunst Basel und leitet dort das Institut Design- und Kunstforschung IDK. Sie ist zugleich assoziierte Forscherin am NFS Bildkritik ›eikones‹ an der Universität Basel und des Exzellenzclusters ›Bild Wissen Gestaltung‹ an der Humboldt-Universität zu Berlin. Seit 2008 ist sie im Vorstand der Deutschen Gesellschaft für Designtheorie und -forschung DGTF und seit 2009 Mitglied im Board of International Research in Design BIRD des Birkhäuser Verlags. Derzeit arbeitet sie an einer Monographie über Kreativitätstechniken im 20. Jahrhundert. Aktuelle Forschungsschwerpunkte sind Designtheorie und -methodologie im 20. Jahrhundert, Wissensformate und -diskurse des Entwerfens, Schnittstellen von Design-, Medien- und Wissenschaftsforschung sowie Geschichte und Praxis von Kreativitäts- und Ideenfindungstechniken.

Literatur

Agamben, Giorgio (2008): ›Was ist ein Dispositiv?‹ Zürich: Diaphanes.

Barthes, Roland (1964): ›Mythen des Alltags‹ Frankfurt am Main: Suhrkamp.

Baudrillard, Jean (1978): ›Agonie des Realen‹ Berlin: Merve.

Beck, Ulrich (1986): ›Risikogesellschaft: auf dem Weg in eine andere Moderne‹ Frankfurt am Main: Suhrkamp.

Blissett, Luther et al. (2001): ›Handbuch der Kommunikationsguerilla‹ Berlin: Assoziation A.

Böhme, Gernot (2001): ›Aisthetik. Vorlesungen über Ästhetik als allgemeine Wahrnehmungslehre‹ München: Wilhelm Fink.

Bröckling, Ulrich (2010): ›Kreativität. Ein Brainstorming‹ in: Menke, Christoph; Rebentisch, Juliane (Hg.): ›Kreativität und Depression. Freiheit im gegenwärtigen Kapitalismus‹ Berlin: Kadmos 2010, S. 89–97.

Certeau, Michel de (1988): ›Die Kunst des Handelns‹ Berlin: Merve.

Debord, Guy; Wolman, Gil (1956): ›Mode d'emploi du détournement. Zuerst erschienen‹ in: ›Les lèvres nues, Nr. 8, Mai 1956‹ Einsehbar auf: http://sami.is.free.fr/Oeuvres/debord_wolman_mode_emploi_detournement.html, Stand 09.10.12

Debord, Guy (1996): ›Die Gesellschaft des Spektakels‹ Berlin: Ed. Tiamat.

Eco, Umberto (2002): ›Über Gott und die Welt: Essays und Glossen‹ München: Dt. Taschenbuch-Verlag.

Ehn, Pelle (2008): ›Participation in Design Things. Proceedings of the Participatory Design Conference‹ Indiana University, S. 92–101.

Foucault, Michel (1978): ›Dispositive der Macht: Über Sexualität, Wissen und Wahrheit‹ Berlin: Merve.

Gau, Sønke; Schlieben, Katharina (Hg.) (2008): ›Spektakel, Lustprinzip oder das Karnevaleske? Ein Reader über Möglichkeiten, Differenzerfahrungen und Strategien des Karnevalesken in kultureller/politischer Praxis‹ Berlin: b_books.

Gethmann, Daniel; Hauser, Susanne (2009): ›Einleitung‹ in: Gethmann, Daniel; Hauser, Susanne (Hg.): ›Kulturtechnik Entwerfen: Praktiken, Konzepte und Medien in Architektur und Design Science‹ Bielefeld: transcript, S. 9–15.

Hall, Stuart (1973): ›Encoding and Decoding in the Television Discourse‹ Birmingham: Centre for Cultural Studies, University of Birmingham.

Hall, Stuart (1989): ›Ideologie, Kultur, Medien, Neue Rechte, Rassismus‹ Hrsg. von Nora Räthzel. Hamburg [u.a.]: Argument.

Haraway, Donna (1995): ›Situiertes Wissen. Die Wissenschaftsfrage im Feminismus und das Privileg einer partiellen Perspektive‹ In: Haraway, Donna: ›Die Neuerfindung der Natur. Primaten, Cyborgs und Frauen‹ Frankfurt am Main/New York: Campus, S. 73–97.

Hanzer, Markus, Hanzer Natalia (2009): ›Krieg der Zeichen Spurenlesen im urbanen Raum‹ Mainz: Hermann Schmidt.

Heath, Joseph; Potter, Andrew (2009): ›Konsumrebellen: der Mythos der Gegenkultur‹ Berlin: Edition Der Freitag.

Hebdige, Dick (1979): ›Subculture the Meaning of Style‹ London: Routledge.

Horkheimer, Max; Adorno, Theodor W. (2003): ›Dialektik der Aufklärung. Philosophische Fragmente‹ Frankfurt am Main: Fischer.

Kemp, Wolfgang (1974): ›Disegno. Beiträge zu einer Geschichte des Begriffs zwischen 1547 und 1607‹ in: ›Marburger Jahrbuch für Kunstwissenschaft‹ Band 19. Marburg/Lahn, S. 219–240.

Klein, Naomi (2001): ›No Logo. Der Kampf der Global Players um Marktmacht: ein Spiel mit vielen Verlierern und wenigen Gewinnern‹ München: Riemann.

Krämer, Sybille; Bredekamp, Horst (2003): ›Bild, Schrift, Zahl‹ München: Wilhelm Fink.

Lasn, Kalle (2008): ›Culture Jamming das Manifest der Anti-Werbung‹ Freiburg im Breisgau: Orange Press.

Latour, Bruno (2009): ›Ein vorsichtiger Prometheus?‹ in: Marc Jongen; Sjoerd van Tuinen; Koenraad Hemelsoet (Hg.): ›Die Vermessung des Ungeheuren: Philosophie nach Peter Sloterdijk‹ München: Wilhelm Fink, S. 357–374.

Levinson, Jay Conrad (1989): ›Guerrilla Marketing Attack: new strategies, tactics, and weapons for winning big profits for your small business‹ Boston: Houghton Mifflin 1989.

Mau, Bruce (2004): ›Massive Change‹ London/New York: Phaidon.

Nelson, Harold G., Stolterman, Erik (2003): ›The Design Way: intentional change in an unpredictable world‹ Englewood Cliffs, N.J.: Educational Technology Publications.

Papanek, Victor (2000): ›Design for the Real World. Human Ecology and Social Change‹ Chicago: Academy Chicago Publishers.

Prinz, Sophia; Moebius, Stephan (2012): ›Zur Kultursoziologie des Designs. Eine Einleitung‹ in: Prinz, Sophia; Moebius, Stephan (Hg.): ›Das Design der Gesellschaft. Zur Kultursoziologie des Designs‹ Bielefeld: transcript, S. 9–25.

Raunig, Gerald (2008): ›Immanente Transgression‹ in: Gau, Sønke; Schlieben, Katharina (Hg.): ›Spektakel, Lustprinzip oder das Karnevaleske? Ein Reader über Möglichkeiten, Differenzerfahrungen und Strategien des Karnevalesken in kultureller/politischer Praxis‹ Berlin: b_books, S. 85–96.

Schäfer, Mirko Tobias; Bernhard, Hans (2008): ›Subversion ist Schnellbeton. Zur Ambivalenz des Subversiven in Medienproduktionen‹ in: Ernst, Thomas et al. (Hg.): ›SUBversionen. Zum Verhältnis von Politik und Ästhetik in der Gegenwart‹ Bielefeld: transcript, S. 63–81.

Schmidt-Burkhardt, Astrit (2005): ›Stammbäume der Kunst: zur Genealogie der Avantgarde‹ Berlin: Akademie Verlag.

Sennett, Richard (2008): ›Handwerk‹ Berlin: Berlin Verlag.

Simon, Herbert A. (1990): ›Die Wissenschaften vom Künstlichen‹ Berlin: Kammerer & Unverzagt.

Terkessidis, Mark (2008): ›Karma Chamäleon. Unverbindliche Richtlinien für die Anwendung von subversiven Taktiken früher und heute‹ in: Ernst, Thomas et al. (Hg.): ›SUBversionen. Zum Verhältnis von Politik und Ästhetik in der Gegenwart‹ Bielefeld: Transcript, S. 28–45.

Welsch, Wolfgang (2003): ›Ästhetisches Denken‹ Stuttgart: Reclam.

Winter, Rainer (2006): ›Stuart Hall. Die Erfindung der Cultural Studies‹ in: Moebius, Stephan, Quadflieg, Dirk (Hg.): ›Kultur: Theorien der Gegenwart‹ Wiesbaden: VS, Verlag für Sozialwissenschaften, S. 381–393.

Abbildungen

Bild 1: ›Grease‹ Charles Dobson (Konzept), Daniel Illicic (Foto), Nadroj Seever (Modell). in: Las, Kalle (2008): Culture Jamming das Manifest der Anti-Werbung. Freiburg im Breisgau: Orange Press.

Bild 2: Anzeige ›Adbusters‹ Auf: http://www.adbusters.org/content/absolute-crazespoofads/absolut-craze.

Bild 3: ›Cryptome Protest Series: Women Protest Worldwide‹ Photos 7, 27 November 2011. Auf: http://cryptome.org/info/women-protest7/women-protest7.htm. Foto: Axel Heimken

Seit 1994 können angehende Designerinnen und Designer an der ecosign/Akademie für Gestaltung in Köln Nachhaltiges Design studieren. Wer das Studium hier abschließt, darf sich Ecosigner nennen. Zu den traditionellen Aufgaben des akademischen Lebens gehört es seit je, auch für den eigenen akademischen Nachwuchs zu sorgen. Wer also wissen will, was ein Ecosigner sei, fragt am besten solche, die nach dem Studium am Projekt ecosign als Lehrende weiterarbeiten. Ihre Antworten zeigen, dass die Ecosigner sich ein komplexes Verständnis von Design erarbeiten – für sie ist Nachhaltigkeit kein Öko-Ornament, das dem Design beigepackt wird; vielmehr gilt es, jede gestalterische Entscheidung durch Reflexion auf die komplexen Wechselwirkungen abzusichern.

Persönlichkeiten: Der Ecosigner

CHRISTINA ZIMMER

Ist *Nachhaltiges Design* zeitgemäß oder Zeitgeist? Was ist heute *Nachhaltiges Design*? Und vor welchen Herausforderungen stehen Designer morgen? Darüber diskutierten die Kommunikationsdesigner Martin Langen und Michael Maxein sowie der Produktdesigner Felix Stark. Alle drei einst Studierende, heute freie Dozenten an der ecosign.

Martin Langen (*1974) machte eine Ausbildung zum Gestaltungstechnischen Assistenten und arbeitete als Junior Art Director in einer Werbeagentur, bevor er Kommunikationsdesign an der ecosign studierte. Seit 2007 ist er freier Kommunikationsdesigner und Dozent an der ecosign. Michael Maxein (*1973), machte eine Schriftsetzerlehre, arbeitete in diesem Beruf bei der Bundeswehr und in einer Werbeagentur. Seit 1996 ist er selbständiger Schriftsetzer und Kommunikationsdesigner. Als solcher studierte er Kommunikations- und Produktdesign an der ecosign, seit 2010 unterrichtet er hier. Felix Stark (*1976), machte eine Schreinerlehre, bevor er Produktdesign an der ecosign studierte. Seit 2005 ist er selbstständiger Produktdesigner und freier Dozent an der ecosign, seit 2009 freier Dozent an der Hochschule Bochum und seit 2012 an der Alanus Hochschule. Drei echte ecosigner, die sich einig sind: Es gibt ihn nicht – den typischen ecosigner. Dafür aber sehr unterschiedliche ecosigner, die bei aller Individualität doch etwas verbindet.

Stellt sich die Frage: Was genau ist ein ecosigner? Ecosigner dürfen sich die Absolventinnen und Absolventen der ecosign nennen – natürlich. Aber was bedeutet das konkret? Erste Hinweise gibt vielleicht der Begriff ecosigner. Während der herkömmliche Designbegriff – etymologisch auf das lateinische

Verb *designare* zurückgehend, was bezeichnen, abgrenzen, bestimmen, ernennen bedeutet (Kluge 1989: 136), – lediglich eine Tätigkeit beschreibt, impliziert das Kompositum eco-sign auch den Zweck dieser Tätigkeit: Das Gestalten des oikos, was im Altgriechischen die Gesamtheit einer (Haus)Wirtschaftsgemeinschaft bezeichnet. Ein ecosigner bekennt sich so schon im Namen ausdrücklich zu seiner gesellschaftlichen Verantwortung, indem er sein Handeln explizit auf die Gemeinschaft bezieht. Er ist eco-signer, nicht (nur) De-Signer. Denn ecosigner gestalten immer mit Blick auf die Bedeutung ihres Handelns für das Fortbestehen des Gesamtsystems. Und das heißt nichts anderes als nachhaltig zu gestalten.

Wie nachhaltiges Gestalten konkret aussieht, dafür gibt es keine Blaupause. Denn »*Nachhaltigkeit selbst ist ein Prozess*«, erklärt Michael Maxein, »*ein ergebnisoffener Prozess.*« Die Zukunft lässt sich nicht vorhersagen, deshalb muss man offen bleiben und bereit sein, die Richtung zu wechseln. »*Wenn wir beispielsweise in zehn Jahren feststellen, dass wir ein Material, das wir verwendet haben, zu Unrecht für nachhaltig gehalten haben, müssen wir eben etwas Neues versuchen*«, so Maxein weiter, »*Nachhaltigkeit muss sich immer weiterentwickeln und neue Lösungen suchen.*«

Dieser Besonderheit der Nachhaltigkeit trägt das Lehrkonzept Rechnung. Die Form der Wissensvermittlung entspricht dem Inhalt, denn was an der ecosign gelehrt wird, ist ein Denkansatz, kein starres Dogma. Aus diesem Grund ist das Studium auch bewusst interdisziplinär angelegt. Studierende werden auf die Herausforderung vorbereitet, als Gestalter gesellschaftliche Verantwortung zu übernehmen. Für Martin Langen ist die ecosign der ideale Ort für die Ausbildung ganzheitlicher Gestalterpersönlichkeiten, weil die ecosign ein »*kleiner Sinn-Raum*« ist. Angehende Designer durchlaufen an dieser Akademie keine kanonisierte Weltretterausbildung, in der sie neben dem handwerklichen auch noch das moralische Rüstzeug quasi intravenös verabreicht bekommen. Stattdessen können sie sich in den unterschiedlichen Disziplinen ausprobieren und ihren ganz individuellen Ausbildungsweg zusammenstellen. Trotz oder gerade wegen dieser Freiheit lernen sie dabei von Anfang an die vielleicht wichtigste Lektion des Lebens: Du kannst frei entscheiden – aber du trägst auch die Verantwortung für deine Entscheidungen. Mit Freiheit umgehen zu können, setzt die Bereitschaft und Fähigkeit voraus, sich mit Dingen selbstständig auseinanderzusetzen. »*Reflexionsfähigkeit ist das oberste Lernziel. Es ist wichtig, ein Grundverständnis davon zu haben, dass alles Konsequenzen hat*«, so Michael Maxein. Deshalb geht es an der ecosign nicht um sture Wissensvermittlung, sondern um die Ausbildung der Urteilsfähigkeit. Nicht nur in Bezug auf die eigenen Arbeiten oder allgemein ästhetischen Fragen, sondern auch auf gesellschaftliche Herausforderungen.

Das eigene Gewissen ist die Instanz, vor der man bestehen muss. Den Komfort, sich auf Autoritäten blind verlassen zu können, biete die ecosign nicht. »*Entscheidend ist*«, so Felix Stark, »*dass man Dinge hinterfragt. Und zwar kontinuierlich. Dass man sich immer wieder fragt: Macht das Sinn oder nicht? Dazu werden die Studierenden an der ecosign durchgängig befähigt und ermutigt. Sie sollen nicht nur die eigene Arbeit in Frage stellen, sondern auch die Dozenten. Hier heißt es nicht: Die Lehrenden sind diejenigen, die wissen, wo es lang geht. Für mich als Lehrenden bedeutet das, dass ich mich irren kann. Ich kann auch revidieren, was ich gesagt habe.*« Der Lernprozess ist bewusst nicht einseitig, sondern wechselseitig. Dozenten und Studierende profitieren voneinander. Für Stark ist seine Lehrtätigkeit eine spannende Ergänzung für seine Arbeit als Designer: »*Als Dozent bekomme ich etwas, was im Berufsalltag schnell zu kurz kommt: einen neuen Blick auf die Dinge. Das ist extrem wichtig, um geistig beweglich*

Lehren und Lernen als wechselseitig fruchtbarer Prozess?

Christina Zimmer

zu bleiben. Und damit man als Designer keinen Tunnelblick bekommt.«

Lösungen für komplexe Probleme findet man nur im Dialog. Immer geht es also um Austausch. Deshalb ist *Nachhaltiges Design* kein pädagogisches Design mit erhobenem Zeigefinger. »*Ich empfinde Erfüllung im vor-der-eigenen-Tür-Kehren*«, erklärt Langen. Mit verbissenem Missionierungseifer erreicht man nichts, schon gar keine positive Veränderung. »*Es geht darum, den Menschen zu vermitteln, dass nachhaltiges Verhalten kein anstrengender Kraftakt ist, sondern schon Kleinigkeiten viel bewirken können*«, ergänzt Maxein. »*Wenn man beispielsweise eine gebrauchte Wasserflasche mit einem schönen Aufkleber versieht, der für das Wiederbefüllen wirbt, haben die Leute auch Lust, sie häufiger zu benutzen.*«

Menschen nicht in Richtung Nachhaltigkeit zu missionieren, sondern sie dafür zu begeistern, ist nicht nur für Maxein eine wesentliche Aufgabe von Kommunikationsdesign. Auch für Langen ist nachhaltiges Kommunikationsdesign mehr als Recyclingpapier. »*Im Produktdesign offenbart sich die Nachhaltigkeit der Gestaltung schneller*«, erläutert Langen, »*schon allein in der Auswahl der verwendeten Materialien. Die Nachhaltigkeit beim Kommunikationsdesign ist eher unstofflicher Natur.*« Aufgabe eines Designers, insbesondere eines Kommunikationsdesigners, sei es nicht unbedingt, »*irgendein Ding zu gestalten, sondern Gesinnung zu stiften. Zur Nachhaltigkeit gehört deshalb auch, sich nicht rücksichtslos zu verhalten.*«

Neben der ökologischen, kommt der sozialen Verantwortung im Gestaltungsprozess eine mindestens ebenso große Bedeutung zu. Für Stark ist eine rein ökologische Herangehensweise daher unzeitgemäß, denn: »*Wir leben auf diesem Planeten und müssen hier irgendwie zurecht kommen. Es geht nicht darum, Tiere oder Pflanzen vorzuziehen, sondern darum, ein Gleichgewicht zu erhalten oder neu entstehen zu lassen. Dazu gehört auch, andere Menschen mit unserer Arbeit in der Weise zu schützen, dass sie nicht ausgebeutet werden. Dass sie nicht in Fabriken arbeiten, die sie krank machen. Dass sie keine Produkte herstellen, die andere Leute krank machen. Das ist für mich Nachhaltigkeit.*«

Aller Ideale zum Trotz stellt sich die Frage nach der Praxistauglichkeit des *Nachhaltigen Designs*. Wie lassen sich Nachhaltigkeit und Berufspraxis vereinbar? Designer sind keine Künstler. Sie sind Dienstleister. Ihre Aufgabe es ist, die Wünsche ihrer Kunden bestmöglich zu erfüllen. Ein Designer steht damit immer wieder vor dem Dilemma, mit Aufträgen konfrontiert zu werden, hinter denen er bestenfalls nicht steht, und die schlimmstenfalls mit der eigenen Anschauung kollidieren. Wie geht man mit einer Gewissensfrage um? Für Langen ist »*Verweigerung eine Form des Protests.*« Einen Königsweg gebe es in der Frage allerdings nicht. Auch wenn der wirtschaftliche Handlungsdruck, seinen Lebensunterhalt verdienen zu müssen, gegeben ist, heißt das noch lange nicht, dass man seine Seele für einen Auftrag verkaufen muss, so auch die Überzeugung Maxeins. »*Ein Designer muss sich von seinen Prinzipien leiten lassen. Die Herausforderung besteht darin, sie nicht zu über- oder zu unterschreiten*«, stimmt Stark zu, aber, »*es ist auch wichtig, einen Schritt auf die Auftraggeber zuzugehen. Wenn ich einen Kunden davon überzeugen kann,*

Muss denn der Kunde immer auch König sein?

eine Lösung auszuprobieren, die länger hält, kann ich ihm umgekehrt genauso ein Stück entgegenkommen. Ich entwerfe dann etwas, was vielleicht eher zu 50 als zu 100 Prozent dem entspricht, was ich persönlich gerne hätte. Langfristig kann ich so aber mehr verändern. Wenn mein Kunde dann sieht, dass sich die nachhaltige Lösung besser oder genauso gut verkauft, lässt er sich leichter überzeugen, in diese Richtung weiterzumachen. Veränderungen dieser Art kann man nicht übers Knie bre-

chen. Man muss in beide Richtungen flexibel bleiben. Entscheidend ist, dass ich mir bei allem, was ich mache, immer noch selbst ins Gesicht sehen kann.« Ob man aus Überzeugung einen Auftrag rigoros ablehnt oder nicht, liegt im Ermessen des einzelnen Designers. »*Je erfolgreicher du als Designer bist*«, gibt Stark dabei jedoch zu bedenken, »*desto mehr Möglichkeiten zur Einflussnahme hast du. Erfolg bedeutet dabei immer auch Verbreitung. Und Reichweite erlangt man in der Regel am Anfang leider nicht nur mit 100 % nachhaltigen Projekten. Jeder sollte für sich aber festlegen, wo seine Grenze liegt.*"

Veränderungen brauchen Zeit. Nicht nur, wer Kunden überzeugen will, braucht einen langen Atem. Generell sollten wir uns von der Kopf-durch-die-Wand-Mentalität der modernen Leistungsgesellschaft verabschieden. »*Wir müssen lernen, genau hinzusehen*«, so die Überzeugung Maxeins, »*um zu erkennen, wie groß das Potenzial für Schaden ist. Wenn wir handeln ohne nachzudenken, haben wir möglicherweise mit Folgen zu kämpfen, die wir nicht einfach ungeschehen machen können. Es scheint mir durchaus verantwortungsvoll, das Tempo zugunsten der Reflexion an der einen oder anderen Stelle zu drosseln. Das ist nicht fortschrittsfeindlich, im Gegenteil: Wenn sich früh herausstellt, dass etwas nicht funktioniert, kann man revidieren und der Fortschritt geht in eine andere Richtung. Der vorherige Weg war dann eben kein Fortschritt, sondern eine Sackgasse.*«

Nachhaltigkeit erfordert also ein Fahren auf Sicht. »*Es hat auf jeden Fall mit Entschleunigung zu tun*«, glaubt Maxein, »*Entwicklungen in der Gesellschaft oder der Technik durchaus skeptisch zu sehen und zu beobachten, ob sich etwas bewährt oder nicht.*« In der Entschleunigung wird Nachhaltigkeit zum Therapeutikum für das Veloziferische, den modernen Beschleunigungswahn. »*Die Gangart zu verändern heißt aus den Fehlern der Vergangenheit gelernt zu haben*«, so die Überzeugung Starks, »*idealerweise versuche ich mich an Lösungen heranzutasten. Ich bemühe mich, die eventuellen Auswirkungen schrittweise auszuprobieren. Und nicht nach dem Motto: Ich hab' da eine Idee und jetzt Vollgas und geradeaus durch die Mitte.*« Was wir heute brauchen«, fährt Stark fort, »*ist mehr Sensibilität unserer Umwelt gegenüber.*«

Möglicherweise muss sich das Selbstverständnis des Designers verändern, um zukunftsfähig gestalten zu können; vielleicht ist es die Entschleunigung im nachhaltigen Designansatz, die den Paradigmenwechsel vom Designer zum ecosigner markiert. Design in der traditionellen Auffassung hat nicht unerheblich zur Entstehung der heutigen Probleme beigetragen. Der Umstand, dass sich der Warenhandel immer schneller dreht, ist wesentlich vom Design getrieben. Als Erfüllungsgehilfen der Industrie waren die Designer der ersten Stunde so gleichsam Geburtshelfer des modernen Massenkonsums. Heute und in Zukunft sehen sich ihre Nachfolger mit den Konsequenzen einer entfesselten Konsumgesellschaft konfrontiert und sind aufgefordert, Schäden zu beheben oder wenigstens zu minimieren. Wir leben – zumindest in der westlichen Welt – in einer Überflussgesellschaft, die nicht mehr, sondern eigentlich weniger von allem braucht.

Gilt das auch für die Mehrheit der Designer – könnte man provokant fragen. Für Michael Maxein ist es in dieser Frage entscheidend, Design zu definieren. »*Der Designer Victor Papanek sagte, dass es nicht viele Berufe gibt, die mehr Schaden anrichten als der des Designers. Denn wir produzieren eben ständig etwas. Papanek folgte daher seiner eigenen Definition von Design. Er hat beispielsweise ein Radio aus einer alten Blechdose entwickelt, also aus den Materialien, die ihm in Drittweltländern zur Verfügung standen. Design bedeutet dann, den Menschen vor Ort zu zeigen, wie sie selbst und mit eigenen Mitteln bauen können, was wichtig für sie ist. Auch wir können uns hierzulande fragen, welche Schwerpunkte wir mit unserer eigenen Arbeit verfolgen wollen.*«

War der Beruf des Designers Teil des Problems, kann er sich auch zum Teil der Lösung entwickeln. Vorausgesetzt, Designer reflektieren ihre Aufgabe innerhalb des Systems. Die Welt hat sich verändert und mit ihr die Aufgabe von Gestaltung. Als bloßer Produzent von Kaufanreizen hat der Designer heute ausgedient. Die mögliche Aufgabe von Design in einer postmodernen Gesellschaft reflektiert Peter Sloterdijk in seinem Essay Das Zeug zur Macht. Die elementare Funktion von Gestaltung besteht seiner Ansicht nach im »design-getragenen Inkompetenz-Management[...]« (Sloterdijk 2010:14) Immer weniger Menschen seien heute noch in der Lage, die hochtechnisierte Umwelt, in der wir leben, zu begreifen. An der Schnittstelle zwischen Mensch und Technik komme es dem Design zu, den Menschen handlungsfähig zu machen. »*Es [d.i. das Design] sichert die Kompetenzgrenzen des einzelnen, indem es dem Subjekt Verfahren und Gesten an die Hand gibt, im Ozean seiner Inkompetenz als Könner zu navigieren.*« (Sloterdijk 2010:12)

Heute soll Design nicht (nur) Konsumimpulse geben, sondern auch Alltagsentlastung bieten. Diese Einschätzung teilt Maxein. Es geht darum, »*Komplexität für eine Menge Menschen verständlich zu machen. Wir als Designer müssen die Komplexität, die Alltag und Technik mit sich bringen, so aufbereiten, dass die Menschen noch damit umgehen können. Design bedeutet, dass wir dafür sorgen, dass wir mit einem Telefon tatsächlich telefonieren können – auch wenn wir die Technik dahinter nicht verstehen. Es reicht, mit dem Finger darüber zu wischen. Design erlaubt es vielen Menschen, solche Geräte zu bedienen und sie als Alltagserleichterung zu erfahren.*«

Lebenserleichterung ist die eine Funktion von Design – die vielleicht immer wichtiger wird, aber immer schon wesentliche Aufgabe von Gestaltung war. Vielmehr gehe es darum tiefer zu schauen, so Maxein. »*Es geht nicht nur darum, Oberflächen zu optimieren, sondern sich auch für Inhalte zu interessieren. Im einfachsten Fall bedeutet das, dass ich meinen Kunden eben nicht nur Layouts vorlege, sondern mitdenke, mich in Themen richtig eindenke. Ich setze den Text nicht nur, ich lese ihn auch. Wenn es beispielsweise um Ökostrom geht und ich mich mit diesem Thema auskenne, weise ich meinen Kunden darauf hin, wenn der Inhalt ein wenig schief ist. Meine bisherige Erfahrung zeigt, dass Kunden froh über eine solche Rückmeldung sind.*« Das ist es, was das Kompositum ecosign meint: nicht nur Oberflächenoptimierung, sondern Mitgestaltung am gesamten System. Direkten Einfluss durch Gestaltung zu nehmen, ist auch das Ideal für Stark: »*Ich hoffe, eines Tages etwas zu entwerfen, von dem ich weiß, dass es sofort funktioniert, das unmittelbar Einfluss hat, direkt ein Menschenleben rettet oder ein Stück Natur. Und das, ohne dass ich mich gedulden und abwarten müsste, was mit dem Ergebnis meiner Arbeit passiert.*«

Niemand weiß, wie die Welt morgen aussieht, aber egal was die Zukunft bringt, »*Kreative sind immer gefragt*«, ist Langen überzeugt, »*um aus dem Chaos wieder Sinn entstehen zu lassen.*« Dass der Berufsstand der Designer in Gestaltungsfragen von der kreativen Masse mittelfristig abgeschafft wird, glaubt Stark nicht: »*Mir gefällt, dass jetzt eine Generation von Laien nachrückt, die einfach macht, was sie will und nicht auf eine Unternehmensstruktur angewiesen ist. Das erhöht den Druck auf uns und sorgt dafür, dass wir noch eine Schippe oben drauf legen müssen. Wir müssen kontinuierlich besser, intelligenter, innovativer werden. Genau so wie auch die ecosign sich permanent weiterentwickelt.*«

Dr. Christina Zimmer war 2007 und 2008 Texterin und Konzeptionerin bei stöhr, MarkenKommunikation. Nach einem berufsbegleitenden BWL-Studium wechselte sie anschließend Anfang 2009 zur strategischen Kommunikationsberatung Deekeling Arndt Advisors in Communications. Bis 2010 arbeitete sie hier zunächst im Bereich Corporate Branding, später beriet und unterstützte sie im Bereich Business & Financial Affairs Kunden bei Restrukturierungsprojekten. Seit Ende 2010 arbeitet sie als selbstständige Kommunikationsberaterin und studiert parallel dazu Produktdesign an der ecosign.

Literatur

Kluge, Friedrich (1989): ›Etymologisches Wörterbuch der deutschen Sprache‹ unter Mithilfe v. Max Bürgisser u. Bernd Gregor völlig neu überarb. v. Elmar Seebold, 22. Aufl. Berlin u.a.: de Gruyter.

Papanek, Victor (2009): ›Design für die reale Welt: Anleitungen für eine humane Ökologie und sozialen Wandel‹ Wien / New York: Springer, edition angewandte.

Sloterdijk, Peter (2010): ›Das Zeug zur Macht‹ in: Sloterdijk, Peter; Voelker, Sven (Hg.): ›Der Welt über die Straße helfen. Designstudien im Anschluss an eine philosophische Überlegung‹ München: Wilhelm Fink Verlag, S. 7-23.

Diversität ist nicht nur Merkmal ökologisch intakter Systeme – auch Nachhaltiges Design ist gekennzeichnet von Vielfalt. Sie zeigt sich in den Aktivitäten und Äußerungen politischer, gesellschaftlicher, unternehmerischer und künstlerischer Akteure. Doch häufig stößt Nachhaltiges Design auch an Grenzen. Wenn es um den Kontakt mit Kunden geht oder wenn ein bestimmtes Produkt gestaltet, produziert und beworben werden soll, bleibt die Nachhaltigkeit häufig auf der Strecke. Aber gibt es nicht Beispiele dafür, wie man es anders – vielleicht sogar besser machen kann?

Akteure Nachhaltigen Designs

MICHAEL MAXEIN

Es gibt eine Vielzahl gesellschaftlicher Akteure die im Bereich Nachhaltigkeit und Design kreative, ergiebige und – in Ihrem Anspruch im Hinblick auf die heute oft beschworene *Zukunftsfähigkeit* – ganz eigene Arbeitsschwerpunkte gesetzt und gefunden haben. Im Folgenden werden einige wenige dieser Unternehmen, Vereine, Bildungseinrichtungen und Forschungsinstitute vorgestellt. Es wird ein Einblick in die Denk- und Arbeitsweisen ermöglicht und aufgezeigt, worin die auch unternehmerischen Vorteile einer sehr engen Verknüpfung von Design- und Nachhaltigkeitsanspruch liegen.

Gleichzeitig werden die Entwicklungspotenziale einer Verbindung von Design und Nachhaltigkeit deutlich. Der kulturelle, der technische und auch der ökologische Wandel stellt Gesellschaften auf der ganzen Welt vor stets neue Herausforderungen. Ihnen zu begegnen und unser Verständnis von Design und Nachhaltigkeit stets den neuen Gegebenheiten anzupassen ohne die bereits gewonnenen Erkenntnisse zu vernachlässigen – dies ist u.a. die Aufgabe, denen sich die hier aufgeführten Akteure widmen.[1]

01 | CSCP – Collaborating Centre on Sustainable Consumption and Production
»*Nachhaltigkeit und Lebensqualität sind für uns kein Widerspruch, sondern lassen sich miteinander verbinden. Daher fördern wir Konsum- und Produktionsweisen, die Ressourcen und Umwelt schonen und zugleich den Menschen dienen: Making sustainable consumption and production happen!*«

---

[1] Es handelt sich hier lediglich um eine kleine Auswahl der in diesem Bereich tätigen Unternehmen aus Deutschland, Österreich und der Schweiz. Es wurden knapp 50 Fragebogen versandt – 17 wurden beantwortet.

Das 2005 gegründete und in Wuppertal beheimatete ›Collaborating Centre on Sustainable Consumption and Production‹ (CSCP) hat heute ca. 45 Mitarbeiterinnen und Mitarbeiter aus aller Welt. Das Center führt wissenschaftliche Studien und Konferenzen durch, entwickelt Innovationen und Zukunftsvisionen, berät politische Entscheider und Unternehmen, vernetzt Akteure und fördert die Weitergabe von Wissen.

Das CSCP versteht sich als wichtiges Bindeglied zwischen Forschung und Praxis und sorgt dafür, dass von Regierungsinstitutionen über Unternehmen bis hin zu den Verbrauchern die Potenziale für nachhaltige Konsum- und Produktionsweisen genutzt werden. Ziel ist dabei die Verbesserung von Lebenszufriedenheit bei gleichzeitiger Reduzierung von negativen Umweltauswirkungen und Ressourcenverbrauch. Aktuelle, nicht nachhaltige Trends in Wirtschaft und Gesellschaft sollen durch technische, organisatorische und soziale Innovationen sowie das gemeinsame Engagement von Wirtschaft, Politik, Forschung und Zivilgesellschaft überwunden werden.

– Weitere Informationen unter: *www.scp-centre.org*

02 | IDRV – Institute of Design Research Vienna

»*Tradierte Wissensaufbereitung und Vorstellungen hinterfragen, interdisziplinär denken und agieren, Vernetzung von Design, Herstellung und Forschung um an der Basis Änderungen herstellen zu können.*«

Das Institute of Design Research Vienna (IDRV) unter der Leitung von Dr. Harald Gründl verfasst seit 2008 unabhängige, akademisch geprägte Beiträge zur sich etablierenden Designwissenschaft in Österreich und international. Der gemeinnützige Wissenschaftsverein erarbeitet anhand konkreter Fragestellungen aus dem Designbereich interdisziplinäre wie auch disziplinäre Diskussionsbeiträge, in den Bereichen Forschung für Lehre, Service, Designgeschichte und seit 2011 vermehrt im Bereich *Sustainable Design*. Unter dem Titel ›Werkzeuge für die Design Revolution‹ werden seit 2012 Beiträge, Methoden und Interventionen gezeigt, gesammelt und auf Basis der Notwendigkeit eines gesellschaftlichen Wandels entwickelt, welche im Sinne einer positiven Weltgestaltung sind. Als wichtiges Ziel der Arbeit gilt es die Beiträge und das Wissen zu teilen und frei zugänglich zu machen.

– Weitere Informationen unter: *www.idrv.org*

03 | econcept – Agentur für Nachhaltiges Design

»*Ohne Nachhaltiges Design wird es langfristig keine Zukunft geben und mit Nachhaltigem Design sind Unternehmen erfolgreicher.*«

Die von Ursula Tischner 1996 gegründete Agentur berät, forscht, gestaltet und bildet aus und weiter, um durch bessere Gestaltung von Materialien, Technologie, Produkten, Dienstleistungen, Systemen und Infrastruktur eine zukunftsfähige Wirtschaft und Gesellschaft zu erreichen.

Durch die langjährige Erfahrung, das Zusammenwirken von Wissenschaft, Forschung und Lehre mit Gestaltung und Kommunikation, Marketing und Neuen Medien, das Arbeiten in multi-disziplinären Teams und multi-stakeholder Gruppen wird ein extrem umfassendes Methodenwissen geboten: Vom ›Life Cycle Assessment‹ (LCA) über spezielle Kreativitätsmethoden bis hin zur Bionik.

Nachhaltigkeit hat hier die Bedeutung der *Triple bottom line: People, Planet, Profit* im klassischen Sinn und in der Definition der Brundtland-Kommission von 1987.

econcept gestaltet Lösungen, die gut für Menschen und Umwelt sind – heute und in Zukunft – und die Wertschöpfung für möglichst alle Stakeholder schaffen.

– Weitere Informationen unter: *www.econcept.org*

04 | Designbüro Dorothea Hess

»*Grün gestalten ist mein roter Faden: Ideen mit Weitblick – Projekte fürs Leben – Life Cycle Design*«

Seit ihrem Studium arbeitet Dorothea Hess zu ökologischen Themen und engagiert sich seit 1982 erfolgreich mit ihrem eigenen Designbüro, in Kooperationen und als Expertin für Design und Nachhaltigkeit. Sie unterstützt ihre Kunden bei der Entwicklung, Gestaltung und Realisation von Unternehmensauftritten und Designkonzepten. Weitere Bereiche sind Bildung, Forschung, Jury- und Beratungstätigkeiten, Verbandsarbeit zum Thema Design & Nachhaltigkeit und sie ist Mitinitiatorin der ›Charta für nachhaltiges Design‹ der AGD (Allianz Deutscher Designer).

Eine weitreichende Sensibilisierung für Naturtextilien erreichte sie bereits 1976 als Mitgründerin von ›Hess Natur‹. Hier wurden ökologischer Anspruch und modisches Design in einer für den Textilbereich neuartigen Pionierleistung erfolgreich kombiniert und bis heute weiterentwickelt.

Mit dem Forschungsprojekt earthCOLORS® leistet Dorothea Hess seit Jahren engagierte Forschungs- und Kommunikationsarbeit zum Thema umweltverträglich gestalten und drucken. Engagiert arbeitet sie an der Sensibilisierung der Branche und der Verbraucher, der Entwicklung neuer Konzepte und ihrer Umsetzung. Konsequente Arbeiten mit Vorbildfunktion sind ihr Anspruch.

- Weitere Informationen unter: www.hessdesign.de

05 | greenlab

»*Design steht am Anfang eines Entwicklungsprozesses und kann somit entscheidenden Einfluss auf die Nachhaltigkeit eines Produktes nehmen. Ein Produkt kann nicht nur in seiner Materialität, sondern auch in seiner Entstehung, seinem Gebrauch und seiner Entsorgung neu gedacht werden. Das macht unsere Tätigkeit besonders geeignet, den Prozess zu einer nachhaltig wirtschaftenden Gesellschaft mit zu gestalten.*«

Für das 2009 an der Kunsthochschule Berlin-Weißensee gegründete ›greenlab‹ ist Design eine von Neugier und Erkenntnisorientierung geleitete Disziplin, die als Grundhaltung nach innovativen Lösungen im kreativen Prozess sucht. Dabei spielen die Verbindung von Forschung und Praxis, das Zusammenführen unterschiedlicher Perspektiven verschiedenster Designdisziplinen – quer zu den Fachgebieten Mode-Design, Textil- und Flächendesign, Produktdesign sowie die visuelle Kommunikation – eine entscheidende Rolle.

Die vorrangigen Ziele und Arbeitsschwerpunkte des greenlab sind die Vernetzung von Hochschulprojekten mit an der Praxis orientierter Forschung und lokalen Projekten, die Entwicklung innovativer Konzepte für nachhaltige und umweltfreundliche Produkte und Dienstleistungen, die Steigerung des Potenzials kreativer Strategien und das Ausloten der Möglichkeiten künstlerisch/gestalterischer Forschung und ihrer Methodik.

- Weitere Informationen unter: www.greenlab.kunsthochschule-berlin.de

06 | id22

»*Nachhaltigkeit ist nur dann zu realisieren, wenn sie auf der lokalen Ebene, vor allem durch eine demokratische Beteiligung der Bürgerinnen und Bürger, getragen wird. Nur durch die Zusammenarbeit von Bürgern und Kreativen sowie Akteuren aus Forschung, Verwaltung und lokaler Wirtschaft ist es möglich, einen neuen Blick auf gegenwärtige und zukünftige Problemstellungen zu gewinnen und im Dialog alternative Strukturen und bezahlbare Lösungsansätze zu entwickeln.*«

Der 2003 als zivilgesellschaftliche Non-Profit Organisation gegründete Verein ›id22‹ setzt sich mit seinen rund 20 Mitarbeitern für eine kreative Kultur der nachhaltigen Stadtentwicklung ein und unterstützt und propagiert selbstorganisierte, engagierte Initiativen und städtische Akteure aus einer Vielzahl gesellschaftlicher Bereiche. id22 organisiert Netzwerkveranstaltungen, produziert Publikationen, betreibt Internetportale und arbeitet daran, den Lebensraum in der Stadt qualitativ zu verbessern. Dabei wird versucht, ein großes Spektrum unterschiedlichster Akteure anzusprechen und zwischen diesen zu vermitteln.

Der Schwerpunkt der Institutsarbeit liegt auf der Förderung innovativer gemeinschaftlicher Wohnformen, die zu einer sozial-integrativen, ökologischen und nicht-spekulativen Entwicklung beitragen. Ein ganzheitliches Verständnis von Nachhaltigkeit entsteht dabei nur dann, wenn Stadtentwickler, (Landschafts-)Architekten, Geographen, Gestalter, Künstler, Kulturarbeiter oder Philosophen an ihren eigenen Themen und zugleich interdisziplinär an einer gemeinsamen Vision arbeiten.

So beschränkt sich die Arbeit von id22 nicht auf einzelne Aspekte der Nachhaltigkeit wie Ökologie und Umwelt, sondern unterstützt das Engagement verschiedenster Projekte, die Verantwortung für sich und ihre städtische Umwelt übernehmen: kulturell, sozial, ökologisch oder ökonomisch.

= Weitere Informationen unter: *www.id22.net*

07 | IDZ – Internationales Design Zentrum Berlin

»*Design bedeutet mehr als ›die gute Form‹: Design ist ein ganzheitlicher Prozess und trägt gesellschaftliche Verantwortung. Deshalb gilt es, das Designbewusstsein bei Verbraucherinnen und Verbrauchern zu stärken, den Designbegriff bei Unternehmen und in der Wirtschaft weiter zu schärfen und so auch im Design der Verantwortung für unsere Zukunft Rechnung zu tragen.*«

Das Internationale Design Zentrum Berlin (IDZ) ist ein 1968 gegründeter Verein zur Designförderung, der sich den Potenzialen und der Qualität des Designs verpflichtet sieht und durch Projekte, Ausstellungen und Veranstaltungen den Fokus auf verschiedene Aspekte der Gestaltung lenkt.

Im Mittelpunkt stehen dabei die gesellschaftliche Verantwortung des Designs sowie die Auseinandersetzung mit Design als Schnittstellendisziplin mit sozialer, kultureller, ökonomischer und ökologischer Relevanz.

Nachhaltiges Design bedeutet für die 11 Mitarbeiterinnen und Mitarbeiter mehr als die Qualität und Ästhetik von langlebigen und zeitlosen Formen: Es beinhaltet Kreislaufdenken und Ressourcenschonung, die Loslösung von der reinen Objektorientierung, die Hinwendung zu systemischen Lösungen, den Einsatz von nachhaltigen Materialien und umweltbewussten Herstellungsverfahren, Reparaturfähigkeit und intelligentes Upcycling, (usw.) – aber auch jede Art von Gestaltung, die ein verändertes, bewussteres Kosumverhalten fördert.

= Weitere Informationen unter: *www.idz.de*

08 | Lilli Green

»*Lilli Green steht für einen ökologischen Lebensstil mit einem hohen ästhetischen und zukunftsprägenden Anspruch. Wissen bündeln und Meinung bilden - ›Nachgedacht & besser gemacht‹ – in Form von Informationen und auch in Form ausgewählter Designprodukte*«

Das seit 2009 existierende Online-Magazin berichtet über neue Entwicklungen, Entwickler, Designs und Designer, die Mensch und Umwelt sowie Form und Funktion gleichermaßen wertschätzen. Hier werden Neuheiten aus der Architektur und Designwelt zum Thema Nachhaltigkeit vorgestellt und es sollen Gleichgesinnte direkt angesprochen, zum Denken angeregt und zur Auseinanderssetzung mit alten Problemen, neuen Projekten und guten Ansätzen aufgefordert werden.

Mit einem Sortiment an ausgewählten und ausgefallenen Produkten beweist der Lilli-Green®-Shop gleichzeitig, dass Nachhaltigkeit und anspruchsvolles Design kein Widerspruch mehr sind. Alle Produkte in diesem Shop zeichnen sich durch faire bzw. soziale Produktionsbedingungen, Recycling, Verwendung nachwachsender Materialien, Kompostierbarkeit, Schadstoffkontrolle, Energieeffizienz oder nachhaltigem Bewusstsein aus.

Die Gründer von Lilli Green – Anna Rehe und Leopold Brötzmann – sind überdies im Bereich Design und Kunst im nachhaltigen Kontext engagiert (z. B. im ›Projektraum Global Group 3000 - für Kunst und andere Nachhaltigkeiten‹).

= Weitere Informationen unter: www.lilligreenshop.de

09 | Maar

»Als Freiberuflerin versuche ich meinen Prinzipien treu zu bleiben und habe schon verschiedene Jobangebote abgelehnt, weil diese nicht mit meinen Grundsätzen übereinstimmten. Allerdings kann ich keine pauschalen Kriterien aufzählen, sondern wäge bei jedem Auftrag neu ab.«

Hauptzweck des 2008 gegründeten Unternehmens von Mareike Hadeler ist es, gestalterisch sinnvoll-smarte und ökologisch-soziale Alternativprodukte auf dem Markt anzubieten und ökointelligentes Denken und Wissen zu vermitteln. Zu diesem Zweck wurde u.a. eine ›Grundsatzliste für eine ökointelligente Produktentwicklung‹ erarbeitet, die im Agentur- und Ausbildungsalltag wichtige Anregungen und Denkanstöße gibt.

Maar verbindet Design- und Trendkenntnisse mit Ökologie-, Humanitäts- und Ökonomieaspekten. Vor diesem Hintergrund werden Produkte oder Verpackungen optimiert oder gänzlich neu entworfen. Dabei wird stets der komplette Lebenszyklus eines Produktes in den Blick genommen.

Durch Erfahrung und Austausch in der Design- und Nachhaltigkeitsszene kann Mareike Hadeler auf ein breites Netzwerk von Spezialisten zurückgreifen und so ihren Kunden ein hohes Maß an Beratung bieten.

= Weitere Informationen unter: www.ecoproducts-by-maar.de

10 | SDC – Sustainable design center

»Unsere Vision ist eine Welt in der eco- und ressourcenintelligente Formen der Gestaltung und Nachhaltiges Design von Dienstleistungen und Produkten das Wohlergehen und die Lebensqualität aller sichert – mit einem Bruchteil des heutigen Ressourcenverbrauchs.«

Zweck des 2009 gegründeten ›Sustainable design center‹ (SDC) ist die Förderung des Umweltschutzes und der nachhaltigen Entwicklung, der Bildung, Ausbildung und Weiterbildung sowie von Kunst und Kultur im Bereich nachhaltiger ökointelligenter Gestaltung (sustainable design). Dabei dürfen die intelligenten und effizienten Produkte und Dienstleistungen keinem einzelnen Aspekt nachhaltiger Gestaltung widersprechen und sie sollen helfen, soziale Spielräume für eine gerechtere Welt zu entwickeln.

Das SDC ist das in Deutschland erste projekt- und mitgliederfinanzierte – und damit von Staat und Wirtschaft unabhängige – Designzentrum mit dem Fokus auf nachhaltiger Gestaltung. Man hat dabei bewußt den ›gemeinnützigen Verein‹ als Organisationsform gewählt, da ein zu starker Gedanke an Konkurrenz auf dem Weg *in eine lebenswertere Welt* eher hinderlich ist.

Die Zielgruppen des SDC sind alle Interressierte, Designer und Dienstleister, Vor- und Querdenker, Händler, Produzenten und Ingenieure rund um dem Bereich des sustainable design.

= Weitere Informationen unter: www.sustainable-design-center.de

11 | triple innova

»*Wir schaffen echten Wissenstransfer indem wir wissenschaftliche Erkenntnisse für Unternehmen und Organisationen übersetzen, sodass diese die Ergebnisse direkt anwenden können: Walk the talk. Nachhaltigkeit ist machbar!*«

Die Innovationsagentur triple innova coacht seit 2002 Unternehmen und Organisationen in Richtung Nachhaltigkeit, indem sie Impulse aus der Wissenschaft gibt und Trainings durchführt, die zur praktischen Umsetzung von Nachhaltigkeit qualifizieren. triple innova ist auf den Themenbereich der gesellschaftlichen Verantwortung (Corporate Social Responsibility – CSR) spezialisiert und verhilft durch Innovationen auf drei Ebenen (ökonomisch, ökologisch und sozial) Kunden dazu, wichtige Potenziale zu erkennen und angesichts steigender gesellschaftlicher Ansprüche den Erfolg und die Zukunftsfähigkeit des eigenen Handelns zu stärken.

Enabling: triple innova befähigt Personen in Unternehmen und Organisationen, selbst aktiv ihre eigene Form und die für sie wichtigsten Inhalte von Nachhaltigkeit umzusetzen. Instrumente dafür sind Studien und deren Nutzung, Workshops, Trainings und Coachings, die immer methodisch auf Befähigung und inhaltlich auf Nachhaltigkeit ausgerichtet sind.

Dabei ist Design für triple innova wichtig, um den Kunden die eigenen (Nachhaltigkeits-)Dienstleistungen zu kommunizieren. So arbeitet man eng mit DesignerInnen zusammen, die ein ähnliches Verständnis von Nachhaltigkeit haben bzw. dieses Verständnis wird gemeinsam mit ihnen weiterentwickelt.

- Weitere Informationen unter: *www.triple-innova.de*

12 | UBA – Umweltbundesamt

»*Das Umweltbundesamt nimmt in ökologischen und sozialen Fragen eine Vorbildfunktion ein. Es handelt auch intern nachhaltig und hat motivierte, kooperative und gesunde Mitarbeiterinnen und Mitarbeiter, die mit sich und ihrer Arbeit zufrieden sind.*«[2]

Das Umweltbundesamt (UBA) ist, mit rund 1500 Mitarbeiterinnen und Mitarbeitern, Deutschlands zentrale Umweltbehörde. Ihre wichtigsten gesetzlichen Aufgaben sind die wissenschaftliche Unterstützung der Bundesregierung (u.a. Bundesministerien für Umwelt, Gesundheit, Forschung, Verkehr, Bau- und Stadtentwicklung), der Vollzug von Umweltgesetzen (z. B. Emissionshandel, Zulassung von Chemikalien, Arznei- und Pflanzenschutzmitteln) und die Information der Öffentlichkeit zum Umweltschutz.

Die 1974 eingerichtete Behörde widmet sich Umweltfragen umweltmedien- und schutzgutübergreifend in großer thematischer Breite. So verfügt das UBA über *Kettenkompetenz* im Umweltschutz: Es bearbeitet von der Ermittlung und Bewertung des Umweltzustands sowie umweltbezogener Ursache-Wirkungs-Zusammenhänge über die Entwicklung von Strategien zur Umweltentlastung und für Nachhaltigkeitspolitik bis hin zur Ausführung von Umweltgesetzen und der Evaluation durchgeführter Umweltschutzkonzepte alle entsprechend relevanten Arbeitsfelder.

Klimawandel, Biodiversitätsverlust, Zerstörung der Böden, Wasserknappheit, übermäßige Inanspruchnahme von Rohstoffen, Luft- und Lärmverschmutzung, u.v.m. sind Teil ein und derselben ökologischen Krise und haben ihre gemeinsame Ursache in der Art wie wir bislang wirtschaften und leben. Für das UBA ist ein grundsätzlicher gesellschaftlicher Wandel notwendig, um die Probleme an der Wurzel anzupacken. Gefragt sind auf allen Ebenen kulturelle, soziale und technische Innovationen und Lösungen, die die nachhaltige Entwicklung voranbringen und die Einhaltung der ökologischen Belastungsgrenzen der Erde gewährleisten.

- Weitere Informationen unter: *www.uba.de*

---

2 Laut Angabe des Umweltbundesamtes: »Institutionelles Ziel 7 der UBA-Strategie«

13 | VDID – Verband Deutscher Industrie Designer

»*IndustriedesignerInnen des Verbands Deutscher Industrie Designer (VDID) nehmen die Verantwortung an, die sie gegenüber den heute lebenden Menschen und den künftigen Generationen, der Natur und dem Planeten Erde haben. Sie erkennen ihre Verantwortung für die Bedeutung, die den Dingen durch ihre gestalterische Aufwertung beigemessen wird, und die Folgen, die sich daraus ergeben. Sie realisieren selbstkritisch die Hebelwirkung ihres kreativen Schaffens auf den Produktabsatz, die industrielle Produktion und die sich daraus ergebende Belastung der Umwelt.*«

Den VDID zeichnet sich aus durch die intensive Beschäftigung mit der Verantwortung, dem Verhalten und der Qualifikation der Industriedesigner. So ist die hohe nachgewiesene fachliche Qualifikation seiner Mitglieder ein Kriterium für die Aufnahme in den VDID.

Alleinstellungsmerkmal ist auch die frühe Auseinandersetzung mit den Kriterien guter und nachhaltiger Gestaltung: Bereits in den 1980er Jahren definierte der VDID ›Kriterien für die gute Industrieform‹[3]. Aktuell hat der VDID in einem langjährigen Prozess mit einem großen Kreis von Mitgliedern den VDID_CODEX der Industriedesigner entwickelt sowie Leitwerte zur Kompetenz und zu den ethischen Werten des Berufsstandes für verantwortungsvolles Gestalten festgeschrieben.[4] Hier werden die bedeutenden gesellschaftlichen Herausforderungen erörtert, an deren Lösung Industriedesigner einen maßgeblichen Teil beizutragen haben. Es werden berufsspezifische ethische Werte formuliert, die Industriedesigner für sich als verbindlich ansehen. Die Kriterien der Qualität, bezogen sowohl auf die Entwicklungsprozesse als auch auf deren Ergebnisse, werden umrissen und es werden Orientierungshilfen/Leitlinien zur Verantwortung und zu Verhaltensweisen im beruflichen Alltag gegeben.

Aus Sicht des VDID kreieren Industriedesigner Lösungen, die die funktionalen, emotionalen und sozialen Intentionen der Menschen empathisch berücksichtigen, differenziert auf das menschliche Wahrnehmen eingehen und sich den Handlungsvorstellungen der Anwender anpassen. Industriedesign schafft in diesem Sinne nicht Lösungen für ein Problem, sondern nachhaltige Lösungen für Menschen.

▬ Weitere Informationen unter: *www.germandesign.de*

14 | Wilkhahn

»*Wir setzen alles daran in einer Zeit, die von kurzfristiger Gewinnmaximierung und globalen Verwerfungen geprägt ist, langfristig und mit Anstand internationale Geschäfte zu machen. Dabei ist Nachhaltigkeit seit 1992 fester Bestandteil unserer Designrichtlinien.*«

Das mittelständische, 1907 gegründete und heute ca. 550 MitarbeiterInnen zählende Unternehmen verfolgt ein ganzheitliches Unternehmenskonzept, in dem Produktgestaltung, soziale und ökologische Verantwortung sowie das Verständnis, Beiträge zur Kultur der Zeit zu leisten, auch international weitgehend auf einen gemeinsamen Nenner gebracht sind.

Man sieht sich dabei schon seit den 1950er Jahren dem Leitsatz im Gründungsmanifest der Ulmer Hochschule für Gestaltung verpflichtet: Ziel ist es langlebige Produkte zu entwickeln, deren Gebrauchswert zu erhöhen und die Verschwendung zu reduzieren.

Wichtig ist hierbei auch Transparenz, um dem Kunden Entscheidungsgrundlagen und Vergleichbarkeit zu bieten. Er soll wissen, wofür und wogegen er sich entscheidet – einschließlich der sozial-ökologischen *Rucksäcke*.

---

[3] Die VDID Kriterien einer guten Industrieform lauten: Hoher praktischer Nutzen, ausreichende Sicherheit, lange Lebensdauer und Gültigkeit, ergonomische Anpassung, technische und formale Eigenständigkeit, Umfeld-Beziehung, Umweltfreundlichkeit (energie- und ressourcenschonend in Herstellung und Gebrauch, abfallarm und recyclinggerecht), Gebrauchs-Visualisierung, hohe Gestaltqualität und eine sinnlich-geistige Stimulans.

[4] Es ist möglich den Codex unter www.vdid.de/positionen/berufscodex herunter zu laden. Stand: 08.02.2013

Man ist bestrebt gesellschaftliche Trends frühzeitig zu antizipieren und mitzugestalten. Auf diese Weise kann man auch bei der Gestaltung von Produkten agieren und mitgestalten.
- Weitere Informationen unter: *www.wilkhahn.de*

15 | WI – Wuppertal Institut für Klima, Umwelt, Energie

»*Im Zentrum unserer Forschung stehen Ressourcen-, Klima- und Energieherausforderungen in ihren Wechselwirkungen mit Wirtschaft und Gesellschaft. Wir liefern praxisrelevante und akteursbezogene Lösungen zu komplexen Nachhaltigkeitsproblemen.*«

Das 1991 gegründete Wuppertal Institut für Klima, Umwelt und Energie (WI) erforscht und entwickelt Leitbilder, Strategien und Instrumente für Übergänge zu einer nachhaltigen Entwicklung auf regionaler, nationaler und internationaler Ebene. Im Zentrum stehen Ressourcen-, Klima- und Energieherausforderungen in ihren Wechselwirkungen mit Wirtschaft und Gesellschaft. Die Analyse und Induzierung von Innovationen zur Entkopplung von Naturverbrauch und Wohlstandsentwicklung bilden einen Schwerpunkt seiner Forschung. Auch gilt es, Übergänge in eine nachhaltige Gesellschaft zu erforschen und zu gestalten (transition).

Design und Nachhaltigkeit treten beim WI in der Forschung, in der Lehre und der wissenschaftlichen Kooperation, in der nutzerintegrierten Entwicklung von Produkt-Dienstleistungssystemen und bei der Entwicklung von LivingLab-Konzepten in einen intensiven Austausch. So geht es darum, kreative Lösungsansätze auf der Handlungsebene zu entwickeln, sie bei der Entwicklung von Geschäftsmodellen und der Erschließung von Zukunftsmärkten zu nutzen und transformative Produktgestaltung in Innovations-/Diffusionsprozesse zu integrieren.
- Weitere Informationen unter: *www.wupperinst.org*

16 | ecosign / Akademie für Gestaltung

»*Nachhaltiges Design verlangt nach einem Bewusstwerden der eigenen Kommunikations- und Gestaltungsleistung und ihrer Wirkung auf Gesellschaft und Umwelt. Die Aufgabe sowohl des Kommunikations- als auch des Produktdesigns besteht darin, zu vermitteln und zu sensibilisieren – neue Wege aufzuzeigen für einen verantwortungsvollen Umgang mit unserer Umwelt, mit den Ressourcen und mit gesellschaftlichen, wirtschaftlichen und sozialen Herausforderungen.*«

Die ecosign / Akademie für Gestaltung in Köln wurde 1994 von Karin-Simone Fuhs gegründet, um eine Verbindung zwischen Design und Nachhaltigkeit – der Berücksichtigung von ökologischen, ökonomischen und sozialen Belangen auch im Gestaltungsprozess – zu schaffen.

Das Design-Studium an der ecosign soll die rund 230 Kommunikations- und Produktdesign-Studierenden dazu befähigen, durch ihre Arbeit eine kompetente und selbstbewusste Mittlerstellung zwischen Mensch und Gesellschaft, Wirtschaft und Umwelt einzunehmen. Daher legt man an der Akademie auch besonderen Wert auf die Bildung von Netzwerken mit Instituten, Organisationen und Fachleuten aus dem Nachhaltigkeitsbereich.

Gesellschaftlicher Wandel braucht Entwürfe, braucht kreative Ideen und konkrete Vorstellungen davon, wie eine nachhaltige Entwicklung umgesetzt werden kann. Dies ist Aufgabe und Herausforderung für eine neue Generation von Gestalterinnen und Gestaltern.
- Weitere Informationen unter: *www.ecosign.net*

Michael Maxein

17 | EFA – Effizienz-Agentur NRW

»*Unser Ziel ist die wirtschaftliche Steigerung der Ressourceneffizienz in produzierenden Unternehmen. Dies bezieht sich auf die gesamte Produkterstellung und die dazu notwendigen Prozesse.*«

Die Effizienz-Agentur NRW (EFA) wurde 1998 auf Initiative des NRW-Umweltministeriums mit dem Ziel gegründet, produzierenden Unternehmen in Nordrhein-Westfalen Impulse zu einer ressourceneffizienteren Wirtschaftsweise zu geben und sie bei der Umsetzung von Maßnahmen im Produktionsintegrierten Umweltschutz (PIUS) zu unterstützen.

Durch innovative Verfahren und Techniken lassen sich der EFA zufolge nicht nur die Umwelt schonen, sondern auch Wettbewerbsvorteile im Markt sichern. Die Effizienz-Agentur NRW bietet mit ihrem Beratungsangebot erprobte Instrumente zur Potenzialaufdeckung und -nutzung in den Bereichen Produktgestaltung, Produktion und Kostenrechnung an. Über 1.500 Projekte wurden seit dem Jahr 2000 in und mit kleinen und mittleren Produktionsbetrieben initiiert.

Die EFA ist Initiator und Vermittler einer zukunftsweisenden Wirtschaftsstrategie. Unter ihrer Koordination entstehen kontinuierlich neue Konzepte und Projekte – und darüber hinaus ein leistungsfähiges Informationsnetzwerk für den gesamten NRW-Mittelstand.

Insgesamt 30 EFA-Mitarbeiter in Duisburg sowie in den acht Regionalbüros setzen sich dafür ein, dass die Unternehmen in NRW von den Vorteilen ressourceneffizienten Wirtschaftens profitieren.

▪ Weitere Informationen unter: www.ressourceneffizienz.de

Mit Hilfe eines umfangreichen Fragebogens wurden ergänzend zu den allgemeinen Unternehmens- bzw. Organisationsdaten weitere arbeitsorganisatorische und nachhaltigkeitsrelevante Aspekte im Arbeitsalltag der oben genannten Akteure[5] abgefragt, die im Folgenden zusammengefasst wiedergegeben werden.

1. Nachhaltigkeitsaspekte im Arbeitsalltag der Akteure

Ergänzend zu den o.g. Darstellungen lässt sich festellen, dass sich die meisten Akteure *Nachhaltigkeit* sehr konsequent auch *in ihren jeweiligen Organisationsstrukturen* umsetzen. Das beginnt bei der Büroausstattung – z. B. »*hergestellt von einem regionalen, ökologisch orientierten Schreiner*« – geht über eine Orientierung an verschiedenen Umwelt- und Fair-Handels-Siegeln beim Büromitteleinkauf bis hin zur Vorgabe, dass *Dienstreisen* unter vier Stunden stets mit öffentlichen Verkehrsmitteln zu absolvieren sind. Ergänzend dazu sind Bahncard oder Jobticket für MitarbeiterInnen in größeren Unternehmen üblich und eine Bevorzugung des Fahrrads als gesundheitsförderndes und umweltfreundliches Verkehrsmittel (*begleitet* von überdachten Fahrradstellplätzen) ist tatsächlich als *obligatorisch* zu bezeichnen.

Hingewiesen wurde in diesem Zusammenhang auf die Wichtigkeit verständlicher Pläne und / oder Beschreibungen, wie das jeweilige Unternehmen für BesucherInnen am günstigsten umweltfreundlich und mit öffentlichen Verkehrsmitteln zu erreichen ist.

Die *geschlechterparitätische personelle Besetzung* von Führungspositionen oder auch die *MitarbeiterInnenstruktur* ist bei den meisten hier aufgeführten Unternehmen – und vor allem bei den Vereinen – als ausgewogen zu bezeichnen. In den größeren Betrieben gibt es entsprechend geschulte Gleichstellungsbeauftragte. Tendenziell ist festzustellen, dass im Arbeitsfeld Nachhaltigkeit und Design, vor allem wenn es um Ausbildung und Lehre geht, mehr Frauen als Männer beschäftigt sind.

---

5 Von der EFA lag keine Fragebogenauswertung vor und sie wird daher im Folgenden nicht weiter aufgeführt.

Die *Beteiligung* von MitarbeiterInnen bzw. Mitgliedern an den Unternehmens- oder Vereinsbelangen ist durch entsprechende Selbstverwaltungsorgane (Betriebsrat, Vollversammlung etc.) oder regelmäßig tagende Gremien sichergestellt. Es finden häufig Meetings zur Struktur oder zur Zukunft der Organisation statt, die Hierarchien sind meist sehr *flach* und gewährleisten – den Angaben zufolge – ein *gutes Miteinander*. Unterstützend wirken kann hier ein gut strukturiertes und kompetent umgesetztes betriebliches Vorschlagswesen.

Auch wird mit Blick auf Lohnhöhe oder tarifvertragliche Bestimmungen auf *soziale Ausgewogenheit* geachtet: So haben z. B. soziale Kriterien (wie Kinder oder Alter) durchaus Einfluss auf die Bezahlung.

Zusammenfassend ist festzustellen, dass sich bei den hier vorgestellten Akteuren die ökologischen, die sozialen und ökonomischen Aspekte auch im betrieblichen Alltag in einem ausgewogenen Verhältnis zu befinden scheinen.

2. Konsequenzen für das Arbeitsumfeld

Bei der Befragung sollte unter anderem herausgefunden werden, welche positiven oder auch negativen Konsequenzen sich aus der Verbindung von Design und Nachhaltigkeit für die Arbeit mit den Kunden ergeben können.

Gibt es beispielsweise einen kategorischen *Ausschluss von Kooperationen mit bestimmten Auftraggebern*, wenn diese z. B. aus Industriebereichen stammen, deren Ausrichtung einer nachhaltigen Entwicklung eher entgegenstehen? Arbeitet man mit Kunden aus der Rüstungsindustrie zusammen? Werden Konsequenzen gezogen, wenn es berechtigte Zweifel daran gibt, ob der Kunde sein Engagement im Bereich Ökologie tatsächlich ernst meint oder dieses ggf. nur vorgibt, um sich bestimmte Kundenkreise zu erschließen – also sogenanntes *Greenwashing* betreibt?

Dies wird von den Unternehmen durchaus unterschiedlich gehandhabt: Vorwiegend naturwissenschaftlich orientierte Organisationen fordern z. B. lediglich, »*dass der potenzielle Auftraggeber eine ernsthafte Auseinandersetzung mit Nachhaltigkeitsfragestellungen glaubhaft macht und [diese] zur Forschungsagenda des Instituts passen*« (WI). Dem gegenüber wird beim SDC beispielsweise eine sogenannte ›Schwarze Liste‹ von den Mitgliedern erstellt, die manche Projektpartner von einer Zusammenarbeit ausschließt bzw., im Falle einer Anfrage, eine weitergehende Entscheidungsfindung (z. B. eine Abstimmung unter den Mitgliedern) nötig macht.

Auch bei der ecosign und id22 lehnt man Kooperationen ab, wenn Unternehmen »*gegen soziale und ökologische Prinzipien verstoßen oder für zwiespältige, unethische Unternehmungen bekannt sind.*«

In der Vergangenheit haben manche Akteure sogar *auf Profit, Aufträge oder Wachstum verzichtet, weil ein entsprechender Auftrag mit Zielen oder Idealen der Unternehmung kollidierte*. Hier scheint man also strikt an den eigenen Prinzipien orientiert und auch konsequent, wenn bestimmt Grenzen überschritten werden. So gab econcept an, diverse Kooperationsangebote oder sogar begonnene Zusammenarbeiten abgesagt zu haben, »*weil philosophische, moralische oder ideologische Differenzen aufgetreten [waren]*« oder man habe umgekehrt die Festanstellung bei einem Unternehmen abgelehnt, da kein Mitspracherecht bei der Auswahl der Kunden eingeräumt wurde (Hadeler).

Bei Wilkhahn hat »*im Zweifelsfall das ökologische Anliegen Vorrang vor schnellem Gewinn*« und es werden in der Konsequenz Lieferanten ausgeschlossen, »*die gegen den Global Compact verstoßen*«[6].

---

6 »Der Global Compact der Vereinten Nationen ist eine strategische Initiative für Unternehmen, die sich verpflichten, ihre Geschäftstätigkeiten und Strategien an zehn universell anerkannten Prinzipien aus den Bereichen Menschenrechte, Arbeitsnormen, Umweltschutz und Korruptionsbekämpfung auszurichten.« Siehe dazu auch http://www.unglobalcompact.org/Languages/german/index.html; Stand 17.02.2013

Insgesamt herrscht die Hoffung vor, durch die eigene Arbeit auch auf die Ausrichtung des Kunden bzw. des Auftraggebers wirken und diesen positiv beeinflussen zu können. Man ist allgemein bestrebt denjenigen Aufftraggebern zu helfen, die »*ernsthaft nachhaltig werden wollen*«.

Manche der aufgeführten Akteure sind sogar bemüht, *über den Arbeitsalltag hinaus einen Paradigmenwechsel in Richtung Nachhaltigkeit* auch außerhalb der Organisation bzw. des Unternehmens zu befördern. Dies geschieht zum einen in Form von Vorträgen, Workshops etc. – spiegelt sich zum Teil aber auch in einem veränderten Konsumverhalten etwa der MitarbeiterInnen wieder. Beispielhaft dafür wurden z. B. vegetarische / vegane und biologische Ernährung, ökologische Haushaltsführung oder die naturnahe Erziehung der Kinder aufgeführt (Lilli Green).

Der VDID hat die eigenen Leitbilder an der Frage orientiert, welche Herausforderungen und welche Verantwortung das Industriedesign heute mit sich bringt und diese in Form des »*VDID_CODEX*«[7] frei zugänglich gemacht.

Auch das IDZ organisiert verschiedenste Veranstaltungen und Projekte im Bereich des *Nachhaltiges Design*s. Dazu zählen Vorträge im Rahmen des ›Sustainable Design Forums‹, Ausstellungen wie ›BerliNordik‹ und ›German Shades of Green – Sustainable Design from Germany‹ sowie die Konzeption des ›Bundespreises Ecodesign‹ und der Aufbau einer Best-Practice-Plattform. Die ecosign organisiert und gestaltet gemeinsam mit weiteren Partnern aus dem Bildungs- und Hochschulbereich seit 2009 die ›Sustainable Summer School‹. Hier soll es Studierenden aus der ganzen Welt ermöglicht werden, die Zukunft und ihrer Vorstellung eines nachhaltigen Lebensstils mitzugestalten.[8]

Ein politisches oder zivilgesellschaftliches Engagement der MitarbeiterInnen bzw. Mitglieder wird von vielen Akteuren gern gesehen und teilweise offensiv unterstützt. So engagieren sich MitarbeiterInnen des CSCP u.a. bei sozialen Projekten oder leisten Freiwilligenarbeit für den Stadtteil. Die Arbeit bei id22 besteht zu großen Teilen selbst aus ehrenamtlichem Engagement. In der Regel scheinen viele MitarbeiterInnen in verschiedenen Kontexten engagiert und bringen ihre Erfahrungen in die Arbeit mit ein. Darüber hinaus ist beispielsweise bei Wilkhahn ehrenamtliches Engagement ein Kriterium bei der Auswahl neuer MitarbeiterInnen.

Desweiteren orientieren sich die Vereine, Organisationen und Unternehmen an den Prinzipien der *Effizienz* und *Dematerialisierung* sowie der *Konsistenz* bzw. *Effektivität* und der Unterstützung und dem Aufbau von technischen / biologischen Wirtschaftskreisläufen. »*Benutzen statt besitzen*«(Hadeler) oder die Forschung bzgl. einer besseren Ressourceneffizienz in den jeweiligen Wertschöpfungsketten und Wirtschafträumen (WI) sind nur zwei Aspekte, die an dieser Stelle genannt sein sollen.

Im Bezug auf *Suffizienz* hat man im Falle von econcept bereits 1992 mit dem Wuppertal Institut zum Zusammenhang von Suffizienz und Design gearbeitet und publiziert: »*Design kann nachhaltige Lebensstile attraktiv machen.*«

Eine *Regionalisierung der Wirtschaft* scheint jedoch nicht zwangsläufig angestrebt. Zwar stellt man »*besondere Unternehmungen als Beispiel ökonomischer und sozialer Nachhaltigkeit [...] vor*« (id22) oder versucht große Teile des Sortiments regional oder zumindest in Deutschland produzieren zu lassen (Lilli Green) – jedoch stellt man sich beispielsweise am UBA auch die Frage »*inwiefern Regionalisierung ökologisch und ökonomisch sinnvoll ist.*« Denn nicht im-

---

7   Es ist möglich den Codex unter www.vdid.de/positionen/berufscodex herunter zu laden. Stand: 08.02.2013
8   Siehe hierzu: http://www.sustainable-summer-school.org; Stand: 19.02.2013

mer sind Produktionsbetriebe oder Dienstleister unter Nachhaltigkeitsgesichtspunkten in der Region besser angesiedelt, als an dem Ort, an dem z. B. die Rohstoffe ursprünglich gefördert wurden.

3. Nachhaltigkeit und Design als Arbeitsschwerpunkt

Desweiteren ergeben sich *Vorteile durch die Kombination von Design und Nachhaltigkeit gegenüber Wettbewerbern*. Zu einem wird die Glaubwürdigkeit gesteigert und es »*gibt kaum Konkurrenz, da kaum eine Designagentur die wissenschaftliche Kompetenz sowie die langjährige Erfahrung im nachhaltigen Design und in der Designberatung, -bildung mitbringt.*« (econcept)

Der gravierendste Nachteil besteht nach Ansicht der Protagonisten darin, dass nachhaltige Design-Alternativen oft schwer an den Markt zu bringen und häufig teurer sind als die Konkurrenzprodukte. Außerdem wird grundsätzlich infrage gestellt, ob die Herausforderungen an das Design im Blick auf die Nachhaltigkeit überhaupt lösbar sind.

So sehen die meisten Befragten als größtes Hindernis für eine *weitere Entwicklung hin zu mehr Nachhaltigkeit im Design*, dass selbst Designerinnen und Designer den Zusammenhang häufig nicht verstanden haben und dass das Wissen über Nachhaltigkeit bei vielen (noch) nicht vorhanden ist.

Außerdem wird auf eine noch immer auf Gewinnmaximierung und eine häufig sogar auf die Kurzlebigkeit der Produkte ausgelegte Wirtschaft verwiesen. Ergänzend wird zunehmendes *Greenwashing* durch sogenannte *Global Player* als Hemmnis angeführt – und auf eine in dieser Hinsicht mangelhafte Ausbildung und Lehre der Nachwuchskräfte hingewiesen.

4. Forderungen der Akteure an Gesellschaft und Politik

Den dringendsten Handlungsbedarf im Blick auf die Gesellschaft sehen die hier vorgestellten Akteure darin, einen Paradigmenwechsel in der Gestaltung (auch finanziell) zu unterstützen, Aufklärung über den Begriff des *Nachhaltigen Designs* in der Designprofession zu betreiben und bessere politische Rahmenbedingungen für nachhaltige Innovationen und Sustainable-Design-Ausbildungsgänge zu schaffen (econcept).

Außerdem seien »*Designer, Verbraucher und Unternehmen durch Veröffentlichungen, Vorträge, Seminare und Weiterbildungsangebote umfassend und kritisch zu sensibilisieren, zu informieren und zu motivieren*« (Hess). Besonders durch die allgegenwärtige Werbung würden viele Probleme geschürt – weil hierdurch der Konsumdruck wachse und ein Umdenken erschwert würde (Hadeler). Dies alles sind Einzelaspekte auch der umfassenden Frage danach, wie Nachhaltigkeit als zentrales *Bildungsthema* in der Gesellschaft verankert werden kann.

Im Hinblick auf eine nachhaltige Entwicklung sehen die Unternehmen gleichermaßen Politik, Wissenschaft und Zivilgesellschaft bzw. zivilgesellschaftliche Organisationen in der Pflicht. »*Die wahren Kosten von Design [würden] den Konsumierenden nicht in Rechnung gestellt*« und das sei in erster Linie »*ein politisches Problem*« (DRV).

»*Kooperationen zwischen Privatwirtschaft, öffentlichem Sektor und Zivilgesellschaft [seien jedoch] wichtig weil so die Potenziale und Denkweisen aus allen drei Sektoren genutzt werden können, um den gesellschaftlichen Wandel voranzutreiben*« (Hadeler).

Der VDID betont die besondere Verantwortung der Designerinnen und Designer: Diese verändern »*als Kollektiv das Gesicht und die Funktionsfähigkeit der Gesellschaft und sie müssen sich der Mitverantwortung bewusst sein, die sie für das Ganze tragen.*«

Die tabellarische Übersicht der folgenden Seiten fasst abschließend weitere Aspekte der Arbeit der hier genannten Akteure zusammen und soll deren Arbeitsweisen verdeutlichen.

	01 | CSCP	02 | IDRV	03 | econcept	04 | Hess	05 | greenlab	06 | id22	07 | IDZ	08 | Lilli G.
Unternehmensform	Wiss. Einr.	Verein	Agentur	Agentur/Pers.	Bildungseinr.	Verein	Netzwerk	Unternehmen
Gründungsjahr:	2005	2008	1996	1982	2009/10	2003	1968	2009
MitarbeiterInnen:	45	4	2	1	Nicht zutr.	20	11	3
a) Unsere Büroausstattung / unser Büromaterial wird nach ökologisch-sozialen Prinzipien gekauft / produziert.	+	++	++	++	Nicht zutr.	+o–	+	++
b) Wir beziehen Ökostrom.	++	++	++	++	Nicht zutr.	++	– –	++
c) Wir fördern den Umstieg unserer MitarbeiterInnen / Mitglieder auf den öffentlichen Personen-Nahverkehr und / oder umweltfreundliche Verkehrsmittel (Fahrrad, etc.).	++/+	++	++	keine Mitarb.	Nicht zutr.	++	++	++
d) In der Unternehmensstruktur wird darauf geachtet, dass Frauen und Männer auf allen Ebenen zu gleichen Teilen vertreten sind.	++	++	++	keine Mitarb.	++	+o– (mehr Frauen)	++	++
e) Mittels entsprechender Selbstverwaltungsorgane (Personal-/Betriebsrat, Mitgliederversammlungen etc.) dürfen die MitarbeiterInnen / Mitglieder über die Ziele der Organisation / des Unternehmens und ihre Umsetzung mitbestimmen.	++	++	++	keine Mitarb.	++	+	++	++
f) Bei Arbeitsverträgen und Löhnen wird auf soziale Ausgewogenheit geachtet.	++ / +	++	++	keine Mitarb.	Nicht zutr.	++	++	++
g) Wir schließen die Kooperation mit bestimmten Auftraggebern (z.B. aus der Atom-, Rüstungs- und Gentechnikindustrie etc.) kategorisch aus.	+	++	++	++	++	+	++	++
h) Wir arbeiten ausschließlich mit Organisationen / Unternehmen (Auftragnehmern, Zulieferern, Kunden etc.), die die Ziele der Nachhaltigkeit konsequent verfolgen.	–	+	–	+	Nicht zutr.	+	+	n. umsetzb.

Legende:
++ : Trifft voll zu   + : Trifft eher zu   +o– : Teils teils   – : Trifft eher nicht zu   – – : Trifft nicht zu

	09 | Maar	10 | SDC	11 | triple innova	12 | UBA	13 | VDID[8]	14 | Wilkhahn	15 | Wuppertal Inst.	16 | ecosign
Unternehmensform	Agentur/Pers.	Verein	Wissensch. E.	Behörde	Verein	Unternehmen	gemeinnütz. wissensch. E.	Bildungseinr.
Gründungsjahr:	2008	2009	2002	1974	1959	1907	1991	1994
MitarbeiterInnen:	1	30	5	1.500	k. A.	580	220	ca. 60 zzgl. 230 Studier.

a) Unsere Büroausstattung / unser Büromaterial wird nach ökologisch-sozialen Prinzipien gekauft / produziert.

++	++	++	+	k. A.	+	++	++

b) Wir beziehen Ökostrom.

++	++	++	++ z.T. selbst erzeugt	k. A.	+	++	++

c) Wir fördern den Umstieg unserer MitarbeiterInnen / Mitglieder auf den öffentlichen Personen-Nahverkehr und / oder umweltfreundliche Verkehrsmittel (Fahrrad, etc.).

++	++	++	++	k. A.	−	++	++

d) In der Unternehmensstruktur wird darauf geachtet, dass Frauen und Männer auf allen Ebenen zu gleichen Teilen vertreten sind.

keine Mitarb.	+	++	+	k. A.	−	+	+

e) Mittels entsprechender Selbstverwaltungsorgane (Personal-/Betriebsrat, Mitgliederversammlungen etc.) dürfen die MitarbeiterInnen / Mitglieder über die Ziele der Organisation / des Unternehmens und ihre Umsetzung mitbestimmen.

keine Mitarb.	++	+	+	k. A.	++	+o−	++

f) Bei Arbeitsverträgen und Löhnen wird auf soziale Ausgewogenheit geachtet.

keine Mitarb.	keine Mitarb.	+	Nach Tarifv.	keine Mitarb.	++	Nach Tarifv.	++

g) Wir schließen die Kooperation mit bestimmten Auftraggebern (z.B. aus der Atom-, Rüstungs- und Gentechnikindustrie etc.) kategorisch aus.

+	++	+	keine Kund.	k. A.	+o−	−[9]	++

h) Wir arbeiten ausschließlich mit Organisationen / Unternehmen (Auftragnehmern, Zulieferern, Kunden etc.), die die Ziele der Nachhaltigkeit konsequent verfolgen.

+	+	+o−	+o−	k. A.	+	+o−	+

Legende:

++ : Trifft voll zu   + : Trifft eher zu   +o− : Teils teils   − : Trifft eher nicht zu   − − : Trifft nicht zu

8 Es sei darauf hingewiesen, dass der Fragebogen an einigen Stellen eher auf Unternehmen als auf Vereine zugeschnitten war.

9 Das Wuppertal Institut hat keine Negativkriterien bei der Auswahl seiner Auftraggeber. Entscheidend ist, dass der potenzielle Auftraggeber eine ernsthafte Auseinandersetzung mit Nachhaltigkeitsfragestellungen glaubhaft macht und die zu behandelnden Fragestellungen zur Forschungsagenda des Instituts passen.

		01|CSCP	02|IDRV	03|econcept	04|Hess	05|greenlab	06|id22	07|IDZ	08|Lilli G.
i)	Wir fördern einen Wertewandel in Richtung Nachhaltigkeit auch in der Gesellschaft / außerhalb der Organisation / des Unternehmens.	+	++	++	++	++	++	+	++
j)	Wir bieten intern Weiterbildungsmaßnahmen zum Themenfeld „Nachhaltigkeit" an.	++	++	++	++	++	+o−	++	k. A.
k)	Ein politisches oder zivilgesellschaftliches Engagement unserer MitarbeiterInnen / Mitglieder ist ausdrücklich erwünscht.	++	+	++	++	++	++	+	+o−
l)	Wir haben bereits auf Profit, Aufträge oder Wachstum verzichtet, weil ein entsprechender Auftrag mit unseren Zielen oder Idealen kollidierte.	+	+	++	k. A.	Nicht zutr.	k. A.	k. A.	k. A.
m)	Bei der Konzeption von Produkten oder bei Kommunikationsmaßnahmen spielt Nachhaltigkeit eine zentrale Rolle.	++	++	++	++	Nicht zutr.	+	++	k. A.
n)	Wir orientieren uns an den Prinzipien der Effizienz und der Dematerialisierung.	++	++	++	++	Nicht zutr.	++	k. A.	+
o)	Wir orientieren uns am Prinzip der Konsistenz bzw. Effektivität („Cradle to Cradle" o.ä.) und der Bildung von technischen / biologischen Wirtschaftskreisläufen.	++	++	++	++	Nicht zutr.	− −	k. A.	+
p)	Wir orientieren uns am Prinzip der Suffizienz, des Respekts der natürlichen Grenzen oder des bewussten Verzichts.	++	++	++	++	Nicht zutr.	k. A.	++	+
q)	Wir befürworten eine Regionalisierung der Wirtschaft und verfolgen /unterstützen dieses Ziel aktiv.	−	+o−	+o−	k. A.	Nicht zutr.	+	++	+

Legende:
++ : Trifft voll zu   + : Trifft eher zu   +o− : Teils teils   − : Trifft eher nicht zu   − − : Trifft nicht zu

		09 | Maar	10 | SDC	11 | triple innova	12 | UBA	13 | VDID 8	14 | Wilkhahn	15 | Wuppertal Inst.	16 | ecosign
i)	Wir fördern einen Wertewandel in Richtung Nachhaltigkeit auch in der Gesellschaft / außerhalb der Organisation / des Unternehmens.	++	++	++	++	++	+	++	++
j)	Wir bieten intern Weiterbildungsmaßnahmen zum Themenfeld „Nachhaltigkeit" an.	++	++	+	++	++	+	+	++
k)	Ein politisches oder zivilgesellschaftliches Engagement unserer MitarbeiterInnen / Mitglieder ist ausdrücklich erwünscht.	k. A.	+o–	+	– –	k. A.	+	k. A.	++
l)	Wir haben bereits auf Profit, Aufträge oder Wachstum verzichtet, weil ein entsprechender Auftrag mit unseren Zielen oder Idealen kollidierte.	++	k. A.	++	k. A.	k. A.	+	+	++
m)	Bei der Konzeption von Produkten oder bei Kommunikationsmaßnahmen spielt Nachhaltigkeit eine zentrale Rolle.	++	++	++	+	k. A.	++	++	++
n)	Wir orientieren uns an den Prinzipien der Effizienz und der Dematerialisierung.	++	++	++	++	k. A.	+	+	++
o)	Wir orientieren uns am Prinzip der Konsistenz bzw. Effektivität („Cradle to Cradle" o.ä.) und der Bildung von technischen / biologischen Wirtschaftskreisläufen.	++	+	++	++	k. A.	+o–	++	++
p)	Wir orientieren uns am Prinzip der Suffizienz, des Respekts der natürlichen Grenzen oder des bewussten Verzichts.	++	+	++	++	k. A.	–	++	++
q)	Wir befürworten eine Regionalisierung der Wirtschaft und verfolgen / unterstützen dieses Ziel aktiv.	++	+	++	++	k. A.	+	+	++

Legende:
++ : Trifft voll zu   + : Trifft eher zu   +o– : Teils teils   – : Trifft eher nicht zu   – – : Trifft nicht zu

10 Es sei darauf hingewiesen, dass der Fragebogen an einigen Stellen eher auf Unternehmen als auf Vereine zugeschnitten war.

Michael Maxein ist gelernter Schriftsetzer, Dipl. Designer ecosign und Dozent für Nachhaltigkeit und Design an der ›ecosign / Akademie für Gestaltung‹ in Köln. 2005 war er für drei Monate in einem Schulbauprojekt der ›Grünhelme Troisdorf‹ in Afghanistan und hatte dort auch Gelegenheit, sich ein wenig mit der schillernden Werbewelt Südasiens vertraut zu machen. Er lebt in Hameln und arbeitet dort, in Köln und in der Bahn. Bei seinen Kundinnen und Kunden handelt es sich meist um sozial, ökologisch oder gesellschaftlich engagierte Menschen, Vereine und Instituitionen. Außerdem bietet er u.a. Workshops zu den Themen Nachhaltigkeit, Design und politisch-soziales Engagement an.

SCHÖNE NEUE WELT DELÜX!
›Schönes neues Wasser delüx!‹, Wasserflaschen-Aufkleber
Ø 4 oder 8 cm 2009

Wasser aus Flaschen hat einen bis zu 1000-fach größeren ökologischen Fußabdruck im Vergleich zu Leitungs-Trinkwasser. Die Wasserflasche schon ein einziges Mal mit Leitungswasser wiederzubefüllen, hat also eine große Auswirkung: Es spart Transportenergie, Zeit und CO_2. Zudem ist Leitungswasser eines der in Deutschland am besten überwachten Lebensmittel. Das Wiederbefüllen macht natürlich viel mehr Spaß, wenn man gleichzeitig einen Aufkleber auf seiner Flasche hat, die auch anderen das Trinken von *Gänsewein* wieder näher bringt.

© snw-deluex.de

S.W.W.S.W. – NICOLE BEDNARZYK & SYLKE RADEMACHER
›Ein Baum für alle Fälle‹, Karten-Stempel-Set
Karten: DIN A6; Stempel: je Ø 1,2 × 2,2 cm, 2009

Die ›Ein Baum für alle Fälle‹-Sets gibt es für alle Jahreszeiten und sie bestehen aus je 4 Baumkarten und 4 Stempeln. Die Karten sind aus 100% post-consumer-Altpapier gefertigt und die Stempel bestehen aus Gummi und heimischem Holz. Die Karten werden im Buchdruckverfahren in Handarbeit in einem kleinen Berliner Druckereibetrieb, die Stempel in den Vogtländischen Werkstätten für behinderte Menschen gefertigt.

©schoener-waers.de – S.W.W.S.W.

WIEGE FÜR WILKHAHN
›ON‹, Bürostuhl mit 3D-Synchronmechanik
Sitzhöhe 40/52, Gesamthöhe 97/109, Breite 69, Tiefe 66 cm, **2009**

Herzstück des ›ON‹ ist eine innovative *Kinematik*, die den Positionen und Beweglichkeiten der Knie- und Hüftgelenke entspricht. Das regt zu völlig natürlicher und entspannter Bewegungsvielfalt an und beugt Rückenschmerzen vor. Wilkhahn gewann mit diesem Stuhl den Bundespreis ecodesign.

© *Wilkhahn*

JETTE SCHEIB
›WeinLicht‹, Grünglas, Windlicht
Ø 7,5 cm, Höhe 28 cm, **2009**

Das Windlicht besteht im oberen Teil aus einer recycelten Weinflasche und das untere Stück ist aus massiver Eiche gefertigt. ›Side by Side‹ ist ein Gemeinschaftsprojekt mehrerer Werkstätten für behinderte Menschen. Diese und künftige Produktlinien werden gemeinsam mit jungen Designern entwickelt.

© *side by side*

OBSESSION

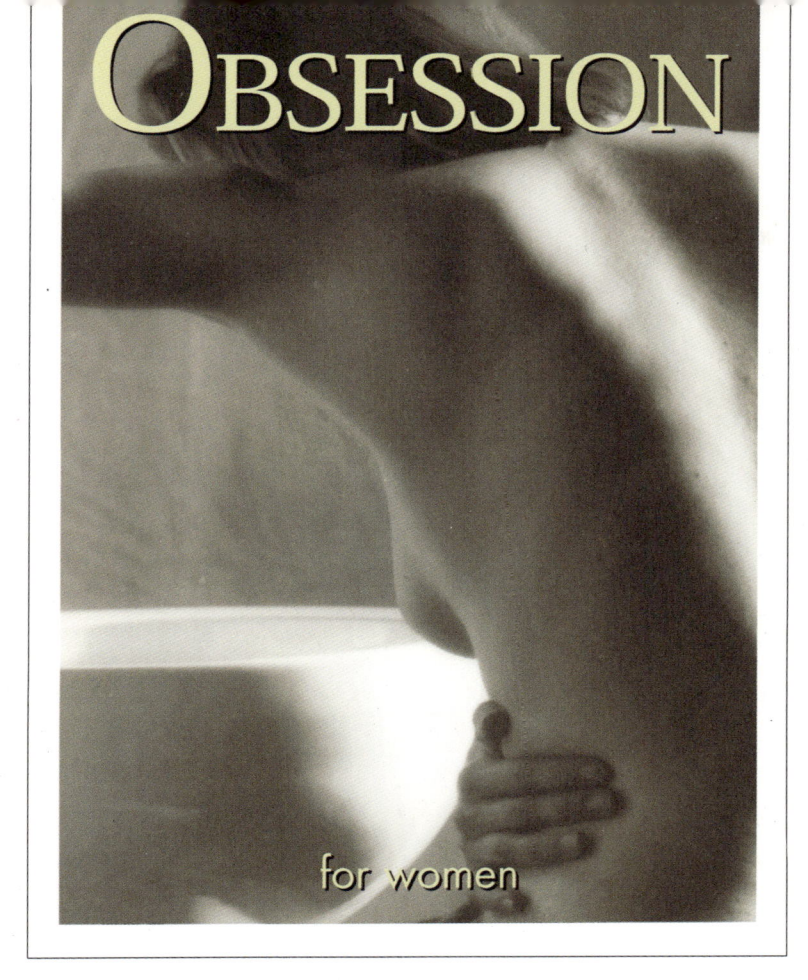

for women

ADBUSTERS
›Obsession for women‹, Plakat

2009

Die Adbusters Media Foundation ist eine kanadische Organisation, die von dem konsumkritischen Buchautor und Aktivisten Kalle Lasn gegründet wurde. Das oben gezeigte Plakat greift die Bild- und Textsprache bekannter Werbekampagnen auf und zeigt sie in einem neuen Kontext. Diese Form des ›Adbusting‹ – also die Umgestaltung und Neuvermittlung vorhandener Werbemotive – ist eine gute Möglichkeit, gezielt auf Versäumnisse oder Missstände bei den eigentlich mit diesen Motiven werbenden Firmen aufmerksam zu machen. Auch auf der Rückseite des deutschen ›Greenpeace‹-Magazin sind solche Modifizierung von Werbeäußerungen regelmäßig zu finden.

© Nancy Bleck / adbusters.org

MARC REXROTH
›moveo.‹, Regalsystem
20 H × 30 B × 17,5 T bis 40 H × 60 B × 35 T (cm), **2010**

Das modulare moveo.-Regalsystem besteht komplett aus gebrauchten Materialien und ›erzählt‹ von seinen langen Reisen. Die zehn verschiedenen Größen ermöglichen einen maßgeschneiderten Einsatz und ein einfaches Arrangieren. Gefertigt werden alle Module von Hand in sozialen Werkstätten.

© reditum // Möbel mit Vorleben

TOBIAS BATTENBERG & MARCEL KAMPS
›**TURN THE TIDE – wende das Blatt‹, Aufkleber-Karte & Website**
210 × 98 mm, **2010**

Mit Hilfe einer Website und dieses Aufklebersets beantwortet man die z. B. in Büros häufig gestellte Frage, wie man ein Blatt so in den Drucker einlegt, dass auch die Rückseite korrekt bedruckt wird (z. B. um Papier und Portokosten zu sparen). Unter www.turn-the-tide.de kann festgestellt werden, wie das Blatt wieder eingelegt werden muss, um auch die Rückseite des Blattes korrekt zu bedrucken. Anschließend wird das entsprechende Piktogramm auf dem Drucker platziert, um zukünftige Fehldrucke (auch der KollegInnen) zu vermeiden.

© T. Battenberg / M. Kamps

Unsere Designklassiker.

MAREIKE HADELER / MAAR
›feinseiter‹, Direkt-Recycling-Geschenkpapier
35 × 56 cm, **2010**

feinseiter ist ein einzigartiges, direktrecyceltes Geschenkpapier, welches bei der Herstellung von Marzipanfrüchten entsteht. Durch den aus Handarbeit bestehenden Produktionsprozess erhält jedes Papier eine individuelle Färbung. Es wird so zum Unikat. Die Lebensmittelfarben leuchten in vielen verschiedenen Nuancen.

© Foto: Mareike Hadeler

DEMNER, MERLICEK & BERGMANN (AGENTUR),
FRANZ MERLICEK (CREATIVE DIRECTOR)
›Paradeiser‹ Anzeigenmotiv
1/1 Anzeige, 2010

Die Marke ›Ja! Natürlich.‹ ist die größte Biomarke Österreichs. Seit vielen Jahren wirbt diese Untermarke der Rewe-Group Austria für regional und biologisch angebaute Produkte. Hierbei ist man immer danach bestrebt, auch die Vielfalt alter Sorten zu schützen und zu unterstützen. Das Anzeigenmotiv ›Paradeiser‹ unterstreicht das Streben nach Vielfalt und Raritäten auch im ›Ja! Natürlich.‹-Sortiment.

© Foto: Bernhard Angerer

LEXON
Kurbelradio aus Bambus und PLA
14 × 9,5 × 4,6 cm, 2010

Gut 13 Jahre nach dem ›freeplay‹-Modell aus Kunststoff verbindet dieses Radio ebenfalls Nachhaltiges Design mit akustischem Vergnügen. Hier kommt jedoch neben Bambus sogenanntes PLA (Bio-Plastik) für das Gehäuse zum Einsatz. PLA wird aus stärkereichen Pflanzen wie Mais, Weizen und Zuckerrüben hergestellt und ist 100% biologisch abbaubar und kompostierbar. Besonders umweltfreundlich ist aber auch hier die Energieversorgung über eine Handkurbel, die mittels des eingebauten Dynamos den Akku auflädt: Zwei Minuten Kurbeln sorgen für bis zu 30 Minuten Musik.

© Foto: Loxon / lilligreenshop.de

TITELTHEMA

WATER WARS

Der Kampf um das »blaue Gold« ist seit Jahren im Gange, ein Ende ist nicht absehbar. Ganz im Gegenteil: Führende global agierende Firmen wie Nestlé, Danone, Coca Cola und PepsiCo investieren verstärkt in Länder der Dritten Welt. Denn dort hat der Großteil der Bevölkerung keinen Zugang zu sauberem Trinkwasser. // The struggle for the »blue gold« has been going on for years, with no end in sight. On the contrary: Leading global companies such as Nestlé, Danone, Coca-Cola, and PepsiCo are increasingly investing in Third World countries. For there, the majority of the population has no access to clean drinking water.

WELTWEITER FLASCHENWASSER-MARKT
// THE GLOBAL BOTTLED WATER INDUSTRY

Weltweit gibt es über 4000 Wassermarken. Rund 200 Milliarden Liter Wasser werden jedes Jahr in Flaschen abgefüllt und verkauft (Umsatz weltweit 2012: über 150 Milliarden US-Dollar). // Worldwide, there are over 4000 water brands. Approximately 200 billion liters of water are bottled each year and sold (worldwide sales 2012: more than 150 billion U.S. dollars).

DER MINERALWASSER-MARKT IN DEUTSCH
// THE MARKET WITH BOTTLED WATER IN GERMAN

In Deutschland gibt es 823 natürliche Mineralwasserquellen wasser und Süßgetränke auf Mineralwasserbasis herstellen Unternehmen betrug 2011 rund 4 Milliarden Euro. Gerolst Anteil von rund 15 Prozent die umsatzstärksten Marken. // mineral springs and 201 companies that produce bottled wate water. The domestic sales of the 40 largest companies in 201 Gerolsteiner, Volvic and Vittel are the top selling brands with

Die Größe der Kreise gibt den ungefähren Marktanteil der Unternehmen im weltweiten Markt mit Flaschenwasser wieder. // The size of the circles indicates the approximate market share of the company within the global market of bottled water.

* aufbereitetes Leitungswasser // tap water

INDIEN // India
Angebot und Nachfrage // Supply and demand
- Wasserüberschuss // water surplus
- moderates Defizit // moderate deficit
- hohes Defizit // high deficit

Lücke zwischen aktuellem Angebot und erwarteter Nachfrage 2030 // the gap expected between the current supply and demand in 2030.

WELTWEIT // worldwide
Die wertvollsten Wassermarken // The most valuable bottled water brands
2010, in Mio. // mil. US $
- Evian 907
- Aquafina 785
- Perrier 653
- Dasani 602
- Volvic 564
- Poland Spring 487
- Pure Life 361
- Vittel 335
- Levissima 303
- Contrex 241

WELTWEIT // worldwide
Müllberge durch Plastikflaschen // Mountains of waste of plastic bottles

100–1000 JAHRE // YEARS

…beträgt die Verrottungszeit einer Plastikflasche. // …is the decomposition time of a plastic bottle.

DEUTSCHLAND // Germany
Das Geschäft mit Mineralwasser // The business with mineral water

in Mio. // bn. Liter
Absatz Mineral- u. Heilwasser // sales of mineral and medicinal waters	10 300
Absatz von Mineralbrunnen-Erfrischungsgetränken // sales of soft drinks based on mineral water	3 430
gesamt // total	13 730
IMPORT 1150	EXPORT 230

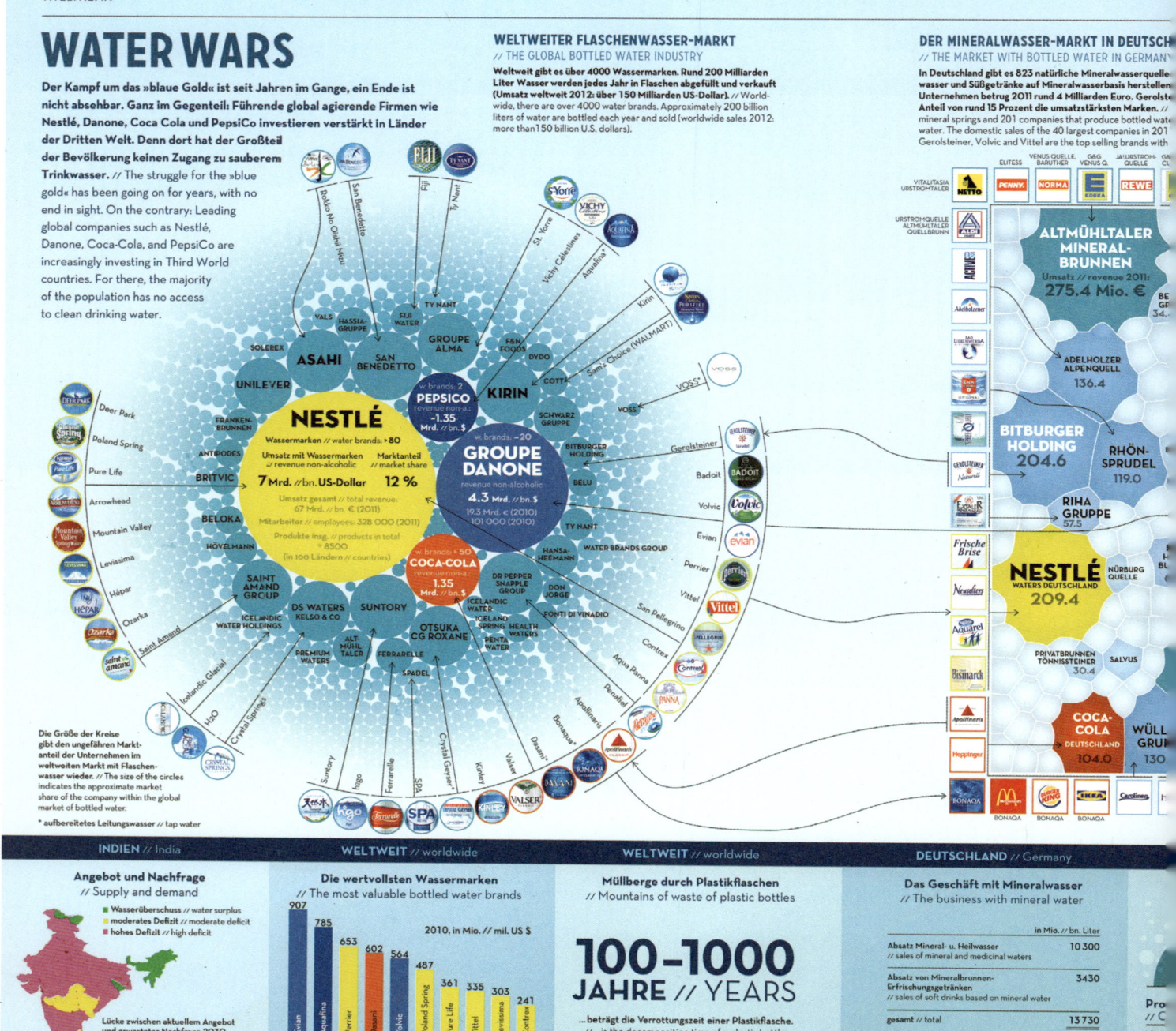

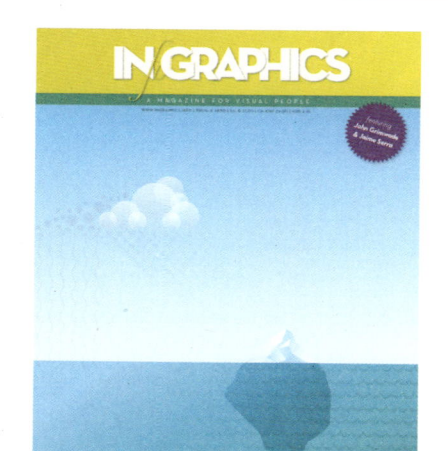

GOLDEN SECTION GRAPHICS
›IN GRAPHICS‹, Print-Magazin
23 × 33 cm, 2010

Infografiken haben die Aufgabe, oftmals komplexe Zusammenhänge auf visuellem Weg zu kommunizieren. Die Qualität der Information muss erhalten bleiben ohne den Rezipienten zu überfordern. Dies stellt hohe Ansprüche an den Infografiker, der kein reiner Gestalter, sondern zugleich auch Journalist und visueller Geschichtenerzähler sein muss. Funktionalität und Informationsvermittlung stehen im Vordergrund während, das Design nur *stiller Begleiter* des gesamten Schaffensprozesses ist.

© Golden Section Graphics

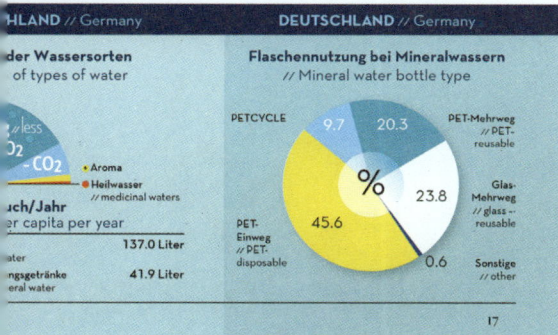

MICHAEL MAXEIN
›MajaKarte‹, Fundraising-Konzept
85 × 55 mm, **2010**

Bei der MajaKarte wird ein System der Kundenbindung – die Punktesammelkarte – anonymisiert und so ›umgewidmet‹, dass aus einem Marketinginstrument eines zur Unterstützung von Non-Profit-Organisationen wird. Jede/r kann für die eigene ›gute Sache‹ eine MajaKarte erstellen, diese weitergeben und so gemeinsam bares Geld sammeln.

© www.majakarte.de

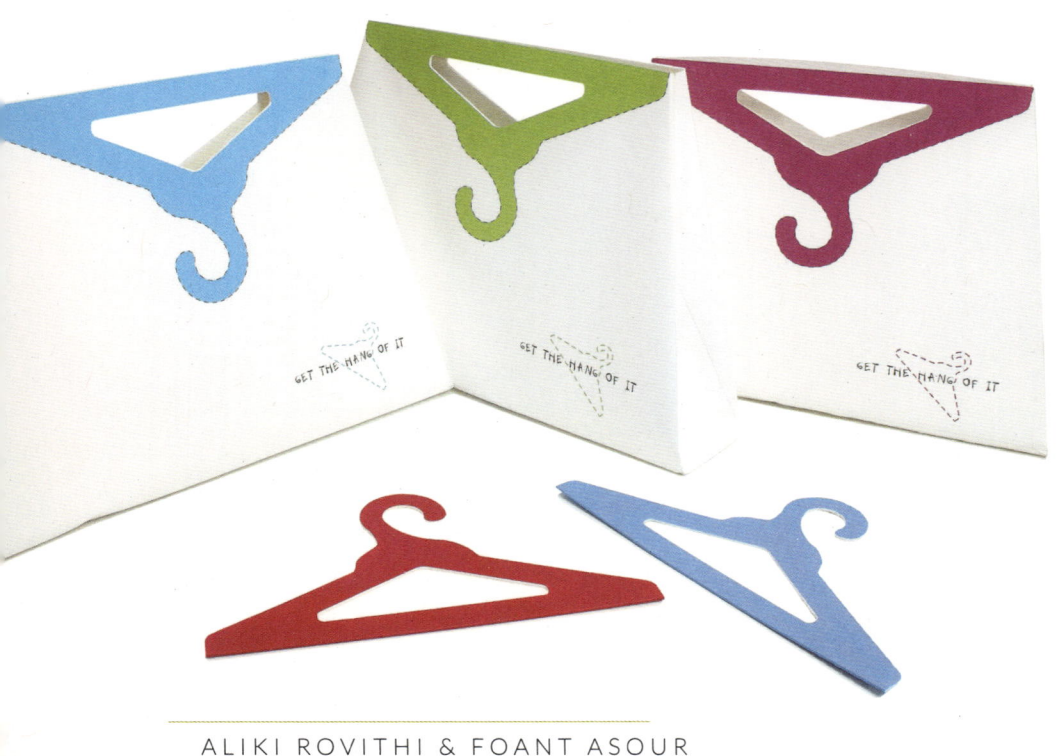

ALIKI ROVITHI & FOANT ASOUR
(DEDE DEXTROUSDESIGN)
›get the hang of it‹, Tragetasche mit integriertem Bügel

2010

Diese funktionale, mehrfach ausgezeichnete Tragetasche besteht aus Recyclingpapier und Karton. Der quasi integrierte, knallbunte Kleiderbügel kann einfach herausgetrennt werden. So finden die damit transportierten Kleidungsstücke sofort ihren (eigenen) Platz im Kleiderschrank.

© Foto: DEDE DextrousDesign

KARSTEN ROHRBECK
›Orientierung im Kunsthaus‹, Signaletik als inklusiver Prozess

2011

Der Kommunikationsdesigner Karsten Rohrbeck entwickelte ein grundsätzlich neuartiges Orientierungssystem für die Beschäftigten einer Werkstatt für Menschen mit geistiger Behinderung. In seiner Arbeit begibt er sich oft, wie auch hier, vorab auf ausgiebige und gut dokumentierte Feldforschungswege gemeinsam mit der Nutzergruppe. Die Umsetzung der Werkstattbeschilderung gestaltete er inklusiv: zusammen mit den Werkstattbeschäftigten und unter Beachtung ihrer vielfältigen Fähigkeiten und Wahrnehmungsbesonderheiten (z. B. mental, geistig, visuell). Hoher Kontrast, maximale Differenz, größtmögliche Naturähnlichkeit und damit unverwechselbare Einzigartigkeit sind die Gestaltungsprinzipien, die seinem prämierten Bildzeichensystem zugrunde liegen. : ›What you see is what you get‹ – nicht die maximale (sonst übliche) Reduktion der formalen Mittel oder der Rückgriff auf vermeintlich etablierte Zeichenstandards, sondern eine individuelle, maximal zumutbare (weil naturgegebene) Komplexität sind in diesem Fall der Schlüssel zu gelungener, zielgruppengerechter Kommunikation und Orientierung im Raum.

© Karsten Rohrbeck

MAX TEMKIN
›Plastic Spoon‹, Plakat
2011

Max Temkin gestaltet u. a. Werbekampagnen für US-amerikanische Politiker (u. a. Barack Obama), unterstützt Non-Profit-Organisationen und ›erstellt Marken für gute Sachen‹. Das abgebildete Plakat spricht für sich selbst.

© maxistentialism.com

IT'S PRETTY AMAZING THAT OUR SOCIETY HAS REACHED A POINT WHERE THE EFFORT NECESSARY TO

EXTRACT OIL FROM THE GROUND
SHIP IT TO A REFINERY
TURN IT INTO PLASTIC
SHAPE IT APPROPRIATELY
TRUCK IT TO A STORE
BUY IT AND BRING IT HOME

IS CONSIDERED TO BE LESS EFFORT THAN WHAT IT TAKES TO JUST WASH THE SPOON WHEN YOU'RE DONE WITH IT

BERND DÖRR
›Zirkeltraining® Kasten plus‹, Gepolsterte Laptop-Tasche
32 × 28 × 12 cm für 15", **2011**

Eine Tasche aus recyceltem Sportgeräte-Leder, gebrauchter Turnmatte im Taschenkörper und Tragegriff aus halbem Turnerring. Sie verfügt außerdem über einen Schulter-Autogurt und einen Beckengurt für Radfahrer. Ein klassisches und gut gestaltetes, verantwortungsvoll produziertes Recycling-Design-Produkt.

© Foto: Maria Brinkop Fotografie

JASON DAMON
Handyhalterung in Weckeroptik

6,8 × 8,75 × 6,25 cm, **2011**

Konsequenter geht es kaum: Holzblock ohne alles. Kein Stromanschluss, kein Lautsprecher – aber gut für Menschen, die geliebte Gewohnheiten nicht so einfach aufgeben wollen. Es ist passend für viele Smartphone-Modelle und eine entsprechende *Uhrzeit-quer-Anzeige-App* kann im Netz heruntergeladen werden. Das Holz stammt aus nachhaltig bewirtschafteten Wäldern.

© Foto: www.droog.com

CHRISTOPH ROCHNA
›Pars‹ & ›Zattere‹, Hüllen für mobile elektronische Geräte

versch. Größen **2011**

Diese Taschen für Handy oder Tablet werden aus einem patentierten Verbundmaterial - einem Sandwich aus Papier, Viskose und einer dazwischenliegenden Bio-Polymer-Membran – in Kombination mit einer Wattierung aus Baumwolle, einem Futter aus Wollfilz und einem Gurt aus Leinen gefertigt. Die Hüllen können darüber hinaus selbst gestaltet werden. Wenn es Zeit wird, das elektronische Gerät dem Recycling oder der Versteigerung zu überlassen, kann die Hülle im Kompost entsorgt – oder mit einem passenden neuen Gerät weiterverwendet werden.

© Foto: Christoph Rochna | Papernomad GmbH

INA SCHNEIDER & ANDREA TEUCHERT
›Eliot & die Baumhaus-Clique‹, Unterrichtsmaterial

2011

Mit Hilfe eines Trickfilms und vertiefendem Unterichtsmaterial fördert ›Eliot & die Baumhaus-Clique‹, im Bezug auf die gleichnamige UNESCO-Dekade, eine ›Bildung für nachhaltige Entwicklung‹. Kinder werden in der Einsicht bestärkt, dass die Wahrnehmung von Wirklichkeit das Einnehmen verschiedener Perspektiven bedingt. Es wird die Erkenntnis gefördert, dass man zu einem besseren Gesamtbild einer Situation kommt, wenn man sie nicht nur unter ökonomischen, sondern z.B. auch unter ökologischen und sozialen Gesichtspunkten betrachtet. Der Film ist in verschiedene Abschnitte unterteilt und ermöglicht/erfordert eine direkte Bearbeitung der gesehenen Situation in Gruppen und/oder Einzelarbeit.

© Foto: Ina Schneider

JORIS LAARMAN FOR DROOG
›Paper bone chair‹, Prototyp
seit 2011 im Rijksmuseum Amsterdam

Der ›Paper bone chair‹ von Joris Laarman ist eine frühe, zunächst unveröffentlichte Studie des international beachteten ›aluminum Bone chair‹. und besteht aus einzelnen, im ›Rapid Prototyping‹-Verfahren geschnittenen und verklebten Papierbogen.

© www.droog.com

ADBUSTERS
›Everything is fine, keep shopping‹, Plakat
2011

Dieses Plakat der ›Adbusters‹ entstand im Rahmen der Kampagne für den in Amerika und den USA 1994 entstandenen ›Buy nothing day‹. Der Tag nach Thanksgiving – Amerikas geschäftigstem Einkaufstag des Jahres – soll soll dazu genutzt werden, kritisch mit dem eigenen Konsumverhalten umzugehen sowie Debatten, Radio-Talkshows und andere, öffentlichkeitswirksame Aktionen zum Thema durchzuführen. Die Menschen in aller Welt werden zudem dazu aufgefordert, gerade an diesem Tag eben nicht einkaufen zu gehen.

© adbusters.org / buynothingday.de

WWF/JUNG VAN MATT
›Bubble‹, Plakat
2011

Die Erde aus dem All betrachtet. Ein ähnlicher Blick auf unseren blauen Planeten war es, der in den 1970er Jahren der Umweltbewegung auf der ganzen Welt einen ersten wichtigen Schub verlieh. »Du siehst aus dem Fenster«, berichtete der Astronaut Eugene Cernan, »und blickst durch den schwarzen Weltraum zurück auf den schönsten Stern am Firmament.« Dieser Blick aus dem Orbit ermöglichte die Wahrnehmung der Erde als Planeten in seiner physischen und ökologischen Begrenztheit und Verletzlichkeit. Das Foto wurde millionenfach verbreitet und Jung von Matt nutzt die Bekanntheit des Bildes, um uns genaue diese diese Fragilität eindrücklich vor Augen zu führen.

© *WWF/Jung van Matt*

AUSSENBLICK

282
Design und Armutsbekämpfung: Ein Überblick
Martin Herrndorf

290
Design als Entwicklungshilfe: Ein Erfahrungsbericht
Ingo Wick

296
Zwischen Tradition und Verwestlichung: Die Perspektive Indiens und Pakistans
Gwendolyn Kulick

308
Persönlichkeiten: Fernando und Humberto Campana
Inga Scharf da Silva

318
Design in Afrika
Kerstin Pinther

Im allgemeinen Sprachgebrauch richten sich Designerprodukte an gehobene Einkommensschichten – Design wird mit Luxus gleichgesetzt. Doch es gibt auch Ansätze, Design gezielt in Armutsmärkten und zur Armutsbekämpfung einzusetzen – von eher lokal getriebener ›grassroot‹ und ›appropriate‹ Technologie bis hin zur Ansätzen, die auf den Einsatz moderner Technologien setzen. Diese Entwicklungen spiegeln auch die Ambivalenzen der Entwicklungszusammenarbeit, der überschäumenden und oft enttäuschten Hoffnungen, der letzten Dekaden wieder.

Design und Armutsbekämpfung: Ein Überblick

MARTIN HERRNDORF

Mit Design Armut bekämpfen? Dieser Artikel gibt einen Überblick über Versuche und Ansätze, Design für Ziele der Entwicklungspolitik und der Armutsbekämpfung einzusetzen – was hat funktioniert, was nicht, und was sind die dahinter liegenden Prinzipien?

1. Hintergrund

Die Herausforderungen bei der Bekämpfung von Armut sind so vielfältig wie die globalen und lokalen Bedingungen, unter denen Armut entsteht. Zum einen leiden viele Entwicklungsländer bis heute unter den Auswirkungen des Kolonialismus. Auch die Ausweitung globaler Handelsströme im Rahmen der Globalisierung hat neben wirtschaftlichen Chancen auch Herausforderungen und Rückschläge gebracht, zum Beispiel bei der Umsetzung von Sozialstandards, beim Umweltschutz oder bei der Bewahrung lokaler soziale Strukturen und Gemeinschaften (Sachs & Santarius 2006). Zum anderen ist Armut ein Ergebnis komplexer lokaler Prozesse, Interessen und Abhängigkeiten, die bei Ansätzen zur Reduzierung von Armut oder Armutsfolgen zu berücksichtigen sind (Banerjee & Duflo 2011).

Die Reduzierung von Armut ist das vorrangige Ziel zahlreicher entwicklungspolitischer Interventionen.[1] Doch trotz internationaler Anstrengungen zur Bekämpfung der Armut, wie den Millennium-Entwicklungszielen (UN 2011), sind die Ergebnisse oft enttäuschend. Gründe finden sich in der überbordenden Bürokratie entwicklungspolitischer Organisationen, dem ineffizienten Einsatz von Geldern und dem Fokus auf Konzepte, die nicht auf die lokalen Realitäten abgestimmt sind (Easterly 2008; Natsios 2010).

Gegen dieses pessimistische Bild stellen sich neuere Ansätze der Armutsbekämpfung – stärker getragen von Akteuren der Privatwirtschaft (Prahalad & Hart 2002, Gradl & Knobloch 2009, Waibel & Herrndorf 2011), der Zivilgesellschaft sowie in Mischformen wie den »*social*«und »*community-based enterprises*« (Peredo & Chrisman 2006, Mair & Marti 2007). Die genannten Akteure entwickeln innovative Produkte und Dienstleistungen, die auf die Verbesserung der Lebenssituation an der »*Base of the Pyramid*« (Prahalad 2004), d.h. armer Haushalte, abzielen. Unter dem Schlagwort von »*inclusive markets*« sollen Arme nicht nur als Konsumenten in die Wertschöpfungsketten der Privatwirtschaft eingebunden werden, sondern auch als Produzenten und Unternehmer (UNDP 2008).

In diesen Kontexten sind auch die Einsätze von Design zur Armutsbekämpfung zu sehen – vom traditionellen *grassroot*-Design in Entwicklungsländern, über die eher entwicklungspolitisch geprägte *appropriate technology*, zu den neueren, unternehmerischen Trends des *Design for Development* in den 1990er Jahren. Darüber hinaus beschäftigen sich die Denkschule des *design thinking* mit breiteren Ansätze bei der Armutsbekämpfung.

2. »Grassroot Design«-Ansätze

Auch wenn sie oft nicht einem klassischen westlichen Ansatz von Design entsprechen, gibt es in Entwicklungsländern durchaus eine lange Tradition der Gestaltung von Produkten und Gegenständen. Das Stichwort der »*grassroot innovation*« (Gupta 2011) bezieht sich auf lokale Innovation mit manchmal einfachsten Mitteln. Während einige anschauliche Beispiele – Spielzeugautos aus Getränkedosen, Schuhe aus Autoreifen – es auch in Industrieländern zu Bekanntschaft gebracht haben, bleiben andere, weniger greifbare Innovationen eher im Verborgenen – Heilkräuter, Bautechniken, Bewässerungssysteme etc.

> **Lassen sich lokale Innovationen multiplizieren?**

Manche dieser Design-Ansätze haben es geschafft, sich am Markt zu behaupten, zum Beispiel durch den Aufbau eigener genossenschaftlicher Strukturen oder mit Hilfe von NGOs (Abdelnour 2011). Auch Initiativen wie das *Honey Bee Network* bauen auf diesen lokalen Innovationen auf und vernetzen Akteure, die sie aufspüren und verbreiten. Mit einem ähnlichen Ansatz benutzt das »*start-up Digital Green*« (Kurup 2010) in Indien Video-Technologien, um lokale Innovationen zu dokumentieren und über Filmvorführungen in Dörfern zu verbreiten.

Trotzdem ist die Verbreitung von grassroot-Innovation oft lokal sehr begrenzt. Auch sind sie zumeist von niedriger Komplexität, und der Einsatz neuerer Technologien und Organisationsformen ist oft mangels Wissen und Ausbildung oder des Zugangs zu Lieferanten nicht möglich.

---

[1] Neben der Armutsreduzierung werden mit der Entwicklungshilfe, mehr oder weniger offen, auch wirtschaftliche und geopolitische Interessen verfolgt, zum Beispiel die Förderung von Wirtschaftsunternehmen aus dem Geberland oder den Zugriff auf Ressourcen in den Zielländern – eine Entwicklung, die auch unter dem Stichwort *Post-Kolonialismus* diskutiert wird.

3. Die ›appropriate technology‹-Bewegung

Weitergehende Überlegungen zum Design zur Armutsbekämpfung finden sich im Klassiker ›Small is Beautiful‹ (Schumacher 1973). Der Fokus liegt auf der bewussten Gestaltung von Technologien zur Schaffung und Stärkung lokaler Einkommen. Seine *appropriate-* oder *intermediate technologies* sollen die Brücke schlagen zwischen den hochkapitalisierten, hochproduktiven Technologien in Industrieländern und der unterkapitalisierten Subsistenzwirtschaft in Entwicklungsländern.

Auch wenn Schumacher wenig konkrete Beispiele gibt, hat sich, basierend auf seinen Ideen, eine *appropriate technology*-Bewegung entwickelt, mit gemischten Erfolgen. Als warnendes Beispiel können die verschiedenen *Solarkocher*-Projekte seit den 1970er Jahren dienen (Kroon n.d., Grundy 1995). Im Normalfall initiiert von westlichen Nichtregierungsorganisationen bieten Solarkocher auf dem Papier zwar eine Reihe von Vorteilen – Zeit- und Geldersparnis, CO_2-Neutralität, etc. – die sich aber aufgrund teils recht pragmatischer, teils kultureller Gründe lokal nicht realisieren lassen (Grundy 1995). Die meisten Solarkocher-Projekte sind hoch subventioniert bzw. defizitär. Eine entsprechende Infrastruktur für Reparaturen ist leider nie entstanden. Als Folge ist die reale Nutzung von Solarkochern begrenzt geblieben.

Erfolgreicher waren Projekte, bei denen die Aufforderung von Schumacher zur Einkommensförderung ernst genommen wurde. Beispiele finden sich in der Arbeit von KickStart (2012) oder von International Development Enterprises, IDE (2012): Produkte wie die MoneyMaker-Wasserpumpe sind auf die schnelle Steigerung lokaler Einkommen ausgerichtet, zum Beispiel indem sie Ertragssteigerungen oder den Anbau von profitableren Gemüse- und Obstsorten ermöglichen (Polak 2008). Ihr Design ist robust, die Wartung einfach und der Betrieb normalerweise mit Muskelkraft möglich. Während vor allem Bewässerungssysteme weit verbreitet sind, finden sich weitere Beispiele bei der Verarbeitung landwirtschaftlicher Produkte, zum Beispiel durch Ölpressen, oder bei der Produktion von Baumaterialien (durch Blockpressen).

4. ›Design for Development‹

Seit den neunziger Jahren gibt es einen neuen *Design-Enthusiasmus*, der sich von der *appropriate technology* absetzt durch eine stärkere Öffnung für neue Technologien und Akteure des Privatsektors. Insbesondere der Erfolg von Mikrokredit-Pionieren (Yunus 2003) und von Mobilfunk-Anbietern in Entwicklungsländern – zum Beispiel von Grameen Phone, einem joint venture von Telenor und Grameen (Seelos & Mair 2007) – hat das Feld für Innovationen bereitet.

Am öffentlichkeitswirksamsten war das ›One Laptop per Child‹ (OLPC)-Projekt, entwickelt von Nicholas Negroponte, dem Gründer des MIT Media Labs. Mit Unterstützung einer Reihe von Industriepartnern sollte ein *100-Dollar-Laptop* entwickelt und weltweit vertrieben werden. Er war im Konzept sehr stark auf lokale Bedürfnisse angepasst, zum Beispiel durch manuelle Stromversorgung mit einer Handkurbel, und hatte das Ziel, »*Bildungsmöglichkeiten für die ärmsten Kinder der Welt*« zu bieten (OLPC 2012a). Während das Projekt weltweites Medienecho fand, wurde das angepeilte Preisziel verfehlt, auch lagen die Bestellungen lange Zeit hinter den Erwartungen zurück. Trotzdem hat das OLPC-Programm bis 2011 nach eigenen Aussagen über 2,5 Millionen Laptops vertrieben (OLPC 2012b), viele davon über ein *give one get one*-charity-Programm.

OPLC ist bei weitem nicht das einzige Projekt im IT-Bereich. Andere Ansätze lassen zwar die Technologie unverändert, aber adressieren Benutzer durch neue Dienstleistungsmodelle, so zum Beispiel die weit verbreiteten Projekte im Bereich der gemeinsamen Nutzung von

Computern im Rahmen von lokalen »*Computer Centres*« (Reza 2008). Neben der besseren Ausnutzung der für den individuellen Besitz zu teuren Geräte ermöglichen die Zentren zusätzliche Angebote, zum Beispiel Schulungen und Bildungsangebote, oder die direkte Vernetzung mit Abnehmern landwirtschaftlicher Produkte.

Innovation findet sich auch außerhalb der IT-Branche. Ein bekanntes Projekt ist *D.light Design*, ein Unternehmen dessen preisgekrönte Solarlampen für eine ganze Reihe ähnlicher Produkte stehen können. Die mit Solarstrom über eine Batterie betriebenen LED-Lampen ersetzen oft Kerosinlampen, und sparen ihren Benutzern damit Geld, reduzieren die Schadstoff-Belastung in der Raumluft und ermöglichen, auch nach Einbruch der Dunkelheit noch zu lernen oder zu arbeiten. Selco Solar, mit Sitz in Bangalore, vertreibt ebenfalls Solarprodukte: Hier stehen insbesondere die individuelle Gestaltung von Lösungen mit den Kunden und die langfristige Bereitstellung von Finanzierung und Instandhaltung im Vordergrund.

Wer trägt die Folgen schlechten Designs??

Während *Design for Development* also durchaus Erfolge vorzuweisen hat, ist die Bewegung nicht unumstritten (Donaldson 2008). So stand das OLPC-Projekt früh in der Kritik an den echten Bedürfnissen armer Familien vorbeizuplanen, und neue Probleme durch elektronischen Müll zu erzeugen (Cascio 2005). Auch ein anderes Lieblingsprojekt der Design for Development-Szene, der wasser-filternde Strohhalm *Lifestraw*[2], ist in der Realität von Entwicklungsländern nicht praktikabel (Goldmark 2011). Zwar funktioniert das Produkt auf der technischen Ebene, allerdings ist der Zeitaufwand für die Kunden prohibitiv hoch, und die Nutzungsraten entsprechend niedrig, 13 Prozent in einem der wenigen belegten Fälle (Starr 2010).

Diese Fehlschläge mögen auch aus den geografischen, mentalen und kulturellen *Gräben* zwischen den jeweiligen Designern, oft aus einem westlichen Kontext, und den jeweiligen Benutzern in Entwicklungsländern liegen. Hierbei entsteht auch die Gefahr eines *remote* oder *parachute* Design, bei dem Designer gar nicht oder nur kurzfristig vor Ort anwesend sind, und daher an lokalen Realitäten vorbeiplanen (Donaldson 2008). Die Auswirkungen von Fehlschlägen für die Nutzer der Produkte sind dabei regelmäßig folgenschwerer als für die Designer.

5. ›Design Thinking‹ und Armutsbekämpfung

Die Probleme mit den oben geschilderten Ansätzen zur Armutsbekämpfung haben den Blick zurückgelenkt auf den Design-Prozess *an sich* und seine Interaktion mit den grundsätzlichen, systemischen Ursachen von Armut: Mangel an Bildung, Korruption, die Belastungen durch Krankheiten wie Malaria oder HIV/Aids, eine Kultur der Gewalt, das Versagen staatlicher Institutionen etc. Zwar befinden sich insbesondere die globalen Ursachen – Handelsströme, Klimawandel etc. – außerhalb der Reichweite spezifischer Interventionen. Doch gerade auf regionaler und lokaler Ebene gibt es durchaus die Möglichkeit, durch Berücksichtigung lokaler Bedingungen Projekte zu entwickeln, die tatsächlich langfristig Wandel erzielen.

Als Lösungsansatz wird oft ein nach Design-Prinzipien strukturiertes Herangehen an die Lösung sozialer Probleme vorgeschlagen, der über die Entwicklung bestimmter Produkte oder Dienstleistungen hinausgeht (Brown 2008, Kacou 2010: 124). Als *design-thinking* bezeich-

---

2   Der Lifestraw ist zum Beispiel prominent abgebildet auf dem Katalog der »Design for the other 90 %« Ausstellung im Cooper-Hewitt National Design Museum (Smith & Bloemink 2007).

net, zielt dieses auf »*Innovationen, angetrieben durch ein tiefes Verständnis, durch direkte Beobachtung, was Menschen in ihrem Leben wollen und brauchen*« (Brown 2008: 1). Die Design-Firma IDEO hat mit ihrem Ansatz des *Human Centered Designs* ein toolkit entwickelt, das Hilfestellung bei der Entwicklung von lokal angepassten, systematischen Lösungen bieten soll (IDEO 2009). Die Prinzipien wurden in ersten Projekten angewandt – zum Beispiel von VisionSpring, einer amerikanischen NGO. Diese hat, basierend auf dem design-thinking Ansatz, ihr Geschäftsmodell einer Versorgung von Erwachsenen mit bezahlbaren Brillen und anderen Optikprodukten auf Kinder ausgeweitet (IDEO 2012).

6. Schlussfolgerungen

Der mangelnde Zugang zu passenden, bezahlbaren Produkten und Dienstleistungen ist eine Ursache und Ausprägung von Armut – aber nicht die dominierende. Von Solarkochern bis zum Lifestraw –Armutsbekämpfung durch Design spielt sich in einem komplexen Umfeld mit hoher Unsicherheit ab und ist in der Konsequenz oft von Fehlschlägen gekennzeichnet.

Mit einem breiten Design- und Innovationsverständnis, das auch organisatorische, kulturelle und politische Komponenten umfasst, haben Design-Projekte aber durchaus Erfolge erzielen können. Einige dieser Beispiele – zu nennen wären KickStart und IDE – entstammen zwar dem Bereich der *appropriate technologies*, sind aber die Schwächen dieses Ansatzes erfolgreich angegangen. Ihre Lektionen haben sie in allgemeinen *Kriterien-Listen* aufbereitet, die Praktikern erste Ansätze zur Ausgestaltung erfolgreicher Projekte bieten können (siehe Abbildung 1). Und gerade die aktuelle Aufmerksamkeit für das Potential von Ansätzen des *design thinking* für die Armutsbekämpfung zeigt Wege auf, wie Design durch das behutsame und aufmerksame Erfahren und Beobachtung von lokalen Bedingungen innovative Lösungen für Armutsprobleme entwickeln kann.[3]

---

[3] Eine Einsicht, die durchaus unabhängig auch von Pionieren der Armutsbekämpfung entwickelt wurde (Polak 2008)

KickStart Design-Kriterien

Jedes unserer Produkte muss:
- Teil eines hoch profitablen Geschäftsmodells sein;
- bezahlbar sein;
- sicher und effizient sein;
- tragbar und lagerbar sein;
- einfach installiert und repariert werden können;
- ohne Ausbildung benutzbar sein;
- stabil und dauerhaft sein;
- aus gewöhnlichen Materialien konstruiert sein;
- kulturell angemessen sein;
- umweltfreundlich sein.

Paul Polak's »12 Schritte für pragmatisches Problemlösen«
- Gehe dahin, wo Aktion ist.
- Rede mit den Menschen, die das Problem haben, und höre dir an, was sie zu sagen haben.
- Lerne alles, was es zu wissen gibt über den spezifischen Kontext des Problems.
- Wenn du eine Lösung zu einem Problem gefunden hast, gibt es keinen Grund für Bescheidenheit.
- Denke wie ein Kind (um die offensichtlichen Lösungen zu finden).
- Sieh und mache das offensichtliche (tauche in das Problem ein).
- Wenn jemand etwas schon erfunden hat, musst du es nicht mehr machen.
- Stell sicher, dass dein Ansatz positive, messbare Effekte hat, die sich skalieren lassen.
- Setze ein spezifisches Preisziel.
- Folge pragmatischen 3-Jahres-Plänen.
- Lerne von deinen Kunden (Paul Polak interviewt mindestens 100 Kunden pro Jahr).
- Sei nicht davon abgelenkt, was andere Menschen sagen.

Abb. 1: Beispiele für Design-Kritierien zur Entwicklung von Produkten und Dienstleistungen für Armutsmärkte (Quelle: KickStart 2012, Polak 2008, Übersetzung durch Autor)

Martin Herrndorf ist Gründer des ›Colabor | Raum für Nachhaltigkeit‹ in Köln und neben seiner Promotion an der Universität St. Gallen als freiberuflicher Berater, Projektentwickler und Autor tätig. Nach seinem Studium der VWL an der Uni Köln arbeitete er von 2005 bis 2008 an Wuppertal Institut und dem angeschlossenen CSCP. Er beschäftigt sich mit unternehmerischen Ansätzen der Armutsbekämpfung, der Rolle von Design und (Online-)Technologien für öko-soziale Innovationen und allgemein mit breiteren Fragen eines sozialen, ökonomischen und kulturellen Wandels zu einer nachhaltigen Gesellschaft. Er ist ›Associate Expert‹ bei Endeva, Berlin, sowie Beirat bei oikos Köln und oikos International.

Literatur

Abdelnour, Samer (2011): ›Forging Through Adversity: The Blacksmiths of North Darfur and Practical Action.‹ In Growing Inclusive Markets: Case Studies,

Banerjee, Abhijit V., and Esther Duflo (2011): Poor Economics: A Radical Rethinking of the Way to Fight Global Poverty. Perseus Books.

Brown, Tim (2008): ›Design Thinking: Thinking Like a Designer Can Transform the Way You Develop Products, Services, Processes – And Even Strategy‹. Harvard Business Review dos Santos, Aguinaldo, Aline Krämer, and Carlo Vezzoli. 2009. ›Design Brings Innovation to the Base of the Pyramid‹. Design Management Review 20:78-85.

Cascio, Jamais (2005): ›How Much E-Waste Per Child?‹. WorldChanging

Donaldson, Krista (2008): ›Why to be Wary of »Design for Developing Countries«‹. Ambidextrous Magazine

Easterly, William (2006): The White Man's Burden: Why the West's Efforts to Aid the Rest Have Done So Much Ill and So Little Good. Penguin Press HC.

Goldmark, Alex (2011): ›How Not to Save the World, Or Why the Lifestraw is a Stupid Idea‹. Good Magazine

Gradl, Christina, and Claudia Knobloch (2009): Entwicklungsgeschäfte: Geschäfte Machen Gegen Armut. Berlin: Emergia Institute.

Grundy, William Noble (1995): ›Solar Cookers and Social Classes in Southern Africa‹. Techné: Journal of Technology Studies V:3-7.

Gupta, Anil (2011): ›Mobilizing Global Volunteers for Grassroots Innovations‹. Digital Development Debates 6: Innovation

Heierli, Urs (2008): ›Where Farmer and Fashion Designer Meet – Globalisation With a Human Face in an Organic Cotton Value Chain‹. Berne: Swiss Agency for Development and Cooperation (SDC), Employment and Income Division / Urs Heierli (msd consulting).

Kandachar, Prabhu, Ilona de Jongh, and Jan Carel Diehl (2009): ›Designing for Emerging Markets: Design of Products and Services‹. Delft University of Technology.

IDE (2012): ›Ide: Cultivating Potential‹. http://www.ideorg.org/ (geladen am 13.1.2012).

IDEO (2009): ›Human Centered Design Toolkit: A Free Innovation Guide for NGOs and Social Enterprises‹.

IDEO (2012): ›Children's Eye Care for Visionspring‹. http://www.ideo.com/work/childrens-eye-care/: (aufgerufen am 19.1.2012).

Kacou, Eric (2010): ›Entrepreneurial Solutions for Prosperity in Bop Markets: Strategies for Business and Economic Transformation‹. Pearson Prentice Hall.

KickStart (2012): Kickstart Website. http://www.kickstart.org/ (geladen am 13.01.2012).

Kuhndt, Michael, und Martin Herrndorf (2007): ›Unternehmen Armut: Globale Ökonomie und Industrielle Innovation‹. politische ökologie 105:44-7.

Kurup, Deepa (2010): ›Starring Farmers, Video Goes »Grassroots« Here‹. The Hindu

Mair, Johanna, and Ignasi Marti (2007): ›Entrepreneurship for Social Impact: Encouraging Market Access in Rural Bangladesh‹. Corporate Governance 7:493-501.

Mau, Bruce (2004): Massive Change. Phaidon.

Natsios, Andrew (2010): The Clash of the Counter-Bureaucracy and Development. Center for Global Development.

OLPC (2012a): ›Vision‹. http://laptop.org/en/vision/ (geladen am 13.1.2012).

OLPC (2012): ›Map: Worldwide: Over 2.5 Million Children and Teachers Have Xo Laptops‹. http://laptop.org/map (geladen am 13.1.2012).

Peredo, A. M., and J. J. Chrisman (2006): ›Toward a Theory of Community-Based Enterprise‹. Academy of Management Review 31:309-28.

Polak, Paul (2008): Out of Poverty: What Works When Traditional Approaches Fail. San Francisco: Berrett-Koehler.

Prahalad, C. K. (2004): ›The Fortune At the Bottom of the Pyramid: Eradicating Poverty Through Profits‹. Wharton School Publishing.

Prahalad, C.K., and Stuart L. Hart (2002): ›The Fortune At the Bottom of the Pyramid‹. Strategy+Business 26:54-67.

Prahalad, C.K., and R.A. Mashelkar (2010): ›Innovation's Holy Grail: A Few Indian Pioneers Have Figured Out How to Do More With Fewer Resources – For More People‹. Harvard Business Review Reprint R1007N:1-10.

Reza, A.H.M. Sultanur (2008): ›The Gp Community Information Centre: Helping the Poor Through Technology‹. In Sustainability Challenges and Solutions At the Base of the Pyramid: Business, Technology and the Poor, ed. Prabhu Kandachar, and Minna Halme. Greenleaf Publishing.

Sachs, Wolfgang, and Tilman Santarius, eds. (2006): ›Fair Future - Begrenzte Ressourcen und Globale Gerechtigkeit Wuppertal Institut für Klima, Umwelt, Energie‹.

Schumacher, E. F. (1973): ›Small is Beautiful: Economics as if People Mattered. Harper Perennial‹.

Seelos, Christian, and Johanna Mair (2007): ›Profitable Business Models and Market Creation in the Context of Deep Poverty: A Strategic View‹. Academy of Management Perspectives 21

Smith, Cynthia E., and Barbara J. Bloemink (2007): ›Design for the Other 90 %‹. U.S.: Cooper-Hewitt Museum.

Starr, Kevin (2010): ›Lasting Impact‹. PopTech Podcasts

UN (2011): ›The Millennium Development Goals Report 2011‹. United Nations.

UNDP (2008): ›Creating Value for All: Strategies for Doing Business With the Poor‹. United Nations Development Programme.

UNEP, and TU Delft (2006): ›Design for Sustainability: A Practical Approach for Developing Economies‹. United Nations Environment Programme (UNEP), Delft University of Technology.

Waibel, Piera, Herrndorf, Martin (2011): ›Der Privatsektor entdeckt die »base of the pyramid«, Innovative Unternehmen verbinden Armutsbekämpfung mit Geschäftszielen‹. Neue Zürcher Zeitung, Dienstag, 27. September 2011, Zürich

Whitney, P, and A Kelkar (2004): ›Designing for the Base of the Pyramid‹. Design Management Review 15:41-7.

Yunus, Muhammad (2003): ›Banker to the Poor: Micro-Lending and the Battle Against World Poverty‹. New York, NY: Public Affairs.

Entwicklungsprojekte in fernen Ländern bieten jungen Designern die Möglichkeit, anderen Kulturen zu begegnen und die eigenen Fähigkeiten für gute Zwecke einzusetzen. Was passiert jedoch, wenn idealisierte Erwartungen auf die Wirklichkeit treffen? Ein Erfahrungsbericht über ein Entwicklungsprojekt auf den Philippinen.

Design als Entwicklungshilfe: Ein Erfahrungsbericht

INGO WICK

Im Jahr 2005 begann ich den Studiengang nachhaltiges Design an der ecosign / Akademie für Gestaltung in Köln. An Entwicklungspolitik dachte ich zu diesem Zeitpunkt noch nicht, glaubte jedoch daran, dass Design mehr ist als Form. 2008, inmitten des Hauptstudiums, erfuhr ich von einem Stipendium im Bereich Entwicklungszusammenarbeit, welches von der Inwent GmbH (seit 2012 Engagement Global gGmbH) unter dem Namen ASA-Programm[1] jährlich an Studenten aller Fachrichtungen vergeben wird. Umgehend bewarb ich mich auf ein dreimonatiges Auslandsprojekt. Im Vorfeld erarbeiten die Bewerber dazu die Projektinhalte in Zusammenarbeit mit in den jeweiligen Ländern ansässigen Hilfsorganisationen selbst. Gemeinsam mit der deutschen Stiftung JusticeF sowie ihrer philippinischen Partnerorganisation JPIC[2] aus Cebu City, die u.a. Kleinstunternehmen auf den Philippinen wirtschaftlich unterstützen, entwickelte ich einen Projektvorschlag. Dieser beinhaltete die Untersuchung der philippinischen Recyclingwirtschaft in Hinblick auf das Design von Recyclingprodukten. Nach einer erfolgreichen Bewerbung besuchte ich zunächst zwei jeweils viertägige Vorbereitungsseminare, in welchen die ca. 70 weiteren Teilnehmer in Themen wie Länderkunde, Entwicklungspolitik sowie interkulturelle Kompetenz unterrichtet wurden. Dadurch gewann ich erste Einblicke in mein künftiges Gastgeberland.

1   Abk. für Auslands- und Studienaufenthalte
2   Abk. für Justice, Peace and Integrity of Creation

Die Philippinen sind als sogenanntes Schwellenland ein Schauplatz kolonialistischer und dekolonialistischer Verfehlungen (vgl. Eckert 2006). Kulturell und gesellschaftlich enorm durchwachsen, sind sie ein Paradebeispiel für politische Einmischung und Bevormundung durch andere Staaten. Im 16. Jahrhundert von Spanien kolonialisiert, im spanisch-amerikanischen Seekrieg des 19. Jahrhunderts von den USA zunächst befreit und dann von diesen bevormundet, wurde das Land der 7.107 Inseln erst nach dem 2. Weltkrieg formal unabhängig (vgl. Reese 2009). Seither befindet sich das Archipel im Westpazifik zwar in einem Prozess der wirtschaftlichen Stabilisierung, doch erfassen die etablierten Daten zur Wohlstandsbemessung bis dato weder die anhaltenden Verfehlungen der Umweltpolitik (vgl. Neu 1995), noch das soziale Elend rund eines Drittels der Gesamtbevölkerung von immerhin rund 100 Millionen Menschen oder etwa die Korruption (vgl. Munzinger 2010; Siemers 1988).

Als Besucher vor Ort wurde ich zunächst mit dem auffälligen Konsumangebot nach US-amerikanischem und westeuropäischem Vorbild konfrontiert. Im Jahr 2009 befanden sich drei der weltweit zehn größten Einkaufszentren auf den Philippinen. Die *Mall of Asia* in Manila ist mit rund 390.000 m² Bruttoverkaufsfläche das Größte unter ihnen und damit mehr als dreimal so groß wie der Ruhrpark Bochum, das größte, komplett überdachte Einkaufszentrum Deutschlands (vgl. Van Riper 2009; Welt Online 2011). In Ballungsräumen wie Metro Manila oder Metro Cebu bestimmen die Präsenz industrieller Artefakte und multinationaler Konzernfilialen das Straßenbild. Deren Ästhetik, bestimmt durch grellbunte Farben und große Werbetafeln, greift dabei immer stärker auch auf die Seitenstraßen und den einheimischen Einzelhandel über. Massen von Kunststofferzeugnissen überlagern traditionelle Handwerksprodukte wie Rattankörbe oder Bambusgeschirr. Neben US-amerikanischen Marken wie Pizza Hut oder Burger King finden sich auch philippinische Pendants wie Chowking oder Jollibees, die Auftritt und Konzept ihrer Vorbilder perfekt imitieren und sich dadurch in das sich stetig homogenisierende Stadtbild eingliedern.

Zwei Wochen nach meiner Ankunft erhielt ich die Gelegenheit, mir ein Bild vom anderen Ende dieser Konsumkultur zu machen. Über die Stiftung JPIC in Cebu City lernte ich einen Deutschen kennen, der vor 35 Jahren als katholischer Missionar in diese Region kam und die lokalen *dumpsite settlers*[3] bis dato regelmäßig mit Hilfsgütern versorgt. Er führte mich über die Müllkippe in Cebu-Mandaue, einer Metropolregion mit ca. zwei Millionen Einwohnern inmitten der Inselgruppe Visayas. Die Halde ist ein surrealer Ort unmittelbar an der Küste zur philippinischen See und folgt dem Beispiel des mit zweifelhaftem Ruhm bedachten »*Smokey Mountain*« (vgl. Schwarzacher / Vinke 1987) in Manila-Tondo, einer ehemaligen Müllhalde mit seinerzeit bis zu 100.000 *Bewohnern*, die wegen ihres unkontrollierbaren Wachstums 1993 schließlich geschlossen wurde (vgl. Reese 2009). Die Halde Cebu-Mandaue ist ein ähnliches Entsorgungsgroßprojekt mit einschlägigen Problemen. So gibt es, wie vielerorts auf den Philippinen, bis heute keinerlei moderne Recycling- oder Verbrennungsanlagen und kein Gefahrenstoffmanagement. Wir wandelten, inmitten von Kunststoffen, deren Phthalate und Phenole bereits seit Jahrzehnten in den Boden und in das Meer ausgewaschen werden, zwischen Hütten, in denen insgesamt ca. 600 Menschen leben und ihren Lebensunterhalt mit dem Sammeln, Sortieren und Handeln von allerlei potenziell Verwertbarem bestreiten (vgl. Reese 2009). Sie repräsentieren die unterste soziale Schicht, leben dort mit ihren Familien, die Kinder spielen barfuß auf den Müllbergen oder sammeln mit. Wiederverwertbares wie Reissäcke, Metalle oder Kunststoffe werden mit Regenwasser gewaschen und den *junk shops*[4] billig verkauft.

---

3 ›dumpsite settlers‹, z.dt. Müllhaldenbewohner, ist die geläufige Bezeichnung der auf oder unmittelbar an den Großmüllhalden Manilas und Metro Cebus lebenden und arbeitenden Menschen.

4 ›junk shop‹, z. dt. Schrottladen, ist ein in philippinischen Städten weit verbreitetes Einzelhandelskonzept. Die Läden handeln mit allerlei recycleten Gütern und verkaufen an Fischer, Landwirte, etc..

Die Eindrücke vor Ort machten mir deutlich, welche Auswirkungen Konsum im Zeitalter der Globalisierung haben kann und dass damit zwangsläufig auch eine besondere Verantwortung für das Produktdesign einhergeht. An diese Erkenntnis schloss sich die Frage an: Kann Design zur Verbesserung dieser Umstände beitragen?

Da mein Projekt auch die Erfassung des Recyclingpotenzials beinhaltete, schloss dies neben der Dokumentation der Entsorgungsproblematik ebenso die Entstehungsphase von Produkten grundsätzlich mit ein. In den Folgewochen reiste ich deshalb durch Cebu und lernte die Produktionsverfahren sowohl der zeitgenössischen als auch der traditionellen philippinischen Möbelindustrie kennen. Traditionelle Produkte entstehen u.a. aus indigenen Rohstoffen wie Abaca, Rattan oder Bambus, die überwiegend durch Flechttechniken verarbeitet werden. Bambus ist dabei einer der Hauptwerkstoffe in den Manufakturen und generiert auf den Philippinen eine Wertschöpfung von ca. viereinhalb Milliarden US-$ jährlich (vgl. Bystriakova 2003). Ich besuchte zwei Betriebe: Zuerst eine Manufaktur, in der acht Mitarbeiter per Handarbeit Kleinmöbel wie Stühle oder Beistelltische herstellten, bei voller Auslastung ca. fünf Möbel täglich; dann eine ca. zwei Kilometer entfernte Fabrik mit ca. 30 Mitarbeitern. Sie war jüngst von einem deutschen Unternehmen mit modernen Säge- und Laminiermaschinen ausgestattet worden. Ihr Vorarbeiter erklärte mir, dass dank des *europäischen Standards* im Bereich der Kleinmöbel nun Stückzahlen von über 100 pro Tag möglich seien. Bei Begutachtung der Produkte stellte ich fest, dass der durch die verschiedenen Verfahren bedingte Unterschied der Produkte nicht zwingend auch qualitative Folgen hatte. Die von Hand gefertigten Möbel waren durchweg gut verarbeitet, dennoch hatte die Manufaktur nach eigener Aussage starke Absatzprobleme.

Was unterscheidet Entwicklungszusammenarbeit von Entwicklungshilfe?

Der Vergleich zwischen den sogenannten europäischen Standards und der traditionellen Manufaktur erinnerte mich an eines der Vorbereitungsseminare. Dort wurde vermittelt, dass Begegnungen mit solchen soziokulturellen Unterschieden in Menschen aus *westlichen* Ländern nicht selten *Hybris*, ein Überlegenheitsgefühl hervorruft. Dies basiert nicht nur auf dem kolonialgeschichtlichen Fehler, Entwicklungszusammenarbeit mit Missionierung zu verwechseln (vgl. Trojanow 2011), sondern vor allem auf einem logischen Fehler. Die Einführung des Begriffes Entwicklungs*zusammenarbeit* anstelle des alten Begriffes Entwicklungshilfe in der Entwicklungspolitik hat nämlich nicht nur eine politische, sondern vor allem eine semantische Dimension: Unterstützung in Form von materiellen Gütern und beratenden Dienstleistungen durch Industrienationen oder Entwicklungsorganisationen wie *USAID* oder *GIZ* brachten Betrieben wie jenen in Cebu stets zwar das Potenzial einer Verbesserung ihrer Produktivität, ignorierten aber häufig jenes zum Transfer traditioneller Arbeitsmethoden, das technische Wissen der indigenen Bevölkerung und vor allem ihre sozialen Strukturen. Dies lässt sich bis zu der wirtschaftlichen Entmündigung der Philippinen bzw. ihrer kulturellen und industriellen Assimilierung durch die Kolonialisierung zurückverfolgen (vgl. Easterly 2007).

Mein Vergleich der Betriebe unter nachhaltigen Gesichtspunkten bewies hingegen zahlreiche Vorteile der traditionellen Arbeitsweise. So fand sich häufig eine intuitivere, effizientere Nutzung der Abfallprodukte. Ein Arbeiter mischte etwa den Bambussägestaub mit Holzleim und nutzte das Gemisch als Spachtelmasse. Darüber hinaus herrschte in der Manufaktur ein besseres Arbeitsklima. Es wurde in nahezu familiärer und deutlich leiserer Umgebung produziert. Mit den dürftig gefilterten Emissionen der Maschinenparks hatten die Mitarbeiter in der Manufaktur überdies vergleichsweise selten zu tun, Chemikalien wurden seltener benutzt, stattdessen Öle auf Pflanzenbasis.

Woran es dagegen grundsätzlich mangelte, war ein stabiler wirtschaftlicher Erfolg. Kleinbetriebe wie jene in Cebu stehen vor einem Existenzproblem, weil sie in freiem Wettbewerb mit Betrieben stehen, die deutlich leistungsfähiger und größer sind. Unter diesem Wettbewerbsdruck leiden zunächst Belegschaft und Umwelt, da hier am schnellsten Einsparungen getroffen werden können: Auf den Philippinen gibt es kaum gesetzliche Vorgaben in den Bereichen Soziales und Umwelt (vgl. Reese 2009).

Meine Aufgabe bestand nun darin, ein wirtschaftlich profitables Produkt zu entwickeln, durch das sich die beobachteten ökologischen und sozialen Vorteile der Manufakturen gegenüber den Großbetrieben zu einem Wettbewerbsvorteil umwandeln. Im *Barangay*[5] Dauin auf Negros trat ich in Kontakt mit dem *Bouglas Bamboo Institute (BBI)*, einem Kleinbetrieb, welcher sich auf die Herstellung von Bambusprodukten spezialisiert hatte. Das BBI suchte dringend nach innovativen Ideen, um sich von seinen bisherigen Produkten wie Betten oder Gartenmöbel zu lösen. Mit dieser für Bambusprodukte typischen Ästhetik ist der lokale Markt übersättigt und andere Betriebe könnten solche Produkte schneller und billiger herstellen.

Gemeinsam hatten wir die Idee, einen Regenschirm aus Bambus zu entwickeln. Die Inspirationsquelle lag schlicht am Zeitpunkt: Es herrschte gerade Regenzeit und allerorts wurden billigst Kunststoffregenschirme angeboten. Der erste Prototyp des Regenschirms war grob und schwer, mit dem Fünften und Sechsten näherten wir uns einem filigranen, handwerklich präzise ausgeführten Modell an. Dieses war als *typisches* Bambusprodukt kaum auszumachen und genau hier lag das Potenzial des Produktes. Parallel zur Konstruktion des Gestells suchten wir nach möglichen Bezugstoffen. Ein besonders schwieriges Vorhaben, da umweltfreundliche Alternativen zu Polyester und Nylon auf den Philippinen kaum zu finden sind. Wir planten langfristig Recyclingtextilien, etwa aus alten Zelten oder Regenjacken, zu nutzen. Der fertige Schirm war somit ein Nischenprodukt, gefertigt aus Reststoffen der Möbelproduktion, das durch seine filigrane Konstruktion die handwerklichen Talente der Arbeiter demonstrierte. Das Entscheidende: Sein Alleinstellungsmerkmal war die Narration der wirtschaftlichen Unabhängigkeit traditioneller Manufakturen von *westlichen* Einflüssen wie Skaleneffekten und Maschinenparks.

Nun mussten wir uns mit der Vermarktung auseinandersetzen. Ein Export in kaufkräftigere Märkte wäre sicher rentabler gewesen und hätte die Kostendeckung garantiert. Allerdings bedeutete eine solche Strategie hohe ökologische und bürokratische Hürden (Transport, Zoll, Gewährleistungen, etc.). Deshalb entschieden wir uns, das Produkt lokal zu vermarkten. Auf den Philippinen existiert mittlerweile eine langsam wachsende Mittelschicht und somit eine potenzielle, kaufkräftige Zielgruppe (vgl. Krinks 2002). Das Problem: Viele Filipinos meiden einheimische Produkte, häufig aufgrund ihres vermeintlich schlechten Rufs oder eingefahrener Vorstellungen.

Diese Tatsache wollte ich genauer untersuchen. Im dritten Monat meines Aufenthaltes besuchte ich ein *community-based project* im Barangay Talisay. Dort wurden Taschen produziert und dazu Gelder von Regierungsprojekten und NGOs lokal zu diesem Zweck eingesetzt. Dies geschieht analog zu sog. Mikrokrediten, deren Angebot seit einigen Jahren in den meisten Entwicklungs- und Schwellenländern stark wächst, obgleich einige Studien die Effektivität dieser Strategie infrage stellen (vgl. Banerjee / Duflo 2011). Der Projektleiter erzählte mir

---

[5] ›Barangay‹: Die unterste, geographische Verwaltungsebene der Philippinen, ähnlich einer Kommune bzw. einem Dorf

eine Anekdote: Kürzlich empfing ein Mitarbeiter einheimische Besucher in der Fabrik. Diese interessierten sich stark für Muster aus einer mit dem Schriftzug *to USA* versehenen Box, während sie den daneben liegenden, identischen Taschen für den heimischen Markt keinerlei Beachtung schenkten. Die Geschichte lieferte eine Erklärung für den kommerziellen Misserfolg zahlreicher lokaler Produkte auf dem Binnenmarkt. Dass einheimische Produkte schlechter seien, ist ein Beispiel einer psychologisch besonders hartnäckigen Art von Vorurteil (vgl. Sowell 2011) und wahrscheinlich ein Nebeneffekt der Modernisierung des Landes, die auf eine Abgrenzung von Traditionen zielt.

Made on the ›dumpsite‹?

Vielleicht bietet die europäische Geschichte einen Hoffnungsschimmer auch für die Philippinen: Im 19. Jahrhundert ließ das britische Empire, damals Vorreiter der Industrialisierung, deutsche Waren bei der Einfuhr mit dem Siegel *made in Germany* versehen. Dies diente als Warnung vor deren minderer Qualität (vgl. Bräunlein / Holst 2008). Bald jedoch wandelten sich Entwicklung und Design der deutschen Produkte, sodass *made in Germany* heute als internationales Gütesiegel wahrgenommen wird.

Kurz vor meiner Abreise stellte das Bouglas Bamboo Institute den Regenschirm auf einer Ausstellung in einem Einkaufszentrum in Dumaguete vor. Die Besucher reagierten überwiegend positiv auf das Produkt, etwa indem sie die handwerkliche Qualität lobten oder es als innovativ bezeichneten. Andererseits war ein gewisses Misstrauen spürbar, denn einige Besucher wichen der Frage aus oder gingen weiter, als wir sie fragten, ob sie dieses lokale Produkt einem konventionellen Schirm vorziehen würden. Dies war einer meiner letzten Eindrücke auf dem Archipel.

Bereits während meines Rückflugs versuchte ich eine Art Evaluierung vorzunehmen. Auch wenn das Projekt um den Regenschirm noch viel Detailarbeit bei der Vermarktung erfordert hätte, war uns gelungen, Lösungsansätze für die nachhaltige Herstellung von Produkten in Ländern wie den Philippinen zu entwickeln. Wir hatten begonnen, gemeinsam etablierte Strukturen in Frage zu stellen, andere Methoden zu prüfen, zu experimentieren und Kritik an Produkten und Entwürfen zu üben. Darüber hinaus hatte ich einige, latente Vorurteile gegenüber alternativen Arbeitsmethoden abgebaut und die Vorteile einer von zu viel Technisierung verschonten Produktherstellungspraxis erlebt. Die einheimischen Projektpartner hatten im laufenden Betrieb erfahren, dass der Mut, etwas Unkonventionelles, Neues zu gestalten, neue Erfolgschancen eröffnet.

Meine Schlussfolgerung erinnerte mich an die Unterscheidung von *Planern* und *Suchern* durch den Entwicklungsökonomen William Easterly. Der Planer ist danach in der Entwicklungszusammenarbeit aufgrund seines theoretisch-abstrakten Ansatzes zum Scheitern verurteilt, der Sucher hingegen hält stets nach alternativen Ansätzen Ausschau (vgl. Easterly 2007). Die Arbeit vor Ort machte somit aus allen Beteiligten Sucher. Der nachhaltige Designer ist vielleicht der ausgebildete Sucher unserer Zeit.

Ingo Wick ist selbstständiger Produktdesigner und Designforscher. Von 2005 bis 2011 hat er Nachhaltiges Design an der ecosign / Akademie für Gestaltung in Köln studiert, gepaart mit Forschungs- und Praktikumsaufenthalten im In- und Ausland. Sein Arbeits- und Interessenschwerpunkt ist der Zusammenhang von Narration und Design. Seit 2012 arbeitet er diesbezüglich an seiner Dissertation zum Thema ›Der Einfluss audiovisueller Medien auf die Wahrnehmung von Produktdesign‹ an der Bauhaus Universität Weimar.

Literatur

Banerjee, Abhijit V. und Duflo, Esther (2011): ›Poor Economics: A Radical Rethinking of the Way to Fight Global Poverty‹. New York: Public Affairs. S. 178 ff. und 223-226

Bystriakova, Nadia, u.a. (2003): ›Bamboo Biodiversity‹. in: ›UNEP-WCMC: Biodiversity Series No 14‹. Swaingrove Imaging, Bury St. Edmunds 2003, S. 8

Easterly, William (2006): ›Wir retten die Welt zu Tode. Für ein professionelleres Management im Kampf gegen die Armut‹. Frankfurt a.M.: Campus Verlag. S. 13 f., S. 52 f.und S. 81 f.

Eckert, Andreas (2006): ›Kolonialismus‹. Frankfurt a. M.: Fischer. S.86-91.

Krinks, Peter A. (2002): ›The economy of the Philippines: elites, inequalities and economic restructuring‹. New York: Routledge. S. 216 f.

Neu, Rainer u. Marie-Paule (1995): ›Innenansichen Philippinen‹. Hamburg: Lit Verlag. S.42-46.

Reese, Niklas u. Werning, Rainer (Hrsg.) (2009): ›Handbuch Philippinen. Gesellschaft – Politik – Wirtschaft – Kultur‹. Bad Honnef: Horlemann. S. 19-24, S. 78 f. u. S.189-194.

Schmidt-Bleek, Ulrich u. Tischner, Ursula (1995): ›Produktenwicklung. Nutzen gestalten – Natur schonen‹. Wien: Menzel und Co. S. 29 und S. 95.

Schwarzacher, Lukas u. Vinke, Hermann (1987): ›Philippinen. Die unvollendete Revolution. Bornheim‹. Lamuv Verlag. S. 89.

Siemers, Günther (1988): ›Von Marcos zu Aquino. Der Machtwechsel in Philippinen und seine Folgen‹. Berlin: Vistas Verlag. S. 68-72.

Sowell, Thomas (2011): ›Economic Facts & Fallacies‹. New York: Perseus. S. 105 ff.

Trojanow, Ilja (2011): ›Das Ende des kolonialen Zeitalters‹. in: ›Le Monde diplomatique spezial: Atlas der Globalisierung. Das 20. Jahrhundert‹. Berlin: Taz Verlag, 2011. S. 40.

Internet

Bräunlein, Peter u. Holst, Insa (27.04.2008): ›Made in Germany – Wie deutsche Produkte die Welt eroberten‹. in: ›Spiegel Online‹. URL: http://www.spiegel.de/wissenschaft/mensch/0,1518,549197,00.html (27.07.2013)

Engagement Global gGmbH - Service für Entwicklungsinitiativen: URL: http://www.asa-programm.de/ueber-asa/das-asa-programm.html (27.07.2013)

Munzinger Archiv GmbH: URL: http://www.munzinger.de/document/03000PHI040 (27.07.2013)

Van Riper, Tom (15.01.2009): ›The World's largest Malls‹. In: ›Forbes‹. URL: http://www.forbes.com/2009/01/15/retail-shopping-malls-biz-commerce-cx_tvr_0115malls.html (27.07.2013)

Welt Online (Hrsg.) (05.03.2011): ›Einkaufsriesen – Shoppingcenter in Deutschland‹. URL: http://www.welt.de/wirtschaft/article1791230/Einkaufsriesen-Shoppingcenter-in-Deutschland.html (27.07.2013)

Nachhaltigkeit ist im Design etwa seit den 1990er Jahren nicht nur in den Industrienationen Europas und Nordamerikas ein populäres Thema, sondern beschäftigt auch Designer in Ländern wie Pakistan und Indien. Um verstehen zu können, was nachhaltige Designansätze dort beinhalten, macht es Sinn, einen Blick auf die Geschichte des Designs in der Region zu werfen. Diese unterscheidet sich von der westlichen Sichtweise, in der die Industrialisierung gemeinhin den Beginn der Designgeschichte markiert. Doch vor welchem historischen Hintergrund hat sich Design auf dem Subkontinent als eigene Disziplin entwickelt? Vor welchen Herausforderungen steht sie heute?

Zwischen Tradition und Verwestlichung: Die Perspektive Indiens und Pakistans

GWENDOLYN KULICK

Die südasiatische Designrezeption ist tief verwurzelt in einem kolonialen und postkolonialen Kulturdiskurs. Außerdem ist die Region auf vielschichtige Weise in eklektische Dynamiken der Globalisierung verstrickt. Industrie, Kulturaustausch und Entwicklungshilfe stehen in einem schwer durchschaubaren Verhältnis zueinander.

In dem folgenden Beitrag werden Aspekte herausgefiltert, die für das Verständnis des *Nachhaltigen Designs* in Pakistan und Indien relevant sind.

1. Designgeschichte auf dem indischen Subkontinent – Begrifflichkeiten und Meilensteine

1.1 Ursprünge

Als Beginn der Designgeschichte wird in Indien oft die Urzeit betrachtet. So gilt die vor zwei Millionen Jahren erlernte Fähigkeit des Menschen, Feuer zu machen, um wilde Tiere fernzuhalten, für den indischen Designprofessor M P Ranjan als Fähigkeit, Lösungen für die Anforderungen des Alltags zu entwickeln. Diese ganzheitliche Kernaktivität fiel später der Spezialisierung in Gebiete wie Technologie und Management zum Opfer (Ranjan 2009:4). Auch für Kumar Vyas, ebenfalls Designprofessor in Indien, hat sich der Prozess, den Designer heute bewusst durchlaufen, um ihr Umfeld zu gestalten, bereits in der Frühzeit entwickelt. Um überleben zu können, musste der Mensch seine Werkzeuge, seine Schutzbehausung und seine Kommunikationsmittel planen und herstellen (Vyas, Encyclopedia Britannica, 2000:50).

Dieser Denkansatz ist sicher auch für die westliche Designgeschichte relevant, wird dort jedoch eher dem Gebiet der Anthropologie zugeordnet.

1.2 Der Begriff ›Kala‹

Auf dem Subkontinent schließt sich eine Entwicklung an, für die der Begriff *Kala* zentral und dessen Übersetzung nicht ganz einfach ist. *Kala* steht gleichermaßen für Kunst, Technik und Geisteswissenschaften sowie für einen Prozess des Erkennens und Schaffens. Mit *Kala* wurden die Arbeiten von Künstlern und Handwerkern gleichermaßen bezeichnet. Kunstwerk und Gebrauchsgegenstand bzw. Kunst und angewandte Kunst oder auch Dekoration und Funktion wurden nicht getrennt. Paläste und heilige Stätten wurden von denselben Personen gestaltet, die auch alltägliche Gebrauchsgegenstände herstellten. Es handelte sich um Maler, Illustratoren, Kalligrafen, Töpfer, Steinmetze, Tischler, Holzschnitzer, Weber, Stoffdrucker, Metall- und auch Goldschmiede (Vyas, Design – The Indian Context, 2000:36).

Kala bezeichnete den Prozess und die Erzeugnisse dessen, was heute in Kunst, Handwerk und Design unterteilt wird, gleichermaßen. Dass sich diese Einheit auch auf dem Subkontinent auseinanderdividierte, ist zweifellos ein Effekt der britischen Kolonisierung. In den meisten Teilen Europas wurde seit einigen Jahrhunderten zwischen hoher Kunst und Handwerk unterschieden. Im Zuge eines groß angelegten Bildungsprogramms gründeten die Engländer vier Kunsthochschulen, die erste 1854 in Kalkutta, weitere wenige Jahre später in Bombay, Madras und Lahore[1]. Verwaltet wurden sie vom *South Kensington Museum*[2] in London, das auch die Studieninhalte vorgab. Es ging in erster Linie darum, die Fertigkeit des Kopierens zu erlernen. Die hier ausgebildeten Künstler fertigten hochwertige Kunstwerke und Gegenstände für die Engländer und eine von ihnen geförderte indische Mittelschicht. Die unter *Kala* verstandene Einheit von Wahrnehmen, Gestalten und Schaffen wurde dadurch unterbrochen. Mit dem dörflichen Handwerker hatten diese Künstler nicht mehr viel gemein und unterschieden sich nun auch in ihrer gesellschaftlichen und ökonomischen Stellung von ihm. Damit fand jene Trennung zwischen Künstler und Handwerker statt, die es in der traditionellen Kultur des Subkontinents so vorher nicht gegeben hatte (Vyas, Design – The Indian Kontext, 2000:32).

> **Welche Prozesse trennten Kunst und Handwerk?**

Designhistorisch relevant sind auch die Aktivitäten der British East India Company, der englischen Handelsgesellschaft, die im Jahr 1600 gegründet wurde, um auf dem Subkontinent Gewürze einzukaufen. Doch auch andere Waren wie farbenfrohe Stoffe aus Seide und Baumwolle wurden erfolgreich nach England exportiert (siehe Bilder 1 und 2).

Als Mitte des 19. Jahrhunderts Indien zur Kronkolonie Englands wurde, gab es dort bereits ein breites Angebot feinster indischer Handwerkswaren (Imhalsy 2002). Inzwischen wurden in England auch Produkte industriell hergestellt, die indische Motive, Farben, Formen und

---

1 Eine für die Etablierung dieser Kunsthochschulen zentrale Person war Lockwood Kipling, Vater des Dschungelbuch Autors Rudyard Kipling, der nach einer Lehrtätigkeit an der J. J. School of Art schließlich in Lahore zum ersten Direktor der Mayo School of Art wurde. Er trug maßgeblich zur Gründung des ‚Journal of Indian Art and Industry' bei, das von 1884 bis 1917 erschien und eine reichhaltige Quelle für Kunst und Designgeschichte dieser Zeit darstellt.
2 Das heutige Victoria & Albert Museum

Bild 1: Kopftuch aus dem 19. Jhd. mit der für Nordindien, speziell der Region Punjab, typischen Pulkhari-Stickerei; Museums-Nr.: IS.1842-1883

Bild 2: Ein Baumwollhändler in Bombay im 19. Jahrhundert; Museums-Nr.: E.208:416-1994

sogar den *handmade* Charakter imitierten, in ihrer Funktion aber für den englischen Alltag bestimmt waren. Präsentiert wurden beide Produktsegmente in Kaufhäusern wie *Liberty & Co*. Von dem gleichermaßen luxuriösen wie exzentrischen Laden waren prominente Personen des öffentlichen Lebens fasziniert, unter ihnen auch William Morris und John Ruskin, führende Denker der englischen *Art and Crafts* Bewegung (Mathur 2007:33). In Indien wiederum entstanden Mischformen durch die dort lebenden Engländer, beispielsweise der *Pull Punka*, ein Ventilator, der durch das Ziehen eines Bandes betrieben wird, das Moskitonetz oder die Khaki Uniform (Balaram 2011:45-46).

Die in England industriell hergestellten orientalisch anmutenden Waren wurden wiederum nach Indien exportiert, wo sie wegen ihrer niedrigen Preise gegenüber den lokal erzeugten Handwerksprodukten bevorzugt wurden. Letztere wurden außerdem von der East India Company mit hohen Steuern und Handelsbeschränkungen belegt. Das komplexe traditionelle Sozial- und Wirtschaftssystem wurde dadurch gestört. In diesem hatten lokale Feudalherren zwar die Waren besteuert, sie aber auch in großen Mengen abgekauft, also für einen Absatzmarkt gesorgt. Dieses Abhängigkeitsprinzip basierte auf starken gesellschaftlichen Hierarchien, aber es diente dem gegenseitigen Erhalt. Die Engländer hingegen besteuerten Handwerk hoch, nahmen aber nur sehr wenig ab. Immer mehr Handwerker drifteten in die Armut ab und zogen in urbane Zentren wie Bombay, wo sie unter miserablen Bedingungen in Fabriken angestellt wurden. Die mit Kala bezeichnete Einheit löste sich auch auf dieser Ebene auf (Imhalsy 2002).

1.3 Der Handwerker als Symbol

In der englischen Arts and Crafts Debatte war die Situation der Arbeiterklasse zentral. Es ging um Zusammenhänge von Produktion, Ästhetik und Lebensqualität, und um die Würde des einzelnen Arbeiters in den Fabriken. Auf dem Subkontinent trifft die Beschäftigung mit Handwerk mitten ins Herz eines ganzen Kulturkreises. Dem Handwerker kommt dabei die Rolle einer Kultfigur zu. Er steht für ursprüngliches Dorfleben: autark, bescheiden und rein. Seine Symbolkraft wird seit der Kolonialzeit für politische und wirtschaftliche Zwecke eingesetzt (Mathur 2007:27-51) (siehe Bild 3).

Die Weltausstellung 1851 im Glaspalast diente in erster Linie dazu, Englands Überlegenheit zu demonstrieren. Paxtons Architektur, die modernste Ingenieurskunst aus Glas und Stahl demonstrierte, stand im Gegensatz zu feinsten handgefertigten Ausstellungsstücken aus den Kolonien und untermauerte damit Englands technische Überlegenheit und Macht auf dem Subkontinent (Balaram 2011:44). Der indische Handwerker wurde mit einer Mischung aus Faszination und Herablassung betrachtet. Trotz der exquisiten Stücke, die er zu fertigen vermochte, symbolisierte er die vorindustrielle Rückständigkeit der Menschen auf dem Subkontinent genauso wie ökonomische Unterentwicklung, die ironischerweise erst durch die Kolonisierung entstanden war (Mathur 2007:50 und Imhalsy 2002).

In der Folge wurde der Handwerker zum Symbol des Aufbegehrens. In Bengalen, regte sich Ende des 19. Jahrhunderts Widerstand gegen die koloniale Ausbeutung. Dort wurde die *Swadeshi* Kampagne initiiert. *Swadeshi*, ein Begriff aus dem Sanskrit, kann etwa mit Selbstversorgung übersetzt werden. Es wurde zum Boykott eingeführter Waren aufgerufen; die Massen dazu aufgefordert, Waren aus lokaler Handwerksproduktion zu kaufen, um so die wirtschaftliche Abhängigkeit von England auszutrocknen. Die im Rahmen von *Swadeshi* hergestellten Produkte sollten weder eine traditionelle indische Ästhetik noch den imperialistischen Stil der Engländer aufgreifen. Vielmehr ging es um die Entwicklung authentischer Produkte, die Eigenständigkeit und Modernität repräsentieren sollten (Mathur 2007:43). Produktionsweisen und Produktsemiotik wurden so für politische und wirtschaftliche Ziele eingesetzt.

Die *Swadeshi* Bewegung wurde von Mahatma Gandhi mit der weiter reichenden Strategie des *Swaraj*, der Selbstverwaltung, verknüpft. Damit war die Forderung nach Unabhängigkeit formuliert. Um die Massen für den gewaltfreien Kampf zu mobilisieren, bediente Gandhi sich der semiotischen Elemente des ländlichen, reinen, bescheidenen und autarken Handwerkers. Er trug einen *Dhoti* (aus einem Tuch gewickeltes Beinkleid) aus weißer Baumwolle, gewebt aus handgesponnenem Garn und schlichte *Chapals* (Sandalen) aus Leder. Er lernte Garn zu spinnen und machte so das *Charka* (Spinnrad) zum Symbol für *Swadeshi* und *Swaraj*. Traditionell gab es bestimmte Handwerkskasten, in die manche Menschen hineingeboren wurden. Der studierte Anwalt Mahatma Gandhi gehörte keiner von ihnen an. Dennoch verkörperte er den autarken Handwerker so überzeugend, dass er zu einem Symbol der Unabhängigkeit wurde, mit dem die ländlichen Massen sich identifizieren konnten (Mathur 2007:47).

Gandhi zeigte, wie wichtig eine klare Kommunikation von Zusammenhängen und politischen Idealen bei der Mitgestaltung gesellschaftlicher Rahmenbedingungen ist. Ihm ging es dabei weniger um Ästhetik als um das Streben nach ökonomischer, politischer und kultureller Unabhängigkeit. Auch wenn Gandhi sich selbst bestimmt nicht als Designer sah, weist doch sein authentischer Einsatz für regionale Produkte, Herstellungstechniken, Vertriebswege und Organisationsformen viele Parallelen zu nachhaltigen Designprojekten der Gegenwart auf.

Bild 3: Ein Korbmacher-Paar, gemalt von einem indischen Künstler für Angehörige der British East India Company in Indien, etwa 1870; Museums-Nr: 4672:9/(IS)

2. Designausbildungsstätten
2.1 Während der Unabhängigkeitsbewegung

Der Künstler und Philosoph Rabindranath Tagore gründete 1921 die Visva Bharati Universität in Santiniketan, einem Stück Land in Bengalen, das seinem Vater gehörte. Spirituelle Erlebnisse aus seiner Kindheit inspirierten Tagore dazu, reformpädagogische Experimente durchzuführen und Studieninhalte im Einklang mit der Umgebung zu gestalten. Im Mittelpunkt stand Kala Bhavana, das Institut für Kunst und Kunsthandwerk[3]. Musik, Geistes- und Naturwissenschaften waren Teil des interdiziplinär ausgerichteten Studienangebots. Inhalte und Methoden stellten ein Gegenmodel zu dem als imperialistisch betrachteten Programm der vier kolonialen Kunsthochschulen dar. Doch auch in Santiniketan konnte die Zeit nicht zurückgedreht werden, und die Einheit *Kala* wurde in Charukala (Kunst) und *Karukala* (angewandte Kunst) aufgeteilt (Vyas, Design – The Indian Context, 2000:29 und Balaram 2011:44).

Tagore sympathisierte mit *Swadeshi* und *Swaraj*, hielt jedoch Mahatma Gandhis konsequente Forderung nach Selbstversorgung und Selbstverwaltung für aussichtslos und den Boykott importierter Waren für unsinnig. Tagore begrüßte Einflüsse von außen und den Dialog mit den Dozenten aus dem westlichen Ausland genauso wie mit Repräsentanten benachbarter Kulturen wie China und Japan. Moderne Wissenschaft und Technik waren in Santiniketan willkommen. Die Universität hatte ein Institut für ländliche Entwicklung, die jedoch nicht auf Einfachheit reduziert wurde, sondern moderne Entwicklungen integrierte (Mitter 2007:78). Trotz dieser Differenzen zollten Gandhi und Tagore einander großen Respekt. Gandhi war begeistert von den Projekten des Künstlers Nandalal Bose, der in Santiniketan Kunstkurse für Hausfrauen anbot um die Lebensqualität im häuslichen Umfeld angenehmer zu machen und Theateraufführungen organisierte, die Bewusstsein für den ländlichen Lebensstil wecken sollten. Gandhi bot ihm weitere Projekte wie die Errichtung eines Modelldorfes unter Verwendung traditioneller lokaler Materialien an und pries das Ergebnis als ein vorbildhaftes Beispiel für Selbstversorgung (Mitter 2007:82).

Interessant ist die Verbindung zwischen Tagore und dem Weimarer Bauhaus. Für seine spirituellen Ideale fand Tagore Parallelen bei Johannes Itten, Wassily Kandinsky und auch in Paul Klees primitiver Kunst. Er interessierte sich weniger für die industrielle Gestaltung am Bauhaus. Doch selbst mit Walter Gropius verband ihn ein reformpädagogischer Ansatz, in dem das Individuum in seinem Lebensumfeld wichtig war. Tagore besuchte das Bauhaus im Jahr 1921 und war so beeindruckt, dass er eine Ausstellung mit Werken der Bauhauskünstler in Indien organisierte. Diese fand schließlich im Dezember 1922 in der *Indian Society for Oriental Arts* in Kalkutta statt (Mitter 2007:79).

2.2 Nach der Unabhängigkeit 1947

Mit der Unabhängigkeit von der Kolonialmacht England im Jahr 1947 ging die Aufteilung des Subkontinents in Indien und Pakistan einher. Die Designgeschichte verlief in beiden Ländern seither recht unterschiedlich.

Indien

Ende der 1950er Jahre beauftragte die indische Regierung im Rahmen ihres Industrialisierungsprogramms den amerikanischen Architekten Charles Eames und seine Frau Ray damit, einige Monate durch Indien zu reisen und Vorschläge für eine Designinstitution auszuarbeiten. In ihrem *India Report* definierten sie schließlich Nahrung, Sicherheit, Verteilung und Be-

---

[3] Informationen zur Geschichte und Ideologie der Institution unter: http://www.visva-bharati.ac.in/Heritage/Heritage.htm (aufgerufen am 14.7.2012)

völkerung als wichtige Parameter für einen Lehrplan (Eames 1958:7). Sie schlugen vor, Experten aus so unterschiedlichen Bereichen wie Ingenieurswissenschaften, Tanz, Anthropologie, Literatur, Mathematik und vielen mehr in das Programm zu integrieren (Eames 1958:12).

Das *National Institute of Design* (NID) wurde 1961 gegründet. Die Ausbildung hier sollte den geografischen und demografischen Ansprüchen Indiens gerecht werden. Es grenzte sich aber nicht von der internationalen Designszene ab, sondern war von Beginn an in einen regen Austausch eingebunden (Balaram 2011:259, Ranjan 2005:2ff). Kontakt bestand zur *Hochschule für Gestaltung Ulm*, dem *Royal College of Art*, der *Kunstgewerbeschule Basel* und der *Cranbrook Academy in Michigan*. Bekannte Designer wie Adrian Frutiger, Victor Papanek, Gui Bonsiepe, Hans Gugelot, Frei Otto und viele andere besuchten im Laufe der Jahre das NID. Lehrende und Studierende des NID verbrachten ihrerseits Zeit an internationalen Institutionen, zum Beispiel Prof. H Kumar Vyas in Ulm[4].

Lokaler Kontext und internationaler Diskurs – ein Erfogskonzept?

Lange bevor Aspekte der Entwicklungshilfe in Designkreisen populär wurden, wurde 1979 am NID gemeinsam von der *United Nations Industrial Development Organization* (UNIDO) und dem *International Council of Societies of Industrial Design* (ICSID) ein Grundsatzpapier zu diesem Thema verfasst[5].

Zahlreiche Designinstitutionen entstanden in den folgenden Jahren, darunter die über ganz Indien verteilten Campusse des *Indian Institute of Technology* (IIT). 1996 wurde die private *Srishti School of Art, Design and Technology* gegründet, die seitdem zu den führenden Einrichtungen Indiens zählt[6].

Heute gibt es in Indien zahlreiche Designinstitutionen und eine große Bandbreite spezieller Richtungen wie *Transportation Design*, *Interactive Design* oder *Craft Design*. Es hat sich eine lebhafte und vielseitige Designszene entwickelt. Das Spektrum reicht von großen Designagenturen bis hin zu Freiberuflern, die sich eher alternativen Projekten widmen. Großindustrie und Handwerksbetriebe, die sogenannte Cottage Industry, existieren parallel. Letztere werden bis heute staatlich gefördert. Sie ernten zwar Kritik für ihr etwas angestaubt wirkendes Sortiment, haben aber erreicht, dass Handwerk im kollektiven Bewusstsein Indiens vorhanden ist, auch unter vielen jungen Designern, die Handwerk mit zeitgenössischem Design verbinden.

Indien ist Gastgeberland zahlreicher internationaler Veranstaltungen, beispielsweise der Konferenz ›Sustainability in Design: Now!‹ 2010 in Bangalore[7]. Seit 2011 findet in Delhi das ›Unbox Festival‹ statt, das sich als Plattform für interdisziplinäre Projekte aus den Bereichen Kultur, Entwicklung und Innovation versteht[8]. Das Internationale Designnetzwerk DESIS (Design for Social Innovation and Sustainability) hat eine Ländergruppe Indien[9].

---

4   Die enge Zusammenarbeit zwischen dem NID Ahmedabad und der HfG Ulm erläutert M P Ranjan sehr detailliert inseinem Text: 'Web of Connections: Indian Design education with influences from the HfG Um' in seim Blog-Beitrag vom 26. Juni 2013. Abrufbar unter: http://design-for-india.blogspot.de/2013/06/web-of-connections-indian-design.html (aufgerufen am 6.8.2013)
5   Die United Nations Industrial Development Organization (UNIDO) und das International Council of Societies of Industrial Design (ICSID) formulierten 1979 am National Institute of Design Ahmedabad (NID) die ‚Ahmedabad Declaration on Industrial Design for Development'. Das Dokument ist abrufbar unter: http://www.designinindia.net/resources/publications/reports/Ahmedabad-declaration-on-industrial-design-6-2009.pdf
6   Srishti richtete 2010 die internationale LeNS Konferenz ‚Sustainability Now'! in Bangalore aus.
7   Informationen zur Konferenz und Vorträge zum Herunterladen: http://www.lensconference.polimi.it/ (aufgerufen am 14.7.2012)
8   Informationen zum Unbox Festival unter: http://www.unboxfestival.com/ (aufgerufen am 14.7.2012)
9   Informationen zu DESIS India unter: http://www.desis-network.org/category/desis-india (aufgerufen am 14.7.2012)

Pakistan
In Pakistan hat sich die Disziplin Design seit 1947 weniger prominent und ohne nennenswerte staatliche Unterstützung entwickelt. In Lahore wurde die *Mayo School of Art* zum *National College of Arts* (NCA) mit den Designrichtungen Keramik, Produktdesign, Textildesign und Visuelle Kommunikation. Die öffentlichen Universitäten in Karachi und Lahore haben zwar Designfachbereiche, die aber zunächst profillos blieben. Wie und mit welchen Zielen Studieninhalte und Methoden konzipiert wurden, bleibt unklar[10].

Innovativer war die Gründung der *Indus Valley School of Art and Architecture* (IVS) in Karachi im Jahr 1990. In Eigeninitiative rief eine Gruppe von Architekten, Künstlern und Designern eine Institution ins Leben, die seitdem traditionelle Techniken der Region mit zeitgemäßen Methoden und Themen des internationalen Diskurses verbindet. Bei der Entwicklung des Lehrplans berieten sich die Gründer eng mit Kollegen des NCA in Lahore und des NID in Ahmedabad. Bis heute ist die IVS eine richtungsweisende Designinstitution in Pakistan. Hinzu kam im Jahr 2003 die *School of Visual Arts and Design* an der *Beaconhouse National University* in Lahore. Hier steht die kritische Auseinandersetzung mit aktuellen Themen, Gesellschaftsanalyse und Umweltbewusstsein auf der Tagesordnung.

Was fördert ein nachhaltiges Designverständnis?

2009 entstand an der *University of Gujrat* der Fachbereich Industrial Design, ein Studiengang, den es bisher in Pakistan nicht gab. Insgesamt besteht in Pakistan relativ wenig Anschluss an den internationalen Designdiskurs.

3. Nachhaltigkeit im Design heute

Wenn international von nachhaltigen Designprojekten die Rede ist, geht es meist darum, Ökologie, soziale Verantwortung und Konsumkultur miteinander zu verbinden. In Ländern wie Indien und Pakistan werden ökologische Aspekte oft von dringenderen Fragen des täglichen Lebens in den Hintergrund gedrängt. Verglichen mit der Nachhaltigkeitsdebatte in den Industrienationen sind also die Schwerpunkte anders gelagert.

Die Herausforderungen sind offensichtlich. Die Mehrheit der Menschen lebt in Armut. In Pakistan leben fast 180 Millionen Menschen, in Indien mehr als 1,2 Milliarden[11], davon in Pakistan 60,2 Prozent und in Indien 68,7 Prozent von weniger als 2 Dollar am Tag[12]. Der *Human Development Index* (HDI) berücksichtigt nicht nur das Pro-Kopf-Einkommen sondern auch Daten zu Gesundheitsversorgung, Bildung und Lebensstandard. Von 177 ausgewerteten Ländern belegt Pakistan den 145. und Indien den 134. Rang[13]. Viele Menschen haben weder Arbeit noch Einkommen. Mobilität ist beschränkt. Unterkünfte sind meist notdürftig, bieten kaum Schutz und nehmen leicht Schaden. In einer Stadt wie Karachi leben mehr als die Hälfte

---

10 Lehrende und Studierende der Anfangsjahre beklagen, dass die Designausbildung eher orientierungslos vonstatten ging: persönliches Gespräch mit Murtaza Jafri, Student der ersten Jahre und bis heute Dozent am NCA, am 8.2.2012 und seit Herbst 2004 regelmäßige Gespräche mit Salima Hashmi, ehemalige Dozentin und Direktorin des NCA und zur Zeit Dekanin der School of Visual Arts & Design an der Beaconhouse National University in Lahore.

11 Der Human Development Report wird seit 1990 jedes Jahr von einer Gruppe interdisziplinärer unabhängiger Experten des Human Development Report Office im Auftrag des United Nations Development Programme (UNDP) erstellt. Daten der Arbeitsgruppe können online abgerufen werden: Länderprofil Indien: http://hdrstats.undp.org/en/countries/profiles/IND.html (aufgerufen am 13.7.2012); Länderprofil Pakistan: http://hdrstats.undp.org/en/countries/profiles/PAK.html (aufgerufen am 13.7.2012)

12 Die Development Data Group der Weltbank stellt statistische Daten zur weltweiten Entwicklung frei zur Verfügung. Hier die Tabelle, die zeigt, wie viele Menschen von unter zwei Dollar am Tag leben: http://data.worldbank.org/indicator/SI.POV.2DAY (aufgerufen am 13.7.2012)

13 Der Human Development Index wird im Human Development Report veröffentlicht. Human Development Report 2011: http://hdr.undp.org/en/media/HDR_2011_EN_Complete.pdf (aufgerufen am 12.7.2012); Interaktive Anwendungen der Daten finden sich unter: http://hdr.undp.org/en/statistics/ (aufgerufen am 12.7.2012)

der 14 Millionen Einwohner in unstrukturierten Ansiedlungen am Stadtrand, den sogenannten *Katchi Abadis*, und in innerstädtischen Slums[14]. Gleichzeitig leistet sich eine kleine Ober- und wachsende Mittelklasse einen ausgesprochen luxuriösen Lebensstandard. Ökologisches Bewusstsein existiert in allen Bevölkerungsteilen wenig.

Regierungen alleine bekommen die Probleme nicht in den Griff, und so widmet sich ihnen ein undurchschaubares Patchwork aus in- und ausländischen Nichtregierungsorganisationen (NGOs), Entwicklungshilfeagenturen, Geberorganisationen und Industriellen. Sie steuern Geld und Expertise bei, nehmen aber auch Einfluss auf Inhalte, Werte und Methoden, je nach ihrer eigenen ideologischen Gesinnung. Oft vernachlässigt werden lokale Gewohnheiten, Wertevorstellungen, organisch gewachsene Gesellschaftsstrukturen und kulturelle Entwicklungen, die von regionalen Traditionen und von aktuellen globalen Trends gleichermaßen geprägt werden. *Nachhaltige Designprojekte* sind meist innerhalb dieser komplexen Strukturen angesiedelt. Hier finden sich Themen, in denen es um Alltagsbewältigung wie Beschaffung von Nahrungsmitteln, Bildung oder medizinische Versorgung, aber auch um die Stärkung lokaler Kultur geht. Der Trend geht zu wirtschaftlicher Förderung. *Corporate Social Responsibility*, *Social Enterprise* und *Sustainable Consumerism* sind wiederkehrende Begriffe. Dahinter steht der Gedanke, dass ein Minimum an Einkommen das Nötigste zum Leben sichert und im Idealfall nachhaltigen Fortschritt ermöglicht. Der Ansatz ist relevant, wirft aber Fragen auf: Wie wird das verdiente Geld langfristig sinnvoll investiert? Ist es ethisch vertretbar, hier einzugreifen? Was passiert mit Menschen, die nichts zu vermarkten haben? Gibt es andere Ansatzpunkte für Designer um zur Verbesserung von Lebensqualität beizutragen?

In- und ausländische Designer interessieren sich verstärkt für nachhaltige Projekte in Südasien, vor allem in Indien. Hier lassen sich Brisanz, Engagement und Exotik miteinander verbinden. Sozial oder ökologisch relevante Themen liegen auf der Hand. Die orientalische Kultur bietet vielfältige visuelle Inspirationen. Die Designszene, von Regierung und NGOs geschätzt und unterstützt, ist seit Jahrzehnten international vernetzt. Auf Konferenzen können leicht Kontakte zu Gleichgesinnten und Sponsoren geknüpft werden. Die Infrastruktur für Touristen ist gut. Es bietet sich also eine dankbare Spielfläche für Designer.

Pakistan hat andere Rahmenbedingungen. Das Land wird in den Medien überwiegend als Krisenregion dargestellt, zieht wenige Reisende an und wird selten mit Designkultur in Verbindung gebracht. Dennoch lassen sich bei genauerem Hinsehen nachhaltige Ansätze finden. Im Folgenden werden ausgewählte Projekte aus der Region – mit dem Schwerpunkt auf Pakistan – vorgestellt.

4. Projektbeispiele
4.1 Nachhaltigkeit durch Handwerk
Handwerk spielt auch heute, im Zeitalter rasanter technischer Entwicklungen noch eine Rolle.

In Projekten zur Armutsbekämpfung und Frauenförderung können bereits existierende Fähigkeiten wie Nähen und Sticken recht unmittelbar für die Herstellung marktfähiger Produkte eingesetzt werden. Für einen langfristigen und kontinuierlichen Absatz stellen jedoch Qualitätsstandards und eine funktionierende Infrastruktur die größte Herausforderung dar. Herstellerinnen leben oft in ländlichen Gegenden, weit abgeschieden von urbanen Märkten.

---

[14] Das Urban Resource Centre (URC) entstand 1989 in Karachi mit dem Ziel Studien zur städtischen Entwicklung und deren Auswirkungen auf einkommensschwache Bevölkerungsgruppen zu erstellen. URC ist aktiv an der Umsetzung sozial und ökologisch vertretbarer Projekte beteiligt. Der Architekt und Stadtplaner Arif Hasan ist Vorsitzender des URC und einer der unermüdlichsten Aktivisten auf dem Gebiet der nachhaltigen Stadtentwicklung. Die hier herangezogenen statistischen Daten befinden sich auf Seite 276: http://www.urckarachi.org/URC%20Introduction%20Case%20Study%20by%20Arif%20Hasan.pdf (aufgerufen am 13.7.2012)

Bild 4: Traditionelle Lehmarchitektur in Thatta Kedona

Distanzen sind lang, reisen ist beschwerlich, und oft ist es Frauen alleine gar nicht erlaubt. Das macht es schwierig für sie, sich über Mode- und Einrichtungstrends zu informieren. Besuche verschiedener Märkte sind aber unerlässlich, um einen Eindruck von der bevorzugten Produktästhetik potentieller Käufer zu gewinnen. NGOs[15] führen Trainingseinheiten zu Gruppen- oder Qualitätsmanagement durch. Andere verstehen sich als Genossenschaften und fungieren als Vermittler zwischen Heimarbeiterinnen, Absatzmärkten und Designern[16]. Produzentinnen werden zu Mitgliedern und so nicht nur am Gewinn sondern auch an Entscheidungsprozessen beteiligt – ein wichtiger Schritt in Richtung Selbständigkeit und Akzeptanz. [17]

Designer spielen hier hauptsächlich in der Produktentwicklung eine Rolle. Wichtig ist, dass diese in Zusammenarbeit mit den Produzentinnen stattfindet, und dass sowohl deren Infrastruktur als auch Fähigkeiten berücksichtigt werden.

Ein häufig gehörter Kritikpunkt an diesen Ansätzen ist, dass sie auf dem Klischee der handarbeitenden Hausfrau basieren und dieses verfestigen, anstatt effizientere und modernere Fertigkeiten zu vermitteln. Doch sie bleiben relevant, denn um realistische Veränderungen herbeizuführen, können die gegebenen Umstände nicht ignoriert werden.

Um den Erhalt von regionalem Kulturerbe hat sich die Textildesignerin Noorjehan Bilgrami aus Karachi verdient gemacht. In der südpakistanischen Provinz Sindh recherchiert sie seit über 30 Jahren das Färben mit Pflanzen und die alte und aufwendige Stoffdrucktechnik Ajrak. Zunächst war es schwierig, überhaupt Experten zu finden, die noch über dieses traditionelle Wissen verfügten. Die wenigen, die es gab, hielten sich selber für rückständig. Seitdem die Produkte aber unter dem Label *Koel*[18] in urbanen Zentren wie Karachi und Lahore und sogar in Japan begeisterten Absatz finden, sind sie wieder stolz darauf. Es sind neue Betriebe entstanden, die nicht nur Bilgrami beliefern, sondern auch andere Märkte. Die Käufer haben also ein positives Bewusstsein für die traditionelle und ökologisch nachhaltige Technik entwickelt.

In *Thatta Kedona* (übersetzt *Spielzeugdorf*), im Süden der pakistanischen Provinz Punjab wird Handwerk mit ganzheitlicher Dorfentwicklung verknüpft. Dort setzen sich die Designerin Senta Siller und der Architekt Norbert Pintsch aus Berlin seit Anfang der 1990er Jahre für eine Verbesserung der ländlichen Infrastruktur ein.

---

15 Eine der ersten Organisationen war die ‚Sungi Development Foundation', aus der 2009 die ‚SAARC Business Association for Home Based Workers' (SABAH) hervorgegangen ist, die sich seitdem um das Produktionsmanagement kümmert: www.sungi.org (aufgerufen am 16.9.2012). AHAN steht für ‚Aik Hunur Aik Nagar' (übersetzt: One Skill One Village). Die Organisation arbeitet in Gemeinden, die auf eine Fertigkeit spezialisiert sind: www.ahan.org.pk (aufgerufen am 16.9.2012)

16 Die Organisation ‚Mogh Limited' arbeitet in der schwer zugängliche Region Chitral im Norden Pakistans: http://moghlimited.com (aufgerufen am 16.9.2012). Die ‚Kaarvan Foundation' berät größere Projektvorhaben und hat einen eigenen Pool von Produzentinnen für ihren eigenen Laden: www.kaarvan.com (aufgerufen am 16.9.2012)

17 Eine Pionierin auf diesem Gebiet ist die indische Aktivistin und Parlamentarierin Ela Bhatt, die 1972 die ‚Self Employed Women Association' (SEWA), eine Genossenschaft für Heimarbeiterinnen, gründete. Heute zählt sie fast eine Million Mitglieder, die mittlerweile von zahlreichen Dienstleistungen aus Bereichen wie Gesundheit, Finanzen und Wohnen profitieren. Informationen zu SEWAs Struktur und statistische Daten: http://www.sewa.org/About_Us_Structure.asp (aufgerufen am 14.7.2012)

18 Basierend auf einem persönlichen Gespräch mit Noorjehan Bilgami am 14.1.2012 und der Zusammenfassung von Koels Unternehmensgeschichte unter: http://www.koel.com.pk/ (aufgerufen am 14.7.2012)

Bild 5: Produkte, hergestellt im Women Art Center in Thatta Kedona

Was mit dem Herstellen von Puppen in traditioneller Kleidung begann, führte im Verlauf zur Errichtung eines Produktionszentrums, in dem kontinuierlich weitere Produkte entwickelt werden. Es folgten zwei Schulen, eine Gesundheitsstation, die Installation von Solarzellen, die Anlage eines Abwassersystems und Projekte zur Förderung traditioneller Lehmarchitektur. Wichtig ist, dass durch langjähriges Engagement so viel Vertrauen in der Bevölkerung gewachsen ist, dass die Innovationen akzeptiert wurden, auch wenn sie zunächst befremdlich auf sie wirkten[19].

4.2 Recycling und Wiederverwertung von Müll

In Karachi widmet sich die Botanikerin Nargis Latif dem Thema Recycling. 1994 begann sie in ihrer Nachbarschaft Müll zu sammeln und über Recyclingmöglichkeiten zu recherchieren. Inzwischen beziehen sie und ihr Team der Organisation *Gul Bahao*[20] auch Abfall von der lokalen Industrie und haben ein System entwickelt, mit dem modulare Häuser, hauptsächlich Notunterkünfte für die Katastrophenhilfe, gebaut werden können. Auch Biotreibstoff erzeugen sie inzwischen.

5. Ausblick

Die beschriebenen Beispiele zeigen, wie Designer in Pakistan gegenwärtig beginnen, sich für soziale, kulturelle und ökologische Veränderung zu engagieren. Doch wie könnten Designinterventionen noch weiterreichen?

Designer werden immer wieder mit Aufgaben konfrontiert, die mit Designexpertise allein kaum zu bewältigen sind. Erforderlich ist sowohl eine enge Zusammenarbeit mit NGOs, Industrie, Wissenschaft und Zivilgesellschaft als auch Unterstützung von Regierungsseite. Dafür ist es wichtig, ein verändertes Verständnis der Disziplin Design herbeizuführen, unter Designern selber genauso wie in der Öffentlichkeit, zu der auch Kooperationspartner, Zielgruppen und Designstudierende zählen. In einer stark segmentierten Klassengesellschaft ist das nicht einfach. Die meisten Menschen streben nach oben und stellen dies durch Konsum und Statussymbole zur Schau. Design wird gemeinhin mit Glamour und oberflächlicher Verschönerung gleichgesetzt, nicht mit strategischer Problemlösung. Hinderlich ist, dass rationale Planung kaum eine Chance hat gegenüber irrationalem und opportunistischem ad hoc Aktivismus einzelner einflussreicher Akteure.

Dass nachhaltige Designprojekte überhaupt von der Bevölkerung akzeptiert werden und in der Folge Wirkung zeigen, setzt voraus, einen Wertewandel auf gesellschaftlicher und ökologischer Ebene anzustoßen.

---

19 Basierend auf vielen persönlichen Konversationen mit den Projektinitiatoren Dr. Norbert Pintsch und Dr. Senta Siller und zahlreichen Besuchen vor Ort. Informationen über die Aktivitäten: http://thattakedona.blogspot.de/ (aufgerufen am 6.8.20139)

20 Basierend auf einem persönlichen Gespräch mit Nargis Latif am 17.1.2012 und Informationen unter *Aktivitäten*: http://gulbahao.org/

Einen Beitrag kann hier die Designausbildung leisten. Studierende kommen meist aus einem privilegierten Umfeld und mit der Vorstellung, Design sei die Gestaltung von Luxus. Ein Ziel ist daher, ihnen die Augen für den Alltag der breiten Bevölkerung, die sich aus vielen kulturell unterschiedlichen Volksstämmen und sozio-ökonomischen Gesellschaftsschichten zusammensetzt, zu öffnen. Denn nur wenn Designer lernen, deren spezifischen Anforderungen und Bedürfnisse zu analysieren und ihnen mit Empathie zu begegnen, können sie funktionierende Lösungen finden. Das gilt beispielsweise bei der Gestaltung von verbalen und visuellen Kommunikationsstrategien und Nutzeroberflächen in der sich schnell entwickelnden Informationstechnologie.

Im Produkt- und Textildesign können Studierende die Verwendung ökologischer und recycelter Materialien erproben und so erfahren, dass diesen nichts schäbiges anhaften muss. Sie können davon profitieren, dass moderne Massenindustrie und jahrhundertaltes Handwerk in ihrer nächsten Umgebung bis heute parallel existieren. Das eröffnet Perspektiven für eine Neu-Interpretation von historischem Kulturgut.

Studierende können auch erfahren, dass Service Design ein nachhaltiges Tätigkeitsfeld für sie ist. Hier geht es nicht in erster Linie um die Produktion von Konsumgütern, sondern darum, Dienstleistungen zu optimieren.

Die indische Anthropologieprofessorin Amrit Srinivasan und der Designprofessor Soumitri Varadarajan haben bereits 2003 für eine Beschäftigung mit traditionellen Serviceanbietern plädiert. Zu diesen zählen der *Dhobi Wallah* (Wäscher) oder *Dudh Wallah* (Milchmann), die es in fast jeder Wohngegend des Subkontinents gibt. Die Analyse dieser Self-Made-Unternehmer kann wertvolle Anhaltspunkte für erfolgreiche Dienstleistungsmodelle liefern. (Srinivasan & Varadarajan, 2003).

In einem Workshop, den die Wuppertaler Designprofessorin Brigitte Wolf 2012 zum Thema ›Design Strategien für Mikro-Unternehmen‹ an der *School of Visual Arts & Design* in Lahore durchführte, entstanden Konzepte für Dienstleistungen in einem ärmeren Stadtviertel. Die Ideen reichten von Abfallbeseitigung und Recycling über einen Lieferservice von Mahlzeiten bis hin zu einem Nachbarschaftszentrum.

Sinnvoll ist sicher, dass angehende Designer in Pakistan bereits während des Studiums sowohl mit Grundlagen der Entwicklungshilfe als auch mit alternativen ökonomischen und ökologischen Konzepten vertraut gemacht werden.

Die Designgeschichte des Subkontinents beinhaltet Gesichtspunkte, die heute hochaktuell sind: Das Gestaltungskonzept *Kala*; das Spannungsfeld zwischen lokaler Produktion und globalisierter Massenindustrie; die pädagogischen Experimente in Santiniketan – sie alle stellen eine bereichernde Perspektive für die gegenwärtige Designausbildung und den internationalen Designdiskurs dar. Es ist also spannend, die Designtraditionen und aktuellen Praktiken Südasiens einem breiten Publikum zugänglich zu machen.

Gwendolyn Kulick, geboren 1973, studierte von 1995 bis 2000 Produkt- und Prozessgestaltung an der Universität der Künste Berlin. Nach Anstellungen und Beschäftigungen in der Buchhandlung Bücherbogen, bei der SAP Beratungsfirma ICM, der Zeitschrift Form und der Agentur Plex, ging sie 2004 nach Lahore in Pakistan um an der School of Visual Arts and Design / Beaconhouse National University ein Semester lang Typografie zu unterrichten. Sie blieb und baute das Department of Visual Communication Design auf, das sie bis heute leitet. In den letzten Jahren konzentriert sie sich auf Designansätze im Empowerment-Kontext. Seit 2011 promoviert sie bei Prof. Dr. Brigitte Wolf an der Bergischen Universität Wuppertal.

Literatur

Balaram, Singanapalli (2011): ›Thinking Design‹. New Delhi: Sage Publications

Chatterjee, Ashoke (1988): ›Design in India: A Challenge of Identity‹. Paper presented at the International Conference on Design and Development in South and South East Asia at Hongkong University. Ahmedabad: National Institute of Design

Eames, Charles und Ray Eames (1958): ›The India Report‹. Ahmedabad: National Institute of Design

Imhasly, Bernard und Christian Schmidt (2002): ›Khadi – Textile of India‹. Zuerich: Kontrast

Mathur, Sonali (2007): ›India by Design: Colonial History and Cultural Display‹. Berkeley and Los Angeles: University of California Press

Mitter, Partha (2007): ›The Triumph of Modernism. India's Artists and the Avant-garde, 1922–1947‹. New Delhi: Oxford University Press

Ranjan, M P. (2005): ›Lessons from Bauhaus, Ulm and NID: Role of Design in PG Education‹. Paper presented at DETM Conference at the National Institute of Design. Ahmedabad: National Institute of Design

Ranjan, M P. (2009): ›Hand–Head–Heart: Ethics in Design‹. Keynote lecture at the 4th National Design Conference at ITU Istanbul.

Ranjan, M P. (2013): ›Web of Connections: Indian Design education with influences from the HfG Ulm‹. Beitrag im Blog: Design for India. Quelle: http://design-for-india.blogspot.de/2013/06/web-of-connections-indian-design.html (aufgerufen am 6.8.2013)

Srinivasan, Amrit & Soumitri Varadarajan (2003): ›Sustainable Development: An Indian Perspective‹. Second International Workshop on Sustainable Consumption, Tokyo

UNIDO & ICSID (1979): ›Ahmedabad Derclaration on Industrial Design for Development: Major Recommendations for the Promotion of Industrial Design for Development‹. Ahmedabad

Vyas, H Kumar (2000): ›Design – The Indian Context: Learning the Historical Rationale of the Indian Design Idiom‹. Ahmedabad: National Institute of Design

Vyas, H Kumar (2000): ›Design in India: An Overview‹. Hoiberg, Dale und Indu Ramchandani (Hg). ›Student's Britannica‹. Volume Six. Selected Essays. New Delhi: Encyclopaedia Britannica (India) Private Limited. Quelle: http://books.google.com.pk/books?id=-xzljvnQ1vAC&printsec=frontcover&dq=editions:2s7U1CJIesQC&hl=en&sa=X&ei=vnglT87cJ8HrrQeymq25CA&ved=0CDkQ6AEwAg#v=onepage&q=editions%3A2s7U1CJIesQC&f=false (aufgerufen am 14.7.2012)

Abbildungen

Bild 1: © Victoria and Albert Museum, London

Bild 2: © Victoria and Albert Museum, London

Bild 3: © Victoria and Albert Museum, London

Bild 4: © Gwendolyn Kulick

Bild 5: © Gwendolyn Kulick

Ein Land, das bis Anfang der 1990er zu den Entwicklungsländern zählte, ist heute die siebtgrößte Volkswirtschaft der Welt. Ist Brasilien ein Beleg für das ›Erfolgsmodell Globalisierung‹? Die hohen ökonomischen Wachstumsraten bringen hohe soziale und ökologische Kosten mit sich. Große Teile des Amazonas-Regenwaldes werden zerstört, um Monokulturen und Bergbau Platz zu machen. Dort arbeiten Menschen in sklavenähnlichen Verhältnissen. Der Begriff ›Brasilianisierung‹ steht für eine wachsende Kluft zwischen wohlhabender Bevölkerungsminderheit und armer -mehrheit. Die Brüder Humberto und Fernando Campana nutzen die Endprodukte der gesellschaftlichen Entwicklung (Abfall) als Rohstoff für ihre Designobjekte. Ihre Inspiration suchen sie in den Armenvierteln und auf der Straße. Sie lassen sich von indigenen Traditionen beeinflussen, obwohl diese lange als rückständig galten. Heute sind die Campanas die Exoten und Provokateure der Designszene. Sie sind auf den größten Designmessen vertreten und ein durchaus auch kommerzielles Phänomen.

Persönlichkeiten: Fernando und Humberto Campana

INGA SCHARF DA SILVA

Brasilien fand sich selbst, als es sich befreite. Diese Befreiung war kein gängiger Kampf oder Krieg, sondern eine Umarmung. 1922 feierte das Land das hundertjährige Jubiläum seiner politischen Unabhängigkeit von Portugal. Im gleichen Jahr fand die Ausstellung ›A Semana de Arte Moderna de '22‹ in São Paulo statt, in der zum ersten Mal moderne Kunst im Land präsentiert und Literatur, Malerei, Musik, Tanz und Architektur neu interpretiert gezeigt wurde (vgl. Amaral 1979). Die Ausstellung stellte sich als die kulturelle Selbstbefreiung von der einstigen Kolonialmacht dar und repräsentierte den Prozess des Kampfes um intellektuelle Autonomie, da sie zum einen die Selbstfindung zur *Brasilidade* (der Brasilianität) in den Mittelpunkt ihres Interesses stellte und zum anderen europäische Strömungen stark aufnahm. Da die brasilianische Identität bislang von europäischen Vorstellungen von Monokultur tief geprägt war, wurde sie von den brasilianischen Intellektuellen kritisiert und ihr ein neues Konzept entgegengestellt.

Die ideelle Grundlage der brasilianischen Moderne bildete das 1928 publizierte ›Manifesto Antropófago‹ (Manifest der Menschenfresserei) von Oswald de Andrade, welches den europäischen Blick sarkastisch umdeutet. Als zynische Reaktion auf die Abhängigkeiten der Vergangenheit *verspeisten* die brasilianischen Intellektuellen dieser Zeit symbolisch die dominanten Europäer und *verdauten* sie, um sie sich mit ihrer Kreativität und Kraft nach indianischem Ritus *einzuverleiben*.

Durch diesen Ritus der kulturellen Kannibalisierung bzw. der symbolischen Aneignung vom Fremden kann ihre Hegemonie überwunden werden. Die Bewusstwerdung auch der afrikanischen und indianischen Anteile neben der europäischen führt zur Findung einer eigenen brasilianischen Identität. Diese Identität ist kein »Entweder-Oder«, sondern eine Mischung, eine »rituelle Synthese von Gegensätzen« (Underwood 2001:526).

Die brasilianische Moderne widerspricht der Annahme, dass die globalisierte Wirtschaft durch die Produktion einer überall gleichen Sachwelt eine universelle Monokultur hervorbringen würde, indem sie auf die brasilianische Eigenheit verweist. Die Gesellschaft und ihre Individuen verstehen sich durch diese kulturelle Selbstfindung als konstruiert: Jeder Brasilianer wird durch sein Wirken in einer bestimmten kulturellen Sphäre definiert, nicht durch sein Erscheinungsbild. So ist in Brasilien auch eine klare ethnische Zuordnung der Bewohner, insbesondere in einer Großstadt bzw. einer Megametropole wie São Paulo, nicht mehr möglich. Es scheint simpler für das Denken zu sein, Menschen in bestimmte Kategorien zu sperren, aber diese Vereinfachung der Welt existiert in einer globalisierten Welt nicht. Die Designer Fernando und Humbert Campana sind exemplarisch für Brasilien. Obwohl sie weiß sind und einen italienischen Namen tragen, teilen sie wie fast alle Brasilianer das genetische und kulturelle Erbe ihres Landes, wie es seit der Kolonialzeit besteht und seit der Moderne bewusst gelebt wird, das sich in ihrer Bildsprache gleichermaßen als eine Mischung darstellt. Mit Leichtigkeit realisieren sie scheinbar unmögliche Kombinationen im Umgang mit unserer materiellen Welt. Bewusst setzen die Designer diesen kulturellen Ansatz in ihren Arbeiten ein. Das folgende Zitat von Humberto Campana verdeutlicht dies:

»*Ich glaube, dass der Hang zum Verschmelzen viel mit unserer eigenen Kultur zu tun hat und damit ein Teil unserer Seele ist. Brasilien ist ein sehr junges Land. Von Anfang an gab es eine Mischung unterschiedlicher Rassen*[1] *und Kulturen. Ich denke, darin liegt die Modernität Brasiliens. Die Globalisierung fing bei uns schon sehr früh, vor etwa 500 Jahren an, als die Portugiesen auf die Indianer trafen und dann weitere Kulturen aus Afrika und Europa hinzukamen. Wir können die Kultur eines Anderen daher sehr viel leichter verstehen. Wir sind von allem etwas.*« (Humberto Campana, zitiert nach Kietzmann 2007)

Ein Produktbeispiel der Campanas für diese kreative Kombination der kulturellen Kannibalisierung ist der *Sessel ›Multidão Mulata‹* (Mulatten-Menschenmenge) von 2004 (67 x 97 x 90cm), der aus dem Übereinanderlagern von handgenähten Stoffpuppen besteht und eine Hommage an das brasilianische, ethnisch gemischte Volk ist. Diese Puppen entstehen in der Handwerkstradition des ›Artesanato Solidário‹ (Solitäritäts-Handwerk) in der Kleinstadt Esperança in Paraíba, einem Bundesstaat im Nordosten Brasiliens, das die Campanas unterstützen (vgl. Borges 2009:91). Sogar die Objekte, die von Fernando und Humberto Campana für die industrielle Produktion gestaltet werden, sind niemals ausschließlich maschinell hergestellt; ihre Arbeiten werden immer auch handwerklich bearbeitet.

Ist Rio de Janeiro das ›Ulm am Zuckerhut‹?

Design in Brasilien
In Brasilien entstand der erste universitäre Kurs für Design 1964 in Rio de Janeiro. Dessen Lehrplan orientierte sich an der Hochschule für Gestaltung in Ulm. Einige der Lehrenden kamen aus Deutschland und brachten das Ideal des Bauhauses des Funktionalismus sowie die Vorbereitung der Auszubildenden auf die industrielle Massenproduktion mit (vgl. Borges 2009:84). Es ist kurios, dass das Design in Brasilien (im Gegensatz zur Architek-

---

[1] In Brasilien ist der Begriff der *Rasse* ein gänzlich anderer als in Deutschland.

tur) trotz der bereits vorhandenen intellektuellen Kulturtheorie des *Manifesto Antropófago* bis in die 1980er Jahre vom Paradigma des seit den 1930er Jahren gültigen International Style der Industriegesellschaften und dem Ideal der großindustriellen Massenproduktion geprägt war. Im Design wurde das Denken eines kolonialisierten Volkes in der Form einer ideellen Selbstentfremdung bewahrt, das die eigene Kultur als rückständig ansieht und die westliche Kultur als höherwertig einstuft. Erst ab den 1990er Jahren, als sich die Demokratie in Brasilien zu konsolidieren begann, wurde die eigene, brasilianische Formsprache in der angewandten Kunst des Designs wichtig (vgl. Borges 2009:84ff.). Ein Ausdruck regionaler Identität manifestiert sich in der Arbeit der Campana im Tisch ›Geográfica‹ von 1992, der mit Linien überzogen ist, die eine Landkarte Brasiliens mit seinen vielen unterschiedlichen Regionen beschreiben. Sie schaffen damit ein Bild der kulturellen Vielfalt, die in diesem ausgedehnten Land lebt.

Fernando und Humberto Campana arbeiten als Autodidakten aus ihrer eigenen Intuition heraus und nicht nach den Maßgaben von Lehrenden oder einer vorgegebenen Disziplin. Sie brechen immer wieder Tabus, indem sie Ideen der Populärkultur mit der elitären Produktion von Designerobjekten vermengen. Als Material wählen sie weder ausschließlich industrielle Massenware, noch ausschließlich Naturmaterialien, sondern beides. Das verdeutlicht sich sehr ausgeprägt in ihrer neuesten Serie an hybriden Möbeln und Leuchten mit dem Namen Transplastics (Plastik im Übergang – siehe auch Bild 1), die beispielsweise herkömmliche Plastikstühle mit Korbgeflecht aus Apuí kombinieren. Auch entsprechend eingearbeitete Lampen wirken so, als hätte die Naturfaser sich den Kunststoff bereits einverleibt, weil die Korbstruktur lediglich weiße Lichtkugeln preisgibt (vgl. Schwartz-Clauss 2009:33).

Im Arbeitsprozess experimentieren Fernando und Humberto Campana bewusst und nutzen die Versuch-und-Irrtum-Methode, wobei die Irrtümer ihnen oft neue Richtungen weisen (Fernando Campana, zitiert nach Schwartz-Clauss 2009:28). Des Öfteren werden die Campanas als *naiv* bezeichnet (z. B. Estrada 2009:67), weil sie unvoreingenommen und vorurteilsfrei die gängige Ordnung in Frage stellen und die Rollen der Dinge vertauschen. Mit Naivität ist die Fähigkeit gemeint, auf souveräne Art und Weise Komplexes in einfacher Form auszudrücken. Sie lassen Alltägliches fremd erscheinen Der Alltag ist nicht mehr selbstverständlich. So werden ihre aus Pappe hergestellten Objekte der Serie *Papel* (Papier – siehe auch Bild 2), die sie in den Jahren 1993 bis 1995 entwickelt haben, in soliden Holzkisten zu Sammlern und Ausstellungen verschickt - und nicht vice versa. Die Möbel dieser Papier-Serie (Stühle für Kinder und Erwachsene, Paravents, Leuchten, Tische, Sofas) beruht auf dem Recycling von Abfällen, wie es viele Obdachlose mit Wellpappe als improvisierte Schlaf- oder Sitzunterlage und als Behausung tun. Die Schnittkanten der Pappen werden dabei sichtbar gemacht und liefern die Textur dieser Gegenstände.

Biografie von Fernando und Humberto Campana

Fernando Campana (Jg. 1961) und Humberto Campana (Jg. 1953, somit der ältere Bruder), wuchsen in Brotas, einer Kleinstadt im Bundesstaat São Paulos im Südosten Brasiliens, auf.

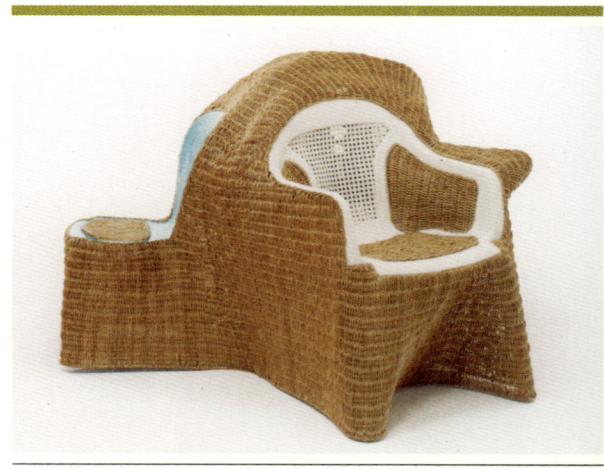

Bild 1: Sitzmöbel ›Una Famiglia‹ (Eine Familie) der Serie Transplastics (Plastik im Übergang), ca. 120 x 120 x 100 cm, Rattan, Kunststoff, 2006, Unikat: Das Sitzmöbel ist eines der vielen Objekte der Serie an hybriden Möbelstücken, die aus Plastik und Naturfasern hergestellt werden. Die Gegenstände befinden sich im Übergang, wie der Name assoziiert, da das Material sich gegenseitig beeinflusst.

Die Natur prägte ihre ersten Sinneseindrücke. »*Der Garten hinter dem Haus, die Erde, die eine üppige Vegetation hervorbringt, die Bäume, der Bach - die Natur mit ihren vielen Geheimnissen bildete das erste Laboratorium der Brüder. Aus Zweigen, Steinen, Lehm, Ameisen und Bienen stellten sie ihre Spielzeuge her. Die sie umgebende Natur war ihr tägliches Kino und nährte ihre Fantasie [...]*« (Estrada 2009:66)

Weder Fernando noch Humberto studierten Design. Der erste wurde zunächst als Architekt an der Hochschule für Bildende Künste von São Paulo ausgebildet; der zweite studierte Jura an der Universität von São Paulo (USP). Erst 1983 entschieden sich die Geschwister, zusammen zu arbeiten, um Objekte herzustellen. Ihre Firma nannten sie ›Campana Objetos‹, was sie erst 2006/07 in ›Campana Design‹ umbenannten. 2008 wurden sie für ihre Arbeit mit der Auszeichnung ›Designer of the Year‹ in Miami geehrt.

Die Tradition des Recyclings

Die Arbeitsweise der Brüder Campanas stützt sich auf eine lange Tradition in Brasilien, Altware für die Schaffung neuer Objekte wiederzuverwenden. Die Tradition des Recyclings wird in Brasilien zum Beispiel im Karneval (exemplarisch bei der Escola-de-Samba Beija-Flor aus Rio de Janeiro) unter dem portugiesischsprachigen Wortspiel »*Do lixo ao luxo*« (vom Müll zum Luxus) umgesetzt. Sie findet sich in der Alltagskultur, im Handwerk, der Bildenden Kunst, im Schmuckdesign.

Die soziale Ungerechtigkeit, die ihren Anfang in der Kolonialzeit findet und in den Armenvierteln der Großstädte ihre zeitgenössische Tradierung erfährt, und den daraus entstandenen Mangel an Material und Möglichkeiten fördern die Improvisation und Kreativität. Im Brasilianischen Portugiesisch wird dies als Gambiarra bezeichnet, eine brasilianische Eigenart des Erfindungsreichtums und Improvisationstalent. Der Künstler Vik Muniz beschreibt die Gambiarra folgendermaßen:

»*Gambiarra bezieht sich auf kuriose Lösungen, unglaubliche Kombinationen, Reparaturen, die so grobschlächtig und offensichtlich sind, dass sie das vorhandene Problem eher sichtbar machen, als es zu beheben. [...] Demzufolge sind selbst Städte, die Regierung und ganze Glaubenssysteme zu gambiarras geworden. Der Mangel an materieller und psychologischer Sicherheit wird nur durch den Einfallsreichtum der Überlebenskünstler dieses Volkes ersetzt, das für die Gegenwart lebt.*« (Muniz 2008:22)

Design als Ausdruck von ›Überlebenskunst‹?

Exemplarisch für diese Umdeutung von Material durch die Campanas ist der Stuhl ›Jardim‹ (Garten) (90 x 60 x 60 cm) von 1995, den sie aus einem Gartenschlauch aus Kunststoff hergestellt haben, der Stuhl ›Plastico Bolha‹ (Luftpolsterfolie) (104 x 85 x 70 cm) von 1995, bei dem sie das Verpackungsmaterial der Luftpolsterfolie zu einem Rohstoff umfunktionierten sowie die Vase ›Buriti‹ (Brasilianische Palmart Buriti, 35 x 30 x 30 cm) von 2003 – siehe Foto im Bildteil Seite 93. Sie wird aus Teppich hergestellt, der in lange, bunte Streifen geschnitten wird, die an die Kopfbedeckung der Tänzer des Congado, ein Volksfest in Olímpia im Bundesstaat São Paulo erinnert (vgl. Schwartz-Clauss 2009:32).

Bild 2: Sofá Papel (Papiersofa) der Serie Papel (Papier), 72 x 159 x 70 cm, Wellpappe, Stahl, 1993; Das Sofa ist die Kombination von dem einfachen Material der Wellpappe, wie sie von armen Menschen in Brasilien zur notdürftigen Behausung verwendet wird, und einem typischen Material der Moderne, dem Stahl. Es ist die ebenbürtige Zusammensetzung von Materialien unterschiedlichen Typus, die dieses Sofa so brasilianisch macht.

Das Erfinden neuer Naturmetaphern in Gebrauchsgegenständen

Die Arbeiten der Brüder Campana zeichnen sich aus durch die Verwendung von Naturmaterialien sowie deren Darstellung bzw. der Erfindung von Naturmetaphern. Der Wandschirm ›Natureza Morta‹ (Stillleben bzw. Tote Natur) (193 x 24 x 113 cm) von 1990 verweist in seiner Schlichtheit und Massivität mit dem aufgewerteten Rohstoff Kohle auf den Raubbau an der Natur und der Knappheit der Ressourcen auf der Erde (vgl. Schwartz-Clauss 2009:21). Dieser mobile Raumteiler, der aus seiner Funktion heraus eigentlich leicht wirken sollte, besteht aus schwarz-glänzender Kohle, die in monatelanger Arbeit handwerklich mit Kunstharz auf einen Holzkasten befestigt wurde. Zum Transportieren sind an beiden Seiten Öffnungen angebracht worden, die mit Samt ausgeschlagen wurden, um sich beim Berühren nicht mit Kohle zu beschmutzen. Dieser Gegensatz zwischen Funktion und Ausdruck macht deutlich, dass es sich vielmehr um einen Bildträger als um ein funktional gedachtes Möbelstück handelt.

Die Verwendung von Naturmaterialien stellt in Brasilien immer einen Bezug zu indigenen Bevölkerungsgruppen dar, da viele Materialien (wie z. B. das Korbgeflecht aus Palmfasern für Haushaltsgegenstände) und Orts- und Personennamen indigenen Ursprungs sind (wie z. B. der legendäre Strand Ipanema in Rio de Janeiro). In diesem Zusammenhang und im Angesicht der Mannigfaltigkeit der vielen Gruppierungen stellt sich die Frage, was indigene Kulturen eigentlich sind. Auch sie sind Produkte der Kolonisation, die als marginalisierte, periphere Gruppen in einer dominanten Mainstreamkultur definiert werden. Sie werden als etwas *Fremdes* oder *Anderes* angesehen und sind dennoch innerer Bestandteil und Grundlage der nationalen Kultur. Kolonisierte Kulturen befinden sich in Transformationsprozessen, die nicht auseinanderdefiniert werden können. Oder in den Worten von Oswald de Andrade im ›Manifesto Antropófago‹: »*Tupi or not Tupi that is the question*«.[2]

Indigene Völker in Lateinamerika: Das Buen Vivir

Das in Lateinamerika sich seit den 1980er Jahren neu herausbildende Konzept des *Buen Vivir* (Gutes Leben) macht die Bedeutung von indigenen Vorstellungen neu bewusst, wie es auch bei der kulturellen Kannibalisierung zu Beginn der Moderne in Brasilien ausformuliert wurde. Beide Ideale stehen im Prozess der Entkolonialisierung. Während jedoch beim brasilianischen Modell die Mischung von Kulturelementen im Vordergrund steht, begründet sich das soziale Modell des *Buen Vivir* als einer ganzheitlichen Vorstellung von Lebensqualität explizit auf die Tradition des *Sumak Kawsay* der indigenen Andenkulturen, in dessen Zentrum die Mutter Erde Pachamama steht. Es umfasst den Respekt vor der Natur, die zu einem eigenständigen Rechtssubjekt aufgewertet wird, die Vielfalt an kulturellen Ausdrucksmöglichkeiten und dass Dinge nicht ökonomisch bewertet und nur als austauschbare Waren wahrgenommen werden. Als eine »*Alternative zum westlichen Entwicklungsmodell*« (Winkler 2011:21), das 1949 unter dem US-amerikanischen Präsidenten Truman als Doktrin konzipiert wurde und Entwicklung als einseitiges wirtschaftliches Wachstum interpretierte, bewahrt sich das *Buen Vivir* auch ein nichtlineares Entwicklungsverständnis (Winkler 2011:21f.).

In der politischen Praxis sucht es seine Verwirklichung, indem es 2006 und 2008 in die neuen Verfassungen von Bolivien und Ecuador aufgenommen wurde. Damit wurde Neuland betreten, da ein nachhaltiges Denken in Form eines Gleichgewichts zwischen

> **Ist die indigene Kultur ein Produkt der Kolonisierung?**

---

[2] Die Tupí waren vor der Kolonialzeit eine der größten indigenen Völker an der Atlantikküste von Brasilien. Viele von ihnen sind während der Kolonialzeit umgekommen. Mit Tupí wird auch ihre Sprache beschrieben, die bis 1759 mit der Vertreibung der Jesuiten als Verkehrssprache in Brasilien diente.

Mensch und Natur Verfassungsnorm wird, das sich als Gegenentwurf zur Nutzbarmachung der Natur für den Menschen im Namen der Wirtschaft der Industrienationen darstellt. Als transitive Verfassungen weisen sie in die Zukunft und bestätigen damit das Prinzip der Nachhaltigkeit. (Fatheuer 2011:4)

Das Prinzip der Nachhaltigkeit im Werk der Campanas

Merkmale der Nachhaltigkeit sind der Wunsch nach Langlebigkeit und die Fähigkeit des Überlebens. Die Nachhaltigkeit ist die logische Antwort auf das westliche Modell der Wegwerfgesellschaft, dessen Bürger immer wieder neu kaufen sollen, um der wirtschaftlichen Prämisse des stetigen Wachstums zu folgen.

Bezeichnend für eine kurze Objektbiografie sind Verpackungen von Produkten, die ihre Funktion erfüllt haben, sobald sie die Verbraucher vom Kauf überzeugt haben und nach dem Auspacken oder dem Austrinken einer Flasche Saft oder Wein sogleich zu Abfall werden (Hahn 2005:41). Der Medienphilosoph Vilem Flusser (1993) beschreibt dies mikroskopisch am Beispiel einer Sektflasche, die einerseits ein Objekt des Glamours ist, andererseits schnell zu Müll wird und dennoch die Hoffnung darauf hat, als Erinnerung aufgehoben zu werden. Sie kann ein Ding und ein Unding sein. Oder, in den Worten der Kulturwissenschaftlerin Aleida Assmann: »*Die erinnernde Hinwendung zum Abfall und Vergessen ist nicht unplausibel in einer Kultur, die seit der Neuzeit programmatisch auf Innovation gesetzt und damit die Mülleimer der Geschichte bis an den Rand gefüllt hat.*« (Assmann 2006 [1999]:411)

Indem sich die Brüder Campana von der Volkskunst Brasiliens inspirieren lassen und die Idee des Recyclings, der Wiederverwertung von bereits Vorgefertigtem wie Pappkartons, Holzlatten, Seilen, Benzinkanistern aus Plastik, Drähten, Luftpolsterfolien, aber auch Naturmaterialien wie Palmfasern und Kohle sensibel in ihren Entwürfen von Gegenständen umsetzen, stellen sie ein gutes Beispiel für Nachhaltigkeit im Design dar. Ihre Objekte stehen so im Einklang mit der Umgebung: der gesellschaftlichen und der natürlichen. Anstatt Energie und Rohstoffe zu verschwenden, bedienen sie sich am urbanen Abfall wie Schrott und Lumpen (Estrada 2009:69). Denn Nachhaltigkeit umschließt nicht nur die ökologische, sondern auch die soziale – und menschliche – Komponente.

Bild 3: Armsessel ›Favela‹ (Armenviertel), 85 x 74 x 65 cm, Holzbretter, Nägel; Erstmals 1991 als Unikat hergestellt, ab 2003 als Serienprodukt von Edra produziert. Der Sessel ist ein Beispiel des Recyclings: er wird aus Abfallholz hergestellt, indem kurze Bretter in Handarbeit in unterschiedlichen, ungeordneten Variationen zusammengenagelt werden. Er greift die Ästhetik der Favelas, der brasilianischen Armenviertel der Großstädte, auf.

Die Campanas bringen die innewohnende Idee des Designs und die Ausführung der Massenproduktion mit dem Wunsch von kultureller Tradierung und Bewahrung von Handwerk in Einklang. Wie verbinden sie Altes mit Neuem und werden damit zeitgenössisch? Die Antwort ist naheliegend: Die von ihnen entworfenen Dinge stehen im Gleichgewicht mit der brasilianischen Gesellschaft, indem sie die Alltagskultur als ihre Inspirationsquelle nehmen. Es sind die täglichen Entdeckungen auf den Straßen und in den Geschäften ihrer Stadt, sowie Fundstücke und Eindrücke in der Natur, die ihren Arbeitsprozess von Design-Objekten in Gang setzen. Die Stadt ist zu ihrer Natur, zu ihrer Umgebung, geworden. Dies drückt sich exemplarisch in dem Armsessel ›Favela‹ (85 x 74 x 65 cm) aus (siehe Bild 3). Er greift die Ästhetik der Armenviertel, der Favelas, auf, indem kurze Bretter aus Abfallholz in Handarbeit in unterschiedlichen und scheinbar ungeordneten Variationen zusammengenagelt werden. Der Sessel ist wie ein Thron gestaltet als Anerkennung der Kreativität der sozial Marginalisierten der brasilianischen Städte. Erstmals wurde er 1991 als Unikat hergestellt und ab 2003 von der italienischen Firma Edra als Serienproduktion fabriziert. Humberto beschreibt ihn als »*in seiner Konstruktion zutiefst chaotisch*«[3] in Anlehnung an das Chaos von São Paulo und die diese Stadt so tief greifend prägenden Favelas.

Design-Objekte als Bildträger

Die Design-Objekte der Brüder Campana sind in erster Linie Bedeutungsträger, darin liegt ihre Ausstrahlungskraft. Bedeutungen vermitteln sie in der Darstellung der Verbindung von der inneren menschlichen Natur (der eigenen Gesellschaft und Kultur) mit der pflanzlichen Natur - unserer Umwelt. Design als das bewusste Gestalten der materiellen Welt bedeutet für sie, die für viele unsichtbare Bedeutung oder die Seele der Dinge wahrnehm- und fassbar darzustellen. Es geht ihnen weniger um die Funktionalität von Objekten – Leichtigkeit, Ergonomie –, die zu Produkten werden, als vielmehr um die sie entwerfenden Bilder (vgl. Schwartz-Clauss 2009:23,27).

Bewusst oder unbewusst greifen sie eine Art der Wahrnehmung von Objekten auf, die in der Ethnologie diskutiert wird. Es wird zwischen drei Begrifflichkeiten für Objekte unterschieden, die je eine unterschiedliche Ausdeutung bieten: Naturfakte (Dinge), Artefakte (Sachen) und Exofakte (Waren). Naturfakte sind autonome, belebte Dinge, die sowohl aus der Natur stammen, als auch jedes beliebige Objekt beschreiben können. Unterschieden werden sie von den Sachen und den Waren, die für den Gebrauch des Menschen hergestellt werden. Sachen stellen Personen für ihren eigenen Gebrauch her - Waren hingegen werden von andernorts importiert.

Letzteres erhält in einer globalisierten Wirtschaft an Bedeutung, da immer mehr Objekte nicht mehr in Handwerksarbeit selbst geschaffen, sondern mit Geld erworben werden (Hahn 2005:19).

Wie unterscheiden sich ›Sachen‹ von ›Dingen‹?

Unter dem Begriff *Sachen* werden Objekte verstanden, die rein maschinell und leer betrachtet werden, ohne eigene Bedeutung oder inneren Ausdruck. Er basiert auf der Vorstellung einer Welt ohne Seele. Sachen und *Sachlichkeit* beinhalten die Verfügbarkeit von Gegenständen - sie existieren lediglich für die *Bedürfnisbefriedigung* des Menschen (Hahn 2005). Dinge oder Gegenstände hingegen werden als autonome Gegenüber mit einer immanenten Eigenlogik verstanden, in denen sich die geistige mit der materiellen Ebene verknüpft. Karl Kramer (Kramer, zitiert nach Hahn 2005:11) verwendet den Begriff der *Dingbedeutsamkeit*, das sich auf das ältere Konzept der *Dingbeseelung* stützt. So können sie als Träger von Bedeutungen fungieren. Georg Lukács formuliert in seiner Kulturphilosophie die Verfügbarkeit der Sachen und die Unverfügbarkeit der Dinge.[4] Materielle Kultur, wie sie in der Ethnologie untersucht wird, befasst sich nicht nur mit den verfügbaren Sachen, sondern auch mit den *eigensinnigen* Dingen (Hahn 2005:19f.). Inwiefern Design als bewusster Umgang mit der materiellen Kultur dazu beitragen kann, die Objekte unserer menschlichen Umwelt bewusster wahrzunehmen, sei vorerst dahingestellt. Dass die Brüder Campana ihre Firma anfangs ›Campana Objetos‹ nannten und erst später in ›Campana Design‹ umbenannten, ist vielleicht ein Zufall oder aber das Aufgreifen eines erkannten Prozesses an Wahrnehmungen gegenüber die uns umgebende Dingwelt.

---

[3] Fernando und Humberto Campana im Interview mit Mathias Schwartz-Clauss im Mai 2008; zitiert nach Schwartz-Clauss 2009:24.

[4] Georg Lukács (1923): Geschichte und Klassenbewußtsein. Studien über marxistische Dialektik. Berlin: Malik; zitiert nach Hahn 2005:19.

Bild 4: Kronleuchter ›Prived Oca‹ (Eigenes Haus); Auftragsarbeit für Swarovski, 240 x 100 x 100 cm; Raffiabast, Swarovski-Kristalle, LED, Verkabelung; 2003, Unikat; Der Kronleuchter besteht aus herabfallenden Naturfasern, unter denen sich Swarovski-Kristalle mit dazwischen angebrachten LED-Lichtern an herabhängenden Kabeln ausschütten. Er symbolisiert damit Brasilien als ein Land der Gegesätze und deren kreative Kombination zu einer eigenständigen Identität.

Der kulturelle Ansatz:
Design als kultureller Kannibalismus

Das Werk der Brüder Fernando und Humberto Campana verdeutlicht die Problematik zwischen dem Universellen und dem Spezifischen, das heißt der Vereinheitlichung oder Uniformierung der Kulturen im Zuge der Moderne und der Globalisierung und der regionalen bzw. lokalen Strömungen innerhalb der Geschichte des Designs. Sie zeigen die Fähigkeit vieler kolonialisierter Länder, Fremdes in die eigene Kultur zu integrieren und in Neues zu transformieren. Dadurch schaffen sie eine eigenständige, lateinamerikanische Variante der Moderne im Design.

Der Kronleuchter ›Prived Oca‹ (eigenes Haus) von 2003 (siehe Bild 4), den sie für den österreichischen Kristallglashersteller Swarovski entwarfen, gehen diese Verbindung von natürlichem und industriell fabrizierten Material auf ausdrucksvolle Art und Weise ein. Unter den dunkelbraun herabfallenden Naturfasern schütten sich glitzernde Swarovski-Kristalle mit dazwischen angebrachten LED-Lichtern an ebenfalls herabhängenden Kabeln aus. Darüber hinaus haben Fernando und Humberto Campana sich von der indigenen Tradition der Ocas inspirieren lassen. Ocas sind die Häuser der Kuikuro, einem indigenen Volk, das im brasilianischen Xingu-Nationalpark lebt. Diese Häuser sind mit Raffia-Palmfasern bedeckt. Das Design diese Arbeit steht im Ideal des *Manifesto Antropófago* als der Versuch der Aneignung der eigenen Geschichte, indem sowohl das indigene Erbe, als auch das der portugiesischen Kolonisatoren angenommen wird. Er symbolisiert damit Brasilien als ein Land der Gegensätze und deren kreative Kombination zu einer eigenständigen Identität.

Massimo Morozzi, der Inhaber der Firma Edra aus der Toskana, die seit über 20 Jahren die Produkte der Campana fabriziert, beschreibt die Kreativität der Campanas vor dem Hintergrund der extremen sozialen Polarisierung, die Jahrzehnte lang die brasilianische Gesellschaft beinahe auseinander sprengte: »*Die brasilianische Katastrophe, die sie uns schildern, ist unser aller Katastrophe, auch wenn wir es zu leugnen versuchen. Der beharrliche Versuch, die Handarbeit zu erhalten in einer Zeit, da alles virtuell wird, ist für uns alle eine Notwendigkeit, wenn wir unsere Sinnlichkeit nicht endgültig verlieren wollen. [...] Das Hybride gegenüber dem Kohärenten vorzuziehen, ist eine Voraussetzung für das Überleben. Total Glocal. Auf den Punkt gebracht: Fernando und Humberto Campana sind keine Designer. Sie sind eine Therapie*« (Morozzi 2009:56).

Über ihren lokalen Kontext hinausgehend, machen Fernando und Humberto Campana durch ihre Design-Objekte als Bedeutungsträger uns allen die existenzielle Wirklichkeit unserer Zeit sichtbar: das Leben als Collage, als Puzzle an Möglichkeiten.

Inga Scharf da Silva ist Bildende Künstlerin im Atelierhaus Sigmaringer1art des Berufsverbandes Bildender Künstler (BBK) Berlin, Ethnologin und Kunsthistorikerin (M.A.) sowie Doktorandin der Bildwissenschaften bei Karoline Noack an der Universität Bonn. Sie hat in Berlin an der Freien Universität (FU) und an der Universität der Künste (UdK) sowie in Brasilien an den staatlichen Universitäten von Salvador (UFBA), São Paulo (USP) und Recife (UFPE) studiert und war von 2002 bis 2004 Mitarbeiterin am Jüdischen Museum Berlin. Arbeitsschwerpunkte: Umbanda, Kulturelles Bildgedächtnis, Transkulturalität, Afrobrasilianische Mythologie, Religions- und Kunstethnologie.

Literatur

Amaral, Aracy (1979): ›Artes plásticas na semana de 22: subsídios para uma história da reonvação das artes no Brasil‹. São Paulo: Perspectiva, Coleção debates 27.

Assmann, Aleida ([1999]2006): ›Jenseits der Archive‹ in: dies.: ›Erinnerungsräume. Formen und Wandlungen des kulturellen Gedächtnisses‹. München: C.H. Beck.

Borges, Adélia (2009): ›Populärkultur im heutigen Brasilien‹ in: ›Antikörper‹. Fernando & Humberto Campana 1989-2009. Weil am Rhein: Vitra Design Museum, Ausstellungskatalog: 83-92.

De Andrade, Oswald (1996): ›Manifesto Antropófago‹. Rio de Janeiro: Paz e Terra.

Estrada, Maria Helena (2009): ›Die Intuition als Wegweiser, die Hände als Instrumente‹ in: ›Antikörper‹. Fernando & Humberto Campana 1989-2009. Weil am Rhein: Vitra Design Museum, Ausstellungskatalog: 65-72.

Fatheuer, Thomas (2011): ›Ein Konzept in Konstruktion. Buen Vivir – Versuch einer kurzen Einführung‹ in: ›Sumaq kawsay / Buen vivir / Gutes Leben‹. Bonn: Zeitschrift der Informationsstelle Lateinamerika, September, Nr. 348:4ff.

Flusser, Vilem (1993): ›Dinge und Undinge. Phänomenologische Skizze‹. München: Hanser.

Kietzmann, Norman (2007): ›Fernando und Humberto Campana‹. Berlin: Designline Living. Das Online-Magazin für Produkt- und Interiordesign. http://www.designlines.de/im_gespraech/Fernando-Humberto-Campana_276577.html (letztmalig abgerufene Version am 8.1.2011).

Morozzi, Massimo (2009): ›Design im Zeichen von Chaos und Ordnung. Die Brüder Campana und ihre Zusammenarbeit mit Edra‹ in: ›Antikörper‹. Fernando & Humberto Campana 1989-2009. Weil am Rhein: Vitra Design Museum, Ausstellungskatalog: 49-56.

Muniz, Vik (2008): ›Campana Brothers‹ in: ›Brazil‹. New York: Bomb, Nr. 102.

Schwartz-Clauss, Mathias (2009): ›Antikörper. Arbeiten von Fernando und Humberto Campana 1998-2009‹ in: ›Antikörper‹. Fernando & Humberto Campana 1989-2009. Weil am Rhein: Vitra Design Museum, Ausstellungskatalog: 15-34.

Underwood, David (2001): ›Toward a Phenomenology of Brazil's Baroque Modernism‹ in: Sullivan, Edward: ›Brazil. Body and Soul‹. New York: Guggenheim Museum Publications: 526.

Winkler, Katja (2011): ›Alternativen zum westlichen Entwicklungsmodell‹ in: ›Sumaq kawsay / Buen vivir / Gutes Leben‹. Bonn: Zeitschrift der Informationsstelle Lateinamerika, September, Nr. 348:21f.

Abbildungen

Bild 1: © Estudio Campana, Foto: Fernando Laszlo

Bild 2: © Estudio Campana, Foto: Fernando Laszlo

Bild 3: © Estudio Campana, Foto: Fernando Laszlo

Bild 4: © Estudio Campana, Foto: Fernando Laszlo

Wäre es nicht nachhaltiger, diese Seite mit Inhalt zu füllen, statt lediglich mit dieser einen Frage?

Obwohl Europa nur einen kleinen Teil der Welt ausmacht, wird die Geschichte der Nachhaltigkeit oder des Designs meist aus einer eurozentrischen Perspektive erzählt. Wer in Afrika Artefakte nach alten lokalen Traditionen baut und eine eigene mündlich geprägte Kultur pflegt, gilt in Europa oft als ungebildet. Ein globales Bewusstsein, das eine nachhaltige Entwicklung anstrebt, kann aber kein ethnozentrisches sein. Eine kulturelle Vielfalt ist immer nachhaltiger als eine Monokultur. Was können europäische DesignerInnen von afrikanischen lernen?

Design in Afrika

KERSTIN PINTHER

›Design 4 People‹ – so lauten Titel und Motto einer von den Designern Bisi Seck und Fati Ly organisierten Ausstellung für die ›Dak'Art 2012‹, der Biennale für zeitgenössische afrikanische Kunst, die seit 1992 im Senegal stattfindet. Gezeigt wurden unter anderem alltägliche Designobjekte wie jener mobile *Getränkeausschank* eines Straßenhändlers, der an einen einfachen Plastikbehälter mithilfe mehrerer Gummibänder diverse Utensilien für den Ausschank von Kaffee angebracht hat. Auch im Werk der in Kano (Nigeria) geborenen und heute in New York lebenden Künstlerin Fatimah Tuggar spielen ungewöhnliche Materialassemblagen, aber auch ideologische, genderspezifische und *ethnische* Implikationen des Produktdesigns und der Werbung eine eminente Rolle. Während sie für das Video ›Fusion Cuisine‹ (2000) *found-footage*-Material aus amerikanischen Werbefilmen der 1950er Jahre mit eigenen rezenten Aufnahmen häuslicher Szenerien aus Nordnigeria vermischt, fügt Tuggar in ihren Assemblagen scheinbar Gegensätzliches zu ungewöhnlichen Objektkonstellationen zusammen. Ihre Arbeit ›Turntable‹ (1996, Bild 1) besteht aus einem Plattenspieler und einem *fai-fai*, einer runden, aus gefärbten Gräsern geflochtenen Matte, die im Norden Nigerias als Wedel, zur Abdeckung von Speisen und für vieles mehr verwendet wird. Im Werk von Fatimah Tuggar ersetzt die *rafia disc*[1] die Platte aus Vinyl. Das erfundene Label Barmani Choge verweist auf die

---

1 Es handelt sich hier um ein Geflecht aus vegetabilen Materialien, unter anderem hergestellt aus den (gefärbten) Fasern der Raffia-Palme. Für kritische Anmerkungen zu diesem Text danke ich Michaela Oberhofer und David Brocchi.

gleichnamige *Hausa*-Sängerin, deren Lieder von einer Gruppe Musikerinnen begleitet werden, die auf *traditionellen* Haushaltsutensilien wie verzierten Kalebassen spielen. Bei Inbetriebnahme des Gerätes wird die Arbeit zu einem kinetischen Objekt und die verschwimmenden Farblinien des bewegten *fai-fai*-Musters verstärken seine dadaeske Wirkung. Mit Techniken der Verfremdung arbeitet Fatimah Tuggar auch für ›Broom‹ (1996): hier mutiert ein in ganz Westafrika gebräuchlicher Handbesen aus pflanzlichen Materialien mittels Mini-Lautsprechern und eines eingebauten Chips, auf dem Kehrgeräusche gespeichert wurden, zu einem veritablen Staubsauger.

Nicht allein die Lust am experimentellen Basteln motiviert die vielschichtige künstlerische Praxis von Fatimah Tuggar. In ihren digitalen Collagen stellt sie Objekte und Szenerien, die oftmals in dichotomer Gegenüberstellung als *westlich* versus *traditionell afrikanisch* wahrgenommen w(u)erden, in neuartige Kontexte und schafft ungewohnte Verbindungen, die jene üblichen Rezeptionsweisen stören und eindeutige Zuordnungen verunmöglichen. Ihre Objekte und Collagen, die sich transkulturell zu durchdringen und zu vermischen scheinen, irritieren eindeutige Zuschreibungen. Die Künstlerin thematisiert damit nicht nur die wechselseitigen Transfers zwischen Kulturen und Technologien, sondern auch die globalen Verflechtungen und Asymmetrien sowie Implikationen des (Produkt-)Designs und der Werbung. Damit ist ein komplexer Fragehorizont aufgespannt, dessen mannigfache Assoziationen auch für den vorliegenden Text relevant sind: Wie verhalten sich lokale Designkulturen angesichts zunehmender Globalisierung? Wie spielen globale Entwicklungen und lokale Traditionen zusammen? Wie wird Fremdes für das eigene gestalterische Arbeiten übersetzt und adaptiert? Und konkreter: Wie gelangte europäisches Design nach Afrika und wie wurde es aufgenommen?[2] Welche Rolle spielte die Werbung? Wie steht es um zeitgenössisches Produktdesign in Afrika?

Bild 1: Fatimah Tuggar, Turntable (1996); Foto: lettera27 bei www.flickr.com

Mit dieser Fragerichtung knüpfe ich an den sogenannten *global turn* in den Kunst- und Designwissenschaften an, der die einseitige Ausrichtung der Forschung primär auf europäisches (und amerikanisches) Design durch eine weitere regionale Auffächerung und vor allem durch eine transkulturelle und verflechtungsgeschichtliche Perspektivierung korrigieren will (Glenn et al 2011). Designgeschichte im globalen Kontext zu betrachten, bedeutet einerseits von Gestaltung als einer überall anzutreffenden Praxis auszugehen; andererseits verbindet sich damit auch eine kritische Haltung gegenüber früheren – jedoch bis heute virulenten – eurozentrischen Annahmen, wonach die Industrialisierung allein den Beginn des modernen Designs markiere (Glenn et al 2011:6).

---

2   Die Aneignung afrikanischen Designs in Europa ist nicht Thema des vorliegenden Aufsatzes. Exemplarisch sei jedoch für den Bereich des Produktdesigns auf die zahlreichen gestalterischen Entwürfe von Designern wie Lambert-Rucki oder René Buthaud verwiesen, die im Kontext der ambivalenten Strömungen der Negrophilia im Paris der 1920er und 30er Jahre Anleihen an afrikanischen Objekten genommen und in das eigene Gestalten integriert haben; siehe hierzu Kiefer (2006).

1. Transkulturelle Designgeschichte und kulturelle Übersetzungsprozesse

Selten sind der europäischen Designgeschichte Forschungen zu Techniken und gestalterischen Prämissen von (Alltags-)Objekten aus Afrika korrigierend zur Seite gestellt worden. Allein die Studie von Margaret Trowell *African Design* (1960) unternahm den Versuch eines ersten Überblicks. Trowell, britische Künstlerin und in Uganda zunächst karitativ engagiert, begründete 1937 in Kampala (Uganda) die erste koloniale Kunstschule Ostafrikas, die drei Jahre später der Makerere-Universität angegliedert wurde und zum Zentrum moderner Kunst in der Region avancierte. Im gleichen Jahr versuchte man auch am Achimota College in Accra (Ghana) einen Ausbildungsgang zu implementieren, dessen oberstes Ziel eine »*marriage of the old aesthetic skill and power to modern technique*« war (Meyerowitz 1943:112).[3] Ähnlich wie in Uganda sollte auch hier die Erforschung traditioneller Techniken den Weg für eine angestrebte Industrialisierung weisen. Obgleich vehemente Verfechter eines zeitgemäßen Designs, erwiesen sich beide jedoch – wie in der (kunst)ethnologischen Forschung dieser Zeit üblich – ignorant gegenüber der zeitgleichen Präsenz europäischer Waren in den Städten Afrikas und der damit verbundenen kulturellen Translationsprozesse, die sie in Gang setzte. Bereits seit Jahrhunderten hatten sich jedoch regionale und transkontinentale Verflechtungsprozesse in den Artefakten afrikanischer Gesellschaften materialisiert. Beispielhaft können hier venezianische Seidenstoffe genannt werden, die über den Transsahara-Handel nach Westafrika gelangten und – aufgetrennt – ghanaischen *Kente*-Webereien beigemischt wurden (Plankensteiner 2010:59). Afro-portugiesische Elfenbeinschnitzereien (etwa Salzgefäße) aus dem 16. Jahrhundert, in denen sich afrikanische Handwerkskunst mit europäischen Funktionen verband, sind weitere Beispiele für Objekte, die Resultate kulturellen Transfers sind (vgl. Bassani & Fagg 1988).

Die Kolonialisierung beförderte den Einzug fremder Waren aus wirtschaftlichem und ideologischem Kalkül. Koloniale Städte in Afrika waren als Rohstofflager und Absatzmarkt für westliche Industrieprodukte angelegt. Darüber hinaus hatten sich europäische Kolonisatoren, Reisende und Händler des Dispositivs technischer Überlegenheit bedient, wenn es darum ging, Dominanz zu demonstrieren – exemplifiziert etwa im Habitus des Fotografen, der wie auf vielen kolonialen fotografischen Aufnahmen belegt, seine Kamera als eine Art *Zauberapparat* vorführte. Der Aspekt von Technik als Gewaltdispositiv scheint auch in den digitalen Collagen von Fatimah Tuggar auf (Fleetwood 2004:143); darüber hinaus thematisieren ihre Arbeiten aber auch Prozesse kreativer Rezeption und Übersetzung zwischen den Kulturen. In diese Richtung weisen auch ethnologische Untersuchungen aus dem Umfeld der sogenannten Aneignungsstudien: Neuartige Objekte, aber auch Medien, werden nicht *einfach* passiv übernommen, sondern in einem kreativen Prozess übersetzt, lokalisiert und *afrikanisiert*. Zentral für diese Vorgänge ist eine selektive Inkorporierung von Technologien, Diskursen und Artefakten des Westens in eigene kulturelle und soziale Zusammenhänge. Dabei werden oft Gegenstände in einen neuen Kontext überführt, deren ursprüngliche Bedeutung verändert oder sogar aufgehoben wird.[4]

Gestaltung als Mittel der Aneignung?

Ganz ähnlich vollzog sich auch die Aneignung europäischer Werbung, die als Wegbegleiter der Waren nach Afrika gelangt war und dort zunächst lokalen Formen des Preisens und Werbens gegenüberstand. Bereits in den ersten Jahrzehnten des 20. Jahrhunderts prägten riesi-

---

[3] Für eine kritische Diskussion des Ansatzes von Margaret Trowell siehe Court (1985).
[4] Siehe etwa Beck (2004) zur Aneignung des Bedfords; für Aneignungsgeschichten von Medien vgl. Spitulnik (2000) und zur Fotografie siehe Wendl & Behrend (1998).

Bild 2: Vorlage des Metz-Blitzgeräteherstellers, rechts: Afrikanisierte Version, 1987; Foto: K. Pinther

Bild 3: Unterstand in Dakar, der Hauptstadt Senegals, der Schutz vor Sonne und Regen bietet; Foto: K. Pinther

ge gemalte Billboards, die für importierte Produkte warben, das Bild der kolonialen Städte (Pinther 2002:108). Spätestens ab den 1940er Jahren kann von lokalen Adaptionen der europäischen Reklame gesprochen werden: Aus dem Zusammentreffen *afrikanischer* Maltraditionen und den sie überlagernden Bilderwelten der kolonialen Werbung entstand (vornehmlich in Westafrika) die moderne Schildermalerei. Als genuin städtisches Medium bewarb sie nicht nur die Produkte, sondern nahm in ihrer oft plakativen Direktheit eine Vermittlerfunktion ein, denn sie bot einem größtenteils schriftunkundigen Publikum Orientierung – auf Hausmauern gemalte Hosen und Kleider priesen die Fertigkeiten eines Schneiders, sechs gemalte Männerköpfe zeigten die Auswahlmöglichkeit eines Friseurs etc.. In den 1950er Jahren schließlich war die sukzessive Aneignung, Übersetzung und Transformation des kolonialen Bildrepertoires und seiner ästhetischen Prämissen weitgehend abgeschlossen: Als neue ästhetische Konstante in der Schildermalerei zeichnete sich neben einer Reduktion und Beschränkung auf das Wesentliche, ein serieller Kompositionsmodus ab, wie er auch in der älteren westafrikanischen Textilkunst zu finden und von Thompson und Drewal (1987:243) als »*serielles Aggregat*« bezeichnet worden ist: Distinktive Einheiten werden hier eher nach einem Reihenmodus als nach einer übergeordneten narrativen Ganzheit zusammengestellt. In der Reklamemalerei manifestierte sich diese Option in freischwebenden Details ohne eine feste hierarchische Einbettung. Tobias Wendl (2002:18) wies nach, wie transkulturelle Bildvorlagen aus Zeitungen und Büchern aufgegriffen und oftmals virtuos abgewandelt, zitiert und neu zusammengesetzt wurden (Bild 2). Der künstlerische Prozess lässt sich hier als Transfiguration und zugleich als lokale (Um-)Adressierung beschreiben; Auslassungen und Ergänzungen wurden zu wesentlichen Momenten des Übersetzungsprozesses. Schildermalerei ist in diesem Sinne nicht Beleg einer passiven Übernahme europäischer Vorlagen und damit einer kolonial / global implementierten Monokultur, sondern Beweis aktiver Aneignung und Übersetzung in dem Sinne, wie Michel de Certeau in seiner *Kunst des Handelns*[5], einer soziologische Theorie des Alltagslebens und des Konsums, den Mythos des passiven Empfängers widerlegt. Ihm zufolge hielten die Dinge, aber auch Medien, ein ganzes Repertoire an Gebrauchs- und Handlungsoptionen bereit, aus dem die *Empfänger* in einem aktiven Prozess wählen könnten. Zweckentfremdung oder Umnutzungen gehörten demnach zum alltäglichen Umgang mit Artefakten (1988:34f.)

---

5   Die französische Erstausgabe ist unter dem Titel ›Invention du Quotidien‹ bereits 1980 erschienenen.

Bild 4: Jules Bertrand Wokam, Ausstellungsansicht Doual'art, Douala, Kamerun; Foto: Olu Amoda

2. Zeitgenössisches Produktdesign in Afrika: Learning from ...

Bis in die Gegenwart, so der Kritiker und Kurator Simon Njami (2011:199), enthülle die Art und Weise, wie man sich in vielen Teilen Afrikas der zur Verfügung stehenden Werkzeuge bediene, vielfach eine Umfunktionierung oder eine Uminterpretation, was letztlich die »*zwei Säulen des sozialen Designs*« ausmache (Bild 3). Ein kreativer und oft spielerischer Umgang mit diversen Materialien und (gefundenen) Objekten zeichnet auch die künstlerische und soziale Praxis vieler Designer in Afrika aus. Bislang allerdings liegen kaum Untersuchungen zum aktuellen Produktdesign in Afrika vor; eine Ausnahme bildet allein der durch eine Koproduktion des Museums for African Art, New York und der Cité du Design, Saint-Etienne International Design Biennale hervorgegangene Katalog »*Design: Made in Africa*«, (2004). Knapp sechs Jahre später fand im New Yorker Museum for Arts and Design die Ausstellung: *Global Africa Project* statt, eine Design-Show, die Afrika und die Diaspora in ihren transnationalen Verflechtungen und Identitäten zu fassen suchte (vgl. Stokes Sim & King Hammond 2011).[6]

Ungewöhnliche Objektkonstellation, wie sie im Folgenden von Jules Bertrand Wokam anlässlich seiner Ausstellung *Le Nomadisme* bei Doual'art (2000, Bild 4) beschrieben werden, scheinen geradezu konstitutiv für zeitgenössisches Produkt- und Modedesign: »*This object comprises a multitude of objects I have assembled: a calabash, an old computer hard drive, an aluminium plate and kitchen utensils. All of them originally had a function, so I set out to change that function and give the object a new one. I make new objects out of them. I kill their former function and create a new object whose function is not overtly clear, a little ambiguous. [...] And this rim of a car is an object that has already served its purpose. It's a dead object – and I reanimate it. ... In this case, I've turned it into a chair. When this process starts, I'm working as a designer. When I've succeeded in reanimating an object, though, my design work is over. If I wanted to, I could then connect this object as a prototype with an industry able to produce it in series*« (Hanussek 2012:o.S.).

Jules Bertrand Wokam, 1972 in Yaoundé (Kamerun) geboren, ist ein Grenzgänger zwischen den Bereichen der Kunst und des Produkt- und Modedesigns. Nach einem Architekturstudium in Strasbourg kehrte er nach Kamerun zurück und lebt seitdem in Douala, der ökonomischen Hauptstadt des Landes. Wie viele andere (west-)afrikanische Städte, zeichnet sich auch Douala durch informelle Strukturen aus, die beinahe alle Lebensbereiche durchziehen; an die Stelle staatlicher Versorgung ist oftmals die *selbstorganisierte Stadt* mit ihrem ganz eigenen Gepräge getreten.[7] In diesen Kontext verortet Wokam sein urbanes Mobiliar: Bänke, Unterstände und Kioske sind von der Art und Weise inspiriert, wie die Bewohner von New Bell

---
[6] Die Ausstellung war entlang mehrerer Themen organisiert: Intersecting Cultures, Competing Globally, Sourcing Locally, Transforming Traditions, Building Communities, Branding Content. Einen guten Überblick vermittelt auch die in Südafrika publizierte Online-Zeitschrift ›Design In Formation‹; Ausgabe 13 (2009) bietet mit zahlreichen Interviews mit afrikanischen Mode- und ProduktdesignerInnen einen guten Einblick in Ansätze und Positionen.
[7] Zur Geschichte Doualas vgl. Eckert (1999); zur Urbanität und Kunst in Afrika vgl. die Beiträge in Pinther, Förster, Hanussek (2010).

oder Nylon als den bekanntesten populären Vierteln von Douala, die Straßen und Plätze der Stadt nutzen. Mit lokal verfügbaren Materialien und Techniken, die oft älteren Verfahren entlehnt sind, nähert sich Jules Wokam einer genuin urbanen und zeitgemäßen Ästhetik: sein Hocker *Timbuktu* ist einerseits Hommage an die berühmte Moschee der Sahel-Stadt, andererseits (ironisches) Spiel mit Maßstäblichkeit und Modellhaftigkeit – und mit architektonischen Formen, die in der europäischen Imagination oft als typisch *afrikanisch* konnotiert sind. Mit seinem ›Mobilium‹[8] (2004) stellt er sowohl einen Bezug zur domartigen Mousgoum-Architektur aus dem Norden Kameruns her, wie auch zu den Alltagspraxen einfacher Straßenhändler und -verkäuferinnen. Wie die Teleuk-Architektur der Mousgoum[9], ist auch Wokams Kiosk dem Klima angepasst, ermöglicht eine freie Luftzirkulation und spendet durch einen aufgesetzten Schirm Schatten; der Name wie auch die schlichte Konstruktion unterstreicht den temporären, flexiblen Charakter, was auch ein Kennzeichen vieler informeller Architekturen ist.

Diese in Rückgriff auf die Architekten Venturi & Brown als *Learning from*-Strategie bezeichnete Designpraxis ist auch aus anderen Ländern bekannt. So produzierten unter anderem Marwan Fayed und Eklego Design für ›Tales around the Pavement‹ (2008)[10] in Kairo kontextspezifische Arbeiten und ephemere Eingriffe in die urbane Landschaft. Ausgangspunkt ihrer Neuinterpretationen waren Recherchen und die Übernahme bestimmter Taktiken, wie sie von den Bewohnern im öffentlichen Raum täglich praktiziert werden. Mittels minimaler Eingriffe versuchten sie deren *laienhafte* Gestaltungsansätze zu optimieren und zu einer (größeren) Nachhaltigkeit im Sinne eines sozialökologischen Ansatzes beizutragen. Das Ziel der Designer bestand demnach nicht in einer radikalen Neuschöpfung, sondern in einer Neuinterpretation alltäglicher Designpraxis.

Bild 5: Bisi Seck, Taboo; Foto: K. Pinther

3. Die Kunst des Wiederverwertens: *Récuperation*

Bibi Seck, ein aus Senegal stammender, in Frankreich ausgebildeter und heute in New York arbeitender Designer, verfolgt einen ähnlichen Ansatz. Wie viele andere Produkt- und Modedesigner steht er für eine Generation von Kulturproduzenten, die mangels ausreichender Ausbildungsmöglichkeiten[11] an europäischen oder amerikanischen Universitäten lernten, teilweise auch außerhalb Afrikas praktizieren, nun aber die Designpraxis in ihren Herkunfts-

---

8 Wokam wurde für seine Arbeit Mobilium während des Salon du Design auf der sechsten Dak'Art (2004) mit dem Preis der Europäischen Union ausgezeichnet. Die Dak'Art fand erstmals 1992 als Biennale für zeitgenössische afrikanische Kunst in der Hauptstadt Senegals, Dakar, statt. Ab 1994 und bis ins Jahr 2012 wurde der Salon du Design ausgerichtet.
9 Vgl. Nelson (2007)
10 Interview mit Marwan Fayed am 14.4.2008 in Kairo, Ägypten.
11 Eine Ausnahme bilden die Schulen in Südafrika, davon abgesehen findet eine Designausbildung unter anderem in Bamako (Mali) statt, wo unter dem Direktor und Künstler Abdoulaye Konaté am CAMM Balla Fasséké Kouyaté (Conservatoire des Arts et Métiers et Multimédias de Bamako) neuerdings eine Designausbildung angeboten wird: weitere Adressen sind die Makerere Universität in Kampala (Uganda) wie auch die Universität von Nairobi (Kenia). Aus Platzgründen kann hier keine vollständige Auflistung aller Ausbildungsstätten geliefert werden. Bemerkenswert ist jedoch, dass viele Produkt- und Modedesigner ihre Praxis als Autodidakten beginnen. Jules Wokam etwa beschreibt seinen autodidaktischen Zugang zum Modedesign in einem Interview mit Christian Hanussek: „Yes, I learned autodidact. In fact in the beginning I took clothes to pieces. I bought all the big labels and dismantled them to see how they are made inside and to understand the structure." (Hanussek 2012: o.S.)

ländern zu verändern suchen. Beeindruckt von der in Afrika weit verbreiteten Technik des Recycelns und der *recuperation*, entwickelte Bibi Seck seine Möbel-Serie ›Taboo‹ (Bild 5): »*Taboo stool and table draw inspiration from the daily habits of Western Africans, who traditionally sit on stools or squat on the floor around low tables to eat from a communal tray laden with food [...].*«[12] Die niedrigen, in verschiedenen Farben erhältlichen Hocker werden von der lokalen Firma Transtech aus recycelten Plastikflaschen und -tüten, wie sie vor allem die Küste Dakars verschmutzen, in extra fabrizierten Metallmodellen, gefertigt.

Bild 6: Olu Amoda ›This is Lagos‹ 2002; Foto: Olu Amoda

Der Begriff der *recupération* steht für ein, auch im älteren Kunstschaffen des Kontinents gebräuchliches, Verfahren des Recycelns, wobei aus gefundenen und/oder weggeworfenen Materialien in produktiver, kreativer und nachhaltiger Weise Neues geschaffen wird.[13] Auch im zeitgenössischen Kunstschaffen ist diese Arbeitsweise bekannt: Die Skulptur ›This is Lagos‹ (2002, Bild 6) des nigerianischen Künstlers und Designers Olu Amoda bringt das Verfahren auf den Punkt: Fundstücke (Objets trouvés), hier rostige Eisenteile und Steine, die Amoda in den Straßen und bei Schrotthändlern eingesammelt hat, werden so zusammen gefügt, dass sie ein mächtiges, zugleich aber auch einen eigenen Rhythmus und eine spezifische Ordnung evozierendes Bild der nigerianischen Megacity ergeben. In seinem Stadtmodell – und das erlangt hier beinahe paradigmatischen Charakter – entsprechen sich das Material der Kunst und das Material, aus dem auch im Alltag vielerlei Dinge, bisweilen sogar einfache Architekturen, entstehen. Die Arbeitsweise der *récuperation* fußt einerseits in der Materialknappheit der Stadt, beruht aber auch auf einer ganz eigenständigen Praxis der Befragung und Weiterverwertung unterschiedlicher Materialien. In diesem Sinn machte auch Lamine Kouyaté, 1962 in Bamako (Mali) geboren und in Dakar (Senegal) und in Paris aufgewachsen, die Kunst der Wiederverwertung zum Erkennungszeichen seines 1989 begründeten Modelabels Xuly Bët. Die erste Modenschau fand Anfang der 1990er Jahre in den Tuillerien in Paris statt, es gab weder Laufstege noch ein Soundsystem; statt dessen entstiegen die Models einem in der Nähe geparkten VW-Bus; alle hatten tragbare Kassettenrekorder dabei und lieferten so die Musik zu der von ihnen vorgeführten Mode selbst. Berühmt wurde Xuly Bët mit einer Kollektion, deren Teile aus bereits getragenen und recycelten Kleidungsstücken zusammengesetzt waren. Jedes Kleidungsstück wurde dabei sorgfältig ausgewählt, *befragt* und seiner neuen Funktion zugeführt. Um die einzelnen Kleider, die vom Flohmarkt oder von Kleidersammlungen stammten, zusammenzunähen, benutzte Kouyaté einen grellen, roten Faden: die Nahtstellen traten deutlich hervor und wurden zu seinem Erkennungszeichen. Neben dem bloßen Recyceln führt er den Materialien auch neue Funktionen zu: aus Hosen wurden Kleider, aus T-Shirts und Schals Röcke und Jacken usw. »*At home*«, so

Wie ›befragt‹ man Kleidung?

---

12 http://www.contemporist.com/2011/05/03/taboo-by-birsel-seck/, zuletzt aufgerufen am 07.03.2012
13 Vgl. Adandé & Tornay (1999). Die Autoren bringen hier am Beispiel einer Darstellung der Vodun-Gottheit Gu den Nachweis, dass der Künstler Akati Ekplékendo bereits 1858 zu ihrer Fertigung Altmetall aus Europa benutzt hat. Heute befindet sich diese Arbeit im Musée du Quai Branly, Paris.

der Modemacher, »*all the products come from foreign places. They're imported from everywhere, made for different world with another culture in mind. A sweater arrives in one of the hottest moments of the year. So you cut the sleeves off to make it cooler. Or a woman will get a magazine with a photo of a Chanel suit, and she'll ask a tailor to make it out of African fabric. It completely redirects the look*«[14].

4. Die Bedeutung traditioneller Techniken für eine nachhaltige Designpraxis

Bild 7: Alafuro Sikoki, H ++, Nigeria. Foto: Alafuro Sikoki

Ein weiterer Trend in der Mode – wie auch im (nachhaltigen) Produktdesign – aus Afrika besteht darin, Stile, Materialien und Techniken, die aus lokalen, *traditionellen* Kulturen stammen, zu adaptieren und zu transformieren. Chris Seydou (1949-1994) gilt als der Pionier der African Fashion, seine Kollektionen bezeugen die Vereinbarkeit von älteren Techniken und zeitgemäßem Modedesign. Ausgebildet in Abidjan (Elfenbeinküste) und Paris, arbeitete er zwar in verschiedenen Stilen, bekannt machten ihn aber vor allem seine Entwürfe aus sogenannten Bogolan-Stoffen. Dabei handelt es sich um im sogenannten Beizenreserve-Verfahren hergestellte Textilien, die zuerst mit Pflanzenfarbe präpariert und anschließend mit schwarzem Flussschlamm bemalt werden. Der eisenhaltige Schlamm reagiert mit der Pflanzenfarbe, wodurch die schwarze Farbe fixiert wird. Bogolan-Textilien sind seit den 1980er Jahren nicht nur zu einem Zeichen nationaler Identität in Mali geworden, sondern auch in die Kreationen afrikanischer Modemacher eingegangen. Traditionell wurden jene braun-weißen, geometrischen Muster von Frauen fabriziert, hatten rituelle Bedeutung und stehen mit Übergangs- und Fruchtbarkeitsriten in Verbindung. Seydous Produktion in Frankreich gab auch den Anstoß zur Industrialisierung des Bogolan in Mali selbst.[15]

Auch Bibi Seck & Ayse Birsel rekurrierten in einer weiteren Serie von Stühlen, die sie in Kooperation mit dem italienischen Unternehmen Moroso entworfen haben, auf lokale Knüpftechniken, wie sie beispielsweise zur Herstellung von Fischernetzen benutzt werden. Für ihren ausladenden Sessel ›Madame Dakar‹ verwendeten sie statt Naturmaterialien farbige Kunststoffschnüre, die nach alter Knüpftechnik verflochten wurden. Anders als für die ›Taboo‹-Serie gehen hier industrielle Produktion und handwerkliche Bearbeitung zusammen; für den Schaukelstuhl ›Car Rapide‹ hingegen vermengte sich *elitäres* Produktdesign mit lokaler Populärkultur; sowohl der Name wie auch Ästhetik des Produkts verweisen auf die im Senegal allgegenwärtigen Sammeltaxen. Für seine Bemalung haben Birsel & Seck Maler engagiert, die normalerweise jene Taxen bemalen.

Dass insbesondere *Nachhaltiges Design* auch gesellschaftliche Prozesse zu beeinflussen sucht, belegt ein Projekt der in Lagos arbeitenden Künstlerin und Designerin Alafuro Sikoki. Zunächst in Philadelphia (USA) zur Industriedesignerin ausgebildet, kehrte sie vor einigen Jahren nach Nigeria zurück. Für ihr Langzeit-Projekt ›H++‹ (Bild 7) experimentiert sie mit den Möglichkeiten, Wasserhyazinthen, die in Lagos und vielen anderen Teilen Nigerias das Was-

---

14 Zu *récuperation* im Modedesign von Lamine Kouyaté siehe Rovine (2005); vgl. auch den Aufsatz von Oberhofer (2012).
15 Siehe Rovine (2001)

ser unpassierbar, den Fischfang unmöglich machen und somit den Fischer-Communities die Erwerbsgrundlage entziehen, in eine nutzbare Ressource zu verwandeln. Auf Angiama, einer Insel im südwestlichen Nigeria, erntet sie mit lokalen Helferinnen die Wasserhyazinthen, trocknet und dreht sie zu Schnüren und fabriziert schließlich Hocker, Stühle und andere Möbel (Bild 8). Ihr Ziel, so Sikoki, sei es aus einer als schädlich angesehenen Pflanze einen nützlichen Rohstoff zu machen und so das Überleben der Inselbewohner zu sichern.[16]

5. Fazit

Nachhaltiges Design in (West-)Afrika hat viele Facetten. Die wichtigsten Parameter – und darauf deutete die am Anfang dieses Textes erwähnte Arbeit von Fattimah Tuggar bereits hin, scheinen in ungewöhnlichen Materialkonstellationen zu liegen, die oftmals von der Alltagsästhetik afrikanischer Städte beeinflusst sind.

Auch die Erforschung und Adaption älterer Techniken und Verfahren spielt eine wichtige Rolle für die gegenwärtige Designpraxis; dabei bevorzugen sowohl Mode- wie auch Produktdesigner oftmals einen spielerischen, ironischen Umgang mit kulturellen Stereotypen, das heißt sie versuchen – ganz im Sinne Tuggars – *herkömmliche* Wahrnehmungen und Zuschreibungen dessen, was oft als *typisch afrikanisch* ausgemacht wird, kritisch zu brechen. Ihre *Verbundenheit mit Afrika* drückt sich dann, wie im Falle der Entwürfe von Lamine Kouyaté weniger offensichtlich, nur auf einer abstrakten Ebene aus. Historische, politische oder kulturelle Kontexte spiegeln sich nur indirekt in den Entwürfen.

16 Interview mit Alafuro Sikoki am 10.2.2012 in Berlin.

Bild 8: Ausstellungsansicht Surviv Art, Berlin 2012. Foto: Alafuro Sikoki

Kerstin Pinther ist Juniorprofessorin für die Kunst Afrikas am Kunsthistorischen Institut der Freien Universität Berlin. Ihre Forschungsinteressen liegen im Bereich der zeitgenössischen Kunst und visuellen Kulturen Afrikas sowie in der Architektur- und Stadtforschung. Veröffentlichungen u.a. ›Afropolis. Stadt, Medien, Kunst‹ (mit L. Förster und C. Hanussek), Köln 2010 (engl. 2012). Derzeit arbeitet sie an einem Buch mit dem Titel ›New Spaces for Negotiating Art (and) Histories in Africa‹ (mit B. Fischer und U. Nzewi), Münster. Weitere Publikationen befassen sich mit Modedesign in Afrika.

Literatur

Adandé, Joseph, Tornay, Serge (1999): ›Gu: un dieu en armes‹. Paris: Musée de l'Homme.

Adamson, Glenn, Riello, Giorgio, Teasley, Sarah (Hg.) (2011): ›Global Design History‹. London u.a.

Bassani, Ezio, William B. Fagg (1988): ›Africa and the Renaissance. Art in Ivory‹. New York, München.

Beck, Kurt (2004): ›Bedfords Metamorphose‹ in: Kurt Beck, Till Förster, Hahn, Hans Peter (Hg.) (2004): ›Blick nach vorn: Festgabe für Gerd Spittler zum 65. Geburtstag‹. Köln, S. 250-263

Bouisson, Michel; Savoye, Céline (Hg.) (2004): ›Design: Made in Africa‹. Paris.

Certeau, Michel de (1988): ›Kunst des Handelns‹. Berlin.

Court, Elsbeth Joyce (1985): ›Margaret Trowell and the Development of Art Education in East Africa‹ in: ›Art Education‹ 38/6:35-41

Fleetwood, Nicole R. (2004): ›Visible Seams: Gender, Race, Technology, and the Media Art of Fatimah Tuggar‹ in: ›Signs‹ 30/1:1429-1452

Hanussek, Christian (2013): ›Jules Wokam‹ in: ›Naked Punch, Dossier Africa‹ (erscheint 2013)

Kiefer, Hannah (2006): ›Art Deco – Afro Deco – Black Deco‹ in: Tobias Wendl, Bettina v. Lintig, Kerstin Pinther (Hg.) ›Black Paris. Kunst und Geschichte einer schwarzen Diaspora‹ Wuppertal: 198-223

Meyerowitz, F. (1943): ›F. The Institute of West African Arts, Industries, and Social Science‹ in: ›Man‹ 43:112-114

Njami, Simon (2011): ›Das Wahrgenommene und das Fassbare. Versuch über eine Theorie des Social Designs in Africa‹ in: ›Kunstforum‹ 207:198-201, hier S. 199

Oberhofer, Michaela (2012): ›Fashioning African Cities: The Case of Johannesburg, Lagos and Douala‹ in: ›Streetnotes 20 »Fashioning the Global City«‹ (im Erscheinen, online abrufbar unter http://escholarship.org/uc/ucdavislibrary_streetnotes)

Pinther, Kerstin (2002): ›Die geträumte Stadt. Reklame und urbane Landschaft in Ghana‹ in: Tobias Wendl (Hg.), ›Afrikanische Reklamekunst‹. Wuppertal, S. 107-119

Pinther, Kerstin; Förster, Larissa; Hanussek, Christian (Hg.) (2010): ›Afropolis. Stadt, Medien, Kunst‹. Köln.

Plankensteiner, Barbara (2010): ›Schlesische Leinentücher, englischer Wollflanell, farbenfrohe Waxprints. Eine kurze Geschichte des europäischen Textilhandels nach Westafrika‹ in: Barbara Plankensteiner, Nath Mayo Adediran (Hg.): ›African Lace. Eine Geschichte des Handels, der Kreativität und der Mode in Nigeria‹ Wien.

Rovine, Victoria L. (2001): ›Bogolan: Shaping Culture Through Cloth in Contemporary Mali‹. Washington D.C.

Rovine, Victoria L. (2005): ›Working on the Edge: Xuly Bët's Recycled Clothing‹ in: Alexandra Palmer, Hazel Clark (Hg.), ›Old Clothes, New Looks. Second Hand Fashion‹. Oxford u.a., S. 215-227

Spitulnik, Debra (2000): ›Documenting Radio Culture as Lived Experience: Reception Studies and the Mobile Machine in Zambia‹ in: Richard Fardon, Graham Furniss (Hg.) African Broadcast Cultures: Radio in Transition, Oxford, S. 144-163

Stokes Sim, Lowery, King-Hammond, Leslie (Hg.) (2011): ›Global Africa Project‹, New York.

Thompson Drewal, Margaret, Drewal, Henry (1987): ›Composing Time and Space in Yoruba Art‹ in: ›Word and Image. A Journal of Verbal/Visual Enquiry‹ 3/3:225-51

Wendl, Tobias, Behrend, Heike (Hg.) (1998): ›Snap me one! Studiofotografen in Afrika‹. München, London, New York.

Wendl, Tobias (Hg.) (2002): ›Reklame und visuelle Kultur in Afrika‹ in: Wendl, Tobias (Hg.) ›Afrikanische Reklamekunst‹. Wuppertal, S. 107-119

PAUL KETZ
›Pfandring‹
2011

Jede Partymeile, jede Großstadt kennt das Problem: Aus Bequemlichkeit werden Pfandflaschen und -dosen nicht zurückgebracht, sondern in städtischen Mülleimern entsorgt. Menschen sammeln diese Pfandflaschen, um sich ein Zubrot zu verdienen. Wohlmeinende Zeitgenossen werfen ihre leeren Flaschen daher oft nicht mehr in Mülleimer, sondern stellen sie daneben oder darauf. Fällt die Flasche jedoch von der schmalen Oberseite des Mülleimers herunter, ist der Schaden und Reinigungsaufwand durch die Scherben groß. Der von Paul Ketz entwickelte Pfandring löst das Problem der Flaschen auf eine geschickte und einfach erweiterbare Weise. Mit seiner Hilfe können Passanten ihr Pfand so abstellen, dass es weder entsorgt — und somit aus dem Recycling-Kreislauf ausscheidet — noch mühsam herausgesucht werden muss. Er vermeidet Reinigungs- und Entsorgungsaufwand durch zerbrochene oder in Restmüll gemischte Flaschen und ist daher sowohl unter ökologischen, als auch unter sozialen und ökonomischen Gesichtspunkten eine hervorragende Innovation.

© *Paul Ketz*

JÖRG GÄTJENS FÜR COLINS
›MicroBag‹, Umhängetasche
2011

microBAG ist *formgestrickt* – wird dreidimensional in einem Stück gestrickt und kommt praktisch fertig aus der Maschine. So sind keine Zuschnitte, keine Reste, Nähte oder Verklebungen nötig. Das aus der Möbel- und Bekleidungsindustrie bekannte Formstrickverfahren wird hier erstmals auf Taschen übertragen.

© Foto: Jörg Gätjens / joerg-gaetjens.com

ANGIE RATTAY
›ZOTTER‹ Bio-Fairtrade-Schokolade, Illustration
12 × 5,5 × 1 cm **2011**

Genuss und Herausforderung zugleich: Hier die Illustration einer Schokoladenschleife der österreichischen Schokoladenmanufaktur Zotter. Die Schokolade (bio + fairtrade) wurde speziell für den Verein Neongreen Network in limitierter Auflage produziert und im Rahmen der ERDgespräche 2011 zu Gunsten des gemeinnützigen Vereins verkauft.

© Foto: Matthias P. Hempt

WELTBETRIEB
›macht.alle.gegen! – die rheinischen werberaufstände‹, Hörspiel
2011

Nachhaltiges Design als Hörspiel? »Die selbstständige Werberfamilie Heine in Düsseldorf kämpft in mühevoller Heimarbeit gegen den sozialen Abstieg. Tochter Anna-Marie entwickelt am Set für einen Joghurt-Spot eine Laktoseunverträglichkeit: Regress! Gleichzeitig wirft ihr Vater, Bernhard, seinen einzigen Auftrag als freier Art Director hin. Seine Frau Annette, Texterin, gibt ihm "Zeit zum Nachdenken", während sie in geheimer Kooperation mit dem ehemaligen Leiter VEB Feinstrumpfwerke Oberlungwitz der geplanten Obsoleszenz im Nylonstrumpfbereich ein Ende setzt. Bernhard folgt einer nächtlichen Vision und entdeckt sein revolutionäres Potenzial. Damit ist er nicht allein: Im ›Mondrians Keller‹, dem faustischen Sammelbecken des Künstler-Prekariats, trifft er auf Gleichgesinnte. Gemeinsam entwickeln sie die Revo-Kampa macht.alle.gegen!«

© WDR / 1live / Weltbetrieb.de, Cover: thomaslemmler.com

eco Bundespreis ecodesign

BUNDESUMWELTMINISTERIUM & UMWELTBUNDESAMT
›Bundespreis ecodesign‹

2012

Das Bundesumweltministerium (BMU) und das Umweltbundesamt (UBA) haben Anfang 2012 erstmalig den Bundespreis Ecodesign ausgelobt. Der Preis zeichnet auf Bundesebene Design von herausragender gestalterischer und ökologischer Qualität aus, um zur Verbreitung von Idee und Methodik des ökologischen Designs sowie zur Förderung von ökologischen Innovationen beizutragen. Der Bundespreis Ecodesign wird für Arbeiten aus den Bereichen »Produkt« (Produkte, Dienstleistungen und Systeme) und »Konzept« (Prototypen und Konzeptstudien) verliehen und richtet sich an Unternehmen aller Größen und Branchen sowie an Designer/-innen. Zusätzlich wird ein Nachwuchspreis vergeben. Die Umweltauswirkungen eines Produktes während seines gesamten Lebenszyklus werden bereits im Gestaltungsprozess maßgeblich bestimmt. Dies stellt Gestalter/-innen und Unternehmen vor große Herausforderungen. Der Bundespreis Ecodesign will Orientierung bieten und helfen, Wissen in diesem Bereich zu verbreiten. Er strebt eine bessere Positionierung ökologischen Designs auf dem Markt an und möchte Agenturen und Unternehmen ermutigen, ökologisches Design als Gestaltungsprinzip in den Arbeitsalltag zu integrieren.

© Foto: Bundesumweltministerium & Umweltbundesamt

JUNG VON MATT
›Umlautekampagne‹ für die WirtschaftsWoche

2012

Die Umlautekampagne der WirtschaftsWoche blickt – in diesem Sinne wortwörtlich – *pointiert* hinter die Kulissen des aktuellen Wirtschaftsgeschehens in Europa. Eine vermeintlich eindeutige Botschaft erhält bei näherem Hinsehen eine zweite Bedeutung. Um dies für den Betrachter deutlich zu machen, bedient sich die Kampagne auf geschickte Weise am Logo des Magazins.

© WirtschaftsWoche

HERMANN KAUFMANN (ARCH.)
›LifeCycle Tower‹

24 × 13 × 27 m, 2012

Nachhaltigkeit spielt natürlich auch in der Architektur eine wichtige Rolle: »Der ›LifeCycle Tower‹ wurde in einem interdisziplinären Forschungsprojekt als Alternative zu herkömmlichen Bausystemen im Hochbau entwickelt. Das flexible und weltweit einsetzbare Holz-Hybrid-Bausystem für großvolumige Gebäude mit bis zu 30 Stockwerken bietet verglichen mit herkömmlichen Systemen vielfältige Vorteile für Umwelt, Bauherren und Nutzer: halbierter Ressourceneinsatz, hohe Energieeffizienz und bis zu 90 % CO_2-Einsparung. Die lebenszyklusorientierte Planung und sortenreine Verwendung der Materialien ermöglichen eine einfache Umnutzung und höchstmögliche Wiederverwendbarkeit beim Rückbau. Die regionale Fertigung der Systemelemente reduziert das Transportaufkommen und die CO_2-Belastung.« Der erste ›LifeCycle Tower‹ wurde 2012/13 in Österreich bei Dornbirn/Vorarlberg errichtet.

© Cree GmbH

333

„Schuldenländer **schonen** ihre Finanzreserven."

Genauer hinschauen lohnt sich.

Wirtschafts Woche

Nichts ist spannender als Wirtschaft.

„**Griechenland** wird von anderen EU-Staaten **geachtet.**"

Genauer hinschauen lohnt sich.

Wirtschafts Woche

Nichts ist spannender als Wirtschaft.

ANNA SÜSS
›Das Kernkraftwerk‹, Buch
2012

Das Buch »Das Kernkraftwerk – Urangewinnung, Betrieb und Endlagerung« beleuchtet die nukleare Stromerzeugung entlang der Produktionskette. In drei Kapiteln werden die Vorgänge vor, im und nach dem Kraftwerk dargelegt. Dabei wechselt der Blickwinkel stets zwischen den Bereichen Wirtschaft, Physik bzw. Technik und sozialen Belangen. Die Berichterstattung erfolgt dabei stets meinungsneutral, was jedoch nicht heißt, dass die politische Diskussion völlig ausgeklammert ist. Diese tritt in Form von neonfarbenden Störern an verschiedenen Stellen des Buches wieder auf. Durch das Nebeneinander von Pro- und Contra-Argumenten wird der Leser in das Spannungsfeld dieser Diskussion gebracht. So wird er angehalten, seine eigene Position zu dem Thema zu reflektieren und selber Stellung zu beziehen, ohne dass ihm dabei eine konkrete Meinung vorgegeben wird. Die Arbeit von Anna Süß wurde mit dem Kölner Design Preis 2012 ausgezeichnet

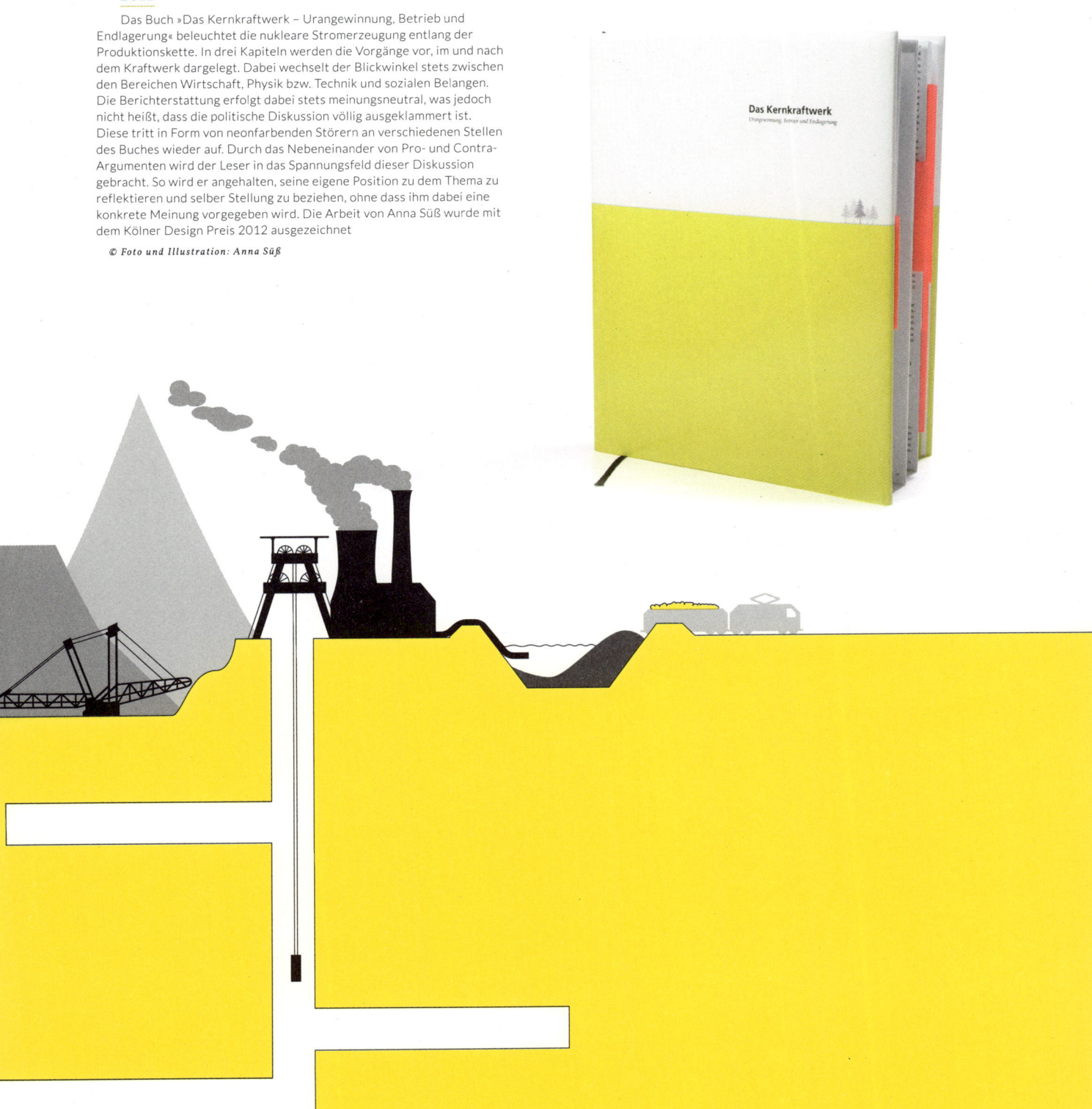

© Foto und Illustration: Anna Süß

OGAMI
Notizbuch aus Steinpapier
19,5 × 20,4 cm, **2013**

Das Steinpapier aus dem dieses Notizbuch besteht nennt sich REPAP. Es besteht zu 80% aus Calciumcarbonat und zu 20% aus ungiftigem Kunstharz (HDPE). Das Calciumcarbonat wird aus Abfällen der Stein- und Baustoffindustrie gewonnen, zu einem feinen Pulver vermahlen und mit dem Harz vermischt. Im Gegensatz zu herkömmlichem oder recyceltem Papier wird bei der Produktion kein Wasser benutzt. Darüber hinaus ist es frei von Chlor, Säure und auf Erdöl basierenden Substanzen. Es ist außerdem wasserfest, widerstandsfähiger und viel glatter als irgendein anderes Papier.

© Ogami italy / lilligreen.de

1 Bio-Banane	100g Naturjoghurt	Karten spielen	100g Bio-Shrimps, Thailand
0.4 — 100g Bio-Maigriess	6 — 100g Bio-Hühnerfleisch	12 — 10km Motorroller fahren	8 — 500ml Bio-Milch
43 — 1 Schnittblume, Holland	3 — 1kg Trauben	15 — 100g Bergkäse	0 — Buch lesen
2 — 500ml Bio-Apfelsaft	0.2 — 100g Bio-Erdbeeren	0.2 — 100g Kartoffeln	2 — 1 Einwegwindel
0.3 — 1 Apfel, Österreich	38 — 1 Cheeseburger	0.5 — 1 Kugel Speiseeis	2 — 100g Kekse
4 — 1 Rolle Toilettenpapier	0 — zu Fuss gehen	2 — 1 Waschgang Waschmittel	0.7 — 100g Karotten, tiefgekühlt
10 — 100g Bio-Rindfleisch			

Was kostet ein Tag?

www.eingutertag.org

INTEGRAL
RUEDI BAUR
›**Ein guter Tag hat 100 Punkte**‹ Initiative
versch. Medien, **2012**

›Ein guter Tag hat 100 Punkte‹ ist eine unabhängige Initiative der Kairos-Wirkungsforschung & Entwicklung gGmbH, die unseren täglichen CO_2 Verbrach auf einfache Weise begreifbar machen will. Die hier abgebildete Grafik soll z.B. dabei helfen, unseren Alltag im Hinblick auf den CO_2 Ausstoß zu bewerten und mehr Bewusstsein für unser tägliches Handeln zu bekommen.

© Kairos / integral ruedi baur zürich

CLAUDIA HÜSKES
›jundado‹, mitwachsende Möbelserie
144 × 74 × 96 cm (Bett),
151 × 190 × 50 (Schrank), **2012**

Die Möbelserie ›jundado‹ hebt u.a. die klassische Dreiteilung des Babymöbelbereichs (Bett, Wickelkommode und Schrank) auf und kombiniert den höhenverstellbaren Wickelplatz mit einem leicht erreichbaren Stauraum. So ist möglich, alle Arbeiten „mit einer Hand am Kind" auszuführen und die Sicherheit für das Kind und den Komfort für die Eltern zu erhöhen. Das Babybett kann durch diverse Anbau- und Austauschteile den sich ändernden Bedürfnissen des Kindes angepasst oder sogar in ein Sofa umgebaut werden. Durch das schlichte Design ist das Mitwachsen der Möbel nicht nur technisch, sondern auch ästhetisch möglich.

© Claudia Hüskes

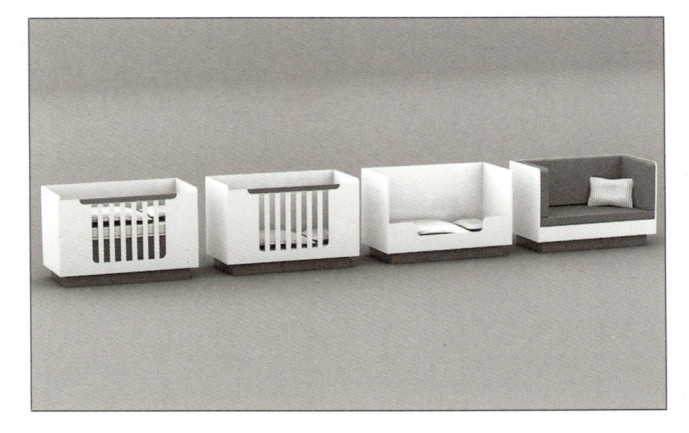

PLANT FOR THE PLANET
›Die gute Schokolade‹
2012

Bei diesem Produkt der nebenstehend ausführlicher beschriebenen ›Plant for the planet‹-Initiative ist der Name Programm: Sie möchten bei der Herstellung der ›Guten Schokolade‹ verhindern, »dass die Kinder von den meisten der rund 2 Millionen Kakao-Bauern auf dem Kakao-Feld arbeiten müssen, statt zur Schule zu gehen.« Daher wird die Schokolade fair und klimaneutral produziert. Klimaneutral deshalb, weil bei der Produktion jeder 100 g-Tafel etwa 300 g CO_2 ausgestoßen werden. Weitere Informationen zur ›Guten Schokolade‹ finden sich auf der Innenseite des jeweiligen Verpackungspapiers. Außerdem werden auf der Website Hintergründe zum Thema fairer Handel, Verpackungsmüll, der neuen ›Guten Bio-Schokolade‹ und dem Fortgang der Initiative näher beleuchtet.

© plant-for-the-planet.org

PLANT FOR THE PLANET
›Stop talking. Start planting.‹,
Plakat

2013

»Die Schülerinitiative ›Plant-for-the-Planet‹ wurde im Januar 2007 ins Leben gerufen und hat ihren Ursprung in einem Schulreferat des damals 9-jährigen Felix Finkbeiner [Anm. d. Red: im Bild oben mit Peter Maffay] über die Klimakrise. Inspiriert von Wangari Maathai, die in Afrika 30 Millionen Bäume gepflanzt hatte, entwarf er am Ende des Referats die Vision, Kinder könnten in jedem Land der Erde eine Million Bäume pflanzen, um auf diese Weise einen CO_2-Ausgleich zu schaffen. In den darauffolgenden Jahren entwickelte sich ›Plant-for-the-Planet‹ zu einer weltweiten Bewegung: Derzeit verfolgen ca. 100.000 Kinder auf der ganzen Welt dieses Ziel. Sie verstehen sich als Initiative von Weltbürgern, die sich für Klimagerechtigkeit im Sinne einer Gesamtreduktion der Emission von Treibhausgasen und einer einheitlichen Verteilung dieser Emissionen auf alle Menschen einsetzt. Seit März 2011 hat Plant-for-the-Planet eine demokratische Struktur mit einem Weltvorstand, der aus 14 Kindern aus acht Nationen besteht.« (zitiert nach http://www.plant-for-the-planet.org/de/press)

Der Slogan der neusten Plakat-Kampagne der ›Plant-for-the-Planet‹-Initiative lautet: »Stop talking. Start planting.« und soll die Aufforderung zum eigenen Handeln unterstreichen. Auf den weltweit verbreiteten Kampagnenbildern sind Kinder zu sehen, die ihre Hand vor den Mund einer prominenten Person halten. Darunter viele Schauspieler, Musikerinnen, Staats- und Regierungschefs und Nobelpreisträger.

© plant-for-the-planet.org

ANNE TRAUTWEIN (FÜR LUXAA)
›Metris‹, Mode aus Tyvek
Kollektion Herbst/Winter, 2013

Tyvek ist ein sehr gut zu recyclierbarer Kunststoff. Das nebenstehend abgebildete Shirt besteht aus Tyvek Strick, der Rock und die Tasche aus Tyvek Membran und der Gürtel aus mineralisch-pflanzlicher lackiertem Furnierholz. Tyvek ist zu 100% recyelbar (weil sortenrein) und kann bis zu fünf mal zu neuem Tyvek recycelt werden. Anschließend ist noch die Verwendung beispielsweise für Verpackungen möglich. Das Label ›Luxaa‹ ist eine Gründung der Designstudentin Anne Trautwein, die sich in ihrer Diplomarbeit mit den außergewöhnlichen Eigenschaften dieses Materials beschäftigte.

© Foto: Erik Fischer / Postproduktion Formliebe / Luxaa

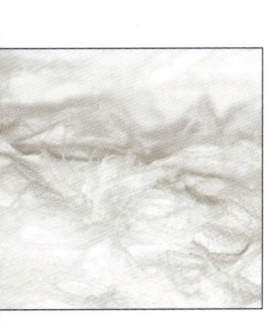

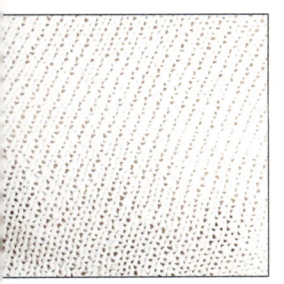

ANDREAS TÖPFER
›Das amortisiert sich nicht‹, Plakat
2013

Der 2003 durch Daniela Seel und Andreas Töpfer gegründete ›kookbooks‹-Verlag bietet in erster Linie jungen, zeitgenössischen Autorinnen und Autoren ein Forum. Das gezeigte Imageplakat ›das amortisiert sich nicht‹ soll »Ambivalenzen veranschaulichen, die gerade nicht einfach nach der einen oder anderen Seite aufgelöst werden können. Es fallen z.B. das klassische Bild des genialen Künstlers – dem einsamen Wolf – und das des Ameisenstaates – als Sinnbild für eine höchst komplexe, auf Kooperation gründende, in unwirtlichsten Habitaten überlebensfähige Sozialorganisation mit Schwarmintelligenz – in ein Bild zusammen. Das eine geht aus dem anderen hervor.« (Daniela Seel).
Schon dieses Plakat und seine Interpretationsmöglickeiten lassen durchaus Rückschlüsse auf die Qualität des übrigen, noch immer jungen Verlagsprogramms zu. Zudem werden, bis auf wenige Ausnahmen, die Covermotive des gesamten Verlagsprogramms von Andreas Töpfer gestaltet.

© kookbooks.de

DIRK ALTSCHWAGER &
RAINER SAGAWE
**›Chantico‹, Pyrolyse-Terrassen-
ofen mit offener Flamme**
Ø 20 cm, Höhe: 51 cm, **2013**

Mit diesem Ofen verbrennt man nicht Holz oder Kohle auf die herkömmliche Art, sondern nutzt das in einem Prozess der Destillation von Holz freiwerdende Gas. Übrig bleibt Holzkohle, die man z. B. zur Herstellung von Schwarzerde (Terra Preta) nutzen und so CO_2 dauerhaft und nutzbringend im Boden speichern kann.

© *Rainer Sagawe*

BBDO GERMANY DÜSSELDORF
›Ant Rally‹, Aktion und Video
2013

500.000 Blattschneideameisen demonstrierten vom 06. bis 09. März 2013 im Kölner Zoo gegen die Zerstörung des tropischen Regenwaldes. Die mit deutlich lesbaren Botschaften versehenen Protestschilder wurden von den fleißigen ProtestlerInnen öffentlichkeitswirksam durch das Kölner Insektarium getragen und dabei gefilmt.

© *WWF/BBDO Proximity*

MICHAEL MARKS
›beuyslab‹, Website
2013

Das ›beuyslab‹ befasst sich mit den Werken und Ideen des im Sinne der Nachhaltigkeit agierenden Künstlers und Revolutionärs Joseph Beuys. Es handelt sich um eine interaktive ›Mindmap‹, durch die sich die Besucher selbstbestimmt bewegen und sich mit der Kunst, ihren Bedeutungsebenen und Gegenwartsbezügen auseinandersetzen können.

© Michael Marks

MARTIN RIDDIFORD & JIM REEVES
›GravityLight‹, Lampe mit Gewicht
2013

Um Menschen in Entwicklungsländern eine umweltfreundliche Alternative zur Öl-Lampe oder dem klassischen Feuer zu bieten, haben sich die Erfinder etwas bestechend Einfaches einfallen lassen: Das ›GravityLight‹ wird mit einer Tasche geliefert, die mit Sand, Wasser oder Erde gefüllt werden kann und so als Gewicht fungiert. Das System ähnelt dem einer alten Pendel-Uhr. So sorgt das eingehängte Gewicht mittels Kunststoffband und Zahnradfunktion für ca 30 Minuten Licht. Aufgrund des Fehlens von Batterien fällt zudem ein großer Kostenpunkt weg und es wird Sondermüll vermieden.

© *Fotos: Deciwatt*

BAS VAN ABEL
›Fairphone‹, Mobiltelefon
123 × 64,5 × 10 mm, **2013**

Das Fairphone ist technisch auf dem neusten Stand und wird in einem Werk produziert, in dem existenzsichernde Löhne und menschenwürdige Arbeitsbedingungen gewährleistet sind. Außerdem kommen in erster Linie ›konfliktfreie‹ Materialien zum Einsatz und es soll mittelfristig ein wirklich faires Smartphone geschaffen werden, bei dessen Entwurf und Herstellung Mensch und Umwelt an erster Stelle stehen.

© *fairphone*

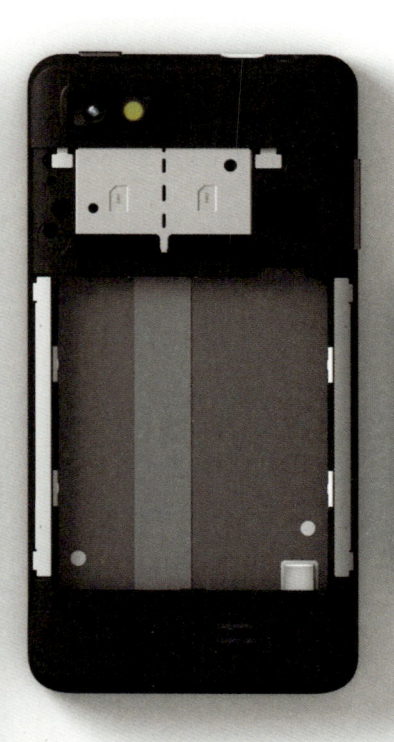

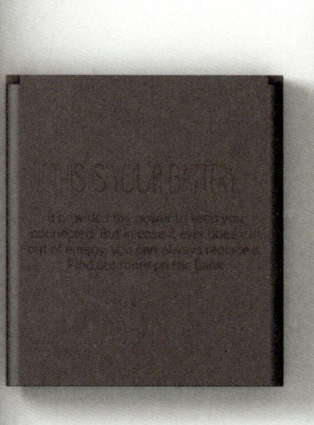

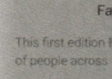

BLICKE IN DIE ZUKUNFT

346
Die Zukunft mitgestalten
Jen Fritsch & Michael Maxein

360
Nachhaltiges Design in einer nicht-nachhaltigen Welt?
Martin Herrndorf

366
Ausblick und Widerstreit: Die Zukunft des *Nachhaltigen Designs*
Davide Brocchi & Bernd Draser

Die Gesellschaft steht im 21. Jahrhundert vor epochalen Herausforderungen – ökologischen, ökonomischen, sozialen und kulturellen. Die Frage ist nicht mehr, ob wir einen radikalen Wandel möchten, sondern ob wir ihn nachhaltig gestalten – ob wir die ›Große Transformation‹ mittragen, oder ob wir ihr zum Opfer fallen. Welches sind die anstehenden Aufgaben? Wie sieht das Nachhaltige Design von Morgen aus?

Die Zukunft mitgestalten

JEN FRITSCH & MICHAEL MAXEIN

»*Wie wird die Welt im Jahr 2050 aussehen?*« – diese Frage wurde 2012 im Rahmen der ecosign-Ringvorlesung ›Die Zukunft mitgestalten – Szenarien und Visionen 2050‹ an zwölf Experten unterschiedlichster Fachbereiche herangetragen, um einen facettenreichen Blick auf die möglichen Lebensumstände kommender Generationen werfen zu können. Ihre Impulse waren die Basis zur Diskussion über die Rahmenbedingungen, Bedürfnisse und Handlungsmöglichkeiten für ein *Design von morgen*.

Da die Grundlagen alles Kommenden in Vergangenheit und Gegenwart geschaffen werden, analysierten die Referentinnen und Referenten aktuelle Problemlagen und leiteten daraus Optionen ab, wie diese gelöst bzw. vermieden – oder zumindest in ihren Auswirkungen möglichst gering gehalten werden könnten. Die Vortragsinhalte bewegten sich zwischen wissenschaftlichen Prognosen und appellierenden Visionen. Gemeinsame Basis waren jedoch die kritische Analyse unserer momentanen Lebensweise und visionäre Entwürfe, wie *Gutes Leben* in einer intakten Umwelt gelingen kann.

Anhand global zu beobachteter Trends und den daraus folgenden Herausforderungen wird im Folgenden aufgezeigt, wie auch Designerinnen und Designer den anstehenden, alle Lebensbereiche betreffenden Wandel – die *Große Transformation* (vgl. WBGU 2011) – aufgreifen und mitgestalten können.

1. Trends der globalen Entwicklung

Der amerikanische Geografieprofessor Laurence Smith hat in seinem Werk ›Die Welt im Jahr 2050‹ vier zukunftsformende Kräfte herausgearbeitet, die seiner Meinung nach unsere Zukunft stark beeinflussen werden:

Demografie: Technische und medizinische Fortschritte lassen die Bevölkerungszahl von derzeit 7 Milliarden auf durchschnittlich 9,2 Milliarden Menschen im Jahr 2050 steigen (Smith 2010:17).

Ressourcenverbrauch: Gemeinsam mit der demografischen Entwicklung sorgt der moderne, konsum-intensive Lebensstil der industrialisierten Gesellschaften für einem erhöhten Bedarf und Verbrauch von Lebensraum, Nahrung und Gütern. Dieser *Lebensstil* wird im Zuge der Globalisierung praktisch weltweit standardisiert und als ökonomisches Ziel angestrebt (vgl. Smith 2010:16f.; Übersetzung JF). Die Ressourcen für ein solch materielles Wachstum sind jedoch nicht vorhanden. Bereits heute wird vom *Peak Everything* gesprochen. Der Begriff beschreibt das Fördermaximum nicht-erneuerbarer Rohstoffe und damit den Zeitpunkt, ab dem das Angebot zu sinken beginnt und der weltweite Bedarf nicht mehr gedeckt werden kann.

Globalisierung: Modernisierung und Industrialisierung gehen Hand in Hand mit der Globalisierung. Smith definiert diese als »*einen Satz ökonomischer, sozialer und technologischer Prozesse [...], der die Welt in sich verkoppelter und abhängiger macht*« (Smith 2010:17; Übersetzung JF). Ein Großteil aller Konsumgüter wird nicht mehr lokal, sondern in fernen Ländern produziert und nach tausenden Kilometern Transport in anderen Teilen der Welt konsumiert. Damit tragen moderne Landwirtschaft, Mobilität, Güterproduktion und -transport mit einem immensen Verbrauch von fossilen Brennstoffen unweigerlich zu deren Verknappung bei und steigern gleichzeitig den CO_2-Gehalt der Atmosphäre.

Klimawandel: Neben Smith sieht auch Christoph Bals[1] im Klimawandel eine der größten Herausforderungen für kommende Generationen. Er prognostizierte in seinem Vortrag ›Das Ende der Gemütlichkeit in der Klimadebatte‹ einen Temperaturanstieg von fünf bis sechs Grad Celsius bis zum Jahre 2100, was mit lebensbedrohlichen klimabedingten Veränderungen einhergehen wird. Eine davon ist der mögliche Anstieg des Meeresspiegels um bis zu 1,9 Meter – mit katastrophalen Folgen für etwa 70 % der Weltbevölkerung, die derzeit in Küstennähe lebt.[2] Lokale Auswirkungen von globalen Entwicklungen beschrieb Rainer Liebmann am Beispiel ›Klimawandel und Klimaschutz in Köln‹[3]: Trockenperioden und Starkregen, Überflutungen und Bodenerosion bedeuten erschwerte Lebensbedingungen und Biodiversitätsverlust. Um im uns vertrauten Spektrum klimatischer Schwankungen zu bleiben wird von der internationalen Staatengemeinschaft derzeit – mit mehr oder weniger großem Einsatz – versucht, den Temperaturanstieg auf maximal zwei Grad Celsius zu begrenzen. Es wird jedoch immer unwahrscheinlicher, dass diese politisch selbstgesetzte Obergrenze nicht überschritten wird, erklärte Bals, da sich die Weltgemeinschaft bis heute auf keine verbindlichen Sanktionen und Maßnahmen geeinigt hat.

Jede dieser Voraussage kann lt. Smith naturgemäß nur unter der Prämisse erfolgen, dass keine weiteren extremen Umbrüche stattfinden – wie z. B. außerordentliche technologische Fortschritte, ein *dritter Weltkrieg* oder abrupte Umwelteinflüsse (globale Pandemien, Meteoriteneinschläge, etc.).

---

1   Christoph Bals ist Leiter der Nicht-Regierungsorganisation Germanwatch. Sein Vortrag ›Das Ende der Gemütlichkeit in der Klimadebatte‹ fand am 25.01.2012 an der ecosign in Köln statt. Alle wörtlichen und sinngemäßen Zitate von Bals basieren auf jenem Vortrag.
2   vgl. Angaben auf der Website des Bundesministeriums für Bildung und Forschung unter www.fona.de/de/9946
3   Der Leiter des Kölner Umweltamtes, Rainer Liebmann, hielt seinen Vortrag ›Klimawandel und Klimaschutz in Köln‹ am 23.11.2011 in der ecosign, Köln. Alle wörtlichen und sinngemäßen Zitate von Liebmann basieren auf diesem Vortrag.

2. Herausforderungen und Aufgaben
2.1 Komplexität verstehen

Die genannten Zukunftsprognosen zeigen, dass in einer zunehmend globalisierten Welt auch die ökologischen, ökonomischen und sozialen Aspekte unseres Handelns nicht losgelöst voneinander betrachtet werden können.

Wer beispielsweise in Deutschland ein konventionell *produziertes* Rindersteak kauft, fördert oft nicht nur die Massentierhaltung, sondern auch die in vielen Schlachtbetrieben stattfindende Ausbeutung von Leiharbeitern aus Osteuropa und trägt auf diese Weise – in Folge der fortschreitenden Entwaldung des Amazonas beim Anbau von Futter-Soja (vgl. Greenpeace 2006) – zur Beschleunigung des Klimawandels bei.

Sinkende Rohölvorräte (und in der Folge steigende Förderkosten) verursachen ökonomische Probleme. So könnte für Niko Paech[4] und andere Experten der Rekordpreis von 147 US-Dollar pro Barrel Rohöl im Juli 2008 ausschlaggebend für die Finanzkrise desselben Jahres gewesen sein: Aufgrund der hohen Kosten für Heizöl konnten viele Immobilienbesitzer ihre Darlehen nicht zurückzahlen und der Spekulationsblase wurde ein entscheidender Nadelstich versetzt.

Ob Griechenland- oder Eurokrise, Regenwaldverlust, Ressourcenknappheit, Unterernährung, Luftschadstoffe, Überbevölkerung oder Giftmüll – nichts sei voneinander zu trennen, betonte auch Paul Nellen[5]: »*Wir haben es nicht mit einer kleinen Zahl von Problemen zu tun, die wir mehr oder weniger getrennt voneinander lösen können. Wir stecken vielmehr mitten in einem Geflecht von Krisen, die nur scheinbar disparaten Ursprungs sind, sich aber einander in einer vielfältig verflochtenen Welt gegenseitig in kaum beherrschbaren Dominoeffekten verstärken.*«

Zunehmende Komplexität stellt eine Herausforderung auch für Gestalter dar. Auf die jeweilige Situation und Aufgabe übertragen, bedarf es eines fundierten Wissens über und eines offenen Verständnisses für die verschlungenen Zusammenhänge unserer Welt. Designer sind aufgefordert interdisziplinär über die konventionellen Fachgrenzen hinaus zu denken: »*Konzeptionelles Design ist ein Werkzeug zur Handhabung von Komplexität*«, betonte Bernd Draser[6]: Es gilt nicht nur ansprechende Grafiken oder Produkte zu kreieren, sondern in integrativen *Designprozessen* zu denken, welche »*komplette Produktlebenszyklen mit einschließen und Komplexität nicht reduzieren, sondern begreifbar und manövrierbar machen.*«

Auf der Basis ihres Verständnisses für das Zusammenspiel der verschiedenen Faktoren, können nachhaltige Designer hilfreiche *Teillösungen* schaffen, betonte Michael Kuhndt.[7] In der Natur können wir feststellen, wie »*Komplexität mittels Biodiversität – also Vielfalt – regiert wird*«[8]. Hier sorgt die Evolution für einen Fundus an Lösungsmöglichkeiten und somit viele Standbeine, mit deren Hilfe schädliche Einflüsse vielfach ausgeglichen werden können.

---

[4] Niko Paech ist Volkswirtschaftler und freier Dozent an der Universität Oldenburg. Sein Vortrag zum Thema *Postwachstumsökonomie* fand am 9.11.2011 in der ecosign in Köln statt. Soweit nicht anders vermerkt, basieren alle wörtlichen und sinngemäßen Zitate von Paech auf diesem Vortrag.

[5] Paul Nellen ist Vereinsvorsitzender des Post-Fossil-Instituts. Dieses und die folgenden wörtlichen und sinngemäßen Zitate von Nellen basieren auf seinem Vortrag vom 16.11.2011; gehalten an der ecosign, Köln. Titel des Vortrags lautete ›Schock und schwere Not oder: Ist in 40 Jahren alles vorbei?‹

[6] Bernd Draser ist Philosoph und ecosign-Dozent. Alle wörtlichen und sinngemäßen Zitate von ihm basieren auf seinem Vortrag ›Warnung vor Utopien! Die dunkle Vergangenheit leuchtender Zukünfte‹; gehalten am 30.11.2011 an der ecosign, Köln.

[7] Michael Kuhndt ist Leiter des Centre on Sustainable Consumption and Production. Alle wörtlichen und sinngemäßen Zitate von Kuhndt basieren auf dem Runden Tisch mit Siegfried Maser und René Spitz, der am 18.1.2012 an der ecosign in Köln stattfand. Titel des Dialogs war ›Design im Jahr 2050: Alles nachhaltig oder was? – Trends und Perspektiven für das Design der Zukunft.‹

[8] Entlehnt aus einem Zitat von Davide Brocchi, Sozialwissenschaftler, ecosign-Dozent und Moderator der Ringvorlesung. Während des Vortrags von Bernd Draser am 30.11.2011 an der ecosign, Köln.

2.2 Gerechtigkeit schaffen

Alle Menschen sind Teil der Weltgesellschaft, eines natürlichen Systems und einer zunehmend vernetzten Wirklichkeit. Dies bedeutet jedoch nicht, dass Vorzüge und Nachteile unseres Lebensstils gleichermaßen erlebt werden. So liegen die Ursachen der Erderwärmung vor allem in den Industrieländern (vgl. Becker 2010). Es sind aber vor allem die Inselstaaten und die Entwicklungsländer, die unter den katastrophalen Folgen (Bodenerosion, Überschwemmungen, etc.) zu leiden haben, so Christoph Bals.

Sven Giegold[9] zeigte in seinem Vortrag zum ›Green New Deal‹ globale und lokale Ungleichheiten des Wohlstands auf, bei denen die Distribution von begrenzten materiellen und immateriellen Gütern (Nahrung, fruchtbare Böden, Bildung, medizinische Versorgung, etc.) von deren Wirtschaftsmoment abhängt: »*Wir verteilen Knappheit über Geld. Die Reichen können sich von der Knappheit abkoppeln, die Armen nicht.*« Zunehmende wirtschaftliche Ungleichheiten verstärken dieses Phänomen noch.

Gerechtigkeit auf allen Ebenen menschlichen Zusammenlebens wurde von allen Referenten als wichtiger Maßstab nachhaltiger Entwicklung betont. Auch beim Thema ›Arbeit in Zukunft – Zukunft in Arbeit‹ diagnostizierte Uta von Winterfeld[10] starke Ungleichheiten im Arbeitsumfeld: Noch immer seien dort Männer den Frauen, Arbeitnehmer den Arbeitgebern und Lohnarbeit der freiwilligen Arbeit übergeordnet.

In Lateinamerika führen Intellektuelle sowie Vertreter von NGOs und indigenen Völkern gerade eine breite Debatte über Wohlstandmodelle, die sich von denen des Westens massiv unterscheiden. Thomas Fatheuer[11] unterstrich in seinem Vortrag, wie wichtig die Prinzipien der Gerechtigkeit und Solidarität in der Definition eines *Buen Vivir* seien. In Ecuador und Bolivien wurde das Recht auf *Gutes Leben* in den Verfassungen festgeschrieben. Beide Länder sind dabei sich von ihren Kolonialgeschichten zu befreien und die soziale Gleichheit und Gerechtigkeit ihrer multi-ethnischen Bevölkerung in Form von *plurinationalen Staaten* zu manifestieren. Die andine[12] Bevölkerung, welche mehr als 50 Prozent der Bevölkerung Boliviens ausmacht, kann auf diese Weise z. B. traditionelles Recht sprechen, solange es mit den internationalen Menschenrechten nicht kollidiert. Gerechtigkeit endet hier aber nicht beim Zwischenmenschlichen, sondern erstreckt sich auch auf die Natur, die nicht länger nur als instrumentelles Objekt zur Ausbeutung, sondern als Rechtssubjekt mit Eigenrechten deklariert wurde. Dies hat u.a. Konsequenzen im Blick auf die Güterproduktion (wenn es etwa um die Gewinnung von Rohstoffen geht), den Zugriff auf Ressourcen und damit zugleich auf die Gestaltung von Produkten und Dienstleistungen.

Zudem muss das Design demnach die Gleichheit aller Menschen fördern und die Kluft zwischen Arm und Reich schließen, statt elitäre Unterschiede durch die forcierte Gestaltung und Produktion von Prestigeobjekten zu verstärken. Statt zur Luxus-Disziplin reicher Gesellschaftsschichten zu verkommen, sollte Design elementare Probleme angehen, konstatierte Siegfried Maser: »*Es gibt viele Designaufgaben, [deren Lösung] in weniger entwickelten Ländern essenziell zu einem besseren Leben beitragen können.*«[13] Dies sei u.a. eine wichtige Herausforderung und Aufgabe für Gestalter.

---

9   Sven Giegold ist Mitbegründer von attac Deutschland und Grünen-Politiker im EU-Parlament. Alle wörtlichen und sinngemäßen Zitate von Giegold basieren auf seinem Vortrag ›Green New Deal – Strategien des sozial-ökologischen Umbaus‹; gehalten am 7.12.2011 an der ecosign, Köln.
10 Uta von Winterfeld ist Mitarbeiterin des Wuppertal-Instituts und freie Dozentin. Alle wörtlichen und sinngemäßen Zitate von von Winterfeld basieren auf ihrem Vortrag ›Arbeit in Zukunft – Zukunft in Arbeit‹; gehalten am 4.12.2011 an der ecosign, Köln.
11 Als Mitarbeiter der Heinrich-Böll-Stiftung referierte Thomas Fatheuer am 2.11.2011 an der ecosign in Köln zum Thema Das Gute Leben als Verfassungsprinzip – Perspektiven Lateinamerikas und indigener Völker für die Zukunft. Soweit nicht anders vermerkt, basieren alle wörtlichen und sinngemäßen Zitate von Fatheuer auf diesem Vortrag.
12 *andin* = aus der Region der Anden.
13 Alle wörtlichen und sinngemäßen Zitate des Designtheoretikers Siegfried Maser basieren auf dem Runden Tisch mit Michael Kuhndt und René Spitz vom 18.01.2012; gehalten an der ecosign, Köln. Titel des Dialogs war ›Design im Jahr 2050: Alles nachhaltig oder was? – Trends und Perspektiven für das Design der Zukunft.‹ Informationen zur Person auch S. 160 ff.

2.3 Wirtschaftliches und produktives Gleichgewicht erzeugen

Heute wird von den westlichen Industriestaaten eine globale Wohlstands-Gerechtigkeit mittels Wirtschaftswachstum postuliert, durch welches die Unterversorgten zu höheren Versorgungsniveaus aufsteigen sollen. Doch wenn alle Menschen das gleiche Konsumniveau der Industrieländer erreichten, würde das einen Anstieg des globalen Konsums um das Elffache bedeuten (vgl. Smith 2010:17). Dazu würde, laut Gustav Bergmann[14], die Ressourcenmenge von vier Erden gebraucht. Mithilfe von Effizienzstrategien soll daher die begrenzte Menge an Rohstoffen ertragreicher genutzt werden und sogenannte *Entkopplungsstrategien* sollen durch technische Innovation das Wachstum von seinen ressourcen- und klimaschädlichen Effekten lösen.

Paech hält dieser Idee des entkoppelten Wachstums entgegen, dass auch bei der Produktion von Solar- oder Windkraftanlagen Ressourcen verbraucht würden. Hinzu kämen materielle, psychologische und finanzielle *Rebound-Effekte*, die die Einsparungen der Effizienzsteigerung durch erhöhten Verbrauch teilweise oder vollständig zunichte machten.

Das Festhalten am Wirtschaftswachstum führt zu einer weiter steigenden Ausbeutung von Rohstoffen für die Güterproduktion, damit einhergehenden ökologischen Konsequenzen und dem Abwälzen der Kosten auf das Gemeingut – unsere Umwelt (vgl. Scherhorn in Welzer 2011:70).

Bergmann und von Winterfeld kritisierten das Wachstumsdogma, welches zur Externalisierung auch im Bereich der Arbeit zwinge: »*Würdelose Arbeit und Sklaverei sind nicht abgeschafft, sondern nur in andere Länder ausgelagert*«, so Bergmann. Dies führe zu einer psychologischen Entkoppelung des Konsums in den Industrieländern von den nicht-nachhaltigen Wirtschaftspraktiken in anderen Teilen der Welt. Doch auch hierzulande, erklärte von Winterfeld, führe der omnipotente Wachstumszwang dazu, dass immer mehr Arbeit von immer weniger Menschen geleistet werden müsse – und dies zunehmend in Privaträumen und in der Freizeit.

Als Ausweg aus dieser Spirale sieht Paech die Strategie der Konsistenz: Statt additives Wachstum zu betreiben ginge es darum, das Weniger-Nachhaltige durch das Nachhaltige auszutauschen und so ein »*stoffliches Nullsummenspiel*« zu betreiben (Paech in Welzer 2011:149). Ebenso dürfe Wachstum nicht als Ersatz für Umverteilung erfolgen, sondern die Wohlversorgten müssten auf einen Teil ihres Wohlstandes verzichten, damit eine globale Verteilungsgerechtigkeit erlangt werden könne.

Ein Beispiel dafür bietet das bereits erwähnte Konzept des *Guten Lebens*, denn das »*Buen Vivir zielt nicht auf mehr haben, auf Akkumulation und Wachstum, sondern auf einen Gleichgewichtszustand*« (Fatheuer 2011:16).

»*Nachhaltigkeit selbst bedeutet einfach die Fähigkeit zur dauerhaften Existenz.*« (Ekins in Welzer 2011:109) Dieser Definition zufolge muss *Nachhaltiges Design* vor allem die Basis seiner eigenen Grundlage erhalten und daher eingesetzte Ressourcen – Umwelt und Menschen – pfleglich behandeln. In der Konsequenz sollten langlebige Produkte gestaltet werden, die weniger Rohstoffe verbrauchen und diese für die Wiederverwertung erhalten. Dies steht jedoch im Gegensatz zum derzeitigen Trend, über die Produktion von billigen und kurzlebigen Konsumprodukten das Wirtschaftswachstum in Gang zu halten.

---

[14] Gustav Bergmann ist Professor an der Universität Siegen. Soweit nicht anders vermerkt, basieren alle wörtlichen und sinngemäßen Zitate von Bergmann auf seinem Vortrag ›Die Zukunft erfinden und entwickeln – gestalten mit menschlichem Maß‹; gehalten am 11.1.2012 an der ecosign, Köln.

»*Durch ein pures Mehr kann man einer Gesellschaft, die schon alles hat, nichts Neues bieten*«, kommentierte Maser aktuelle Studien zur gesellschaftlichen Zufriedenheit. Diese besagen u.a., dass nach Erreichen eines bestimmten materiellen Wohlstandsniveaus die Zufriedenheit mithilfe von Konsum nicht gesteigert werden kann. In den Industrienationen sollten Designer sich daher darauf konzentrieren, immateriellen Bedürfnissen nach Gutem Leben und Zufriedenheit zu entsprechen, statt künstlich das Konsumverlangen anzukurbeln. Dies würde jedoch ganz neue Inhalte bei der Ausbildung von Designern erfordern – weg vom *Oberflächendesign*, hin zu konzeptioneller Gestaltung auf der Basis kritischer Reflektion regionaler und globaler Problemstellungen.

2.4 Abschied vom Erdöl nehmen

Ein wichtiger *Komplize* des Wirtschaftswachstums ist der aktuell immense Verbrauch an fossilen Brennstoffen, wie Kohle, Erdgas oder Erdöl, deren Verbrennung die Hauptursache von Treibhausgasemissionen darstellt. Eine aktuelle Bundeswehrstudie besagt, dass circa 90 % aller industriell gefertigten Produkte von Rohöl als Ausgangsstoff, Produktionsenergie und/oder Transportquelle abhängen (vgl. Bundeswehr 2010:13). Rohöl ist ferner Quelle von 98 % der insgesamt eingesetzten Transportenergie. Die Tatsache, dass die Aufrechterhaltung unseres momentanen Lebensstils vom Erdöl abhängt, zeigt die Brisanz, die ein baldiges Ende der fossilen Versorgung bedeuten könnte: Das Erreichen des globalen *Peak Oil*[15] wird, laut Nellen, zwischen 2006 und 2030 vermutet. Die sozialen Folgen eines Wegfalls dieser Energiequelle reichen von der Verteuerung von Waren und folglich steigenden Lebenshaltungskosten, bis hin zu sozialen Unruhen und politischen Konflikten. Auch der deutschen Bundeswehr ist diese prekäre Abhängigkeit bewusst: »*Deutschland zählt international zu den Ländern mit dem höchsten Globalisierungsgrad, weshalb sich – wie für alle Industrieländer – ein hohes systemisches Risiko auch unabhängig von der eigenen Energiepolitik ergibt.*« (Bundeswehr 2011: 66)

»*Wir sollten das Öl verlassen, bevor es uns verlässt.*« Dieser Ausspruch von Fatih Birol[16] ist die drängende Schlussfolgerung auch für alle Sparten des Designs. Eine intensive Suche nach Alternativen zur konventionellen Kunststoffproduktion ist bereits heute festzustellen. Auch müssen erneuerbare Energien Einzug in die Produktion halten, welche wiederum nah an die Rohstoffquellen und den Vertriebsort rücken sollte, um Wertschöpfungsketten kurz zu halten. Paech erläuterte jedoch, dass es mit einem bloßen Umstieg auf alternative Materialien und Energien nicht getan sei. Aufgrund des steigenden Konsums und einer linearen Verbrauchsstruktur, bei der Produkte final im Abfall landen, steuern alle nicht erneuerbaren Ressourcen auf ihr Fördermaximum und in der Folge auf das Ende ihrer Kapazitäten hin. Es bedarf einer tiefgreifenden *Dematerialisierung* – auch bei der Gestaltung menschlicher Lebensumstände.

René Spitz[17] plädierte hingegen dafür, über das derzeit Mögliche hinaus zu denken und innovative Lösungen zu suchen, die nicht von Rohstoffen sondern von unausgeschöpften immateriellen *Substanzen* ausgehen: »*Vielleicht sitzen wir in Zukunft auf Magnetkraft oder Licht?*«

---

15 Unter *Peak Oil* versteht man das Erreichen des Erdölfördermaximums; ab diesem Punkt sinkt die Produktion aufgrund der begrenzter Erdölressourcen und die Knappheit verursacht folglich steigende Preise.
16 Fatih Birol ist Chefökonom der Internationalen Energieagentur.
17 Alle wörtlichen und sinngemäßen Zitate des Designkritikers René Spitz basieren auf dem Runden Tisch mit Michael Kuhndt und Siegfried Maser, der am 18.1.2012 an der ecosign in Köln stattfand. Titel des Dialogs war ›Design im Jahr 2050: Alles nachhaltig oder was? – Trends und Perspektiven für das Design der Zukunft.‹

2.5 Rückbesinnenden Fortschritt fördern

Spitz und Paech zeigen hier die beiden unterschiedlichen Ansätze in der Diskussion um eine nachhaltige Zukunftsgestaltung auf: Innovation versus Rückbesinnung.

Der Gedanke einer *Wiedereingliederung in die Natur* und einer radikalen Reduktion von Konsum und Besitz sorgt bei einem Großteil der westlichen Bevölkerung für Ängste vor einem zivilisatorischen Rückschritt, der für sie dem Verlust des gewohnten Wohlstands gleichkommt. Außerdem befürchten sie die Unfähigkeit einer autonomen Versorgung – denn industrialisierte Gesellschaften haben durch die externalisierte Lebensversorgung ihre Fähigkeiten der Subsistenz eingebüßt. Sie vertrauen daher, wie Spitz, auf noch nicht entdeckte Lösungsmöglichkeiten für die anstehenden Probleme beim gleichzeitigen Aufrechterhalten derzeitiger Lebensstile und Wohlstandsmodelle.

Diese *Techno-Fix*-Einstellung, so Nellen, setzt jedoch einen ausreichend großen zeitlichen Spielraum für die Entwicklung neuer Technologien voraus, welcher von vielen Experten jedoch in Frage gestellt wird. Der planerische *Machbarkeitswahn* lässt die Fähigkeit schwinden, auf unerwartete Zukunftsereignisse offensiv und dynamisch reagieren zu können. Statt einer technischen Naturbeherrschung plädierte Draser für eine Anpassung an die Natur: »*Übermäßige Aktivität hat zum Ziel, Komplexität zu reduzieren. [...] Warum brauchen wir einen Umbau der Welt, um uns eine Heimat zu schaffen? Warum beheimaten wir uns nicht?*«

Ein solches Beheimaten hieße z. B. auch, die Kraft der Natur als Produktionsfaktor und Quelle vielerlei Problemlösungen anzuerkennen. Von Winterfeld tritt in diesem Zusammenhang dafür ein, der Natur genügend Möglichkeiten zu lassen, ihren Beitrag zur Lebensraumgestaltung zu leisten. Liebmann beschrieb in seinem Vortrag die Kölner Strategie, durch natürliche Grünsysteme (statt technischer Maßnahmen) einen innerstädtischen Ausgleich zu negativen Klimaeinflüssen zu schaffen.

Paech steht der *Techno-Fix*-Idee ebenfalls kritisch gegenüber und bezeichnet sich selbst als globalisierungs- und innovationskritischen *Anti-Modernisten*, da technischer Fortschritt lediglich vorgebe, den Konsum von ökologischer Belastung und das Wachstum von Ressourcenknappheit zu entkoppeln: »*Alles was unseren materiellen Wohlstand ausmacht, verwandelt sich irgendwann in eine ökologische Belastung – die Einweg-Trinkflasche am selben Tag und ein Haus nach 500 Jahren.*« Er plädiert daher für die Reduktion der materiellen Güter auf das Wesentliche und die Rückbesinnung auf ursprüngliche Selbstversorger-Strukturen (Subsistenz).

Nachhaltige Strukturen werden nicht im luftleeren Raum gestaltet, sondern auf der Basis von Existierendem, dessen zukunftsfähige Elemente extrahiert und weiterentwickelt werden müssen: Ein solcher *rückbesinnender Fortschritt* bildet das Gleichgewicht zwischen Tradition und Innovation. Indem man sich im *Nachhaltigen Design* bekannter, funktionierender Strukturen bedient, erhöht sich die Akzeptanz des Designs in der Gesellschaft und die Chance seiner erfolgreichen Umsetzung. Als Beispiel für ein »*glückliches, reiches Leben ohne Strom*« führte Nellen den japanischen Ingenieur Yasuyuki Fujimura an, der mit seiner Entwicklung nichtelektrischer Haushaltsgeräte, wie z. B. einem Kühlschrank oder einem Luft-Entfeuchter, zeigt, dass ein energie-unabhängiger Lebensstil nicht zwangsweise Verzicht bedeuten würde. Dies widerspricht der Tendenz im Design, Innovationsleistung lediglich an ihrem Abgrenzungsgrad von bereits Bestehendem festzumachen. »*Es wird nicht gefördert was da ist, sondern nur, was neu ist*«, beschrieb von Winterfeld den derzeitigen *Innovationszwang*, der neue Technologien fördert und die Rückbesinnung auf Existierendes unattraktiv macht. Doch Rückbesinnung heißt nicht Rückschritt, sondern vielmehr ein Lernen aus der Vergangenheit – und auch aus Quellen nicht-menschlichen Ursprungs: Wenn es um die Fähigkeit zur dauerhaften Existenz geht, ist die Natur der beste Designer. So basiert beispielsweise die Wissenschaftsdisziplin der *Bionik*[18] auf der Imitation und Abstraktion naturintegrierter Strukturen.

---

[18] Bionik, aus den Worten **Biologie** und **Technik** zusammengesetzt, beschreibt eine wissenschaftliche Methode, technische Lösungen nach dem Vorbild natürlicher Funktionen zu gestalten (vgl. Nachtigall 1997:1ff.).

2.6 Gemeinwohl-orientierte Werte und Strukturen stärken

Bevor darüber nachgedacht werden kann, *wie* nachhaltige Gestaltung konkret aussieht, muss zunächst die Frage beantwortet werden, *was* gestaltet werden soll. Paech erörterte, wie die wachstumszentierte Definition von Wohlstand in der Konsequenz auch zu weitverbreiteten psychischen Problemen wie Reizüberflutung, Überforderung, Stress und Depression führen könne. Heute wird das Bruttoinlandsprodukt (BIP) eines Landes als Wohlstandsmaßstab verwendet. Bedenkt man jedoch, dass z. B. auch Havarien von Ölplattformen durch den notwendigen Absicherungs- und Reinigungsaufwand das BIP steigern, wie Bergmann anmerkte, so wird schnell klar, dass dieser Maßstab zur Berechnung von Wohlstand nicht wirklich taugt. Vielmehr bedarf es einer Neuorientierung an den essenziellen Bedürfnissen des Guten Lebens: *Was brauche ich wirklich, um sicher zu leben und zufrieden zu sein?*

Die Antwort auf diese Frage mag von Mensch zu Mensch unterschiedlich ausfallen, doch zeigen die komplexen Verbindungen, die das gesamte irdische Leben durchziehen, dass sie nur auf der Basis einer insgesamt stabilen Umwelt beantwortet werden kann. Was braucht also das *System Erde*, um sicher und zufrieden zu existieren?

Für eine lebensfähige Umwelt ist vor allem ein großer *Sicherheitsgürtel* aus natürlichen Ökosystemen vonnöten (vgl. Dron in Bovet 2006:45). Der im *Buen Vivir* manifestierte Eigenwert der Natur ist daher nicht nur eine symbolhafte Geste, sondern ein Zugeständnis an die menschliche Abhängigkeit von der Natur. Ebenso stellt er das Verständnis für die Notwendigkeit der harmonischen Eingliederung in die Natur dar, da der Mensch im Umgang mit der für ein nachhaltiges Dasein notwendigen Komplexität nur sehr begrenzt ist und menschliche Produktion fast immer Diversität reduziert.

»Faulheit ist gut«, plädierte von Winterfeld in diesem Sinne auch für eine neue Definition von Arbeit, die den »*Produktionsfaktor Natur*« anerkennt und das Recht betont, sich den Zwängen der industriegesellschaftlichen Entwicklungen und Verwerfungen zu widersetzen und ein Leben zu leben, in dem nicht (Erwerbs)arbeit – *workfare* –, sondern das Wohlergehen – *welfare* – mit seiner Besinnung auf das Wesentliche von Bedeutung sind.[19] Die Suffizienz stellt, laut Nellen und Paech, eine solche Besinnung auf das Wesentliche dar, bei der Reduktion nicht Verzicht bedeutet, sondern – um es mit Paechs Worten zu sagen – »*eine Entrümpelung vom Wohlstandsballast, der unser Leben verstopft, uns abhängig macht und in Krisen bringt*«.

Im Jahr 1943 hat Abraham Maslow eine Pyramide der menschlichen Bedürfnisse erarbeitet: Allem zugrunde liegen körperliche Grundbedürfnisse, die durch Nahrung, Schlaf, Wasser, etc. erfüllt werden müssen. Die nächste Stufe beschreibt Notwendigkeiten wie Obdach und Bildung. Je höher man in der Pyramide aufsteigt, desto immaterieller werden die Wünsche (z. B. Liebe, soziale Anerkennung und Selbstverwirklichung). Diese können jedoch nicht durch Konsum erfüllt werden (vgl. Maslow 2008:62 ff.). Der derzeitige, starke Fokus auf Lohnarbeit und Konsum lässt die Menschen dennoch versuchen, auch solche Bedürfnisse durch *ein Mehr an Haben* zu stillen – meist erfolglos und oft kontraproduktiv, wie Etzioni beschreibt: »*Psychologisch besonders schädlich wird diese obsessive Konsumorientierung, wenn die zu ihrer Verwirklichung nötige Arbeit zwischenmenschliche Beziehungen beeinträchtigt, die eine Quelle der Zuneigung darstellen, etwa wenn um des Konsumismus willen Familie und Freunde vernachlässigt oder nichtmaterielle Quellen der Selbstachtung untergraben werden.*« (Etzioni in Welzer 2011:331)

Suffizienz hingegen ist neben der Erkenntnis, dass materieller Wohlstand nur bis zu einem gewissen Grad erfüllend sein kann, auch das Wissen um die Wichtigkeit des Gemeinwohls: Wer nur so viel nimmt, wie er braucht, ermöglicht auch seiner Mitwelt die Befriedi-

---

19 Von Winterfeld zitierte Paul Lafargue (1883) Das Recht auf Faulheit.

gung ihrer Bedürfnisse. Wie beim Eigenwert der Natur, geht es bei dieser Rücksicht auf die Mitwelt nicht um bloße Moral, sondern darum, eine gesunde menschliche und nichtmenschliche Diversität zu schaffen, die mit ihrer Vielzahl nützlicher Verbindungen Stabilität und somit Sicherheit schafft:[20] Je einheitlicher das Wohlstandsniveau in der Gemeinschaft, desto größer ist auch die allgemeine Zufriedenheit.

Was sind in diesem Zusammenhang die Aufgaben der nachhaltigen Gestaltung? Einfach gesagt hat *Nachhaltiges Design* die Pflicht, sich an die Bedürfnisse der Konsumenten – an das »*menschliche Maß*«, wie es Bergmann nennt – anzupassen, statt sie für wirtschaftliche Zwecke zu manipulieren und zu standardisieren. Im Bereich des Produktdesigns kritisierte Maser, dass sich technische Produkte rapide verändern und eine ständige Anpassung des Benutzers erfordern (und nicht umgekehrt), was zu Stress und Überforderung beiträgt.

Neben dem zuvor erwähnten Fokus auf dematerialisierte, langlebige Produkte, hat *Nachhaltiges Design* also auch und vor allem die Aufgabe, das gängige Muster des Massenmarketings zu durchbrechen und eine Änderung der sozialen Erfahrung zu ermöglichen. Nachhaltige Gestaltung kann gutes – weil ehrliches – Marketing betreiben und den Konsumenten durch klare, leicht verständliche Kommunikation über seine Handlungsmöglichkeiten und die Konsequenzen seiner Entscheidungen aufklären. In diesem Sinne sprach Kuhndt vom nachhaltigen Designer der Zukunft als einem »*Lebensstilberater*«[21]. Bergmann stellte in diesem Zusammenhang ebenfalls fest: »*Zukunftsfähiges Design schafft weniger Dinge als Ideen und Lösungen*«.

2.7 Eigenverantwortlich kooperieren und partizipieren

Aus der Tatsache, dass der Mensch hochgradig von seiner Mitwelt abhängt und sich an seinem gesellschaftlichen Umfeld orientiert, erschließt sich die Notwendigkeit der gemeinschaftlichen, kooperativen Lebensraumgestaltung.

Politik, Bildung und Wirtschaft erwecken derzeit den Eindruck, der Einzelne habe keinen Einfluss. Bals hingegen betonte, dass die Gestaltung einer nachhaltigen Zukunft auch die Verantwortung jedes Einzelnen sei.[22] Diese Mitgestaltung geschehe durch politische Einflussnahme und das Konsumverhalten, welches in der gesellschaftlichen Gesamtheit große Wandelprozesse hervorrufen könne. »*Die Industrie hat Angst vor dem Konsumenten, weil sie um seine Macht weiß*« unterstreicht auch Giegold die Tragweite des individuellen Handelns.

Um die Stärke der Gemeinschaft spürbar zu machen, bedarf es einer dialoghaften, partizipatorischen Gestaltung neuer Systeme, denn »*gemeinsam werden mehr Erkenntnisse zutage gefördert, die bessere Entscheidungen und zukunftsfähigere Entwicklungen ermöglichen*« (Bergmann 2008:1). Dies führt ferner dazu, dass Individuen die selbstgeschaffenen Strukturen kennen, handhaben und Ihre Verantwortung für das Geschaffene wahrnehmen können.

»*Das beste Medium für Nachhaltigkeit ist der eigene Lebensstil*« beschrieb Paech diese Verantwortung, aus der auf lokaler Ebene eine Vorbildfunktion für die Mitmenschen resultiert. Giegold und Bals erklärten beide, Deutschland könne in der Weltgemeinschaft als globales Vorbild für einen nachhaltigen Wandel ohne Wohlstandsverlust fungieren. Dieses würde, bei erfolgreicher Umsetzung, weltweit Nachahmer finden und einen essenziellen Beitrag zur Reduktion von CO_2-Emissionen leisten können.

---

20 Nützlichen Verbindungen, die die Gemeinschaft stärken und den notwendigen Privatbesitz reduzieren sind z. B. genossenschaftliche Vereinigungen, in denen Güter von vielen Einzelpersonen genutzt werden können, sich aber im gemeinschaftlichen Besitz befinden.
21 Ein solcher Berater unterstütze, laut Kuhndt, vor allem Unternehmen und Institutionen bei der Gestaltung nachhaltiger Strukturen in Betrieb, Kommunikation und Produktion.
22 Die sogenannte „Arabellion", welche 2010 in Tunesien begann, ist ein Beispiel, wie der Anstoss durch Einzelne eine rasante Massenrevolution auf politischer Ebene verursachen kann.

Design kreiert kommunikative Schnittstellen: Zwischen Menschen – aber auch zwischen Menschen und zweckerfüllenden Instrumenten (Produkten). Daher ist es die Aufgabe des *Nachhaltigen Designs*, diese Schnittstellen im Dialog mit dem Rezipienten zu gestalten, auf dessen Bedürfnisse einzugehen und sie so zu entwickeln, dass er sie selbständig handhaben und instand halten kann. Bergmann nennt dies die »*Demokratisierung des Designs*«. Ebenso muss der *Nachhaltige Designer* sich seines begrenzten Horizonts im Umgang mit Komplexität, aber auch im Wissen um die Bedürfnisse der Konsumenten bewusst sein und daher einen stetigen Dialog mit seiner Mitwelt als Prüfung seines Schaffens führen: »*Die Auseinandersetzung mit differenten Sichtweisen ergibt Lernchancen und ist Voraussetzung zur Entwicklung einer gemeinsamen Wirklichkeit*« (Bergmann 2008:3). Nicht zuletzt muss der Gestalter mit dem Wissen, dass die Natur unsere einzige Lebensgrundlage ist, ihr Bestehen sichern, indem er sein Wirken in die Umwelt integriert und mit ihr kooperiert.

2.8 In kleinen Handlungsräumen agieren

Dialogisches, partizipatives und eigenverantwortliches Handeln ist nur in überschaubaren Handlungsräumen möglich, sodass die Wirkungen der Entscheidungen direkt zu sehen und gegebenenfalls flexibel zu ändern sind. Giegold fordert nach diesem Prinzip, dass z. B. Großbanken in kleinere Einheiten zerlegt werden sollten, um auf diese Weise Überschaubarkeit und Haftungsgrenzen wieder herzustellen. Anderenfalls hafte immer die Allgemeinheit.

In resilienten Lebens-Systemen, die Paech als sichersten Schutz vor kommenden Katastrophen sieht, ist die kleinteilige, dezentrale Struktur von größter Bedeutung, um eine autonome Stabilität zu erlangen. Denn je lokaler und vielfältiger die Versorgung abläuft, desto selbständiger und dynamischer kann sie auf unerwartete Probleme reagieren.

Auch bei der Bundeswehr sieht man den Bedarf für mehr lokale Selbständigkeit: »*Häufig erfolgt eine Zentralisierung aus Effizienzgründen auf Kosten der Systemstabilität. Zweifellos kann bspw. ein Großkraftwerk effizienter arbeiten als viele kleine Kraftwerke, fällt es jedoch aus, gibt es kein Netzwerk, das es ersetzen kann. Auf gesellschaftlicher Ebene ist deshalb auch eine Stärkung von Möglichkeiten und Fähigkeiten zur Selbstorganisation von Bürgern auf lokalem Level denkbar, vergleichbar mit dem Prinzip der Freiwilligen Feuerwehren.*« (Bundeswehr 2010: 67)

Die zitierte Studie geht sogar soweit, den Zerfall des Wirtschaftssystems in kleinere Handlungsspielräume und z. B. »*tauschwirtschaftliche Organisationen auf lokalem Level*« als eine Form der resilienten Selbstversorgung zu prognostizieren (Bundeswehr 2010:66).

Ein soziale Bewegung, die diesen Weg aus der vorsorgenden Erkenntnis des Erdöl-Endes verfolgt ist z. B. die ›Transition-Town‹-Bewegung, der sich seit 2006 immer mehr Städte anschließen. Zielsetzung der Gemeinden ist, ihre Lebensräume auf eine Existenz ohne Erdöl und im Rahmen der zu erwarteten Klimaveränderungen vorzubereiten, wobei sie sich auf pre-fossile Lebensstile besinnen und sich die Strukturen natürlicher Ökosysteme zum Vorbild nehmen (vgl. Hopkins 2010). Und dies geschieht, wenn man den Beteiligten glauben schenkt, eher mit einem Zugewinn als mit einem Verlust an Lebensqualität.

In kleineren Handlungsräumen kann also individuell auf die kulturellen und ökologischen Lebensumstände eingegangen, können Wertschöpfungsketten kurz und Strukturen überschaubar gehalten und somit das lokale System von den Menschen verstanden und gehandhabt werden.

Nachhaltiges Design sollte dieses Prinzip aufgreifen und fördern, da Bedürfnisse abhängig von sozialen und natürlichen Kontexten unterschiedlich ausfallen: Je spezifischer das vorgenommene Problem, desto differenzierter und angepasster die Lösung – und die Stärken bzw. Schwächen der Gestaltung können direkt erkannt und, wenn nötig, modifiziert werden.

3. Fazit

Der vorangegangene Diskurs zeigt, dass die momentane Lebens- und Wirtschaftsweise schwerwiegende Probleme verursacht und tiefgreifende Veränderungen vorgenommen werden müssen, um die Gesellschaft einerseits an das Unvermeidbare (Peak Everything, Klimawandel, Bevölkerungswachstum, etc.) anzupassen und andererseits Abwendbares (dramatische Notstände) noch zu verhindern.

Ob aktiv durch den Menschen initiiert oder durch die Erschöpfung der Ressourcen erzwungen: Menschliches Leben wird im Bereich des Konsums stark dematerialisiert werden (müssen). Die klassische Design-Definition, als die Gestaltung von in Serie herzustellenden Produkten, löst sich mit dieser Wendung auf und es werden neue, immaterielle Aufgaben zu erwarten sein, wie u.a. Paech erklärt: »*Per se nachhaltige Produkte existieren nicht, sondern nur nachhaltige Lebensstile.*«

Diese neuen Designaufgaben werden sich ganzheitlicher mit nachhaltigen Lebensstrukturen befassen und daher eine intensive, interdisziplinäre Auseinandersetzung mit Komplexität verlangen, um die Konsequenzen des eigenen Schaffens zu prüfen und negative Folgen frühzeitig erkennen und abwenden zu können. In diesem Sinne wird nicht mehr *für die Ewigkeit gebaut* (und die Nachwelt mit kurzsichtigen Entscheidungen belastet), sondern es werden dynamische, naturintegrierte Systeme geschaffen, die dem Individuum seine »*Daseinsmächtigkeit*«[23] (zurück)geben: Erstens bedeutet dies, seine Ansprüche an die eigenen Fähigkeiten anzupassen und zweitens, diese Ansprüche dann durch eigenes Schaffen zu erfüllen. Beides führt zur autonomen Resilienz, die zukünftiges Leben absichert, statt sich auf technische Rettung zu verlassen.

Doch nachhaltige Gestaltung wird in Zukunft nicht mehr nur vom ethischen Imperativ geleitet, »*der Nachwelt eine bewohnbare Erde zu hinterlassen*«, sondern es wird um »*reinen Selbstschutz im Hier und Jetzt*« gehen, unterstrich Paech.

Kurzfristige Bedrohungen überschatten langfristige Probleme und verzerren den Sinn für Prioritäten, konstatierte Giegold: »*Man kann ein neues Geldsystem machen, aber bei einem kaputten Klima ist das schwieriger.*« Daher hat *Nachhaltiges Design* vor allem die Aufgabe, die Besinnung auf das Essenzielle und die dialogische Kooperation zur gemeinschaftlichen Lebensraumgestaltung durch aufklärende Kommunikation und handhabbare Informationssysteme zu fördern. Hier liegt ein weiteres Potenzial von Design: Der Mensch hat eine intuitive Affinität zu wohlgestalteten Elementen und fühlt sich beispielsweise in ästhetisch ansprechenden Räumen wohler, als an Orten, die dem menschlichen Grundbedürfnis nach Ästhetik nicht entsprechen.[24] Design ist in diesem Sinne Botschafter des vierten, bedeutsamen Elementes der Nachhaltigkeit – der Ästhetik. Hierbei geht es weitaus weniger darum, Dinge attraktiv als vielmehr Konzepte, Zusammenhänge, Möglichkeiten, ... *sinnlich erfahrbar* zu machen (vgl. Welsch 1996).

»*Durch Ästhetisierungsprozesse, in Form von Kommunikations- und Produktdesign, wird Nachhaltigkeit erst anschaulich und greifbar. Mit guten Ideen lassen sich sowohl Verbraucher als auch Partner aus Industrie, Handel und Dienstleistung überzeugen. Ästhetik, verstanden als vierte Säule des ›Gebäudes Nachhaltigkeit‹, trägt nicht nur zur Statik bei, sondern macht das Leitbild einer ökonomisch, ökologisch und sozial gerechten Zukunft erst umsetzbar.*« (Boden in Kap-Magazin 2009:84)

---

23 Niko Paech zitierte Marianne Gronemeyer ›Die Macht der Bedürfnisse. Überfluß und Knappheit.‹ Gronemeyer kritisiert die moderne Abhängigkeit des Menschen von Konsum und Wirtschaft, welche durch das künstliche Schaffen von Bedürfnissen erlangt wurde (vgl. Gronemeyer 2002).
24 Michael Braungart und William McDonough gestalteten z. B. Bürogebäude für den Automobil Konzern Ford, bei dem auf das Wohlbefinden der Mitarbeiter als „soziales Kapital" geachtet wurde. Vgl. Braungart, Michael und McDonough, William (2005) Einfach intelligent produzieren. Berliner Taschenbuch Verlag: Berlin. S. 203ff.

Design hat – so verstanden– im Rahmen der Nachhaltigkeit den wichtigen Auftrag zu kommunizieren und zu vermitteln – und gute Kommunikation hat die Macht der Manipulation; folglich obliegt dem Designer die Verantwortung, gewissenhaft auszuwählen, für welche Inhalte er seine Kommunikations- und Manipulationsfähigkeiten nutzt.

Die neuen Wirkungsbereiche des *Nachhaltigen Designs* klingen sehr uneindeutig – doch weisen sie genau auf den wohl wichtigsten und zugleich am Schwierigsten zu ertragenden Aspekt, der im Umgang mit der Zukunft auf uns zukommt: »*Wir müssen lernen uns mit weniger Klarem wohlzufühlen*«, formulierte es Fatheuer treffend, denn es gibt nicht das *eine Öko-Produkt*, das konsumiert oder die *eine Lebensart*, die praktiziert werden kann, um nachhaltig zu (über)leben. Es bedarf einer vielfältigen und auch demütigen Herangehensweise an die (Lebensraum)gestaltung, denn in unserem Umgang mit Komplexität sind wir begrenzt und müssen ständig aufs Neue lernen und *Nachhaltiges Design* daher immer wieder neu definieren.

So wie natürliche Evolution mit ihrer ständigen Entwicklung nicht statische Perfektion sondern Vielfalt zum Ziel hat, so können wir im Design das ständige Lernen und Neu-formulieren als Zustand einer permanenten *experimentellen Spielwiese* betrachten. Diversität und Komplexität bilden in der Natur »*eine fehlerfreundliche Umgebung, in der selbst jener neue Entwurf seinen Platz hat, der zunächst vollkommen nutzlos erscheint*« (Schaefer in Geo 2011:144).

Die Aufgabe einer neuen Generation von Designern ist es also – ähnlich wie die Natur selbst – experimentell, vielfältig, verantwortungsbewusst und kooperativ eine dynamische Evolution zu gestalten.

Jen Fritsch, Jahrgang 1985, ist privat und beruflich ein Öko, ein *Weltverbesserer*, ein zynischer, doch hoffnungsloser Optimist im Glauben an das Gute im Menschen. Sie studierte Produkt- und Kommunikationsdesign mit Schwerpunkt Nachhaltigkeit an der ecosign in Köln und machte dort besonders mit ihren konsum- und gesellschaftskritischen Projekten auf sich aufmerksam, die sich in der Grauzone zwischen Kunst und Design bewegten. Derzeit ist Jen Fritsch als selbständige Gestalterin tätig; hierbei bevorzugt in ganzheitlichen Projekten für kleinere Unternehmen und Institutionen mit sozialem und ökologischem Ethos. Praktische Studien der Permakultur stehen zudem ganz oben auf ihrer To-Do-Liste.

Michael Maxein ist gelernter Schriftsetzer, Dipl. Designer ecosign und Dozent für Nachhaltigkeit und Design an der ›ecosign / Akademie für Gestaltung‹ in Köln. 2005 war er für drei Monate in einem Schulbauprojekt der ›Grünhelme Troisdorf‹ in Afghanistan und hatte dort auch Gelegenheit, sich ein wenig mit der schillernden Werbewelt Südasiens vertraut zu machen. Er lebt in Hameln und arbeitet dort, in Köln und in der Bahn. Bei seinen Kundinnen und Kunden handelt es sich meist um sozial, ökologisch oder gesellschaftlich engagierte Menschen, Vereine und Instituitionen. Außerdem bietet er u.a. Workshops zu den Themen Nachhaltigkeit, Design und politisch-soziales Engagement an.

Die Ringvorlesung im Überblick

- *Thomas Fatheuer, Heinrich-Böll-Stiftung Brasilien:*
  ›Das Gute Leben als Verfassungspolitik – Perspektiven Lateinamerikas und indigener Völker für die Zukunft (Buen Vivir)‹
  2. November 2011

- *Niko Paech, Universität Oldenburg:*
  ›Die Postwachstumsökonomie‹
  9. November 2011

- *Paul Nellen, Post-fossil Institut Hamburg:*
  ›Schock und schwere Not oder: Ist in 40 Jahren alles vorbei?‹
  16. November 2011

- *Rainer Liebmann, Umweltamt Köln:*
  ›Klimawandel und Klimaschutz in Köln‹
  23. November 2011

- *Bernd Draser, ecosign:*
  ›Warnung vor Utopien! Die dunkle Vergangenheit leuchtender Zukünfte‹
  30. November 2011

- *Sven Giegold, B'90 / Die Grünen im Europaparlament und Mitbegründer von attac Deutschland:*
  ›Green New Deal – Strategien des sozial-ökologischen Umbaus‹
  7. Dezember 2011

- *Uta von Winterfeld, Wuppertal Institut:*
  ›Arbeit in Zukunft – Zukunft in Arbeit‹
  14. Dezember 2011

- *Gustav Bergmann, Universität Siegen:*
  ›Zukunft erfinden und entwickeln – Gestalten nach menschlichem Maß‹
  11. Januar 2012

- *Runder Tisch mit René Spitz, Markenberater und WDR Designkritiker,*
  Michael Kuhndt, Centre on Sustainable Consumption and Production (CSCP),
  Siegfried Maser, Bergische Universität:
  ›Design im Jahr 2050: Alles nachhaltig, oder was?‹
  18. Januar 2012

- *Christoph Bals, germanwatch:*
  ›Das Ende der Gemütlichkeit in der Klimadebatte‹
  25. Januar 2012

Literatur

Bergmann, Gustav (2008): ›Das menschliche Maß – die relationale Produkt-, Organisations- und Kulturentwicklung. Das Grüne Bauhaus‹. Kulturdialoge Loccum.

Boden, Uwe (2009): ›Ästhetik als vierte Säule der Nachhaltigkeit‹ in: ›Kap-Magazin (10/2009)‹ 4. Ausgabe. Kap-Forum: Köln.

Braungart, Michael und McDonough, William (2005): ›Einfach intelligent produzieren‹. Berliner Taschenbuch Verlag: Berlin.

Bundeswehrstudie (2010): ›Peak Oil – Sicherheitspolitische Implikationen knapper Ressourcen‹. Zentrum für Transformation der Bundeswehr, Dezernat Zukunftsanalyse: Strausberg.

Dron, Dominique (2006): ›Die Landwirtschaft braucht eine zweite Revolution‹ in: Bovet, Philippe; Rekacewicz, Phillippe et al. (Hrsg.) (2007): ›Atlas der Globalisierung – Klima‹. Le Monde diplomatique: Paris, S.44f.

Ekins, Paul (2011): ›Wie wird die Welt von morgen sein? Szenario Wirtschaft‹. in: Welzer, Harald; Wiegandt, Klaus (2011): ›Perspektiven einer nachhaltigen Entwicklung‹. Fischer Verlag: Frankfurt am Main.

Etzioni, Amitai (2011) ›Eine neue Charakterisierung des guten Lebens‹ in: Welzer, Harald; Wiegandt, Klaus (2011): ›Perspektiven einer nachhaltigen Entwicklung‹. Fischer Verlag: Frankfurt am Main.

Fatheuer, Thomas (2011): ›Buen Vivir – eine kurze Einführung in Lateinamerikas neue Konzepte zum guten Leben und zu den Rechten der Natur‹. Heinrich-Böll-Stiftung: Bonn.

Hopkins, Rob (2010): ›Energiewende, das Handbuch – Anleitung für zukunftsfähige Lebensweisen‹. Zweitausendeins: Frankfurt am Main.

Nachtigall, Werner (1997): ›Vorbild Natur – Bionik-Design für funktionelles Gestalten‹. Springer Verlag: Berlin, Heidelberg.

Paech, Niko (2011): ›Vom grünen Wachstumsmythos zur Postwachstumsökonomie‹ in: Welzer, Harald; Wiegandt, Klaus (2011): ‹Perspektiven einer nachhaltigen Entwicklung‹. Fischer Verlag: Frankfurt am Main.

Rammler, Stephan (2011): ›Die Geschichte der Zukunft unserer Mobilität‹ in: Welzer, Harald; Wiegandt, Klaus (2011): ›Perspektiven einer nachhaltigen Entwicklung‹. Fischer Verlag: Frankfurt am Main.

Schaefer, Jürgen (2011): ›Fehler? Falsch! – Warum auch Irrtümer uns im Leben voranbringen‹ in: Geo-Magazin (Ausgabe 3/11) ›Aus Fehlern lernen – Vom Wert falscher Entscheidungen‹. Gruner & Jahr: Hamburg. S. 136-149.

Scherhorn, Gerhard (2011): ›Die Politik entkam der Wachstumsfalle. Ein Bericht aus dem Jahr 2050‹ in: Welzer, Harald; Wiegandt, Klaus (2011): ›Perspektiven einer nachhaltigen Entwicklung‹. Fischer Verlag: Frankfurt am Main.

Smith, Laurence C. (2010): ›The world in 2050 – Four fources shaping civilization's northern future‹. Plume: New York.

WBGU – Wissenschaftlicher Beirat der Bundesregierung Globale Umweltveränderungen (2011): ›Welt im Wandel – Gesellschaftsvertrag für eine Große Transformation‹. WBGU: Berlin

Welsch, Wolfgang (1996): ›Grenzgänge der Ästhetik‹. Reclam: Stuttgart.

Onlinequellen

Becker, Markus (06.12.2010): ›China und USA – Klimasünder sündigen immer schlimmer‹ in: Spiegel Online unter: http://www.spiegel.de/wissenschaft/natur/china-und-usa-klimasuender-suendigen-immer-schlimmer-a-733063.html. Stand: 10.06.2012.

Greenpeace (2006): ›Eating up the Amazon‹. http://www.greenpeace.org/international/en/publications/reports/cargill-amazon Stand: 20.8.2013

Der Designer ist in seiner Arbeit nicht frei, sondern wird von seinem ökonomischen, sozialen und kulturellen Kontext stark beeinflusst: Er muss zum Beispiel den Wünschen seiner Auftraggeber gerecht werden oder ist daran interessiert – etwa durch entsprechende Auszeichnung – sein Ansehen in der Designszene zu vergrößern. Welche Mechanismen hemmen oder fördern die Entstehung und Verbreitung Nachhaltigen Designs?

Nachhaltiges Design in einer nicht-nachhaltigen Welt?

MARTIN HERRNDORF

Konzepte im Bereich des *Nachhaltigen Designs* versprechen viel – mindestens eine saubere Umwelt und eine gerechtere Welt. Um dies zu erreichen sollen nachhaltige Produkte frei von schädlichen Substanzen sein, länger haltbar, einfach reparierbar und wiederverwertbar (McDonough & Braungart 2002). Entsprechend diesen Anforderungen sind, laut der Charta für nachhaltiges Design, »*Designerinnen und Designer [...] in hohem Maße mitverantwortlich dafür, wie unsere Welt gestaltet wird*« (AGD 2009). Tatsächlich gibt es heute eine Breite von ästhetisch ansprechenden, nachhaltigen Designkonzepten, welche die Einlösbarkeit zu belegen scheinen (Nachtwey & Mair 2008).

Doch ob und wie die Befähigung und der Willen zu nachhaltigem Design wirklich und dauerhaft in der Realität zu einer Nachhaltigen Entwicklung beitragen kann, hängt stark vom gesellschaftlichen Umfeld ab – der »*corporate-driven, over-branded, global consumer culture*« in der Designer normalerweise arbeiten (Heller & Vienne 2003). Diese Strukturen von Konsum und Produktion – und die hinter ihnen liegenden wirtschaftlichen Interessen, kulturellen Vorstellungen, organisatorischen Strukturen und sozialen Praktiken – bestimmen, ob und wie nachhaltige Produkte und Dienstleistungen hergestellt, verkauft, gebraucht, getauscht und weggeworfen werden. Kann *Nachhaltiges Design* in nicht-nachhaltigen gesellschaftlichen Logiken funktionieren? Gibt es, frei nach Adorno, ein richtiges Design im falschen Leben?

1. Der abhängige Designer?

Nach einem populären Diktum werden »*80 % des ökologischen Fußabdrucks in der Design-Phase festgelegt*«[1] – da das (Produkt-)Design den späteren Energie- und Ressourcenverbrauch in der Nutzenphase, die Möglichkeiten, das Produkt zu recyceln, seine Langlebigkeit etc. bestimmt. Dies trifft zwar im engeren Sinne zu – aber übersieht doch die breiteren gesellschaftliche Einflüsse, denen sich der Designer und der Designprozess ausgesetzt sehen.

1.1 Vorgelagerte Einflüsse

Ob Designerinnen und Designer Nachhaltigkeit in Designprozessen berücksichtigen können, ist zuerst eine Frage von ökonomischen und organisatorischen Rahmenbedingungen. Dies gilt sowohl für freie, auf Auftraggeber und ihre Mandate angewiesene Designer, als auch für festangestellte, die sich Mission und Zielen ihres Arbeitgebers stellen müssen. Es gilt aber auch lateral, zwischen Designern: In der Designer-Zunft scheint Nachhaltigkeit noch kein allgemein gültiges Kriterium zu sein, wenn man zum Beispiel auf die Ergebnisse etablierter Designpreise schaut.[2]

Doch auch die Verfügbarkeit von nachhaltigen Materialien und Komponenten beeinflusst, ob Designer Produkte nachhaltig gestalten können. Auch ob Daten zur Öko- und Sozialbilanz von Materialien verfügbar sind und ob diese in die technischen Werkzeuge der Produktgestaltung eingebunden sind, spielt eine Rolle. Zwar haben sich alle diese Faktoren in den letzten Jahren verbessert, selbstverständlich sind sie noch nicht.

1.2 Nachgelagerte Einflüsse

Nach dem Design-Prozess setzt sich diese *Abhängigkeit* des Designers fort. Zum einen legen Unternehmen mit ihrer Produkt- und Marktpositionierung fest, ob und welche Produkte und Dienstleistungen *zum Markt* gebracht werden sollen, oder ob man auf nachhaltige oder nicht-nachhaltige Varianten zurückgreift. Ein Beispiel sind die teils bewusst, teils implizit eingesetzten Strategien für kurze Produktzyklen – der geplanten Überalterung (*planned obscolescence*), der häufigen Einführung neuer Modelle, dem Etablieren nicht rück-kompatibler Standards etc. So hat zum Beispiel in der Mobilfunkbranche die Vertragsgestaltung dazu geführt, dass Geräte oft lang vor ihrer Funktionsuntüchtigkeit aussortiert werden (Wilhelm et al. 2011).

Politischen Rahmenbedingungen, zum Beispiel die Besteuerung von Ressourcen- und Energieverbrauch oder andere regulatorische Ansätze zur Internalisierung externer Kosten, bestimmen, ob sich ein nachhaltiges Produkt oder eine nachhaltige Dienstleistung durch Kostenvorteile durchsetzen kann. Gut dokumentiert ist auch der *Rebound-Effekt* (Schettkat 2009), bei dem die mit Effizienzsteigerungen im Verbrauch einhergehende Kostenersparnis zu einem insgesamt höheren Konsumniveau und in der Folge einem gewachsenen Gesamtverbrauch führt. Eine effizientere Technik kann so über die Jahre mit einem Wachstum der Produktgröße und Nutzungsintensität einhergehen und die gesamte Umweltbelastung ist konstant oder steigt im Extremfall.

Nicht zuletzt spielen die generellen *Einstellungen und Erwartungshaltungen von Konsumenten* eine Rolle. Das weitverbreitete Interesse an sozialen und ökologischen Themen schlägt sich nur teilweise in tatsächlichem Kaufinteresse an nachhaltigen Produkten und Dienstleistungen nieder, dies betrifft insbesondere die Bereitschaft, gegebenenfalls auch höhere Preise zu bezahlen (Vermeir & Verbeke 2006). Und nach Ansicht von Heath und Potter (2006) hat selbst der viel gelobte *Lifestyle of Health und Sustainability* (LOHAS) eine neue Distinktions- und Konsumwelle ausgelöst – wie andere *gegenkulturelle* Bewegungen vor ihm.

---

1 vgl. hierzu EU-Kommission unter: http://ec.europa.eu/energy/efficiency/ecodesign/eco_design_en.htm – Stand 25.10.2013
2 Beim renommierten red-dot Award taucht Nachhaltigkeit im Jahr 2011 höchstens am Rand auf, zum Beispiel wenn energiesparende LED-Lampen verwendet werden (Red Dot 2012).

1.3 Kontrollverlust im Erfolgsfall

Diese Abhängigkeiten ziehen selbst im Erfolgs- und Verbreitungsfall einen Kontrollverlust des Designers nach sich. Wird ein als nachhaltig konzipiertes Produkt kommerzialisiert, wird es dem unmittelbaren Zugriff des Designers entzogen, was die Produktionsbedingungen sowie weitgehend auch die Produktgestaltung selbst angeht. Dies gilt gerade und verschärft, wenn Kopien oder Abwandlungen des Produktes von anderen Anbietern auf den Markt kommen.

Als Paradebeispiel für diesen *Kontrollverlust* kann die *shopping town* dienen – ursprünglich vom Emigranten Victor Gruen nach dem Beispiel europäischer Innenstädte zur Belebung der sterilen amerikanischen Vororte gedacht, hat sie sich innerhalb weniger Jahre als „shopping center" verselbstständigt, und ist ihrem Schöpfer zunehmen entglitten (siehe Profil in Kapitel X). Auch der Einmalbecher (anfangs aus Papier, später aus Plastik) wurde von seinem Erfinder Lawrence Luellen zuerst als ›Health Kup‹ vermarktet, um die Ansteckungen an öffentlichen Brunnen zu verhindern (CPA Global 2010) – und erst später, in seiner massenhaften Verbreitung, zum ökologischen Problem.[3]

2. Handlungsoptionen

Wenn nachhaltiges Design nicht *verpuffen* soll, ist also eine Auseinandersetzung mit den verschiedenen gesellschaftlichen Handlungsfeldern notwendig. Welche Mechanismen hemmen oder fördern die Entstehung und Verbreitung *Nachhaltigen Designs*? Anhand von zwei Handlungsfeldern – *Politik und Gesellschaft* sowie *Wirtschaft und Organisation* – sollen Anknüpfungspunkte zu aktuellen sozial- und wirtschaftswissenschaftlichen Debatten aufgezeigt werden.

Feld 1: Politik und Gesellschaft

Im Bereich von Politik und Gesellschaft sind die Wechselwirkung mit dem Thema Design komplex – bei beidseitiger Abhängigkeit. Zwar ist die oben beschriebene Abhängigkeit der Designer von politischen Rahmenbedingungen offensichtlicher, aber auch Artefakte verkörpern »*specific forms of power and authority*« (Winner 1986:19), und werden damit politisch wirksam. So bedingt zum Beispiel eine nukleare Energieerzeugung zentralistische und autokratische politische Strukturen, während erneuerbare Energien lokale, dezentrale Machtstrukturen fördern. Für Designer stellt sich damit die Frage, ob ihre Produktgestaltung lokale Widerstandsfähigkeit (Resilienz) und Autonomie (Hopkins 2010) erhöht oder schwächt.

Ein weiterer Bezug zur Politik besteht im Sichtbarmachen des potenziell Möglichen – der Leuchtturm-Funktion von Design (AGD 2009). Designentwürfe können, auch wenn sie nicht in die Massenproduktion gehen, Alternativen eines anderen Lebens aufzeigen, und zum Hinterfragen bestehender Macht- und Herrschaftsstrukturen beitragen.

Direkte Auswirkungen auf den politischen Prozess haben auch insbesondere neue Formen der Informations- und Kommunikationstechnologie. Die Auswirkungen sind komplex – so können neue Technologie Probleme fundamental lösen, oder durch Symptombehandlung verdecken und eventuell sogar verschlimmern (Weizenbaum 1977).

Feld 2: Wirtschaft und Organisation

Gerade im Zeichen der *multiplen Krise* werden vermehrt Alternativmodelle zur Gestaltung wirtschaftlicher Aktivitäten entwickelt, die Handlungsoptionen für an Nachhaltigkeit orientierte Designer bieten.

---

[3] In den USA werden jährlich 16 Milliarden Einmalbecher verwendet – das dafür benötigte Holz entspricht 6,5 Millionen Bäumen (Feldman 2008)

Zum einen betrifft dies große gesellschaftliche Prozesse, wie zum Beispiel für einen neuen Umgang mit Geld wie bei den sozial-ökologischen Banken (GLS-Bank, Triodos, etc.), zum anderen aber auch der allgemeinen Zielrichtung ökonomischen Wirtschaftens. Im Bereich der Solidarökonomie, der organisierten Tauschwirtschaft und der Alternativwährungen werden neue wirtschaftliche Ordnungsrahmen im regional und lokalen Kontext ausprobiert – die ›transition town‹-Bewegung mag hier als ein Beispiel dienen (Hopkins 2010). Wie im klassischen Wirtschaftssystem auch sind diese Regional- und Alternativökonomien auf Designer angewiesen, die Produkte und Dienstleistungen bereitstellen – zur direkten Bedürfnisbefriedigung, aber auch um neue wirtschaftliche Konzepte und Ordnungsrahmen erfahrbar zu machen.

Quasi als Gegenpol zur lokal verordneten Alternativwirtschaft stehen neue Konzept digitalen Wirtschaftens, die durchaus eine Anbindung an die Realwirtschaft haben. Dies kann zum einen durch den Vertrieb individuelle Produkte geschehen – zum Beispiel über Plattformen wie dawanda.de oder etsy.com – zum anderen über verschiedenste Angebot zur Tausch- und Leihwirtschaft (Bund 2011, Grimm & Kunze 2011).

Auch im Bereich der Ausgestaltung wirtschaftlich tätiger Organisationen stellt sich die Frage, wie weit sich der Designer den kommerziellen Verwertungslogiken einer *corporate-driven* Welt entziehen kann. Hier haben sich in den letzten Jahren neue Formen etabliert, bei denen neben der Berücksichtigung nachhaltiger Kriterien auch die Frage nach Eigentum und Kontrolle neu gestellt wird. Genossenschaftliche oder gemeinschaftliche Systeme bieten Ansätze für Gestalter, Spielräume für Produktion und Vertrieb ihrer Produkte zu erhalten (Peredo & Chrisman 2006). Gerade bei Genossenschaften können auch normalerweise im Kapitalmarkt marginalisierte Akteure als Anteilseigner einbezogen werden.

Auch der Bereich des Sozialunternehmertums bietet Designern die Möglichkeit, eigene Strukturen für Produktion und Verbreitung aufzubauen (Seelos & Mair 2005). Hier steht die selbstständige Tätigkeit oder Unternehmensgründung im Vordergrund – zudem hat sich eine Infrastruktur zur Unterstützung herausgebildet – mit Bürogemeinschaften und Co-working-spaces, zum Beispiel den „Hubs" in einer Reihe von Städten (The Hub 2012), mit speziellen *impact*-Investoren und mit zahlreichen Förderprogrammen. Der Bezug auf etablierte Konzepte, wie dem allein auf Kapitalerhalt ausgerichteten »*social businesses*« von Yunus (Yunus 2010, Yunus et al. 2010), kann helfen, alternative Organisationsformen- und -ziele zu erklären und zu rechtfertigen.

3. Erweiterte Designbegriffe

Die oben dargestellten Ansätze sind durchaus konsistent mit aktuell im Designbereich diskutierten Konzepten zu einer Erweiterung des Designbegriffs.

Als Beispiel anführen lässt sich der Begriff des »*Rahmen-Designs*« von Welsch (1990), der einen erweiterten Designbegriff sowie die »*Umstrukturierung all unserer Lebensbedingungen (...) von den globalen Problemen der Ökonomie und Politik bis zu den persönlichen Lebensverhältnissen*« als Antwort auf die ökologische Frage sieht.

Ähnlich setzt auch das angelsächsisch geprägte Konzept des »*design thinking*« (Brown 2008) breiter an – und sieht den Designprozess ebenso anwendbar auf »*products, services, processes – and even strategy*«. Wenn *design thinking* nicht originär auf die Lösung sozialer oder ökologischer Problemlagen gerichtet ist, bietet es doch durch die den breiten Innovations- und Design-Begriff entsprechende Potenziale, und wird oft in diesem Sinne eingesetzt (IDEO 2009)[4].

---

4   Siehe auch das Kapitel 4.1 zur Rolle von Design-Thinking im Bereich der Armutsbekämpfung

4. Schlussfolgerungen

Die Anforderungen, sich für Nachhaltigkeit einzusetzen, die an Designer gestellt werden, finden ihre praktische Grenze oft in den Abhängigkeiten, denen Designer ausgesetzt sind – um den Designprozess herum und über ihn hinaus. Oft lassen sich diese systemischen Begrenzungen vom Designer nicht direkt beeinflussen – spielen aber doch eine wichtige Rolle, wenn es darum geht, welchen Beitrag Design zu einer nachhaltigen Entwicklung leisten kann.

Die Wissenschaften, die sich mit diesen systemischen, gesellschaftlichen Fragen beschäftigen – Soziologie, Politikwissenschaft, Volks- und Betriebswirtschaftslehre, Psychologie ... – sind leider oft *doppelt blind*: Zum einen für die Anforderungen, die eine nachhaltige Entwicklung an ihr Fach stellt, zum anderen für die Wechselwirkungen der von ihnen beschrieben Konzepte mit Design-Artefakten (Winner 1986). Dennoch bieten sie erste Anregungen für Designer, sich sowohl ihre Abhängigkeit von sowie ihren Einfluss auf breitere gesellschaftliche Fragestellungen zu vergegenwärtigen.

Wer als Designer ernsthaft zu Nachhaltigkeit beitragen will, kann also nicht umhin, sich mit den gesellschaftlichen Bedingungen seiner Arbeit auseinanderzusetzen und nach neuen Modellen zu suchen, Nachhaltigkeit nicht nur im Produkt oder der Dienstleistung zu verankern, sondern auch als gelebte Realität.

Literatur

AGD (2009): ›*Charta für Nachhaltiges Design Charta for Sustainable Design*‹. Allianz deutscher Designer (AGD) e.V.

Brown, Tim (2008): ›*Design Thinking: Thinking Like a Designer Can Transform the Way You Develop Products, Services, Processes—And Even Strategy*‹. Harvard Business Review

Bund, Kerstin (2011): ›*Meins Ist Deins*‹. Die Zeit, 19.12.2911 (http://www.zeit.de/2011/51/Meins-ist-Deins/komplettansicht, abgerufen am 1.2.2012).

CPA Global (2010): ›*Patents That Changed the World: The Paper Cup*‹. New Legal Review

Feldman, Hilary (2008): ›*Paper Cups = Unsustainable Consumption*‹. About My Plant, http://www.aboutmyplanet.com/environment/paper-unsustainable/: geladen am 9.2.2012.

Grimm, Fred, and Anna Kunze (2011): ›*Meins Ist Deins 3.0*‹. Enorm 2:17-20.

Hawken, Paul, Amory Lovins, and Hunter L. Lovins (1999): ›*Natural Capitalism: Creating the Next Industrial Revolution*‹. New York: Little, Brown & Company.

Heller, Steven, and Véronique Vienne (2003): ›*Citizen Designers: Perspectives on Design Responsibility*‹. New York: Allworth Press.

Heath, Joseph, and Andrew Petter (2006): ›*The Rebel Sell: How the Counterculture Became Consumer Culture (Paperback Edition)*‹. Capstone Publishing Limited.

Hopkins, Rob (2010): ›*The Transition Handbook: From Oil Dependency to Local Resilience*‹. Transition Books.

IDEO (2009): ›*Human Centered Design Toolkit: A Free Innovation Guide for Ngos and Social Enterprises*‹.

McDonough, William, and Michael Braungart (2002): ›*Cradle to Cradle: Remaking the Way We Make Things*‹. New York: North Point Press.

Nachtwey, Jutta, and Judith Mair (2008): ›*Design Ecology! Neo-Grüne Markenstrategien*‹. Mainz: Verlag Hermann Schmidt.

Peredo, A. M., and J. J. Chrisman (2006): ›*Toward a Theory of Community-Based Enterprise*‹. Academy of Management Review 31:309-28.

Schmidt-Bleek, Friedrich (2000): ›*Das MIPS-Konzept*‹. Droemer Knaur.

Seelos, Christian, and Johanna Mair (2005): ›*Social Entrepreneurship: Creating New Business Models to Serve the Poor*‹. Business Horizons 48:241-6.

The Hub (2012): ›*Places*‹, Hub GmbH, Vienna (http://the-hub.net/places/, abgerufen am 1.2.2012)

Vermeir, Iris, and Wim Verbeke (2006): ›*Sustainable Food Consumption: Exploring the Consumer »Attitude - Behavioral Intention« Gap*‹. Journal of Agricultural and Environmental Ethics 19:169-94.

Weizenbaum, Joseph (1977): ›*Die Macht der Computer und die Ohnmacht der Vernunft*‹. Frankfurt am Main: suhrkamp taschenbuch.

Welsch, Wolfgang (1990): ›*Ästhetisches Denken*‹. Reclam Verlag.

Wilhelm, Wendy, Alice Yankov, and Patrick Magee (2011): ›*Mobile Phone Consumption Behavior and the Need for Sustainability Innovations*‹. Journal of Strategic Innovation and Sustainability 7:20-40.

Winner, Langdon (1986): ›*The Whale and the Reactor: A Search for Limits in an Age of High Technology*‹. Chicago / London: The University of Chicago Press.

Yunus, Muhammad, Bertrand Moingeon, and Laurence Lehmann-Ortega (2010): ›*Building Social Business Models: Lessons From the Grameen Experience*‹. Long Range Planning 43:308-25.

Yunus, Muhammad (2010): ›*Social Business: Von der Vision Zur Tat*‹. Carl Hanser Verlag.

***Ist eine unbedruckte Seite
eine nicht-gestaltete Seite?***

Am Ende der ›Geschichte des Nachhaltigen Designs‹ soll ein Ausblick in die Zukunft des Nachhaltigen Designs stehen. Welchen Trends wird es folgen? Wie müssen sich Wirtschaft, Gesellschaft, Kommunikation, wie müssen sich Designer und das Studium des Designs verändern, um einem Nachhaltigen Design eine Zukunft zu ermöglichen? Oder muss man, da es keine festgelegte Zukunft gibt, von Zukünften sprechen? Da eindeutige Antworten unglaubwürdig ausfallen müssen, sollen einige Fragen, die Zukünfte des Nachhaltigen Designs betreffend, im Widerstreit, in der Pluralität der Perspektiven diskutiert werden.

Ausblick und Widerstreit: Die Zukunft des Nachhaltigen Designs

DAVIDE BROCCHI & BERND DRASER

Wie werden die Megatrends das Design in den nächsten Jahrzehnten ändern?

Bernd Draser (BD): Ich würde es vorziehen, die problematische Frage umzukehren. Soll das Design tatsächlich immer nur re-agieren? Oder muss ein Design, das nachhaltig werden soll, nicht von sich aus agieren? Wenn der größte Teil des Ressourcenverbrauchs schon im Designprozess festgeschrieben wird (vgl. Europäische Kommission), dann muss das Design früher und verantwortlicher, vor allem aber aus sich heraus agieren, anstatt bloß auf die Erwartungen zu reagieren, die an es herangetragen werden.

Es bleibt auch zu fragen, was Megatrends sind und inwiefern sie Zukunft bedeuten. Die Beschreibung von Trends ist in der Regel eine Beschreibung der Vergangenheit, eine Auslegung der Gegenwart und deren Fortschreibung in ungewisse Zukünfte. Es ist verlockend und gefährlich, die Megatrend-Erzählungen an die Stelle der (Un-)Heilsgeschichten der Vergangenheit zu setzen. In Abgrenzung zu einigen theologischen Weltbildern, insbesondere zu dem des Augustinus, darf man sich erlauben, die Zukunft als nicht prädestiniert zu beschreiben. Die Rede von Zukünften ist deshalb aufrichtiger. Damit wird aber auch die aufklärerische Idee des Fortschritts fragwürdig, insofern ihr ein historischer Automatismus zueigen sein soll, wie er in der sozialistischen Parole »*Vorwärts immer, rückwärts nimmer*«, aber auch in der ökonomischen Wachstumsidee gerinnt.

Gerade der Blick nach rückwärts, dem sich ein Sammelband zur Geschichte des *Nachhaltigen Designs* besonders verpflichtet fühlt, erweist dann doch eine Beobachtung als Präzedenzfall für das Design der Zukunft, sofern es nachhaltig werden will. Es ist das bereits in der Einleitung erwähnte Phänomen des Umbruchs im Kunstverständnis ab ca. 1750 bis in die Romantik hinein. In der zweiten Hälfte des 18. Jahrhunderts ist eine Akademisierung der ästhetischen Diskurse zu beobachten, die Kunst wird zum würdigen Gegenstand der Wissenschaften. Aber auch ihr Wirkungsbereich wird erheblich erweitert, denn gute zwei Jahrtausende, seit Platons Verdammung der Künste als lügnerische Nachahmung (Politeia X), seit des Aristoteles Lob der Kunst als grundlegende und durchaus nützliche anthropologische Konstante (Poetik, Kap. 1-4), seit Horazens Funktionszuweisung des »*prodesse et delectare*« (Ars Poetica 333 f.), hatte sich im Nachdenken über die Kunst kaum etwas getan. Dann, recht plötzlich, traut und mutet man der Kunst einiges zu. Friedrich Schiller, der die Französische Revolution zunächst enthusiastisch begrüßte, vor ihrer Brutalisierung aber zurückschreckte, sprach in seinen Briefen »*Über die ästhetische Erziehung des Menschen*« der Kunst eine solche bildende Kraft zu, dass sie in der Lage sei, eine Gesellschaft ohne die Notwendigkeit einer gewaltsamen Revolution in seinem Sinne umzuwandeln.

Zu Beginn des 19. Jahrhunderts sind es dann insbesondere Hegel und die Romantiker, die die Kunst zu unverhofften Ehren erheben. Hegel sieht in der Kunst eine der drei Weisen des absoluten Geistes, in der Welt zu erscheinen, nämlich als Wegbereiterin der Offenbarungsreligion und der Philosophie (vgl. Hegel 1989:166-171). In einem Fragment fordert Novalis: »*Die Welt muß romantisirt werden. So findet man den urspr[ünglichen] Sinn wieder.*« (1999: Bd 2, 334) *Romantisieren* lässt sich ohne weiteres mit *Ästhetisieren* übersetzen. Ganz pointiert findet sich der Gedanke in Eichendorffs populärem Vierzeiler ›Wünschelrute‹: »*Schläft ein Lied in allen Dingen, / Die da träumen fort und fort, / Und die Welt hebt an zu singen, / Triffst du nur das Zauberwort.*« (1970: Bd. 1, S. 132) Das könnte man folgendermaßen übersetzen: In einer profanen, von den ersten Wellen der Industrialisierung gezeichneten Dingwelt kann nur die tiefe Ästhetisierung der Dinge die Versehrungen durch die Verzweckmäßigung der Welt rückgängig machen. Das klingt noch in Adornos ästhetischer Theorie deutlich nach: »*Ästhetische Verhaltensweise ist die Fähigkeit, mehr an den Dingen wahrzunehmen, als sie sind; [...] Ästhetisches Verhalten ist das ungeschwächte Korrektiv des mittlerweile zur Totalität sich aufspreizenden verdinglichten Bewußtseins.*« (Adorno 2003a, 488) Die Klangfarbe mag sich bei Adorno geändert haben, aber die Tonart ist geblieben: Nur von ästhetischem Verhalten ist Rettung noch zu erhoffen.

Ich glaube, dass seit einiger Zeit eine ähnliche Entwicklung beim Design zu beobachten ist, wie das bei der Kunst vor gut 200 Jahren der Fall war. Die Akademisierung und Szientifizierung des Designs sind dafür nur zwei Symptome. Der inflationäre Gebrauch des Wortes Design, ohne jeweils den Inhalt eines präzisen Designbegriffs zu meinen (vgl. Kries 2010), ist ein weiteres. Diese These ist vor allem für die Zukunft des *Nachhaltigen Designs* von Bedeutung, wenn man es als Korrektiv zur durchindustrialisierten und rationalisierten Gebrauchswelt unserer Gegenwart versteht. Diese Entwicklung analytisch und reflektierend zu begleiten, wird eine der wesentlichen Aufgaben von Designforschung werden.

Im Übrigen konnte die Kunst die an sie gerichteten Erlösungshoffnungen nicht annähernd erfüllen. Nichtsdestoweniger hat sie ungeheuer davon profitiert, denn nur unter dem gewaltigen Erwartungsdruck konnte sie so komplex, so raffiniert, so *sophisticated* werden. Wenn die Entwicklung des Designs ähnlich verlaufen wird, dann stehen seine besten Zeiten ihm noch bevor.

Davide Brocchi (DB): In den letzten 200 Jahren hat unsere Gesellschaft einen Plan konsequent umgesetzt, der sich durch Industrialisierung, Massenkonsum, Wachstumsdogma und Profitorientierung kennzeichnete. Immer größere Teile der Umwelt wurden zu Rohstoff, Deponie oder in eine künstliche berechenbare Welt umgewandelt. Während für Jahrtausende die menschliche Population nie die Milliarde überschritten hatte, vervierfachte sie sich fast innerhalb des 20. Jahrhunderts und liegt heute über sieben Milliarden. Vor nur 100 Jahren war das Auto auf der Straße noch die Ausnahme. Heute können wir uns eine Stadt und Lebensweise ohne Auto kaum noch vorstellen, und zwar obwohl diese Phase in der gesamten menschlichen Geschichte eine Winzigkeit darstellt. Was heißt das? Vor allem in den westlichen reichen Ländern leben wir eigentlich in einer Art *Wahrnehmungsblase*, die in der ersten Hälfte dieses Jahrhunderts wahrscheinlich implodieren wird. Krisen entstehen, wenn wir an Vorstellungen festhalten, die mit der Realität und den Umweltbedingungen in Widerspruch stehen. Diese Vorstellungen sind bereits heute nur auf Wohlstandinseln gültig. Man muss sie nur kurz verlassen, einmal die Peripherie der Metropolen des reichsten Landes der Welt (der USA) besuchen, um festzustellen, wie ambivalent die Wirklichkeit unseres Wohlstands ist. Bisher war das Design vor allem da, um Autos zu produzieren; um uns durch Werbung vorzumachen, dass ein Leben ohne Auto nicht möglich oder gar sinnlos sei. Das Design hat bisher eine Massenillusion ernährt, die in den letzten Jahrzehnten globalisiert worden ist, auch durch die Massenmedien. Der Philosoph Vilém Flusser meint, dass durch die Verbindung von Technik und Ästhetik das Design eine manipulative, gar betrügerische Kraft ausübt. Es wird »*ein Horizont aufgerissen [...], innerhalb dessen wir immer perfekter designen können, uns immer höher aus unserer Bedingung befreien können, immer künstlicher (schöner) leben können*« (Flusser 1997:12). Es ist eigentlich ein Selbstbetrug, denn »*trotz aller technischen und künstlerischen Strategien (trotz Krankenhausarchitektur und Totenbettdesign) sterben wir eben wie Säugetiere sterben*«, so Flusser (ebd. 13). Das (post-)moderne Design wird sich mit den gleichen Illusionen auflösen, die es selbst ernährt hat. Der Fortschritt und das Wachstum stoßen zunehmend nicht nur gegen die biophysischen Grenzen des Planeten (Meadows 1972), sondern auch gegen die sozialen und menschlichen Grenzen. Die Zeitstrukturen unserer Gesellschaft entsprechend dem Maschinentakt der Industrialisierung statt dem Biorhythmus. Wie der wachsende Druck irgendwann die Psyche des Menschen zum Stillstand zwingt (s. Burnout-Syndrom), so führt die Beschleunigung des motorisierten Verkehrs immer häufiger zu Immobilität – in Form langer Staus. Das ist bezeichnend für die ganze Entwicklung: Materielles Wachstum führt nicht zur Freiheit, sondern zur Verstopfung unseres Alltags. Nachhaltigkeit als Spaß zu verpacken wird nicht reichen, um etwas daran zu ändern. Ein *Nachhaltiges Design*, das Menschen aus einer schönen verbreiteten Illusion aufweckt und den Selbstbetrug entblößt, kann natürlich als unangenehm empfunden werden, aber die Emanzipation von der Ideologie der Konsumgesellschaft öffnet neue mentale Räume. Die Adbusting-Bewegung von Kalle Lasn zeigt übrigens, dass auch Kulturkritik mit einem gewissen Witz ausgeübt werden kann.

Wie sollte sich die Wirtschaft im Sinne der Nachhaltigkeit ändern – und wie sollen die Designer dazu beitragen?

BD: Der Markt war im alten Athen eine *agora*, ein Markt auch der Meinungen, eine Vermittlungsstelle von Ideen und Werten, von Maßen und Normen, auch von Politik und Justiz. Symbolisch vermittelte die *agora* zwischen Horizontale und Vertikale, also zwischen Göttern, Menschen und Ahnen, gleichermaßen zwischen Zentrum und Peripherie, also dem bürgerlichen Kern und der agrarischen Umgebung, den verbündeten, befreundeten, verfeindeten Poleis und den fremden Kulturen. In der *agora* fokussierte sich die Welt, aber sie war ein Ort, ein Raum. Sie war Präsenz und kein Abstraktum.

Die *oikonomia* war die Kunst des Haushaltens mit den gegebenen Ressourcen. Das griechische Wort *oikos* ist Wurzel der gemeinsamen Vorsilbe in unseren Worten *Ökonomie* und *Ökologie*. Die gemeinsame Etymologie ist kein Zufall, sondern eine Chance, das Verhältnis zwischen beiden neu – oder vielmehr: traditionell zu denken, wie es bereits in der griechischen *oikonomia* der Fall war. Bemerkenswert ist im Übrigen auch das Wort *oikoumene*, das als Ökumene für uns heute nach dem Dialog der christlichen Denominationen klingt. In der griechischen Antike war sie allerdings die gesamte von Menschen besiedelte und geformte Welt, also die menschengemachte Kulturlandschaft, aber auch die Zivilisation im Gegensatz zur Barbarei. Das bedeutet immerhin so viel, dass Kultur, Wirtschaft und Umwelt wortgeschichtlich und faktisch aufs Engste miteinander verflochten sind.

Eine sich in Richtung Nachhaltigkeit wandelnde Wirtschaft müsste ihre Disziplin wieder in der ursprünglichen Komplexität verstehen und nicht auf den schieren Tauschwert und dessen Akkumulation reduzieren. Designer besetzen nun einmal jene Schnittstelle, an der sich Ästhetik, Symbolik, Wirtschaftlichkeit, Ressourcenverbrauch und andere Bereiche überschneiden. Das fordert von ihnen die Fähigkeit, so komplex zu agieren, dass sie die Wechselwirkungen in allen diesen Bereichen in ihr gestaltendes Handeln mit einbeziehen.

Mit diesem Rück-Blick ins Antike soll natürlich nicht gesagt sein, dass es ein stets glückendes »*Zurück zu ...!*« gäbe, dem ein zu meidendes »*Vorwärts zu ...!*« gegenüberstände, wie Musil es im ›Mann ohne Eigenschaften‹ (Kap. 58) pointiert. Geschichte wird auch zukünftig nicht weniger komplex werden, und die Aufgaben von Designern auch nicht. Aber Designer können zu einer alt-neuen Kunst des Haushaltens beitragen, indem sie die eigenen Traditionen, die Wurzeln, Voraussetzungen und Vorgeschichten des eigenen Tuns und Handelns rege erkunden. Das hat freilich Konsequenzen für die Ausbildung von Designern.

DB: Das ist genau das Problem: Heute wird die *agora* auf den Markt reduziert, während der zentrale Platz der altgriechischen Polis vor allem den Ursprung der direkten Demokratie bildet. Für die Nachhaltigkeit bevorzuge ich das Menschenbild des mitgestaltenden Bürgers zu jenem des Kunden, Verbrauchers oder Homo Oeconomicus. Auf der Agora fand auch das kulturelle Leben der Polis statt: Dies stärkte die Gemeinschaft, das heißt den Zusammenhalt, die Kooperation und letztendlich das Vertrauen unter den Bürgern. Unter der heutigen Dominanz des Marktes leidet nicht nur die äußere Umwelt, sondern auch die innere. Diese Dominanz hat zu einer sozialen und kulturellen Verarmung der Gesellschaft geführt, deshalb wünsche ich mir zuerst ihr Ende: Wir benötigen ein multidimensionaleres Verständnis von Entwicklung und Wohlstand und kein monodimensionales mehr.

Die Zentralität der Ökonomie wurde durch die Globalisierung verstärkt, weil sich der Markt dadurch jeglicher Reglementierung in den demokratischen Staaten entzogen hat. Finanzmärkte können Milliarden in kürzester Zeit über nationale Grenzen frei bewegen, und dadurch Regierungen erpressen. Es wird oft vor allem dort investiert, wo die sozialen und ökologischen Standards am niedrigsten und die Profite am höchsten sind. Jedoch beginnt der Globalisierungsprozess ins Stottern zu geraten und dies hat nicht nur mit der Finanzkrise zu tun. Da wir das s.g. weltweite Ölfördermaximum (Peak Oil) bereits überschritten haben oder bald überschreiten werden, steigen die Ölpreise immer weiter. Dieser Rohstoff wird wahrscheinlich schon in der ersten Hälfte des Jahrhunderts zuneige gehen. Es wird sich immer weniger lohnen, Äpfel aus Chile oder Blumen aus Kenia zu kaufen, wenn der Transport immer teurer wird. Produktion und Konsum werden sich künftig wieder regionalisieren müssen. Die Selbstversorgung wird gegenüber der Fremdversorgung an Bedeutung gewinnen; das Lokale gegenüber das Globale.

Nicht nur der Flugverkehr und der motorisierte Straßenverkehr sind stark abhängig vom Erdöl, sondern auch die Chemieindustrie. Kunststoffe werden in Zukunft zu einem Luxusgut – und durch erneuerbare Materialien immer häufiger ersetzt. Vor allem der Klimawandel und die hohen Risiken der Atomenergie machen heute eine Energiewende immer notwendiger. Eine Wirtschaft, die auf erneuerbaren Rohstoffen und Energieträgern basiert, wird sich aber den biologischen Reproduktionsrhythmen anpassen müssen, um nachhaltig zu sein: Entschleunigung vs. Beschleunigung. Sonnenenergie oder Windenergie finden sich überall, doch die Energiedichte ist im Vergleich zu fossilen Trägern deutlich niedriger. Kleine Technologien und eine dezentralisierte Produktion in kleineren lokalen Betrieben werden große Maschinen oder eine zentralisierte Produktion zunehmend ersetzen.

Die Lebensstile werden sich dematerialisieren müssen. Das Teilen eines Autos, von Werkzeugen oder von Büchern wird in der Zukunft nicht nur in der Familie oder in der eigenen Verwandtschaft praktiziert, sondern in einem größeren sozialen Bereich, zum Beispiel in der Nachbarschaft. Wir werden lernen müssen, *fremden* Menschen viel mehr Vertrauen zu schenken, um Dinge zu teilen statt zu besitzen. In den 1970ern Jahren, als ich Kind war, wurde noch sehr viel repariert und nicht direkt weggeworfen. Auch liegt die Zukunft in der Vergangenheit.

In der Wirtschaft werden die Planung und die Kooperation anstelle des verschwenderischen freien Wettbewerbs an Bedeutung gewinnen. Diese Transformation kann durch ein anderes Design gefördert werden und wird gleichzeitig zu einem völlig anderen Design führen. Für ein Designer ist heute ein Global-Player eine deutlich bessere Referenz als der Tante-Emma-Laden von Nebenan. Man sollte den Mangel zur Chance machen – und *Nachhaltige Designer* sollten den Aufbau von regionalen Wirtschaftskreisläufen fördern bzw. einen Teil davon werden.

Die sozialen Aspekte der Nachhaltigkeit werden oft vernachlässigt im Vergleich zu den ökonomischen und ökologischen. Was verbindet ihr damit?

DB: Normalerweise wird die soziale Dimension der Nachhaltigkeit auf die Armut in der sogenannten Dritten Welt oder auf die Inklusion von Menschen mit Behinderung bezogen. In Wahrheit hat diese Dimension eine systemische Relevanz. Denken wir an die Frage des Friedens: Die Menschheit kann nicht nur durch den Klimawandel ausgelöscht werden, sondern auch durch einen atomaren Krieg oder den Einsatz von Biowaffen. Seit der Nachkriegszeit ist die Geschichte der Umweltbewegung eng verknüpft mit jener der Friedensbewegung.

Es hängt sehr stark von sozialen Faktoren ab, wie eine Gesellschaft auf ihre Krisen reagiert: In einem Kontext des Wettbewerbes und der sozialen Ungleichheit ist es wahrscheinlicher, dass ökologische Probleme nicht entschärft werden, sondern zu einem Kollaps führen. Wiederum haben die Studien der US-Politikwissenschaftlerin Elinor Ostrom gezeigt, dass die *Allmende* dort nachhaltig bewirtschaftet wird, wo eine enge Kooperation zwischen den Nutzern herrscht, wo diese gleichberechtigter Teil einer relativ kleinen Gemeinschaft sind, die sich selbstbestimmen darf.

Sozial ist also auch die Frage der Demokratie, der Macht einerseits und der entsprechenden Ohnmacht andererseits: Nach welchen Kraftverhältnissen wird die Wirklichkeit in einer Gesellschaft konstruiert? Wer und wie setzt Themen auf die politische Agenda? Wer und wie bestimmt die Entwicklung der Gesellschaft?

Für den Ausgang von Entscheidungsprozessen spielt eine wichtige Rolle, ob die beteiligten Akteure in einem symmetrischen oder asymmetrischen Verhältnis zueinanderstehen stehen. Wenn in der Gesellschaft die Auto- und die Ölindustrie einen stärkeren Stellenwert und Einfluss als die Umweltbewegung hat, dann ist es wahrscheinlich, dass die Argumente der ersten in der politischen Debatte durchsetzen. Anders ausgedrückt: In einem Dialog, der in einem Kontext des Wettbewerbs und der soziale Ungleichheit stattfindet, setzt sich oft das stärkere und nicht unbedingt das beste bzw. das *nachhaltigste* Argument durch.

Design kann der Nachhaltigkeit dienen, indem die Kraftverhältnisse in der Gesellschaft ausgeglichen werden und marginalisierte Akteure und Botschaften mehr Aufmerksamkeit erhalten.

Ein weiteres Thema, das immer wichtiger wird, ist jenes der sogenannte ökologische Gerechtigkeit. Der Ökologische Fußabdruck ist in den wohlhabenden Staaten und in den oberen Schichten deutlich breiter, die ökologischen und sozialen Kosten dieser Lebensweise konzentrieren sich jedoch auf die ärmeren Staaten und den unteren Schichten. Der Norden der Welt hat seit Beginn der Industrialisierung deutlich mehr CO_2 in die Atmosphäre gepustet, aber es ist der Süden, der von den Auswirkungen des Klimawandels deutlich stärker betroffen ist. 2005 kamen die meisten Opfer des Hurrikan Katrina in News Orleans aus den ärmeren Schichten: Wer sich es leisten konnte, hatte die Stadt längst verlassen. In Afrika finden wir den Elektroschrott aus Europa. Unter der Wasserknappheit müssen die Palästinenser deutlich mehr leiden als die Israelis. Menschen, die einen SUV (Sport Utility Vehicle) besitzen, leben in den grünen Stadtteilen der Stadt, während sich Geringverdiener nur die Wohnungen an stark befahrenen Straßen leisten können. Um es auf den Punkt zu bringen: In einem Kontext des Wettbewerbs und der sozialen Ungleichheit ist es wahrscheinlich, dass die Positivitäten der gesellschaftlichen Entwicklung internalisiert und die Negativitäten externalisiert werden. Die soziale Ungleichheit der Weltgesellschaft führt zu einer polarisierten Wahrnehmung derselben Entwicklung: Der wohlhabende Teil der Menschheit lebt auf der Schokoladenseite der Erde. Diese Menschen leben in den aufpolierten modernen Zentren der Städte und lernen ferne Ländern wie Kenia, Thailand, Brasilien oder Südafrika nur aus Perspektive von 5-Sterne-Hotels kennen. Mit den sozialen Missständen kommen sie dort kaum in Kontakt. Der anderer Teil der Menschheit lebt hingegen in der Peripherie, zum Beispiel in den Favelas von Rio de Janeiro oder in den Slums von Nairobi. Sie bereisen die Welt als Migranten, die von einer marginalisierten Peripherie in die nächste wandern.

Zwischen diesen zwei Teilen der Menschheit werden immer mehr Mauer errichtet. Sichtbar und greifbar sind jene zwischen Europa und Afrika, den USA und Mexiko, Israel und Palästina oder zwischen reichen und armen Stadtteilen brasilianischer Städte. Es gibt aber immer mehr unsichtbare Mauern. Die meisten Menschen tendieren dazu, den Alltag im eigenen Milieu zu verbringen und Menschen zu vermeiden, die einen niedrigeren sozialen Status haben. Reale und kognitive Mauer schützen uns vor der Unsicherheit, vor der Angst gegenüber dem Fremden, aber sie sperren gleichzeitig die Wahrnehmung der sozialen und ökologischen Umwelt.

Eine wichtige Aufgabe für das *Nachhaltige Design* besteht in der Durchbrechung von sichtbaren und unsichtbaren Mauern und in der Förderung einer Kommunikation zwischen den verschiedenen Teilen der Weltgesellschaft. Entscheidungen über die Entwicklung der Weltgesellschaft sind nur dann wirklich nachhaltig, wenn sie nicht hinter den Mauern der Wohlstandsinseln getroffen werden, sondern in möglichst breiten Wahrnehmungshorizonten. Dies erfordert eine Auseinandersetzung mit fremden Perspektiven bzw. den ständigen Perspektivenwechsel. Die Menschen mit Migrationshintergrund, die in unserer eigenen Stadt leben, sind Botschafter von Welten, die selten in den Massenmedien gezeigt werden.

BD: Die herkömmliche Aufspaltung der Nachhaltigkeit in eine ökonomische, ökologische und soziale Säule halte ich aus mehreren Gründen für überwindenswert. Erstens wird eine Gleichwertigkeit suggeriert, die es faktisch nicht gibt. Eine im engen Sinne verstandene

Ökonomie wäre keine eigene Säule, sondern Mittel zur Stützung der anderen beiden. Zweitens schließt eine weiter verstandene Ökonomie, wie wir sie im Zusammenhang mit der agora diskutiert haben, das Soziale schon mit ein. Drittens ist der Begriff des Sozialen defizitär, wenn er sich auf schwammige Slogans wie soziale Gerechtigkeit, Umverteilung oder ähnliches stützen will, politische Kampfbegriffe also, die sich je nach politischer Provenienz beliebig mit Inhalten auffüllen lassen. Einer präzisen Sprache ist damit nicht gedient; unter sozialer Nachhaltigkeit findet man dann ein Sammelsurium von Einzelproblemen und Wünschenswertem.

Viel klarer wäre die Rede von kultureller Nachhaltigkeit (vgl. Krainer, Trattnigg 2007). Sie bezieht sich gleichermaßen auf gesellschaftliche wie symbolische Muster, die das Substrat für einen nachhaltigen Wandel darstellen können und müssen. Ich halte insbesondere die symbolisch-ästhetische Dimension für relevant, weil sie überhaupt erst die Übersetzung komplexer und abstrakter Zusammenhänge von Nachhaltigkeit in ein kulturelles Zeichensystem zu leisten vermag, ohne das sich der gemeinte Inhalt gar nicht kommunizieren lässt.

Das lässt sich auch viel einfacher sagen: Nachhaltigkeit ist die Antwort auf die Frage, wie wir zukünftig leben wollen. Das betrifft erstens die natürlichen und zweitens die kulturellen Ressourcen. Die natürlichen verstehen sich von selbst. Mit *kulturell* meine ich Fragen wie diese: Wie soll das politische System beschaffen sein, in dem wir künftig leben wollen? Freiheitlich oder totalitär? Gut oder schnell? Zufrieden, Mangel leidend oder übersättigt? Nach welchen Werten und für welche Werte wollen wir wirtschaften? Wie wollen wir miteinander agieren? Wie wollen wir wohnen, leben, uns ernähren? Wie wollen wir Kompromisse finden?

Verzichten wir also lieber auf die Rede von einer sozialen Säule der Nachhaltigkeit und sprechen besser von einer lebenswerten Kultur der Zukunft, denn wir wollen schließlich keine Säulenheiligen werden.

Welche Bedeutung haben soziale Aspekte für das Design?

DB: Der soziale Kontext hat eine hohe Relevanz für den Designdiskurs und die Designpraxis. Der soziale Status wird vor allem durch die Produkte ausgedrückt, mit denen sich Menschen umgeben. Wie man sich kleidet, die Wohnungsgröße und der Stil der Einrichtung, die Automarke oder die Handy-Kategorie: Damit wird die Zugehörigkeit zu einer Schicht und einem Milieu und gleichzeitig die Abgrenzung / Abhebung von anderen ausgedrückt (vgl. Bourdieu 1987).

Das heute dominante Design dient meiner Meinung nach einer Re-Produktion der sozialen Ungleichheit. Einerseits haben die Designer das Massenprodukt entworfen. Andererseits wurde gerade damit ein verstärkter Bedarf nach elitären und exklusiven Produkten erzeugt, der durch das Design selbst abgedeckt wurde. In den 1920er und 1930er Jahren, ausgerechnet in der Zeit als die europäischen Staaten ihre ersten Erfahrungen mit Demokratie machten und die Massen unter den Kosten des ersten Weltkriegs oder der Finanzkrise von 1929 litten, wurden »*Luxusliner, Luftschiffe und Flugzeuge, luxuriöse Hotel-Suiten, Kinopaläste und Kaufhäuser*« gestaltet. »*Es war nicht nur die Zeit des sozialen Wohnungsbaus, sondern auch der großen Modeschöpfer wie Coco Chanel oder Jeanne Lanvin. Man stilisierte das moderne Leben und, wie die italienischen Futuristen, die Schönheit der Geschwindigkeit. Die moderne Gestaltung schuf nicht nur Zeichen für Rationalität und Fortschritt, sondern auch Symbole wirtschaftlicher und politischer Macht*« (Hauffe 2008:87).

In Frankreich entwickelte sich die *Art déco*, die für einen luxuriösen Einrichtungs- und Dekorationsstil stand. Für die kunsthandwerkliche Fertigung exklusiver Einzelstücke wurden »*ausgesprochen kostbare und teure Materialien wie z. B. Schlangenleder, Elfenbein, Bronze, Kristall und exotische Hölzer verwendet*« (ebd.:88).

Die Mittelschicht konnte sich solche exklusiven Produkte selten leisten, wollte aber nicht einfach als Teil einer homogenen anonymen Masse begriffen worden. Für sie wurden Produkte entwickelt, die industriell hergestellt werden konnten, aber mit einer individualisierten Ästhetik. Italien wurde in den 1960ern führend in dieser Entwicklung. Das *Bel Design* war der funktionalistischen *Gute Form* in Deutschland entgegengesetzt: »*Trugen Braun nüchterne technische Modellbezeichnungen wie TS 45 u.a., so hieß die Reiseschreibmaschine, die Ettore Sottsass 1969 für Olivetti entwarf, Valentine oder der bekannte Klappstuhl von Giancarlo Piretti Plia. Die Dinge wurden als individuelle Persönlichkeit aufgefasst und konnten zum Symbol – meist zum Statussymbol – gemacht werden. Das Produkt wurde zum Designobjekt*« (ebd.:123f).

Die Individualisierung der Produktformen wurde durch die Erfindung von Kunststoff und Plastik vereinfacht, die ab den 1960ern immer stärker zum Einsatz kamen. Einerseits galten diese Materialien als besonders preiswert und als Zeichen moderner Gestaltung; andererseits ermöglichten sie eine große Flexibilität in der Form: Tragfähige Stühle oder Tische konnten in allen Formen aus einem Guss maschinell hergestellt werden.

Der soziale Kontext beeinflusst auch die Motivation der Designer und dadurch ihre Arbeit. Sie müssen ihre Existenz sichern und sind von Kunden und Auftraggebern abhängig (vgl. Walker 1992:66). Sie konkurrieren mit vielen anderen Designern auf dem Markt und je mehr das Angebot an Designern die Nachfrage übersteigt, desto härter ist der Wettbewerb unter ihnen. Der Freiberufler lebt oft in prekären Verhältnissen oder muss mit der ständiger Sorge leben, in solche zu fallen. Unter solchen Bedingungen ist er gezwungen, seine Entscheidungen eher nach reinen ökonomischen Gesichtspunkten zu treffen, während soziale oder gar ökologische Überlegungen auf der Strecke bleiben.

Die Frage des Status spielt im Subsystem Design eine wichtige Rolle. Innerhalb des Designs existiert ein Code, der den Status eines Designers ausdrückt. Das Studium mit bekannten Persönlichkeiten, bestimmte Referenzen und Preise, die Präsenz bei Ausstellungen oder bei internationalen Messen erhöht den Status eines Designers und eine gewisse Exklusivität übt eine starke Anziehungskraft. In diesem Kontext kann die Subversivität eines Designwerks ausgerechnet durch seinen Erfolg entkräftet werden und zu einem kommerziellen Phänomen umgewandelt werden, wie das Beispiel der Gebrüder Campanas in diesem Buch zeigt.

Die Funktionalisierung der Kreativität wird heute weniger durch die Formel »*form follows function*« ausgedrückt, sondern viel mehr durch die Formel »*design follows market*« oder genauer gesagt »*design follows money*« (vgl. Bassi 2013:15). Das *Nachhaltiges Design* darf aber nicht nur dann praktiziert werden, wenn es ökonomisch rentabel ist und dem Profit eines Unternehmens dient. Der Wandel in Richtung Nachhaltigkeit bedarf eine gewisse Entfunktionalisierung des Designs bzw. die kreative Dysfunktionalität.

BD: Ich spreche auch hier lieber von den kulturellen als von den sozialen Aspekten des Designs. Einerseits ist Design das Agieren an einem bestimmten Knotenpunkt des Wertschöpfungsgeflechts, wo viele Entscheidungen über den Verbrauch von Ressourcen getroffen werden. Andererseits bedient sich Design permanent der kulturellen Ressourcen, weil jedes Design, auch das funktionalistischste Industriedesign, stets durch Form- und Zeichensprachen kommuniziert und dadurch symbolisch agiert. Adorno hat das in einem trefflichen Satz konzentriert: »*Im Material aber ist Geschichte sedimentiert.*« (2003b: S. 299) Jedes Material, also jede Ressource, die verwendet wird, enthält gleichzeitig Geschichte, also eine kulturelle Ladung, die weit über Statussymbole hinausgeht.

Was immer Designer machen, sie arbeiten stets auch mit diesem kulturellen Material, nie nur mit dem stofflichen. Design lässt sich beschreiben als das Entwerfen und In-Form-bringen von Objekten, von Prozessen und Inhalten. Designer entwerfen also absichtsvoll durch Wahl der Materialen, der Formen und der Zuschreibung von Funktionen oder Inhalten. Gleichzeitig fließen in die Entwürfe die eigenen normativen Werte, diverse Vorstellungen und kulturelle Muster, Konzepte von Welt und vieles mehr ein. Das Gestaltete wirkt nun gleichermaßen auf uns alle zurück, und zwar mit allem, was zuvor hineingelegt wurde.

Was nun gute von schlechten Designern unterscheidet, ist der bewusste und reflektierte Umgang mit diesen kulturellen Ressourcen. Schlechte Designer hingegen greifen blindlings ins Material, ahnungslos und geschichtslos. In einem klugen Gebrauch von kulturellen Ressourcen liegt im Übrigen mindestens soviel Subversion wie Exklusivität, denn die Wirksamkeit von Design beginnt erst dort, wo eine Gesellschaft bereit ist, es zu nutzen oder sich überzeugen, besser noch: verführen zu lassen. Diese Überzeugungs- und Verführungskraft ist aber stets eine symbolische, nie nur eine funktionale, stoffliche, technische. Kulturelle Ressourcen unterscheiden sich von den natürlichen dadurch, dass sie sich durch kenntnisreichen Gebrauch stets mehren; nutzt man sie nicht, vergehen sie.

Designer verdienen ihr Geld oft als Dienstleister. Wie kann man ein System ändern, von dem man abhängig ist?

DB: Diese Frage ist so schwierig wie entscheidend. Sie betrifft nicht nur Designer. Zwar wächst seit Jahren der nachhaltige Teil der Wirtschaft, im Vergleich zum konventionellen bleibt er jedoch eine Winzigkeit. Selbst in Deutschland hatten 2012 die Bioprodukte einen Anteil von nur 3,9 Prozent am gesamten Lebensmittelmarkt (Bund Ökologischer Lebensmittelwirtschaft). Auch in der Politik sind die Hürden immer noch sehr hoch. Seit dem Scheitern der UN-Konferenz von 2009 in Kopenhagen gibt es zum Beispiel keine nennenswerte Bewegung in der internationalen Klimaschutzpolitik. Der Wandel in Richtung Nachhaltigkeit ist vergleichbar mit einer Revolution – und Revolutionen stellen bestehende Machtverhältnisse, Privilegien, Sicherheiten, Gewohnheiten und Werteinstellungen infrage. Entsprechend hoch ist der Widerstand gegen sie. Ressourcen und Reichtum sind heute eher in der Hand derjenige, die sich keine konsequente Nachhaltigkeit wünschen. Öl- und Autoindustrie, konventionelle Energiewirtschaft oder globalisierte Finanzwirtschaft können sich eine ganz andere Lobbyarbeit als Nicht-Regierungsorganisationen leisten. Warum sollte ein Designer auf hochbezahlte Aufträge nicht-nachhaltiger Unternehmen verzichten, um als Geringverdiener für alternative Nischenprojekte zu arbeiten? Nur ein kleiner Teil von Designern kann heute sein Lebensunterhalt durch nachhaltige Unternehmen bestreiten: Was soll der Rest tun?

Wer einen Lohn zahlen kann und den Menschen das Überleben ermöglicht, hat heute eine gewisse Macht. Sie ist proportional zu der Angst arbeitslos zu werden, zur Ökonomisierung und Privatisierung der *Naturdienstleistungen* sowie zur Individualisierung der Lebensweise. Menschen, die sich frei von der Natur ernähren können oder die von der eigenen Landwirtschaft versorgt werden; Menschen, die den Energiebedarf durch eigene Windräder decken; Menschen, die ein gutes soziales Netzwerk haben, viele Kooperationen unterhalten und das Teilen praktizieren, brauchen keinen (hohen) Lohn um zu überleben, sind nicht erpressbar und offener für den Wandel.

Selten wurden Revolutionen in der Geschichte von armen Menschen durchgeführt: Sie hätten es zwar am meisten nötig gehabt, aber gerade sie waren von der Macht am meisten abhängig. Wer sich jeden Tag mit der Frage des Überlebens beschäftigen muss, kann den Wandel nicht gestalten. Im Jahr 1968 waren die Studenten, nämlich jene die sich ein Studium leisten konnten, die Proteste organisierten und alternative Lebensweisen erprobten. Wer sich heute mit Umweltthemen beschäftigt, ist mit der sozialen Not mancher Schichten nicht immer vertraut.

Interessant ist das Phänomen der Aussteiger, nämlich von Menschen, die für mehrere Jahre richtig Geld verdienen, um sich irgendwann die Freiheit der Selbstentfaltung oder der Lebensalternativen zu leisten. Einige Designer finanzieren den minimalen Lebensunterhalt mit einer Teilzeitbeschäftigung bei konventionellen Unternehmen, um in der restlichen Zeit für die Selbstentfaltung oder die Nachhaltigkeit zu arbeiten. Der Wandel findet auch durch solche Grenzgänger statt, wobei die Grenze zwischen Altem und Neuem durch sie selbst und ihr eigenes Leben geht. Man muss diese Ambivalenz aushalten, besser: in einer produktiven und kreativen Weise nutzen.

Selbst wenn die Macht, die Ressourcen und das Reichtum nicht immer auf der Seite der Akteure stehen, die sich für Nachhaltigkeit einsetzen, spricht vieles dafür, dass die Erkenntnis auf ihrer Seite stehen. Angesichts der sich heute bezeichnenden Megatrends (Peak Oil, Klimawandel usw.) werden sich die besseren Argumente irgendwann gegen die stärkeren so oder so durchsetzen. Wer diese Gewissheit hat, beginnt schon heute mit der Nachhaltigkeit, selbst wenn sie jetzt noch nicht so sehr lohnt. Trotzdem kann jede auch kleine Investition von Designern diesen Wandel beschleunigen.

BD: Ich stimme zu: Die Frage ist entscheidend. Aber sie ist ganz einfach und ganz anders zu beantworten. Ich glaube nicht, dass man irgendein System beeinflussen kann, wenn man nicht Teil ebendieses Systems ist und insofern von ihm abhängt. In der Physik hat diese Einsicht vor fast einem Jahrhundert zu einer beachtlichen Grundlagenkrise und zur Formulierungen der Quantenphysik geführt. Im Luhmannschen Sinne versteht es sich ohnehin von selbst, dass ein System selbsterzeugend ist. Etwas, das nicht innerhalb des Systems verflochten ist, heißt bei ihm dann eben Umwelt und wirkt nicht im System.

Es gibt selbstverständlich verschiedene Grade von System-Abhängigkeiten, aber die Verflechtungen in ein System sind deutlich umfassender als bloße Abhängigkeiten. Der Versuch des Entrinnens ist jedenfalls das Gegenteil von Verändern. Teilhabe an einem System, politisch gesprochen, ist notwendige Voraussetzung der Veränderung. Was bedeutet das für *Nachhaltiges Design*? Es muss stets wechselwirken mit nicht nachhaltigen Weisen des Produzierens, Konsumierens, Wirtschaftens, und zwar in dem Sinne, dass es sich als die bessere und attraktivere Alternative erweist. Zwar schrieb Adorno in den Minima Moralia: »*Es gibt kein richtiges Leben im falschen.*« (2003c: S. 43) Aber hier irrt Adorno. Das Gegenteil ist der Fall. Das richtige Leben gibt es nur im falschen, denn jenes setzt dieses voraus.

Welche Kultur brauchen wir für die Nachhaltigkeit?

DB: Ökologische oder soziale Krisen sind nicht nur ein westliches bzw. ein modernes Phänomen. Denken wir an den Untergang der Rapanuis auf der Osterinsel oder an die Abholzung der Zedernwälder in Libanon durch die Phönizier. Aber diese Krisen haben in unserem Kulturkreis vor allem nach der Industrialisierung eine vorher nie dagewesen Qualität erreicht. Ich bin der Meinung, dass dies auch mit dem christlich-jüdischen Naturbild, mit dem mechanistischen Denken von René Descartes, Francis Bacon oder Isaac Newton oder mit dem pessimistischen Menschenbild von Thomas Hobbes zu tun hat. Entsprechend braucht Nachhaltigkeit ein neues Natur- und Menschenbild, wobei die Dichotomie zwischen Mensch und Natur, Individuum und Gemeinschaft oder Subjekt und Objekt durch ein Beziehungsdenken ersetzt werden sollte.

Nach meiner Auffassung geht es aber bei der Nachhaltigkeit nicht um eine neue Ideologie die eine alte ersetzt. Entscheidend für die Resilienz einer Gesellschaft sind hingegen die Lernfähigkeit und die kulturelle Vielfalt. Ideologien und Lernfähigkeit schließen sich gegenseitig aus. In der Ideologie wird die Wahrnehmung der Wirklichkeit der eigenen Überzeugung angepasst. Alles, was dieser Überzeugung widerspricht, wird nicht wahr- oder nicht ernstgenommen. Wenn eine Ideologie eine Gesellschaft dominiert, dann ist es wahrscheinlich, dass die Ursachen der Probleme als Lösung praktiziert werden – und dies ist natürlich verherend. Dies passiert heute zum Beispiel mit der Betrachtung von Wirtschaftswachstum als Allheilmittel. Nachhaltig ist die Bereitschaft die eigene Überzeugung der Erkenntnis anzupassen. Es ist die ästhetische Empfindsamkeit für die eigene äußere und innere Umwelt[1] anstelle einer schützenden Anästhesie.

Gleichzeitig benötigt Nachhaltigkeit einen gewissen Idealismus: Wir können die Wirklichkeit ändern, nur wenn wir glauben, dass sie nicht die einzig mögliche ist. Wir müssen uns eine andere Wirklichkeit vorstellen, um die existierende zu ändern.

BD: Wir brauchen nicht die eine Kultur, sondern eine Vielfalt von Kulturen. Plurikulturen, nicht Monokultur. Das, was Lyotard die »*großen Erzählungen*« nennt, monolithische heilsgeschichtliche Programme, All-Erklärungs-Modelle, Utopien des Niedergangs oder der Erlösung und immerwährender Glückseligkeit sind die Gifte, die alles tilgen und nur ein hässliches profanes Kraut übriglassen, eine durch und durch aufgeklärte und entzauberte Welt. Insofern haben wir hier erstmals fast einen Konsens. Ob es das eine jüdisch-christliche Naturbild gibt, darf hingegen bezweifelt werden, noch mehr, ob es für Naturzerstörung verantwortlich sein kann. Schon der Schöpfungscharakter der Natur verbietet ihren Missbrauch. Es sind vielmehr die Zertrümmerer des christlichen Weltbilds, die Rationalisten und Aufklärer, die das sakrale Wesen der Natur als Schöpfung widerrufen und sie als profane angreifbar machen.

Die Kulturen, die wir brauchen, um nachhaltige Lebensweisen kultivieren zu können, sind eher traditional als neu. Warum? Weil der Mensch als Kulturwesen für den allergrößten Teil seines Daseins offenkundig zyklisch, also in Kreisläufen gedacht hat. Die steinzeitlichen Jäger und Sammler sahen sich in der Pflicht, die Knochen der erlegten Jagdtiere nicht zu beschädigen, sondern sie zu deponieren, das getötete Leben zu restituieren und so den Eingriff in den Kreislauf zu neutralisieren. Die ältesten belegten Bestattungen zeigen regelmäßig schon den symbolischen Bezug zum Lauf der Sonne.

Mit der neolithischen Revolution wurde das noch evidenter: Man begrub das Samenkorn und es trug neue Früchte. Der Tod, die Bestattung der Saat, war immer schon die Grundlage des neuen Lebens. Nicht zufällig ist daher der Kern sämtlicher menschlicher Rituale die dramatische Symbolik von Tod und Erneuerung, sei es in den Religionen, sei es in den Künsten, sei es in Hollywood-Filmen. Der Mensch war ein zyklisches Wesen, und in seinen Traditionen ist er es geblieben. Wo wir unsere traditionale Ausstattung als Kompass für die Navigation in eine nachhaltige Zukunft wählen, werden wir eine verlässliche Orientierung haben.

Welche Rolle spielt die Kommunikation?

DB: In seinem Buch ›Ökologische Kommunikation‹ behauptete Niklas Luhmann, dass eine Gesellschaft ökologische Probleme als solche nicht wirklich wahrnehmen kann, weil ein soziales System mit unserer Umwelt nicht wirklich kommunizieren kann. Was wir wahrnehmen, sind vielleicht die gesundheitlichen, ökonomischen und sozialen Auswirkungen dieser Probleme, wobei die ökologischen Zusammenhänge dahinter selten bewusst sind und öffentlich thematisiert werden. So kann Ölknappheit eine Wirtschaftskrise auslösen oder die soziale Polarisierung innerhalb der Gesellschaft verschärfen, weil durch die höheren Ölpreise sich ein größerer Teil der Bevölkerung das Autofahren nicht mehr leisten kann. Die Politiker diskutieren dann aber nicht über Peak Oil oder die grundsätzlich begrenzte Verfügbarkeit von Ressourcen, sondern über die militärische Sicherung der Versorgung und eine staatliche Subventionierung der Benzinpreise.

---

1 Hier wird der systemtheoretische Umweltbegriff verwendet.

Die Belange der Umwelt entfalten keine Wirksamkeit in einer Gesellschaft, solange man über sie nicht kommuniziert – so Luhmann. Die wichtigste Voraussetzung einer funktionierenden Kommunikation ist die Präsenz eines Absenders, das heißt von gesellschaftlichen Akteuren, die Umweltinteressen vertreten. Ihre Botschaft muss so codiert werden, dass sie von möglichst vielen Empfängern verstanden werden kann. Weil der Code der Ökonomie in unserer Gesellschaft dominant ist, werden oft ökologische Kosten in Geldbeträgen ausgedrückt, um ihre Relevanz verständlich zu machen. So hat der britische Ökonom Nikolas Stern die Auswirkungen des Klimawandels für unsere Gesellschaft in ökonomische Kosten übersetzt: Neben gesellschaftlichen Trägern braucht eine Botschaft entsprechende Medien, um kommuniziert – also um wirksam zu werden. Und gerade heute haben die Massenmedien einen großen Einfluss auf die Denkweise und das Verhalten der Menschen, im positiven wie im negativen Sinne.

Wenn die Kommunikation eine so wichtige Rolle für die Nachhaltigkeit spielt, dann ist diese eine zentrale Kompetenz vor allem von Designern.

BD: Das ist richtig. Cassirers Definition des Menschen als »*animal symbolicum*« also als symbolbildendes Lebewesen, ist nicht die schlechteste (Cassirer 1990, Schmidinger / Sedmak 2007). Wenn wir also als Menschen symbolbildende und damit kommunizierende Lebewesen sind, spricht viel dafür, dass es die symbolisch-kommunikative Ebene ist, auf der nicht nur Wissen, sondern auch Haltungen, Wahrnehmungsmuster, Verhaltensweisen generiert und verändert werden. Wenn Designer sich also einer nachhaltigen Entwicklung widmen wollen, versteht es sich von selbst, dass sie Experten der Kommunikation sein müssen, und zwar auch dann, wenn sie nicht Kommunikationsdesigner sind.

Nun darf aber der Begriff der Kommunikation nicht auf die Vermittlung von Informationen beschränkt werden, wie das etwa in Form von medialer Berichterstattung, von Aufklärungskampagnen, von Bildungsmaßnahmen, Aktionen oder sonstigen Formen der Reklame für die gute Sache geschieht. Viel wichtiger als diese manchmal ganz nützlichen Techniken der oberflächlichen Kommunikation sind zwei Elemente.

Das erste Element ist ein fundiertes und reflektiertes Wissen um die historische und traditionale Bedingtheit des eigenen symbolischen Systems. Wer nicht sieht, dass er als Rechtfertiger einer nachhaltigen Entwicklung eine Position besetzt, die früher von Stoikern, Asketen, Mystikern, Spezialisten fürs Heilige oder Moralisten eingenommen wurde, der macht bald eine lächerliche Figur. Unsere kommunikativen Gesten sind historisch vorgeformt. Wir kommunizieren nicht objektiv.

Das zweite Element ist die exemplarische Kraft individueller Lebensführung. Glaubwürdigkeit gewinnt man durch Kongruenz von Wort und Tat. Nichts wirkt kraftvoller als ein Einzelner, der exemplarisch zeigt, dass es möglich, attraktiv und nachahmenswert ist, sein Leben in gewissen Dingen umzustellen. Nur mit dieser Art der Kommunikation ist es möglich, den penetranten moralinsauren Beigeschmack mancher Nachhaltigkeitsdiskurse zu vermeiden. Erst da, wo Nachhaltigkeit zu einer souveränen Lebenskunst von Individuen wird, gewinnt sie kommunikative Glaubwürdigkeit und Attraktivität.

Für nachhaltige Designer folgt daraus, dass sie besser nicht predigen oder moralisieren sollten. Ich möchte nicht von einem nachhaltigen Lebensstil überzeugt oder dazu überredet werden, vielmehr würde ich mich gerne gut informiert wissen, um dann zu einem anderen Lebensstil verführt zu werden.

Wie sollte sich die Designausbildung im Sinne der Nachhaltigkeit ändern?

BD: Wenn die Designausbildungen sich noch stärker disziplinieren in Richtung des korrekten Gebrauchs technischer Hilfsmittel, dann würde den angehenden Designern die Urteilskraft ausgetrieben und durch das Bedienen von Software und Produktionsgerätschaften surrogiert. Dieses Phänomen ist in vielen Design-Curricula zu beobachten und tut der Qualität von Design nicht gut. Aber eine bloße Selbstentfaltung im Sinne des naiven Ausdrucks subjektiver Befindlichkeiten wäre ebenfalls armselig. So manche Design-Expertin rümpft da verächtlich die Nase und nennt solche Elaborate abfällig *Kunst*, was freilich nicht nur nicht zutrifft, sondern präzis falsch ist.

Erst da, wo eine reflektierte Individualität souverän die technischen und technologischen Mittel zu wählen versteht, die den Inhalten adäquat sind, ist qualitativ hochwertiges Design zu erhoffen. Deshalb muss eine Ausbildung für *Nachhaltiges Design* einerseits die aktuellen technologischen Entwicklungen widerspiegeln, sich ihnen andererseits aber nicht schlicht unterwerfen, sondern sie reflektierend und methodenfest einzuordnen verstehen. Das kann man auch schlicht Wissenschaftlichkeit nennen.

Zur Wissenschaftlichkeit im besten Sinne gehören aber auch Weltwissen, Reflexionsvermögen und Urteilskraft. Bildung darf nicht reduziert werden auf berufliche Qualifikation, sondern bedarf der Herausbildung einer Persönlichkeit. Insbesondere für nachhaltig arbeitende Designer ist das unentbehrlich, denn an Weltwissen hängt die Urteilskraft, also die Fähigkeit, sich auf Probleme und Herausforderungen kompetent einzulassen, stets mit einem metadisziplinären Korrektiv im Blick, also mit dem Blick auf das, was jenseits des unmittelbaren fachinternen Horizonts sich tut. Im beruflichen Alltag stellt sich das dann schnell als Entscheidungskompetenz heraus und ist mit einem Mal höchst pragmatisch und nicht nur eine zweckfreie schöngeistige Übung.

Für einen einzelnen Studierenden des *Nachhaltigen Designs* mag das sehr viel an Anforderungen sein, vielleicht zu viel für den Einzelnen. Daher ist es entscheidend, die Dialogfähigkeit in Teams von Beginn an zu fördern. Nicht jeder kann alles können, aber gezielte Kooperationen bündeln Wissen, Kompetenzen und Talente. Das alles lässt sich einem Designstudium nicht als isoliertes Modul aufpfropfen. Vielmehr muss die Orientierung auf Nachhaltigkeit ein Design-Curriculum als Querschnittsaufgabe prägen, oder besser noch: als Grundtonart verstanden werden, aus der sich alles weitere ableiten lässt.

DB: Ich habe keine große Erfahrung mit der Designausbildung und ecosign ist sicher keine repräsentative für die Gesamtlandschaft. Mein Eindruck ist aber, dass sich das Studium in Fachschulen und Universitäten zunehmend der Wirtschaft orientiert – und dies auch durch den s.g. Bologna-Reformprozess gefördert worden ist. Das heißt, die Bildung wird immer mehr zur Ausbildung und für den Markt funktionalisiert. Dadurch dient sie mehr der Reproduktion des gesellschaftlichen Systems als seiner Evolution. Designer lernen *professionell* zu arbeiten und ihre Produkte so zu gestalten, dass sie vorgegebenen ästhetischen Prinzipien gerecht werden. Solche Regeln sind Bestandteil eines selbstreferentiellen Subsystems: Designer kommunizieren vor allem mit Designern.

Wie sollte sich also die Designausbildung im Sinne der Nachhaltigkeit ändern?
- a) Nur wenn die Bildung nicht mehr (nur) eine Funktion des Marktes bleibt und die Studierenden nicht nur lernen müssen, möglichst effizient auf dem Markt zu handeln, kann sie zu einer Evolution der Gesellschaft beitragen. Studenten und Dozenten sollten sich einsetzen, um Fachhochschulen und Universitäten wieder zu Orten der freien Bildung, der freien Forschung, des Wissenstransfers und des kreativen Experimentierens zu machen.

- b) Es reicht nicht, einen Nachhaltigkeitskurs neben die bestehenden einzuführen, um von *Bildung für nachhaltige Entwicklung* sprechen zu können. Viel wichtiger ist, dass alle bestehende Kurse nachhaltiger werden. Wenn das Medium selbst die Botschaft ist (McLuhan), dann betrifft die Frage der Nachhaltigkeit nicht nur die Bildungsinhalte, sondern auch die Form der Bildung. Eine Bildung zum vernetzten Denken, zur Kritik und zur Reflexion sind für die Nachhaltigkeit gefragt. Studenten müssen nicht lernen zu funktionieren, sondern auch die Rahmenbedingungen mitzugestalten oder mal gar gegen den Strom zu schwimmen. Das Lernen soll sich nicht nur lohnen, wenn es eine Note dafür gibt.
- c) *Nachhaltiges Design* erfordert Grenzgänger, die die Kommunikation zwischen sonst selbstreferentiellen Subsystemen fördern. Designer sollen immer wieder ihre Klasse in der Fachhoschule oder ihr Studio verlassen, um sich in fremden Welten, in die Peripherien und in andere Kulturkreise zu begeben. In der modernen Lebensart fällt es uns leichter eine Fernreise zu machen, als den Nachbar kennenzulernen. Fotografie, Videos oder Keynote-Präsentationen reichen nicht aus, um die Bedeutung der Natur zu erfahren: Man muss in die Natur gehen, am besten eine Zeitlang in der Natur leben, um eine emotionale Beziehung zu ihr aufzubauen.
- d) Normalerweise arbeiten die Studierenden bei den verschiedenen Kursen an fiktiven Vorhaben, wobei die Ergebnisse nach der Prüfung meistens in den Abfall landen. Viel spannender wäre es, die Realität selbst, in der eigenen Stadt und in der eigenen sozialen Umgebung, zum *Objekt* der Projekte zu machen. Wie kann ich meinen Stadtteil bewegen? Wie fördere ich Tauschringe in meiner Straße? Wie bringe ich Menschen dazu zu teilen statt zu besitzen? Durch die Verbindung von Theorie und Praxis würden die Studierende by doing deutlich mehr lernen und sich inspirieren lassen. Auch das Studium kann so eine unmittelbare Nutzen für die Gesellschaft haben. Die eigene Lebenswelt ist das beste Labor und Werkstatt für Nachhaltigkeit.
- e) Es ist sehr wichtig, dass sich nachhaltige Bildungsinstitutionen in der Region vernetzen und ihre Absolventen auch nach dem Ende des Studiums begleiten. Diese sollen nicht den Eindruck bekommen, dass die guten Vorsätze ihres Studiums in der unmittelbaren gesellschaftlichen Realität nicht praktikabel sind. Sie sollen hingegen mit Akteuren in Kontakt kommen, die nachhaltige Alternativen bereits erproben oder umsetzen.

Die wichtigste Frage in der Nachhaltigkeitsdebatte betrifft heute nicht mehr Probleme oder Lösungen, sondern die Transformation. Wie kommen wir von den Problemen zu den Lösungen? Wie sieht ein Transformationsdesign aus?

BD: Design transformiert sowieso immer: Rohstoffe zu Produkten, Informationen zu Botschaften, Oberflächen zu Interfaces, Menschen zu Konsumenten, Gestalter zu Vermittlern. Ein *Nachhaltiges Design* sollte weniger transformieren wollen, es müsste viel konservativer, bewahrender, schützender, langsamer werden. Otl Aicher sprach von der »*Welt als Entwurf*« (Aicher 1991), und unter der Hand der Funktionalisten wurde sie zum Wegwurf. Die Frage ist nicht, ob und wie Designer die Welt verändern können, sondern wie sich das Design selbst zu einem transformiert, das nicht mehr permanent Welt in Ware transformiert.

Ein entscheidender Schritt einer solchen Transformation des Designs muss es sein, von der Objektfixierung des Designs loszukommen. Gestalter neigen nach wie vor dazu, Design in Objekten zu denken. Ein Objekt oder Ding ist etwas, das vormals Natur war und durch menschliches Handeln (Marx nennt das Arbeit) zum Objekt pro-duziert, also über-führt wird. Eine solche Sicht führt dazu, dass jedem menschlichen Bedürfnis ein Objekt zugeordnet wird. Und mit der Vervielfältigung der Bedürfnisse wächst die Zahl der Objekte. Ein Blick in unsere Haushalte, insbesondere die Küchen, illustriert das überdeutlich.

Davide Brocchi & Bernd Draser

Wie wäre es aber, wenn den menschlichen Bedürfnissen nicht über Objekte entsprochen würde, sondern über Dienstleistungen? Brauche ich wirklich einen Brotbackautomaten, oder doch eher eine befriedigende Auswahl an Broten? Brauche ich ein Auto samt Stellplatz und all den Lasten, die damit zusammenhängen? Oder brauche ich nicht vielmehr eine flexible individuelle, auch spontan verfügbare Mobilität? Diese Ansätze werden schon längst in der Dematerialisierungsforschung erkundet.

Viel spannender wird es aber, wenn die Bedürfnisse selbst transformiert werden sollen, denn hier geraten wir schnell in die symbolischen Systeme, die den Kern unserer Kultur, unserer Werte ausmachen. Das ist ein sensibler, ein delikater Bereich, weil jede Transformationsbemühung schnell als Reglementierung oder Manipulation empfunden werden wird. Transformationsdesign, das Bedürfnisse oder Verhaltensweisen ändern will, ist die schwierigste aller Designdisziplinen. Es wird nur eine Chance haben, wenn es kulturell bestens abgesichert ist und nicht den *haut goût* der Bevormundung verströmt. Stellt sich die Frage, ob es eine kulturell etablierte Technik der Transformation gibt. In der Tat, die gibt es, und ich erzähle so oft wie möglich davon (vgl. Draser 2012). Es gibt sie in Gestalt der Riten des Übergangs, die zu den anthropologischen Universalien zählen, also in allen menschlichen Kulturen präsent waren und sind.

Solche Riten des Übergangs dienen der strukturierten Bewältigung sozialer Krisensituationen. Der französische Ethnologe Arnold van Gennep analysierte sie 1909: Übergänge von einem sozialen Zustand in einen anderen sind gefährlich. Das Alte ist erschöpft, das Neue noch nicht etabliert; das können Lebensabschnitte wie Erwachsenwerden, Heiraten, Sterben sein, aber auch Amtsübergaben, Jahreszyklen, Reisen, Gebäudeeinweihungen. Und hier kommen die kulturellen Transformationstechniken ins Spiel: Erstens muss man sich vom Alten, Verbrauchten, Erledigten ablösen (Trennungsriten), um zweitens in der Schwellenphase den Übergang zum Neuen an sich selbst zu vollziehen (Schwellenriten), und dann drittens gewandelt, erneuert, gestärkt wieder in die Gemeinschaft zurückzukehren (Reintegrationsriten).

Die Trennungsriten machen einen radikalen Schritt des Ablösens und werden mit Trauer begangen. Die Schwellenriten nutzen die Todessymbolik, denn das Alte muss absterben und bestattet werden, um dem Neuen Kraft zum Leben zu geben. Die Riten der Reintegration sind Freudenfeste, weil der gefährliche Übergang bewältigt wurde. In ihrer symbolisch aufgeladenen Performativität sind die gefährlichen Übergänge zu ästhetischen Prozeduren kristallisiert, sie produzieren für unser Auge nicht mehr nur Sinn, sondern auch Schönheit. Im Übrigen sind solche Riten durchdrungen von Bedeutung und damit das Gegenteil von Gewohnheiten, die uns träge im Alten verharren lassen.

Gelingendes Transformationsdesign muss sich intensiv darum bemühen, solche und andere kulturelle Muster zu erkunden und in eine Ästhetik der Transformation zu integrieren. Das ist meines Erachtens eine der wichtigsten Voraussetzungen für die Zukunft des nachhaltigen Designs.

DB: Gerade in der heutigen sogenannten Informations- und Wissensgesellschaft wissen wir sehr viel über die Probleme und eigentlich auch über bewährte Lösungen. Es gab in den letzten Jahrzehnten tausende Konferenzen, Studien und Veröffentlichungen dazu. In ihrem Buch ›Das Ende der Welt, wie wir sie kannten‹ (2009) stellen der Politikwissenschaftler Claus Leggewie und der Sozialpsychologe Harald Welzer die Frage so: Warum tun wir nicht, was wir wissen?

Erstens: Die Information ist keine ausreichende Voraussetzung für ein nachhaltiges Verhalten. Das menschliche Verhalten wird - so die Psychologie - zu 80 Prozent von unbewussten Emotionen und Gefühlen bestimmt und nur zu 20 Prozent von rationalen bewussten Überlegungen, die zum Beispiel auf Wissen basieren. Anders gesagt: Wissenschaftler und Journalisten produzieren und verbreiten zwar Wissen über den Klimawandel oder die Möglichkeiten die CO_2 Emissionen zu reduzieren, aber allein damit werden sie die Welt nicht ändern: Die bisherigen Entwicklungen beweisen es. Ethische Prinzipien allein ändern das Verhalten nicht, wenn die *verinnerlichten Eltern* ein nicht-nachhaltiges Weltbild vertreten.

Zweitens: Designer haben eine emotionale Kompetenz in der Gestaltung von Kommunikation – und diese wird heute vor allem dazu genutzt, um Menschen zu dem Kauf eines Produkts oder der Wahl einer Partei zu bewegen. (Wie) kann das Design nun nachhaltigen Zielen dienen? Nicht indem Menschen für den Klimaschutz manipuliert werden, zum Beispiel durch Werbung. Die Manipulation selbst ist nach meinem Empfinden das Problem. Für die Nachhaltigkeit brauchen wir andere Formen der Kommunikation, zum Beispiel mehr Interaktion statt Fernsehmonologe.

Drittens: Innerhalb der Gesellschaft gibt es Kräfte, die lieber an den Problemen festhalten wollen; andere, die die Lösung erproben und sich dafür stark machen sowie eine stille Mehrheit. Designer können zwischen diesen Bereichen vermitteln und die Kommunikation fördern, so dass (mentale) Verkrustungen, die den Wandel hemmen, aufgelockert werden.

Viertens: Designer können selbst Nachhaltigkeitspioniere sein, die neue Lösungen erproben, eine Normalität durchbrechen und neue Wanderpfade im Alltag öffnen.

Fünftes: Menschen sind soziale Tiere, das heißt ein Transformationsdesign hat oft sehr viel mit *Community Designs* zu tun. Die Politikwissenschaftlerin Elinor Ostrom behauptete, dass Gemeingüter nachhaltig bewirtschaftet werden, wenn kleine Gemeinschaften Verantwortung bekommen und diese mit einer gewissen Autonomie regieren dürfen. Die Kooperation und das Teilen in der Gemeinschaft, eine Regierung der Gesellschaft von unten, erfordern aber vor allem eins: gegenseitiges Vertrauen. Designer können Räume schaffen oder Prozesse konzipieren, in denen dieses Vertrauen gefördert wird.

Kann nicht gestalten nachhaltiger sein als gestalten?

BD: O ja! Es gibt zu viel und nicht etwa zu wenig Gestaltung. Wir brauchen nicht mehr Dinge, sondern weniger. Unter der Bürde der Dinge, mit denen wir uns beladen, drohen wir unsere Freiheit zu verlieren. Die Erde als Ökosystem leidet ja nicht daran, dass wir sie zu wenig gestalten. Es ist, denke ich, eine sehr kluge Idee, einfach mal *nicht* die Welt verändern zu wollen, sondern uns selbst ein wenig zurückzunehmen. Das täte uns allen gut.

DB: Auch Nachhaltigkeit ist erst einmal eine Idee. Sie stammt von Wesen, deren kognitive Fähigkeiten begrenzt sind und die Komplexität nur aus einem relativen Standpunkt betrachten können. Daher ist jede Gestaltung der Welt nach einer menschliche Idee mit Risiken verbunden. Was uns heute richtig erscheint, kann sich morgen als falsch erweisen.

Ein *Nachhaltiges Design* versucht zuerst die Idee selbst umweltgerecht zu gestalten. Gerade in Zeiten, in denen eine globalisierte Wirtschaftsideologie als *alternativlos* bezeichnet wird, sind ein kultureller Wandel und eine kulturelle Evolution nötiger denn je. Warum die äußere und innere Natur des Menschen ständig verunstalten, wenn man von ihr so viel lernen kann?

Davide Brocchi (*1969, Rimini) ist Sozialwissenschaftler, Dozent an der ecosign / Akademie für Gestaltung, Köln, sowie an den Universitäten Düsseldorf und Lüneburg. Sein Schwerpunkt liegt im Nachhaltigen Design bzw. in der kulturellen Dimension der Nachhaltigkeit. Als Doktorand erforscht Brocchi die Rolle der individuellen und kollektiven Wahrnehmung beim Entstehen von gesellschaftlichen Krisen. Neben Sozialwissenschaften studierte er Philosophie, unter anderem bei Prof. Umberto Eco an der Universität Bologna. Nebenbei ist Brocchi immer wieder als Kulturmanager aktiv und engagiert sich in sozialen Bewegungen. Er initiierte das ›Festival der Kulturen für eine andere Welt‹ (2003, Düsseldorf.), die Kunstausstellung ›Subkulinaria‹ (2008, Köln) und den ›Tag des guten Lebens: Kölner Sonntag der Nachhaltigkeit‹ (2013).

Bernd Draser. Seit 2004 Lehr- und Prüfungsauftrag für Philosophie und Kulturwissenschaften, ecosign / Akademie für Gestaltung Köln. Seit 2009 Lehrauftrag für Ökodesign, Hochschule Bochum, Co-Organisator der Sustainable Summer School. 1993–1999 Studium der Philosophie und Germanistik in Bonn. 1998–2003 Dozent und Program Coordinator, internationale Study-Abroad-Programme in Bonn. Seit 2009 zahlreiche Vorträge und Aufsätze zur Kulturgeschichte der Nachhaltigkeit und zur Ästhetik des Designs. Schwerpunkte der Lehre: Klassische Texte der Philosophie, kultur- und religionswissenschaftliche, filmästhetische und literaturgeschichtliche Themen. An der ecosign ist er zudem verantwortlich für Qualitätssicherung.

Literatur

Adorno, Theodor W. (2003a): Ästhetische Theorie. Gesammelte Schriften, Herausgegeben von Rolf Tiedemann, Band 7. Frankfurt am Main: Suhrkamp.

Adorno, Theodor W. (2003b): Ohne Leitbild. Gesammelte Schriften, Band 10.1. Frankfurt am Main: Suhrkamp. S. 291-301.

Adorno, Theodor W. (2003c): Minima Moralia. Reflexionen aus dem beschädigten Leben. Gesammelte Schriften, Herausgegeben von Rolf Tiedemann, Band 4, Frankfurt am Main: Suhrkamp.

Aicher, Otl (1991): Die Welt als Entwurf. o.O.: Ernst & Sohn.

Aristoteles (1994): Poetik. Übersetzt und herausgegeben von Manfred Fuhrmann. Stuttgart: Reclam.

Bassi, Alberto (2013): Design. Progettare gli oggetti quotidiani. Bologna: Il Mulino.

Bosch, Aida (2012): Sinnlichkeit, Materialität, Symbolik. In: Moebius, Stephan; Prinz, Sophia (2012): Das Design der Gesellschaft. Bielefeld: Transkript. S. 49-70.

Bourdieu, Pierre (1987): Die feinen Unterschiede. Kritik der gesellschaftlichen Urteilskraft. Frankfurt / Main: Suhrkamp.

Cassirer, Ernst (1990): Versuch über den Menschen. Einführung in eine Philosophie der Kultur. Frankfurt: S. Fischer.

Draser, Bernd (2012): Die Kunst des Trennens. In: factory. Magazin für nachhaltiges Wirtschaften, Nr. 4 / 2012, S. 9-12. Verfügbar unter: http://www.factory-magazin.de/fileadmin/magazin/media/trennen/factory_2012_4_web.pdf

Eichendorff, Joseph von (1970): Werke. 3 Bände. Hrsg. von Ansgar Hillach. München: Winkler.

Flusser, Vilém (1997): Vom Stand der Dinge. Eine kleine Philosophie des Design. Göttingen: Steidl Verlag.

Hauffe, Thomas (2008): Design: Ein Schnellkurs. Köln: DuMont.

Hegel, G.W.F. (1989): Vorlesungen über die Ästhetik. Erster und zweiter Teil. Stuttgart: Reclam.

Horaz (1986): Ars Poetica. Stuttgart: Reclam.

Krainer, Larissa; Trattnigg, Rita (Hrsg.) (2007): Kulturelle Nachhaltigkeit: Konzepte, Perspektiven, Positionen. Oekom Verlag

Kries, Mateo (2010): Total Design. Die Inflation modernder Gestaltung. Berlin: Nicolai.

Musil, Robert (1992): Der Mann ohne Eigenschaften. Band 1. Reinbek: Rowohlt.

Novalis (1999): Schriften. Bd. 2: Das philosophisch-theoretische Werk. Hrsg. v. Jans-Joachim Mähl. Darmstadt: WBG.

Platon (1991): Politeia. In: Sämtliche Werke V. Frankfurt und Leipzig: Insel Verlag.

Schiller, Friedrich (2000): Über die ästhetische Erziehung des Menschen in einer Reihe von Briefen. Stuttgart: Reclam.

Schmidinger, Heinrich; Sedmak, Clemens (Hrsg.) (2007): Der Mensch - ein "animal symbolicum"? Sprache - Dialog – Ritual. Darmstadt: WBG.

Van Gennep, Arnold (1999): Übergangsriten (Les rites de passage). Frankfurt/New York: Campus.

Walker, John A. (1992): Designgeschichte. Perspektiven einer wissenschaftlichen Disziplin. München: scaneg.

Internetquellen

Europäische Kommission: http://ec.europa.eu/energy/efficiency/ecodesign/eco_design_en.htm (Stand: 20.10.2013)